国际贸易经典译丛

国际商务

全球化带来的挑战 （第6版）

约翰·怀尔德（John J.Wild）
肯尼斯·怀尔德（Kenneth L.Wild） ／著
张倩／等译

International Business
The Challenges of Globalization

（Sixth Edition）

中国人民大学出版社
·北京·

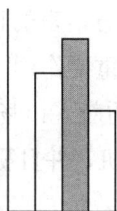

前　言

欢迎使用《国际商务：全球化带来的挑战》（第6版）。与此前推出的各版一样，本书是在大量市场调研、回顾参考他人研究成果以及与众多师生沟通交流的基础上形成的。看到有相当多的老师和学生认可我们采用一种全新的方式来讲述国际商务这门课程，我们感到非常快慰。本书在美国以及世界范围内都受到了热烈的欢迎，这是我们始料未及的。

本书通过一个综合但是又不失简洁的框架来讲述与国际商务有关的内容。大量真实案例、强调学生亲身参与等特点，一方面使得国际商务理论与实践紧密联系起来，另一方面也使得国际商务对于所有学生来说都不再是遥不可及的。我们通过本书的第六版希望实现的一个主要目标是，一如既往地为诸位提供最具可读性、紧跟时代脉搏同时又简单明了的国际商务教科书。

本书将带领我们开启一次令人兴奋的国际商务学习之旅。本书通过将国际商务变成一件既具有挑战性又充满乐趣的事情，来激发我们的读者。此外，本书还强调"人"以及文化在国际商务中的核心地位。书中每一章都有很多对现实问题的讨论，同时给出了其背后的理论基础。在术语的使用上，全书通篇都是一致的，同时我们尽量用直接、简洁的语言来解释相关的理论。本书的呈现方式既新颖又巧妙，使用了大量的图表、说明等。因此，本书读起来不会让人感到吃力或者是频频遇到阻碍。

第六版新增内容

● 阐述了全球次贷危机的影响以及国际商务活动近年来的低迷境况。例如，在第7章中，我们通过数据佐证各国企业家纷纷从经济增长速度相对较慢的发达国家撤资，转而投向快速扩张的新兴市场，比如中国和印度。

● 全球化的扩张以及影响力的增强突出了一些基本概念比如跨文化交流的重要性。第 2 章中关于口语的部分增加了很多的新案例，包括一个在翻译过程中犯了尴尬的错误的迈阿密企业家，以及一家最近决定把英语作为其官方语言的日本公司。

● 本书更强调新兴市场在世界经济以及国际商务活动中的重要作用。比如，第 4 章的专栏"文化至关重要：发展的基础"就探讨了雄心勃勃的新兴市场国家是如何研制出售价 3 000 美元的汽车、300 美元的电脑、30 美元的手机，并且赢得了全球消费者的青睐的。

● 师生们都希望这一版可以有些关键的调整，我们听取了这一意见。第 9 章关于汇率的讨论更加简单直接，有些细节的东西我们省略掉了。本章关于货币的那些表格看上去并不太难以理解，使用交叉汇率进行的扩展计算在这一版中省去了，关于溢价和折价的讨论也删了。

● 每一章使用的都是最新的数据以及最新的参考资料。例如，表 5—1 给出的是全球最大的商品和服务出口国的最新排名，表 5—2 则给出了不同地区之间贸易额的最新数字。

● 本版教材做到了与时俱进，并且将最新事件融入到了每章的开篇案例、专栏以及每章最后的小案例中。例如，第 12 章最后的案例探讨越南未来的发展潜力，以及该国是否有可能与其他大型新兴市场国家比如中国和印度争夺跨国公司的直接投资。

本书特色

侧重文化

文化是国际商务活动的一个基本组成部分。本书通过对文化的强调来提醒学生们关注其他国家人们的生活。文化这个主题在本书涉及得很早（第 2 章），而且全书都穿插了一些颇具文化特色的开篇案例以及关于文化是如何影响国际商务活动的鲜活案例。以这种方式来介绍文化，可以激发学生们对于各章阅读材料的兴趣，因为他们可以了解到理论与现实是如何联系起来的。

可读性强

一本成功的国际商务入门级教科书一定要让学生们能够充分理解其中的内容。在本书中我们用简单直接的术语来给出基本概念，定义商业活动，并且恰如其分地作了描述。例如，在第 5 章提到绝对比较优势和相对比较优势时，我们使用的是瓦伦·巴菲特应该自己动手安装浴缸还是让一个专业的工人来做这件事这个例子。这种讲述方式——用学生可理解的方式引出复杂的概念——使得学生们比较容易地就可以掌握这些知识。

强调整体性

国际商务并不是一些孤立的商业活动和环境因素的简单组合。下图（第 1 章中

国际商务：全球化带来的挑战（第 6 版）

会再次用到本图）描绘出了一个独特的组织框架，可以帮助学生们了解国际商务的各个组成部分是如何联系在一起的。该图给出了一个动态的一体化的系统，包括了国内商务环境、国际商务环境、国际商务管理等各个方面。该图还可以告诉我们全球化的特征（新技术以及贸易与投资壁垒的不断降低）导致了竞争的加剧。

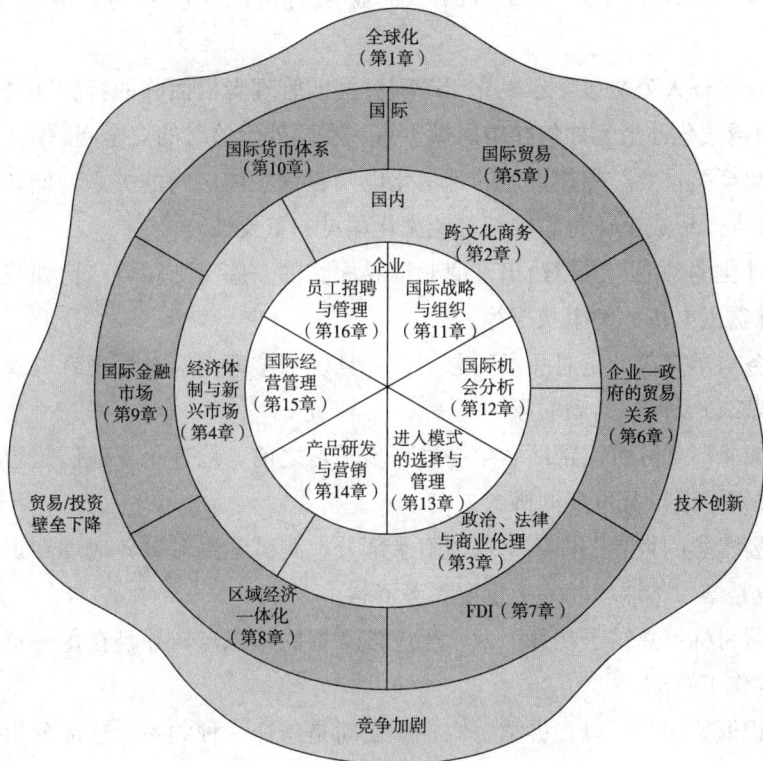

市场进入战略项目

这个专门设计的互动环节要求学生分析某个国家的情况——企业计划在这个国家引入一种新的产品。下面四项工作是一环紧扣一环的：

● 市场信息搜集报告（MIR）要求学生利用一到两周的时间，借助网络搜集关于一国人口、经济、政府以及技术地位等方面的信息。

● 商务环境分析报告（BEAR）要求学生在四到六周的时间内，将某个选定的国家作为潜在进入市场进行分析。

● 市场进入机会报告（ROME）要求学生在六到八周的时间内，找出对于选定市场上的某个企业来说，潜在的进出口机会都有哪些。

● 市场进入战略任务（MESA）要求学生在一个学期的时间内，针对向某选定国家引入新的产品制定一个市场进入战略，这是一个非常重要且会激发学生的创造性思维的练习。

创新模块

本书设计了一些可以单独使用的教学模块：

● "开篇案例" 是关于各章主题的一个简要、易懂的介绍。这些案例中选择的都是在各自领域内处于领头羊位置的企业，因此会激起学生的学习兴趣。这类企业包括 YouTube、百事可乐、印孚瑟斯、瑞安航空、漫威动漫、红牛等。

● "企业家工具箱" 专栏介绍私营业主和小企业家在世界经济中扮演的重要角色。这部分主要介绍一些成功的小企业家的情况，说明与小企业家相关的事项。

● "全球经理人公文包" 专栏介绍跨国公司的管理者们面临的特殊问题。涉及的话题包括跨越文化冲击、如何在中国做生意、在国外出差时的安全问题等。

● "文化至关重要" 专栏讲述的是文化以及各章主体之间的关系。例如，第 2 章介绍了商务人士形成全球化思维、避免文化偏见的重要性。

● "全球化的挑战" 专栏给出了商业世界面临的一些特殊障碍，比如终结内战以及改善全球贫困人口的健康状况等。

● "商务启示" 部分是对一章的总结，并且说明本章内容对管理者以及他们公司的政策、战略以及海外活动的影响。

● "小测验" 部分可以帮助学生在进一步学习之前，检查一下他们是否已经掌握了本章的关键术语以及重要的概念。

● "多姿多彩的世界" 即第 1 章的附录部分，测试学生对世界地理知识的掌握程度，同时也是学习本课程的一个重要参考资料。

● "学习目标" 总结了在每一章学生应该掌握的知识点，并且在每一章的最后以要点的形式作了总结。

● "知识框架图" 可以告诉学生们各章之间是怎样一种关系。这部分出现在每张开头的部分，具体分为 "内容回顾"、"本章概要"、"下章前瞻" 三个部分。

学习工具

针对以前各版的反馈信息显示，与同类教科书相比，本书的课后练习部分的材料要多得多。这些精心编排的素材难度不等，可以更好地测试学生的掌握程度以及将关键原理应用到现实生活中的能力。我们希望通过这些练习，学生可以掌握从事国际商务活动的技能，能够做出正确的决策。具体来说包括以下环节：

● 课堂讨论。这部分既可以用于课堂讨论也可以留作家庭作业。这些练习给出的都是小企业家、跨国公司的经理们、政策制定者、消费者等面临的重要问题。

● 小组练习。这个练习超出了教科书的范围，要求学生们分组进行访谈、研究其他国家的情况或者是组织班级辩论赛，进行各种角色扮演。通过将不同文化背景的学生集中在一起，这个练习给他们提供了不同的视角。

● 伦理题。这个练习要求学生假设自己是某个公司的经理、政府官员或者是其他什么角色，他们必须根据练习中提供的信息做出自己的决策。

致谢

我们要向那些在本书写作过程中给予我们鼓励、提出宝贵意见的老师和学生们表示感谢。特别是，我们要向下面这些人致谢，他们给我们提供了宝贵的反馈意见，从而帮助我们完善本书：

Kob Abemathy	University of North Carolina，Greensboro
Hadi S. Alhorr	Drake University
Gary Anders	Arizona State University West
Madan Annavarjula	Northern Illinois University
Wendell Armstrong	Central Virginia Community College
Memoush Banton	Florida International University
George Barnes	University of Texas at Dallas
Constance Bates	Florida International University
Marca Marie Bear	University of Tampa
Tope A. Bello	East Carolina University
Robert Blanchard	Salem State College
David Boggs	Eastern Illinois University
Chuck Bohleke	Owens Community College
Erin Boyer	Central Piedmont CC
Richard Brisebois	Everglades University
Bill Brunsen	Eastern New Mexico at Portales
Mikelle Calhoun	Ohio State University
Martin Calkins	Santa Clara University
Kenichiro Chinen	California State University at Sacramento
Joy Clark	Auburn University—Montgomery
Randy Cray	University of Wisconsin at Stevens Point
Tim Cunha	Eastern New Mexico University at Portales
Robert Engle	Quinnipiac University
Herbert B. Epstein	University of Texas at Tyler
Blair Farr	Jarvis Christian College
Stanley Flax	St. Thomas University
Ronelle Genser	Devry University
Carolina Gomez	University of Houston
Jorge A. Gonzalez	University of Wisconsin at Milwaukee
Andre Graves	SUNY Buffalo

Kenneth R. Gray	Florida A&M University
James Gunn	Berkeley College
James Halteman	Wheaton College
Alan Hamlin	Southern Utah University
Charles Harvey	University of the West of England, UK
M. Anaam Hashmi	Minnesota State University at Mankato
Les Jankovich	San Jose State University
R. Sitki Karahan	Montana State University
Ken Kim	University of Toledo
Ki Hee Kim	William Paterson University
Anthony Koh	University of Toledo
Donald Kopka	Towson University
James S. Lawson Jr.	Mississippi State University
Ian Lee	Carleton University
Tomasz Lenartowicz	Florida Atlantic University
Joseph W. Leonard	Miami University (Ohio)
Antoinette Lloyd	Virginia Union University
Carol Lopilato	California State University at Dominguez Hills
Jennifer Malarski	North Hennepin Community College
Donna Weaver McCloskey	Widener University
James McFillen	Bowling Green State University
Mantha Mehallis	Florida Atlantic University
John L. Moore	Oregon Institute of Technology
David Mosby	University of Texas, Arlington
Rod Oglesby	Southwest Baptist University
Patrick O'Leary	St. Ambrose University
Yongson Paik	Loyola Marymount University
Clifford Perry	Florida International University
Susan Peterson	Scottsdale Community College
Janis Petronis	Tarleton State University
William Piper	William Piedmont College
Abe Qastin	Lakeland College
Nadine Russell	Central Piedmont Community College
C. Richard Scott	Metropolitan State College of Denver
Deepak Sethi	Old Dominion University
Charlie Shi	Diablo Valley College

Coral R. Snodgrass	Canisius College
Rajeev Sooreea	Penn State—University Park
John Stanbury	George Mason University
William A. Stoever	Seton Hall University
Kenneth R. Tillery	Middle Tennessee State University
William Walker	University of Houston
Paula Weber	St. Cloud State University
James E. Welch	Kentucky Wesleyan College
Steve Werner	University of Houston
David C. Wyld	Southeastern Louisiana University
Robert Yamaguchi	Fullerton College

从初稿到成书,本书凝聚了很多人的智慧和劳动,感谢培生公司的编辑们为本书的出版付出的努力。特别要感谢 Sally Yagan、Ann Pulido、Patrice Jones、Nikki、Jan Gold、Carter Anderson。

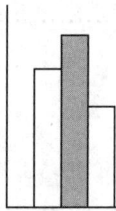

目 录

第一篇　国际商务环境 ·· 1

第 1 章　全球化 ·· 3

  1.1　全球化 ·· 6

  1.2　推动全球化的因素 ·· 10

  1.3　破除对全球化的争议 ······································ 15

  1.4　全球商务活动的主要参与者 ································ 25

  1.5　国际商务的特殊之处 ······································ 28

第二篇　国内商务环境 ·· 47

第 2 章　跨文化商务 ·· 49

  2.1　什么是文化 ·· 51

  2.2　文化的组成要素 ·· 54

  2.3　文化的分类 ·· 74

第 3 章　政治、法律与商业伦理 ·································· 84

  3.1　政治体制 ·· 86

  3.2　政治风险 ·· 91

  3.3　法律体制 ·· 97

  3.4　伦理和社会责任 ··· 105

  3.5　商务与国际关系 ··· 109

第 4 章　经济体制和新兴市场 ················· 117

　4.1　经济体制 ·························· 118

　4.2　国家的发展 ······················ 127

　4.3　经济转型 ························ 133

第三篇　国际贸易与投资 ···················· 143

第 5 章　国际贸易 ······················· 145

　5.1　国际贸易概览 ···················· 146

　5.2　国际贸易理论 ···················· 151

第 6 章　企业—政府的贸易关系 ················ 171

　6.1　政府为什么要干预贸易活动 ··········· 172

　6.2　促进贸易的方式 ·················· 177

　6.3　限制贸易的途径 ·················· 182

　6.4　全球贸易体系 ···················· 186

第 7 章　对外直接投资 ····················· 196

　7.1　对外直接投资的模式 ··············· 198

　7.2　对外直接投资的成因 ··············· 201

　7.3　对外直接投资决策中的管理问题 ········ 204

　7.4　政府对对外直接投资的干预 ··········· 208

　7.5　政府的政策工具与对外直接投资 ········ 213

第 8 章　区域经济一体化 ··················· 222

　8.1　什么是区域经济一体化 ············· 224

　8.2　区域经济一体化带来的影响 ··········· 227

　8.3　欧洲的一体化进程 ················ 230

　8.4　美洲的一体化进程 ················ 234

　8.5　亚洲的一体化进程 ················ 239

　8.6　中东和非洲地区的一体化 ············ 242

第四篇　国际金融体系 ······················ 249

第 9 章　国际金融市场 ····················· 251

　9.1　国际资本市场 ···················· 253

　9.2　国际资本市场的主要构成 ············ 257

　9.3　外汇市场 ······················ 260

　9.4　外汇市场的运行机制 ··············· 262

　9.5　今日的外汇市场 ·················· 267

　9.6　货币的可兑换性 ·················· 271

第 10 章　国际货币体系 ···················· 279

　10.1　汇率如何影响商业活动 ············· 280

国际商务：全球化带来的挑战（第6版）

10.2　汇率的决定因素 ·································· 283

10.3　汇率的预测 ·································· 288

10.4　国际货币体系的演进 ·································· 291

第五篇　国际商务管理 ·································· 307

第 11 章　国际战略与组织 ·································· 309

11.1　国际战略 ·································· 311

11.2　国际组织结构 ·································· 321

11.3　结束语 ·································· 328

第 12 章　国际机会分析 ·································· 333

12.1　筛选潜在市场和生产地点 ·································· 335

12.2　国际调研 ·································· 346

12.3　结束语 ·································· 353

第 13 章　进入模式的选择与管理 ·································· 358

13.1　出口、进口和对等贸易 ·································· 360

13.2　契约式进入模式 ·································· 369

13.3　投资进入模式 ·································· 374

13.4　选择进入模式时的战略因素 ·································· 381

13.5　结束语 ·································· 383

第 14 章　产品研发与营销 ·································· 389

14.1　全球化与市场营销 ·································· 391

14.2　制定产品战略 ·································· 392

14.3　制定促销战略 ·································· 396

14.4　制定分销战略 ·································· 403

14.5　制定价格战略 ·································· 405

14.6　结束语 ·································· 408

第 15 章　国际经营管理 ·································· 413

15.1　生产战略 ·································· 415

15.2　获取物质资源 ·································· 419

15.3　关键的生产问题 ·································· 422

15.4　为商业活动融资 ·································· 426

15.5　结束语 ·································· 431

第 16 章　员工的招聘与管理 ·································· 436

16.1　国际员工安置政策 ·································· 438

16.2　人力资源的招聘和选拔 ·································· 440

16.3　培训与发展 ·································· 445

16.4　薪酬补偿 ·································· 448

16.5 劳资关系 ··· 450

16.6 结束语 ··· 452

术语表 ·· 456

国际商务：全球化带来的挑战（第6版）

④ 4

第一篇

国际商务环境

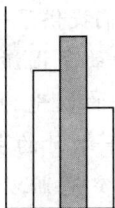

第1章

全球化

学习目标

通过本章的学习，你应该能够：

1. 描述全球化的进程以及全球化给市场、生产活动带来的影响。
2. 列出推动全球化进程加快的两个主要因素。
3. 指出围绕着全球化展开的争论中各主要观点的依据。
4. 识别涉足国际商务的企业的类型。
5. 勾勒国际商务环境，并且清楚其四个主要构成要素。

本章概要

本章界定了国际商务的范畴，并且介绍了与国际商务有关的一些重要问题。我们从全球化开始讲起——介绍它对市场和生产活动的影响，以及促使全球化蓬勃发展的因素。我们还详细分析了围绕全球化产生的争论中的几种重要观点。接下来则给出了当今国际商务舞台上的几个重要角色。本章的最后提供了一个刻画国际商务环境一体化背景下的国际商务活动的模型。

下章前瞻

第二篇由第2、3、4三章构成，主要介绍不同国家的商务环境。其中，第2章阐述各国在文化方面存在的重要差异；第3章探讨不同的政治和法律环境；第4章则讨论不同的经济体制以及与经济发展相关的问题。

YouTube 的国际影响

加利福尼亚州，圣马地奥（SAN MATEO）——YouTube 公司是一家通过网络、移动设备以及电子邮件提供视频共享服务的全球知名企业。该公司诞

3

生于 2005 年，不到一年之后即被谷歌公司以 16.5 亿美元的价格收入麾下。通过该网站，世界各地的人们每天平均可以看到 20 亿个视频，这个数字是实力与其最为接近的竞争对手的十多倍。YouTube 的成功让我们看到了全球化为企业家们创造的商机。

YouTube 公司的两位创始人查德·赫尔利（Chad Hurley）和陈士骏（Steve Chen）创建了一个真正全球化的媒介，来关注日益膨胀的由用户自己来提供视频内容的需求。"这仅仅是一个开始，"陈士骏说道，"如果有足够的资源的话，我们将在全球 140 个国家推广这种做法。"

大多数用户登录 YouTube 网站是为了了解当前正在发生的大小事件，或者是看一些他们感兴趣的视频。希望成为歌星或者是电影制作人的用户也会将他们的作品上传到 YouTube 的网站上去，和世界各地的人们分享他们的创意。另外，You-Tube 的"居民之声"栏目（www. youtube. com/citizennews）则为那些希望第一时间报道他们生活的地方——不管是生活在印第安纳还是生活在印度——的新闻事件的业余记者们提供了一个平台。

YouTube 自由的氛围激发了艺术家以及新闻从业人员的创造力，但是同时也引起了强势政府部门的关注。中国、伊朗、巴基斯坦、突尼斯以及土耳其等国家都有禁止其国民访问 YouTube 网站的记录。比如，巴基斯坦就曾经因为 YouTube 网站的视频中含有该国政府认为"辱骂性"的内容，而对该网站进行了一周的封杀。YouTube 公司或者是当地类似的服务提供商只能是充分发挥自己的创造力，想方设法克服诸如此类的政府阻力。

在学习本章的过程中，我们希望各位读者能够思考这样一个问题，那就是全球化是怎样重塑了我们每个人的生活，又是怎样改变了跨国公司的行为。当然，一定不要忘记访问本书在 YouTube 网站的专栏（www. youtube. com/MyIBvideos），那里有我们精心挑选的一些与国际商务问题有关的视频。[①]

全球化正在重塑着我们每个人的生活，将我们引向一个未知的领域。随着新技术逐渐降低了国际交流以及出国旅行的成本，我们有越来越多的机会去了解其他文化的特点和惯例。同时，随着各国逐渐取消贸易和投资壁垒，全球化迫使各国的企业更具竞争力，因为只有这样它们才能够生存下去。另外，因为不管是来自发达国家还是来自新兴市场的跨国公司们都要寻找客户，全球竞争也日趋激烈。国际商务领域的这些新变化不仅改变了我们的文化，而且扭转了企业做生意的方式。

① Michael Hirshman, "UN 'Civilizations' Forum in Brazil Hopes to Reframe Debate over Global Culture, Politics," Radio Free Europe/Radio Liberty Web site （www. rferl. org）, May 26, 2010; Eliot Van Buskirk, "5-Year-Old YouTube Tops Networks' Primetime with 2 Billion Views," *Wired* Web site （www. wired. com）, May 17, 2010; "The Five Secrets of YouTube's Succes," *Wired*, April 2010, pp. 92 - 97; Miguel Helft, "YouTube's Quest to Suggest More," *New York Times* Web site （www. nytimes. com）, December 31, 2009; Jennifer L. Schenker, "Google Takes YouTube Global," *Bloomberg Businessweek* （www. businessweek. com）, May 29, 2008; YouTube Web site （www. youtube. com）, various reports.

国际商务与每个人息息相关

国际商务不断变化的特性影响了我们每一个人。在日常的沟通交流中，我们经常会听到诸如外包、新兴市场、竞争优势、可持续以及社会责任等名词。同时，我们每一个人都会受到每天都在发生的国际贸易的影响。

每天清晨将你从睡梦中叫醒的是通用电气公司在中国生产的闹钟/收音机。你收听到的新闻事件是由英国广播公司（BBC）提供的。你穿的是在印度尼西亚生产的阿迪达斯牌运动鞋、在北马里亚纳群岛生产的 AF 牌 T 恤以及在墨西哥生产的美国之鹰（American Eagle）牛仔裤。出门之前，你把诺基亚手机——该手机是在芬兰设计，用来自台湾的零部件在美国进行组装的——从充电器上拔下来。你坐上在亚拉巴马生产的韩国现代牌轿车，里面播放着英国乐队 Coldplay 的 CD。路上你顺便走进一家星巴克，点上一杯用产自哥伦比亚或者是埃塞俄比亚的咖啡豆磨成的咖啡，以便为自己补充能量。虽然这一天不过刚刚过了一个小时，但是你已经来了一次虚拟的世界之旅了。只要瞥一眼你的夹克、背包、手表、钱包或者是其他随身物品的标牌，你就可以感觉到国际商务活动无处不在。

国际商务是指在两个或者多个国家之间进行的任何商业交易。即便是身处一个小镇，你也可以感受到国际商务活动的存在。无论你生活在哪里，你周围总会有很多的进口品——从国外购买并且输入本国的产品和劳务。毫无疑问，世界上其他地方的人们每天也都在使用一些你们国家的出口品——在本国生产并且输出到其他国家和地区的产品和劳务。每年，世界各国产品和劳务的出口总额高达 15 万亿美元，这一数字大约是沃尔玛超市每年全球总收入的 40 倍。

科技使一切成为可能

科技可能是当今商业和社会变革的主要推动力。在高科技的帮助下，消费者通过互联网"抵达"世界的每个角落来收集、传递信息以及购买各种各样的产品和服务。另一方面，企业则借助高科技从遥远的地方采购原材料和半成品，同时将产品和服务销售到国外。

当企业和消费者利用高科技来达成交易时，我们就说他们参与到了电子商务活动中——利用计算机网络进行产品采购、销售以及交换，为消费者提供服务，与商业伙伴进行合作等。电子商务使得企业可以很方便地在海外进行生产，而不仅仅是进出口制成品。

让我们看看惠普公司是如何针对小企业来设计、生产电脑的。在意识到自己面临的需求是低成本电脑之后，惠普公司紧紧抓住了全球化带来的馈赠。通过一个专业化的制造系统，惠普将所有的设计和生产活动分散到了亚太地区的五个国家以及印度来完成。这种做法既帮助惠普公司实现了劳动力成本、税负的最小化，最大限度地降低了船期延误的风险，同时也实现了新产品设计、生产与分销的效率最大化。正是通过这种创新性的生产与分销方式，惠普公司消除了世界各地的分支机构存在的低效环节，大大提升了自身的竞争力。

全球智慧将可能变为现实

现在的媒体普遍参与到了一场全球接力赛中——这是我们能够想到的最恰当的形容词。福克斯和 NBC 环球公司联手组建了 Hulu（www.hulu.com）——YouTube 的竞争对手之一，其粉丝可以通过这个网站在线看电视。Hulu 雇用了两支技术团队——一个在美国，另一个在中国——来管理该网站。位于加利福尼亚州圣塔莫妮卡（Santa Monica）的技术团队的成员们工作到深夜，将他们希望通过代码来实现的特定功能详细记录下来并且发送给在北京的团队。中国的技术人员则将代码写出来，并在美国人早晨开始上班之前传送回去。①

一些有创意的公司通过在线竞争来利用全球智慧。InnoCentive 公司（www.innocentive.com）通过一个访问者是 14.5 万多名创意人士的全球网络，将希望为各种各样的难题寻找解决方案的企业以及机构联系在了一起。这些工程师、科学家、发明家、商人是生命科学、工程学、化学、数学、计算机科学以及商界等领域的专家，他们竞相为世界上最困难的一些问题提供答案，以此换回丰厚的物质回报。InnoCentive 公司对所有人都是开放的，使用七种语言，提供的现金回报从 2 000 美金到高达 100 万美金不等。②

本章从全球化讲起——我们将探讨它对市场以及生产活动产生的巨大影响，并且揭示驱动全球化不断扩张的因素。在介绍了围绕全球化展开的各种争论之后，我们对国际商务的主要参与者作了说明。接下来，我们从提供一个动态的、融合的国际商务环境的角度，解释为什么说国际商务是独具特色的。最后，在本章的附录部分，我们提供了一张世界地图，作为本章内容的补充，也供读者学习本书接下来的内容时作为参考。

□小测验

1. 什么是国际商务？说明它对我们每个人有着怎样的影响。
2. 当我们提到进口和出口时，是什么意思？
3. 说明电子商务对国际商务的影响。

1.1 全球化

虽然各国政府过去曾严格限制产品、劳动力以及资本等跨国界流动，但是全球

---

① David Kirkpatrick and Adam Lashinsky, "A New Way to Watch TV," *Fortune*, March 17, 2008, pp. 33－40.

② Anya Kamenetz, "The Power of the Prize," *Fast Company*, May 2008, pp. 43－45; Innocentive Web site（www.innocentive.com）.

经济的依存度正变得越来越高。全球化指的是各国企业和各个经济体在经济、文化、政治以及技术方面相互依存的程度不断加深的趋势。全球化过程的特征是去国民化（国家边界正变得越来越不重要），并且不同于国际化（各实体跨国界进行合作）。全球化带来的相互依赖意味着各国之间商品、服务、货币、人员以及观念的流动将会越来越自由。

正如其定义所表明的，全球化远不止是各国之间贸易和投资的扩张。相反，它融合了政治学、社会学、人类学、哲学以及经济学等学科的概念和理论。因此，全球化不仅仅是一个只适用于跨国公司以及国际金融机构的术语，也不仅仅是利他主义者或者道德主义者的专利。实际上，全球化被定义为"超越了将企业、商人、金融家以及中央银行捆绑在一起的纽带这一范畴。它为恐怖分子、政治家、宗教领袖、反全球化活跃分子以及官僚等各色人等提供了思想交流甚至是进行协调合作的渠道"。[1]

在本书中，我们对全球化的讨论将局限在其商务内涵方面。其中，全球化产生了深远影响的两个商务领域是市场的全球化和生产的全球化。

□ 1.1.1 市场的全球化

市场的全球化是指世界各地的消费者偏好趋同的现象。很多商品市场，比如消费品、工业产品、商务服务等都出现了类似的趋势。服装零售商 L. L. Bean、制鞋企业耐克、电子产品制造商索尼只是销售全球性产品——在各国市场上出售的没有本质差别的产品——的诸多企业中的几个例子。例如，考虑到其产品的高度标准化以及该公司的全球营销战略与品牌的国际影响力，苹果公司的 iPad 就是一个典型的全球性产品。[2]

全球性产品和全球竞争已成为很多产业和市场的特征，其中包括半导体产业（英特尔、飞利浦）、飞机制造业（空客、波音）、建筑设备制造业（卡特比勒、三菱）、汽车制造（本田、大众）、金融服务业（花旗、汇丰）、航空业（汉莎航空、新加坡航空）、会计师事务所（安永、毕马威）、消费品行业（宝洁、联合利华）以及快餐业（肯德基、麦当劳）等等。考虑到它给企业带来的巨大收益，市场的全球化对国际商务来说是至关重要的。下面就让我们简要回顾一下这些收益：

降低营销成本 销售全球性产品的公司可以通过将某些营销活动标准化来降低成本。一家销售全球消费品比如洗发水的公司，可以为全球市场提供无差别的产品，然后简单地根据各个市场所使用的语言的不同来设计不同包装即可。该公司还可以通过提供相同内容、但是翻译成了当地语言的电视或平面广告来进一步节约成本。

创造新的市场机会 在国内市场较小或者是饱和的情况下，销售全球性产品的公司可以积极开发海外市场。比如，中国凭借其 4 亿互联网用户——这个数字比美国的人口总数都要多——跃升为一个拥有巨大潜力的电子商务市场。但是，尽管

---

[1] Moisés Naim, "Post-Terror Surprises," *Foreign Policy* (www.foreignpolicy.com).

[2] Steven Levy, "Tabula Rasa: Why the New Generation of Tablet Computers Changes Everything," *Wired*, April 2010, pp. 74-85.

70％的美国人经常上网，在中国这一数字只有 30％。因此，两大在线搜索引擎公司——谷歌和雅虎的市场份额争夺战已经延伸到这个发展中大国。[①] 对于那些销售全球性产品但是本国市场容量又十分有限的企业或者小公司来说，寻求海外销量的增长是至关重要的。

平滑收入的波动 一家销售全球性产品但是产品季节性很强的公司可以通过国际市场来平抑收入的波动。通过将海外市场作为国内市场的补充，该公司可以降低或消除季节性的销量波动，保持现金流的平稳。例如，一家生产防晒乳或防晒霜的公司可以根据南北半球交替出现夏季，有重点地配置自己的产品，从而使得来自这类全球性、季节性很强的产品的收入保持相对稳定。

当地需求仍然不容忽视 尽管全球市场能带来潜在收益，但是企业管理者仍必须实时关注自身产品和当地市场的契合度，以免忽视消费者的需求。为消费者提供适用的产品带来的收益远远超出提供标准化产品能带来的收益。比如，软饮料、快餐以及其他消费品都是正在渗透到世界各地市场的全球性产品。但是，有时候需要对这些产品作一些小的调整，以便更好地适应当地人的口味。在日本南部，可口可乐公司提供的饮料比传统配方更甜，以便与口味更甜的百事可乐竞争。在印度，牛是神圣无比的动物，吃牛肉是一种禁忌，因此麦当劳推出了"印度巨无霸"——夹着两层纯羊肉肉饼的带芝麻的汉堡包。

□ 1.1.2　生产的全球化

很多生产活动也日渐全球化。生产全球化是指生产活动分散在不同国家和地区，以便实现产品或服务的成本最小化或质量最优化的做法。这个过程既包括重要生产要素（比如原材料或者是组装所需的零部件）的外包，也包括服务的外包。下面我们就来看一下企业从生产全球化中获得了怎样的好处。

获取廉价劳动力 生产全球化使得企业能够获取廉价劳动力从而降低总生产成本。几十年来，企业在低工资国家设立工厂来生产各种各样的产品，从玩具、小配件、廉价电子产品到纺织品，不一而足。尽管传统意义上将生产转移到低成本地区仅仅是针对商品的生产而言的，但是这一说法也越来越适用于像会计、研发这样的服务的提供。尽管大部分服务的提供地和消费地是一致的，但是仍然有一些服务可以在劳动力成本较低的偏远地区提供。很多欧洲和美国企业将它们的客服以及其他一些不太重要的活动转移到了遥远的印度，成本因此下降了 60％之多。

获取专业技能 企业将产品或服务的生产转移到国外，也可能是为了获取专业技能带来的收益。罗马影视公司（Film Roman）是电视剧《辛普森一家》的制作方，但是它向位于韩国首尔的 AKOM 公司提供了关键动作设计和分镜指导。AKOM 则把余下的动作补齐，并把它们剪辑成一部完整的动画片。但是据该片导演科尔克兰德（Mark Kirkland）说，合作过程中偶尔也会出现一些不够顺畅的地方。科尔克兰德曾经深更半夜打电话，向韩国的工作人员解释如何开枪。"韩国不允许私自持有枪

① "Google：Search Engine Blocked in Mainland China," CBS News Web site（www.cbsnews.com），July 20，2010.

支，这是违法行为。所以他们打电话问我，'枪是怎么用的'。"为了利用韩国这些高水平的动画制作人员的智慧，包括科尔克兰德在内的工作人员只能容忍这种文化差异以及深更半夜的电话骚扰。[①]

获取生产要素　生产全球化使得企业能够获得国内没有或者是成本过高的资源。很多企业进军国际市场都是为了获取自然资源。举例来说，日本是一个领土面积狭小、人口密集、自然资源尤其是森林稀缺的岛国。但是日本最大的纸业公司——日本加工制纸株式会社（Nippon Seishi）的业务不仅是进口纸浆而已。该公司在澳大利亚、加拿大以及美国拥有大片的森林以及相关制造设备。这样一来，该公司不仅拥有关键的资源，而且控制着制纸的上游环节。因此，这就保证了日本加工制纸株式会社可以在较少受到公开市场上纸浆价格和供应状况变动的影响的情况下，获得生产的关键原料（纸浆）。同样，为了能够以低廉的价格获取生产所需的资源，很多日本企业纷纷在能源成本较低的中国、越南等设立工厂。

除了带来这样那样的收益外，全球化还给企业带来了很多新的风险，同时使得很多旧的风险逐渐积累。要想了解这些风险以及企业如何更好地管理这些风险，请阅读下面的专栏"全球化的挑战：全球化时代的安全管理"。

全球化的挑战

全球化时代的安全管理

市场和生产的全球化给企业带来了新的挑战。除了需要保证延长了的供应量和分销渠道正常运转之外，企业还必须保证自己的设施、信息系统以及声誉不受破坏。

■ 设施风险：认真制定计划并进行设备评估（一家中等规模的企业大概需要1.2万美元投资，大型企业大概需要100万美元投资）绝对是值得的。形成了完善的资产风险管理方案的大型企业据说收益要更加平稳。在风险管理方面做得较差的公司因火灾而蒙受资产损失的概率要比正常公司高出55倍，因为自然灾害而蒙受财产损失的概率则高出29倍。

■ 信息风险：电脑病毒、软件木马、网络犯罪每年都会给企业带来几十亿美元的损失。那些心存不满的员工、不讲诚信的竞争对手通常会被看作是犯罪嫌疑人，但是更多的情况下这都是电脑黑客干的，他们窃取消费者的个人与财务信息并且转手卖给出价最高的需求者。在辞职的时候，有些员工也会带走含有机密内容、竞争情况以及私密邮件的数码设备。

■ 声誉风险：与大型公司的一举一动有关的新闻很快就会传播到世界每一个角落。声誉风险指的是会损害公司形象的各种风险，包括财务丑闻、产品召回、违背劳工权益以及陷入法律诉讼等。高盛公司被爆出向证券交易委员会支付了550亿美元的丑闻后，据估计该公司的品牌价值在一年内就下降了将近40%（60亿美元）。

■ 挑战：和风险一样，挑战也是各种各样的。首先，企业应该判定自己的设施存在哪些潜在风险，并且形成一个最切实

① The Simpsons Web site（www.thesimpsons.com）.

可行的资产风险管理预案。其次，员工应该经常更换密码，通过软件来给计算机和移动设备加密，在离职时归还公司所有的数码产品。最后，鉴于企业受到越来越严格的监管，它们应该讲道德并且在法律允许的范围内保护自己的声誉。

■ 想了解更多？登录以下公司的网站：知名风险咨询公司 Kroll（www. kroll. com），互联网安全服务公司 Check Point Software Technologies（www. checkpoint. com），互联网安全机构 CERT Coordination Center（www. cert. org）。

资料来源：Douglas McIntyre, "The 10 Biggest Brand Disasters of 2010," *Daily Finance Web site* (www. dailyfinance. com), July 21, 2010; Erik Schatzker and Christine Harper, "Goldman Could Have Managed Reputational Risks Better, Cohn Says," *Bloomberg Businessweek* (www. businessweek. com), July 1, 2010; *The Risk/Earnings Ratio: New Perspectives for Achieving Bottom-Line Stability* (Johnston, RI: FM Global, June 2010); *An Introduction to the Business Model for Information Security* (Rolling Meadows, IL: ISACA, 2009).

□小测验

1. 什么叫全球化？去国民化与国际化有什么区别？
2. 企业从市场全球化过程中能够获得哪些收益？
3. 企业从生产全球化过程中能够获得哪些收益？

1.2　推动全球化的因素

推动市场和生产全球化的两个主要因素是贸易和投资壁垒的降低以及技术创新。正是这两个因素通过国际商务交易平台使得各国之间的竞争加剧。而竞争的加剧一方面迫使分散在世界各地的企业进行正面的交锋，另一方面也增进了它们之间的合作。几千英里之外的大型跨国公司越来越多地涉足一度被时空距离与外界隔离开来的本土产业。为了保持自己的竞争力，中小型本土企业被迫要么与对方加强合作，要么与规模更大的跨国公司进行合作。其他一些本土企业则大胆尝试改革以求在激烈的竞争中生存下来。在全球范围内，企业合并时有发生，曾经的竞争对手联合起来在全球舞台上对抗其他挑战者。接下来我们就详细分析一下推动全球化不断发展的两个主要因素的重要作用。

□ 1.2.1　不断降低的贸易和投资壁垒

1947 年，23 个国家的领导人（12 个发达国家，11 个发展中国家）因签订了《关税与贸易总协定》（GATT）——一个旨在推动降低国际贸易的关税和非关税壁垒，进而实现自由贸易的条约——而缔造了新的历史。关税是指对贸易品征收的主要税种，而非关税壁垒则是指对进口产品实施的数量限制。刚开始时，关贸总协定非常成功。四十多年之后，世界商品贸易总额增加了 20 多倍，平均关税税率从 40% 下降到了 5%。

1994 年关贸总协定的修订再次带来了显著的进步。协定的成员国进一步降低贸易商品的关税水平，并且减少了对农产品的补贴（政府提供的财政支持）。关贸协定的修订本中还明确界定了知识产权的概念——对版权（包括计算机程序、数据库、录音制品以及电影等）、产品和服务的标识以及专利（包括商业机密和专有技能）等进行保护。最初的关贸总协定存在一个明显的缺陷，那就是它缺乏对国际贸易规则的执行力。相应地，1994 年对关贸总协定进行修订最重要的成就在于，成立了世界贸易组织（WTO）。

世界贸易组织 世界贸易组织是履行国际贸易规则的国际机构。该组织的三个主要目标是促进自由贸易、促进国家之间关于进一步开放市场的谈判，以及解决成员国之间的贸易争端。世界贸易组织与其前身关税与贸易总协定的根本区别就在于，前者具有解决贸易争端的权力。各个世界贸易组织协定主要是成员国之间承诺执行公开、平等的贸易政策的合同。违背协定者必须根据世界贸易组织的规则重新调整其贸易政策或者是接受罚款，更严重的甚至可能会遭受贸易制裁。正是因为世界贸易组织有能力处罚违背规则者，其争端解决机制才真正成为了全球贸易体系的内核。世界贸易组织取代了关税与贸易总协定的职能，但是却保留了后者的所有协定。因此，关税与贸易总协定就没有了存在的必要。现在，世界贸易组织有 153 个成员国以及 30 个"观察员"。

2001 年底，在卡塔尔多哈举行的会议上，世界贸易组织发起了新一轮的谈判。其宗旨是进一步降低贸易壁垒，以及帮助贫困国家发展经济。发达国家向其农民支付的农产品补贴每天高达 10 亿美元，是它们向贫困国家提供的援助总额的 6 倍多。鉴于贫困国家 70% 的出口产品是农产品和纺织品，富裕国家打算进一步开放这些以及其他一些劳动密集型产业。同时，大会还呼吁贫困国家彼此之间降低关税壁垒，接受发达国家的援助从而融入到世界贸易体系中来。尽管多哈回合谈判原定 2004 年结束，但是谈判的进展要比预想的迟缓得多。①

区域贸易协定 除了世界贸易组织外，一些规模较小的国家集团也在前所未有地通过促进贸易和跨境投资来实现经济的融合。例如，北美自由贸易协定（NAFTA）就将加拿大、墨西哥和美国结成了一个自由贸易联盟。看上去更具雄心的欧盟则已经吸纳了 27 个成员。亚太经合组织（APEC）包括 21 个经济体，希望在环太平洋地区构建一个自由贸易区。这些小范围的贸易协定的职能与世界贸易组织类似，区别只在于它们是区域性的。另外，因为比较抗拒全球性的贸易协定，一些国家更重视区域性的贸易协定。

贸易与国民产出 世界贸易组织以及区域贸易协定极大地促进了国际贸易以及跨境投资的发展。国际贸易理论告诉我们，开放市场有助于提高一国的总产出。从各种官方或非官方统计数据中，我们也可以看出国民总产值在最近十年内出现了显著的增长。开放程度较高的国家，比如中国、印度和俄罗斯等，经济增长速度明显高于其他很多国家。南非大部分地区也实现了经济的快速增长，尽管整个非洲的情况非常复杂。

在这里，要花一点时间解释一下在本书中我们经常要碰到的几个术语。国内生

---

① "Defying Gravity and History," *The Economist* (www.economist.com)，August 5，2010.

产总值（GDP）是一个经济体在一年内生产的产品与服务的总价值。它排除了一国因为进口、出口以及该国企业在海外经营而产生的收入或支出。当我们把各国的国内生产总值累计在一起时，就称之为世界国内生产总值。另一个相近的概念是国民生产总值（GNP）。国民生产总值是一国国民一年内生产的产品与服务的总价值，既包括国内也包括在海外的生产经营活动。一国的人均国内生产总值或人均国民生产总值是用总国内生产总值或总国民生产总值除以该国人口总数得出的。

□ 1.2.2　技术创新

贸易和投资壁垒的降低鼓励全球化，而技术创新则加快了全球化的步伐。信息技术以及交通方式的重大变革使得信息、商品、设备在世界范围内的流动更加方便、快捷，成本也更加低廉。下面我们来看一下对全球化产生了重要影响的几项创新活动。

电子邮件和电视会议　跨国以及跨时区经营增大了沟通协作以及控制商业活动的难度。但是技术可以加快信息的传递，便利协调和控制工作。电子邮件是管理者与世界各地的分支结构保持联系并且迅速对重大问题作出反应的必不可少的工具。电视会议则使得来自各地的管理者们得以进行面对面的交流。电视会议以每年25%到30%的增速迅猛发展的主要原因包括用来传递信息的宽带（交流渠道）越来越便宜、设备成本越来越低，以及商旅成本逐年攀高等。电视会议所需的设备的花费从5 000美元到34万美元不等。那些不需要持续使用电话会议设备的公司可以通过向当地的会议中心租赁相关设备，达到进一步降低成本的目的。[①]

因特网和互联网　通过因特网，企业可以在不花费太多成本的情况下迅速联系各地的管理人员，了解生产进度、调整销售战略以及查找分销渠道存在的瓶颈等。此外，企业还可以利用因特网实现长期目标，比如提高预测准确度、减少存货，改善与供货商的沟通交流等。得以通过支付更低的成本来接触到世界各地的消费者尤其会让小企业受益，它们也是最先将网络作为营销工具的群体之一。因特网带来的收益还包括通过减少产品到达消费者之前的中间环节，削减后生产环节的成本。减少中间环节让在线书店、音像制品商店、旅行社大大受益。

企业内网和外网　企业内部网站以及各种信息网使得员工可以通过个人电脑使用企业的资料。沃尔沃汽车公司的内网上一个非常有效的营销工具是与营销和销售信息有关的季度数据库。当公司总部通过内网发布公司整体的营销方案时，一个任务周期就启动了。世界各地的营销经理们找出那些适合他们所在的市场的活动，制定他们自己的营销计划，并提交到数据库。这样一来，各个地区的经理就能够看到其他分公司的营销计划，并且据此改进自身计划。从本质上讲，整个系统扮演着沃尔沃所有分公司最佳实践方案的共享平台的角色。

企业外网则使得分销商和供货商能够自动地、电子化地通过企业的数据库来下订单或者补充库存。这些网络使得跨国公司（以及它们的供货商和销售对象）可以

---

① Peter Burows，"A Videoconference on the Cheap,"*Bloomberg Businessweek*，October 6，2008，p. 56.

对内部和外部情况作出更加迅捷、恰当的反应。

交通运输技术的进步　世界各地的零售商依赖进口给自己的仓库放满各种产成品，同时为工厂提供各种原材料和中间产品。船运行业的创新使得海运更加高效、更加可靠，进而推动了市场和生产的全球化。过去，每艘货船平均要在码头停留 10 天左右，因为每次只能卸一个货盘。但是现在，因为货物都是通过 20 英尺和 40 英尺的集装箱装在船上的，因此，在目的港可以更迅速地将货物卸到火车车厢或卡车底盘上，一艘 700 英尺的货船通常只需 15 小时的卸货时间。

借助全球卫星定位系统（GPS），可以得到描绘轮船在公海上的航线的电子地图，因此现在的海洋运输要更加便捷，更加安全。将 GPS 和射频识别（FRID）技术结合使用，则可以实时监控每个集装箱从起运港到目的港的情况。利用 FRID 技术可以知道集装箱的门在旅途中是打开的还是关闭的，另外还可以监测冷冻集装箱内部的温度。[①]

□ 1.2.3　全球化的测度

尽管直觉告诉我们地球正变得越来越小，研究人员还是想出了一些方法来测度全球化的程度，其中最全面的指标之一是由 A. T. Kearney 管理咨询公司以及《对外政策》杂志编制的。[②] 该指标对 72 个国家进行了排名，这些国家的 GDP 之和占到了世界 GDP 总量的 97%，它们的人口占世界人口总数的 88%。每个国家排名先后依据的是对以下四大类十几个变量的综合考量：

1. 经济一体化程度。贸易、外部直接投资、资本流动以及投资收益。
2. 私人联系程度。跨国旅行、国际长途、汇款以及个人转移支付（包括给员工的补偿）。
3. 高科技利用率。因特网用户、因特网主机以及安全的服务器的数量。
4. 政治参与度。国际化组织的成员、对联合国安理会的人力与经济支持、认可的国际协定以及政府转移支付。

根据所囊括的一系列变量，该指标可以很容易地划归到上面列出的四大类别中的某一个。在考虑经济影响的同时也将社会因素纳入进来，该指标体系基本上抓住了全球化的本质。表 1—1 列出了在最新的全球化测度指标中排在前 10 位的国家或地区。其中既包括一国的综合排名，也包括该国在前述各个维度的排名：（1）经济一体化程度；（2）私人联系程度；（3）高科技利用率；（4）政治参与度。其中，欧洲国家占据了前十位中的五席，美国在整个榜单上排名第 7 位。美国是第一个入榜的大国很大程度上是因为其技术领先地位。通常，大国的排名不会太靠前，因为这类国家往往不太倚重外部贸易和投资。

---

① Rhea Wessel，"Cargo-Tracking System Combines RFID, Sensors, GSM, and Satellite," *RFID journal* (www. rfidjournal. com)，January 25, 2008.

② This discussion is based on "The Globalization Index," *Foreign Policy*, November/December 2007, pp. 68 - 76; *Foreign Policy* (www. foreignpolicy, com), various repons.

表 1—1　　　　　　全球化程度最高的 10 个国家或地区

国家/地区	排名				
	综合	经济	私人联系	科技	政治
新加坡	1	2	3	15	40
中国香港	2	1	1	17	71
荷兰	3	4	16	6	8
瑞士	4	11	2	7	28
爱尔兰	5	6	4	13	5
丹麦	6	5	13	5	7
美国	7	71	40	1	51
加拿大	8	34	11	2	13
约旦	9	10	5	50	1
爱沙尼亚	10	3	10	21	25

资料来源：Based on "The Globalization Index," *Foreign Policy*，November/December 2007，pp. 68 - 76.

全球化程度最低的国家同样值得引起我们的关注。这些国家人口之和大约占世界人口总数的一半左右，而且大多分布在非洲、东亚、南亚、拉丁美洲以及中东地区。这些国家的一个显著共性是高科技利用率较低。它们要想打破全球化程度较低的局面，还面临着很多的障碍。

一些全球化程度较低的国家的特点是，似乎永无休止的政治动荡和腐败问题（比如孟加拉国、印度尼西亚和委内瑞拉）。还有一些国家，农业部门在经济中占据较大比重，它们面临着发达国家的贸易壁垒，而且很容易受到商品市场价格波动的影响（比如巴西、中国和印度）。还有一些国家高度依赖石油出口，饱受能源市场价格剧烈波动之苦（比如伊朗和委内瑞拉）。肯尼亚则是饱受持续干旱、恐怖主义、影响到旅游业发展的严苛签证政策的困扰。最后，土耳其和埃及以及整个中东地区，则遭遇了恐怖活动、较高的贸易和投资壁垒，以及政府对经济过度干预等难题。这些国家要想加深与世界的联系，必须在经济、社会、科技以及政治环境等方面取得长足进步。

□ 小测验

1. 驱动全球化不断扩张的两个主要因素是什么？

2. 在促进贸易与投资方面的全球性以及区域性尝试是如何进一步提升全球化水平的？

3. 技术创新是如何驱动全球化的发展的？

4. 哪些因素导致一些国家与另外一些国家相比，全球化程度更高？

1.3 破除对全球化的争议

对不同人来说，全球化的内涵也是不同的。商人可能会把全球化看作是从低成本国家获取商品和服务、试图打开新的市场的机会。经济学家则将之看作检验全球化对就业和生活水平的影响的机会。环保主义者则可能更关心全球化对生态的影响。人类学家则关注全球化对某个地区文化的影响。政治界关心的则是全球化引起的政府与跨国公司力量对比的变化。在一个普通职员看来，全球化要么是给他提供了寻找新工作的机遇，要么是对他现有的工作构成了挑战。

正是因为我们每个人看待事物的角度不同，围绕全球化展开的争论才显得如此复杂。大企业家、私营企业主以及跨国公司的经理人既要了解全球化，也要了解反对全球化的各种观点。在接下来的内容里，我们将探讨反全球化者的主要观点，以及赞成全球化的人士对此作出的回应。但是，在分析这些复杂的争议之前，我们有必要先了解一下当前全球化的背景。

1.3.1 当前全球化的背景

很多人已经忘记了，19 世纪中期到 20 世纪 20 年代曾经出现第一次全球化浪潮。[①] 当时，劳动力流动性很高，从 1800 年开始的 10 年中，每年平均有 30 万人离开欧洲，到 1900 年这一数字增加到 100 万人。[②] 除了战争时期外，在 1914 年以前人们在出国旅行时甚至都不需要护照。与今天的情况类似，富裕国家的工人们担心来自高收入或低收入国家的人们会抢了他们的饭碗。

在第一次全球化浪潮期间，贸易和资本的流动也比以往任何时候都更加自由。富裕国家的大企业们在遥远的异国他乡开办工厂，以便利用那里的原材料，生产各种产品。大型货轮远渡重洋将这些产品运往不同的市场。越洋电报（出现在 1866年）让欧洲和美国之间的信息交流比以往更加便捷。第一次全球化浪潮的驱动力包括蒸汽轮船、电报、铁路以及后来出现的电话和飞机。

第一次全球化浪潮因为第一次世界大战、俄国十月革命以及大萧条的到来而被中断。对 20 世纪贸易领域激烈的竞争以及自由移民制度的对抗性反应是高额关税以及严格的移民壁垒。第一次世界大战前非常普遍的商品、资本以及劳动力的高度流动变成了昙花一现。从第一次世界大战爆发到"冷战"结束的 75 年里，世界被割裂开来。其中既有东西方这种地理上的分隔，也有共产主义和资本主义这种思想上的分隔。第二次世界大战结束后，西方世界实现了经济的平稳增长，但是商品、资本以及劳动力的流动却被局限在资本主义与共产主义体制或地域内。

一转眼就到了 1989 年，柏林墙也倒了。陆陆续续地，中东欧国家抛弃了与共产

---

① 关于这两次全球化浪潮的对比，摘引自 Thomas L. Friedman, *The Lexus and the Olive Tree*（New York: Anchor Books, 2000）, pp. xvi – xix.

② "Economics A-Z," *The Economist*（www.economist.com）.

主义的联系，倡导自由，开始朝着民主体制以及自由市场经济体制转变。尽管直到20世纪90年代，国际资本流动从绝对意义上才重新恢复到第一次世界大战之前的水平，但是全球化经济毕竟开始重获新生了。通信成本的降低以及世界更紧密地联系在一起是第二次全球化浪潮的助推器——这得益于通信卫星、光纤、微型芯片以及因特网的出现。

□ 1.3.2 围绕全球化展开的争议

除了我们前面曾经提到过的世界贸易组织之外，还有其他一些国际组织在推动全球化进程方面也扮演着重要角色。世界银行（WB）是一个旨在为各国的经济发展尝试提供资金支持的机构。组建世界银行的初衷是帮助二战后的欧洲进行重建。很快，该组织的关注点就转移到了发展中国家普遍存在的融资需求上来，现在它为非洲、南美洲以及东南亚的很多经济发展项目提供资金支持。国际货币基金组织（IMF）是为了监管固定汇率制度以及贯彻执行国际货币体系的规则而设立的一家机构。目前，国际货币基金组织有185个成员国。其主要宗旨包括增强国际货币合作，促进国际贸易的扩张和平稳增长，防止恶性汇率贬值，以及为成员提供短期的经济援助等。

在这里，我们还应该注意到另一个问题。那就是围绕全球化进行争论的双方都倾向于提出一些他们认为能够为其论点提供"绝对"支持的社会和经济研究结果。但是，很多研究全球化问题的组织都有其政治目的，比如放松政府监管或者是扩大政府主导的项目。这就使得这些组织的主张和结论很难保持客观中立。一个组织的目标很可能会影响到进行分析所需的数据的选择、研究的时间段、考察哪些国家等等。不管是什么时候，当我们听一个团体阐述全球化的利弊时，都必须将这一点考虑进来。

接下来我们就依次看看围绕全球化对以下问题的影响，有哪些争论：（1）就业和工资；（2）劳动力和环境监管；（3）收入差距；（4）国家主权；（5）文化。

□ 小测验

1. 当前的全球化浪潮与第一次全球化浪潮有什么异同？
2. 论述世界银行的初始使命以及现在的任务。
3. 国际货币基金组织的主要任务是什么？

□ 1.3.3 全球化对就业和工资的影响

我们从不管是对发达国家还是对发展中国家来说都非常重要的一个话题——全球化对就业和工资水平的影响，展开对和全球化有关的争论的探讨。我们首先给出反全球化者的论点，然后再来看看全球化的支持者是如何回应这些质疑的。

反全球化 持这种观点的团体认为，全球化腐蚀了人们的生活准则，毁掉了人们的生活方式。特别地，他们认为全球化导致发达国家工人工作机会减少、工资水平降低，同时剥削了发展中国家的工人。下面我们逐一展开说明。

发达国家工作岗位减少。 一些团体声称，全球化减少了发达国家在制造业领域的工作岗位。他们严厉地批评了那些将制造业报酬丰厚的工作机会转移到发展中国家的做法——这样一来，工资在跨国公司的总成本中只占了一个微不足道的比例。在他们看来，一个写有"中国制造"的标签可以理解成"不在本地生产"。尽管批评人士承认从中国（或者是其他工资水平较低的国家）进口产品降低了包括电视、运动用品等在内的消费品的价格，但是他们认为这对那些因此而丢了工作的人来说起不到什么安慰作用。

为了支持他们的论点，反全球化者将矛头指向了像好市多（Costco）或者沃尔玛这样的大型零售商。这些零售巨头、全球化方面的标杆的影响力，怎么形容都不过分。为了永无止境地追求低价产品，这些零售企业强迫它们的供货商转从中国以及其他工资水平较低的国家采购物资。[1]

发达国家工资水平下降。 反全球化者宣称，全球化导致工人与岗位错配，进而导致工资水平下降。他们认为，当发达国家能够提供的制造业工作机会消失了之后，工人在新的工作岗位上（假设他们能够找到新工作）拿到的薪水要比前一份工作少。确实有一些证据表明，一个错配的制造业工人，特别是年长的工人在替代性工作岗位上拿到的工资要低一些。那些反对全球化的人认为，这种局面导致员工忠诚度降低，士气受损，工作给员工带来的安全感也会减少。他们认为这会导致人们惧怕全球化，抗拒进一步降低贸易壁垒的做法。

大型零售商再次成为指责的对象。全球化批评人士指出，实力雄厚的零售商们不断强迫低工资国家的制造商们接受一个更低的利润水平，以便零售商可以降低消费者需要支付的产品价格。这样做的结果就是，零售商们导致世界范围内的工资水平不断下降，工作环境不断恶化。

剥削发展中国家的工人。 批评者控诉说，全球化和国际外包活动剥削了低工资国家的工人。克莱恩（Naomi Klein）是一个知名的反全球化人士。他强烈反对西方企业，比如维多利亚的秘密、德尔塔航空等将它们的电话客服中心的工作外包。克莱恩认为这类工作迫使亚洲的年轻人遮掩自己的国籍、假装成中西部地区的口音，在晚上为处于地球另外一端的美国消费者服务。克莱恩还坚称，自由贸易政策"是一个强大的掠夺机器，将小农场主从他们的土地上驱逐出去，致使公共事业部门的工人们下岗"。[2]

支持全球化 持这种观点的一方认为全球化提高了人们的生活水平，并且帮助人们形成了新的生活方式。他们辩称，全球化增加了所有国家的财富，提高了所有国家的效率，让发达国家的劳动力市场变得灵活，促进了发展中国家经济的发展。下面我们逐一来阐述这些观点。

增加了所有国家的财富，提高了所有国家的效率。 一些经济学家认为，全球化不仅使得发达国家而且也使得发展中国家的财富增加，效率提高。全球化的支持者声称，向国际贸易敞开国门（用贸易额占一国国民总产出的比重衡量）有助于提高国民产值（通过效率的提升来实现），同时也提高了人均收入水平（通过将储蓄转移

---

① 诸如此类针对沃尔玛的指责，参见 Jane Birnbaum, "Corporate Greed vs. Public Good, Where America Shops," AFL-CIO Web site（www. aflcio. org）.

② Naomi Klein, "Outsourcing the Friedman," Naomi Klein's Web site（www. naomiklein. org）.

到消费者手中）。例如，通过消除零售供应链中的低效环节，全球化的零售巨头们起到了抑制通货膨胀、提高生产力的作用。有些经济学家预测，如果能够消除现存的所有贸易壁垒，那么世界收入水平将出现显著提高，发展中国家将从中大受裨益。

让发达国家的劳动力市场变得灵活起来。 全球化的支持者认为，通过帮助发达国家的劳动力市场变得灵活，全球化带来了正的收益。他们宣称，收益来自工作岗位的转移，或者是劳动力市场的"剧烈波动"——当一个经济体出现大范围的就业调整时，我们就可以用这个术语来描述。一个灵活的劳动力市场可以帮助工人在很多时间内被重新分配到能够实现他们的最大价值、真正需要他们的岗位上。这样一来，员工，特别是年轻的职员就可以在不必承担过多成本的情况下，自由地转换工作岗位。举例来说，一个年轻人可能会从第一任雇主那里积累很多的经验和技巧，然后去寻找一份新的让雇员与雇主都感觉彼此更合适的工作。

促进了发展中国家的经济发展。 全球化的支持者认为，全球化以及国际外包提高了发展中国家的经济发展水平。最初，印度凭借大量低成本、训练有素、英语流利的技术人员，吸引了大量的软件编程业务。最近，提供各种类型的客户服务的电话客服中心为很多无法成为医生或律师的年轻毕业生们提供了光明的未来。成百上千万的印度年轻人将这类工作看作是进入提供优沃薪水的跨国公司的敲门砖。

现在，无休止的全球化进程正在将印度转变成一个商务外包基地——包括金融、会计、结算、收益核算等方面面的工作。一个正在兴起的价值达数十亿美元的后台管理产业正显著提升印度人的生活水平。其中的原因非常简单。世界上最大的公司以及律师行现在都把诸如资料回顾整理、准备功课、合同管理以及其他一些工作外包给了印度的律师行，但是向印度人支付的薪水只是它们向西方同行支付的费用的十分之一到三分之一。[1] 从图1—1并不难看出来为什么很多IT工作也外包给了印度人来完成。美国的IT人员的工资大概是印度同僚的10倍。只要这样的差距继续存在下去，国际外包活动就非但不会停止反而会越来越流行。[2]

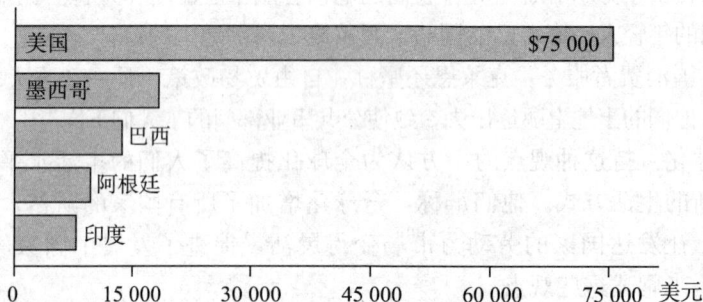

图1—1 IT人员工资对比

资料来源：Based on Rachael King, "The New Economics of Outsourcing," *Bloomberg Businessweek* (www. businessweek. com)，April 7, 2008.

---

[1]　Heather Timmons, "Outsourcing to India Draws Western Lawyers," *New York Times* (www. nytimes. com)，August 4, 2010.

[2]　Rachael King, "The New Economics of Outsourcing," *Bloomberg Businessweek* (www. businessweek. com)，April 7, 2008.

小结。不管是支持全球化的人还是反对全球化的人，似乎都认同这样一点，那就是劳动力市场的错位是全球化的一个副产品。换句话说，尽管全球化确实使得一国的某些工作岗位减少，但是也一定会给该国带来其他的就业机会。但是，尽管一些人下岗之后很快又找到了新的工作，但是也有一些人很难重新就业。这一争论的正反双方之间观点的本质区别似乎是，国民经济的总收益（可能有收益也可能没有收益）是否超过了个人遭受的损失（可能有损失也可能没有损失）。那些支持全球化的人认为，为了集体收益牺牲个人是值得的，反对者则持相反意见。

□ 1.3.4 全球化对劳动力、环境以及市场的影响

全球化的批评者指出，企业将工厂转移到了那些劳工和环境管制最宽松，因而劳工与环境成本最为低廉的国家。他们强调说，这种做法给各国与劳动者权益保护以及环境保护相关的法律的实施带来了很大的困难和压力，因为所有国家都希望能够吸引跨国公司的青睐。下面我们具体来了解一下他们的观点，并且看看全球化的支持者是如何做出回应的。

劳工标准 贸易非联盟宣称，当跨国公司可以不断地将生产转移到劳工标准更低的国家和地区时，全球化就降低了劳动者讨价还价的能力，并且降低了整个世界的劳工标准。检验这种说法的一个地方是发展中国家的出口加工区（EPZs）——企业可以免征进出口关税的一个特定区域。全世界有 850 个出口加工区，吸纳了 2 700 万人就业。但是，国际劳工组织的一项研究表明，没有明确的证据可以表明，工会力量较强的国家在出口加工区的投资遭受了损失。实际上，世界银行进行的另外一项研究发现，出口加工区的工作环境越安全、卫生条件越好，反而对外资更加有吸引力。[①] 这些事实都不支持反全球化人士宣称的对外开放和引入外资会导致劳工标准降低的说法。

环境保护 一些环保组织声称，全球化导致了在环境状况以及环境监管方面的恶性竞争。但是，研究表明，污染密集型的美国企业更倾向于在有着更严格的环保标准的国家和地区进行投资。很多发展中国家，包括阿根廷、巴西、马来西亚以及泰国等，在放宽对外资准入的限制的同时，也开始执行更严格的环境保护法。如果跨国公司只是迫不及待地想要在环境保护法不够健全的国家进行投资的话，那么数十年来它们可能根本不会在上面提到的这些国家进行投资。还有一些证据表明，那些封闭、保守的国家和开放的国家相比，在环境保护方面的表现要更差，这类国家包括加入北美自由贸易区之前的墨西哥、军事管制时期的巴西，以及《华沙条约》存续期间的共产主义阵营——它们在环境保护方面的记录都非常糟糕。同样，事实也不支持对外开放和全球化会导致环境保护标准降低的说法。

未来市场 全球化的反对者宣称，跨国公司侵掠当地的劳动者以及环境，去生产一些出口后被转运回跨国公司母国的产品。这样的说法不仅会诋毁企业的形象，而且可能是毫无事实根据的。现在的跨国公司对合理的劳动者保护法和环境保护法都持支持态度，因为它们希望将来有一天可以将自己的产品或服务打入当地市场

---

① 关于这两项研究的具体内容，请参见 Daniel W. Drezner，"Bottom Feeders," *Foreign Policy*（www. foreignpolicy，com）。

（当然也可能还有其他原因）。决定在某国进行投资之前，现在的企业通常会评估该国在将来成为其产品或服务的消费市场的潜在可能性，而不仅仅是将之作为一个生产基地。只有不到5％的美国企业仅仅是为了获取廉价原材料并且将制成品重新出口到美国，就选择在发展中国家投资。要想对管理者们如何考察自己并不熟悉的市场进而取得成功有更多的了解，可以参看下面的专栏"全球经理人公文包：全球成功的密钥"。

全球经理人公文包

全球成功的密钥

从99美分的汉堡包（麦当劳）到价值高达1.5亿美元的喷气式飞机（波音公司），全球化经营的企业经理们在进军不熟悉的市场时必须克服各种各样的障碍。这些经理人承认他们在管理方面存在一些共性，并且给出了以下建议：

有效的沟通。 商务关系以及商务礼节方面存在的文化差异对于国际商务来说是至关重要的，要求相关人员具有跨文化处理问题的能力。一个优秀的经理人懂得求同存异，处理问题时灵活、尊重他人、强调共性。

了解消费者。 一个优秀的经理人清楚如何利用公司的不同产品来满足各国消费者的需求。因而，他们会保证公司具有一定的灵活性，能够根据这些消费者的需要来个性化定制产品。

具有国际化的意识。 一个好的经理人懂得如何从外部介入，将海外市场整合到公司的商业战略中来。他们能够做到在头脑中形成一个国际市场的概念，并且据此来设计产品和服务，而不是为了倾销在本国已经过时的产品。

卓有成效的市场营销活动。 人们只有在知情的情况下，才会找上门来购买你的产品和服务。一场失败的营销活动足以导致一个伟大的产品悄无声息地从这个世界上消失，而国际营销环节的失误则可能给你招来并不想要的关注度。一个卓越的经理人懂得如何为高品质产品制定一个精彩绝伦的营销计划。

监控全球市场环境的变化。 一个成功的经理人会时刻关注商务环境，比如政治、法律、社会经济条件的转变。他们无不把获取准确的信息放在首位。

□ 小测验

1. 认为全球化减少了工作岗位、降低了工资以及剥削工人的一方的主要论点是什么？
2. 认为全球化带来了新的就业机会、提高了工资水平的一方的主要论点是什么？
3. 批评人士为什么会声称全球化给劳工标准、环境监测以及未来市场带来了负面影响？
4. 支持全球化的人士是如何回应问题3中的批评者的质疑的？

□ 1.3.5　全球化与收入不平等

围绕全球化展开的各种争论中，可能没有哪一个比它对收入不平等的影响更复杂。在这里，我们集中考虑该争议的三个主要方面：一国内部的收入不平等，不同国家之间的收入不平等，以及全球范围内的不平等。

一国内部的不平等　关于不平等的第一个争论是，全球化是否扩大了一国内部不同国民之间的收入不平等程度。反全球化者认为，贸易与投资的自由化使得跨国公司关闭工资较高的发达国家的工厂，转而投入工资较低的发展中国家的怀抱。他们说这种做法导致发达国家的蓝领工人与白领工人之间的收入差距加大。

针对发达国家和发展中国家进行的两项研究在这个问题上得出的结论并不一致。第一项研究针对38个国家近30年的情况展开，并且支持这一观点。研究发现，随着一国开放程度的增加，该国最贫困的40％人口的收入增长速度出现了下降，但是其他群体的收入增长速度有所提高。[1] 第二项研究考察了80个国家40多年的经历，但是没有发现能够支持收入差距扩大这一论点的证据。该项研究发现，贫困人口的收入与整体经济发展水平同步提高，并且得出了贫困人口与其他人一样也会从国际贸易中受益的结论。[2] 这两项研究的结论在一系列研究发达国家与发展中国家收入差距程度的研究中，非常有代表性。

针对发展中国家展开的两项研究的结论更加一致。其中一项研究发现，贸易额占国民总产出的比重每增加1％，人均收入水平会提高0.5到2个百分点。另外一项研究则表明，当一个经济体的贸易一体化程度提高时，穷人的收入水平会与该经济体人均收入水平同步增加，但是当该经济体开放程度下降时，穷人的收入会远远落在平均水平之后。[3] 这两个研究的结论告诉我们，通过融入全球经济，发展中国家（到目前为止获益最多的国家）可以提高其最贫困的居民的收入水平。

目前正在逐渐完善的一种新的研究方法对于贫困和剥夺问题采取了更加多维的视角。这一方法的推崇者认为只盯着收入这一个指标不放的做法是有问题的，因为更高的收入并不必然意味着人们更健康、营养更均衡。新方法主要考察一个家庭是否缺乏10项基本要素，具体说来就是一个家庭的地板是不是很干净、厕所是不是够整洁、是不是能够享受电力设施、孩子是不是在上学、家庭成员是否存在营养不良的情况、是否需要步行30多分钟以便获得清洁的饮用水等。如果一个家庭不具备以上条件中的30％或以上，那么它就会被看作是贫困家庭。这个方法揭示了不同贫困地区之间的重要差别。比如，次撒哈拉非洲地区的贫困主要体现在物质条件匮乏，在南亚营养不良则是一个大问题。[4]

① M. Lundberg and L. Squire, *The Simultaneous Evolution of Growth and Inequality* (Washington, DC: World Bank, 1999).

② David Dollar and Aart Kraay, *Growth Is Good for the Poor* (Washington, DC: World Bank, 2001) (www.worldbank.org).

③ Studies cited in *Poverty in an Age of Globalization* (Washington, DC: World Bank, 2000) (www.worldbank.org).

④ As reported in "A Wealth of Data," *The Economist*, July 31, 2010, p. 62.

国家之间的不平等 围绕不平等展开的第二个争论是，全球化是否扩大了富裕国家与贫困国家的平均收入水平之间的鸿沟。如果我们把高收入国家居民的平均收入水平与中低收入国家的情况相对比，我们确实会发现差距在加大。但是"平均"掩盖了不同国家之间情况的差别。

进一步的调查显示，并不是所有贫穷国家与所有富裕国家之间的收入差距都在扩大：一些贫困国家与富裕国家的差距在缩小，但是另一些国家确实掉队了。比如说，中国与美国的人均 GDP 水平之间的差距正在逐渐缩小，但是非洲国家和美国的差距越来越大。中国所取得的成就毫无疑问是它积极融入世界的结果，近年来它的年均经济增速达到了 9％左右。另外一个新兴市场——印度，同样也因为积极参与全球化进程，而缩小了与美国之间的收入差距。[①]

积极融入全球化的发展中国家正走在个人收入提高、人均寿命增加、教育体系日益完善的光明大道上。此外，积极引入对外贸易与投资的后共产主义国家也实现了人均 GDP 水平的高速增长。相反，那些闭关锁国的经济体的表现与过去相比更加糟糕。

全球范围内的不平等 围绕不平等展开的第三个争论是，全球化加剧了世界范围内的不平等——加大了世界上所有人之间的收入差距，而与他们生活在哪里毫无关系。最近的一项研究为我们呈现了一幅世界贫困水平下降的美好图景。这项研究发现，日均消费低于一美元（公认的贫困线）的人口占世界总人口的比例在 30 年间从 17％下降到了 7％，这意味着世界贫困人口减少了 2 亿人。[②] 世界银行完成的另外一项经常被提到的研究则发现，日均消费低于一美元的人口占总人口的比重在 20 年间从 33％下降到了 18％，使得世界贫困人口总数从 15 亿人减少到了 11 亿人。[③]

因为这样或那样的原因，真实的情况很可能介于这两项研究之间。比如说，世界银行的研究只使用了发展中国家的人口数字，而第一项研究则使用世界总人口进行分析，因此在其他条件相同的情况下，后者的贫困人口比重更低。重要的是，大多数专家都认同世界范围内的不平等程度是在下降的，他们只是无法就下降的程度达成一致意见。

对于大多数人来说，很难理解撒哈拉以南非洲、南亚以及其他一些贫困地区日均消费不足一美元的生活是怎样的。非洲大陆的问题最为严峻。那里有着世界上 13％的人口，但是其 GDP 却只占世界 GDP 总和的 3％。很多富裕国家已经意识到，它们不能若无其事地看着这个世界上有那么多人生活在这样的状况之中。

那么，我们应该怎样来帮助这些贫困人口呢？首先，富裕国家可以增加它们给予贫困国家的经济援助——对外援助额在捐赠国 GDP 中所占的比例目前处于历史最低水平。其次，富裕国家应该减免一些深陷债务泥潭的贫困国家（HIPCs）的债务。这样做的初衷是降低世界上最贫困国家的负债水平。债务减免可以让这些

① *2008 World Economic Outlook*（Washington, DC: International Monetary Fund），April 2008, Financial Openness and GDP Growth, Box 5.1, International Monetary Fund Web site（www.imf.org）.

② Xavier Sala-i-Martin, "The World Distribution of Income: Falling Poverty and...Convergence, Period," Columbia University Web site（www.columbia.edu），working paper, October 9, 2005.

③ Shaohua Chen and Martin Ravallion, "How Well Did the World's Poorest Fare in the 1990s?" *Review of Income and Wealth*，September 2003, 47（3），pp. 283-300.

国家将资金用到提供公共服务或者是进一步参与到全球化进程中去，而不是支付债务利息。[①]

小结。 关于一国内部收入不平等程度的争论，研究表明发展中国家可以通过参与全球化、积极融入到全球经济中，提高最贫困人口的收入水平。关于不同国家之间收入不平等程度的争论，事实是向国际贸易和投资敞开大门的国家的经济发展水平似乎比发达国家还要更快。同时，那些远离全球经济的经济体的状况则有恶化的趋势。最后，关于全球范围内不平等的争论，尽管专家同意不平等程度近年来有所下降，但是却无法在下降程度这个问题上达成一致意见。

□ 1.3.6 全球化与国家主权

国家主权通常来说是指，一国的状态是：（1）自治的；（2）可以自由选择政府；（3）不能干预其他国家的事务；（4）能够控制跨境活动；（5）可以签署国际协定。反全球化团体宣称，全球化损害了国家主权，并且侵犯了地方和州政府的权威。但是支持全球化的人并不赞同这一说法，相反，他们认为全球化扩大了世界范围内的民主，应该从长远角度来看待国家主权问题。

全球化：民主的威胁者？ 反对全球化的一个主要论点是，全球化加强了超国家的国际组织的力量，但是削弱了各国政府的权力。毫无争议的是，世界贸易组织、国际货币基金组织以及联合国是由被委任的而不是民主选出来的代表领导的。但是，这些机构是否将个人意愿强行加到了主权国家的头上是值得商榷的。批评者认为，通过削弱国家、地区以及地方政府的政治和法律权力，这些组织弱化了民主与个人自由的分量。

全球化的反对者同样不赞同由国家政治当局代表国民缔结国际协定。他们指责说这些协定侵犯了联邦之下各级地方和州政府的权利。举例来说，美国的地方政府和州政府无权参与缔结北美自由贸易协定的过程。WTO 的法规甚至要求美国联邦政府采取一些可能的手段（包括实施先发制人的法律法规以及撤回资金）敦促下级政府遵守 WTO 的规则。抗议者认为这类要求直接侵害了联邦以下各级政府的权利和主权。[②]

全球化：民主的守护者？ 全球化的支持者争辩说，全球化带来的一个令人惊叹的结果就是整个世界变得更加民主。最近几十年，很多国家都摆脱了强权专制的束缚，其国民有机会接受更好的教育、信息更加通达、被赋予了更多的权力。他们认为，全球化是推动世界民主进程的利器，而不是相反。

全球化的支持者还认为，应该从长远的角度来看待国家主权问题。主权国家的权力范围出现变化并不是什么新鲜事，因为长期以来政府一直在放弃尝试控制一些它们能力范围之外的事情。17 世纪中叶，欧洲各国政府放弃了对宗教的控制权，因

---

① "Debt Relief Under the Heavily Indebted Poor Countries（HIPC）Initiative," International Monetary Fund Web site（www. imf. org），March 2008.

② "Undermining Sovereignty and Democracy," The Ten Year Track Record of the North American Free Trade Agreement（Washington，DC：Public Citizen's Global Trade Watch，2004）.

为试图控制宗教会危及整个社会的政治稳定。同样，1832 年的希腊、1913 年的阿尔巴尼亚以及 20 世纪 90 年代的南斯拉夫不得不保护少数民族的利益，以赢得国际社会的认可。在过去的半个世纪里，联合国在种族屠杀、虐囚、奴隶、难民、妇女和儿童的权利、强制劳动以及种族歧视等重要问题上取得了长足的进步。与在这些问题上丧失国家主权类似，全球化的支持者认为，在某些经济问题上丧失国家主权可能反而会带来更大的收益。①

□ 1.3.7　全球化对文化的影响

民族文化是对一国人民的价值观、立场、习俗、信仰以及交流方式的直接体现。全球化是否弥合了不同文化之间的差异或者说强化了文化的同一性是一个存在很大争议的话题。

反对者抱怨说，全球化让世界变得越来越趋同，破坏了世界文化的多样性。批评者认为，在某种程度上，在未来我们所有人都将穿着同一个品牌的衣服、吃着同一个名字的餐厅提供的同样的食物、看同一家电影公司制作的某部电影。

但是，全球化的支持者反驳说，全球化使得我们每个人都能够从不同的环境和技能中获益。贸易使得各个国家可以专注于提供自己最具有优势的产品和服务。然后各个国家通过贸易来换取自己想要但是并不生产的东西。这样一来，世界上大部分顶级红酒将继续在法国生产，大部分钻石则由南非出产，日本则继续设计一些世界顶级的汽车。其他国家和地区则用自己所能够提供的产品和服务从这些国家换回它们不生产或者是没有能力生产的红酒、钻石以及汽车。如果你希望对文化与全球化之间的交互作用有更多的了解，请参见本章的"文化至关重要：国际化消费者"专栏。

文化至关重要

国际化消费者

围绕全球化对文化的影响进行的争论激发了很多观点。有人认为全球化导致文化趋同，但是也有人认为全球化倡导文化差异性。下面是这场大辩论中的一些观点：

■ 物质需求。批评人士称，通过激起人们物质欲望的广告活动，全球化助长了各个国家的"可口可乐化"。他们还指责说，通过将地方企业驱逐出市场，全球消费品运动破坏了文化差异性（在发展中国家尤其如此）。

■ 艺术影响。有证据表明发展中国家的文化正在蓬勃兴起，它们的音乐、艺术、文学作品的影响力在过去的一个世纪里不断增强（而不是减弱）。例如，非洲文化影响了包括毕加索、披头士以及贾斯汀在内的很多人。

■ 西方价值观。通过互联网、全球媒体、越来越多的商务旅行以及跨国公司在当地的营销活动，商业触角延伸到各个领

---

① Stephen Krasner, "Sovereignty," *Foreign Policy*, January/February 2001, pp. 20 - 29.

域。批评人士认为，当地的价值观和传统正被美国公司所提倡的西方价值观所取代。

■ **对美好的追求。**全球化培育了两种重要的价值观：包容和多样化。全球化的倡导者呼吁，各国应该对不同意见更加宽容，鼓励其国民展示个性。这种观点将全球化看作是追求世界上的美好事物的助推器。

■ **深层价值观。**全球化确实会使得人们的消费观以及经济理念趋同，但是这些只是一国文化中非常肤浅的部分。代表了文化的真正内涵的深层价值观可能对全球消费文化更加有抵抗力。

■ **想了解更多？**登录以下网址：www. globalpolicy. org，www. globalisationguide. org，www. theglobalist. com。

资料来源："Economic Globalization and Culture：A Discussion with Dr. Francis Fukuyama," Merrill Lynch Forum Web site（www. ml. com）；"Globalization Issues," The Globalization Web site（www. sociology. emory. edu/globalization）；"Cultural Diversity in the Era of Globalization," UNESCO Culture Sector Web site（http://portal. unesco. org/culture）.

☐**小测验：**

1. 围绕全球化与收入不平等之间的关系展开辩论的双方各自的观点是什么？
2. 围绕全球化与国家主权之间的关系展开辩论的双方各自的观点是什么？
3. 围绕全球化对文化的影响展开辩论的双方各自的主要论点是什么？

1.4　全球商务活动的主要参与者

各行各业、各种规模、各种类型的企业都开始参与到国际商务活动中来，但是参与的程度却有很大的差别。一个小商店的店主可能只从国外进口商品，但是一家大型企业可能在世界很多国家开设工厂。虽然来自发达国家的大型企业在国际商务中仍然占据主导地位，但是来自新兴市场（比如巴西、中国以及印度）的企业正逐渐扮演一个越来越重要的角色。此外，得益于科技的进步，中小企业在国际商务中也开始占有更大的份额。

☐ 1.4.1　跨国公司

所谓跨国公司（MNC）是指在海外多个国家和地区（以营销或者是生产补贴的方式）进行了直接投资的公司。它们给所在国家和地区提供了就业岗位、投资以及税收。同样，当跨国公司倒闭或者是收缩规模时，它们也会导致成百上千人失业。跨国公司之间的兼并收购所涉及的资金往往会高达数十亿美元，而且有越来越多的新兴市场经济国家的企业被卷入了进来。

有些跨国公司的员工数比很多小国或者是岛国的国民总数都多。沃尔玛有2 055 000名员工，是世界上雇员最多的公司。如果我们将世界排名500强的公司的收入水平与一些国家所能提供的产品或者服务的价值作一个对照的话，很容易就能够看出跨国公司的巨大经济影响力。图1—2列出了世界最大的10家公司（以年收入来衡量）与一些国家（地区）国民总产出（用GDP衡量）的对比。如果我们可以把沃尔玛想象成一个国家的话，那么它将是相当富裕的，排名仅次于瑞士。即便是在世界500强中排在最后一位的福路（Fluor）公司，其将近170亿美元的年均收入水平仍然超出了很多国家的经济总产值。[①]

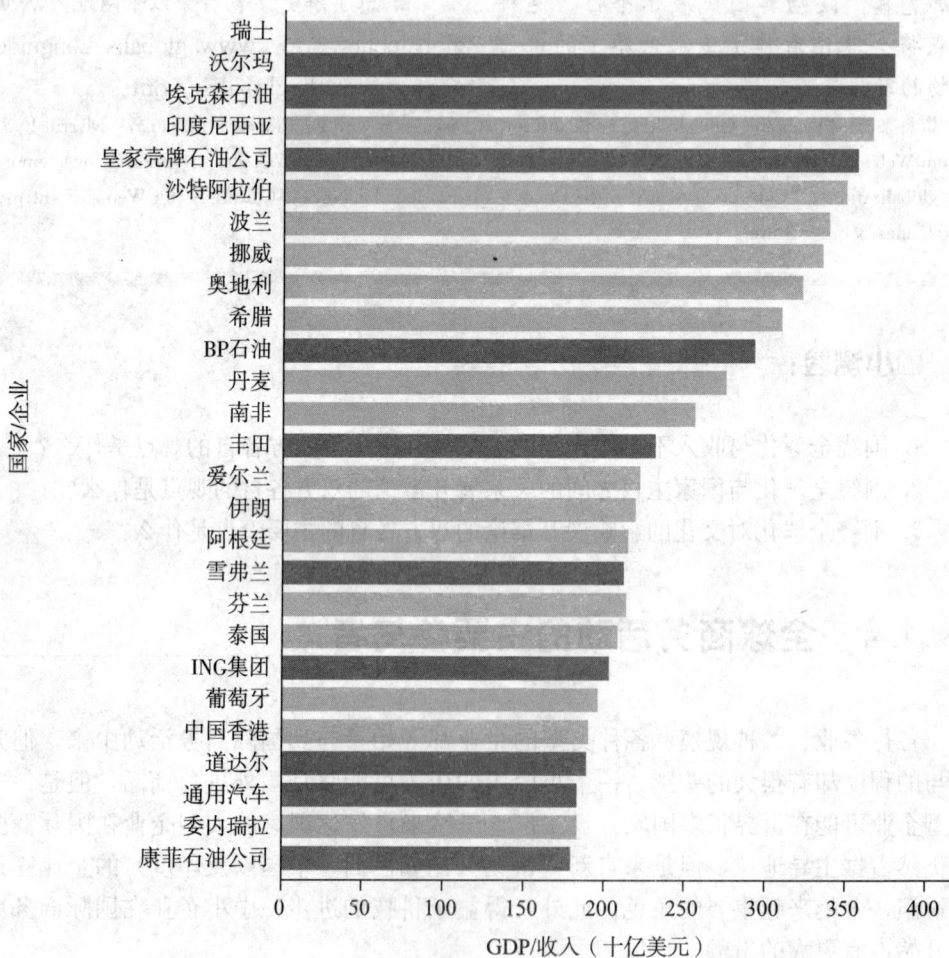

图1—2 世界500强公司年收入与一些国家（地区）GDP的对比

资料来源：Data obtained from "Global 500," *Fortune*, July 21, 2008, pp. 156 - 182; *World Development Indicators* 2008 (Washington, D. C. ：World Bank, April 2008), (www.worldbank.org).

□ 1.4.2 企业家和小企业

在全球化时代，小企业在国际贸易和国际投资活动中也表现得越来越活跃。由于技术的进步，企业出口更加容易，发展也更加迅速。与传统的分销渠道只为大型企业提供了进入海外市场的机遇不同，销售电子产品的小公司可以利用低成本、高

---

① Data for this discussion was obtained from "Global 500," *Fortune*, July 21, 2008, pp. 156 - 182.

国际商务：全球化带来的挑战（第6版）

效率的电子渠道。此外，销售传统产品的小公司也从降低了国际通信的成本和难度的技术中受益。

全球化还催生出另外一种新型国际企业，即天生的全球性公司（born global firm）——从一开始就以全球化的视角来寻找市场并且开展国际商务活动的企业。天生的全球性公司的主要特征是其创新文化和构筑在知识的基础上的组织能力。尽管这些企业最先诞生于国内市场比较狭小的国家，但是现在，在主要贸易国都可以看到它们的身影。尤其引人注目的是，很多这类公司只用了不到三年的时间，就赢得了国际竞争者的地位。

天生的全球性公司最极端的一个例子，或许当属那些仅仅依靠因特网就将触角伸向了全球各地消费者的公司。纳尔迪（Alessandro Naldi）的"佛罗伦萨周末"网站（www. firenze. waf. it）向地球村的村民们提供的佛罗伦萨特产，要比他们在佛罗伦萨市内的旅游商店里看到的价格高得离谱的产品地道得多。作为一个佛罗伦萨人，纳尔迪创办这个网站的目的就是，只销售位于托斯卡纳的小作坊制造的品质精良、绝对地道的意大利商品。该网站每个月平均有 2 万名访问者，其中 40％来自日本，30％来自美国，其他的则来自希腊、澳大利亚、加拿大、墨西哥、沙特阿拉伯以及意大利本国。[①]

遗憾的是，很多有出口能力的企业并没有这样做。据估计，美国员工人数低于100 人的企业中，只有 10％左右从事产品出口活动——这个数字是所有规模的企业中从事出口活动的企业所占的比例的两倍。对于小企业来说，虽然确实存在一些出口障碍，比如缺少投资所需的资金，但是人们头脑中一些错误的念头也构成了人为的障碍。如果你希望对这些错误念头以及真实的情况有更多的了解，不妨阅读一下下面的专栏"企业家工具箱：关于小企业从事出口活动的误解"。

企业家工具箱

关于小企业从事出口活动的误解

误解 1：只有大企业才能成功将产品出口到海外。

事实：大多数出口商都是中小企业，雇员人员不到 50 人。出口可以降低小企业对国内市场的依赖性，可以帮助它们免遭销量季节性波动之苦。在国内流行的产品，或者是在本国卖得一点都不好的产品，在其他国家或者地区完全有可能受到人们的欢迎。

误解 2：小企业无法就出口业务获得建议。

事实：不管是菜鸟还是富有经验的出口商都可以从联邦政府那里获得全方位的帮助。国际贸易专家可以为小企业提供如何选址以及如何利用联邦、州、地方甚至是私营部门的项目的建议。另外，还可以从他们那里获得市场调研、贸易导航、融资和贸易大事记等方面的信息。

误解 3：拿到出口许可证是件很麻烦的事情。

事实：很多产品根本不需要出口许

① *Weekend a Firenze* Web site（www. firenze. waf. it），select articles.

27

可证。出口商只需要在承运人的出口报关单上注明"NLR"或者"无须出口许可证"字样即可。只有出口高科技产品、国防产品，或者是出口对象是美国实施禁运或其他制裁手段的国家时，才需要申请出口许可证。

误解 4：小企业无法获得出口融资。

事实：小企业管理局（SBA）以及进出口银行都可以向小企业发放贷款。其中，小企业管理局负责处理贷款额在75 万美元以下的申请，进出口银行则负责75 万美元以上的交易。贸易与发展局同样也会向中小企业的海外项目提供融资。

资料来源：Shannon McRae, "Debunking Small-Business Myths," National Federation of Independent Business Web site（www.nfib.com）, September 26, 2007; "Myths About Exporting," Buy USA Web site（www.buyusa.gov）.

1.5 国际商务的特殊之处

通过本章前面的学习，读者会发现国际商务与纯粹的国内商业活动有着很大的差别。最明显的一个特点就是各个国家可以有完全不同的社会与商业环境。下面，让我们通过下面这个示意图——我们称之为国际商务环境——来具体探讨一下国际商务的独特之处是什么。

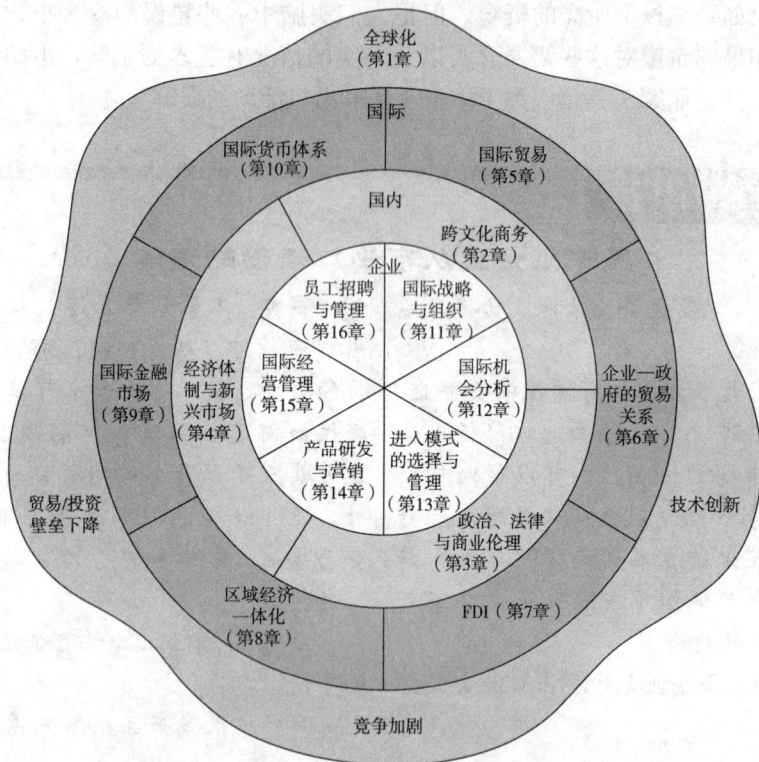

图1—3 国际商务环境

□ 1.5.1 国际商务环境

国际商务有自身的特殊性是因为，它发生在一个会随着以下四类不同的因素的变化而变化的动态的、一体化的系统中：

1. 全球化的动因
2. 国际商务环境
3. 诸多国内商务环境
4. 跨国企业管理

图1—3体现了以上四个共同构成国际商务环境的主要因素以及它们的次级因素。考虑到国际商务发生在这样一个全球化的系统中有助于我们理解国际商务的复杂性，以及各个不同组成要素之间的交互作用。接下来，我们就先来简单了解一下国际商务环境的这四个主要组成部分：

全球化使得我们的社会与商业活动在很多方面都发生了变化。全球化以及它所带来的压力渗透到了图1—3所示的每一个领域。从这个角度说，促进全球化的因素（科技创新、贸易与投资壁垒的降低）影响着国际商务环境的每个方面。全球化变动不居的本质同样也让世界各地的企业竞争更加激烈，因为管理者们逐渐将整个世界看作一次机会。不管是在国内还是国外，企业都必须警惕全球化所带来的重要社会和商业变化。

国际商务环境既微妙又实在地影响着企业的经营。没有哪个行业或者企业可以完全不受国际商务环境的变化影响，国家间的界限越来越模糊足以佐证这一点。推动全球化发展的因素使得贸易、投资以及资本的流动加速，而且三者之间的交互影响越来越错综复杂，这导致企业去海外寻找生产基地与新的市场。当今企业必须时刻把握国际商务环境的脉搏，留意国际商务环境会给它们的经营活动带来怎样的影响。

每个国内商务环境都是由让该国境内的商务活动成为该国的商务活动的独特的文化、政治、法律以及经济特征组成的。不同国家之间的这些特征可能有着很大的差别。但是，随着各国打开国门，融入全球化的浪潮中，它们的商务环境正在发生变化。全球化可以使得一个社会的不同要素内部、不同要素之间产生强大凝聚力和巨大的张力。企业的管理者必须注意到这些细微的差别，并且根据需要来调整它们的产品与活动。

跨国企业管理与纯粹的国内企业的管理是完全不同的两码事。企业必须遵守它们所涉足的每一个市场的规则。因此，跨国企业管理的范畴是由一国独特的商务环境决定的。因为当前企业的生产与营销活动是高度分散的，企业往往是和彼此之间距离遥远、但是又共处在同样的国际商务环境中的人们打交道。最后，因为全球化蕴含的一体化能量，管理者以及他们所管理的企业身不由己地越来越了解它们开展经营活动的国家。企业应该通过严密监控全球化进程、国内商务环境以及国际商务环境，尝试预测哪些事件或者因素会影响到它们的生产经营活动。

□ 1.5.2 国际商务的前景

本书关于国际商务的内容全部体现在图1—3所示的国际商务环境模型中。在这一章中，我们了解了国际商务是如何改变世界的，构成国际商务环境的几个要素之间的交互作用是如何变得越来越强的。随着全球化在每个国家都渗透得越来越深，跨国企业管理的每一个方面都会受到影响。

在第二篇（第2~4章）中，我们探讨不同国家之间的商务环境存在哪些差异。我们要看一下不同国家的人们的价值观、立场、信仰、直觉有哪些不同，以及这些不同是如何影响商业活动的。在这一部分，我们还要研究不同国家在政治、法律与经济体制方面的差别。我们先讲述这些内容是因为不同国家在这些方面存在的差别能够帮助我们更好地理解后面的话题，比如企业如何对海外经营活动和战略作出调整等。

在第三篇（第5~8章）和第四篇（9、10章），我们将探讨国际商务环境的构成要素。首先我们要介绍一下主要的贸易和投资理论，以及一国政府为什么要支持或者反对这两种形式的国际商务活动。接下来我们研究遍布世界各地的区域经济一体化过程，并且指出该过程对国际商务来说意味着什么。最后，我们分析国际金融市场对国际商务的影响，以及国际货币体系的作用。

在第五篇（第11~16章）中，我们关注跨国企业管理与纯粹的国内企业的管理有哪些不同。我们将介绍一下企业如何制定国际战略，如何组织自身力量投入到国际商务活动中，如何分析和选择未来要开拓的市场。我们介绍了不同的市场进入方式，并且探讨了企业应该如何针对特定的国家、地区或者整个世界来开发以及营销产品。接下来，我们要看一下跨国企业是如何对分散在世界各地的经营活动进行管理的。最后，我们以跨国公司在国际商务环境下应该如何进行人力资源管理结束全书。

□小测验

1. 为什么说跨国公司主导着国际商务世界？
2. 解释一下为什么说小企业以及天生的全球性公司正越来越多地参与到国际商务活动中？
3. 什么叫国际商务环境，它的几个构成要素之间是如何交互影响的？

商务启示

本章的主题是世界各国的经济正逐渐与全球化进程交织在一起。一国的文化、政治、法律以及经济事件对其他国家的国民生活的影响越来越强。企业也必须关注它们从事经营的国家所经历的变革会对它们的运营产生怎样的影响。在这里，我们简要讨论一下全球化对国际商务的几个重要含义。

利用全球化带来的收益

反对全球化的人声称，全球化会给

国际商务：全球化带来的挑战（第6版）

工人工资以及环境保护带来负面效应，降低政治自由度，助长腐败，导致不同群体之间的收入不平等。但是，有证据表明全球化程度最高的国家同时也是收入最平等、对自然资源的保护力度最强、政治体系最完善、腐败程度最低的国家。同样，那里的人们也是最健康长寿的，女性在社会、教育和经济领域也取得了最突出的成就。

围绕全球化展开争议的好处是，它促进了人们关于全球化利与弊的对话和交流。正反双方现在都变得更加冷静和理性。他们都认识到，全球化或许会给人们的生活带来正面的影响，但是全球化本身并不能消除全球贫困人口的痛苦。这场争论的双方现在正团结合作，充分利用全球化带来的收益的同时，最小化因为全球化而产生的成本。

激烈的竞争

促进全球化的两大动力（贸易和投资壁垒的下降以及技术创新）引领企业去开发此前相对封闭的市场，世界范围内的竞争更加激烈。创新活动在短时间之内很难放慢脚步。

随着大规模计算的成本不断下降、新的技术不断被研发出来，企业发现管理高度分散的市场活动和生产设施正变得越来越容易，成本也越来越低。技术进步甚至会让将更加专业的工作外包给低成本国家变成可能。随着竞争的加剧，跨国公司将加强与供应商和消费者的合作。

工资与就业

发达国家的一些劳工组织指责全球化导致了企业竞相压低工人工资和收入。但是为了吸引投资，一国或者地区在实现了必要的社会、政治与经济稳定的前提下，还必须拥有廉价、熟练的劳动力。

市场与生产活动的快速全球化使得配送成为了一项庞大的工程。随着企业为了降低成本将活动外包，供给与分销渠道变得越来越长、越来越复杂。企业的物流部门或者是专门的物流公司可以帮助跨国公司应对这些挑战。物流专家帮助企业打理过长的供应链，监控海运环节，并且进行景气预测。高工资的物流工作岗位是因全球化引发劳动力市场"波动"而带来的高附加值就业的代表。

政策议程

发达国家和发展中国家可以采取各种手段来减轻全球化带来的负面影响。世界银行呼吁发达国家：（1）敞开国门，从发展中国家进口产品；（2）降低有碍于贫困国家出口的农产品补贴；（3）增加对贫困国家的援助，特别是用于教育与卫生事业的援助。同时，世界银行还号召贫困国家改善它们的投资环境，增加对处在一个变动的经济环境中的贫困人口的社会保障。

国际经济研究所（www.iie.com）也从两个角度提出了一项针对发达国家的政策议程。从国内来说，该组织提议：（1）提供在职培训，帮助工人应对全球化带来的挑战；（2）为那些受全球化进程影响，被迫接受较低工资的工作的工人们提供"工资保障"；（3）为失业工人提供医疗保险补贴；（4）提高国民的受教育水平，倡导终身学习。从国际角度，该组织建议：（1）更好地履行劳工标准；（2）界定国际贸易与环境协定之间的关系；（3）评估贸易协定对环境的影响

本章只是将各位引入了国际商务世界的大门，我们衷心希望你们在接下来的学习旅程中能够乐在其中！

本章小结

1. 描述全球化的进程，并阐述它对市场和生产的影响：

全球化是指各国企业和经济体在经济、文化、政治以及科技领域相互依存程度不断加深的过程。

全球化的特征是"去国民化"，即国界变得越来越无关紧要。

市场的全球化帮助企业：（1）通过将营销活动标准化，降低了成本；（2）在国内市场较小或者是饱和的情况下，开拓新的市场；（3）平滑收入波动，对于那些季节性较强的产品的生产商来说尤其如此。

生产的全球化帮助企业：（1）获得低成本的劳动力，形成了价格竞争优势；（2）获得本国没有或者是过于昂贵的技术和自然资源。

2. 指出促使全球化加速发展的两大动因：

贸易和投资壁垒降低是全球化背后的一个主要原因。

关贸总协定以及世界贸易组织这样的机构极大地促进了关税壁垒的降低。

几个或者一些国家通过签署区域贸易协定，进一步降低了贸易壁垒。

技术创新是驱动全球化进程的第二个主要因素。

企业可以通过电子邮件、电视会议、企业内网和外网来管理全球商务活动。

科技进步使得企业可以更快捷方便地管理远距离的运营工作。

交通运输领域的创新使得海洋运输更加高效、安全。

3. 阐述围绕全球化有哪些主要争议：

在就业和工资方面，全球化的支持者和反对者都认为全球化导致了劳动力市场的波动：支持者认为因此而产生的总体收益超过了个别失业者的损失，但是反对者认为结果恰好相反。

劳工组织指责全球化导致各国劳工保护和环境监管竞相弱化，虽然它们并没有切实的证据支持这一论调。

关于国家内部的收入不平等这一点，发展中国家通过融入全球经济，可以提高其最贫困的国民的收入水平。

关于国家之间的收入不平等，那些积极参与国际贸易与投资的国家比富裕国家的发展速度要更快，而那些封闭保守的国家的状况则在恶化。

争论的双方都同意全球不平等程度近年来有所下降，但是他们认可的下降程度存在差别。

关于国家主权，全球化推动了民主在世界范围内的壮大，而且帮助很多国际问题取得了进展。

有证据表明，发展中国家的文化在全球化时代处在崩溃的边缘，但是文化中深层次的部分并不会轻易被替代。

4. 指出参与国际商务活动的主要企业类型：

小企业和小公司在国际商务活动中越来越活跃，因为互联网以及其他技术帮助它们克服了高昂的广告和分销成本这个障碍。

大型跨国公司仍然是国际商务活动的主角。

大型跨国公司有很强的经济和政治影响力，它们之间的并购重组常常会涉及数十亿美元资金。

全球化催生了天生的全球性公

司——从诞生起或者是诞生后不久，就采用国际化的视角参与国际商务活动的公司。

天生的全球性公司的文化更具创新性，具有更强的构建在知识基础上的组织能力。

很多天生的全球性公司只用了不到三年的时间，就在全球竞争中站稳了脚跟。

5. 定义国际商务环境，指出它的四个主要构成要素：

国际商务发生在一个由四类元素构成的一体化的国际商务环境中。

全球化导致企业和社会都发生了转变，并且使得企业之间的竞争加剧。

国际商务环境影响着企业的运营方式，反过来全球化进一步扩大了贸易、投资以及资本的流动。

一国的商务环境是指让商务活动成为该国的商务活动的那些独特的文化、政治、法律以及经济特征。

跨国企业管理与单纯的国内企业的管理几乎是完全不同的两项活动。

课堂讨论

1. 现在，国际商务人士必须将全球化看作是促进生产与销售的良机。很多跨国公司的管理者发现自己生活、工作在与自己的祖国完全不同的文化中。很多企业家发现自己飞往以前甚至根本都没有听说过的地方。你认为企业应该如何帮助它们的管理者更好地应对这些新市场？资源有限的企业家或者是小企业应该怎么做？

2. 过去，各国政府通过签署同意降低贸易和投资壁垒的协定，极大地影响着国际化的进程。现在，世界的变化节奏是否已经超过了政府管理全球经济的能力？未来，各国政府对国际商务的影响是越来越强还是相反？为什么？

3. 信息技术正以前所未有的速度迅猛发展。技术对全球化有哪些影响？你认为全球化进程会继续推进，直到所有人都住在"地球村"里么？为什么？

4. 思考下面这段评论："全球化及其引发的竞争的加剧给人们造成了伤害，因为跨国公司会让政府互相竞争来得到于它们最为有利的结果。同时，政府会不断要求它们的国民做出更大的让步，要求他们工作更努力、工作时间更长，但是索取的收入更少。"你赞同这一观点么？为什么？

小组练习

1. 调研题。假设你和你同学拥有一家生产低价太阳眼镜的公司。为了降低生产成本，你打算将公司从现在的发达国家搬到成本更低的某个国家。请选择一个目标国家。一国商务环境的哪些方面会影响到你的决定？在国际商务环境中有什么障碍是需要你克服的么？当你从事国际经营时，在公司的管理方面会产生哪些变化？在新员工的管理方面，你又面临哪些挑战？

2. 市场进入战略项目。这个练习与市场进入战略项目在线模拟有关。和你的同学一起，选择你感兴趣的一个国家。描绘该国的国旗：它的颜色或者是其他标志代表什么意思？指出该国的邻国。给出该国的一些主要信息，比如人口总数、人口密度、领土面积、地形、气候、自然资源以及主要工业的分布情况。该国生产什么？其自然环境方面的特征有助于解释该国为什么会生产这些产品么？将你的发现写在你的报告里。

▍关键术语

天生的全球性企业	全球化	跨国公司	电子商务
GDP	世界银行	出口	GNP
世界贸易组织	人均 GDP/GNP	进口	关税与贸易总协定
国际货币基金组织			

▍伦理题

1. 假设你是一名美国公民，最近被公司委派去欧洲一个行受贿非常普遍的国家担任分销经理。你的工作职责之一是在货物进入当地港口之后妥善接收。当你第一次去码头签字收货时，海关官员向你索要办理货物清关的"小费"。所涉及货物价值150 000 美元左右。你知道政府最近计划采取行动整治腐败，你会如何做？是否还有其他信息可以帮助你做出决定？

2. 假设你是美国一家知名服装公司的 CEO，正在与国外厂商进行洽谈，希望扩大公司在海外的产量。承包商的员工每天可以工作 20 个小时，索要的薪水低于平均工资水平，居住环境非常拥挤，监工会对工人进行体罚，另外工人们还要上交护照。尽管虐待员工的行为时有发生，但是承包商和当地政府官员都说这并不违反当地的劳动法。你派了调查人员去该国实地考察，但是他们并没有发现侵犯劳工权利的行为。但是一个劳工组织却声称监工们逼迫员工撒谎，并威胁说如果员工走漏消息就要被关进禁闭室，不允许吃东西。你会如何处理这种情况？你会引入某种形式的监督体系么？你是帮助对方改善环境、撤回投资还是假装什么都不知道？你的反应会对你和工厂所有者的关系、对你在该国的经营产生怎样的影响？

3. 假设你是墨西哥与亚利桑那州交界处科罗拉多河沿岸一个美国中等城市的市长。边境沿线的工厂排放的废弃物污染了你们市和科罗拉多河。《北美自由贸易协定》要求美国政府支付在美国境内发生的治污费用。但是批评人士指责说，美国和墨西哥两国政府都没有投入足够的精力来保护两国边境地区的环境。作为市长，要想说服企业领导人和政府官员遵守环境保护标准，你应该怎样做？你认为最大的挑战来自哪一方：亚利桑那州立法机构、美国政府还是墨西哥政府？如果政府无视自己的环保义务，那么企业领导人该怎么做？

MTV：立足本土，放眼全球

真的像 Buggles 乐队在一首歌里唱的那样，"录影带扼杀了广播大腕"么？事实或许并非如此，但是确实没有哪家公司能像 MTV 网络国际那样成功地让世界各地的年轻人都关注音乐电视。本着"立足本土，放眼全球"的理念，该公司将本身相关度并不太大的由音乐、新闻和娱乐节目构成的组合传递给了全球使用 34 种语言的 160 多个国家的 6.4 亿人。虽然这一组合的风格和样式主要受美国年轻文化影响，但是内容却会适当调整以适合当地市场需求。另外，MTV 也没有随着观众的长大而变"老"，相反，它一直以 18～24 岁之间的年轻人为自己的受众。

1987 年，MTV 在美国已经拥有 6 100 万观众。但是为了应对需求减缓的趋势，MTV 推出了 MTV 欧洲以及 MTV 澳大利亚两个频道，将音乐革命带向了全球。通过借鉴在欧洲的经验，MTV 将节目组合的发展方向定位为"拥有地方差异的全球品牌"。起初，公司实行泛欧洲战略，向欧洲所有国家提供相同的节目内容。MTV 主要播放英国和美国音乐（两者都是欧洲音乐界的引领者），聘用会说英语的流行音乐节目主持人。MTV 欧洲一炮而红。

但是，成也萧何，败也萧何。七年后，MTV 成了它自身的成功之道的牺牲品。它突然发现自己要和一群针对特定国家的语言、文化以及时事量身定做节目的同行展开竞争。其对手之一是 1993 年成立于德国的 VIVA 电视台，与 MTV 欧洲相比，该电视台更青睐德语节目主持人以及德国艺术家。MTV 网络国际的管理者们对此并未表现得过于焦虑，因

为他们的节目在市场上仍然非常受欢迎。但是他们真真切切地感受到，自己的市场受众（以及部分消费群体）正在流向新兴的国家电视网。因此，公司的高层需要重新评估自己的战略。

鉴于花费了 20 年的时间才建立起全球品牌的形象，MTV 的管理层最初比较抗拒将 MTV 的内容按照国别进行区分的想法。但是慢慢地，他们决定开始实施国别战略，因为一种新技术的出现使得该公司可以通过较低的成本实现节目内容的本土化。这项重要的技术突破就是数字集成技术，有了它，可以通过一个卫星提供多种信号服务。"以前我们只能提供三到四种节目，但是现在我们可以提供六到八种。"MTV 公司的一位管理人员告诉我们。

现在，全世界的年轻人都拥有针对自己的 MTV 节目并且非常受用。德国年轻人可以收看在德国制作、通过 MTV 德国播出的德语节目，还有美国、英国以及国际音乐和一度非常流行的二重唱——瘪四与大头蛋（Beavis and Butt-head）。那些文化类似的欧洲国家比如北欧国家分享同一个 MTV 频道。同样，虽然大部分拉美人收看 MTV 拉美频道，但是巴西的年轻人收看的是在 MTV 巴西制作和播放的葡萄牙语节目。MTV 这一战略带来的一项额外收益是，在泛欧洲战略期间没有业务往来的广告商们开始投放针对各地年轻消费群体的广告。

现在，距离 MTV1981 年首次登陆流行音乐这片领土已经过去了三十多年的时间，MTV 时代仍在延续。正如锡拉库扎大学传媒与流行文化学教授罗伯特·汤

第 1 章

全球化

姆森所说的："MTV 是唯一一个以自己　的名字命名了一个时代的电视台。"

资料来源："Madrid Rocks!! MTV Selects Madrid as Host City for 2010 MTV EMAs," PRNewswire Web site（www. prnewswire.com），March 16，2010；Marcus Dowling，"The Day the 'Music' Died," The Couch Sessions Web site（www. thecouchsessions.com），February 12，2010；George Winslow，"Q&A with MTV Networks International Managing Director Bhavneet Singh," Multichannel News（www. multichannel.com），January 2，2008；Peter Grant，"Coming to Your TV—Homemade Hamster Videos?," *Wall Street Journal*（www. wsj.com），November 8，2006.

□小思考

1. 有人说全球化使得全球年轻消费者的消费观和消费习惯逐渐同化。正如一名记者所写到的："传统上人们或许还是认为应该'立足本土，放眼全球'，但是在以年轻人为受众的市场上，逐渐变成一家通吃。"你同意这种说法么？为什么？

2. 一些非美国人说通过 MTV 的节目接触了大量美国文化的年轻人对自己的国家缺乏认知，发展中国家的年轻人可能会希望得到他们根本买不起的西方商品。对此，MTV 的反应是："那不过是娱乐节目，只出现在电视上。"一位管理者这样说到。你的看法是什么？在发展中国家播放美式的节目和广告有什么危害么？

3. 数字集成技术使得 MTV 得以通过全球网络来提供不同节目。你能想到其他帮助该公司实现了立足本土、放眼全球的技术创新么？

4. 科技的进步通常会激发出娱乐产业的变革。新的产品和服务，比如 iPhone 和 YouTube，在未来将会给娱乐产业带来怎样的影响？

附录：世界地图

随着全球化进程在世界范围内的展开，国际商务经理如果清楚各个国家的地理位置以及它们之间的距离，就能够作出更加理性的决策。我们给出了一系列的世界地图，这有助于你了解商务活动在全球的概况。我们希望各位读者能够经常回过头来看看这些地图，特别是当你碰到一个不熟悉的国家和城市时。

仔细看一下这里给出的这些地图，并且完成下面 20 道练习题。注意，答案一定要完整。

1. 以下哪个国家临近大西洋？
   A. 玻利维亚　　　B. 澳大利亚　　　C. 南非　　　D. 日本
   E. 美国

2. 下面哪个国家位于非洲？
   A. 圭亚那　　　B. 摩洛哥　　　C. 埃及　　　D. 巴基斯坦
   E. 尼日尔

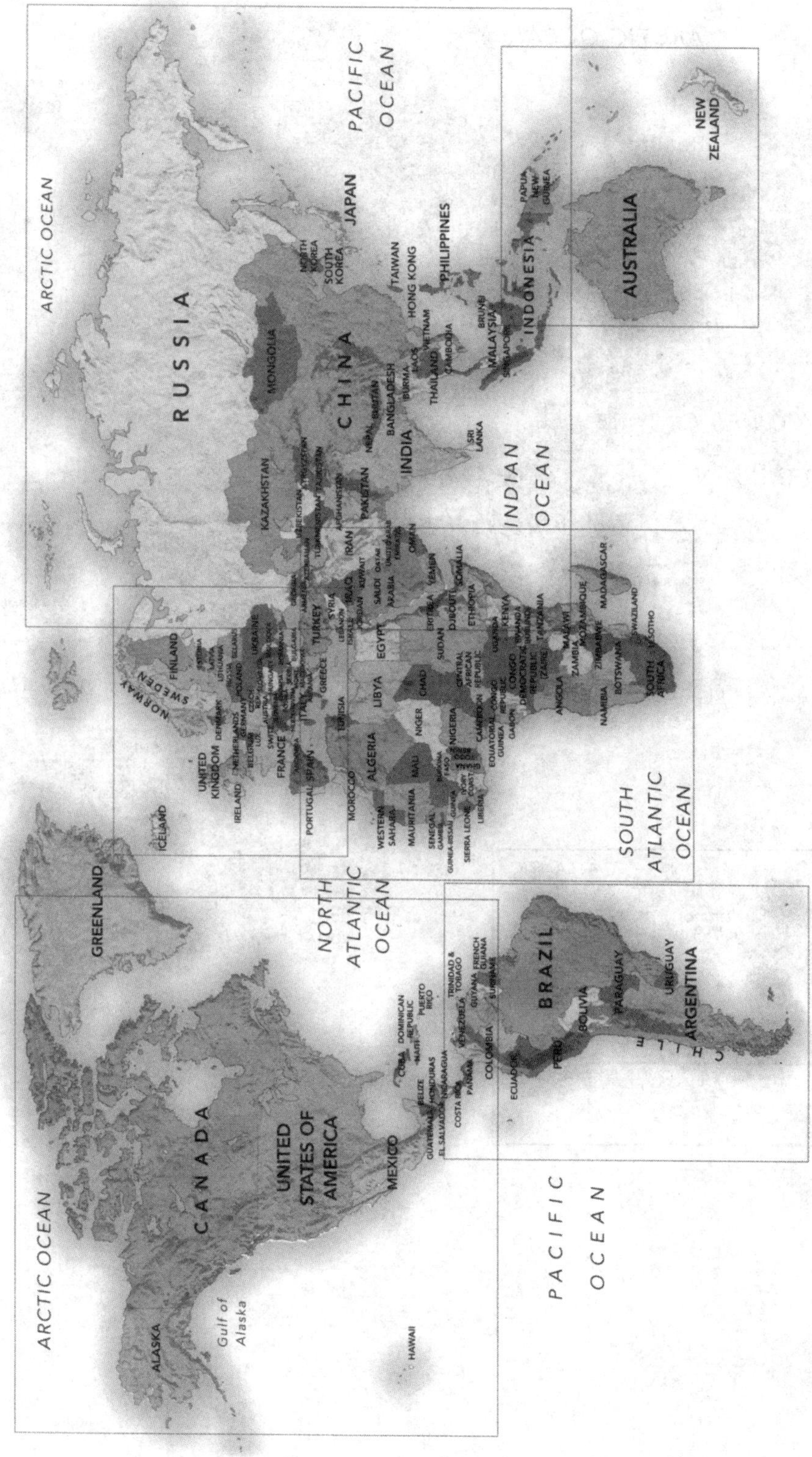
ARCTIC OCEAN
PACIFIC OCEAN
RUSSIA
MONGOLIA
KAZAKHSTAN
CHINA
JAPAN
NORTH KOREA
SOUTH KOREA
TAIWAN
HONG KONG
PHILIPPINES
INDIA
PAKISTAN
IRAN
SRI LANKA
BANGLADESH
THAILAND
VIETNAM
CAMBODIA
MALAYSIA
INDONESIA
PAPUA NEW GUINEA
AUSTRALIA
NEW ZEALAND
INDIAN OCEAN
FINLAND
SWEDEN
NORWAY
UNITED KINGDOM
IRELAND
ICELAND
FRANCE
SPAIN
PORTUGAL
ITALY
GREECE
TURKEY
UKRAINE
EGYPT
LIBYA
ALGERIA
MOROCCO
NIGER
CHAD
SUDAN
NIGERIA
ETHIOPIA
SOMALIA
KENYA
TANZANIA
ANGOLA
ZAMBIA
NAMIBIA
BOTSWANA
MADAGASCAR
SOUTH AFRICA
SOUTH ATLANTIC OCEAN
NORTH ATLANTIC OCEAN
GREENLAND
CANADA
UNITED STATES OF AMERICA
MEXICO
ALASKA
Gulf of Alaska
HAWAII
CUBA
COLOMBIA
VENEZUELA
ECUADOR
PERU
BRAZIL
BOLIVIA
PARAGUAY
URUGUAY
ARGENTINA
CHILE

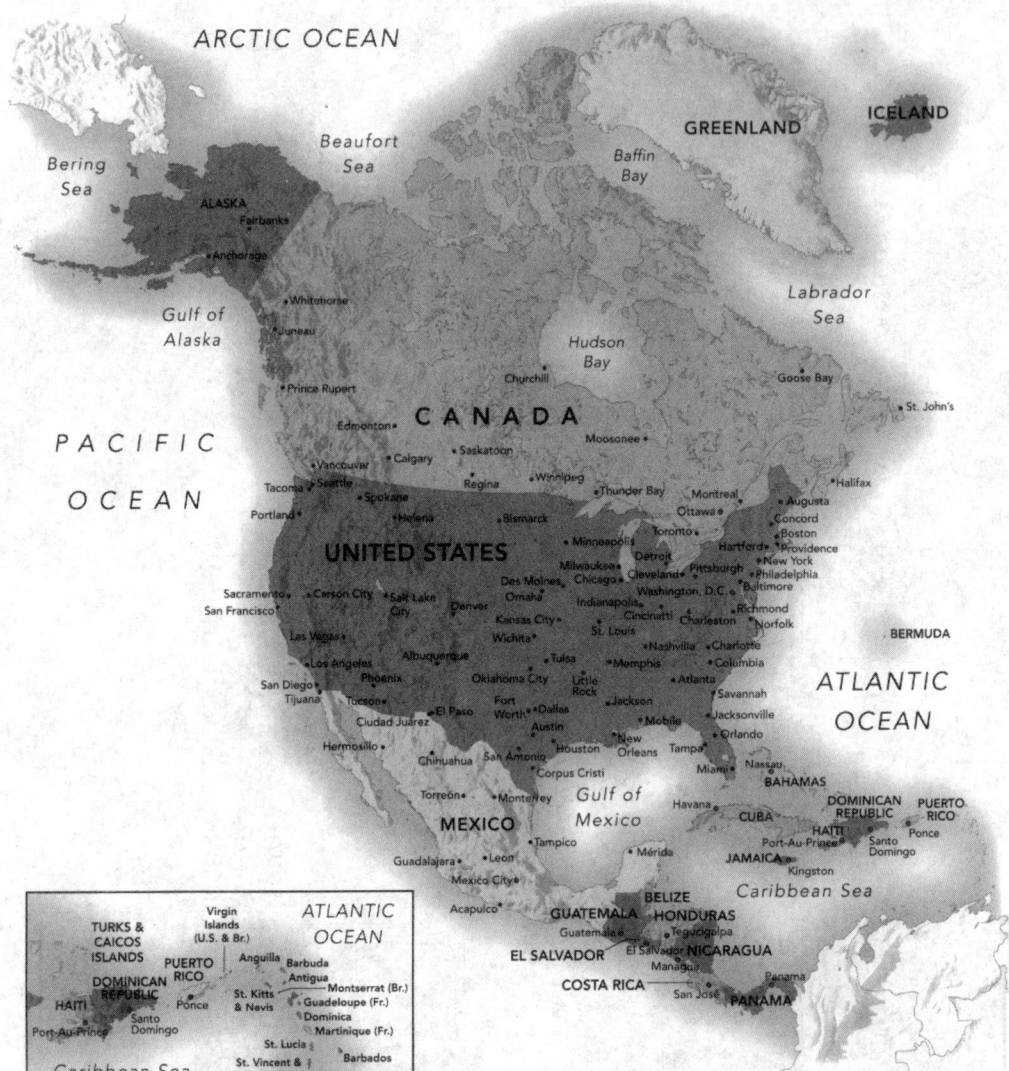

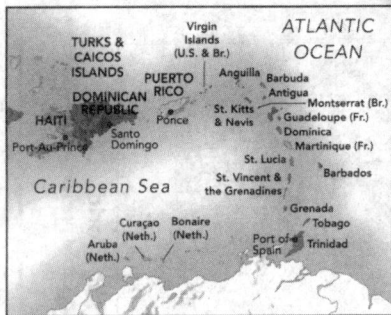

国际商务：全球化带来的挑战（第6版）

Caribbean Sea

CURAÇAO
(Neth.)

Barranquilla
Cartagena
Maracaibo
Barquisimeto
Caracas
Valencia
Port of Spain
Cumaná
TRINIDAD &
TOBAGO
Maturín
Montería
Cúcuta
San Cristóbal
Ciudad
Bolívar
Ciudad Guayana
Georgetown
Bucaramanga
Medellín
Manizales
VENEZUELA
GUYANA
Mackenzie
Paramaribo
Cayenne
Buenaventura
Ibagué
Bogotá
Neiva
SURINAME
FRENCH
GUIANA
Cali
Popayán
Pasto
COLOMBIA
ECUADOR
Quito
Guayaquil
Ambato
Manaus
Belém
São Luís
Iquitos
Teresina
Fortaleza
Chiclayo
Trujillo
Campina Grande
Natal
Caruaru
Recife
PERU
BRAZIL
Callao
Lima
Cuzco
BOLIVIA
Salvador
Arequipa
La Paz
Santa Cruz
Goiânia
Brasília
Itabuna
Arica
Sucre
Campo
Grande
Uberlândia
Iquique
Potosí
Uberaba
Belo Horizonte
Araraquara
Bauru
Campinas
Juiz de Fora
Antofagasta
PARAGUAY
São Paulo
Niterói
Rio de Janeiro
Ponta
Grossa
Santos
Salta
Asunción
Curitiba
CHILE
San Miguel
de Tucumán
Posadas
Santiago
del Estero
Corrientes
Santa
María
Pôrto Alegre
Córdoba
Santa Fe
Pelotas
San Juan
Rio Cuarto
Paraná
Rio Grande
Viña del Mar
Mendoza
Rosario
URUGUAY
Valparaíso
Santiago
Buenos Aires
Rancagua
La Plata
Montevideo
Talcahuano
Concepción
Bahía Blanca
Temuco
Valdivia
ARGENTINA

PACIFIC
OCEAN

NORTH
ATLANTIC
OCEAN

SOUTH
ATLANTIC
OCEAN

FALKLAND/MALVINAS
ISLANDS (UK)
Port Stanley

Tierra del Fuego

第 1 章

全
球
化

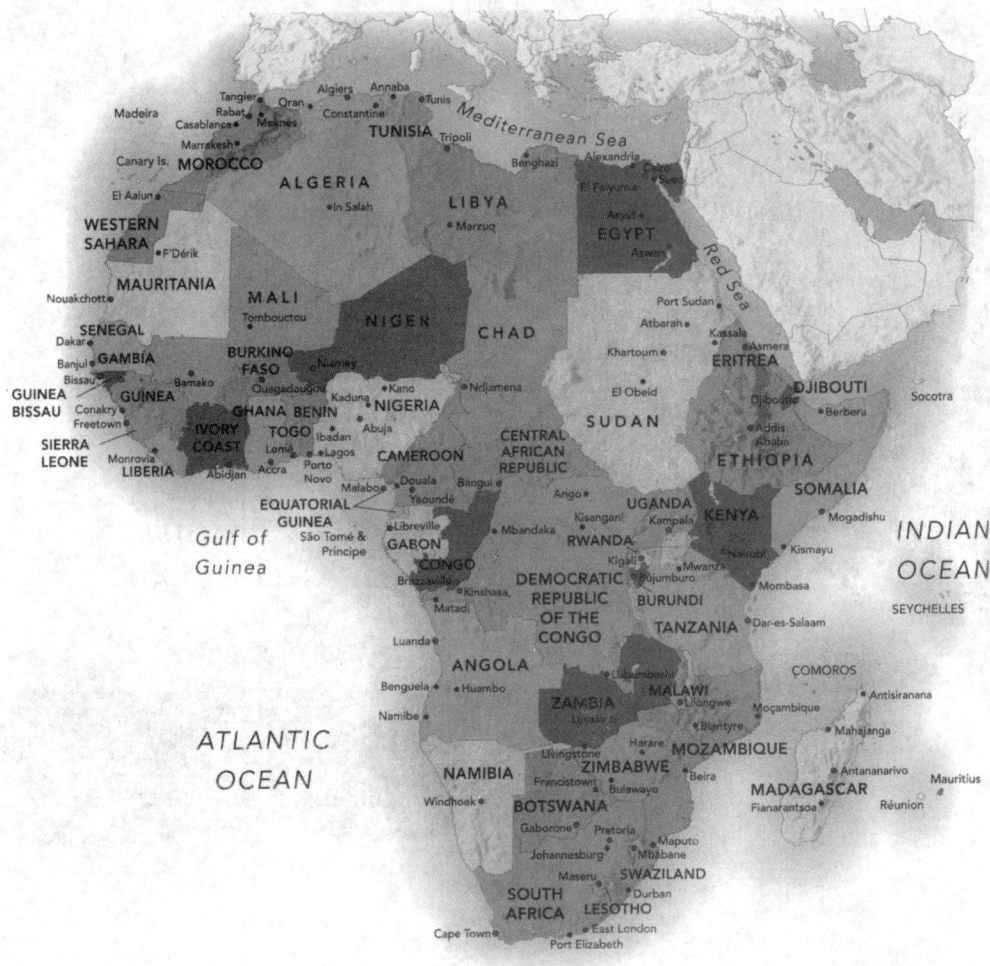

BORNEO

SULAWESI

INDONESIA

Banjarmasin

Ujung
Pandang

Dili

EAST TIMOR

Kupang

Mataram

Jayapura

PAPUA
NEW
GUINEA

Port
Moresby

NEW
BRITAIN

Bay of
Biscay

SOLOMAN
ISLANDS

Honiara

Arafura Sea

Timor Sea

Darwin

Katherine

Wyndham

INDIAN
OCEAN

Derby

Port Headland

Tennant Creek

Cairns

Townsville

Mackay

Rockhampton

Coral
Sea

VANUATU

Port-Vila

Nouméa

NEW
CALEDONIA
(France)

Carnarvon

Alice Springs

AUSTRALIA

Brisbane

Lismore

Coff's Harbour

Port Macquarie

PACIFIC
OCEAN

Geraldton

Kalgoorlie

Perth

Fremantle

Bunbury

Albany

Great
Australian
Bight

Port Augusta

Broken Hill

Dubbo

Wagga Wagga

Elizabeth
Adelaide

Newcastle

Sydney

Wollongong

Canberra

Ballarat

Geelong

Melbourne

Tasman
Sea

NEW
ZEALAND

Auckland

Wellington

Christchurch

TASMANIA

Launceston

Hobart

Dunedin

第 1 章

全
球
化

3. 下面哪个国家不临近太平洋？
   A. 澳大利亚   B. 委内瑞拉   C. 日本   D. 墨西哥
   E. 秘鲁

4. 布拉格是哪个国家的首都？
   A. 乌拉圭   B. 捷克共和国   C. 葡萄牙   D. 突尼斯
   E. 匈牙利

5. 如果将你公司的产品运往日本的运输成本很高，下面哪个国家是你设立分厂
   的理想目的地？
   A. 泰国   B. 菲律宾   C. 南非   D. 印度尼西亚
   E. 葡萄牙

6. 首尔是哪个国家的首都？
   A. 越南   B. 柬埔寨   C. 马来西亚   D. 中国
   E. 韩国

7. 土耳其、罗马尼亚、乌克兰以及俄罗斯临近_____洋。

8. 泰国和哪个国家接壤？
   A. 柬埔寨   B. 巴基斯坦   C. 瑞士   D. 尼日尔
   E. 全部

9. 下面哪个国家没有与主要的大洋或海洋相邻？
   A. 奥地利   B. 巴拉圭   C. 巴西   D. 澳大利亚
   E. 挪威

10. 奥斯陆是哪个国家的首都？
    A. 德国   B. 亚洲   C. 巴西   D. 澳大利亚
    E. 挪威

11. 智利位于____？
    A. 非洲   B. 亚洲   C. 北半球   D. 南美
    E. 中欧

12. 沙特阿拉伯和哪个国家接壤？
    A. 约旦   B. 科威特   C. 土耳其   D. 阿拉伯联合酋长国
    E. 全部

13. 瑞典和爱沙尼亚之间的水域是_____？

14. 下面哪个国家临近地中海？
    A. 意大利   B. 克罗地亚   C. 土耳其   D. 法国
    E. 葡萄牙

15. 悉尼和东京之间的距离比下面哪两个城市之间的距离短？
    A. 东京到开普敦   B. 悉尼到香港
    C. 东京到伦敦   D. 悉尼到雅加达
    E. 全部

16. 马德里是哪个国家的首都？
    A. 马达加斯加   B. 意大利   C. 墨西哥   D. 西班牙

国际商务：全球化带来的挑战（第6版）

E. 美国

17. 下面哪个国家位于中亚？

    A. 阿富汗   B. 乌兹别克斯坦

    C. 土库曼斯坦   D. 哈萨克斯坦

    E. 苏里南

18. 如果你想将产品从位于巴基斯坦的工厂运往澳大利亚，那么很有可能要经过_____洋。

19. 判断对错：巴布亚新几内亚、几内亚比绍以及几内亚是对同一个国家的不同称呼。（   ）

20. 下面哪个国家是岛国？

    A. 新西兰   B. 马达加斯加   C. 日本   D. 澳大利亚

    E. 全部

第 1 章

全球化

第二篇

国内商务环境

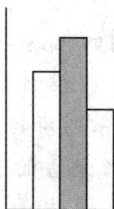

第 2 章

跨文化商务

学习目标

通过本章的学习，你应该能够：

1. 掌握文化的含义，了解民族文化与次文化的重要性。
2. 清楚文化的组成要素及其对国际商务的影响。
3. 解释文化变迁过程并说明企业与文化是如何相互影响的。
4. 解释现实环境及科技对文化的影响。
5. 掌握对文化进行分类时使用的两种主要框架，并说明它们在实际中的应用。

内容回顾

第 1 章对国际商务做了一个简单介绍。我们讨论了全球化对市场以及生产活动的影响，促进全球化扩张的动因，以及围绕全球化展开的各种争论。此外，我们还介绍了参与国际商务活动的各种类型的企业。

本章概要

本章介绍文化在国际商务活动中扮演的重要角色。我们将探讨文化的主要组成要素以及它们对商务政策与实践的影响。读者还将学到对文化进行分类的各种方法，以及如何将这些方法应用到实际的商务活动中。

下章前瞻

第 3 章介绍各国的政治和法律体制。我们将阐释不同的体制对国际商务活动有哪些影响，以及企业管理人员如何规避政治风险。另外，我们还将研究一下伦理与社会责任对国际商务的影响。

将不同文化联系在一起

芬兰，赫尔辛基——诺基亚公司是全球最大的移动通信设备生产商。该公司在全球150多个国家拥有123 000名雇员，每年的销售额高达790亿美元。诺基亚利用自己在文化方面的优势，在全球移动通信设备市场上占据了34%的市场份额。

诺基亚在把握新兴市场消费者的需求方面，表现得格外突出。中国、印度分别是该公司最大的消费市场，美国则排在第三位。诺基亚清楚地知道，印度的消费者在选择手机时比较看重外观、样式以及分辨率。但是对中国消费者来说，买手机时最关键的考虑因素是价格要合理。另外，最近诺基亚公司刚刚完成了一项为期一年的调研，其主题是加纳首都安哥拉的市民们对手机的需求是什么。

每年，诺基亚公司在研发方面大概会投入80亿美元。首先，诺基亚会委派人类学家和心理学家前往世界各地了解人们的行为方式和交流方式。接下来，诺基亚芬兰总部的工作人员将人类学家和心理学家了解到的信息与全球最新的流行趋势结合起来，设计出新的手机。最后是生产适合一系列市场需要的手机，但是在不同市场上出售的手机在颜色、屏保、服务、铃音等方面存在个性化差异。

通过认真进行文化调研，诺基亚公司得以维持自己在文化方面的竞争优势。例如，该公司委派的人类学家发现，生活在新兴市场农村地区的人们需要一款可以很多人共用的手机。于是，诺基亚手机就增设了这样一个功能：可以单独保存每一个用户的通讯录，同时内置了一个可以限定每次通话的时间或费用的小软件。针对新兴市场设计的手机所具备的特色还包括使用当地语言列出的菜单、供停电时使用的一键式手电筒，以及针对此前从未用过手机的用户的示范程序。在学习本章的过程中，请思考这样一个问题：文化对国际商务活动有什么影响，企业的行动对文化又有怎样的反作用？①

本章是介绍国际商务活动与一国商务环境之间的关系的三章中的第一章。我们之所以首先要介绍这些内容，是因为它们对企业如何在不同国家做生意有着重要影响。国际商务的成功往往可以追溯到对人们商务环境的某些方面有着透彻的理解。本章介绍文化对国际商务的影响，第3章介绍政治和法律体制的作用，第4章则探讨经济体制和新兴市场对国际商务的作用。

在分析一国是否具备开展国际商业活动的潜力时，对该国整体商业氛围的评估通常是首先要做的事情。这意味着有一些重要问题值得引起关注，比如：该国使用哪种语言？当年的天气如何？当地人是否愿意接受做生意的新理念或新方式？当地政府与人民是否愿意与我们做生意？政治环境是否足够稳定，从而公司的资产以及

① "Nokia Vision and Strategy," Nokia Web site (www. nokia. com), March 2010; Heidi Lees-Bell, "Mobile Money Transfers for India in Nokia Pilot," ICM Web site (http://news. icm. ac. uk), February 24, 2010; "Growth Economies: The Vision," Nokia Technical Insights Series, Nokia Web site (www. nokia. com) October 2009; Kerry Capell, "Cell Phones From the Street," *Bloomberg Businessweek*, May 12, 2008, p. 18; Jack Ewing, "Mad Dash for the Low End," *Bloomberg Businessweek*, February 18, 2008, p. 30.

国际商务：全球化带来的挑战（第6版）

员工不会面临难以接受的高风险？有了这些问题的答案再加上诸如当地的收入水平以及劳动力成本之类的统计数据，企业就可以评估在该国开展商业活动对它们来说有多大的吸引力。

在探讨国内商务环境时我们首先提到的就是文化，这是因为它在国际商务活动中有着举足轻重的地位。不管我们是在谈论一个运营着一家小型进出口公司的企业家，还是一个在十几个国家进行直接投资的巨大跨国企业集团，"人"都是一切商业活动的核心。当人们从世界各地走到一起来从事商业活动时，他们都带有不同的背景、设想、预期以及交流和沟通方式——换句话说，就是文化。

本章从探讨国民文化和次文化对人们整体的商业形象的影响开始。接着，介绍特定国家的价值观、立场、行为方式、习俗的重要性。接下来讨论社会制度、宗教、语言以及影响国际商务活动和一国竞争力的其他主要文化因素。最后，我们介绍对文化进行分类时使用的两种主要方法。

2.1 什么是文化

你去其他国家旅游时，会发现我们与当地人生活或者工作的方式通常是不一样的。在美国，晚餐时间通常是下午 6 点左右，新加坡则要等到晚上 8 点或者 9 点。美国人平均每周去一次或者两次大型超市，但是意大利人则习惯每天在社区的小杂货店买东西。究其本质，我们正在感受不同的文化——特定人群所秉持的一系列价值观、信仰、守则以及制度。文化是一国民族精神高度凝结的产物。它包括方方面面的内容，从英国的下午茶到巴巴多斯的热带气候，再到巴西的狂欢节以及沙特阿拉伯学校的性别隔离等。

在讨论文化的组成要素之前，我们首先介绍两个重要的理念，其中一个是应该尽力避免的，另一个则是值得提倡的。

避免种族中心主义 种族中心主义是指认为本种族或者自己的文化优于其他种族或者他人的文化的看法。奉行这种理念的人们会按照自己的文化观念来评判其他文化，因此很可能会忽视其他文化中有益的一面。在很多公司进军海外市场开拓新业务的过程中遭遇滑铁卢——本章会给出一些这样的例子——的背后，种族中心主义是一个重要原因。如果企业管理者忽略了当地文化的一个基本层面，以至于激起当地民众、政府以及非政府组织的强烈反应，那么该公司一定会以失败告终。随着买卖双方渐渐把世界看作一个单一的、相互作用的市场，管理者应该摒弃种族中心主义式的思维方式导致的偏见。要想对企业应该如何形成非种族中心主义的思维方式，请参见下面的专栏"文化至关重要：形成国际化的思维方式"。

文化至关重要

形成国际化的思维方式

在全球化时代，企业需要的是那些　并不盲目信奉种族中心主义的员工。下面给出的是有助于管理者形成国际化思维方式的一些方法：

■ 文化适应能力。管理者需要具备根据来自不同文化的工作伙伴调整自己的行为方式的能力。要想做到这一点，首先就要增强对自己以往不熟悉的文化的了解。接下来则是根据了解的情况采取行动，改变自己的行为方式以便符合该文化的预期。有着全球化的思维方式的管理者能够做到不偏不倚地看待他人，而且能够激励和领导由来自不同文化的员工组成的团队。

■ 弥合差距。在将西方的管理理念应用到东方文化中时，理论与实践之间往往会出现巨大的差距。虽然美国人的管理理念至少在表面上看能被世界所有国家都接受，但是美国人的商业习惯却未必能做到这一点。比如在亚洲，西方管理者更可能尝试与亚洲的管理方式更为接近的"集体领导"式的做法。

■ 形成国际化的思维。企业可以通过个性测试技巧来测度管理者的国际化适应能力。国际化思维测试可以评估一个人的开放度和灵活性、对国际准则的理解程度以及战略实施能力。这类测试还可以发现被测试者需要强化的部分，并得出一个推荐培训项目清单。

■ 灵活性是关键。越是行为方面的问题，当地文化的影响就越大。和美国管理者相比，日本和韩国的管理人员更有耐心等候指令以及征求同事的意见。被委派到中东地区的西方管理人员要想获得成功，必须学会在一个僵化的等级制度下工作。另外，尽管对他人表示出尊敬的态度是各个国家都看重的，但是不同国家对尊重的定义并不完全相同。

■ 想了解更多？请登录以下网址：www.ccl.org，www.theglobalist.com，www.tmaworld.com。

培养文化认知能力 随着全球化进程的推进，直接参与国际商务活动的人们如果具有一定的文化认知能力——对某种文化有着深入的了解从而可以更有效地在这种文化中采取行动的能力——会感到受益匪浅。文化认知有助于提高人们在母国之外的国家对雇员进行管理、开展营销活动以及进行谈判的能力。像宝洁或者苹果这样的国际品牌具有较强的竞争优势，因为消费者知道并且尊重这些被高度认可的名字。但是，通常来说，文化差异会迫使企业在某些方面做出一定的调整，以适应当地消费者的品位和偏好。那些能够适时满足当地消费者的需求的具备文化识别能力的管理者，拉近了企业与消费者之间的距离，进而提升了公司的竞争能力。

在学习本章概念和案例的过程中，我们希望你能够尽量避免种族中心主义，同时形成你自己的文化认知能力。因为这两个概念在讨论很多国际商务问题时都是至关重要的，所以在本书中你会不断地碰到它们。在本书的最后一章（第16章），我们会介绍企业在提升员工文化认知能力方面经常会用到的一些文化培训项目。

□ 2.1.1 民族文化和次文化

不管这么做对不对，但是每次只要一提到文化，我们的脑海中就会浮现出民族文化的概念。换句话说，我们通常提到英国文化或印度尼西亚文化，似乎所有英国人和所有印度尼西亚人在文化方面是没有差别的一样。之所以会这样是因为当提到民族文化时，我们的头脑已经被束缚住了。但是，实际上不管是英国文化还是印度尼西亚文化，都不过是一般意义上的概念。在英国、苏格兰和威尔士争取更大自主权的独立运动取得了很大进展。当印度尼西亚偏远地区的人们在丛林中建房子时，富裕地区的同胞们正在谋求更大的经济发展。下面我们就更详细地了解一下民族文化背后的多样性。

民族文化　一国政府通过修建与重大事件或重要人物有关的博物馆或者是纪念馆，来培养和提升国民的民族文化观念。政府还会通过干预经济活动来维护自己的民族文化。比如，大多数国家会对经济中的文化敏感领域比如影视制作和广播进行管制。法国政府不时表示出对法语会被英语扼杀、其国内媒体可能被美国节目玷污的担心。为了阻止英语的入侵，法国的法律对在产品包装以及店铺宣传片中使用英语做了限制。在收听广播的黄金时段，所有广播电台的节目中至少有40％留给了法国艺术家。同样的法律规定也适用于电视节目。法国政府甚至因为美国一所大学在当地的分校没有将自己网站上的内容从英语翻译成法语而向对方开出了罚单。

各个城市也积极投入到了提升民族文化吸引力的运动中，它们这样做通常是出于经济方面的考虑。一个城市的生活方式的改进有助于吸引更多的企业，进而改善该市的就业状况。西班牙毕尔巴鄂市由弗兰克·盖瑞设计的古根海姆博物馆复活了古老的工业城市巴斯克，香港政府则通过修建迪斯尼乐园来提升自己的文化吸引力，进而将原本可能落户亚洲其他国家或地区的企业吸引到了自己的地盘。

次文化　在一个更大的主流文化中共享独特的生活方式的群体被称为次文化。次文化在语言、种族、生活方式、价值观、立场或者其他特征方面有别于主流文化。

尽管次文化存在于所有国家，但是它们常常被人们对民族文化的看法所掩盖。举例来说，对中国文化的传统印象往往会忽视这样一个事实：中国是一个由52个民族构成的国家。与产品设计、包装以及广告有关的决策应该考虑到每个群体的特定文化。开展营销活动时也必须认识到上海和广东地区的方言与中国内陆使用的语言是不同的；并不是所有人都能流畅地使用普通话。

美国也存在多种次文化。在3亿多美国人中，大约有8 000万左右是黑人、西班牙裔或者亚裔。菲多利食品公司在说服美国的4 600多万西班牙裔人口尝试它那拉丁风味的乐事薯片时碰了个硬钉子。因此，菲多利公司从墨西哥分公司Sabritas引入了4个知名品牌。最后该公司赢得了这场赌博，在两年的时间里，Sabritas的销售额翻了一番，达到了1亿多美元。

文化的边界与政治的边界并不总是一致的。换句话说，次文化有跨越国界存在的可能性。虽然居住在不同国家但是奉行相同的次文化的人们之间的共性，超过了他们和自己同胞的共性。例如，阿拉伯文化的影响范围从非洲西北部一直延续到中东地区，另外欧洲很多国家以及美国也有阿拉伯人。因为阿拉伯人使用共同的语言，并且有着共同的消费习惯——这与他们的宗教信仰有关，所以针对阿拉伯次文化的营销活动只需要制定一个营销方案即可。

1. 给文化下一个定义。种族中心主义如何扭曲了人们对其他文化的看法？
2. 什么是文化认知？为什么商务人士应该了解其他人的文化？
3. 民族文化和次文化对一国的文化形象有怎样的影响？

2.2 文化的组成要素

民族国家的行为以及次文化的存在有助于我们界定一个群体的文化。但是，一个群体的文化还包括他们的审美和品位、信仰、传统习惯以及他们接人待物的方式等。下面我们就来详细看一下文化的主要组成部分（见图2—1）：审美观、价值观与立场、礼仪与习俗、社会结构、宗教、人际交往、教育、自然与物质环境。

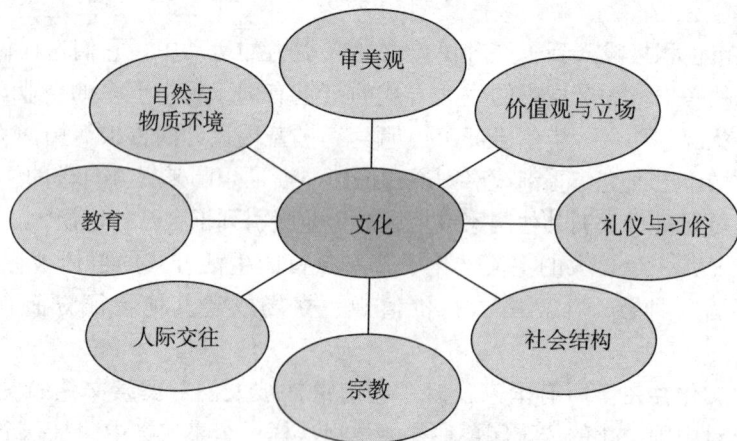

图2—1 文化的组成要素

□ 2.2.1 审美观

在一种文化中，艺术（包括音乐、绘画、舞蹈、戏剧以及建筑等）中被认为"美好"的东西、特定描述激发出的人们的想象以及某种颜色的象征意义都可以代表当地人的审美观。

企业在不同文化中开展商业活动时，审美观是非常重要的。为广告、产品的包装、甚至是工作服选择合适的颜色都可以增加成功的概率。例如，伊斯兰人喜欢绿色，这是大多数伊斯兰国家国旗的主打色，这包括约旦、巴基斯坦以及沙特阿拉伯。通过将绿色引入产品、包装或者是促销活动，企业可以利用这些国家的人们对绿色的特殊喜爱之情。另一方面，在亚洲大部分地区，绿色往往和疾病联系在一起。在欧洲、墨西哥以及美国，代表死亡和悲伤的颜色是黑色，但是在日本以及大多数亚洲国家则是白色。

耐克公司对于标识和象征符号在国际营销活动中的重要性有着切身的体会。该公司在新推出的一系列运动鞋上加上了 Air 字样作为装饰——这三个字母写得就好像是一团火焰或者是升腾而上的水蒸气。耐克公司给这款鞋起了各种各样的名字，包括 Air Bakin、Air Melt、Air Grill 以及 Air B-Que 等等。但是耐克公司没有预想到的是，交错的条纹使得 Air 这个标识看上去很像阿拉伯手写体的 Allah（安拉）——阿拉伯人对上帝的敬称。在全世界穆斯林的联合抵制下——穆斯林人认为这是对他们信仰的亵渎，耐克公司只能是道歉并且召回了这些鞋子。

音乐也深深地植根在文化中，如果使用得当的话，可以成为企业促销活动的非常精妙的、有创造性的补充；但是如果使用不当，往往会惹怒当地人。另外，为了避免因为忽略了特殊形状或者是造型的象征意义而酿成错误，企业有必要研究一下有关当地的建筑或者其他结构的学问。

在利用互联网开展国际商务活动时，审美观也同样发挥着重要的作用。有很多公司的主要工作就是帮助企业将它们的网站推向全球。这些公司往往可以给出很专业的建议，让网站充分体现某个特定地区在诸如色彩构成、象征元素、口号等方面的文化偏好。专业公司的建议对私营业主或者小企业可能会格外有效，因为这类企业通常没有精通他国文化的员工。要想了解小企业主如何让自己的网站适合当地人的审美以及其他文化偏好，请阅读下面的专栏"企业家工具箱：让网站具有地方特色"。

企业家工具箱

让网站具有地方特色

当你利用互联网在全球开展商业活动时，公司越是本土化越好。在线消费者想要的是与他们在线下实际文化环境中相类似的体验。下面给出了企业家开展在线商业活动时需要注意的几个小技巧：

■ 颜色的选择：黑白色的网站在很多国家都是没有问题的，但是亚洲网民可能会认为你在邀请他们参加葬礼。在日本以及欧洲大陆，柔和色调的网站通常效果最好。

■ 数字的选择：很多说中文的国家认为数字 4 是不吉利的，而数字 8 和 9 则象征着发达和长久。一定要当心你的网址和电话号码，确保它们没有传递错误的信息。

■ 注意计时方法：如果在采用 24 小时计时法的国家开展营销活动，一定要将网站上的类似于"请在上午 9：00 到下午 5：00 来电"的表述改为"请在 9：00 到 17：00 之间来电"。

■ 避免使用俚语。英式英语和美式英语是有差别的，西班牙人说的西班牙语和墨西哥人说的西班牙语、法国人说的法语以及魁北克人说的法语也都是不一样的。尽量不要使用俚语，从而尽量避免这种差异带来的负面效应。

■ 挥舞国旗。如果你使用国旗来代表将你的网站链接到不同语言的版本的按钮，一定要格外小心。例如，访问你公司网站的墨西哥人如果发现你用西班牙国旗代表西班牙语版本的网站的链接按钮，他们可能会感到很恼火。

■ 提供数学计算服务。为了方便顾

客，将商品折算成用当地货币标价。对于在线订单，要确保网站计算的价格包括了运费、税费、关税等等。另外，还要注意订单上应留出足够的空白来填写较长的国际地址。

■ 收集反馈信息：最后，应该和消费者进行交流以便了解他们希望从你的网站得到什么。接下来就是对网站进行详细的测试以确保它能够正常运转。

□ 2.2.2　价值观与立场

一个人所具有或者喜欢的观念、信仰和习俗都可以统称为价值观，具体说来包括为人坦诚、对婚姻忠诚、崇尚自由以及责任感等。价值观在商业领域是非常重要的，因为它们会影响到人们的职业伦理和物质欲望。例如，新加坡人追求努力工作以及物质上的丰裕，而希腊人则更喜欢闲适、平淡的生活方式。英国人和美国人比较看重个人自由，日本人和韩国人则尊崇集体的和谐。

来自其他文化的价值观的入侵通常会遇到强烈的抵制。很多穆斯林人认为毒品、酒精以及某些类型的音乐和文化将毁掉重要的伊斯兰价值观。这也是遵循伊斯兰法律的国家（包括伊朗和沙特阿拉伯）会对那些持有非法物品比如毒品和酒精的人施以严厉处罚的原因所在。根深蒂固的保守观念则可以解释为什么纪实性电视节目在阿拉伯世界大多只是昙花一现。在巴林，本土版"老大哥"（Big Brother）节目因为包括未婚青年男女同居的内容，在遭到民众的反对后被禁播了。黎巴嫩版的"缘分天空"（On Air Together）被停播则是因为它的淘汰方式（年轻男子要逐一淘汰年轻的女子，直到找到最后的约会对象）被认为过于西方化了。

立场是指一个人对客观事物或者理念所持有的正面或负面评价、感觉和倾向。比如说，如果一个西方人说"我不喜欢日本的净礼仪式，因为这意味着要在公共浴池裸露身体"，那么他就是在表达自己的立场。这里提到的西方人很可能对暴露自己的身体这件事持保守的态度。

与价值观类似，立场也是从榜样——包括父母、老师以及宗教领袖——那里学来的。不同文化的立场也是不同的，因为立场是在特定文化背景下形成的。但是与价值观（通常只与重要事情有关）不同的是，不管是对生活中重要的事情还是无关紧要的事情，人们都可以持有一定的立场。另外，价值观通常来说不会随时间而变化，但是立场却要灵活得多。

随着来自不同国家的企业之间的并购、产业一体化以及欧洲各成员国之间的关系越来越紧密，一种"欧洲"立场正在渗透到欧洲各国青年们的灵魂深处。现在很多欧洲年轻人更多地认为自己是"欧洲人"，而不是认为自己是哪国人。但是，这些年轻人的价值观却仍然与他们父辈保持着相似性。与文化有关的这些知识可以帮助企业管理者根据当地人的立场选择能够实现最大效果的促销手段。

下面我们具体看一下人们在对待日常生活中直接影响着国际商务活动的三个重要问题——时间、工作与成就、文化变迁——上的立场有什么不同。

时间观念　拉美地区以及地中海沿岸国家的人们时间观念比较随意。他们的日程表大多比较灵活，更愿意享受生活，而不是浪费时间去追求效率。比如，商务人士开会经常迟到，而且喜欢在正式开始谈生意之前花点时间来建立起可以互相信任的私人关系。因此，如果你发现与美国或者是北欧相比，在这些地方做生意通常要花费更多的时间也没有什么好大惊小怪的。

相反，日本人和美国人通常会及时出现在会场，日程安排非常紧凑，工作时间也比较长。高效利用时间也反映了这些国家的人们推崇努力工作的价值观。但是，日本人和美国人在如何支配工作时间方面，有时也会出现分歧。例如，美国员工注重工作效率，如果当天的工作已经完成了，那么他们就会提早下班，这体现了美国人追求个人效益的价值观。相形之下，在日本，尽管人们很看重效率，但是在别人看来你的工作很忙——即便是事情进展比较缓慢的情况下也是如此——同样是非常重要的。日本员工即便是提前完成了当天的任务，也不会提早下班。日本工人想要向上司或者同事证明自己的奉献精神——建立在诸如团队凝聚力、忠诚以及和谐等价值观上的一种态度。

工作态度 有些文化很讲究职业道德，也有些文化强调在工作和闲暇之间保持适度的平衡。法国南部的人们很喜欢说他们工作是为了活着，而美国人活着则似乎是为了工作——工作对前者来说只是谋生的手段，对于后者来说却成了终极目标。自然可以想到，法国南部的生活方式是慢节奏的。人们挣钱只是为了过上一种轻松、高品质的生活。8月份的时候很多企业都停止营业，工人们通常要去国外享受一个月左右的带薪假期。

如果启动资金充足且在本国文化中创业失败不是什么大不了的事情的话，人们会倾向于创立自己的企业。在欧洲各国，人们认为新成立的公司风险很高，可用来进行风险投资的资本也相对稀缺。此外，如果某个企业家遭遇了滑铁卢，他会发现自己很难再为将来的项目获得融资。近年来情况虽然有所改观，但是这一现象依然存在。美国则完全是另外一回事。提及自己过去的失败经历有时候会被看作是一次宝贵的学习经历（如果你吸取了教训的话）。只要美国的银行家或者风险投资人认为你的商业计划是有前景的，他们一般都会非常愿意借钱给你。现在，很多欧洲国家正在努力培育类似于美国的企业家精神。

对文化变迁的看法 文化特质是指可以代表某种文化的生活方式的一切事物，包括言行举止、实物、传统以及理念等。具体说来，日本人表示敬意的鞠躬（姿势）、泰国的佛教庙宇（实物）、科威特人在茶馆放松（传统）、美国人尊崇的民主（理念）等都属于文化特质的范畴。接下来我们更细致地研究一下文化特质在引发文化变迁、跨国公司与文化变迁之间的关系等问题上扮演的重要角色。

文化传播。 文化传播是指文化特质从一种文化扩散到另一种文化的过程。随着一种文化逐渐接受并吸收某种新的特质，自然而然就会出现文化变迁，而且通常来说这是一个渐进的过程。全球化和技术进步加快了文化传播以及文化变迁的步伐。卫星电视、电视会议、互联网上的视频使得人们有更多的机会与国际社会接触，来自不同国家的人们可以了解新的思想和做法。

当企业改变了文化。 跨国公司通常是文化变迁的载体。比如，随着贸易和投资壁垒的下降，一个未被开发的市场摆在了美国的消费和娱乐公司面前。这些国家的一些批评人士指责说，通过输出电影这样的产品，美国正在进行文化殖民——用其他文化中的东西取代某一文化的传统、民族英雄以及手工艺品。

对文化殖民的担忧导致一些法国人非常抗拒迪斯尼公司的产品以及巴黎的迪斯尼主题乐园。他们担心"米奇和他的朋友们"可能会取代法国文化中的传统动画人物。麦当劳公司有时候也会被控文化殖民。据报道，日本小朋友大多认为麦当劳发源于他们自己的国家，然后才走出国门来到了美国。中国小朋友则觉得麦当劳叔叔是"有趣、绅士、善良以及体贴"的代名词。同时，俄罗斯的政客们则抨击了该国文化的"士力架化"——对玛氏公司生产的巧克力糖大受欢迎的一种讽刺说法。当"世界小姐"大赛在印度拉开帷幕时，保守主义者批评西方的企业赞助商宣扬消费主义思想，并且将女性幻化成性对象。

对周边文化保持一定的敏感性可以让企业免遭文化殖民的指控。企业不能仅仅关注人们对产品的需求，还要关注自己的活动和产品对人们的传统生活方式与习惯有什么样的影响。不能将自己对文化的影响看作是从事商务活动带来的必然结果，相反，企业应该采取一些措施去减轻这种影响的程度。例如，与当地人深深秉持的信条有冲突的政策与做法可以一点点引入。管理人员还可以去征求当地德高望重的人，比如一些长者——这样的人在发展中国家扮演着关键的社会角色——的意见。另外，企业还应该清楚地告知员工，他们能够从文化特质的转换中得到哪些好处。

工作中的平等意识的提高可能是美国企业给其他文化带来的一个有利转变。仅仅是几年以前，与性骚扰有关的诉讼还是美国文化的专利。其他国家的人们性骚扰意识的增强与美国的工作外包到海外有着密切关系。当美国企业将工作外包给其他国家时，它们对承包方如何对待自己的员工是负有责任的。在这个过程中，美国企业输出了美国式的工作价值观，比如哪些行为构成了性骚扰。

当文化改变了企业。 文化迫使企业调整它们的政策与做法的现象屡见不鲜。比如，来自美国的企业管理者就经常会碰到迫使他们改变对其他国家员工的激励方法的文化差异。有时候，管理者还会采取情境管理，即主管就一项任务的每一个步骤对下属做详细的交代，并检查每个阶段的成果的管理体系。尽管这样做相当耗费时间，但是这可以帮助员工充分理解他们的职责范围，清晰界定他们的责任归属。

为了适应当地的文化，企业可能还需要做出其他一些调整。越南是一个传统的以农业为主的经济，这意味着人们的时间观念会随着四季的交替而变化。那里的计时器是雨季，而不是时钟。因此，西方管理者必须改变自己的做事方式，调整员工的考评与奖励机制，采取更耐心、更长远的态度来看待商业活动。例如，批评员工只能在私下进行，以免被批评的对象在工友们面前丢了面子。对个人的奖励则既可以在私下也可以在公开场合进行，只要处理得当就可以了。越南人很看重集体的和谐，因此如果某个员工被公开称赞比其他同事表现更出色，这个人很可能会感到很尴尬。

正在形成全球文化么？ 对于国际商务来说，全球范围内快节奏的文化变迁意味着什么？我们是否正在见证一个全新的、真正意义上的全球文化——在这种文化中，所有人有着类似的生活方式、价值观以及立场——的到来？目前文化的快速传播已经使得文化在某种程度上出现了趋同的势头。美国著名电视节目《美国偶像》——

国际商务：全球化带来的挑战（第6版）

很多歌手互相竞争赢得成名的机会——是全球流行文化的一个例子。该节目不过是英国电视节目《流行偶像》在全球范围内的 39 个翻版之一。同一家公司还制作并且成功推出了另外一档在全球都非常成功的电视栏目——《学徒》（The Apprentice）。[①]

来自不同文化的人们看待某些问题的角度越来越接近很有可能是一个事实。但是在我们察觉到全球文化萌芽的迹象的同时，我们还发现了某种文化特有的新惯例。当这种情况发生时，我们不由得想起历史和传统在定义文化时的作用。尽管全球化给人们的价值观和立场带来的压力越来越大，但是它们的变迁一定将是个渐进的过程而不是突变的，因为价值观和立场在文化中是根深蒂固的。这也是为什么将来的管理者必须努力学习并且理解其他文化的原因所在。

□ **小测验**

1. 一种文化的审美观是指什么？尝试给出一些与审美观有关的例子。
2. 企业如何在自己的网站上展现自己的审美观？
3. 将价值观和立场做一个对比。不同文化在时间、工作以及文化变迁等问题上，态度有什么不同？
4. 描述文化传播的过程。为什么从事国际商务活动的企业要当心被控文化殖民主义？

□ **2.2.3　礼仪与习俗**

在另一种文化中做生意时，了解当地人的礼仪和习俗是非常重要的。最起码，了解当地礼仪与习俗可以帮助管理者避免犯一些令人尴尬的错误或者是冒犯他人。与此同时，对他国文化有更深的了解可以增强管理人员谈判的能力，使得他们能够更有效地进行产品营销，管理全球业务。下面我们就来看一下世界各国在礼仪和习俗方面存在的一些重要差别。

礼仪　礼仪是指在某种文化中，什么样的言行举止、穿衣打扮才是得体的。比如，在阿拉伯文化中，人们不能主动伸出手向长者表示问候，除非对方先伸出手。如果有年轻人这么做了，他会被看作是没有教养的。此外，因为阿拉伯文化认为左手是用来清洁卫生的，所以用左手倒茶或者是递食物也会被看作是不礼貌的。

马云创办阿里巴巴网站的初衷是，希望通过减少中间商和贸易公司的层数来提高买方和卖方之间的交易效率。但他很快就认识到，有必要对中国客户进行商务礼仪方面的培训，以帮助他们跨越文化障碍，更好地与来自西方的商业伙伴打交道。因此，阿里巴巴会举办商务礼仪论坛，指导该网站的用户如何花更多时间与业务伙伴闲聊，并且让自己看上去更加亲和。[②]

---

① Jack Ewing, "From Reality TV to Big-Screen Dreams," *Bloomberg Businessweek*, February 11, 2008, pp. 64 – 65.

② Alibaba Web site (www.alibaba.com), various company reports.

在美国，一边用餐一边谈生意是司空见惯的事情。但是，在墨西哥，将生意带到餐桌上是非常不礼貌的行为，除非东道主先提到了生意上的事情。在墨西哥，商务会谈通常是在咖啡或者白兰地上桌之后才开始的。另外，美国人敬酒时非常随意，气氛往往也比较轻松、幽默。相比之下，在墨西哥，人们的敬酒词要富有哲理、饱含激情，如果态度散漫很可能会冒犯他人。下面的"全球经理人公文包：商旅人士礼仪指南"专栏给出了更多与礼仪有关的注意事项。

习俗　人们在特定场合的行为习惯或者行为方式如果一代代传下去，就成了习俗。习俗与代表特定场合下得体的言行举止的礼仪是有差别的。在伊斯兰教的斋月期间，人们互赠食物作为礼物是一种习俗，同样，为年满20岁的青年男女举办派对也是日本人的习俗。下面我们介绍两种重要的习俗，并且看看它们在不同国家的具体表现形式有什么不同。

民间习俗与大众习俗。民间习俗是指在某个群体中流传了几代人的行为。南亚的穆斯林人戴头巾以及土耳其的肚皮舞都属于民间习俗。大众习俗是指一个多民族的群体或者是几个群体共同遵循的行为。大众习俗既可以出现在一种文化中，也可以同时出现在两种或几种文化中。穿蓝牛仔裤、打高尔夫就是两种全球皆流行的大众习俗。通过文化传播扩散到其他地区的民间习俗就演变成了大众习俗。

尽管具有一定的感染力，大众习俗在信奉某些文化的人看来却是一种威胁。印度尼西亚亚齐省（Aceh）——一个虔诚的宗教地区——的政府部门禁止穆斯林女性穿紧身衣、短裙以及蓝牛仔裤。伊斯兰警察随时会进行检查，没收违反禁令的女性的衣服同时发给她们一件长裙。这些违令者只有在向警察提交了身份证明，接受了伊斯兰牧师的教诲之后，才会被释放。[①]

食品也可以区分为民族食品和大众食品。比如，流行的西式快餐正迅速取代世界各地的民族美食。被广为接受的汉堡和炸鸡（起源于美国）以及炸鱼和薯片（起源于英国）正在改变着很多亚洲国家特别是那里的年轻人根深蒂固的传统饮食习惯。在现在的日本和韩国，这些流行食品甚至成了家庭日常饮食的一部分。

全球经理人公文包

商旅人士礼仪指南

大型跨国公司需要的是能够适应在世界不同国家飞来飞去工作和生活的高级管理人员。下面给出了和来自其他文化的伙伴共事时，企业管理者可以遵循的一些守则：

■ 亲密度。不要太快表现得和对方很熟悉的样子。使用诸如"先生"或者"女士"这样的称谓来称呼对方。除非对方明确表示你可以直接叫她的名字，否则不要这么做；也不要简化对方的名字，比如用 Cathy 称呼 Catherine。

■ 个人空间。关于两个人之间的适当距离这个问题，不同文化有不同的看法。中东以及拉丁美洲国家的人们之间的距离

① "Tight-Pants Ban Begins in Indonesia District," *AZ Central* Web site（www.azcentral.com），May 27, 2010.

非常近。另外，在拉丁美洲，男人和男人拥抱在商业场合是司空见惯的事情。

■ 宗教信仰。注意自己的言行举止以免冒犯他人。前国务卿阿尔布莱特（Madeline Albright）因为冒昧地亲吻以色列和巴勒斯坦这两个国家的领导人，而被戏称为"亲吻大使"。

■ 名片。在亚洲，名片被看作是它所代表的个体的延伸。日本人通常会在互相鞠躬后交换名片——双手奉上，名片上的字朝着对方。在整个会谈过程中，都要把名片放在桌子上，而不要急急忙忙地把名片放入你的钱包或者是公文包。

■ 幽默。在运用幽默时必须要小心，因为经常会出现翻译不当的情况。尽量不要拿本国的双关语或者是某个事件来开玩笑，因为对方可能对此一无所知。

■ 肢体语言。不要把手臂搭在椅子背上，但是身体也没必要过于僵硬。谈话时注意与对方进行眼神交流，否则他们可能会认为你不值得信任，但是也不要用挑衅的表情盯着对方。

商务馈赠。虽然说向商业或者政府部门的合作伙伴赠送礼物是很多国家的习俗，但是各国关于什么才是恰当的礼物的标准并不相同。比如，不能向俄罗斯、法国或者德国的合作伙伴赠送刀子，因为这代表你要和对方断绝关系。在日本，送人的礼物要包装得非常精美，以至于你可能要找一个专门做这项工作的人来帮忙。另外，在日本的习俗中，送礼的一方要说明礼物太轻不成敬意，接受礼物的一方则不要当着送礼的一方的面拆开礼物。这并不代表赠送的礼物真的一文不值，仅仅是一种习俗而已。

关于行贿和受贿，不同文化有着不同的法律规定和伦理规范。向合作伙伴赠送大礼是格外可疑的一件事。美国《反海外腐败法》禁止企业为了谋取商业利益而向政府官员赠送大礼——既适用于在美国本土也适用于在其他国家经营的企业。但是，在很多文化中，贿赂已经存续了几个世纪，成为了一种社会风气。在德国，企业用于行贿的资金甚至是可以免税的。尽管世界上很多国家的政府都采取了比以往更加严格的措施来打击行受贿，在很多文化中送一份厚礼仍然是赢得订单、进入当地市场、排除竞争对手的一种非常有效的手段。

□ 2.2.4 社会结构

社会结构体现的是一种文化的基本组织，包括各种团体和机构、社会地位和社会关系体系以及社会资源的分配过程。社会结构在很多商业决策中都扮演着重要的角色，包括厂址的选择、做广告的方式以及在一国做生意的成本。使得不同文化的社会结构相互区别开来的三个重要要素分别是社群组织、社会地位以及社会的流动性。

社群组织　所有文化中的人们都一定与这样或者那样的社群——互相认识、互相影响的两个或者更多的人构成的群体——联系在一起。社群塑造了每个人的身份和个人形象。对所有地区的商务活动都起着格外重要的作用的两个社群分别是家庭和性别角色。

家庭。家庭可以分为以下两类：

■ 核心家庭由一个人的直系亲属，包括父母、兄弟姐妹等组成。这种家庭观念在澳大利亚、加拿大、美国以及大多数欧洲国家比较普遍。

■ 延伸家庭在核心家庭的基础上范围有所扩大，（外）祖父母、叔叔姑姑（舅舅阿姨）、侄子侄女以及因为婚姻关系结成的亲戚都属于延伸家庭的成员。在亚洲大多数国家、中东地区、北美以及拉丁美洲，延伸家庭是一种重要的社群组织。

对于那些不了解延伸家庭这一观念的商业人士来说，这个概念有时候意味着一些很有意思的情况。在某些文化中，企业所有者或者是管理者会从某个延伸家庭成员任职的公司采购设备或者原材料。要想打入这样的家庭关系网是非常困难的，因为质量和价格都不足以促使人们放弃家庭关系。

在信奉延伸家庭观念的文化中，管理者以及其他雇员可能会想方设法为自己的亲戚在公司内谋取一个职位。这种做法（被称为"裙带关系"）无疑给西式公司的人力资源管理出了个难题，公司必须针对这种现象建立明确的规章制度。

性别。 性别角色是指男人或者女人所具有的或者是应该具有的社会特征。它包括行为和观念方面的特征，比如穿着打扮和言行举止等。性别角色与性并不是一回事，后者指的是一个人在生理上是男人还是女人这个事实。

尽管很多国家做了大量的工作来推动工作场合的男女平等，但是仍然有很多国家对此无动于衷。在那些女性没有平等的就业机会的国家，女性的失业率通常是男性的二倍，在同样岗位上工作的女性所拿到的薪水却只有男性的一半。女性的工资水平是如此之低，请人照顾孩子的成本是如此之高，因此妈妈们留在家里照看孩子似乎毋庸置疑地成了最理性的选择。照顾孩子、做家务也很可能会被看作是女人的职责，而不是由所有家庭成员来分担这些工作。

信奉伊斯兰法的国家的男性和女性在公立学校、大学以及社会活动中都是被隔离开的，女性被禁止从事某些工作。另外，有时候女性只被允许在所有学生都是女生的班级任课，或者是只能给妈妈们看病。

社会地位 社会结构的另一个重要方面就是一种文化是如何根据地位即人们在社会结构中所处的位置来对人们进行划分的。有些文化阶层比较少，有的则很多。将人们划分为不同的社会层级或者阶级的过程叫做社会等级化。

决定一个人的社会地位的三个要素分别是家族背景、收入以及职业。在大多数工业化国家，皇室、政府官员以及企业大亨占据着社会层级金字塔的最高层。科学家、医生以及拥有大学学历的其他人构成了中产阶级。再下面则是只受过职业培训或者是就读于二流学校的那些人，他们大多是体力劳动者或者一般文员。尽管社会等级相对稳定，但是它可以而且确实在随着时间的推移而发生变化。例如，儒家思想重视教育而不是商业，所以中国商人几个世纪以来都受到人们的鄙视。但是到了现代的中国，那些通过经商获得了财富和权力的人成为了年轻一代的伟大偶像。

社会流动性 在一些文化中人们很容易就能够进入更高的社会阶层，但是在有些文化中则很困难。社会流动性指的是个体沿着文化的"社会阶梯"进入上一级或者下一级阶层的难易程度。对于当今世界上的大部分人来说，控制社会流动性的无非是以下两种制度中的一种：世袭制和阶级制。

世袭制。 世袭制是指人们生来就属于某个社会等级，完全不存在社会流动的制

国际商务：全球化带来的挑战（第6版）

度。印度是世袭制的典型代表。尽管印度政府规定严禁等级（种姓）歧视，但是等级的影响依然存在。不同等级之间的人们几乎没有社会交往，不同等级之间的人们禁止通婚。就业和晋升的机会也仅限于本等级内部，有些职位是专门为某个等级的成员保留的。例如，等级较低的人不能监督等级较高的人，因为这样做不可避免地会招致个人冲突。

世袭制使得西方企业在进入印度市场时，被迫要做出一些艰难的决定：是调整自己适应印度的人力资源政策，还是将它们本国的人力资源政策引入印度。随着全球化日渐渗透到印度文化中，该国的社会制度和当地的跨国公司一定会面临更多的挑战。

阶级制。 阶级制是指由个人能力和行动决定其社会地位及流动性的社会等级制度。这是当今世界最常见的社会等级形式。但是，不同阶级制的社会流动性也是不同的。阶级意识较强的社会流动性很低，因此毫不奇怪的是，这样的社会面临更激烈的阶级冲突。比如，在整个西欧地区，贵族们通过限制社会的流动将权力保留在了本家族内部。这些国家有时候会爆发劳资矛盾这类阶级冲突，而这显然增加了经商的成本。

相反，阶级意识较差的文化鼓励社会流动，降低了不同阶级之间的冲突。当人们感到自己有可能赢得更高的社会地位时，工作场所的整个氛围就会更加融洽。大多数美国人认为努力工作可以提高自己的生活水平以及社会地位。人们把更高的社会地位归因于更高的收入水平或者财富总量，而与家庭背景没有太大的关系。

小测验

1. 礼仪与习俗有什么区别？各给出一个例子。
2. 列举出在海外从事商务活动时管理人员应该注意的一些礼仪。
3. 什么是民间习俗和大众习俗？民间习俗如何演化成大众习俗？
4. 什么是社会结构？社会等级和社会流动性对商务活动有哪些影响？

2.2.5 宗教

通常来说，人的价值观源于其宗教信仰。不同宗教对工作、储蓄以及物质的态度也是不同的。了解这背后的原因有助于我们理解其他文化的商业惯例。在拥有宗教政府的国家，清楚宗教对商务活动有怎样的影响是尤其重要的。

某种宗教并不局限于一国的政治边界内，而是有可能同时存在于世界上多个不同的地区。一国同时信奉几种或者是更多宗教的情况也是非常普遍的。在接下来的内容中，我们将依次介绍基督教、伊斯兰教、印度教、佛教、儒教、犹太教和神道教。我们会逐一说明它们对国际商务活动的潜在影响既有正面的也有负面的。

基督教 基督教诞生于大约 2 000 年以前的巴勒斯坦，当地的犹太人坚信耶稣是被上帝派来拯救他们的。虽然基督教自我宣称有 300 多个分支，但是大多数基督徒信奉的是罗马天主教、新教和东正教。基督教是世界上最大的宗教，有大约 20 亿教徒。罗马天主教的教义要求教徒克制将物欲置于上帝或者主之上的念头；新教则认为相信上帝的人可以得到救赎，努力工作可以给上帝带来荣耀——众所周知的"新教徒的职业道德"。很多历史学家认为，这种信仰是19世纪资本主义和自由企业精神能够得到发展的主要动力之一。

基督教组织有时候会参与到会影响商务政策的社会事务中。例如，一些保守的基督教团体对迪斯尼电影公司发起抵制，指控说该公司塑造了一些拒绝听从父母意见的青年人形象，这妨碍了世界各地年轻的电影观众形成正确的道德观念。

教会本身也曾卷入一些激烈的社会争论。欧洲数一数二的廉价航空公司——爱尔兰瑞安航空（Ryanair）公司在一次广告宣传活动中触怒了罗马天主教教会。在这则引起争议的广告中，主教（教会的负责人）宣称法蒂玛的第四大秘密是瑞安航空公司廉价的机票。天主教教会面向全世界召开新闻发布会，指责该公司侮辱了主教的尊严。但是让他们懊恼的是，这次发布会反而给瑞安航空公司提供了免费宣传的机会。

在2010年世界杯期间，韩国现代公司的一则电视广告不小心冒犯了天主教教会。广告画面中有一个阿根廷的"教堂"，其玻璃被足球图案弄得看上去脏兮兮的，足球的外面则长满了刺，而教区居民从教堂得到的是一块块的比萨而不是（圣餐中的）圣饼。天主教会被人们推崇足球运动、暗讽它向教民提供圣餐的做法感到非常恼火。仅仅播出了两天后，现代公司就宣布这个广告寿终正寝，并承认经过再三考虑，他们认为这个广告无意中伤害了别人。[①]

伊斯兰教　伊斯兰教是世界第二大宗教，约有13亿教徒。公元600年前后，穆罕默德在沙特阿拉伯的麦加创立伊斯兰教，麦加也因此成为伊斯兰教的圣地。伊斯兰教的教徒分布在从非洲西北部、中东、中亚、巴基斯坦到包括印度尼西亚在内的一些东南亚国家的广袤土地上。甚至，在欧洲大部分国家以及美国，也有穆斯林聚集区。伊斯兰的意思是"顺从安拉"，穆斯林的意思则是"顺从安拉的人"。伊斯兰教的教义主要有以下五个要点：（1）念诵清真言（Shahada），（2）帮助穷苦人，（3）每天祈祷5次，（4）在斋月期间禁食，（5）一生至少去位于沙特阿拉伯的圣城麦加朝拜一次。

宗教信仰对穆斯林消费者能够认可和接受的商品和服务有着很深的影响。比如，伊斯兰教徒被禁止饮酒和吃猪肉。人们常用苏打水、咖啡以及茶来代替酒精饮料。替代猪肉的则是羊肉、牛肉和禽肉（所有动物都必须按照规定方式来屠宰，否则就是违背了清真的要求）。因为穆斯林国家的人们在正式场合都喝热咖啡和茶，所以对这两种饮料的需求量非常大。另外，因为高利贷（向借出的钱收取利息）是违法的，所以信用卡公司要收取管理费而不是利息，每个持卡人的信用额度则取决于其储蓄账户的资金情况。

信奉伊斯兰法律的国家（参见第3章）在某些活动或者是场合——比如学校——会将男人和女人分开。在沙特阿拉伯，女人不能在大街上开车。在传统的伊斯兰国家，男人不能单独和女人在家里从事市场调研工作，除非他们是亲戚。来到

① Greg Burke, "Catholics Push Hyundai to Cancel Commercial," Fox News Web site（www. liveshots. blogs. foxnews. com），June 14，2010.

伊斯兰国家的女性们必须格外注意那里的信条和习俗。例如，在伊朗，伊斯兰导游和文化部专门贴出了一个提醒女记者的通告："身体是灵魂的工具，而灵魂是一首圣歌。圣体不能用来从事性交易。"虽然伊斯兰的长袍是一个很有争议的问题，但是官方希望不管是伊斯兰女性还是非伊斯兰女性都穿将身体裹得严严实实的长袍。此外，女人还要戴上头巾，因为头发被看作是有诱惑性的。

印度教 印度教发源于大约 4 000 年前的古印度，其 9 亿信徒中有九成以上都居住在那里。同时，印度教还是尼泊尔的主要宗教，是孟加拉国、不丹和斯里兰卡的第二大宗教。印度教没有创始人，也没有核心权威或者是精神领袖，在一些人看来它更像是一种生活方式而不是宗教信仰。前面提到的世袭制是印度教教义中不可或缺的一个组成部分。

印度教教徒相信再生——人死后灵魂的重生。对于很多教徒来说，生活的最终目标是解脱——脱离再生的轮回，进入一个叫做涅槃的极乐世界。印度教教徒不太看重物质。虔诚的教徒不吃也不愿意伤害任何生物，因为它很可能是某人灵魂的重生。因为在印度教教徒眼中牛是一种神圣的动物，因此他们不吃牛肉；但是喝牛奶却是宗教净化的一种途径。像麦当劳这样的餐饮企业必须和当地政府以及负责宗教事务的官员密切合作，以示对印度教教义的尊重。在很多地区，麦当劳都不提供与牛肉有关的食物，而是在厨房专门设立了一个区域制作蔬菜以及鱼类制品。至于那些喜欢吃红肉（但不是牛肉，因为牛是神圣的动物）的顾客，麦当劳公司为他们提供用羊肉制作的汉堡来取代传统的巨无霸。

在印度，一直有人打着保护印度文化以及印度教信仰的名义，抨击西式消费品公司。有些公司比如百事可乐公司遭到了冲击，当地官员甚至一度让肯德基餐厅停业。尽管现在已经重回该市场，但是可口可乐公司曾经因为不愿意屈服于向官方透露其秘方的压力而彻底退出印度。最近几年来，印度的投资环境有了很大的改观。但是劳资关系有时仍会恶化，甚至到了罢工严重削弱社会生产力的程度。

佛教 佛教是 2 600 多年前由一位印度王子释迦牟尼创立的。现在，佛教大约有 3.8 亿信徒，主要分布在中国、韩国、日本、越南以及泰国。另外，欧洲和美国也有一少部分佛教徒。尽管佛教起源于印度，但是其在印度的追随者相对来说数量很少。与印度教不同，佛教对印度社会的世袭制持反对态度。当然，二者也有共同点，那就是佛教也同样重视精神世界而不是世俗的物质社会。在正式的仪式上，佛教徒会寻求"三宝"的庇护：佛陀、佛法、僧伽。佛教徒认为只有慈善、节制、富有同情心、抵制暴力和自制的人，才能达到极乐世界。

尽管很多寺庙里的僧人都过着清规戒律的生活，许多佛教徒致力于减轻人类所承受的苦难。他们为亚洲各地的学校和医院提供资金支持，并且积极投身世界和平运动。在西藏，很多人仍然认为达赖喇嘛是他们在佛教世界中的精神与政治领袖。

儒教 大约在 2 500 年前，一个名叫孔夫子的流亡政治家、哲学家开始在中国传播他的思想。如今，2.25 亿儒教徒中的大多数都生活在中国。另外，儒家思想也深深植根于日本、韩国以及华人较多的国家比如新加坡的文化中。

韩国的商业准则就体现了儒家推崇严格的组织结构以及对权力绝对服从的思想。虽然韩国员工对严格的指挥链条没有异议，非韩国籍的管理人员和员工的想法则有所不同。在海外分公司实行韩式管理的做法曾经引发了美国管理者的强烈抗议，越南管理层甚至与工人发生了肢体冲突。

一些评论家认为，儒家倡导的职业道德和教育思想刺激了东亚经济奇迹的出现。但是也有一些人认为，文化与经济增长之间的相关性非常低。他们认为，经济、历史以及国际因素至少和文化因素有同等的重要性。他们还说，几个世纪以来中国的领导者并不相信儒家思想，因为他们认为它阻碍了经济的发展。同样，很多中国人瞧不起商人，因为这些人的主要目标（赚钱）违背了儒家的信念。结果就是，很多中国商人背井离乡来到印度尼西亚、马来西亚、新加坡以及泰国，并且在这些地方将生意越做越大。如今，中国经济的腾飞很大程度上得益于这些国家（再加上台湾地区）的资金支持。

犹太教　有着 3 000 年历史的犹太教是第一个宣称"只有一个上帝"的宗教。现在，犹太教在全球范围内有 1 800 万左右的拥护者。在以色列，正统的犹太人占到了总人口的 12%，并且在经济领域正发挥着越来越重要的作用。耶路撒冷甚至有一家模特公司，专门雇用正统的犹太人拍摄针对犹太或非犹太社区的广告。很多学者甚至有一个拉比（犹太教教士）都是该公司的模特。为了严格遵守教规，女模特只能穿最保守的服装，而且绝对不能和男人一起出现在广告中。

雇主和人力资源经理必须留意犹太教的一些重要节日。因为安息日从周五太阳下山一直持续到周六太阳升起，所以工作时间表必须相应作出调整。虔诚的犹太教教徒希望在周五落日之前回家。在安息日时，他们不工作、不出行，身上也不带钱。其他一些重要的节日还包括犹太新年（为期两天，在阳历 9 月或者 10 月）、赎罪日（新年之后 10 天）、逾越节（庆祝犹太人出埃及的日子，在每年的 3 月或者 4 月）和光明节（庆祝历史上犹太人对叙利亚人的胜利，通常是在 12 月）。

营销人员必须留意虔诚的犹太人被禁止食用的那些食物。猪肉以及带壳的鱼类（比如龙虾和蟹类）都是被禁食品。肉类要和牛奶分开保存和供应。其他动物必须按照阿拉伯的方式屠宰。按照犹太人的饮食传统准备的饭菜被称为 Kosher。例如，很多航班都为机上的犹太乘客提供 Kosher。

神道教　神道教（Shinto，字面意思是"神的方式"）是日本本土的宗教。但是现在据说神道教在日本只有 400 万教徒。因为现代神道教宣扬爱国主义，所以有时候人们会说日本真正的宗教其实是民族主义。神道教倡导诚实讲道德的行为，鼓励尊重并且忠诚于他人，重视享受生活。

日本企业的终身雇佣制（尽管现在实行这一制度的企业越来越少）以及企业与消费者之间形成的互相信任关系都是神道教信条的反映。日本企业在世界市场上的竞争力正是源于员工的高忠诚度、低跳槽率以及融洽的劳资关系。很多日本企业在最近几十年大获成功，这复兴了神道教对待工作的态度，其中某些方面甚至被西方的管理者所采纳借鉴。

□小测验

1. 前面提到的七种宗教的主要教义分别是什么？

2. 宗教是如何影响国际商务活动的？

3. 指出以下国家的人们主要信奉哪种宗教：

(a) 巴西 (b) 中国 (c) 印度 (d) 爱尔兰 (e) 墨西哥 (f) 俄罗斯 (g) 泰国

□ 2.2.6 人际交流

每种文化中的人们都有自己的交流体系，即通过演讲、写作和行动来表达个人的思想、感受、所掌握的知识和信息的体系。弄懂一种文化的口语可以帮助我们更深入地了解人们思维和行为方式背后的原因。弄懂一种文化的肢体语言则可以帮助我们避免传递原本不想传递或者是令人尴尬的信息。接下来我们就详细介绍一下各种交流方式。

口语和书面语 口语和书面语是我们到一个国家旅行时能觉察到的最明显的差异。我们会听到很多对话甚至是参与到其中一部分中去，会看到很多的标识和说明以便知道我们"身在何处"。熟悉某种语言对于成功开展国际商务活动是非常重要的；掌握某种文化使用的语言是深入理解这一文化的关键。

使用不同语言的群体在文化、社会以及政治方面通常也是截然不同的。马来西亚的人口构成是马来人（60%）、华裔（30%）、印度裔（10%）。尽管马来语是该国的官方语言，但是那里的每个民族都使用自己的语言并且演变成一种传统。英国由英格兰、北爱尔兰、苏格兰以及威尔士四部分组成。爱尔兰和苏格兰的母语是盖尔（Gaelic）方言，威尔士人说威尔士语的历史早于英国人使用英语。在经过若干年的衰落之后，盖尔方言和威尔士语在广播、电视以及学校教学中又有了中兴的势头。要想了解全球范围内濒临消失的语种的情况，请阅读专栏"全球化的挑战：逐渐消失的语种"。

全球化的挑战

逐渐消失的语种

今年的某一天，在地球上的某个角落，一个老人将会死去，一同消失的还有他们所使用的语言。有很多的语言只有一名使用者还存活在世界上，有些人将这一状况归咎于全球化。下面给出的是关于这一问题的一些事实、后果以及挑战。

■ 有些语种正在消失。在全世界的6 000多种语言中，90%左右的语种使用者不到10万人。到本世纪末，将有一半以上的语种彻底消失；能够留传下来的可能还不到1 000种。亚拉姆语（Arama-ic）是濒临消失的语种之一，这一有着2 500年历史的闪族语言曾经是中东地区使用最多的语言。

■ 有些语种正在发展壮大。在小语种逐渐消失的同时，有三种语言的使用人口越来越多，它们是普通话、西班牙语和英语。英语已经成为商务、高等教育、外交、科研、流行音乐、娱乐以及国际旅行等活动的全球通用语言。英语在70多个国家有着特殊的地位，全球大约有四分之一的人口能够流利顺畅地使用英语。

■ **后果。** 语种的消失是人类文化的损失，因为语言是文化生活、精神生活以及头脑风暴的媒介。随着这些语种一同失去的包括祷告语、神话、小幽默、诗歌、庆典仪式、对话方式以及某种习惯等等。当一种语言死去时，所有这些都要通过具有不同单词、发音和语法的新的语言来表述。其结果是很多的文化也消亡了。

■ **挑战。** 语言学家很担心人类文化中非常重要的一个部分会就此消亡。越来越多的语言正在消失的威胁迫使语言学家尝试在它们消失之前制作录影带、录音带或者是通过文字来记录这些语言的发音。在新西兰，毛利人创办了名为毛利语言学校或"语言之家"的幼儿园，里面的员工全部是毛利族长者，全部使用毛利语教学。

■ **想了解更多？** 欢迎登录以下网站：美国语言协会（www.lsadc.org）、欧洲小语种保护局（www.eblul.org）、濒危语种基金会（www.ogmios.org）。

给管理人员的启示 在因特网上，掌握某种地方语言的重要性日益凸显。大约三分之二左右的网页使用的是英语，但是大约四分之三的互联网用户的母语并不是英语。软件供应商正帮助来自英语国家的企业调整它们的网站，以便适应全球电子商务的需要。全球信奉不同文化的网络冲浪者们带来了他们独特的品位、偏好以及在线消费习惯。那些可以使用墨西哥、巴黎或者是东京的消费者的母语为他们提供高端的购物体验的公司将在竞争中脱颖而出。

在非本土管理人员监督本土工人的工厂里，语言能力是至关重要的。当那些看上去悠闲自在、并不爱惹麻烦的工人们发起罢工时，身在墨西哥的美国籍经理感到无法理解。问题出在他们的文化视角不同。墨西哥人通常来说并不会主动去解决问题或者是表达他们对工作的不满。这些工人认为工厂的经理知道问题所在但是不关心他们，因为后者没有询问员工对工作条件的看法。

托马斯·克凡出生在美国，现在上海一家医疗用品公司工作，他说自己也曾经碰到过类似的状况。"美国人提倡的是向老板发问要求他作出解释，但是在中国我要不断地询问我的员工他们的想法是什么，鼓励他们说出来。很多空降的管理人员在中国遭遇失败，因为他们不了解中国人不会告诉你他们在想什么。"克凡这样告诉我们。[①]

营销人员很看重了解年轻人的爱好、价值观、立场以及习惯。Habbo 是针对年轻人的一个全球最大的虚拟社区，为全球 31 个国家的 5 万多名年轻人提供服务以便了解他们如何与他人联系。研究发现，尽管 72% 的年轻人有常用电子邮箱，76% 的人主要是用即时通讯工具与朋友联络。电子邮箱主要用于非私人联络，比如接收来自学校、工作或者是家人的消息。了解这一情况可以帮助营销人员更好地制定促销方案。[②]

---

① Susan Fenton, "Wanted: Manager, Chinese-Speaking Only," *Yahoo News* (www.yahoo.com), April 28, 2008.

② "Habbo's Second Global Youth Survey Reveals the Digital Profiles of Teens Online," Habbo Press Release (www.habbo.com), March 4, 2008.

翻译错误。 在翻译广告语或者是公司文件的时候必须格外小心，这样才能保证对方收到的信息正好是你想要传递的。企业在国际商务活动中犯了可怕的语言方面的错误的例子，数不胜数。通用汽车雪佛兰事业部在将雪佛兰 No va 引入西班牙语市场时犯的错误，或许是最为大家所熟知的了。通用汽车公司没有注意到在西班牙语里面，No va 的意思是"不能走"。后来，该公司将这款车的名字改为了 Caribe（比拉鱼）——南美洲特有的一种凶猛的淡水鱼，它可以攻击并且吃掉任何生物。进入瑞典市场时，凯洛格公司重新给它旗下的 Bran Buds 麦片起了个名字，因为在瑞典语中，这个名字的意思是"烧焦的农场"。还有一个迈阿密商人的故事。他想充分利用罗马教皇到访美国的机会大赚一笔。于是他生产了很多 T 恤打算卖给说西班牙语的天主教教徒，T 恤上面本来是要印上"I saw the Pope（el Papa）（我看见了教皇)!"[①]，但是仅仅因为一个小错误，这句话变成了"I saw the Patato (la Papa)（我看见了土豆)!"。下面给出了因为翻译不准确而闹了笑话的例子：

■ 莫斯科一家酒店的英语指示牌上写的是："欢迎光临本墓地，除了周四外，每天都会有知名的俄罗斯作曲家、艺术家、作家被埋葬在这里。"

■ 东京一家酒店的英语指示牌上写着："我们饱含敬意地邀请您尽情利用女服务员。"

■ 哥本哈根一家机票代售点写着："我们拿走你们的包，把它们送往四面八方"。

■ 日本一家刀具生产企业在出口到美国的产品上贴了这样的标签："警告：刀片很锋利！请对着孩子伸出去"。

■ Braniff 航空公司的广告语"Fly in Leather"（享受真皮座椅的飞行体验）翻译成西班牙语后意思成了"Fly Naked"（赤身裸体地飞行）。

并不是只有人工进行翻译时才会出现上面提到的这类笑话。随着母语不是英语的互联网用户的爆炸性增长，使用各种各样的计算机翻译软件的情况也越来越普遍。某搜索引擎为用户提供使用英语以及亚洲各国语言的检索服务、网页翻译帮助以及把用某种语言写成的电子邮件翻译成另一种语言或用其他语言发送邮件。本来应该要翻译的文字如下："中国共产党正在讨论要不要取消禁止私营业主入党的规定。"结果，翻译出来的是："中国共产党正在讨论要不要终止入党的禁令，被士兵企业家所有者"（翻译出来的句子有着严重的语法错误，且不符合逻辑）。很多翻译软件都错误地将法语中的"我不在乎"翻译成了"我疯了"、"我是神经病"或者是"我是个疯子"。

混合语/通用语言。 混合语/通用语言是指能被使用两种不同语言的双方理解的第三方语言或"媒介"语言。通用语言的出现是为了便利古代的贸易活动，是意大利语、法语以及阿拉伯语、希腊语、土耳其语的混合体。尽管世界上只有 5％ 的人口将英语作为第一语言，但是它是国际商务活动中最常见的通用语言，接下来是法语和西班牙语。

香港人所说的广东话与台湾人和大陆人说的普通话差别巨大，因此他们在互相交流时通常会选择一种通用语言。另外，尽管印度的官方语言是印度语，但是在诸多方言之中大家还是选择英语作为通用语言，因为那里曾经是英国的殖民地。当然，

---

① "Top Spanish Translation Blunders，" SDL Blog Web site (http://blog. sdl. com)，January 4，2010.

也有很多印度年轻人说"印度英语"——在一句话中同时穿插印度语、泰米尔语以及英语单词。跨国公司有时候也会选择一种通用语言用于正式的内部交流，因为它们在很多国家和地区都有分公司，这些分公司使用的语言也各不相同。

飞利浦（一家荷兰电子产品公司）、阿西布朗勃法瑞公司（ABB公司，瑞士工业巨头）、阿尔卡特-卢森特（法国通信公司）等都是在内部交流中使用英语的企业的代表。日本最大的电子商务网站乐天网（www.rakuten.com）的首席执行官2010年宣布，鉴于英语使用范围之广，该公司将正式启用英语来交流。所有的高层会议上都将用英语，所有内部文件也都要用英语。公司希望这一举动可以"提升员工的素质，拓宽他们的视野"。①

肢体语言　肢体语言是一种无声的交流，包括手势、面部表情、问候时的身体接触、眼神交流、对人与人之间距离的掌控等。与语言交流类似，肢体语言既可以传递信息也能表达感受，而且在不同文化中有完全不同的含义。例如，意大利人、法国人、阿拉伯人以及委内瑞拉人在说话时习惯伴有相应的手势以及其他的身体小动作。日本人和韩国人虽然要保守得多，但是也会通过肢体语言来传递信息；一个眼神传递的信息可能并不比挥舞的双臂少。

大多数肢体语言都是非常微妙的，可能需要花上一些时间才能识别和理解它们的意思。比如，在国际商务活动中，握手是非常讲究技巧的。美国人握手很用力，而且喜欢晃动手臂。但是中东和拉美国家的人们只是轻轻碰一下手，几乎不晃动。还有一些国家，比如日本，则是用鞠躬来代替握手。鞠躬的含义也并不一样，对象不同，姿势也不同。平辈之间弯腰15度，对长辈要弯腰30度，如果是道歉则要弯腰45度。

在和来自其他文化的人打交道时，与对方之间的距离也是需要注意的一个方面。如果你站得或者坐得与对方太近（在对方看来），对方可能会认为你侵犯了他的私人空间，是一种咄咄逼人的表现。但是如果与对方离得太远，又有可能被误认为不值得信任。在北美，谈话双方之间的距离保持在19英尺左右是比较恰当的做法。在西欧，这一距离大概是14英尺到16英尺，但是一些英国人可能会觉得24英尺是一个安全距离。韩国人和中国人在双方距离为36英尺的情况下会感到比较舒服，中东地区的人们则可能将这一距离缩短到8英尺到12英尺。

肢体动作很容易引起不同文化之间人们的误解，因为同一个动作代表的意思在不同文化中相差甚远。在意大利和希腊，竖大拇指是一个很粗俗的动作，但是在美国则表示"好"、"棒极了"的意思。

□**小测验**

1. 什么是沟通？为什么掌握一种文化的语言对于从事国际商务活动来说是至关重要的？

2. 濒临消亡的语种面临哪些威胁？如何改变这一局面？

3. 什么是通用语言？说明通用语言对国际商务的重要意义。

① "Rakuten to Make English Official In-House Language by the End of 2012," Japan Today (www.japan-today.com)，July 1，2010.

4. 为什么说肢体语言对国际商务非常重要？给出几个同一肢体语言在不同文化中代表不同含义的例子。

□ 2.2.7 教育

教育对于一国传统、习俗以及价值观的传承非常重要。每种文化的年轻人都是通过学校、家庭、教会以及加入某个团体等方式来接受教育的。家庭以及其他团体会提供一些与习俗以及如何与他人交往有关的非正式指导。在大多数文化中，类似于识字、数学计算这些技能都是在正规的教育环境中获得的。与教育有关的两个重要议题分别是教育水平和人才流失。

教育水平 在使用政府提供的该国人民受教育水平的数字时，必须多加小心。因为很多国家的数据都是根据该国自己设计的文化测试得出的，因此，比较不同国家的数据没有太大的意义。有些国家采用的是标准化测试，但是也有一些国家只要国民会写自己的名字就可以被认为是有文化的。即便如此，在开拓新的市场或者是寻找新厂址时，管理人员迫于无奈还是要借鉴这些并不可靠的数据。正如在表 2—1 中能够看到的，相比较而言，有些国家在提高国民识字率方面还有很多的工作要做。目前全球大约有 8 亿成年人是文盲。另外，虽然平均来说女性的文盲率更高，但是与男性的差距正在缩小。[①]

表 2—1　　　　　　　　　　个别国家的文盲率

国家	成人文盲率（15 岁及以上人口所占的比例,%）
布基纳法索	76
尼日尔	71
巴基斯坦	50
摩洛哥	48
尼日利亚	31
埃及	29
柬埔寨	26
沙特阿拉伯	17
秘鲁	12
巴西	11
津巴布韦	10
约旦	9
墨西哥	8
菲律宾	7
哥伦比亚	7
葡萄牙	6

资料来源：根据世界银行网站"世界发展指标"（World Development Indicators）整理。

[①] Adam Aston, "Reading, Writing, and Rankings: America and the World," *Bloomberg Businessweek*, March 24, 2008, p. 15.

国民受教育水平较低的国家通常只能吸引那些低工资的制造业企业。而有着比较完善的基础教育体制的国家则往往能够吸引高工资产业的涌入。重视对员工的培训的国家会实现劳动生产率进而收入水平的提高。与此同时，那些拥有熟练的、受过较好教育的劳动力资源的国家可以吸引各种高工资就业岗位，也就是我们通常所说的"脑力劳动"。

亚洲的新兴经济体将自己经济的快速发展主要归功于完善的教育体制。中国香港、韩国、新加坡、中国台湾都很重视培养学生在小学和初中时期的数学能力。大学教育则比较侧重于自然科学，其目标是培养工程师、科学家以及管理人员。另一方面，有专家认为中国死记硬背式的教学方式或许给它带来了很多优秀的工程师，但是却没能培养出卓越的管理人才。这就给中国提出了一个难题，因为它要想使得本国经济达到一个更高的水平，卓越的管理人才是必不可少的。[①]

"人才流失"现象 一国的教育体制与其经济发展水平是直接相关的。人才流失指的是受过良好教育的人从一个行业、地区或者国家转移到其他行业、地区或者国家的现象。多年来，动荡的政治局势和经济困境导致很多的印度尼西亚人背井离乡，迁往其他国家和地区，特别是中国香港、新加坡和美国。印度尼西亚流失的人才大多是接受过正规西式教育的金融和科技人才——这也正是该国实现经济发展所需要的人。

很多东欧国家在经济转型初期也遭遇了人才大量外流的难题。经济学家、工程师、科学家以及各个领域的研究人员为了摆脱贫困纷纷西逃。但是，随着这些国家经济改革逐渐取得成效，又有很多专业人士重新回到了自己的祖国，这就是我们所熟知的"人才回流"。

□ 2.2.8 自然环境与物质环境

一种文化的自然环境与物质环境会深深地影响到其发展与变迁的步伐。在这一节中，我们首先看一下自然环境与文化之间的关系，然后来研究物质文化对商务活动的影响。

自然环境 自然环境对文化有影响，但是并不是直接的影响。自然环境中对人们的文化有着深远影响的两个方面分别是地形与气候。

地形。 地形是指某一地区地表所有的自然特征。有些地表特征比如适航的河流和平原有利于人们的出行以及与外界的联系。相反，有些地表特征比如绵延的高山或者是大面积的水域给人们之间的联系造成了障碍。因为地理环境而与其他地方隔离开的文化与其他文化交流的机会很少，这意味着它们的变迁会比较迟缓。

地形会影响到消费者的产品需求。比如，大部分山区对丰田踏板车的需求较小，因为这款车的引擎马力太小。该公司另外一款更灵活、引擎马力更大的摩托车在这些地区的市场需求可能会更大。山区稀薄的空气也要求对机动车的汽化器的设计进行调整。

---

① Susan Fenton, "Wanted: Manager, Chinese-Speaking Only," *Yahoo News* (www.yahoo.com), April 28, 2008.

国际商务：全球化带来的挑战（第6版）

地形对一种文化中人们之间的交流有着深远的影响。例如，中国三分之二的领土被山地和戈壁、沙漠覆盖。居住在山谷地区的人们一直保留着自己的生活方式，使用自己特有的语言。尽管普通话多年以前就已经被确定为官方语言，但是山区、沙漠以及辽阔的疆域都阻碍着人们之间的交流，进而阻碍了普通话的推广普及。

气候。气候影响着人们选择在哪里定居，同时也决定着产品的配送系统。比如，在澳大利亚，两大沙漠地带干热的天气以及东北部地区大面积的丛林驱使人们在海岸线附近安定下来。这样的气候条件以及陆路运输相对较高的成本决定了海洋运输是在不同城市之间配送产品的主要途径。

气候在人们的生活方式和工作习惯的形成过程中扮演着重要角色。在南欧、北非以及中东各国，每天午后太阳就会变得很毒辣。因此，那里的人们每年七八月份的时候每天都要午休一到两个小时。人们利用这段时间去办点私事比如购物，或者是干脆睡上一觉，然后再工作到下午七八点钟。在这些地区做生意的企业必须适应当地的这一传统。

气候还会影响到人们的习俗，比如穿什么样的衣服。赤道地区的人们大多穿得很少，很宽松，因为那里的气候比较湿热。在中东和北非的沙漠地区，人们也穿得比较宽松，但是同时他们会穿一件长袍来防晒和阻挡风沙。

物质文化　某文化用来生产产品以及提供服务的所有技术都可以称为物质文化。物质文化常用来衡量一国的市场或产业的技术进步程度。通常来说，企业愿意进入某个市场是因为以下两个原因中的一个：对其产品有需求；该市场具备可以支持其生产活动的基础设施。

很多地区或国家缺乏一个现代社会所必须具备的物质文化要素。例如，企业不会一窝蜂来到东南亚的缅甸，因为那里既没有对产品较强的需求，也不具备必要的基础设施。军政府管理带来的政治与社会问题阻碍了缅甸的经济发展。但是，技术进步确实帮助一些处在世界经济金字塔底层的国家打破了令其国民深陷贫困泥潭的魔咒。

非均衡的物质文化。物质文化在一国不同地区、不同市场以及不同行业中的发展并不是均衡的。例如，中国近年来的经济成就主要出现在沿海地区。凭借其战略位置和东海入海口这个得天独厚的地理条件，上海在中国的国际贸易中一直扮演着重要角色。尽管上海的人口只占全中国人口总量的1%，但是其产出却占到了中国总产出的5%，其中工业产值与金融服务产值的比重均占到了12%。

同样，泰国首都曼谷人口只占该国人口总数的10%，但是却创造了全国总产出的40%。与此同时，泰国北部地区大多仍然比较闭塞，主要是农田、森林以及山地。

□小测验

1. 为什么说一国国民的受教育水平对跨国公司来说是非常重要的？

2. 什么叫人才流失和人才回流？

3. 一国的文化与自然环境之间有什么关系？

4. 物质文化对国际商务活动来说有什么重要意义？

2.3　文化的分类

在本章中，你将了解到不同文化之间的差异。生活在不同文化中的人们面对类似的商业情况会有截然不同的反应。根据价值观、立场、社会结构等文化特征的不同，形成了两种广为认可的对文化进行分类的方法。下面我们就来详细了解一下这两种方法：克拉克洪-斯托特贝克法和霍夫斯泰德法。

□ 2.3.1　克拉克洪-斯托特贝克法

克拉克洪-斯托特贝克法通过六个维度来对不同的文化进行对照。该法通过回答以下问题来研究某特定文化：[①]

■ 人们是认为环境控制人类、人类控制环境，还是说人类是自然的一部分？

■ 人们关注的是过去、现在还是他们的行为对未来的影响？

■ 人们是易于控制的且不值得信任的，还是可以相信他们会自由、负责任地采取行动？

■ 人们是追求生活的成就感、自由自在的生活还是更重视精神和思想生活？

■ 人们是否认为个人或者集体应该对每个人的福利负责？

■ 人们是更愿意在私下还是公开场合采取行动？

案例：日本文化的维度　通过回答上面提出的六个问题，我们可以运用克拉克洪-斯托特贝克法对日本的文化做一个简明的分析：

1. 日本人认为必须维持人与自然之间的平衡。假设某公司的产品存在未被发现的缺陷，并且给消费者招致危害。在很多国家，将有人代表受害者家属联合向制造商提起诉讼。但是这种情况很少会发生在日本。在日本文化中，人们认为个人无法控制每一个状况，因此会有意外事故发生。日本受害者会接受真诚的道歉，或者是此类事件不会再发生的承诺，以及一个小小的补偿。

2. 日本文化看重未来。因为日本文化强调个人与集体包括公司之间的密切联系，因此在日本做生意时和伙伴建立长期的关系是非常重要的。在商业伙伴关系存续期间，日本企业会和买方保持密切、连续的联系，以保证满足对方的所有要求。这种关系也构成了供应商了解消费者在将来希望享有什么样的产品或服务的交流渠道的基础。

3. 日本文化认为人们是非常值得信赖的。日本企业之间在做生意时主要是凭借对彼此的信任。一旦各方就如何进行生意往来达成一致，就很难改变什么，除非有极其不可控的因素出现。这主要是因为担心不能信守商业承诺而"丢面子"。除了商业活动外，社会生活很大程度上也可以反映出日本人对信任度这个问题非常看重。

---

① Florence Kluckhohn and F. L. Strodtbeck, *Variations in Value Orientations* (Evanston, IL: Harper & Row, 1961).

国际商务：全球化带来的挑战（第6版）

日本的犯罪率很低，晚上在日本主要城市的大街上行走是一件很安全的事情。

4. 日本人是成就导向的——不一定是为了他们自己，也有可能是为了自己的老板和工作伙伴。通过参与学校的维护工作，日本的孩子们很早就懂得了集体的重要性。他们共同完成拖地、擦玻璃、擦黑板、摆放桌子和椅子等工作。他们将在学校养成的习惯带到工作场合，在那里管理者和普通员工会为了实现企业目标而共同努力。日本管理者在做决策之前，都会考虑下属的投入与付出。同样，原材料采购人员、工程师、设计师、工厂监理以及营销人员在产品生命周期的每一个环节都会通力合作。

5. 日本文化强调个人对集体以及集体对个人的责任。这一点是长期以来日本企业的一个显著标志。传统上，下属承诺会努力工作并且对企业忠诚，高层管理人员则保证员工不会失业。但是为了增强自己的国际竞争力，日本企业也会裁员并且已经将一部分生产活动转移到了劳动力成本更低的国家，比如中国和越南。随着工作稳定性的降低，越来越多的日本工人选择为非日本企业工作，另外一些人则找了一份临时工。尽管商业领域的忠诚度正变得越来越低，但是在日本社会的其他场合，特别是家庭中，忠诚度仍然是一个显著的特征。

6. 日本文化更具公开的特性。人们经常看到日本企业的高层就在开放的办公室中办公，他的办公桌被其他员工的办公桌包围着。相比之下，西方国家的企业高管们通常在办公区的某个角落有一个自己的办公室。更具公开性这一特征也渗透到了日本社会的方方面面，比如，日本人对公共浴池的钟爱。

□ 2.3.2　霍夫斯泰德法

霍夫斯泰德法通过五个维度对不同文化进行比较。[①] 荷兰心理学家霍夫斯泰德根据对 IBM 公司在全球 40 个国家的 11 万多名员工的研究以及对 23 个国家的学生的后续研究，提出了这一文化分类法。下面是对五个维度的详细说明。[②]

1. 个人主义 vs. 集体主义。这一维度测度的是一种文化对个人和集体的重视程度。强调个人主义的文化（在这一维度得分较高者）鼓励人们努力工作，勇于冒险，因此激励了发明和创新。尽管人们有为个人目标努力的自由，但是他们是要对自己的行为负责的。这也是决策失败的后果要完全由负责人来承担的原因所在。与此同时，更看重个人主义可能会导致员工的跳槽率较高。

相反，强调集体主义的文化（在这一维度得分较低者）中的人们会感到自己和集体，包括家庭和工作团队之间有着密切的关系。维持集体和谐这一目标在家庭中可能体现得最为明显。这种文化中的人们更可能为了集体目标而不是个人目标而努力，而且要对自己的行为负责。反过来，集体也对每个成员的福利负责。因此，在

第 2 章

跨文化商务

[①] 霍夫斯泰德的初始研究被批评存在西方偏见、忽视次文化，且已经过时——因为这些研究是在 20 世纪六七十年代完成的。See R. Mead, *International Management: Cross-Cultural Dimensions* (Oxford: Basil Blackwell, 1994), pp. 73 - 75.

[②] Geert Hofstede, "The Cultural Relativity of Organizational Practices and Theories," *Journal of International Business Studies*, Fall 1983, pp. 75 - 89; Geert Hofstede's Web site (www. geert-hofstede. com).

集体主义文化中，成功与失败都是由集体里的所有人来共担的，而不是哪一个人承受所有的表扬或者批评。所有的社会、政治、经济以及法律机构都体现了集体的重要地位。

2. 权力距离。这一维度测度的是一个文化可以容忍其人民之间存在多大程度的社会不平等。权力距离较大的文化中的上下级之间往往更不平等。各个组织机构也更加等级化，个人的权力来源于声望、武力或者是继承。这也是权力距离较大的文化中的首席执行官们和高层们通常喜欢享受特殊待遇的原因所在。另一方面，权力距离较小的社会不平等程度更低，声誉和奖励由上下级平等共享。在这种文化中，权力更多来源于个人的努力和创业激情，因此通常也被认为更加合法。

图2—2显示了根据上面提到的两个维度——权力距离及个人主义 vs. 集体主义——对各国（地区）进行排序的情况。本图的一个显著特征是将所有国家（地区）分成了五个组（加哥斯达黎加）。很容易就可以看出来大部分非洲、亚洲、中南美洲以及中东地区的国家（地区）都集中在第一象限（权力距离较大、不太看重个人主义）。相比之下，第二象限和第三象限主要是澳大利亚和北美洲、西欧国家。这些国家高度重视个人主义，权力距离维度的得分相对较低。

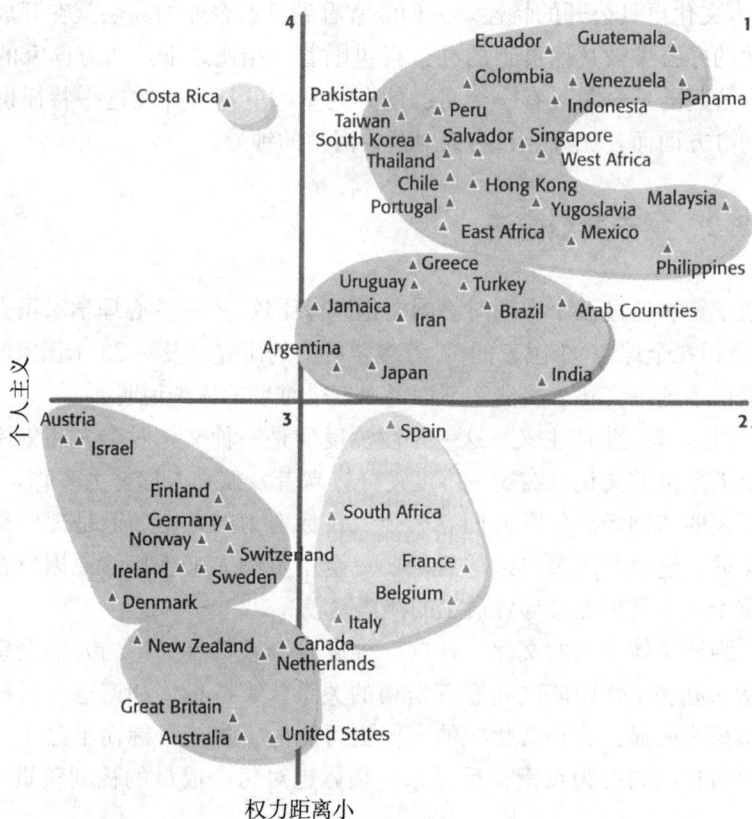

图2—2 权力距离以及个人主义 vs. 集体主义

资料来源：Based on Geert Hofstede，"The Cultural Relativity of Organizational Practices and Theories," *Journal of International Business Studies*，Fall 1983. p. 82.

3. 规避不确定性。这一维度测度的是一种文化对不确定性和模糊性的规避程度。

强烈偏好规避不确定性的文化更强调安全感，且坚定地信任社会的规范与行为体系。因此，奉行这种文化的国家或地区员工离职率较低、员工行为受到更多规章制度的约束、改革比较难以推进也就不足为奇了。在这一项得分较低的文化更容易接受改革和新的思想。这有助于解释为什么生活在这一文化环境中的人们更喜欢创业，这里的组织机构也更能接受其他文化中有益的商业规范。但是，因为人们不害怕改变现状，所以这里的离职率也要高得多。

图2—3根据第二和第三个维度——权力距离以及对不确定性的规避程度——对国家（地区）进行分类。尽管有时候分界并不是那么清楚，但是仍然可以大致将所有国家（地区）分成六组（加上牙买加）。第四象限中主要是不确定性规避程度较低、权力距离较小的国家，包括澳大利亚、加拿大、牙买加、美国以及很多的西欧国家。与此同时，第二象限中主要是亚洲、中美洲、南美洲以及中东地区的国家（地区），这些国家（地区）有着较大的权力距离以及较高的不确定性规避程度。

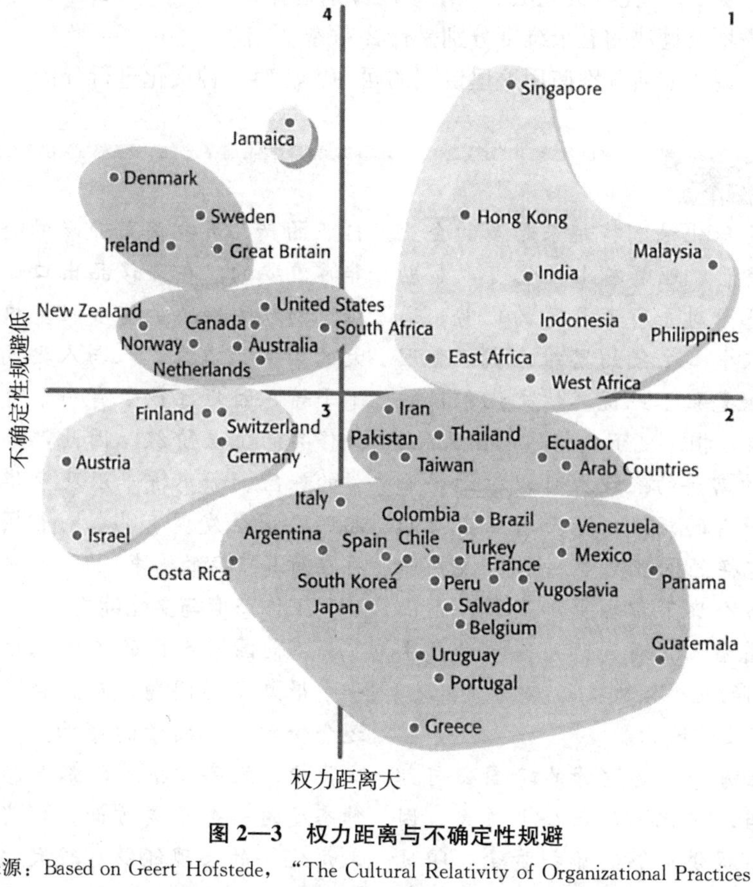

图2—3　权力距离与不确定性规避

资料来源：Based on Geert Hofstede, "The Cultural Relativity of Organizational Practices and Theories" *Journal of International Business Studies*, Fall 1983, p. 84.

4. 个人成就 vs. 关爱他人。这一维度描述的是一种文化是强调个人成就和物质主义，还是更重视人际关系以及生活质量。在这一项得分较高者更注重个人成就和财富的积累，表现在现实中就是具有更强的创业动力。得分较低的文化通常更享受悠闲自在的生活方式，人们更关心他人的感受而不是物质收获。

5. 长期导向。这一维度衡量的是一个社会的时间观念，以及人们如何看待花费时间来克服困难这个问题。这一维度试图抓住东西方文化之间的差别。得分较高的文化（长期导向的文化）推崇尊重传统、节俭、持之以恒以及个人荣辱观念。这样的文化职业道德比较强，因为人们期望从现在的努力工作中得到长期的回报。相反，得分较低的文化追求个人安稳和声誉、履行社会职责以及礼节往来。这样的文化更容易发生转变，因为传统和承诺不会对其转变构成障碍。

在图 2—2 和图 2—3 中找出你的国家。从你个人的经历来看，你是否认同你的国家所在的象限？你认为你们国家的管理者的行为方式与各个维度描述的行为方式一致么？

□小测验

1. 克拉克洪-斯托特贝克法的六个维度分别是什么？
2. 霍夫斯泰德法的五个维度分别是什么？
3. 简要说明如何分别使用这里讲到的两种方法对一种文化进行分析。

商务启示

随着全球化浪潮将越来越多的企业卷入国际舞台，理解本土文化可以帮助企业获得竞争对手所不具备的优势。通过避免种族中心主义的思维方式，管理人员可以避免犯下无视其他文化积极的一面的错误。相比之下，精通一国文化、了解当地的需要的经理人可以拉近企业和当地消费者的距离，进而增强企业的竞争力。这样的管理者在营销、谈判以及生产等各个环节都会更加高效。下面我们就来看看文化对国际商务活动产生了直接影响的几个领域：

营销与文化能力

很多在海外市场运营的跨国公司都通过支持当地文化来改善公共关系。因为政府没有提供足够的维护资金，印度一些珍贵的历史纪念碑和历史遗迹遭到了严重的破坏，一些企业出资帮助政府对重要遗迹展开保护从而赢得了很好的声誉。

本章介绍了常用的对文化进行分类的两种方法。本土文化对于那些积极为自己的产品开拓海外市场的企业来说是非常重要的。在奢侈品出口环节我们不难看到权力距离的重要性。权力距离较大的国家可以容忍人与人之间更严重的不平等，因此往往会有一个可以买得起奢侈品的上层阶级。因此，那些销售昂贵的珠宝、奢华轿车以及豪华游艇等产品的公司会发现有些相对贫困的国家也存在对其产品的需求。

工作态度与文化能力

不同国家人民的工作态度的差别是一个很复杂的问题，而且除了文化之外还会受到其他因素的影响。不管在哪种文化中，经济回报无疑都是影响人们工作态度的一个重要方面。研究表明，如果说优异的表现能够有较大的可能性带来晋升以及加薪，美国人和德国人都愿意加班。但是，德国人看上去加班的意愿要弱得多，因为他们的工资相对比较固定，工作的稳定性更强，失业后享受到的福利（比如免费的医疗）更好。因此，德国社会中其他一些因素在决定德

国际商务：全球化带来的挑战（第6版）

国人的工作态度方面至少和文化有同等重要的作用。精通一国文化的管理者明白员工工作态度的复杂性，而且会将自己了解的情况纳入到奖励机制中。

外派人员与文化能力

正如在对文化进行分类时所提到的，生活在不同文化中的人们面对类似的商业情境会做出截然不同的反应。这也是为什么那些派驻员工到陌生文化环境中去的企业要关注文化差异的原因所在。一个挪威人被欧洲一家汽车制造企业外派到了日本，他的同事都是日本人，很快他就因为做决策或者采取行动之前需要花费大量时间而感到沮丧万分。出现这样的状况主要是因为日本人对不确定性的规避程度要远远高于挪威人（见图

2—3）。日本人高度规避不确定性的习惯导致这位经理比在本国工作时需要征求更多人的意见。最后，这个沮丧的管理者离开日本回到了欧洲。

性别与文化能力

在日本，几乎所有重要职位都由男人把控。女性在25岁到30岁前后通常从事办公室文员或者行政助理的工作，之后她们就会结婚并且将精力放在家庭上面。尽管目前很大程度上仍是这样的局面，但是女性在日本商界的地位也已经有了一些变化。虽然四分之一的日本企业由女性所拥有，但是它们的规模大多很小，经济影响力微不足道。在澳大利亚、加拿大、德国以及美国，男女之间要平等得多，但是同等情况下女性的收入仍然低于男性。

本章小结

1. 说明什么是文化，并且解释民族文化和次文化的重要性：

文化是某个特定群体所秉持的价值观、信仰以及他们所遵守的制度与规则。

管理人员应该避免种族中心主义（认为自己的文化优于其他文化的观点）的思维方式，积极培养自己的文化能力（在其他文化中积极有效地采取行动时所需要的知识）。

谈到文化时我们会自然而然地想到民族文化——将某个国家或者是它的人民与某种单一的文化联系起来。

政府倡导民族文化，而且会干预商务活动以保护自己免受其他文化的影响。

很多国家都有很多次文化——在一个更大的主流文化背景下，享有某种独特的生活方式的一群人。

次文化对民族文化贡献很大，在进行营销活动或者是生产决策时必须将次文化的影响考虑在内。

2. 指出文化的构成要素并且说明它们对国际商务的影响：

审美观决定了在促销活动以及广告中使用什么样的颜色或符号是有效的。

价值观影响人们对待时间、工作、个人成就以及文化变迁的态度。

了解一国的礼仪与习俗是在该国进行谈判、产品营销、运营管理所必需的。

社会结构影响到一系列的商业决策，包括厂址的选择、采用什么样的广告方式以及在一国做生意的成本等。

不同地区的人们对工作、储蓄以及物质生活有不同的看法。

理解一国的人际交流体系有助于我们了解那里的人们的价值观与行为方式。

一国人民的受教育水平影响着其劳动力的素质以及人民的生活水平。

自然环境与物质环境影响着人们的工作习惯以及对包括衣服和饮食等在内的产品的偏好。

3. 描述文化变迁过程，并且说明文化与企业之间是如何交互作用的：

如果通过文化传播，人们在自己的文化中融入了其他文化的言行举止、物质实体、传统或者是理念，就说出现了文化变迁。

全球化以及技术进步加快了全球范围内文化变迁的步伐。

当企业将新的产品、政策以及商业惯例从其他国家引入自己的母国时，它们就对本国文化产生了影响。

企业应尽量避免文化殖民主义——用本文化的传统、英雄人物、手工艺品取代其他文化的同类要素的做法。

文化会影响企业的管理方式、工作进度以及激励机制。

适应全球各地的本土文化意味着践行"思维全球化，行动本土化"的方针。

4. 说明自然环境与技术是如何影响文化的：

一国的自然环境包括该国的地形和气候，以及这里的人们是如何与周边环境发生联系的。

被高山或者海洋等地表条件与外界隔离开来的文化通常变化比较缓慢，它

们所使用的语言一般也是与众不同的。

气候会影响到人们的工作时间、穿衣风格以及饮食。

物质文化指的是一种文化用来生产产品以及提供服务时所使用的方方面面的技术，而且在一国内部物质文化的发展并不是均衡的。

商务人士通过测度物质文化来判断某个市场对其产品是否有足够的需求，或者该市场是否具备在这里从事生产活动所需的条件。

5. 指出对文化进行分类时常用的两种方法，并且说明它们的实际应用：

克拉克洪-斯托特贝克法以六个维度来比较不同文化，这个过程通过回答以下问题来进行，这包括人们：（1）与自然的关系，（2）看重过去、现在还是未来，（3）可信度，（4）对成就的渴求程度，（5）集体—个人责任，（6）公开还是私下处理事务。

霍夫斯泰德法通过五个维度来对不同文化进行比较，这包括：（1）个人主义vs. 集体主义，（2）权力距离，（3）不确定性规避，（4）个人成就 vs. 关爱他人，（5）长期导向。

上述两种方法可以帮助企业更好地了解某种文化的方方面面，包括人们的风险承受能力、创新能力、工作流动性、团队协作能力、工资水平以及雇佣规则。

课堂讨论

1. 两个学生正在讨论他们为什么要学习国际商务这门课程。"国际商务并不会影响到我，我会一直待在这里，不会到其他国家去工作。"其中一个学生说道。"是的，我也不会。"第二个学生附和说，"另外，有些文化实在是太奇怪了。其他国家越早按照我们的方式做生意，越有好处。"你应该如何来反驳这两个学生的观点？

2. 在这个练习中，将八个学生平均分成两组讨论个人主义文化与集体主义文化

国际商务：全球化带来的挑战（第6版）

的优缺点。在每组的第一个学生发言之后，第二个学生就对方的言论提出质疑，找出其中的漏洞和前后矛盾的地方。第三个学生则回应第二个人的质疑。然后由第四个学生来总结己方的观点。最后，全班同学投票表决哪一方的论述更有说服力。

■ 小组练习

1. 调研题。在你们当地找一家从事国际商务活动的公司，和公司的老板或者高级经理做一次访问。你们的目标是弄清楚文化差异对该公司进行国际决策有哪些影响。该公司是如何在追求全球效率与尊重当地的反应之间作出平衡的？当地文化是否曾迫使公司调整其人事政策或者企业规章制度？一定要让对方给你一些具体的例子。根据访谈写一篇简洁的报告或者论文。

2. 市场进入战略项目。这道练习与市场进入战略在线模拟有关。列出你目前所研究的国家的一些礼仪和习俗。那里的人们最看重什么？说明他们对时间、工作以及文化变迁的态度是怎样的。那里的人们说什么语言？该国有哪些民族，是否形成了不同的次文化？描述该国的社会结构与教育体系。对照图 2—2 和图 2—3，要么（a）说明为什么该国会是它表现出来的样子，要么（b）说明你认为该国应该处在图中的哪个位置并解释理由。将你的发现写入市场进入战略报告中。

■ 关键术语

审美观	文化特征	物质文化	立场
文化	大众习俗	肢体语言	习俗
社群	人才流失	种族中心主义	社会流动性
等级制度	民间习俗	社会等级化	世袭制
霍夫斯泰德法	社会结构	交流	文化传播
克拉克洪-斯托特贝克法		次文化	价值观
地形	文化殖民主义	通用语言	文化能力
礼仪			

■ 伦理题

1. 假设你是一家美国软件公司的营运副总。公司董事会希望你能在印度设立一个软件设计分公司。通常来说跨国公司进入印度市场后，很快就会了解到僵化的世袭制度对商务活动的影响。你认为有可能在印度实施美国式的管理方式么？或者说你们公司是否需要进行一些调整以便适应印度的管理风格和人力资源政策？

2. 假设你是一家生产抗疟疾药的大型制药企业的国际业务部副总。你公司正考虑在中美洲一个疟疾横行的小国设立一家分公司。分公司由你方和当地政府合资成立。因为高昂的进口关税，当地的人们大多没有支付能力去购买这种抗疟疾药。但是，如果设立分公司的计划进展顺利的话，将能够为当地人提供 200 多个工作岗位，同时这种药物的价格也将下降 50％以上。在与当地的一位政府高级官员进行最后会谈的时候，他说如果你方同意给他 50 万美元现金的话，他就会批准合作项目。你需要考虑哪些问题？你会怎么做？

3. 假设你是一家公司的公共关系总监，该公司最近刚宣布将关闭在美国的工厂，并且将相关工作外包给亚洲和拉丁美洲国家的制造商。你们公司在做的不过是其他公司早就做过的，那就是通过将工作外包给工资较低的国家比如中国、印度、墨西哥以及其他中美洲国家来降低劳动力成本。但是媒体以及愤懑的工人对你公司的决定表示抗议。请对下面的指控给出一个合理的回应：你方选择的外包公司经常雇用童工，强迫妇女每周工作 75 小时，并且破坏了家庭的和谐。

国际管理案例

两种文化的故事

亚洲的很多文化正在经历一场身份危机。实际上，它们正被两股截然不同的力量撕扯着。其中一股力量是在农业社会以及延伸家庭文化下形成的传统价值体系——也就是说，家人之间会相互照顾，国家性质的福利体系不是特别必要的价值体系。另一股力量则是源于以制造业以及金融业为基础的经济的一种新的价值体系——在这种体系下，工人们背井离乡到很远的地方去找工作，有时候其他家人只能是自己照顾自己。

多年来，西方跨国公司在东南亚国家设立工厂以利用当地相对廉价的劳动力。后来，当地企业纷纷涌现并成长为具有全球竞争力的企业。短时间内经济的飞速增长使得人们的生活水平提高到了原本无法实现的程度。马来西亚和泰国的年轻人开始感受到"西方"品牌的魔力。古琦手袋、哈雷摩托以及其他一些国际知名品牌开始成为成功的象征。很多父母甚至会培养孩子的品牌意识，因为这是家族成功的象征。

尽管一个巨大的消费社会正在形成，

调查却显示，年轻人对于传统价值观比如尊重长辈、追求集体团结仍然非常看重。比如，香港的年轻人绝大多数都认为父母有权利要求他们努力学习、善待其他家人和长辈，甚至有权利决定他们交什么样的朋友。

现在，全球化浪潮正在席卷印度。外包工作的爆炸性增长在印度那些毕业于科技类院校的学生之间带来了一场社会革命。与印度传统的高科技服务工作从业人员不同，电话服务中心的那些年轻人直接与西方消费者接触，回答包括整形垫或者减肥药在内的产品咨询问题。对这些年轻人——大多数都是女孩子——来说，这份工作意味着金钱、独立与自由——有时候要去离家很远的大城市比如班加罗尔和孟买。除了接受美国人说话的口音以及美国地理知识这样的培训之外，他们对家庭、物质以及人际关系的看法都有了新的理解。

父母们对电话服务中心的工作心有疑虑，因为这里的人通常都是在晚上上班——对于加拿大、欧洲或者美国的消

国际商务：全球化带来的挑战（第 6 版）

费者来说这时是白天。因为父母的反对，比尼萨（Binitha Venugopal）从电话服务中心辞职，找了一份在白天上班的工作。比尼萨告诉我们，她以前的同事们都是物质主义者，他们的价值观正在发生变化，约会甚至同居关系非常普遍。但印度的传统是年轻人至少在结婚之前是要和父母住在一起的（结婚对象往往也是由父母指定的）。对印度人价值观的转变起到了推波助澜的作用的是西式行业从业者比如律师的涌入，这些人在西方国家拿着优沃的薪水，但是因为全球经济衰退回到印度后却找不到这样的就业机会。

摩西（Roopa Murthy）为一家提供电话中心与后台支持服务的印度公司工作。2002 年获得会计学专业学位后她从故乡买索尔来到班加罗尔。她现在每个月的薪水是 400 美元，是她父亲从某政府部门退休前所赚得的薪水的好几倍。现在的摩西剪短了头发，工作时使用的名字是 Dana，脱下了沙丽——她回家后穿的传统宽松服装，换上了西方名设计师设计的时装。

尽管以前摩西并不喝酒且总是在晚上九点之前回家，但是现在她经常会去一家叫 Geoffrey's 的酒吧喝上一杯马提尼或朗姆酒，或者是光顾市郊一家迪斯科俱乐部。除了寄一些钱给家乡的父母之外，她把剩下的钱都用来买进口化妆品、牛仔裤、手机等，或者是去一家美国连锁餐厅吃饭。摩西告诉我们她正在和某个人约会，但是父母肯定不会同意她们在一起，"跟印度父母谈论男朋友是一件很困难的事情"。她说有时候也会羡慕来电话的客户们的生活，但是她更希望自己能够凭借这份工作取得成功。"虽然我只是一个来自小镇的普通女孩，但是在这里工作之后我是无论如何都不会再回到买索尔的。"摩西这样告诉我们。很多观察人士都在思考亚洲各国能否在实现现代化的同时，保留传统的价值观。

资料来源：Heather Timmons, "Outsourcing to India Draws Western Lawyers," *New York Times* (www.nytimes.com), August 4, 2010; Lisa Tsering, "NBC Picks up Series 'Outsourced' for Fall 2010," *Indiawest.com* Web site (www.indiawest.com), May 27, 2010; Saritha Rai, "India Outsourcing Workers Stessed to The Limit," *Silicon.com* Web site (www.silicon.com), August 26, 2009; Sol E. Solomon, "Vietnam's IT Way to Social Progress," *Bloomberg Businessweek* (www.businessweek.com), May 19, 2008.

□小思考

1. 假设你所供职的跨国公司在亚洲有业务活动，你会认为自己至少要为这种社会趋势的出现负上一定的责任么？你公司能否做点什么来缓和这些文化所承受的压力？请详细说明。

2. 在你看来，全球化是导致亚洲离婚率、犯罪率、吸毒率升高的原因之一么？为什么？

3. 粗略统计，亚洲占据了世界总人口的 60%，这里的人们信奉佛教、儒教、印度教、伊斯兰教以及其他很多宗教。你认为讨论"亚洲价值观"有意义么？为什么？

4. 有这样一种观点："在 21 世纪，经济发展与资本主义要求遵循某种特定的商业模式。亚洲文化越快适应这一点越有好处。"你同意这一看法么？为什么？

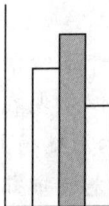

第3章 政治、法律与商业伦理

学习目标

通过本章的学习，你应该能够：
1. 掌握政治体制的主要类型。
2. 了解政治风险的起源以及管理人员应该如何降低它的影响。
3. 掌握法律体制的主要类型，以及重要的国际法律问题。
4. 解释跨国公司承担的伦理、社会责任以及面临的主要问题。
5. 了解国际关系对国际商务活动有什么样的影响。

内容回顾

第2章探讨了文化的重要构成要素以及它们对商务活动的影响。此外，我们还学习了划分文化的不同方法以及如何将这些方法应用到实践中。

本章概要

本章探讨政治和法律在国际商务中扮演的角色。我们首先介绍不同类型的政治体制以及企业管理人员应该如何应对政治风险。接下来我们考察不同的法律体制与伦理、社会责任问题，以及国际关系对商务活动的影响。

下章前瞻

第4章介绍世界各国不同的经济体制。我们将介绍新兴市场与经济发展问题，并且将探讨向自由市场经济转型的国家所面临的挑战。

百事公司面临的全球化挑战

纽约——尽管其企业规模已经相当庞大，但是最近半个世纪以来，百事公司的销售额仍然保持了将近13%的年均增长速度。为了扩大销量，百事公司瞄准了海外市场——这一市场的销售额占到其总收入的40%，并且积极在印度投资设厂——印度是该公司前十大市场之一，同时也是该公司业绩增长速度最快的三个国家之一。百事公司需要得到印度政府的许可，批准它在当地的投资增加将近三分之一，以便到2015年百事公司在该国的年收入可以变为之前的三倍。

和所有进行跨国经营的公司一样，百事公司必须小心谨慎地应对不同的政治与法律体制。如果百事公司在印度的灌装厂导致当地的地下水位下降到了不可接受的程度，一定会引起印度监管部门以及印度人民的暴怒。例如，如果达不到其声称的健康标准，英国的监管部门将勒令百事公司的乐事薯片下架。百事公司非常清楚一点，那就是人们都期望企业成为运营所在地的楷模。

百事公司的首席执行官卢英德（In-dra Nooyi）认为自己的公司别无选择，只能是朝着更健康的方向改进生产线。她还提出了"有意识的行动"（Perform-ance with Purpose）这一口号，向世人展示百事公司的国际业务正在转型。卢英德希望公司可以在赚取利润与更健康的饮食、减少环境污染以及兼顾工人利益之间实现一种平衡。在印度出生和长大的卢英德相信，"百事公司在解决整个世界面临的重大问题上发挥建设性的作用"是至关重要的。

卢英德还积极在百事公司推广绿色理念。她通过实例证明了投资于保护水资源以及减缓地球变暖的项目是物超所值的。这些项目除了带来环保效应外，每年还给百事公司节省了5 500万美元资金。卢英德这样说道："现在的企业比很多经济体都要大。我们代表的是公共形象。我们是提升效率的发动机。如果企业不肯承担责任，谁来承担呢？"在本章接下来的内容中，我们将了解到企业在履行自己的道德和社会责任的同时，是如何适应全球不同的政治和法律体制的。[①]

第2章探讨了理解当地文化对于企业在国际舞台上取得成功的重要性。对企业的成功起着重要作用的另一个要素是对当地政治与法律的了解。参与国际商务活动的企业需要克服他国一些复杂的政治与法律难题，不管是实体企业还是在线公司都无法避开这一点。尽管互联网大大缩短了两点之间的距离，但是这两个点位于哪里依然是不容忽视的。由250多个国家构成的网络社区流行着诸多的政治与法律环境。

和实体企业一样，网络公司也要努力适应全球不同市场上的政治与法律环境。雅虎美国网站上的有些新闻故事并不会出现在雅虎中国的网站上。鲁珀特·默多克执掌的新闻集团旗下的BBC电视台曾因为涉嫌干涉中国内政而被禁止在亚洲播出节目。书商巴恩斯-诺贝尔和亚马逊也曾经因为德国政府的抗议而停止向德国人出售希

① Nanette Byrnes, "Pepsi Brings in the Health Police," *Bloomberg Businessweek*, January 25, 2010, pp. 50-51; Bibhudatta Pradhan and Pooja Thakur, "PepsiCo to Invest $200 Million More in India," *Bloomberg Businessweek* (www. businessweek. com), January 9, 2010; Dean Foust, "The Business Week 50" *Bloomberg Businessweek*, Special Report, April 7, 2008, p. 68; Betsy Morris, "The Pepsi Challenge," *Fortune*, March 3, 2008, pp. 54-66; PepsiCo Web site (www. pepsico. com), various reports.

第3章

政治、法律与商业伦理

特勒写的《我的奋斗》的英文版，尽管只有出售本书的德文版才是非法的。巴恩斯-诺贝尔这样评论道："我们的审查制度并没有变。但是作为一个负责任的企业公民，我们尊重我们从事经营的国家的法律制度。"2010 年，很多德国政客和民众都反对谷歌公司将名为"街景"的地图服务引入德国的计划。独裁的法西斯政府对私人生活的严重干预给德国人留下的惨痛记忆，使得他们至今仍然对让整个世界透过互联网看到自己的家和花园感到心有余悸。[①]

了解其他国家的政治和法律的本质有助于降低企业从事国际化经营的风险。在本章中，我们将介绍世界各国不同政治和法律体制之间的区别。接下来我们将探讨围绕政治和法律问题展开的争论对商务活动有哪些影响，企业应该如何管理相应的风险。我们还将分析国际化经营企业的管理者面临的主要伦理问题，以及企业应该如何履行其社会责任。最后，我们简要讨论了商务活动与国际关系之间的相互影响。

3.1 政治体制

政治体制指的是一国在自我治理时采用的结构、流程与各种活动。比如，日本的政治体制的特点是由国会选出首相，后者在内阁大臣的辅助下负责政府的运转。国会由选举产生的两院议员组成，这些议员负责制定该国的法律。这些法律则约束着在日本居住和旅行的人以及在这里做生意的企业。

☐ 3.1.1 政治与文化

政治与文化密切相关。一国的政治体制深深植根于该国人民的历史与文化中。人口数量、年龄、民族构成以及人均收入水平等因素都会对一国的政治体制产生影响。

以瑞士为例，其政治体制鼓励所有合法公民参与投票选举。通过这种全民公投的方式，瑞士人直接对很多国家问题发表自己的意见。这一体制得以有效运转是因为瑞士国内人口较少，领土面积相对也比较小。与瑞士的体制形成对比的是其他大多数民主国家的做法，那就是由人民代表而不是人民自己就具体问题进行投票表决。

☐ 3.1.2 政治参与度

我们通过谁参与政治以及参与的程度来刻画政治体制的特征。当人们表达自己的看法、投票、对政治体制表示认同或不认同时，就可以认为他们在参与政治。

政治参与度可高可低。当所有可能对政治体制产生影响的人们都努力这样做时，我们就说政治参与度很高。例如，居住在美国的大部分成年人都有通过在选举中投

① Annette Weisbach，"Why Germans Want out of Google's Street View，"CNBC Web site（www.cnbc.com），August 14，2010.

票参与政治议程的权利。当很少有人参与政治活动时我们就说政治参与度很低。比如，在科威特，只有能够证明自己祖上是科威特人的公民才能参与政治。

□ 3.1.3 政治理念

我们可以在一个水平轴上表示出世界范围内的三种政治理念，其中两个处于水平轴的两端，另外一个居中：

■ 位于一个极端的是极权主义——这一政治理念认为，人们生活的方方面面都必须处于国家政治体制的控制之下，从而使得社会井然有序。极权主义漠视个人自由，将人们看作是政治体制的奴隶。国家凌驾于像家庭、教会、企业以及工会这样的组织机构之上。极权主义的政治体制包括法西斯主义这样的专制制度。

■ 位于另一个极端的是无政府主义——这一政治理念认为，只有个人和私人团体才能控制一国的政治活动。在无政府主义的人眼里，公共政府既没有存在的必要也不是人们所需要的，因为它会妨碍个人的自由。

■ 位于极权主义和无政府主义之间的是多元主义——这一政治理念认为私人和公共团体都在一国的政治活动中发挥着重要角色。每个团体（由信奉不同伦理、来自不同种族、阶级以及具有不同生活背景的人组成）的存在都是为了牵制另一个团体所能获得的权力。多元主义的政治体制包括民主制度、君主立宪制以及一些贵族制度。

为了更好地理解各种政治元素对一国商务活动的影响，我们来看一下两种主流的政治体制——极权主义与民主制度。

极权主义　在极权主义制度下，当权者没有赢得人们的支持，死死控制着人们的生活，无法容忍相反意见的存在。希特勒统治下的纳粹德国以及现在的朝鲜都是极权主义的典型代表。极权主义领导人总是试图让持相反政见者保持沉默，因此，这一制度要求政治权力达到几乎是绝对集中的程度。但是，不存在纯粹的极权主义，因为没有哪个极权政府能够打消所有批评的声音。

极权主义政府有三个共同特征：

■ 强权政治。该政治体制由没有得到民众明确支持或者默许的个人或团体组建。领导者往往通过军事手段或者是在选举中舞弊上台并将权力保留在自己手里。在某些情况下，他们确实是通过合法手段取得政权，但是在任期届满之后却不肯下台。

■ 缺乏宪法保障。极权主义政府拒绝将宪法赋予公民的权利纳入民主实践的进程。它们限制、滥用或者是拒绝言论自由、定期选举、保障公民权与财产权、少数民族权利等说法。

■ 参与政治受到限制。通常来说只有支持现任政府或者是不会对现任政府构成威胁的党派才有资格出任政治代表角色。在大多数情况下，反对派是完全被禁止的，持不同政见的人会受到严厉的处罚。

下面我们具体来看一下两种最普遍的极权主义政治体制——神权极权主义和世俗极权主义。

神权极权主义。当一国的宗教领袖同时也是该国的政治领袖时，就说该国的政治体制是神权政体。宗教领袖们实行的是以宗教信仰为基础的一系列法律和规章制度。由极权的宗教领袖执政的政治体制被称为神权极权主义。

伊朗是神权极权主义国家的典型代表。自 1979 年革命推翻了君主统治开始，伊朗就变成了一个伊斯兰国家。现在，很多伊朗年轻人开始质疑那些强加于他们的公共和私人生活的各个方面的严格行为守则，包括那些为了抵制似乎太过"西化"的产品和念头而制定的严苛的法律。这些年轻人并不怀疑自己的宗教信仰，但是同时他们也希望自己生活的社会能够更加开放。

世俗极权主义。政治领导人依靠军事以及官僚权力维持统治的政治体制被称为世俗极权主义。部落极权主义以及右翼政治是世俗极权主义的两种主要表现形式。

在部落极权主义体制下，一个部落（或者是种族）将自己的意志强加在和他们有着同样国籍的其他人身上。包括布隆迪和卢旺达在内的一些非洲国家是典型的部落极权主义。欧洲殖民者撤离非洲时，他们划定的国家疆界大多没有考虑到人们的种族差异问题。不同种族的人们生活在同一个地区，同时同一种族的人们也分布在不同的地区。很快，某些种族打败其他种族掌握了政治和军事权力。不同种族之间的相互仇恨经常会演变成流血冲突。

尽管部落主义在很多非洲国家的内战中起着重要作用，但是它并不总是矛盾的焦点。要想了解内战（特别是非洲的内战）引致的经济和社会成本，以及发达国家如何帮助这些国家终止战争，请参见下面的专栏："全球化的挑战：从内战到文明社会"。

在右翼极权主义体制下，政府允许财产私有制以及市场经济的存在，但是几乎不给予民众丝毫的政治自由。通常，领导者努力谋求经济增长的同时会反对左翼势力的崛起。阿根廷、巴西、智利以及巴拉圭在 20 世纪 80 年代都曾出现过右翼极权主义政府。

全球化的挑战

从内战到文明社会

当今社会，大部分战争都爆发在过去曾处在宗主国的控制和维稳之下的国家内部。这些国家要想借助全球化实现繁荣富裕，就必须打破冲突导致贫困、贫困反过来又加重了冲突这一恶性循环。

■ **战争的根源。**尽管人们常常把内战的爆发归咎于部落或者种族冲突，但是最普遍的诱因却是贫困、低经济增长率以及对自然资源出口的依赖。实际上，世界上最贫困的 1/6 人口承受了 4/15 的内战。另外，宗教差异也日渐成为文明冲突的一个根源。

■ **利益攸关。**表面上看，刚果东部布尼亚地区发生的激战源于种族冲突。但是，早在 1999 年其邻国乌干达（为了控制矿产资源丰富的布尼亚地区）成立反政府武装时，赫玛族与伦杜族就已经开始互相厮杀了。在苏丹的达尔富尔地区，阿拉伯穆斯林与非穆斯林黑人之间爆发了流血冲突。对此，不同的人有不同看法，他们可能会告诉你这是一场争夺牧场、牲畜或者是地下石油资源的战争。同时，外国投资者则小心谨慎得多。

■ **战争的代价。**平均来说，一次内战要持续八年的时间。除了给人民的生命和健康带来威胁之外，战争还会造成巨大的经济损失。由于医疗体系的崩溃以及难民的流动（这会导致疾病的肆虐和蔓延），每次冲突导致的健康成本大约是50亿美元。GDP大约会下降2.2个百分点，另外大约有18%的国民收入要用于武力和军事开支。经济全面恢复需要十年的时间，也就是说战争导致该国战前GDP水平大约下降了105%。

■挑战。最近的研究为这一挑战提供了几个解决方案。因为当人均收入水平翻一番时战争的风险会降低一半，所以如果向贫困国家提供更多的援助或许可以阻止冲突的爆发。同样，限制陷入冲突中的国家利用出口所得购买军火，或者是降低这些国家出口的产品在世界市场上的价格，都可以减少战争的爆发。最后，为了防止已经分裂的国家重燃战火，国际社会在战后应该增加对该国的医疗和教育援助，或者是允许外部力量进行干预以保证该地区的和平。

■想了解更多？请登录牛津大学非洲经济研究中心网站 www.csae.ox. ac.uk，哥本哈根公众舆论计划网站 www.copenhagenconsensus.com，世界银行冲突制止与重建部门网站 www. worldbank.org。

资料来源："Unloved for Trying to Keep the Peace," *The Economist*，April 17，2010，pp. 51–52；"More than Sectarian Strife," *The Economist* (www.economist.com)，April 13，2010；"Putting the World to Rights," *The Economist* (www.economist.com)，June 3，2004；Paul Collier and Anke Hoeffler, *The Challenge of Reducing the Global Incidence of Civil War* (Oxford：Copenhagen Consensus，March 2004)；Copenhagen Consensus project (www.copenhagenconsensus.com).

在极权主义国家做生意。 在极权主义国家从事商务活动的得失是什么？从正面角度看，跨国公司很少需要担心当地政府反对它们开展业务。从负面角度看，它们可能需要向政府官员行贿或者是给回扣。如果它们不这样做的话，可能就会丧失进入当地市场的机会，甚至在该国的投资也会血本无归。

不管怎么说，在极权主义国家开展商务活动都是一件很冒险的事。在像美国这样的国家，针对合同纠纷的法律法规非常完备、具体。但是在极权主义国家，相关法律要么模糊不清要么根本就尚未制定出来，而且那里的人们往往可以根据自己的意愿对法律条款作出解释。极权主义政府的独断专权导致企业很难判断当地人会如何对法律条文作出解释并应用于它们所从事的特定业务。

在极权主义国家开展业务的企业有时候会被控诉说它们不关心那些受到东道国强权政治迫害的人们。企业领导者们必须决定是不在极权主义国家进行投资因而错失可能的获利机会，还是投资并承受因此而给其公众形象带来的潜在负面效应。这是一个颇有争议的话题，实际上这是一个伦理道德的两难选择，没办法给出简单的答案。

□**小测验**

1. 什么是政治体制？阐述政治体制与文化之间的相互关系。
2. 列举极权主义的三个主要特征。
3. 简要说明极权主义的主要表现形式。
4. 极权主义政府可能会对商务活动产生什么影响？

民主制。民主制是指由广泛参与政治活动的人民或人民代表直接选举产生政治领导人的政治体制。民主制与极权主义几乎在每个方面都是不同的。现代民主制度的基础至少可以追溯到古希腊时期。

希腊人曾经尝试纯粹的民主制度，即所有人都可以自由、积极地参与到政治进程中来的制度。但是因为各种原因，纯粹的民主制度更像是一个理想而不是一种可行的制度。有些人既没有时间也没有意愿参与到政治活动中。另外，随着人口总数的增加以及时空距离带来的障碍，人们也不可能彻底地、积极地参与到政治活动中。最后，纯粹民主制度下的领导人可能会发现很难或者是根本不可能达成一致的政见，因为民众直接投票可能会引发相互冲突的主流观点。

代议民主制。出于现实的考虑，很多国家转向了代议民主制，即民众选举出代表代为表达他们的政见的制度。这些被选出的代表们帮助政府管理人民，制定法律。民众则有权重新选举自己信任的代表，取代那些不希望继续代替他们表达政见的代表们。

代议民主制致力于实现以下全部或者部分职能：

■ 言论自由。这是大多数民主国家的宪法赋予人民的权利，即人们有权自由表达自己的言论和意见而不用担心受到惩罚。

■ 定期选举。每个被选出的代表都有一个当选期，到期后由人民决定他是否能够继续留任。定期选举的两个例子是美国的总统选举（每四年一次）以及法国的总统选举（每五年一次）。

■ 充分的公民权和财产权。公民权利包括言论自由、结社自由以及获得公正裁决的权利。财产权则是指财产（包括房屋、汽车、企业等等）的所有者享有的权利和承担的义务。

■ 少数群体的权利。理论上说，民主制希望实现不同文化、种族、民族的人们的和平共处。理想的状态是，每个群体都享有同等的权利和特权，而无论其成员人数多少。

■ 非政治化官僚机构。官僚机构是政府的一部分，负责执行由被选举出的代表们通过的规章制度和法律细则。在政治化官僚机构中，官僚们倾向于根据自己而不是代表们的政见来作出决策。这显然是与民主制的宗旨相违背的。

尽管有上面这些共同的原则，不同国家在实施代议民主制度过程中的具体做法差别巨大。比如，英国实行的是议会民主制。整个国家被分成不同的地理区域，每个地区的人们都是为不同政党而不是哪个候选人投票。但是在选举中赢得了最多立法院席位的政党并不一定能够赢得治理国家的权利，它必须占据绝对多数才行——也就是说，当选政党获得的席位数必须高于其他参选政党获得的席位数之和。

如果赢得最多席位数的政党没能占据绝对多数，它可以和其他一个或者几个政党组建联合政府。在这样的情况下，各个政党通过分担政府职责来共享权力。联合政府常见于意大利、以色列以及荷兰等国，这些国家政党数量很多，以至于一个单一政党很难占据绝对多数。

在不同国家，各个政党握有的相对权力大小也是不同的。在某些民主国家，某个政党长期执政。比如，在日本，自由民主党（实际上的保守党）从20世纪50年

国际商务：全球化带来的挑战（第6版）

代起几乎一直牢牢掌握着政坛。墨西哥的制度革命党（PRI）曾执政达 71 年之久，直到 2001 年保守的国家行动党（PAN）领袖文森特·福克斯赢得大选。

在民主国家做生意。 民主国家主要是通过保障私人财产权的法律来营造一个稳定的商业环境。理论上说，当私人部门由以营利为目的的独立所有的企业构成时，一国的商业就会繁荣兴旺。资本主义制度认为生产资料的所有权应该归个人和私营企业所有。人们还常常用自由市场来指代资本主义（在第 4 章我们会对资本主义经济和共产主义经济作详细介绍。）

需要牢记的一点是，尽管民主政治、保障财产权以及自由市场能够促进经济增长，但并不是在所有情况下都是这样。例如，尽管印度是世界上最大的民主国家，但是直到最近之前的几十年里其经济增长速度都非常缓慢。与此同时，有些国家和地区在并不那么民主的体制下实现了经济的腾飞。"亚洲四小龙"——中国香港、新加坡、韩国以及中国台湾在缺乏真正的民主体制的情况下，都建立起了强劲的市场经济。

□ 3.1.4 转型时期的政治体制

世界各国人民都希望能够更多地参与到政治进程中，朝着更加民主的政治体制迈进。资本主义在和共产主义、社会主义阵营的对抗中似乎也略占上风。苏联实施政治开放以及经济改革政策后不久，其政权就解体了。中东欧的共产主义阵营也迅速垮塌，现在的捷克共和国、匈牙利、波兰、罗马尼亚以及乌克兰都是共和政府。共产主义国家的数量与 20 年前比起来要少得多。

中国的政治改革历程格外受到关注。1949 年新中国成立后，中国对绝大多数资本家进行了社会主义改造。但是现在，私营业主是可以加入共产党的，工人们也可以直接投票选举官方贸易协会的代表。这些举动都表明，面对越来越快速的经济和社会变迁，执政党在想方设法维持社会的安定团结。谈论中国当前面临的困境的一份政府报告对这些举动背后的部分原因给出了解释。报告中提到的困境包括国有企业倒闭、大量职工下岗带来的社会不安定、汉族与少数民族之间的紧张关系、有失公平的法律体系以及边远地区的动荡。

□小测验

1. 什么是民主制？解释民主制与极权主义之间的区别。
2. 代议民主制希望带给人们的五大自由是什么？
3. 民主制政府对一国商务活动的影响是什么？

3.2 政治风险

不管是从事国内商务还是从事国际商务的企业都面临着政治风险——一个社会

发生会对当地商务活动产生负面影响的政治变革的可能性。海外政治风险对不同类型的企业有不同的影响——可能是危及出口商的市场，可能是危及制造商的生产设备，也可能是危及企业将在东道国赚取的利润转移出来的能力。对当地的价值观、习俗以及传统做到了熟于心，有助于降低企业所面临的政治风险。

□ 3.2.1　政治风险的类型

可以根据企业受影响的程度粗略地对政治风险进行分类。宏观风险会影响到各个行业的所有企业——既有国内企业也有跨国公司——的活动。宏观风险的例子包括企业资产因为暴力事件受到威胁以及政府越来越严重的腐败问题。微观风险只会影响到某个特定行业（或者是某个特定群体）的企业。例如，钢铁世界贸易大战会给钢铁制造企业、以钢铁为原材料进行生产的企业带来影响。

除了上面提到的分类方法之外，我们还可以根据触发政治风险的行动或者事件对其进行分类，具体如下：

- 冲突和暴力。
- 恐怖主义和绑架。
- 资产罚没。
- 政策变更。
- 本地成分要求。

冲突和暴力　当地爆发冲突会极大地打消跨国公司在一国进行投资的积极性。暴力事件则会伤害到企业的生产、产品分销、原材料与设备采购、合适的员工的招聘等。公开的冲突还会危及企业的财产（比如办公室和厂房）和雇员的安全。

冲突的根源多种多样。首先，它可能源于人们对政府的不满。当民众与政府无法和平解决争端时，推翻政治领导人的武装势力就会走向前台。当分裂势力不断将其作为暴力侵袭的目标时，埃克森-美孚暂停了在印度尼西亚亚齐省的液化天然气生产活动。

其次，冲突可能源于两国的边界纷争。例如，印度和巴基斯坦就克什米尔地区归属问题出现的争端，导致两国人民多次爆发大规模武装冲突。厄瓜多尔和秘鲁之间的边境纷争也让这两个南美国家三次陷入战争的泥潭——最近一次是在 1995 年。

最后，不同种族、民族以及宗教团体之间的纷争也可能演变为暴力冲突。印度尼西亚由13 000多个岛屿组成，有 300 多个种族，使用 450 种左右的语言。若干年前，印度尼西亚政府动员人们从拥挤的中心岛屿搬迁到人口较少的偏远小岛，但是没有考虑到这些人的种族和宗教信仰问题。后来有 100 多万人被卷入到暴力事件中。即便是现在，在印度尼西亚从事经营的企业仍然面临着因为种族与宗教冲突而停业的危险。

恐怖主义和绑架　恐怖行动是表达政治立场的手段之一。对当前的政治或社会状况感到不满的人们有时候会诉诸恐怖主义，希望凭借恐怖主义给人们带来的恐惧和破坏达到改革的目的。2001 年 9 月 11 日，全世界人民经历了一场前所未有的恐怖袭击。两架飞机撞向了纽约市的世界贸易中心双子大厦，一架飞机撞向华盛顿的五角大楼，还有一架则坠毁在宾夕法尼亚州的一片空地上。基地组织声称自己制造了这些恐怖袭击事件，并且近期会在全球范围内发起更多的袭击。该恐怖组织说自己的目标是将西方势力从穆斯林国家驱赶出去，并且在这些国家实行伊斯兰教法。

绑架和劫持人质的目的可能是为恐怖集团的活动筹集资金。大型跨国公司的高管通常是绑架行动的主要目标，因为这些人的家属有丰厚的实力支付大笔的赎金。拉美国家的绑架率世界领先，墨西哥城几乎是全球绑架率最高的城市。在哥伦比亚首都波哥大设有销售部的公司每年用于安保措施的开支大约为125 000美元，对于那些在反叛势力控制的地区从事经营活动的公司来说，这一数字会高达100万美元。公司高层们每年大约有三分之一的工作时间被用来处理企业在哥伦比亚的安全问题。一家中等规模的公司如果每次委派5～10名员工到拉丁美洲出差一周，可能需要交纳每年5 000美元、累计达1 000万美元的绑架与意外伤害险。[1]

当企业高管必须前往某个绑架事件频发的国家时，他们最好不要声张，在安全地点与几个关键人物会面之后就尽快悄悄离开当地。有些公司会为员工购买绑架、意外以及撕票险，但是保险专家建议说，培养人们在第一时间逃离危险的能力是更恰当的做法。要想了解企业管理者在海外执行任务时如何保障自身安全，请参见专栏"全球经理人公文包：全球安全手册"。

全球经理人公文包

全球安全手册

■ 前往目的地。如果可能的话尽量选择直飞航班，因为飞机起飞和着陆时最有可能发生事故。迅速离开机场的公共区和检票区，前往更安全的地方。如果行李丢失，通知机场的安保部门。

■ 外出活动。绑架者会观察你的日常活动。不断改变进出住处、办公室、酒店时走的大门以及时间。开车时要把车窗和车门关好。不时和他人互换座驾，或者是今天坐计程车明天搭地铁上班。旅途中必须格外小心。

■ 保持低调。不要掏出一大叠钱或者是用大面额的钱来买单，以免引起他人的注意。避免在公开场合露面。可能的情况下，衣着打扮要像当地人，把昂贵的珠宝首饰放在家里。不要大声说话以免被人监听。如果你租车的话，不要选择豪华轿车，最好选在当地很常见的车型。

■ 保管好私人信息。回答与你个人、家庭或者是工作有关的问题时，要友善但是也要小心谨慎。如果可能的话，答案尽量简短含糊。只留下你的工作电话这一条也适用于你的家人。不要在通讯录中出现你家里的电话或者是手机号码。包里不要有写着你家庭住址的任何东西。

■ 保持警惕。如果当地人向你问路或者时间，一定要小心防范这可能是犯罪分子的一种试探。如果可能的话，给自己找个同伴，天黑之后尽量不要一个人出门。不要走狭窄黑暗的街道。如果不小心迷路了，一定要表现得若无其事，在商店里而不是马路上问路。乘坐没有标识或者是标识不清的出租车时，要

① E. N. Hester，"Kidnap and Ransom Insurance to the Rescue," Insure. com Web site（www. insure. com），January 9, 2010.

小心。

■ 了解当地的应急程序。在碰到麻烦之前就要先了解当地的应急程序。时刻牢记警局、消防局、你入住的酒店、你国驻当地大使馆、你国一个可信的出租车公司的电话号码。

资产罚没　政府有时候会没收在其境内经营的企业的资产。资产罚没主要有三种形式,即充公、征用以及国有化。

在没有提供补偿的条件下,强行将资产所有权从个人手中转移到政府手中的行为叫做充公。通常,企业在这种情况下没有办法通过法律途径向政府要求补偿或者是拿回资产。根据 1996 年的《赫尔姆斯-伯顿法案》,美国公司可以对 1959 年古巴共产主义革命后占有被充公的美国公司资产的其他公司提起诉讼。古巴政府因此面临近 6 000 起诉讼,涉案金额高达 200 亿美元。但是美国总统一再否决该法案,以免伤害美国与其他国家之间的关系。[①]

在提供一定补偿的条件下,强行将资产所有权从个人手中转移到政府手中的行为叫做征用。补偿的额度通常也是由政府来决定的。因为没有办法诉诸法律,因此补偿额往往低于被征用资产的市场价值。现在,政府很少会将企业资产充公或者是进行征用,因为这些举动会导致企业从该国撤资,未来的投资活动也会受到影响。

征用涉及的是某个行业中的一家或者几家企业,国有化则意味着政府接管整个产业。国有化比充公或征用更普遍。有可能会被国有化的产业主要是那些对一国安全问题至关重要或者是能够带来高额利润的产业。最近几年,委内瑞拉总统查韦斯先后将该国的通信、电力、石油产业进行了国有化,并且声称还要进一步扩大国有化范围。其他国家的企业对此的反应是停止在委内瑞拉进行投资。通常,一国政府将某个产业国有化主要是为了:

(1) 出于意识形态的考虑,提供补贴保护某个产业。

(2) 为赢得政治选票,保留夕阳产业的就业机会。

(3) 控制该产业的利润,以免被转移到低税负国家。

(4) 投资于私营企业无力担负的某些部门,比如公共事业企业。

不同国家的国有化程度有着很大差别。古巴、朝鲜以及越南政府基本上控制着本国的所有产业,相形之下美国和加拿大政府涉猎的范围则要小得多。很多国家,包括法国、墨西哥、波兰以及印度,都希望在政府所有和私人所有之间达到一种平衡。

政策变更　政府的政策变更是一系列影响因素的结果,包括新执政党的理念、特定利益集团施加的政治压力、民众或社会骚乱等。一种常见的政策工具是规定只有本国企业才能拥有所有权,或者是规定外国公司只能拥有较小一部分股权。正是这一规定导致百事公司刚进入印度市场时只能拥有 49% 的股权。

其他一些政策也会影响到跨境投资。随着科技产业的发展越来越慢,台湾的企业家和政客们呼吁摒弃此前对大陆的"不紧不慢"政策。该政策规定台湾企业在大陆的最高投资额度为 5 000 万美元,而且不允许投资于基础设施或者是对大陆国防安

① "Corporate Stakes in Cuba," *Fortune*, May 5, 2008, p.40.

全非常敏感的产业。台湾政府制定了一项新的政策，即"积极开放，有效管理"，大大削减对跨境投资的限制。

本地成分要求 规定某种产品或服务中必须有一定的比例是由本国生产商提供的法律规则被称为本地成分要求。这一规定迫使企业使用当地的原材料、从当地供应商处采购零部件或者是雇用不低于一定数量的本地员工。这种做法使得跨国公司既扶持了当地的商业活动，减缓了当地的失业压力，又能保证政府无须采取征用或充公等极端措施就能保持对跨国公司的控制权。

但是，本地成分要求可能会危害到跨国公司的长期生存能力。首先，雇用本地员工这一要求可能导致企业被迫接受没有受过足够训练的劳动力，或者是存在人员冗余的状况。其次，被要求在当地采购原材料或者零部件的企业可能会发现自己的生产成本高企，或者是产品质量下降。

☐ 3.2.2 政治风险的管理

通过监控和预测可能给其生产经营带来负面影响的政治变动，跨国公司可以从中获利。当存在极高政治风险的地区出现了商机时，最明智的做法可能就是不要进行任何投资。但是当风险水平可控而且当地市场确实极具吸引力时，跨国公司则会通过各种方法来管理政治风险。下面我们就来看一下可用来管理政治风险的三种主要方法，即适应性调整、信息搜集以及影响当地政治。

适应性调整 适应性调整意味着企业战略必须将风险考虑在内，这通常要借助当地政府的帮助。企业可以通过四种战略内化风险因素：

■ 合伙经营可以帮助企业实施其扩张计划。合伙经营可以是一种非正式的安排，也可以采取合资企业、战略联盟以及交叉持股等方式。合伙经营使得企业可以共担风险，这一点在新兴市场上是格外重要的。如果合伙人在当地拥有股份（股权），那么它们可以分享利润；如果合伙人出借资金（贷方），那么它们可以收取利息。可以阻止政治力量干涉企业经营的当地合伙人包括企业、贸易协会、金融机构以及政府部门等。

■ 本土化要求企业改变自身经营方式、产品组合或者是其他商业要素甚至包括企业名称以适应当地的偏好和文化。MTV公司通过让自己的某些节目内容更适合某个地区或者国家的人们的口味，向世界展示了它对当地文化和政治的敏锐度。

■ 通过提供发展援助，跨国公司帮助东道主提高了当地人的生活水平。例如，通过帮助当地建立分销和通信网络，企业和政府都可以从中获益。皇家壳牌石油公司在肯尼亚的一个项目就旨在提高当地贫困村民的收入水平，同时让该国有保障的食品供应期延长了两倍。[1] 日本复印和打印设备生产商佳能公司通过"合作"向当地政府施压，进行社会和政治改革。

■ 对政治风险承保对于进入商业环境存在风险的地区的企业来说是很关键的。海外私人投资公司（www.opic.gov）不仅对美国企业的海外投资损失予以保险，而

---

[1] Shell Web site (www.shell.com).

且可以提供项目融资服务。针对当地政府限制东道国货币与母国货币之间的自由兑换的情况，该公司制定了专门的对策；另外还有一些险种是承保因为暴力事件包括战争和恐怖袭击而导致的损失。外国信用保险协会（www.fcia.com）也对美国出口企业因为各种原因而蒙受的损失提供保险服务。

信息搜集　跨国公司总是会想方设法收集可以帮助它们预测和管理政治风险的各种信息。企业通常利用以下两个信息源来预测政治风险：

■ 了解相关信息的在职员工。在一国工作时间足够长从而熟知当地文化与政治的员工是一个很好的信息来源。另外，那些在以往的国际商务活动中曾充当决策者的人们，可能和当地政治人物或者其他官员有联系，因此也是很好的信息来源。但是因为政治当权派经常会发生变化，因此员工国际工作经验的时效性也是很重要的。

■ 专门提供政治风险服务的机构。这类机构包括银行、政治咨询公司、新闻出版部门以及风险评估机构。很多这类机构会提供报告，对一国政治风险的水平和来源进行详细分析。没有经济能力购买此类服务的小公司则可以考虑各种免费的信息渠道，特别是联邦政府提供的信息。政府智库也可以提供高价值低成本的信息。

影响当地政治　管理者必须在各国不同的商业惯例与规则的制约下工作。大多数国家的商法都是在不断变化的，既有新的法律被通过，也有对现有法律的修订。影响当地政治意味着你要直接或者是通过律师间接与当地法律制定者或者是政客们打交道。游说指的是雇用一群人代表公司阐述其对政治问题的观点的做法。游说者和当地官员会面，影响后者在与你公司有关的问题上的立场。他们的终极目标是让有利于你公司的法律得以顺利实施，而那些不利于你公司的法律则被否决。游说者还会努力让当地官员相信，你公司会给当地经济、环境以及就业带来好处等等。

行贿也是获取政治影响力的一种手段。多年前，美国洛克希德公司即现在的洛克希德·马丁公司的总裁为了拿到大额订单，不惜向日本官员行贿。该丑闻的曝光助推了1977年的《反海外腐败法》的通过，该法案禁止美国企业向其他国家的政客或者是政治候选人行贿（除非有人有生命危险）。贿赂包括"任何有价值的东西"——金钱、礼物等等，并且这些东西不能送给任何当权的"外国政府官员"以便对方作出可能对行贿者有利的决策。该法案还要求企业必须保留能反映其海外活动和资产状况的会计记录。（在下面有关伦理道德的内容中我们还会对腐败问题作更深入的讨论。）

在有关政治体制以及企业如何应对政治不确定性的讨论中，我们涉猎了一些重要的法律问题。尽管一国的政治和法律体制有很多重叠的部分，但它们还是有差别的。下面我们将介绍几种主要类型的法律体制，并且探讨一下它们对国际商务活动的影响。

□小测验

1. 政治风险有哪五大基本类型？这些政治风险对国际商务活动有什么影响？

2. 列出管理者在海外工作时为了保证自身安全可以采取的主要措施。

3. 指出充公、征用和国有化之间的区别。

4. 企业可以通过哪三种方法来管理政治风险？

3.3 法律体制

一国的法律体制是指该国一系列的法律法规，包括法律的制定和实施过程，以及法院让诉讼各方对其行为负责的方式。很多文化因素包括社会流动性、宗教信仰以及崇尚个人主义都会影响到一国的法律体制。同样，很多法律法规也是用来保护当地的文化价值观和信仰的。关于不同国家的法律体制之间的区别的例子，可以参见专栏"文化至关重要：照章办事"。

文化至关重要

照章办事

要想理解他国的法律体制，必须了解它们的文化差异。下面给出的是对几个国家的法律环境的简单介绍：

■ 日本。日本以和为贵、追求团结一致的文化导致那里的人们将诉诸法律看作是最迫不得已的选择。但是随着专利争端的增加以及跨境并购的兴起，日本人逐渐开始认识到律师的价值。日本只有22 000名执业律师，相比之下，美国的这一数字为100万人。日本的律师从业人员按照每年几千人的速度增加。日本企业以前会通过私下沟通来解决的纠纷，现在则会诉诸法庭。

■ 沙特阿拉伯。伊斯兰教渗透到了沙特阿拉伯社会的方方面面，影响着其法律、政治、经济和社会的发展。伊斯兰法律以《古兰经》中的教义为基础，

既适用于刑事案件也适用于民事案件。实际上，《古兰经》被看作是沙特阿拉伯人的宪法。国王和内阁在伊斯兰教法的框架内实施行政权和立法权。

■ 中国。中国工厂里的工人们有时候必须忍受军事化的管理、言语的辱骂以及嘲弄。但是得益于一些律师以及法律系的学生通过自由论坛以及在法庭上为民工维权的努力，中国的劳动者赢得了更高的工资、更好的工作条件以及住宿条件。中国1.69亿工人的境况正从受保护不足缓慢向更好的方向转变。

■ 想了解更多？请登录国会法律图书馆（www. loc. gov/law/help/guide/nations/japan. php）、沙特阿拉伯大使馆（www. saudiembassy. com）、中国之窗（en. chinagate. cn）的网站。

资料来源：David Barboza, "Scrutiny of China's Grim Factories Intensifies After Suicides," *New York Times* (www. nytimes. com), June 6, 2010; "Light and Death," *The Economist* (www. economist. com), May 27, 2010; "Our Women Must Be Protected," *The Economist*, April 26, 2008, pp. 64 - 65; "Japan: Lawyers Wanted. No, Really," *Bloomberg Businessweek* (www. businessweek. com), April 3, 2006.

一国的政治体制也会影响到该国的法律体制。极权主义政府更偏爱经济资源公共所有，因此会制定限制企业家行为的法律。相反，民主政府倾向于通过强有力的物权法来鼓励企业家行为，保护企业利益。参与商务活动的各方的权利和义务在不同国家同样也是有差别的。因此，政治体制和法律体制就天然交织在了一起。一国的政治体制为其法律体制的形成和发展提供了土壤，一国的法律体制反过来又为其

政治体制提供了法律保障。

法律体制还常常受到政治情绪和民族主义者为祖国的利益和发展贡献自己力量的精神高涨的影响。民族主义者通常有强烈的爱国心和文化自豪感，以及为民族独立奋斗的决心。比如，在印度，大多数商法都产生于该国努力实现"自给自足"的时代。因此，印度的法律体制偏重保护本土企业免于国际竞争。尽管多年前印度将很多产业都进行了国有化，并且对创办企业实行严格的审查制度，但是现在的印度政府正通过制定鼓励开办企业的法律来积极融入全球化进程。

有了这些简单的介绍后，我们来看一下当前世界上存在的各种法律体制（普通法、大陆法以及神权法）的主要特征，并且探讨一下跨国公司面临的主要法律问题。

☐ 3.3.1　普通法

普通法起源于 11 世纪的英格兰，并且被推广到了该国在世界各地的殖民地。因此，美国的法律体系很大程度上是建立在普通法基础上的（尽管它融入了大陆法的某些要素）。普通法主要有三个要素：

- 传统。一国的法制史。
- 先例。法庭审判过的历史案例。
- 惯例。法律是如何应用于具体情境的。

按照普通法，司法系统根据传统、先例和惯例进行司法解释并作出判决。但是每条法律在具体适用时都会有不同的解释，反过来，每一种新的解释都可以成为将来的判例所参考的先例。在有了新的先例之后，要么是原本表述模糊的法律条文变得清晰起来，要么是法律条文开始适用于此前没有考虑过的问题。

普通法系国家（特别是美国）的商务合同一般都很长，因为里面必须考虑到各种可能性，以及在出现纠纷的情况下对法律条文的各种可能解释。为了让合同条款清晰明了，企业要投入大量的时间和精力，并且不惜花重金来获取法律服务。普通法积极的一面是比较灵活。与一成不变地适用于所有情形不同，普通法会考虑具体情况和背景。澳大利亚、英国、加拿大、爱尔兰、新西兰、美国以及亚洲和非洲的某些国家都适用普通法。

☐ 3.3.2　大陆法

大陆法的起源可以追溯到公元前 5 世纪的罗马。它也是世界上最古老、使用范围最广的法系之一。大陆法建立在一系列详细的成文的规则和法规构成的法典的基础上。大陆法的对抗性比普通法要低一些，因为该法系不太需要具体解释每个法律条文的含义。因为所有的法律条文都法典化了而且简单明了，合同当事各方唯一需要关注的就是法典措辞的准确性。所有的义务、责任以及权利都直接源于相关法典。因此，与法律问题有关的事务和财务支出通常都比较少。但是大陆法系忽视了特定案例所依赖的独特背景。古巴、波多黎各、魁北克、所有中南美洲国家、大部分西欧国家以及很多亚洲和非洲国家都适用大陆法。

□ 3.3.3　神权法

建立在宗教教义基础上的法系被称为神权法。三个重要的神权法法系分别是伊斯兰教法系、印度教法系以及犹太教法系。尽管印度教法系受到印度 1950 年宪法——该宪法实现了大部分的法律职能——的制约，但是它一直作为一股文化和精神力量存在着。同样，尽管犹太教法系仍是一股强有力的宗教势力，但是自 18 世纪大多数犹太国家丧失司法自治权起，它所发挥的法律职能已经非常有限了。

伊斯兰教法系是当前适用范围最广泛的神权法。最初，它不过是制约人们的道德和伦理行为的准则，后来才被扩展到了商业领域。它限制了企业的投资类型，为商业交易制定了一系列指导原则。比如，根据伊斯兰教法系，银行既不能对贷款收取利息也不能向存款支付利息。作为替代，银行可以从借款人获取的利润中抽成，同时将抽成所得分一部分给存款人。同样，因为和酒精制品、烟草制品有关的生意是违背伊斯兰教的信仰的，遵守伊斯兰教法律的公司不能投资于这类业务。

□ 小测验

1. 法律体制的含义是什么？
2. 阐述民族主义在政治活动中的作用。
3. 论述每一种法律体制（普通法、大陆法、神权法）的主要特征。

□ 3.3.4　标准化

企业必须要适应各不相同的法律体制，因为并没有一个被所有国家都接受的清晰界定的国际法系。对适用于两个或者更多国家的法律条文的解释和应用有标准化的趋势，但是这并不意味着整个法律体制的标准化。因此，面对差别各异的法律体制，企业只能是继续花钱在自己从事经营活动的每一个国家雇用法律专家。

同样，在知识产权、反垄断、税收、合同仲裁以及常见贸易问题等领域有很多的国际条约或协定。大力推动标准化进程的国际组织包括联合国、经济合作与发展组织以及国际统一私法协会。为了便利西欧各国之间的贸易往来，欧盟也在积极倡导对其成员国的部分法律体制进行标准化。

□ 3.3.5　知识产权

对人类凭借智慧和能力创造出的成果的所有权被称为知识产权。具体说来，图形设计、小说、计算机软件、机器设备的设计、秘密配方比如可口可乐公司的可乐配方等都属于知识产权的范畴。从技术角度说，从知识产权可以衍生出工业产权（以专利或者商标的形式出现）或者是版权，并且会赋予产权所有者一定的独占权。

大多数国家的法律体制都保护产权——对资源及其带来的收益的法律意义上的占有权。与其他形式的产权类似，知识产权可以交易、出售，或者是在收取一定的费用以及/或许可费后许可他人使用。知识产权法的宗旨是保护那些知识产权受到侵犯的人们的利益。

不同国家的知识产权法也各不相同。商务软件联盟（BSA）——一家为商务软件生产商服务的机构——参与了一项和全球范围内软件盗版率有关的年度研究。虽然非法的商务软件复制品近年来在美国只占有了 20％的市场份额（这一数字是全球最低的），但是盗版软件在格鲁吉亚却占据了 95％的市场（这一数字是全球最高的）。从全球看，盗版软件大概占据了 43％的市场，每年给软件制造商带来了 510 亿美元的损失。[①] 图 3—1 给出了 BSA 的研究所涉及的一部分国家的软件盗版率。从图中不难看出，有些国家的法律要比其他国家更宽松。美国和欧盟的软件公司仍在游说它们的政府向这些国家施加压力，迫使它们实行更严格的法律。

尽管中国那些兜售盗版 CD 和 DVD 的小贩们公然在人行道上做生意，中国政府在打击盗版方面的目标绝不仅限于此。中国的做法是关于在 YouTube 时代——视频共享时代——如何打击盗版的一次重要尝试。NBC 的法律顾问理查德·柯顿说道："（中国官方）认识到中国经济的未来依赖于创新和创造力，因此他们必须保护可以推动创新的知识产权。"[②]

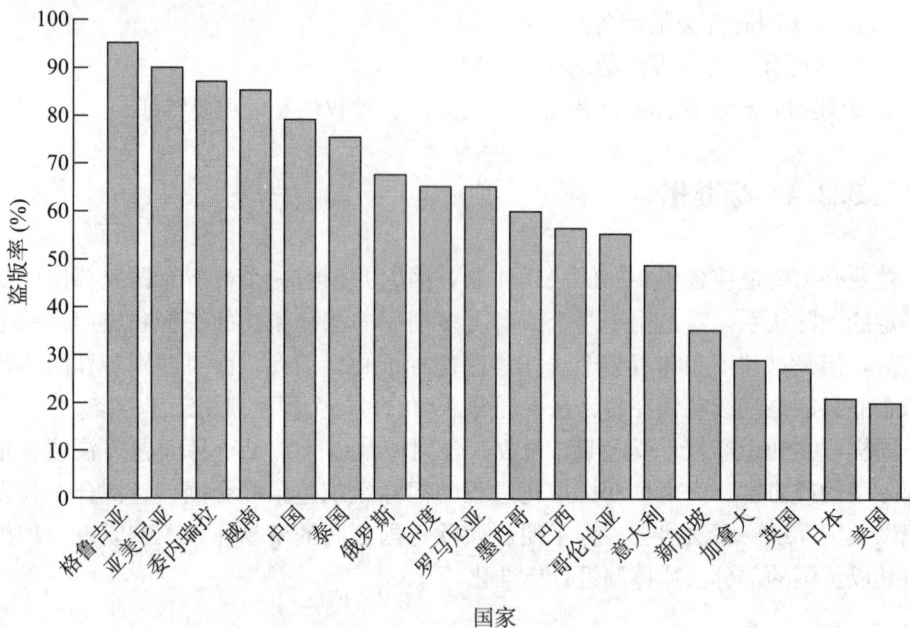

图 3—1　商务软件盗版率

资料来源：Based on the *Seventh Annual BSA and IDC Global Software Piracy Study*（Washington, D. C,；Business Software Alliance，May 2010），Table 3，pp. 14-15，(www. bsa. org/globalstudy).

---

① *Seventh Annual BSA and IDC Global Software Piracy Study*（Washington，D. C. ；Business Software Alliance，May 2010），Table 3，pp. 14 - 15，(www. bsa. org/globalstudy).

② Peter Burrows，"Why China Is Finally Tackling Video Piracy，" *Bloomberg Businessweek*，June 9，2008，p. 73.

工业产权 工业产权包括专利和商标，这也是一家企业最有价值的资产。制定旨在保护工业产权的法律的目的是，鼓励有创新性及创造性的活动。《保护工业产权巴黎公约》使得工业产权在全球范围内都能得到保护，目前该公约已经有将近100个签约国。

专利是授予某产品或生产过程的发明者禁止他人仿造、使用或者买卖该项发明的一种专有权利。美国现行专利法自1995年6月8日开始实施，与大多数发达国家的专利制度是一致的。其具体条款和世界贸易组织（WTO）——一家协调各国之间贸易活动的国际机构——的规定是一样的。WTO通常规定专利的有效期是20年。这一期限是从专利的发明者向一国政府机构提交专利申请时开始计算，而不是从该发明最终被授予专利的日子算起。任何新的、有用的、相对于相关技术领域内人们的一般技能来说不是那么显而易见的发明都可以申请专利。专利权激励企业积极进行创新并且将创新成果为消费者所用，因为专利可以起到保护企业用于研发的投资的作用。

商标是将某种产品及其生产商与其他产品和生产商区别开来的文字或者符号。不管是耐克公司的"对钩"还是"雷克萨斯"这个名字，都是商标。商标法为企业投资研发新的产品提供了动力。消费者同样也可以从商标中获益，因为当他们购买特定品牌的产品时，他们知道自己可以有什么样的期待。换句话说，如果你买了一罐标有"可口可乐"的软饮料，那么你不可能希望它是"雪碧"的口味。

只要代表商标的文字或者符号仍然有特色，商标保护通常就是无限期的。讽刺的是，这一规定给像可口可乐或者是施乐这样的公司带来了一个难题，因为它们的商标已经是可乐和复印机市场上的通用术语了。尽管各国的商标法依然存在差别，但是人们正在努力推动它朝着标准化方向发展。比如，欧盟成立了一个商标保护办公室，对发生在欧盟任何一个成员国内的商标侵权行为进行监督和管理。

拥有香奈儿、迪奥以及古琦等商标的企业长期以来一直为有人粗劣地仿制它们所设计的手袋、鞋子、衬衫以及其他产品而苦恼不已。但是近年来，高品质甚至是品质与正品不相上下的仿制品开始出现，在意大利这一点尤为突出。很多意大利奢侈品牌，特别是皮革制品与珠宝行业的一些奢侈品牌，会将生产活动外包给小厂家来完成。那些小厂家的工匠生产一些高品质的仿制品根本不是什么难事。一个在纽约旗舰店可以卖到500美元的Prada背包，在罗马只要不到100美元就能拿到手。你还可以花300美元在米兰的珠宝店买到假的贴有宝格丽或者劳力士商标的手表，然后转身以2 500美元的价格将它们卖掉。

版权 版权是指原创作品的创作人享有的按照个人意愿发表或者处置其作品的自由。版权标识通常由人们熟知的符号©、日期以及版权所有人的姓名这三项组成。版权所有者享有以下法律权利：

- 复制其拥有版权的作品；
- 在拥有版权的作品的基础上开发新的产品；
- 出售或分发拥有版权的作品的复制品；
- 出版拥有版权的作品；
- 将拥有版权的作品公之于众。

艺术家、摄影家、画家、文学家、出版商、作曲家、软件研发人员等都可能是版权所有者。1978年1月1日起创作的作品，其版权保护期的到期日自动定为创作者死后50年。在作品出版75年或者是诞生100年之后——以先达到的时间为准，出版商自动获得该产品的出版权。版权受《伯尔尼公约》——一个国际化的版权保护协定，美国也是协约国之一——以及1954年制定的《世界版权公约》保护。目前，世界上有50多个国家至少是这两个公约中的某一个的协约国。

版权授予的对象是对某种思想的有形表达，而不是该思想本身。例如，没有人能够就泰坦尼克号沉入冰海这个想法来申请版权。但是一旦将这个故事拍成电影，从中体现出创作人员是如何来处理这个主题的，那么这部电影就可以申请版权。

在全世界传唱最广泛的一首歌"祝你生日快乐"实际上是受到美国版权法保护的。该首歌创作于1859年，并且于1935年被授予版权。尽管该版权在2010年——这首歌享有版权保护满75周年——时起就到期了，但是美国国会将这一到期日延长到了2030年。时代华纳公司是版权所有人，预计它从版权延期中将得到高达2 000万美元的收益。

□ 3.3.6　产品安全与责任

大多数国家的产品安全法都为制成品设定了其必须满足的一系列标准。产品责任要求制造商、销售商以及其他相关人员要对因为产品存在缺陷而招致的损失、伤害甚至死亡负责。受到伤害的各方可以通过民事诉讼要求经济补偿，也可以通过刑事诉讼要求对方缴纳罚款或被判入狱。

发达国家有着最为严格的产品责任法，相对来说发展中国家以及新兴经济体的法律则是最弱的。有着严苛的产品责任法的国家的企业用于保险以及法律事务的开支相对较高，损害赔偿也更可观。同样，产品责任法在不同国家的执行力度也是不同的。比如，在经济最为发达的国家，烟草公司经常要面临烟草和尼古丁给人们的健康带来危害这类指控。批评人士说，烟草公司野心勃勃地将魔爪伸向了发展中国家的妇女和儿童，那里的监管比较弱，很多人甚至根本不知道吸烟是有害的。[①]

□ 3.3.7　税收

国民政府征收所得税和营业税用于各种目的。它们利用税收所得来支付公务员工资、增强军事力量，通过转移支付缩小富裕人口和贫困人口之间的收入差距。政府还有可能对进口商品征收关税，提高这些产品的价格，从而增强本国生产的产品在价格敏感型消费者面前的竞争力。

政府会征收间接税即"消费税"，并用所得弥补因为消费某种特定产品而带来的负面影响。对酒精和烟草制品等征收的消费税就被用来支付因为抽烟喝酒危害健康而发生的医疗成本。同样，汽油税被用来支付因为交通或天气的影响受损的道路和桥梁的维修费。

---

① "Smoking Indonesian Toddler, Ardi, Cuts Back to 15-Cigarettes A Day," *Bintulu News* Web site (www. bintulu. org), June 8, 2010.

另外，很多国家还会征收增值税（VAT）——对在产品生产和销售过程中给产品带来价值增值的各方征收的税种。美国到目前为止还没有开征增值税，但是该国数额庞大的负债引发了人们对于美国政府很可能会在不久的将来征收增值税的担忧。增值税的支持者辩称，这一税负主要是由零售环节承担，而不是由产品的生产商和消费者均摊。例如，假设一个渔民按照每公斤 1 美元的价格将他捕来的虾售出，该国政府征收 10％的增值税（如表 3—1）。那么，渔民、加工商、批发商和零售商因为在将产品送到消费者手里的过程中给产品所带来的价值增值，需要承担的税负分别为 0.1 美元、0.07 美元、0.11 美元和 0.10 美元。消费者无须承担额外的税负，因为政府已经向价值链的各方征收了相应税费。但是，实际上消费者是最后的买单人，因为生产商和分销商一定会提高产品价格以便补偿它们支付的税费。为了不至于让穷人感到负担过重，很多国家对某些商品比如儿童服装免征增值税。

表 3—1 　　　　　　　　　　　增值税的影响　　　　　　　　　　　单位：美元

生产环节	销售价格	价值增值	10％增值税	总增值税
渔民	1	1	0.1	0.1
加工商	1.7	0.7	0.07	0.17
批发商	2.8	1.1	0.11	0.28
零售商	3.8	1	0.1	0.38

□ 3.3.8 反垄断法

旨在防止企业控制价格、瓜分市场、获得不公平的垄断优势的法律被称为反垄断法。反垄断法希望保证企业可以按照公平的价格向消费者提供各种各样的产品。美国和欧盟是世界上反垄断法最严格的两个地区。日本的自由贸易委员会负责反垄断法的执行，但是通常没有什么效果，因为要想提起诉讼必须有绝对证据能够证明被诉一方存在垄断行为。

位于反垄断法比较严格的国家的企业经常抱怨说，和那些其母国允许瓜分市场的行为的竞争对手比起来，它们处在一个不利的竞争地位，因为那些竞争者彼此之间会达成协议，各自为某一细分市场提供产品或服务。这也是反垄断法比较严格的国家的企业经常游说政府，要求在国际商务活动中不受反垄断法制约的原因所在。规模较小的企业也争辩说，如果它们可以不必担心有违反垄断法的管制，它们就更有实力和大型跨国公司竞争。

在全球性的反垄断执法机构成立之前，跨国公司必须关注它们从事经营活动的每一个国家的反垄断法。实际上，一国可以否决两家非本国企业之间的并购行为，如果这两家公司在该国都占有很大市场份额的话。这正是计划中的通用电气和霍尼韦尔之间高达 430 亿美元的并购交易所碰到的问题。通用电气希望将其飞机引擎生产业务和霍尼韦尔专门为航空业生产先进电子产品的部门"联姻"。尽管这两家企业都是美国公司，但是它们在欧洲有大约 10 万名员工。在并购方案被提出来的前一年，通用电气一家在欧洲市场上就赚取了 250 亿美元的利润。欧盟阻止了这次并购，因为它认为并购的结果是消费者要支付更高的价格，特别是航班价格。

要想对执行美国商法的机构有更多的了解，请阅读下面的专栏"企业家工具箱：长长的法律触角"。

□小测验

1. 什么是知识产权？知识产权的重要性体现在什么地方？
2. 什么是工业产权？工业产权的两种主要类型分别是什么？
3. 什么是版权？论述版权对国际商务活动的重要意义。
4. 论述反垄断法和产品责任法带来的影响。

企业家工具箱

长长的法律触角

各国政府都有专门的机构来监控本国的商业环境，执行相关的法律。在美国，企业家和小企业主可以从以下机构获得免费的法律咨询服务：

■ 美国专利与商标局（USPTO）。美国专利与商标局是商务部下属的一家非营利性联邦机构。通过授予专利，它为企业提供了发明、投资以及实现新科技的动力。通过注册商标，它既为企业投资提供了保护，也让消费者免于陷入困惑不清或被欺骗的境地。通过发布有关专利和商标的信息，它为新科技的发展和推广提供了便利。

■ 美国国际贸易委员会（USITC）。美国国际贸易委员会是一个独立的准司法机构。它向政府的立法与执法部门提供与贸易有关的专业服务，判定进口对美国产业的影响，并采取措施消除不公平贸易行为比如侵犯专利、商标、版权等。USITC对贸易问题有很大的调查权力，整个美国的贸易信息都汇集到它这里并进行分析。

■ 联邦贸易委员会（FTC）。联邦贸易委员会负责执行各种反垄断法和消费者权益保护法。其目标是保证美国市场是竞争性的、有活力的、有效率的，没有受到不当限制。它还致力于通过消除不公平或者欺诈性的行为和做法来平滑市场的运转。总的说来，该委员会的目标是消除那些可能会妨碍消费者在信息通畅的状况下作出选择的行为。

■ 美国消费品安全委员会（CPSC）。美国消费品安全委员会是一家独立的联邦监管机构，其创办宗旨是保护公众免遭15 000多种不同类型的消费品包括汽车座椅、自行车、头盔、割草机、玩具、学步车等，带来的伤害甚至死亡威胁。同时，它还向企业提供与不适合的、贴错牌或者是被禁止的产品的出口有关的信息。

■ 想了解更多？请访问 USPTO(www. uspto. gov)、USITC(www. usitc. gov)、FTC（www. ftc. gov）、CPSC（www. cpsc. gov）的网站。

资料来源：Federal Trade Commission Web site（www. ftc. gov）；U. S. Consumer Product Safety Commission Web site（www. cpsc. gov）；U. S. Patent and Trademark Office Web site（www. uspto. gov）；U. S. International Trade Commission Web site（www. usitc. gov）.

3.4 伦理和社会责任

在第 2 章中我们学到，当一家企业进行国际化经营时，它的管理层会遇到很多并不熟悉的制约人们行为的文化规则。尽管法律体制为合法的个人和企业行为设定了边界，但是面对伦理和社会责任这样的两难选择，仅靠法律还显得远远不够。不同国家的法律执行力度也是不同的。遗憾的是，对利润的渴求可能会导致企业通过将某些商业活动转移到监管比较宽松的国家，来利用各国法律标准存在的差别。这样一来，各国法律体制方面的差别就变成了管理人员的伦理道德问题。

伦理行为是指符合良好的行为或道德规范的个人行为。伦理问题不是法律问题。当有相关法律可以告诉管理人员什么才是合法行径时，遵纪守法是不二选择。但是伦理问题的两难在于没有所谓的对和错。相反，它具有两面性，究竟怎么做才是对的取决于人们如何看待它。

除了管理者个人的行为要符合伦理道德准则之外，公司在经营时还要承担企业的社会责任——除应该履行的法律义务外，企业还应该积极平衡自身对投资者、消费者、其他企业以及所在社区应负起的责任。企业的社会责任（或者说人们熟知的CSR）涉及一系列范围广泛的行动，包括帮助贫困人口、在发展中国家创办学校、保护环境等。

我们可以将企业的社会责任划分成三个层次。第一个层次是传统的慈善行为，即企业为了解决某个特定的社会问题而出钱或者是出力。第二个层次与风险管理有关，即企业制定一套行为准则，保证在国际化经营过程中遵守这些准则，并且同意增加企业运营的透明度。第三个层次是战略性企业社会责任，即企业将自己应该承担的社会责任融入核心业务中，创造价值，形成竞争优势。[①]

在接下来的两个小节中，我们首先介绍与伦理和企业社会责任有关的主要理论观点，然后探讨一些重要问题。

□ 3.4.1 伦理与社会责任的哲学

关于企业伦理与社会责任，有四种最常被提到的学说。弗里德曼说——用该学说的主要倡导者、当代经济学家米尔顿·弗里德曼的名字命名——认为，企业唯一的责任就是在合法经营条件下，最大化所有者（或者说股东）的利润。[②] 假设有一家公司在经营过程中会造成环境污染，该公司将业务从一个制定了严格的环保法因而它需要付出不菲代价的国家转移到了一个没有这样的法律的国家。信奉弗里德曼哲学的管理人将为这个决定而欢呼。他们将会争辩说，企业正在履行自己的职责——

---

① Daniel Franklin, "Just Good Business," *The Economist*, Special Report on Corporate Social Responsibility, January 19, 2008, pp. 3 - 6.

② Milton Friedman, "The Social Responsibility of Business Is to Increase Its Profits," *The New York Times Magazine*, September 13, 1970.

为所有者创造更多利润，而且它的所作所为符合第二个国家的法律规定。很多人都不认同这一观点，他们说，需要讨论的不是企业是否需要承担社会责任，而是它们如何来履行自己的社会责任。

文化相对论认为，不管企业在哪里进行生产经营，它们都必须适应当地的伦理观，因为所有的信仰体系都是在特定文化背景下形成的。持这种观点的人认为，对错本身就是相对而言的，是对还是错取决于特定情境。"入乡随俗"这句话解释了文化相对论的精髓。假设一家公司在一个发展中国家设立了工厂，而且根据当地习俗，雇用了童工。信奉文化相对论的管理人员会认为这种做法是无可厚非的，是符合当地行为准则的。但是很多人都认为这种道德推理方式令人胆寒。

公平道德观认为，不管企业在哪里从事生产经营，它都应该遵守母国的伦理道德标准，因为母国的伦理和责任观优先于其他国家的伦理和责任观。假设一家总部位于发达国家的企业将业务范围扩展到了一个新兴市场，当地的管理人员向官员行贿是司空见惯的做法。假定总部禁止行贿行为，勒令分公司的管理层不得向当地官员行贿。在这样的情况下，企业总部就是在履行公平道德观的要求。

功利主义观点认为，企业的目标应该是在经营所在地最大化好的结果，最小化坏的结果。一个奉行功利主义的管理者会问自己："我应该追求什么？"，然后回答说："给相关各方都带来最好结果"。换句话说，功利主义者认为正确的做法是给尽可能多的人带来最大福利。再来看一下上面提到的禁止分公司管理层向政府官员行贿的企业的例子。现在假设一个管理人员了解到，如果向某个官员行贿，该公司可以获得扩大工厂规模的许可，并且因此给当地人带来 100 个高薪就业岗位。如果这个管理者根据自己的小算盘——行贿后会有更多人得到好处而不是受到伤害——向当地官员行贿了，那么这个管理者信奉的就是功利主义伦理观。

尽管企业针对伦理行为和社会责任制定了很多的守则和政策，在日常经营中仍会出现这样那样让管理人员陷入两难困境的问题。下面我们就来探讨一些主要问题。

□ 3.4.2 与企业社会责任有关的问题

如果企业不是发自真心地认为自己应该承担起社会责任的话，那么它就不能发起宣称自己是对社会负责的企业的公关活动。一些富有卓见的企业领导人已经认识到，企业的未来依赖于世界范围内有一个健康的劳动力市场和环境。例如，软饮料生产商支持各种形式的环保运动，因为它们很清楚自己的将来依赖于有充足的清洁饮用水供应。下面我们就来讨论一下和行贿与腐败、劳工状况与人权、公平贸易以及环境保护有关的企业社会责任。

行贿与腐败　与其他文化和政治要素类似，不同国家之间的腐败程度也有很大差别。在某些国家，企业要向分销商和零售商行贿，以便利用它们的分销渠道将自己的产品推向市场。行贿与否意味着是获得一个重要的订单，还是被彻底排除在市场之外。但是，行贿对企业和社会来说都是有害的。腐败会导致资源的无效利用，妨碍经济发展，扭曲公共政策，破坏民族团结等危害。

当安然公司在一次联邦听证会上承认它虚报了公司利润时，举世震惊。投资者紧急出逃，安然公司的股票变得一文不值，最终公司宣告破产。尽管公司高层在这些年间拿到了丰厚的薪水和奖金，安然的普通职员们却因为公司解散而眼睁睁看着自己的退休金打了水漂。欧洲银行借给安然公司及其分公司的 20 亿美元也血本无归。董事会主席肯尼斯·雷以及首席执行官杰弗里·斯基灵被起诉。不久之后，负责安然公司审计工作的安达信会计师事务所也被控销毁了一些和该公司有关的重要文件。安达信公司信誉严重受损，以倒闭告终。

安然倒闭引致的经济损失以及对企业信任度的下降促使美国国会通过了针对公司治理的《萨班斯-奥克斯利法案》。该法案为企业设定了新的、更严格的会计准则和申报程序。全世界各国的政府、会计标准委员会、其他监管机构以及利益集团在制定更高标准、更透明的公司财务制度方面取得了胜利。这也向所有企业传递了一个讯息，那就是伪造会计数据、掩盖企业真实财务状况、在对与错之间的灰色地带进行经营等做法不仅是不道德的，现在也变成违法的了。

有人认为《萨班斯-奥克斯利法案》需要进行改革，因为如果企业要想符合该法案的要求，就必须承受沉重的财务负担。监管者、证券专家、学者（他们对该法案极为推崇）针锋相对地和企业的首席财务官——他们中很多人都主张改革或者取消该法案，因为它带来的成本超过了收益——进行辩论。但是立法人员丝毫不为所动。公司董事会成员的职责早已不再是简单地表示认同公司的战略和政策，他们积极参与公司运营，让人觉得董事"真的成了一份工作"，一位公司治理领域的专家这样说道。[①]

劳工状况与人权 为了履行对社会应尽的责任，企业不仅要监督本单位内部员工，而且要监督和它们做生意的企业的员工的行为。面对来自人权组织的压力，一些行事谨慎的企业制定了员工行为守则，同时对各国供应商的用人机制也进行了监管。在制定切实守则控制合作方工厂的工作条件方面，Levis 公司是当之无愧的先行者。该公司只和那些符合"约束条件"的企业进行合作，该条件在伦理道德、环境与法律要求、用工标准、社区关怀等方面制定了最低的指导原则。[②]

下面我们来看看人权和劳工组织曝光的一个案例，它们对耐克公司在越南的代工工厂被控虐待劳工一事进行了调查。据报道，在 56 名女工中，有 12 人在绕着工厂跑步——工长对她们没有穿规定的鞋子的惩罚——时晕倒了。耐克公司承认了这一事件，勒令工长停职，并且开始采取措施实施与其母国一样的道德守则。

根据国际法，只有国家才能被控践踏人权。但是根据《外侨侵权行为索偿法》（Alien Tort Claims Act），人权和劳工组织可以通过指责企业是同谋，向美国公司提出违背人权的法律诉讼。雅虎公司就曾经尝到过该法案的厉害，该公司将两名反政府员工的信息透露给了中国官方并且导致二人被捕。最后，雅虎和两名被捕者的家属达成了庭外和解。美国石油公司优尼科——现在已经并入雪佛龙——被控参与了20 世纪 90 年代美国士兵在缅甸铺设石油管道时虐待当地村民的事件，尽管它竭力否

---

① Sarah Johnson, "You Complete My Audit," *CFO Magazine*, May 2010, p. 17; Nanette Byrnes, "Sarbanes-Oxley Lifts Some Directors' Pay Higher Than $1 Million," *Bloomberg Businessweek* (www. businessweek. com), February 12, 2010.

② Levi-Strauss Web site (www. levistrauss. com).

认自己在这次事件中有任何责任，但是仍然不得不与当事人庭外和解。①

公平贸易　为了体现自己是一家愿意承担社会责任的企业，星巴克想方设法消除生产咖啡的贫困国家的人们的贫困境况。此外，星巴克还通过开办学校、诊所、咖啡加工厂等积极改善种植咖啡的家庭的福利水平。该公司还出售所谓的"公平贸易咖啡"。公平贸易产品是指与供应商以一种更公平、有意义、可持续的方式合作的公司生产的产品。对星巴克来说，这意味着种植咖啡的农民可以收取更合理的价格，同时该公司还会帮助这些农民以更环保的方式耕种土地。②

美国公平交易公司（Transfair USA）是一家独立进行公平贸易产品——比如星巴克的咖啡——认证的非营利机构。在国际贸易活动中采取公平贸易方式，使得非洲、亚洲、拉丁美洲的 58 个发展中国家的 100 多万农场主和农民受益。公平贸易产品的范围扩展到了咖啡、茶、烟草、可可、巧克力、水果、大稻、糖、鲜花、蜂蜜以及香料等等。只有符合下列标准的产品，美国公平交易公司才会给予认证③：

■ 公平的价格。产品生产者收取的价格不会低于某个下限。

■ 公平的劳动条件。农场不会雇用童工，工人们有结社自由、工作环境安全、工资可以提供生活保障。

■ 直接交易。在可能的情况下，进口商无须中间商，直接从生产者处采购。

■ 民主社会的发展。农场主和工人们可以自主决定如何将公平贸易的收益用于社会与商业发展项目中。

■ 环境可持续。种植方法有利于农民的健康，可以保护生态系统。

环境保护　并不是只有政府部门和非政府组织才会关心环境和生态系统。现在，企业追求"绿色"，希望一方面借此减少它们给环境带来的危害，另一方面也是希望降低运营成本，提高利润水平。碳足迹是指因为人类活动而产生的温室气体（用碳化物的量来衡量）对环境的影响。碳足迹主要分为两类：④

■ 一级足迹。因为使用化石燃料，包括本国的能源消费和交通运输活动（比如用电和汽油）而产生的直接的碳化物排放。

■ 二级足迹。在产品的整个生命周期内（从产品的生产到最终的消亡）间接产生的碳化物排放。

积极投身环保运动的企业会在它们的产品上印上从该产品的生产开始到将其运往销售地的整个过程所排放的碳化物的重量。该数字代表了产品生产以及分销过程中用到的所有原材料、化学物质等等对环境的影响。比如，英国第一零食品牌尊尼获加的奶酪味和洋葱味的薯片上印有"75 克"的字样，这意味着每包薯片在生产和运输过程中排放的碳化物是 75 克。鞋和服装生产商天伯伦（Timberland）采用的则是另一种标示方式。它将自己所有产品按照从 0 到 10 进行打分。0 分意味着生产和

① Daniel Franklin, "A Stitch in Time," *The Economist*, Special Report on Corporate Social Responsibility, January 19, 2008, pp. 12 - 14.

② Starbucks Web site (www. starbucks. com).

③ TransFair USA Web site (www. transfair, org).

④ Carbon Footprint Web site (www. carbonfootprint. com).

运输该产品所产生的碳化物不高于 2.5 千克；10 分则意味着碳化物排放量高达 100 千克——这大致相当于驾车 240 英里产生的碳化物量。[1]

万豪国际是积极降低自身碳足迹的另一个先驱。该酒店的员工将所有纸制容器和塑料容器换成了真盘子和一种叫做 Spudware 的土豆制成的可以降解的容器。万豪还给员工发放可多次利用的塑料水杯，让员工将家里和酒店的所有普通灯泡换成节能灯。另外，该公司还有绿色大使，负责提醒大家双面打印文件、及时关掉不用的电灯和电器等。[2]

法国第三大制酒商波塞特家族酒庄（Boisset Family Estate）为玻璃酒瓶找到了一种更环保的替代品，那就是和牛奶、饮料的包装非常相近的外面覆有铝膜的纸板。这种包装材料除了可以防止美酒被氧化、饮用时更容易开启之外，也更加环保，进一步提高了该公司的利润水平。过去用 28 卡车的空瓶才能装下的酒现在只需要 1 卡车的纸盒就可以了。灌装完毕后，过去用 3 卡车才能运走的酒现在只需要 1 卡车就够了。因此而节省的原材料、燃料以及设备成本非常显著。[3]

与大多数国家相比，德国政府要环保得多。德国的能源法赋予了风力发电厂和太阳能发电厂一种特权，那就是它们可以收取比一般发电厂更高的电费达 20 年之久。有了这一法律保障，再加上德国在空气动力学领域的领先地位，使得它在可再生能源方面处于全球领先水平。目前，德国大约有 60 家企业专门从事风力发电。而民主德国之所以被戏称为"太阳能谷"，就是因为那里有很多生产太阳能电池的企业。德国的环保产业大约吸引了235 000名员工，每年的销售额为 330 亿美元。[4]

3.5 商务与国际关系

跨国公司的母国与它从事经营活动的东道国之间的政治关系会影响到该公司的国际商务活动。良好的政治关系可以催生出稳定的商务环境，增强很多领域的国际合作，包括国际通信与分销基础设施的建设。反过来，稳定的环境要求有一个强有力的法律体制以保证各方可以公平、快速地解决争端。总体来说，良好的政治环境可以带来更多的商业机会，降低商业风险。

为了营造一个稳定的商业环境，一些国家之间达成了多边协定——几个国家之间缔结的条约，这些国家承诺即便它们彼此之间的关系变得很紧张，也会遵守条约的条款。根据欧盟订立的条约，不同成员国之间的商品、服务以及人员可以自由地流动。每个成员国都必须遵守这一约定，即便两个国家之间存在冲突。例如，尽管英国和法国在很多问题上都无法达成一致，但是对于在它们之间进进出出的商品、

---

① Heather Green and Kerry Capell，"Carbon Confusion" *Bloomberg Businessweek*（www.businessweek.com），March 6，2008.

② Michelle Conlin，"Sorry, I Composted Your Memorandum," *Bloomberg Businessweek*，February 18，2008，p. 60.

③ Alissa Walker，"Spin the Bottle," *Fast Company*，June 2008，pp. 54－55.

④ Jack Ewing，"The Wind at Germany's Back," *Bloomberg Businessweek*，February 11，2008，p. 68.

服务和人员，不管是英国还是法国的处理方式都不敢有别于它们对待其他成员国的商品、服务和人员的方式。有关欧盟的详细介绍，可以参见第 8 章的内容。

3.5.1 联合国

尽管有时候个别国家拥有影响地球上的某个地区的局势发展的能力，但是这些国家不可能同时监管所有地方的政治活动。联合国成立于第二次世界大战后，其宗旨是促进世界的和平与稳定。联合国及其下属机构向贫困国家提供食物和医疗、教育和培训、资金等各种援助。联合国的经费主要来自各成员国根据其国民生产总值的一定比例缴纳的会费。基本上世界上所有的国家都是联合国的成员——一些观察员身份的小国和地区除外。

联合国由秘书长领导，秘书长由所有成员国投票选举产生，每一届秘书长的任期为 5 年。联合国主要由以下六大机构组成：

■ 所有成员在联合国大会都有平等的投票权，大会主要讨论并确定联合国宪章管辖范围内的所有事务的行动方案。大会还负责确定联合国的预算以及其他部门的构成。

■ 安理会由 15 个成员组成。其中 5 个（中国、法国、英国、俄罗斯以及美国）是常任理事国。其他 10 个成员由联合国大会选举产生，任期两年。安理会主要负责保障国际和平与安全，所有联合国成员都必须服从安理会的决定。

■ 经济与社会理事会负责经济、人权和社会事务等问题，它的下面设有一些更小的组织和专门性的机构。

■ 托管理事会由安理会的五个常任理事国构成，负责管理联合国管辖的所有被托管领地。

■ 国际法院由联合国大会和安理会选举产生的 15 名法官组成。它只负责处理国家之间的争端，而不是个人或企业之间的诉讼。它没有强制执法的权力，某些国家可能会而且确实曾经对其决定采取置之不理的态度。

■ 秘书处由秘书长领导，管理联合国的运行。

联合国经济与社会理事会下属的一个重要组织是联合国贸易与发展会议（UNCTAD）。该组织在国际贸易和经济发展领域有很大的权限。它负责举办会议讨论包括企业家精神、艾滋病、贫困以及国家债务等在内的发展问题。其中有些会议的宗旨是培养发展中国家人民的企业管理技能。

小测验

1. 什么叫伦理行为和企业的社会责任？
2. 关于企业伦理与社会责任，最常被提到的四种论调是什么？
3. 举出几个与跨国公司经理有关的伦理与社会责任问题的例子。
4. 为什么说国与国之间的关系对于国际商务活动来说是非常重要的？

商务启示

各国在政治和法律体制方面的差异既给跨国公司带来了机遇也带来了风险。即便是在商务环境最稳定的国家，也很难做到一切尽在掌控之中，因为政治、法律以及文化之间存在着错综复杂的联系。因此，理解这些联系是应对在不熟悉的环境中做生意时面临的风险的首要步骤。

在极权主义国家做生意的启示

如果极权主义国家的政府认可某项商业活动的话，几乎就不可能有非政府组织表示反对。向政府官员行贿或提供折扣很可能是非常普遍的做法，拒绝这样做可能不是一个好的选择。因此，在极权主义国家做生意先天就是一件高风险的事情。极权主义国家的商法要么含糊不清要么根本就尚未制定出来，对法律的解释也是非常主观的。最后要说的是，有些团体抨击在极权主义国家做生意或者是和极权主义国家做生意的企业，认为这些企业助长了不公平的政治框架的存续。

在民主国家做生意的启示

民主国家倾向于通过保护个人财产权的法律来营造一个稳定的商业环境。当私人部门由以营利为目的的独立企业构成时，商业就会呈现一片繁荣的景象。尽管说民主参与、保护财产权、自由市场通常会带来经济的发展，但是却并不总是如此。印度是世界上最大的民主国家，但是多年来其经济增长一直都很缓慢。与此同时，有些国家的政治体制尽管不是那么民主制度，但是却实现了经济的腾飞。

哪种政府对商业是最有利的？

民主国家的商务环境一定比极权国家"更稳定"么？虽然说民主国家会通过立法来保护国民的民事自由和财产权，但是极权主义国家同样可以做到这一点。区别只在于，民主国家积极主动地捍卫这些权利，而极权主义国家却保留了按照自己的意愿剥夺人民的这些权利的自由。

至于一国的经济增长率，我们唯一能说的是，民主并无法保证一定能够实现经济的腾飞，而专制也并不总是与经济缓慢增长联系在一起。除了政治与民事自由之外，一国的经济发展速度还会受到很多因素的影响，比如税收制度、对外资的开放程度、可供利用的资本的水平以及贸易和投资壁垒的大小等。

对企业法律事务的启示

一国的政治体制自然而然地就与其法律体制交织在一起。政治体制孵化出法律体制，反过来，法律体制又为政治体制提供保障和支持。灵活的商业战略有助于企业在不同的政治与法律框架下运营。版权法是政治和法律环境具有重要影响的一个领域。通过互联网，现在的人们可以在全世界范围内免费共享数字文件，或者是两个人之间直接互通有无。新的数字技术的发明可能会给企业带来致命的影响，因为有了它，产品只需几天时间就可以传遍世界。如果企业管理者对法律体制对企业经营和战略的影响有很深刻的理解的话，一定会受益匪浅。

对企业伦理行为的影响

至少每一家中等规模的跨国公司都制定了与企业社会责任有关的政策。传统的做法是，企业通过慈善活动来履行自己的社会责任。实际上，投入金钱和时间去解决社会问题不仅对社会是有益的，而且可以提升企业的公共形象。后来，企业制定了国际化经营时应该遵循的行为准则，以保证它们在从事经营活动的地区是一个良好公民。现在，企业想方设法利用社会责任来创造价值，形成竞争优势。主要的企业社会责任问题包括劳工条件、人权、贿赂、腐败、公平贸易以及环境保护等。

本章小结

1. 描述不同类型的政治体制：

政治体制指的是一国进行自我治理时采取的结构、程序和活动。

在极权体制下，某些个体在没有得到民众支持的情况下治理着国家，严格控制人们的生活，不容许反对意见的存在。

极权主义政府喜欢滥用权威，缺乏制度保障，限制人民参与政治。

在神权极权主义国家，宗教领袖推行以宗教和极权主义信仰为基础的法律和法规。

在世俗极权主义国家，政治领袖依靠的是军队和官僚机构的力量。

世俗极权主义的表现形式主要是部落极权主义和右翼极权主义。

在民主体制下，领导人由广大民众或者是他们的代表直接选举产生。

大多数民主制度都是代议民主制，即人们选出自己所属的集团的代表，代为表达自己的政见。

代议民主制希望能带给人们言论自由、定期选举、完全的民事与财产权利、监督权以及非政治化官僚等。

2. 指出政治风险的根源，并且说明管理人员应该如何降低政治风险的影响：

政治风险是指一地爆发会给当地商业活动带来负面影响的政治变革的可能性。

宏观风险会危及各个行业的企业，不管是本国企业还是跨国公司。微观风险只会对某个特定行业或者说更小的某个特定群体带来负面效应。

可能引发政治风险的五大行动或者事件分别是：冲突和暴力、恐怖主义和绑架、资产罚没、政策变更、本地成分要求。

当地政府罚没企业资产的途径分别是：充公（没有任何补偿的资产转移）、征用（有补偿的资产转移）、国有化（强制接管整个产业）。

企业管理层可以通过适应性调整（将风险纳入企业战略）、信息搜集（密切关注当地政治事件）、影响当地政治（比如游说当地政客）等方式来降低政治风险的影响。

1977年通过的《反海外腐败法》禁止美国企业向其他国家的政府官员或者是政治储备力量行贿。

3. 描述法律体制的主要类型以及重要的国际化法律事件：

一国的法律体制是该国法律法规的总称，包括法律法规的制定和实施过程，以及法院判定各方为自身行为负责的方式。

普通法建立在一国法律史（传统）、过去的案例（先例）、法律在特定情境下如何应用（惯例）的基础上。

大陆法建立在由一系列成文法和规则构成的法典的基础上，该法典对所有的义务、责任、特权都作了规定。

神权法是建立在宗教教义基础上的

一种法律体制。

企业偏好可以保护其财产权（对资源及其带来的收益的所有权）以及知识产权（人们的智慧和才干创造的资产）的法律体制。

知识产权的表现形式是工业产权（专利或商标）或版权。

很多国家都制定了产品责任法（企业要对因为自身产品存在缺陷而导致的伤害、损害或者是死亡事件负责）和反垄断法（旨在防止企业控制价格、分割市场、获取不公平的垄断优势的法律）。

4. 阐释什么是伦理与企业社会责任，并且说明跨国公司面临的主要伦理与社会责任问题：

伦理行为是指与良好的行为或道德准则相一致的个人行为。

企业社会责任是指企业在法律规定的职责之外积极平衡对投资者、消费者、其他公司以及所在社区的义务的行为。

弗里德曼观点认为，企业唯一的责任就是在法律允许的框架内最大化所有者收益。

文化相对论观点认为，企业应该适应其从事经营活动的国家和地区的伦理要求。

公平道德观点认为，不管企业在哪里从事生产经营，都应该遵守母国的道德准则。

功利主义观点认为，企业应该按照能够最大化其运营所在地的好结果、最小化坏结果的方式来行事。

大多数公司承担的企业社会责任主要表现在反贿赂与腐败、保障劳工条件与人权、公平贸易以及环境保护等方面。

5. 解释国际关系是如何影响国际商务活动的：

公司母国与其从事商务活动的国家之间的政治关系会强烈影响到其国际活动。

通常来说，良好的政治关系可以带来更多的机会以及稳定的商务环境。

联合国的宗旨是促进世界和平与稳定。

尽管联合国维持世界和平的努力所带来的效果是多方面的，但是它确实通过提供食物和药品、教育和培训以及资金来帮助贫困国家。

课堂讨论

1. 互联网及其带来的更加通畅的信息获取渠道使得政客们开始改变其治理方式。互联网可能会给极权主义国家比如朝鲜带来怎样的转变？网络覆盖面的扩张会给神权主义国家比如伊朗带来怎样的转变？技术变迁又会给民主国家带来怎样的转变？

2. 在极权主义政治体制下，印度尼西亚经济保持了长达 30 年的强劲增长。与此同时，世界上最大的民主主义国家印度直到最近一直表现疲软。根据本章所学知识，你是否认为印度尼西亚的经济增长是源于其极权主义体制？如何解释印度在民主政治体制下的相对贫困？

3. 考虑以下观点："和极权主义体制相反，民主主义政治体制为跨国公司提供了更加稳定的商务环境。"你赞同这一说法么？为什么？请举例证明你的观点。

小组练习

1. 辩论题。八个学生平均分成两组，辩论在极权主义国家做生意时的伦理道德问题。在每组的第一名学生发言之后，第二个学生就对方观点提出质疑，寻找其中的漏洞与矛盾之处。第三个学生则负责回应这些质疑。第四个学生总结己方观点。最后，全班学生投票决定哪一个小组的论证更加充分。

2. 市场进入战略项目。本题与市场进入战略项目在线模拟有关。你所研究的国家采取哪种类型的政治体制和法律体制？那里是自由选举么？政府对经济的干预程度如何？法律体制是有效的和公平的么？那里的政治和法律环境是否表明该国是一个潜在市场？如果是这样的话，这个市场需要什么样的产品和服务？该国的腐败程度如何？是否在推进和国际商务有关的立法？将你的发现写入你的市场进入战略报告。

关键术语

反垄断法	反海外贿赂法	财产权	《伯尔尼公约》
工业产权	代议民主制	资本主义	知识产权
世俗极权主义	碳足迹	法律体制	大陆法
普通法	游说	神权体制	民族主义
当地成分要求	神权法	国有化	极权主义体制
神权极权主义	征用	商标	企业社会责任
版权	专利	民主制	政治体制
政治风险	联合国	私有部门	充公
增值税	伦理行为	生产能力	

伦理题

1. 假设你是一家出版社的社长，用 30 多种语言为医学专业的学生出版教科书。在最近去某个发展中国家（年人均资本低于 1 000 美元）的大学访问的过程中，你发现学生们用的是你社最畅销的医学教科书的盗版书。和学生交流时他们告诉你，如果他们买正版书的话，就上不起医学院。面对明显的侵权行为，你该怎么做？你可能会采取怎样的行动？你还需要哪些额外的有用信息？

2. 假设你是上海一家刚成立的电脑制图公司的负责人。你需要的商业应用软件在上海的计算机用品商店里卖 2 900 元（大约 350 美元）。但是鉴于你公司每年的收入刚刚超过 5 000 美元，你买不起正版的制图软件。一个朋友告诉你说他可以在附近街边的小店里买到你需要的所有软件，甚至更多，而你只需要花费 40 美元。因为那里的人们很少买正版软件，因此你知道即便被发现，政府也不会对你施加惩罚。购买盗版软件是一件道德的事情么？你认为这么做是正当的么？

3. 假设你是一家制药公司的 CEO，你公司拥有几种非常畅销的药品在全球范围内的专利权。你公司不惜重金研制新药，因为专利可以保证你们收回投资。但是你公司不仅面临着来自销售更便宜的替代药品的竞争对手的压力，而且面临着来自主张降价向贫困国家的人们提供药物的政客和非政府组织的压力。一些公司高管认为你们公司受到了不公平的对待——要求你们降价销售能够治愈在贫困国家肆虐的那些疾病的药物。有些高管则提议公司专注于生产那些治疗大多发生在富裕国家的疾病（比如心脏病和癌症）的药物，但是这种做法会让你感到很不舒服。这样的行为方式是道德的么？像艾滋病、癌症、心脏病这样的疾病都是致命的。针对某些疾病的药物是否可以免受专利保护？

国际管理案例

全球化中的侵权者

面对全球范围内的假冒伪劣产品问题时，有必要牢记那句古老的拉丁谚语"买方请小心"。高仿货通常冒名使用他人专利、商标以及版权，搅乱了知名品牌高品质的神话。每年冒名使用他人商标的事件在世界贸易中占 5% 到 7%，或者说 5 000 亿美元。仿制品在各个行业都可以看到，包括电脑软件、电影、图书、音乐 CD 以及医药产品。劣质电脑芯片、宽带路由器以及电脑每年给电子产品行业带来了 1 000 亿美元的损失。欧洲市场上的假药也在逐年增加。

与过去在人行道上或者是偏僻的市场兜售不同，造假者现在也会利用最新的科技。和做光明正大的生意一样，他们通过互联网来降低经销成本。有些网站所有的产品都是假冒伪劣产品，即便是一些合法电子商务运营商，比如 eBay 也很难完全杜绝这类产品。

最近，纽约零售商蒂凡尼起诉 eBay，理由是后者在网站上销售该品牌的仿制品。在诉状中，蒂凡尼公司声称，eBay 网站销售的 186 种使用该公司名称的产品中，73% 是假的。蒂凡尼公司认为，因为 eBay 公司通过销售这些假冒产品获利丰厚，为这种造假行为提供了平台，助长了造假者的气焰，因此"eBay 应该为在自己网站上销售仿制品承担责任"。反对者则认为，要求在线拍卖商鉴别在售的每一种产品的真伪是不现实的。他们说，这一要求的难度无异于随便买张报纸然后鉴别上面的所有广告的真伪。

造假者同样也没有放过汽车配件市场，因为假冒产品的存在，这一市场每年损失了 120 亿美元。他们生产假的电池、挡风玻璃、刹车片、润滑油、滤清器、火花塞等。这导致正品生产商既担忧因为假冒产品失灵而惹上官司，又担心自己会蒙受损失。例如，如果因为假冒产品导致某人出现事故，那么合法生产商必须证明该产品不是它生产的。汽车制造商总结了一份存在潜在危险的假冒产品清单，包括用压缩锯末制成的刹车片以及用加了染料的石油制成的润滑油。贴着看上去毫无问题的标签的箱子导致消费者很难说得清楚仿制品和正品之间的区别。最近，流入北美地区的仿制品逐渐增多，但是最大的市场仍然是中东地区。

中国大陆、印度、韩国、马来西亚、中国台湾以及泰国都是假冒伪劣产品盛行的地方。中国和印度反侵权法规的缺失加上一片繁荣的经济景象意味着，去这些新兴市场做生意的企业面临着潜在的知识产权陷阱。例如，印度法律规定制药厂对其制药流程而不是药品本身享有5年到7年的专利。这导致印度企业只需对国际制药企业的生产流程进行一些调整，就能生产差别甚微的药品。

在中国，对侵犯知识产权的行为予以庇护的做法非常普遍。犯罪行为常常和政府官员联系在一起，公诉人会给犯罪分子提供法律保护。跨国公司在中国很难进行维权，因为提起法律诉讼可能会影响到它在中国的商业关系。

国际社会对中国侵权事件频发的根源看法并不统一。有人认为是因为中国的法律条文用语含糊不清，很难执行。另一些人则认为中国的知识产权法律法规本身没有问题，问题出在执法环节。令人吃惊的是，中国政府部门有时候竟然会容许不法分子撕去有侵权嫌疑的商标，然后继续销售相关产品。据说，因为中国的知识产权保护力度不够而蒙受损失的高科技公司包括微软——该公司软件被盗版的情况非常严重——以及思科——它曾起诉中国一家硬件生产商公然拷贝和使用其网络软件。

资料来源：Rachael King, " Fighting a Flood of Counterfeit Tech Products," *Bloomberg Businessweek* （www. businessweek. com）, March 1, 2010；Andrew Willis, "Europe Awash in Counterfeit Drugs," *Bloomberg Businessweek*, "Judge to Tiffany: Police Your Own Brand," *Bloomberg Businessweek* （www. businessweek. com）, July 15, 2008；Rachel Metz, "eBay Beats Tiffany in Court Case Trademarks," CNBC Web site （www. cnbc. com）.

☐小思考

1. 具体说明企业和政府可以采取怎样的行动来确保自己的产品不会轻易被侵权。

2. 你是否认为国际社会对滥用知识产权的行为过于包容？你是否认为跨国公司会因为担心影响到自己进入某个有吸引力的市场而不敢维权？

3. 数字通信技术的发展给知识产权带来了威胁，因为高科技使得人们可以轻易地复制原版作品。你认为互联网给知识产权法带来了怎样的影响？

4. 跟踪文中提到的蒂凡尼起诉 eBay 事件的最新进展。关注控辩双方的论点以及哪一方处于优势地位。这一诉讼对在线拍卖假冒伪劣产品意味着什么？

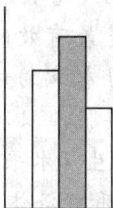

第4章

经济体制和新兴市场

学习目标

通过本章的学习，你应该能够：

1. 阐述中央计划经济的含义，说明为什么实行中央计划经济的国家在现实生活中越来越少。
2. 描述混合经济的主要特征，解释私有化的重要性。
3. 阐释市场经济是如何运行的，指出市场经济的独特之处。
4. 掌握衡量一国经济发展水平的几种方法。
5. 描述经济转型过程，指出这一过程给商业活动带来了哪些障碍。

内容回顾

第3章论述了不同的政治和法律体制给国际商务活动带来的影响。另外，我们还探讨了可供管理者选择的应对政治和法律不确定性带来的风险的方法。

本章概要

本章重点阐释中央计划经济、混合经济和市场经济之间的区别。同时，我们还研究了新兴市场、向自由市场经济转型的国家的经济发展以及这些国家面临的挑战。

下章前瞻

第5章介绍国际商务活动的一个主要形式——国际贸易。我们探讨了国际贸易的主要模式，并且给出了旨在解释国家之间为何要从事贸易活动的几种理论。

印度的科技之王

印度，班加罗尔——印孚瑟斯（Infosys）公司创办于1982年，注册资本仅有250美元。如今，该公司已经成为印度顶级的IT服务提供商，有105 000名雇员，年收入高达40亿美元。印孚瑟斯公司和其他印度公司一道，向跨国公司提供优质的软件和咨询服务。

就像中国拉低了全世界制造业产品的价格一样，印度也拉低了服务业的价格。但是中国和印度走的是两种截然不同的发展路径。中国通过改革开放实现经济发展，但跨国公司对印度向自由市场迈进的决心有多大却不是那么确定。因此，印度经济是有机式增长，在知识型产业涌现了一大批类似于印孚瑟斯这样的本土企业。

尽管印度以税负高和规章制度烦琐出名，但是长期以来它一直都具备市场经济的基本要素，包括私有企业、民主政府以及西方会计准则。其资本市场比中国更加高效透明，法律体制也更完备。事实上，中国实行的是自上而下的发展方式，而印度选择的则是自下而上的方式——这体现了二者在政治体制上的区别：印度是一个民主政府，而中国不尽然。

印度似乎是第一个依靠本国的人力资本来实现经济发展的发展中国家。相比之下，中国则主要依靠其自然资源和廉价工人来发展经济。究竟哪种增长战略——印度的有机式增长和中国的投资驱动式增长——是最有效的，取决于一国的环境。在学习本章的过程中，请思考经济增长的重要性，以及企业如何帮助提高一国人民的生活水平。

与文化、政治和经济体制类似，不同国家的经济体制也是不同的。在第2章中，我们看到文化的一个重要组成要素就是其对个人主义和集体主义的态度。在第3章，我们介绍了一国的历史与文化是如何影响它们的政治和法律体制的。在这一章，我们探讨文化和经济体制之间的联系。

民族文化会对一国的经济发展产生强有力的影响。反过来，一国经济的发展也会影响到其文化的方方面面。奉行个人主义文化的经济体制倾向于为个人创业提供激励和奖赏。而集体主义文化则很少这么做。例如，在推崇个人主义的文化中，向承受创业带来的风险和机遇的企业家征收的税负相对较低以鼓励他们创业。

本章我们首先介绍各国不同的经济体制，探讨经济和文化之间的联系。接下来则介绍经济发展以及运用经济发展指标对各国进行分类的方式。最后我们要看看转型国家是如何进行市场化经济改革的，这些国家面临哪些挑战。本章穿插了很多关于新兴市场在经济发展过程中的遭遇的小故事。①

国际商务：全球化带来的挑战（第6版）

4.1 经济体制

一国的经济体制是该国分配经济资源、引导商业活动的结构和流程的总称。没

---

① "Grow, Grow, Grow," *The Economist*, April 17, 2010, pp. 10-12; Reena Jana, "India's Next Global Export: Innovation," *Bloomberg Businessweek* (www.businessweek.com), December 2, 2009; Steve Hamm, "Outsourcing the Offshore Operations," *Bloomberg Businessweek* (www.businessweek.com), July 16, 2008; Infosys Web site (www.infosys.com), select reports.

有任何国家的文化导向是绝对的个人主义或绝对的集体主义。同样，所有国家的经济都是个人价值和集体价值的混合体。换句话说，没有哪个国家会甘愿牺牲社会福祉来成就个人，也没有哪个国家只关心社会福祉，完全无视个人和企业的价值。

但是，每个经济体都会呈现出或强调个人主义或强调集体主义的经济价值观的倾向。我们可以根据不同经济体的特征将它们罗列在一个有两个端点的水平轴上，其中一个端点是纯粹的中央计划经济，另一个端点则是绝对的自由市场经济，中间则是混合经济（参见图4—1）。下面我们就来探讨一下中央计划经济、混合所有制经济以及市场经济分别是如何运行的。

图4—1　经济体制

□ 4.1.1　中央计划经济

中央计划经济是指一国所有的土地、工厂以及其他经济资源全部归政府所有的经济体制。几乎所有与经济相关的决策都是由政府制定的——包括谁生产什么，产品、劳动力以及资本的价格。在这样的体制下，有一个专门的中央计划部门负责为各个工厂以及其他生产单位制定生产目标，甚至是产品的价格。例如，在苏联，共产党决定着牛奶、面包、鸡蛋以及其他重要物资的价格。中央计划经济体制的最终目标是通过完全控制一国资源的生产和分配，达到一系列的政治、社会和经济目的。

中央计划经济的起源　中央计划经济体制根源于集体利益高于个人利益这一意识形态。就像集体主义文化认为集体目标高于个人目标一样，中央计划经济希望能够实现经济与社会的平等。

19世纪时，德国哲学家卡尔·马克思极大推广了中央计划经济这一理念。在目睹工业革命之后欧洲贫苦大众艰辛的生活的过程中，马克思逐渐形成了自己的思想。马克思认为，单是对经济进行改革远远不够，而是必须要推翻现有制度，建立更加平等的"共产主义"制度。

20世纪，通过暴力运动，不同形式的马克思主义思想在全球遍地开花。1917年，俄国通过革命确立了极权主义的政治和经济体制，很快，中国和朝鲜在40年代末、古巴在1959年也分别确立了中央计划体制。到了70年代，从中东欧（阿尔巴尼亚、保加利亚、捷克斯洛伐克、民主德国、匈牙利、波兰、罗马尼亚、南斯拉夫）到亚洲（柬埔寨、中国、朝鲜、越南）、非洲（安哥拉和莫桑比克）以及拉丁美洲（古巴和尼加拉瓜）的广袤大地上，中央计划经济体制成为了主导。

中央计划经济的衰落　80年代末，各国逐渐放弃了中央计划经济，向市场为基

119

础的经济体制转型。经济学家、历史学家以及政治学家们将中央计划经济体制的衰落归结于一系列因素的共同作用。

没有创造经济价值。 中央计划者对于用最低的成本生产出高品质的商品和服务这件事漠不关心。换句话说，他们根本没有认识到商业活动只有在能够为消费者创造经济价值的时候，才可能取得成功。因此，大量稀缺的资源被浪费在无法实现自我维持的商业活动上。

激励不足。 经济资源归政府所有导致企业利用这些资源实现最大产出的动机急剧下降。除去航空航天、核武器以及其他一些高科技领域外（在这些领域政府供养的科学家们表现非常突出），企业没有动力去研发新的科技、新的产品或者是新的生产方式。结果就是经济增长水平很低甚至是零增长，人们长期处在很低的生活水平。

作为当今世界最封闭的经济体，朝鲜被世人戏称为"遁世之国"。在很大程度上，该国所谓的自力更生的政策导致朝鲜人民的生活非常艰难。自然灾害频发、肥料短缺以及缺少农用机械所有这些因素加在一起，阻碍了朝鲜实现其潜在最大农业产出。其结果就是，朝鲜不得不依赖其他国家的援助，以免自己的国民忍饥挨饿。

没能实现经济的快速增长。 共产主义国家的领导人注意到了一些国家和地区的高速经济增长，比如中国香港、新加坡、韩国和中国台湾——它们被统称为"亚洲四小龙"。这些一度非常贫困的地区能够有如此突出的经济表现让实行中央计划经济的国家的领导人感到震惊。他们认识到，和阻碍经济增长的中央计划经济体制相比，以私有制为基础的经济体制更能促进经济的增长。

同样还是以朝鲜为例。在 1999 年之前的十年里，朝鲜经济逐年衰落。无奈之下，该国领导人默许了有限的自由市场经济改革，农村地区很快就开始出现一些小的集市。街边出现了很多货币兑换站，这为规模虽然不大但是却在逐渐发展的与中国商人之间的边境贸易提供了便利。贫穷的朝鲜人现在也可以买到手机了，他们开始憧憬自己有一天能够过上电视剧中那种美好的生活。但是，一次试图改革该国货币的灾难性尝试阻碍了朝鲜的自由市场试验。① 至少到目前来看，朝鲜最后一点资本主义曙光可能来自它与韩国边境沿线的开城工业园区。每天大约有 500 名韩国经理人乘坐大巴来到这里，管理工厂里的大约 44 000 名朝鲜工人。但是，园区的未来充满不确定性，两国之间的关系似乎也是随时都会生变，因为园区里的很多韩国企业都是赔钱状态。②

没能满足消费者的需要。 中央计划经济体制国家的消费者对于自己的生活水平远远落后于自由市场经济国家的人们，感到非常不满。讽刺的是，尽管中央计划经济一直标榜要创建一个更加平等的财富分配机制，很多中央计划者甚至都没有能力提供最基本的生活必需品，比如充足的食品、住房以及医疗保健服务。针对各种商品与服务的地下经济（黑市）蓬勃发展起来，在某些情况下，甚至超过了官方经济。黑市上的价格要远远高于政府设定的官方（以及人为）价格。

---

① "Not Waving. Perhaps Drowning," *The Economist*, May 29, 2010, pp. 23-25.

② Martin Fackler, "A Capitalist Enclave in North Korea Survives," *New York Times*（www. nytimes. com），July 6, 2010.

国际商务：全球化带来的挑战（第 6 版）

□ 4.1.2 新兴市场的代表：中国

1949 年新中国成立后，中国开始了中央计划经济试验。现在，该国领导人将他们的经济理念表述为"有中国特色的社会主义"。在过去的 20 年里，世界上没有哪一个国家能像中国这样给它的国民带来如此显著的经济成就。上海和北京随处可见摩天大楼，那里的人们有着良好的工作前景。中国也凭借庞大的人口、不断提高的收入水平以及越来越多的机会吸引了大量的外来投资。

早期 从 1949 年到 1978 年改革开放之前，中国实行的是单一所有制经济。农业生产活动按照生产队和生产合作社的形式进行。公社是更高一层的组织，负责制定农业生产配额和工业生产计划。农民们拥有自己的住房和一小片土地——但是必须按照规定来种庄稼。向国家缴纳公粮后剩下的粮食可以自己吃，也可以拿去公开市场上卖掉——赚点小钱。1979 年，中国在农村实行了家庭联产承包责任制的改革，农民们可以自由决定种什么庄稼，也可以按照市场价格售卖农产品。

几乎是在同一时期，乡镇企业（TVEs）开始出现。这些企业都是通过公开市场来获取原材料、劳动力和资本，所使用的分销渠道也是非国有的。它们还雇用了经理人，直接为企业的盈亏负责。最开始时，政府将乡镇企业看作是非法的，与官方批准设立的企业没有关系。但是到了 1984 年，乡镇企业获得了合法身份，并且为中国开展市场经济打下了坚实的基础。

耐性和关系 如果非要列举出中国所有私营企业都有的一个特征，那么一定是耐性。尽管马克思认为共产主义就是要"废除私有制"，但是随着商人们被允许入党，共产党正式向商业敞开了怀抱。私有制现在是一个可以被接受的概念，这激发了中国企业家们勇于创新的热情。例如，从专利保有量来说，中国的华为现在是全球第四大公司。[①]

要想在中国市场上取得成功，私人关系是另一个必要法宝。开始的时候，非中国企业不能参与中国的经济建设。但是从 80 年代中期开始，外资企业通过和中国人合作组建合资企业，享受到了前所未有的机遇。决定能否成功创办合资企业的一个至关重要的因素是关系。关于"关系"的秘密，请参见下面的专栏"全球经理人公文包：良好关系指南"。

全球经理人公文包

良好关系指南

■ 人际交往（contacts）而不是合同（contracts）的重要性。在中国，面对面的交流和私人关系要优先于书面合同。安永公司的穆丹萍用下面这个示意图来说明中美两国在这方面的差别：

美国：理由——法律——关系
中国：关系——理由——法律

来自美国的经理人最看重的是理性

---

① "The World Turned Upside Down," *The Economist*, April 17, 2010, pp. 3 - 6.

第 4 章

经济体制和新兴市场

或者是理由，他们希望搞清楚是否存在一个潜在获利市场。如果确实存在获利空间，在建立商业关系之前他们希望先签订一个法律合同。但是中国人需要先与对方建立信任关系，然后寻找一个共同目标作为双方合作的理由。对他们来说，合同不过是一种形式，是用来确保大家互相理解的。

■ 谈生意之前先做到宾主尽欢。专家建议管理者们把谈生意这件事放在最不重要的位置上，只要听从中方的安排就好了。要想在中国做生意，任何人都不能忽视私人关系的重要性。一家公司如果派出业务高手去和中方合作伙伴打交道的话，很可能会空手而归——在中国，先有友谊，然后才有生意。

■ 商业伙伴也是家人。家庭的重要性意味着外方管理者永远不能拒绝加入中方管理者的家庭生活。科勒公司市场分析师劳伦·苏正在为公司寻找一个潜在的中方合作伙伴。她先是和中方合作伙伴的女儿去打了一场保龄球，后来又和他们全家人去听音乐会。经过两年的你来我往，她总算是搞定了这次合作。

■ 文化敏感度。中国并不是一个单一的市场，而是很多个奉行不同文化甚至是使用不同语言的区域市场的集合体。麦当劳公司的鲍勃·韦尔纳专程到中国来学习应该如何管理中国人。他告诉我们：“与我们在所有101个国家按照相同的方式制作汉堡不同，企业的管理方式、激励和奖励制度、纪律等对文化是非常敏感的。”韦尔纳以及麦当劳的其他管理者们只有一次次到中国来实地体验，才能了解这种敏感度到底是什么。

资料来源："The Panda Has Two Faces," *The Economist*, April 3, 2010, p.70; Paul Maidment, "China's Legal Catch-22," *Forbes* (www.forbes.com), February 17, 2010; Frederik Balfour, "You Say *Cuanxi*, I say Schmoozing," *Bloomberg Businessweek* (www.businessweek.com), November 8, 2007.

挑战 尽管全球经济并不景气，但是中国的经济改革仍在继续，并且将在未来继续保持8%到10%的年均增速。但是，政治和社会问题给中国未来的经济表现带来了不确定性。

另外一个潜在的问题是失业。竞争的加剧以及大量外资企业的涌入使得人们越来越重视效率，有些行业的工资水平甚至开始下降。但是规模最庞大的失业群体可能是农民工。成千上万的农民背井离乡，从一个城市来到另一个城市，寻找更高的工资或者是建筑工人的工作。农村地区经济发展的落后以及生活贫困的农民工们构成了一个潜在不稳定因素。虽然工厂里的工人们罢工的频率比以往更高了，但是它们的主要目的是希望挽回2008—2009年经济危机期间因为工资被冻结而给他们造成的损失。[①]

中国形成了独具自身特色的创新之路。首先，构建在关系基础上的灵活的关系网一方面可以帮助企业降低成本，另一方面也增强了它们的灵活性。中国企业会和很多零部件供应商签订合同，然后再根据需求状况增加或者减少订单。其次，有些企业利用中国关于知识产权保护的法律法规不够完善和健全的漏洞，仿制昂贵的新产品，向中国消费者提供价格低廉的山寨货。这些企业以流氓式的方式继续改进这

国际商务：全球化带来的挑战（第6版）

---

① "Socialist Workers," *The Economist* (www.economist.com), June 10, 2010.

些产品，以便实现最低的成本，但是它们显然侵犯了原产品生产商的知识产权。[1]

另一个关键问题是大中国的再次融合。1997年，中国政府从执掌香港99年之久的英国人手中接过了对香港的管辖权。大多数情况下，中国都做到了当初承诺的"一国两制"。虽然香港人民的经济自由基本没有受到影响，但是内地还延续了政府干预的传统。1999年，中国收回了对澳门自治区的所有权。从香港坐船到澳门只需要一个小时，葡萄牙人从1557年澳门建立起就开始统治着这个地区。虽然历史上澳门是一个重要的贸易中心，但是现在它的支柱产业是博彩业，并且有"亚洲的拉斯维加斯"之称。[2]

台湾最终能否实现和大陆融合取决于共产党能否治理好香港和澳门。现在看来，随着大陆和台湾经贸关系的稳步发展，两岸统一看起来非常有可能。台湾最近取消了一个执行了长达50年的禁令——该禁令限制台商在内地的投资规模，并且取消了关于两岸企业直接通汇的限制政策。另外，中国大陆和中国台湾在近年来都加入了世界贸易组织，无疑也会促进它们之间进一步的一体化。

□小测验

1. 什么是经济体制？文化与经济之间的关系是什么？
2. 什么叫中央计划经济？阐述中央计划与共产主义之间的关系。
3. 给出导致中央计划经济衰落的几个因素。
4. 论述中国的经济转型过程以及未来面临的挑战。

□ 4.1.3　混合经济

混合经济是指土地、工厂以及其他经济资源相对公平地被划分为私人所有和政府所有的经济体制。在混合经济体制下，政府拥有的经济资源的数量要少于中央计划经济体制。但是在混合体制下，政府力图控制它认为对国家安全和长期稳定至关重要的那些经济部门。通常来说，这些部门包括钢铁制造（可制造军用设备）、石油和天然气生产（以保护持续的制造能力以及源源不断的资源供应）以及汽车制造业（以便保证大量工人的就业）。很多实行混合经济体制的国家针对失业工人的福利制度都很完善，而且会向普通百姓提供医疗保健服务。

混合所有制在世界各地都能够看到：西北欧的丹麦、法国、德国、挪威、西班牙以及瑞典；亚洲的印度、印度尼西亚、马来西亚、巴基斯坦以及韩国；南美洲的阿根廷以及南非。尽管这些国家的政府不会为经济制定中央计划，但是它们都会通过各种手段来干预本国经济，包括为重点产业发放高额补贴，广泛参与各种经济活动等。

混合经济的起源　混合经济的支持者认为一个成功的经济体制不仅应该是有效的、富有创新性的，而且应该能够杜绝不受约束的个人主义以及腐败的组织。混合

---

[1] "First Break All the Rules," *The Economist*, April 17, 2010, pp. 6 - 8.

[2] "Democracy Denied," *The Economist* (www.economist.com), January 3, 2008.

经济的目标是通过最有效的政策来实现低失业率、低贫困率、稳定的经济增长，以及财富的公平分配。

混合经济的支持者认为，在第二次世界大战之后，欧洲和美国的生产率和经济增长速度几乎是持平的。尽管美国创造了更多的就业机会，但是这是以社会不平等程度加剧为代价的。

他们主张实行混合经济的国家现代化自己的社会福利结构，而不是使之彻底瓦解，以便增强该国的竞争优势。奥地利、荷兰、瑞典都采取的这一路径。在荷兰，工会和政府达成了包括工资下限、缩短劳动时间、预算制度、对兼职或者临时工更宽容、社会收益均沾等在内的一系列协定。其结果是，荷兰的失业率一直在 5％到 6％之间徘徊。相形之下，一邻之隔的比利时的失业率则高达 12％左右，而整个欧盟的失业率在 10％上下。[①]

混合经济的衰退 世界上很多混合经济国家都在朝着更有组织的市场经济转型。当资产归政府所有时，人们消除浪费或者是进行创新的动力看上去很低。全国范围内广泛的政府所有制则导致了责任缺失、成本上涨、产品存在缺陷、经济增长减缓等问题。混合经济中的很多政府所有企业要想在竞争中生存下来，需要注入大量资本——这些都是纳税人的血汗钱，这导致施加在商品和服务上的税负和价格高企。在朝着以市场为基础的经济体制转型的过程背后，是出售这些政府所有企业。

私有化进程。正如前面曾经提到的，很多欧洲国家的人们更倾向于高福利与高失业率，而不是美国式的低失业率、低社会保障。比如，在法国，选民们仍然秉持着一个根深蒂固的传统，那就是政府所有企业福利好、工作安稳。很多法国人认为社会保障以及集体主义经济带来的福利超过了私人所有制经济的效率优势。不过，这一观念是以牺牲经济效率为前提的。

将归政府所有的经济资源出售给个人的做法叫做私有化。私有化不仅消除了先前在原材料、人力、资本等方面提供给政府所有企业的补贴，而且打破了根据政治考虑而不是专业素养来委派企业管理者的做法。为了生存，私有化后的企业必须按照合理的价格提供有竞争力的产品，因为它们受到自由市场的力量的制约。私有化的主要宗旨是提升经济效率，促进生产，提高人们的生活水平。

□ 4.1.4 市场经济

在市场经济中，一国的大部分土地、工厂以及其他经济资源都归私人——或者是个人或者是企业——所有。这意味着谁生产什么以及市场经济中产品、劳动力以及资本的价格是由下面两个因素共同决定的：

- 供给：生产者在特定价格水平愿意提供的某种商品或者服务的数量。
- 需求：消费者在特定价格水平愿意购买的某种商品或者服务的数量。

随着某种商品或服务的供给和需求的变动，其售价也会相应变化。价格越低，对产品的需求越高；价格越高，需求越低。同样，一种产品的价格越低，生产者愿

① "Economic and Financial Indicators," *The Economist*, March 27, 2010, p. 109.

意提供的数量就越少；价格越高，供给量越大。从这个角度说，供给和需求构成了所谓的"价格机制"（或者说"市场机制"）。

市场力量以及很多不可控的自然力量会影响到很多产品特别是初级产品的价格。比如，喜欢吃巧克力的读者可以思考一下各种力量是如何影响可可粉——生产巧克力的主要原料——的价格的。假设可可粉消费大国比如英国、日本、美国的消费量突然急剧增加。进一步假设可可粉生产国比如巴西、加纳以及科特迪瓦遭遇了虫害。随着可可粉消费量逐渐超过其生产量，不管是需求方（消费者）还是供给方（生产者）都会感受到市场压力。接下来，世界范围内可可粉储备量的下降将驱使其价格逐渐走高。

市场经济的起源　市场经济建立在个人利益应该高于集体利益这个理念上。根据这一理念，当个人有激励按照某种方式行事并受到奖励，集体是可以从中获益的。持这一理念的人认为，人们对归自己所有的资产处置得更妥善，却没有太多的动力去关心公共所有制下的资产。

自由放任经济。在相当长的一段时间里，世界各国主流的经济哲学是主张政府控制着一个社会的绝大多数资产，政府积极参与国际贸易活动。但是到了18世纪中叶，呼吁减少政府对商业的干预、给予个人更大的经济自由的声音越来越高。这就是人们所熟知的自由放任经济体制——"自由放任"一词源于法语，大概意思是"让他们（随意）去做吧"。

加拿大和美国是当代市场经济的典型代表。这些国家奉行个人主义文化（尽管和美国相比，加拿大程度略逊一筹）并不是偶然的。对个人主义的重视催生了一个民主政府的出现，它同样支持市场经济。

市场经济的未来　市场经济要想实现平稳、有效运行，需要以下三个要素：自由选择、自由企业、价格弹性。

■ 自由选择使得人们可以自主决定购买什么。在市场经济中，消费者自主决策、自由选择的权利几乎不受任何限制。例如，想购买汽车的消费者有很多选择。他可以在不同的经销商、车型、大小、款式、颜色甚至是机械性能比如引擎大小以及换档方式之间进行选择。

■ 自由企业使得企业有权利决定提供哪种产品和服务，在哪个市场上参与竞争。企业可以自由进入新的、不同的行业，自由选择所要瞄准的市场和消费群体，自由雇用工人，自由地推广自己的产品。因此，企业享有追求自身利益的权利。

■ 价格弹性是指大多数产品的价格都是可以上下波动的，以便反映供给和需求的力量。与此相反，非市场经济往往将价格设定并维持在某个水平上。干预价格机制违背了市场经济的根本原理。

政府在市场经济中扮演的角色　在市场经济中，政府相对来说很少直接参与商业活动。即便如此，它依然扮演着重要的角色：实施反垄断法，保护产权，提供稳定的财政和货币环境，维护政治稳定。下面我们逐一对此进行简单的介绍。

实施反垄断法。当某企业可以控制一种产品的供给因此也就控制了其价格时，我们就说存在垄断。反垄断法的宗旨是鼓励各个行业在市场可以容忍的限度内，出现尽可能多的相互竞争的企业（第3章对反垄断法有详细介绍）。在竞争性行业，价格在竞争力量的作用下被保持在较低水平。通过贯彻实施反垄断法，政府制止了有损消费者利益、妨碍商业繁荣的垄断和企业兼并行为的出现。

美国联邦贸易委员会（FTC）旨在保障本国市场的竞争性和有效运行。此外，该委员会还有权评判计划在美国之外进行的交易——如果该交易可能会影响到美国市场的话。例如，FTC 曾对芬兰的美卓集团（Metso）兼并瑞典的斯维达拉（Svedala）一案进行干预。美卓和斯维达拉当时是全球最大的两家采矿设备供应商。考虑到 FTC 对二者的合并可能会妨碍全球采矿设备市场上的竞争程度的担忧，这两大巨头同意将合并后的企业的部分资产出售给第三方，以此换来 FTC 对这次并购行动的支持。

保护产权。一个平稳运行的市场经济建立在可以保障私人产权的法律体制之上。通过赋予并保护私人产权，政府鼓励个人以及企业承担投资于新科技、研发新产品、创办新企业的风险。强有力的产权保护给企业家们提供了一种保证，即他们对资产以及未来收益的求偿权是受到法律保护的。对私人产权的这种保护也为市场经济的繁荣营造了一种健康的商业氛围。

提供稳定的财政和货币环境。不稳定的经济通常具有较高的通胀率和失业率。这给一国是否适合作为持续经商之地带来了不确定性。政府可以通过有效的财政政策（与税收和政府开支有关的政策）和货币政策（控制货币供给量和利率水平的政策）来控制通货膨胀。一个稳定的经济环境有助于企业更准确地预测成本、收益以及未来的整体经营状况。这些条件降低了与企业未来投资比如新产品研发和企业扩张等有关的风险。

维持政治稳定。市场经济的平稳运行及其未来的生存取决于是否有一个稳定的政府。政治稳定有助于企业积极投身于商业活动，而无须担忧恐怖主义、绑架以及与其运营有关的其他政治威胁。（有关政治风险和稳定性的讨论，详见第 3 章。）

经济自由度　到目前为止，我们将市场经济的本质定位为建立在自由的基础之上：自由选择、自由的企业、自由的价格，以及免受政府直接干预。影响各国经济自由度排名的因素包括贸易政策、政府对经济的干预程度、产权、黑市、工资与价格管制。大多数发达国家都属于"自由"或"基本自由"的范围。但是整体来说，缺乏经济自由度是世界范围内的一个主要趋势，大部分新兴市场和发展中国家都属于"基本无自由"或"受压制"。

在第 3 章中我们曾经提到，政治自由度与经济增长之间的关系并不是确定的。同样，我们只能说经济自由度较高的国家倾向于有最高的生活水平，而经济自由度较低的国家倾向于有最低的生活水平。但是更高的经济自由度并不能保证更高的人均收入。一个经济自由度很低的国家完全有可能比一个经济自由度更高的国家有更高的人均收入水平。

□小测验

1. 什么是混合经济？说明混合经济的起源。
2. 阐述混合经济所发生的变革以及私有化所起到的作用。

国际商务：全球化带来的挑战（第 6 版）

3. 解释什么叫市场经济，给出市场经济的三大特征。

4. 政府在市场经济中扮演什么样的角色？经济自由度与一国人民的生活水平之间有什么样的关系？

4.2 国家的发展

一国人民相对于另一国人民的经济福祉状况可以通过该国的经济发展水平体现出来。经济发展反映了一系列的经济和人文指标，包括经济产出（农业和工业）、基础设施（电力和交通设施）、该国人民的健康状况以及受教育水平。各个国家在文化、政治、法律以及经济方面的差异可以导致经济发展水平的显著差别。

随着企业纷纷到新兴市场寻找商机，经济发展逐渐成为国际商务人士关心的一个重要话题。尽管新兴市场中的大多数人口都很贫困，但是那里仍然有一个正在逐渐发展壮大的中产阶级以及一个大概的发展规划。

生产率是促进经济增长、提高人民生活水平的一个重要因素。它等于产出（生产出来的东西）与投入（用来获得产出的资源）之比。我们可以定义一个企业的生产率，可以定义一个行业的生产率，也可以定义一个经济体的生产率。企业要想提高生产率，要么必须提高相同投入带来的产出的价值，要么通过更少的投入创造相同的产出，或者是同时采取这两种方式。

一个经济体中的人们的生活水平的提高很大程度上取决于生产率提高带来的收益。西欧实行混合经济的国家仍在延续对其国有企业进行私有化的做法，以便提高其生产率和竞争力。东欧此前实行计划经济的国家纷纷进行自由市场经济改革，以提高人民生活水平。即便是朝鲜（除非洲外生活水平最低的国家之一）也被迫进行了一定的经济改革。

在最贫困国家投资于提高生产率所需的基本动力（比如最起码的基础设施）的同时，最富裕的国家也纷纷采用最新的科技成果。信息技术使得在线客服、在线购买原材料和零部件、外包以及其他商业活动的生产率大大提高。要想了解更多与影响生产率和经济发展的因素有关的内容，请参见下面的专栏"文化至关重要：发展的基础"。

文化至关重要

发展的基础

为什么和其他国家相比，某些国家生产率更高、更有竞争力？研究人员探讨了哪些因素会影响到一国的经济发展，具体包括：

■ 文化。有研究人员认为，是各国之间的文化差异导致了它们在经济发展、物质财富、社会经济公平方面的差别。

这些人争论说，任何文化都可以实现高生产率和经济发展，只要它珍视发展带来的收益。反对者则认为，这种观点对其他文化不够公平。他们反驳说，每一种文化都有自己的价值观、行为准则、目标以及伦理道德，西方国家不能将它们对"成功"的理解强加给其他文化。

■ 地理条件。也有一些研究人员认为，地理条件是生产率和经济发展的核心影响因素。他们认为会妨碍经济发展的因素包括地处远离海岸线的内陆、远离市场、自然资源贫乏、气候炎热等。但是，中国香港、新加坡、韩国以及中国台湾虽然面积狭小、自然资源匮乏，但是仍然建立了颇具竞争力的市场经济。此外，这些国家和地区都摆脱了殖民势力的统治。

■ 创新。希望加入欧盟的国家必须满足严格的、创新方面的要求。欧盟发展壮大带来的副产品之一是欧洲文化越来越接近于西欧文化，人们的生活习惯、立场以及价值观都在不断变化。在如今的新兴市场，驱使人们不断进行创新的动力是希望借此改变自己的命运，或者是出于对自己可能会被成本更低的对手取代的担忧。新兴市场本土的企业研制出了 3 000 美元的汽车、300 美元的电脑以及 30 美元的手机，吸引了国内外消费者的喜爱。

■ 想了解更多？欢迎登录以下网址：文化联结协会 www. culturelink. org，非洲文化政策瞭望 http://ocpa. irmo. hr，北南研究所 www. nsi-ins. ca。

资料来源："The World Turned Upside Down," *The Economist*，April 17，2010，pp. 3 - 6；Mark Johnson，"Innovation in Emerging Markets," *Bloomberg Businessweek*（www. businessweek. com），May 28，2010；William Fischer，"Dealing with Innovation from Emerging Markets," IMD Web site（www. imd. ch/research/challenges），November 2008.

管理人员可以采取各种各样的测度指标来评判一国的经济发展水平。但是在对潜在市场进行评估时，比较明智的做法是综合使用一系列的指标，因为每个指标都既有优点也有缺点。下面我们就来看一下与经济发展有关的一些主要指数。

□ 4.2.1　国民生产

在第 1 章中我们曾提到，测度经济发展水平最常使用的指标是国民生产总值（GNP），即在一年内一国居民国内以及国外经济活动生产的产品和服务的总价值。国内生产总值（GDP）则是指本国在一年内生产的产品和服务的总价值。一国的人均 GDP 就是该国 GDP 总值与该国总人口的比值。人均 GNP 的计算方法与此类似。不管是人均 GDP 还是人均 GNP，衡量的都是一国的人均收入水平。

营销人员经常利用人均 GDP 或者是人均 GNP 来判断一国人民是否有经济能力购买其产品。例如，亚洲的缅甸年人均 GDP 只有 120 美元，是一个非常贫困的国家。在那里，你看不到销售笔记本的电脑公司，或者是销售要价高昂的衣服的知名设计公司。但是，个人护理产品领域的一些大型生产商已开始在缅甸开疆扩土。高露洁和联合利华一直以来都喜欢开发那些有不确定性但是前景光明的市场，它们可以为这些市场提供相对便宜的日用品，比如肥皂、洗发水等。当跨国公司进入这些市场时，它们通常会努力满足生活在金字塔底层的人们——世界上最贫困的群体，他们的购买力也是最低的——的需要。

尽管 GDP 和 GNP 是衡量经济发展水平最常用的指标，但是它们都存在一些重要的缺陷。下面我们就逐一进行详细说明。

未纳入统计的交易　出于各种各样的原因，一国的很多交易活动既没有计入

GDP 也没有计入 GNP。这包括：

- 志愿者的工作；
- 未得到报酬的家务劳动；
- 非法活动，比如赌博以及黑市交易等；
- 未报告的以现金完成的交易。

在某些情况下，未报告的经济（影子经济）体量是如此之大，以至于官方统计数字比如人均 GDP 甚至几乎没有任何意义了。以缅甸为例，经济学家声称，其官方数据掩盖了因为官方汇率和黑市汇率的差别而引发的一个庞大影子经济的存在。在很多富裕国家，影子经济与官方经济的比重大约在 10% 到 20% 之间。但是，在全球的 50 多个国家中，影子经济至少占到了 GDP 总量的 40%。比如，在格鲁吉亚，未报告的交易占报告的交易之比据估计高达 73%。格鲁吉亚的官方 GDP 大约为 203 亿美元，其影子经济总值则大约为 148 亿美元。[①]

产品和服务在影子经济中流动的方式之一是通过物物交换——无须货币，用某种产品和服务直接与其他产品和服务交换——的做法。一个经典的例子是，百事可乐在苏联用软饮料换回了 17 艘潜水艇、1 艘巡洋舰、1 艘驱逐舰和 1 艘护卫舰。然后百事可乐将这些军用物资作为废铁出售，换回现金。[②] 因为货币短缺，俄罗斯人目前仍然广泛使用物物交换。另一个同样也很经典但是略显怪异的例子是，俄罗斯政府每月支付给在阿尔泰地区（莫斯科以东 1 850 英里）任教的 8 000 名教师的工资是每人 15 瓶伏特加。此前，这些教师拒绝了用卫生纸和丧葬用品作为部分薪资的提议。[③]

增长问题　总产值并不能告诉我们一国的经济是处于增长还是萎缩状态，它们只是对一年中的经济产出的大概描述。管理人员希望得到一些与预计未来经济表现有关的信息，作为对这些数字的补充。即便一国的 GDP 或者 GNP 只是处于中等水平，但是只要其预期增长率很高，它仍然可以极大地激发投资者的信心，吸引更多的投资。

平均问题　人均数字只是对整个国家平均水平的衡量。这些数字有助于评估一国的生活质量，但是并不能告诉我们与发展有关的更多的信息。大部分国家的城市地区和农村地区相比都更发达，人均收入水平也更高。在欠发达国家，邻近港口或者其他交通设施的地区通常要比边远地区更发达。同样，扶持在生产或设计方面拥有先进技术的企业的工业园区创造的收入在一国总收入中也会占有相当大的比重。

比较陷阱　使用总产值数据对不同国家进行比较可能会产生误导。在比较人均总产值时，我们必须将各国货币按照官方汇率兑换成另一种特定货币（通常是美元）。但是官方汇率只能告诉我们，要想购买一单位的其他货币，需要花费多少单位的本国货币，它并不能告诉我们这么多本币在本国市场上可以买到些什么。因此，

① Chris Prentice, "Shadow Economies on the Rise Around the World," *Bloomberg Businessweek* (www. businessweek. com)，July 29, 2010.

② Daniel S. Levine, "Got a Spare Destroyer Lying Around? Make a Trade: Embracing Counter Trade as a Viable Option," *World Trade*，June 1997, pp. 34–35.

③ "Central Russian Teachers to Get Paid in Vodka." CNN Web site（www.cnn.com）.

为了理解货币在本国的真正价值，我们引入了购买力平价这一概念。

4.2.2 购买力平价

用总产值比较不同国家的产出没有考虑到各个国家在生活成本方面存在的差异。购买力即一单位本国货币可以购买的商品或服务的总价值。购买力平价则是指在不同国家购买同一篮子商品所需要的两种货币的比值。这里所说的一篮子商品都是普通的日常用品的代表，比如苹果、大米、肥皂、牙膏等等。按购买力平价来估计人均总产值，可以使我们了解某种货币实际上能够买到多少商品。

下面我们就来看一下比较其他国家和美国经过购买力平价调整之后的人均GDP，会出现什么情况。如果我们按照官方汇率将瑞士法郎兑换成美元，瑞士的人均GDP将为47 900美元。这一数字高于美国官方公布的人均GDP水平（39 700美元）。但是经过购买力平价调整的瑞士人均GDP只有34 700美元，这低于美国的官方水平。为什么会这样？瑞士以购买力平价计算的人均GDP较低是因为该国的生活成本较高。在瑞士购买同样的一篮子商品花费的成本比在美国高。捷克的情况则正好与瑞士相反。因为那里的生活成本低于美国，所以经过购买力平价调整之后，捷克的人均GDP水平从10 600美元上升到了18 600美元。[①] 在第10章我们还会对购买力平价作更详细的介绍。

小测验

1. 经济发展的含义是什么？阐释生产率与生活水平之间的关系。
2. 给出测度经济发展水平的两个指标，说明它们的优缺点。
3. 解释购买力平价这一概念。它对一国的相对人均收入有何影响？

4.2.3 人类发展

购买力平价概念很好地揭示了不同国家在经济发展水平方面存在的差异。但遗憾的是，它不能测度人们的总体福利状况。表4—1给出了按照联合国人类发展指数（HDI）对不同国家进行排名的情况，该指数测度的是一国政府平等地向其人民提供健康长寿的生活、受教育的机会以及有尊严的生活标准的能力。

从表4—1还可以看出一国财富状况与其人类发展指数之间可能出现错位。例如，我们可以看到美国人均GDP排名世界第9位，但是在提供医疗、教育以及有尊严的生活方面排名第13位。表中一个值得注意的国家是博茨瓦纳，其人均GDP排名和人类发展指数排名分别是第60位和第125位。或许最令人吃惊的数据当属各个国家的人们在出生时的预期寿命。不难看出，排名第一的挪威人的预期寿命比排在最后一位的尼日尔人的寿命多出了将近30年。

---

① Data obtained from Organisation for Cooperation and Development（OECD），"Statistics" section（www. oecd. org）.

表 4—1　　　　　　　人类发展指数（HDI）

HDI 排名	国家/地区	HDI 值	人均 GDP 排名	预期寿命（年）
人类发展程度非常高				
1	挪威	0.971	5	80.5
4	加拿大	0.966	18	80.6
9	瑞士	0.960	13	81.7
10	日本	0.960	26	82.7
13	美国	0.956	9	79.1
21	英国	0.947	20	79.3
22	德国	0.947	24	79.8
24	中国香港	0.944	11	82.2
36	捷克共和国	0.903	37	76.4
人类发展程度较高				
53	墨西哥	0.854	58	76.0
71	俄罗斯	0.817	55	66.2
75	巴西	0.813	79	72.2
人类发展程度中等				
92	中国内地	0.772	102	72.9
125	博茨瓦纳	0.694	60	53.4
129	南非	0.683	78	51.5
人类发展程度较低				
181	阿富汗	0.352	164	43.6
182	尼日尔	0.340	176	50.8

资料来源：Based on data obtained from *Human Development Report* 2009，（New York，NY：United Nations Development Programme，2009），（www.undp.org），Table H，pp.171-174.

　　与我们前面提到的其他衡量指标不同，人类发展指数超越了物质财富的界限。通过强调经济发展的人文方面，该指标告诉我们，仅有高国民收入并不能保证人类的进步，尽管我们不能低估国民收入的重要性。任何国家都需要资金来创办优质的学校、提供高质量的医疗服务、支持环保产业的发展、实施可以改善生活质量的其他项目。

　　传染病在世界上最贫困的国家之间的蔓延尤其引人担忧。这些疾病危及人们的生命，招致经济损失、社会分裂和政治动荡。战胜这些疾病所需的医疗成本会阻碍一国的发展进程。关于三种致命的疾病带来的成本，请参见下面的专栏"全球化的挑战：公共卫生的全球化"。

第 4 章

经济体制和新兴市场

公共卫生的全球化

有三种传染病给全世界带来了严峻的挑战。除了让患者蒙受痛苦之外，它们还消除了贫困国家经济发展的可能，阻碍了世界经济前进的步伐。

■艾滋病。死于艾滋病的人口总数和14世纪欧洲瘟疫期间死亡的人数不相上下。在全球范围内，艾滋病夺去了将近2 200万人的生命，至少有4 000万人感染了艾滋病病毒。仅仅在非洲，就有2 000万人死于艾滋病，有3 000万人染上艾滋病病毒。它导致一些非洲国家的GDP增长率下降了2.6%，到2013年将使得南非的平均家庭收入降低8个百分点。

■肺结核。每年，肺结核都会夺去170万人的生命，同时还会新增800万患者。九成以上的肺结核患者出现在东南亚、东欧、撒哈拉以南非洲地区的低收入以及中低收入国家。鉴于经济发展迟缓、医疗体制不完备、肺结核病毒抗药性增强等原因，肺结核发病率有逐渐攀升的势头。肺结核消耗了最贫困国家大约120亿美元的收入。

■疟疾。每年都有100万人死于疟疾，另外还有300万人间接死于该病。在越南的湄公河三角洲、中非地区以及巴西的亚马孙雨林，疟疾横行。死于疟疾的人中（大部分是儿童和孕妇）有90%生活在中非以及次撒哈拉以南非洲地区，五岁前死于疟疾的儿童中这一地区也占到了20%的比例。在受灾最为严重的非洲国家，治疗疟疾大约花去了其GDP总额的1.3%。

■挑战。为了攻克艾滋病，富裕国家可以出资为贫国国家培训医生和护士，同时增加研发领域的投资。为了击败肺结核，可以提供更多援助资金以购买药物，毕竟每名患者治疗6～8个月只需花费10美元。为了战胜疟疾，可以向非洲儿童提供用杀虫剂处理过的蚊帐，那里98%的孩子没有这样的东西。

■想了解更多？欢迎登录以下网站：www. businessfightsaids. org，www. theglobalfund. org，www. malaria. org，www, who. int/gtb。

资料来源："Altogether Now," *The Economist* (www. economist. com)，June 3, 2010；Tom Randall，"J&J, Sanofi, Pfizer Speed Testing for New Tuberculosis Drug," *Bloomberg Businessweek* (www. businessweek. com)，March 18, 2010；"Twenty-Five Years of AIDS," *The Economist*，June 3, 2006，pp. 24 - 25；Malaria Foundation International (www. malaria. org)，various reports.

4.2.4　国家的分类

国家通常可以划分成发达国家、新兴工业化国家以及发展中国家。这一分类是建立在包括国民产值、农业在经济中所占的比重、工业制成品出口总值、整体经济结构等在内的一系列指标的基础上的。但是，不管是哪个类别，都没有一个唯一的、一致认可的国家名单，不同分类方法常常将处于边缘的国家划入不同的类别。下面我们就进一步探讨一下各个类别的国家。

发达国家　高度工业化、高效率、人民生活水平较高的国家被称为发达国家。

生活在发达国家的人们通常有机会享受世界上最好的医疗保健服务和最优质的教育资源。大多数发达国家还经常支持对发展中国家的援助计划，以帮助后者改善经济状况和人民的生活水平。属于这一类别的国家包括澳大利亚、加拿大、日本、新西兰、美国、所有西欧国家以及希腊。

新兴工业化国家（地区）　近年来工业部门在国民产值和出口中所占的比重不断增加的国家（地区）被称为新兴工业化国家（地区）。新兴工业化国家（地区）大多分布在亚洲和拉丁美洲。提到新兴工业化国家（地区）时，通常包括"亚洲四小龙"（中国香港、韩国、新加坡和中国台湾）、巴西、中国大陆、印度、马来西亚、墨西哥、南非和泰国。根据分类标准的不同，其他一些国家也可归入新兴工业化国家一类，比如阿根廷、文莱、智利、捷克共和国、匈牙利、印度尼西亚、菲律宾、波兰、俄罗斯、斯洛伐克、土耳其和越南等。

新兴工业化国家（地区）和有潜力成为新兴工业化国家（地区）的国家（地区）加在一起，就构成了新兴市场。通常来说，新兴市场已经具备了新兴工业化国家（地区）所应该具备的部分（但不是全部）经营和出口能力。但是，关于新兴工业化国家（地区）和新兴市场的标准特征的界定，各界观点仍然存在争议。

发展中国家　那些基础设施最为薄弱、人均收入水平最低的国家被称为发展中国家（也叫欠发达国家）。这些国家的经济通常严重依赖一个或者少数几个生产部门，比如农业、采矿业、原油开采业等。它们可能有成为新兴工业化国家的潜力，但是往往缺乏必要的技术和资源。提到发展中国家时，通常会包括非洲的大部分国家、中东地区以及东欧和亚洲最贫困的前社会主义国家和地区。

有时，发展中国家（也包括新兴工业化国家）具有高度的技术二元性——有些经济部门采用最先进的技术，同时其他一些部门采用的却是在其他国家已经过时的技术的现象。相比之下，发达国家的所有制造业部门使用的都是最先进的技术。

□ **小测验**

1. 阐述人类发展指数在衡量一国发展水平方面的作用。
2. 传染性疾病是如何破坏一些贫困国家的人文和经济发展的？
3. 指出发达国家、新兴工业化国家（地区）、新兴市场以及发展中国家的主要特征。

4.3　经济转型

过去二十多年来，那些曾实行中央计划经济的国家一直在努力将自己塑造成强劲市场经济的形象。这一过程被称为经济转型，涉及一国基本经济结构的转变以及一个全新的自由市场制度的建立。虽然不同国家经济转型的程度有所区别，但是转型过程通常都包括以下几项关键改革措施：

■ 保持宏观经济稳定，缩减财政预算赤字，扩大信贷规模；

- 所有价格都由供给和需求决定；
- 私营企业合法化，出售国有企业，保护产权；
- 消除贸易和投资壁垒，允许货币自由兑换。

□ 4.3.1 转型的障碍

从中央计划经济向自由市场经济转型带来了巨大的国际商机。但是，多年来实行社会主义经济制度所引发的弊端从源头上阻碍了经济转型过程，一些国家至今仍饱受高失业率的困扰。在许多转型经济体，人们对就业问题的担忧不仅影响着成年人，而且影响到了孩子们，令社会学家倍感头疼。调查显示，当转型国家的孩子们被问到希望生活在什么样的国家时，就业和经济状况是他们的首要考虑因素。

下面我们就来探讨一下转型国家面临的主要障碍，即经营管理人才匮乏、资金短缺、文化差异以及环境恶化。

经营管理人才匮乏 在中央计划经济体制下，企业无须制定生产、分销以及营销方面的计划和战略，也无须向受过这方面培训的人员进行咨询。中央计划制定者决定着一国商业活动的各个方面。没有必要研究消费者想要什么，也无须进行市场调研。企业也很少考虑产品定价问题，当然也不需要从事运营管理、存货管理、分销和物流等工作的专业人才。国有企业的管理者们只需要完成中央计划者提出的生产指令即可。实际上，有些产品从生产线下线之后堆在工厂门外就可以了，至于这些产品销往何处以及谁负责将这些产品运送到销售目的地不在企业管理者的职责范围内。

但是，最近几年，转型国家越来越重视质量管理。出现这一局面的原因包括工人受教育水平的提高、在海外学习和工作的机会增多、在当地进行投资的企业带来的人们工作习惯的转变等。前社会主义国家的一些经理人甚至有机会在西欧以及美国的大型跨国公司里从事管理岗位的工作。

资金短缺 毫无疑问，经济转型需要付出不菲的代价。为了加快转型进程，减轻转型带来的痛苦，政府通常会不惜花费重金：

- 完善通信和其他基础设施建设，包括高速公路、桥梁、铁路，有时还包括地铁。
- 创办金融机构，包括股票市场和银行系统。
- 以市场经济的方式教育民众。

很多转型经济的政府并没有能力负担所需的全部投资。不过，这些政府可以借助于一些外部资金渠道，比如本国和外国公司、其他政府以及像世界银行、国际货币基金组织和亚洲开发银行这样的国际金融机构。有些转型国家的国际负债达到了相当庞大的程度，不过和经济转型时代初期的情况相比，这个问题的严重性已经大大降低了。[①]

① "Another BRIC in the Wall," *The Economist* (www.economist.com), April 21, 2008.

文化差异　经济转型和经济改革会给一国的文化带来深刻的影响。正如我们在第 2 章提到的，有些文化对变化的态度更加开放。同样，有些文化比其他文化更容易接纳经济改革。转型时期，对政府的依赖被对个人责任、激励以及权利的看重所取代。但是社会福利、失业救济以及有保障的政府工作岗位的削减会给一国人民带来不小的冲击。

将现代管理理念引入转型国家的文化并非易事。韩国的大宇汽车在进入中欧市场时，遭遇了激烈的文化碰撞。韩国的管理体系是建立在严格的等级结构和极强的职业道德基础上的。位于韩国的大宇汽车公司的管理者们每天早早就站在公司门口欢迎工人来上班。因为大宇的管理层没能很好地理解其在中欧地区的工厂的文化，结果麻烦不断。通过将中欧各国的工人派到韩国的流水线工作，同时将韩国管理者和技术人员外派到中欧和东欧，大宇公司努力弥合着二者在文化和工作环境方面的差别。

环境恶化　中欧和西欧前社会主义阵营国家的经济和社会转型给当地环境造成了灾难性的破坏。环境被破坏所招致的直接后果是各种疾病横行，这包括哮喘、贫血以及癌症等，这无不降低了工厂的生产率。转型国家都曾经历市场经济带来的恶果超出其创造的收益的痛苦阶段。换句话说，当空气中弥漫着烟雾、公园与河流都被污染了时，再高的工资也很难让人们感到满足。工人们饱受一氧化碳毒害，房屋剥落的油漆则会导致孩子们铅中毒。

□ 4.3.2　新兴市场聚焦：俄罗斯

俄罗斯的社会主义历程始于 1917 年。自那年起接下来的 75 年里，工厂、分销渠道、经营管理的其他方面，以及劳动力、资本和产品的价格都被政府牢牢控制着。当中国尝试进行家庭联产承包责任制改革以及有限的市场价格机制改革时，俄罗斯以及苏联阵营的其他国家仍处在政府的绝对管控下。因此，与中国不同，市场制度的彻底缺失意味着俄罗斯在转型时要经历艰辛的政治和经济变革。

艰难的转型　20 世纪 80 年代，苏联进入了一个思想自由、言论自由、经济重构的时代。自 1917 年以来，人们第一次可以自由地谈论自己的生活，而且他们确实自由表达了自己的声音。人们普遍表达了对消费品匮乏、产品质量低下、银行及杂货店门口排起长队的不满。

但是，从政府所有制和中央计划经济转型仍然是一个不小的挑战。除了政客、官僚和富有的商人们（在俄罗斯被称为寡头）之外，普通人连维持日常生活和购买基本生活用品都感到力不从心。有些俄罗斯人经济状况比较好，但这是因为他们在旧体制下是工厂的经理，转型到新体制后他们有幸得以保留自己的岗位。一些人则转投黑市来敛财。还有一些人则辛辛苦苦遵纪守法地创办了自己的公司，结果却发现不得不向有组织的犯罪集团缴纳"保护费"。

含糊不清的法律体系、严重的腐败现象以及不断变化的商法使得非俄罗斯人在俄罗斯做生意时，必须格外小心谨慎。但是一些有抱负的外国企业家并没有被这些表象吓倒。关于有胆识的企业家如何在当今的俄罗斯做生意，请参见下面的专栏

"企业家工具箱：俄罗斯的游戏规则"。

俄罗斯的游戏规则

尽管俄罗斯的商业环境有时候很残酷，一些富有进取心的企业家以及小企业主仍冒险进入了这个凶险的地区。如果你是他们中的一员，或者是对俄罗斯市场感兴趣，不妨看看下面给出的在俄罗斯做生意的一些建议：

■ 启动。拜访你国驻俄罗斯当地的商会是你首先应该做的。组织完善、管理有序的商会定期都会举办商务宴会，你可以借此结识俄罗斯人以及其他想要做生意的人。这些商会可能还会组织一些活动，帮你熟悉俄罗斯的商业氛围。根据业务范围的不同，可以选择将公司设在莫斯科、圣彼得堡或者是符拉迪沃斯托克。

■ 敢于冒险。有可能在俄罗斯取得成功的是那些勇于冒险、喜欢接受挑战的人。他们不希望生活一成不变——在俄罗斯，唯一可以预测的就是那里的一切都是不可预测的。在开始阶段，了解俄罗斯对做生意是有帮助的——尽管不是最重要的，但是最终熟悉当地文化会成为不可或缺的因素。如果你此前曾经在东欧生活以及工作过，一定会大受裨益。

■ 办公室。在俄罗斯做生意需要进行私人接触。如果你希望自己的生意可以赚钱，在俄罗斯有一间办公室是至关重要的。你的办公室不一定非要在红场附近，当地随便一个什么地方几乎都是可以的，如果能租到一套不错的公寓，在公司刚设立时会起到事半功倍的效果。在商业服务方面，高档酒店通常都配有商务中心。总之，租一套中等条件的俄式办公室是非常有必要的。

■ 成交。在俄罗斯做生意需要时间和耐心。俄罗斯人的谈判风格和这个国家一样难搞、多变。在谈判过程中，你的俄罗斯伙伴可能会突然暴怒、摔门而去或者是威胁要退出谈判。最后，俄罗斯人未必会严格遵守所签署的合同，他们可能会把新出现的情况看作是重新谈判的契机。总之，在俄罗斯做生意时，私人关系是非常重要的。

俄罗斯面临的挑战　和其他很多转型经济体一样，俄罗斯需要培养自己的理人才。多年中央计划经济给这个国家留下的后遗症之一就是，市场经济中必需的管理技能的发展受到阻碍。俄罗斯本土的管理人员必须提升自己各个方面的管理技能，包括财务控制、研发、人力资源管理以及市场营销战略。

政治动荡，特别是其人民表现出的强烈的民族主义情节，对俄罗斯的发展来说也是一个潜在威胁。2008年俄罗斯和格鲁吉亚爆发了军事冲突。当地强烈的种族和民族主义情感很容易让小误会演变到失控的地步。俄罗斯核武器储备缺乏安全性也是可能爆发骚乱的一个动因。恐怖分子手中的那些武器足以给全球安全构成威胁。

不稳定的投资氛围是国际商业社会的另一个担忧。俄罗斯政府和商界之间的关系一直比较紧张。这缘于俄罗斯政府打击对政府政策心存不满的企业以及政府希望控制的企业的做法。

俄罗斯很多问题的根源似乎都出在反腐败法的执行方面。俄罗斯的政府官员，比如内阁大臣被控突袭企业的办公室，抢走一些文件和电脑。他们篡改了有关记录，伪造签名，目的是让另一家公司——由政府官员所有——看上去多承担了税负，应该获得政府资金的支持。与此同时，被洗劫的公司的所有者和管理人员经常会发现自己不小心就入狱了。[1]

俄罗斯政府起诉石油头尤科斯，并以诈骗、挪用公款和偷税漏税的罪名将其总裁米哈伊尔·霍多尔科夫斯基投入了监狱。很多俄罗斯人则认为，米哈伊尔·霍多尔科夫斯基被判刑是因为他拒绝支持俄罗斯的官僚机构，以及他像经营私人企业一样经营尤科斯的做法。另外，他还试图在俄罗斯培育起一个新的阶级，后者在将来很可能会通过为孤儿建学校、在乡村学校开设计算机课程、针对记者和政客开展民主社会项目等推动俄罗斯的政治改革。这些举动无疑使得他对俄罗斯构成了威胁。[2]如果俄罗斯真的希望跨国公司到自己的领土上进行生产经营活动，它就必须减少对商业的干预，学会保护产权。

☐**小测验**

1. 经济转型过程中的具体改革措施有哪些？
2. 论述转型经济体面临的障碍。
3. 论述俄罗斯的经济转型过程。

商务启示

到这里为止，我们就结束了对一国商务环境的讨论。本章告诉我们，更大的经济自由度倾向于带来更高的生活水平。这使得混合经济纷纷减少不必要的管制和政府干预。曾经的中央计划经济也逐渐朝着自由市场经济改革，以便激发本国企业家的活力，吸引国际投资。这些潮流改变了全球资本主义的面貌。在谈到发展问题时，两个主导的话题可能当属中国和印度之间的竞赛、美国与欧洲之间的生产率差异。

中国 vs. 印度的经济发展

不管是中国还是印度，都有巨大的增长潜力，这两个国家拥有一个比美国人口总数都多的中产阶级只是一个时间的问题。印度的有机式增长和中国的投资驱动式增长对某个国家来说是否是最优的，取决于该国的具体情况。

到目前为止，世界上每个国家遵循的发展路径都是要么依赖于其自然资源，要么依赖于其相对廉价的劳动力——就像中国的经历告诉我们的那样，或者是两者兼而有之。将中国转变成世界工厂的资金来自外国公司，这对中国培育自己的跨国公司来说用处不大。另外，中国自上而下、印度自下而上的发展路径也体现了它们在政治体制方面的差别：印度是一个民主国家，中国的民主程度则低得多。尽管中国的经济发展非常迅速，但是要想进一步提升自己的国际竞

① "Deadly Business in Moscow," *Bloomberg Businessweek*, March 1, 2010, pp. 22-23.
② "Another Great Leap Forward?" *The Economist*, March 13, 2010, pp. 27-28.

第 4 章

经济体制和新兴市场

争力,它需要本土企业家和西方的管理技能。

如果印度可以实现经济的可持续增长,它将成为第一个凭借本国人民的智慧实现经济腾飞的发展中国家。印度的经济增长主要得益于本国企业在前沿、知识型产业的竞争力。尽管长期以来人们的印象是印度是一个高税率、管制繁多的国家,它同样也具备市场经济所需的基础条件,比如私营企业、民主政府、西方会计准则等。此外,印度还拥有一个相对完备的法律体制、相对有效的资本市场以及很多富有天赋的企业家。

美国 vs. 欧洲的生产率

对任何国家而言,生产率提高都是改善生活水平的重要动力。尽管在相当长的时间里欧洲的生产率一直与美国保持同步增长,但是近年来欧洲还是逐渐落在了后面。实际上,美国的生产率增长水平一直在3%上下波动,但欧洲主要经济体的生产率增长率只比这一数字的一半略高。究竟是什么原因导致了这一差距的出现呢?

人们给出了几种解释。首先,欧洲用于通信技术的支出低于美国。出于和欧洲商法有关的一些理由,欧洲人并不被鼓励投资于信息技术。其次,欧洲比美国更严格的劳动保护法导致它裁员更困难、成本也更高。因此,即便欧洲公司投资于信息技术以提升劳动生产率,但是无法解雇冗余的工人也会影响到生产率提高带来的总收益。再次,与美国的科技部门是其生产率增长的主要推动力不同,相比之下欧洲的科技部门要小得多。最后,尽管投资于研发活动有助于大大提升生产率增长水平,欧洲在研发方面的总体支出要低得多。

生产率迅猛提高意味着更高的收益、更好的生活水平以及稳定的价格。很多欧洲官员纷纷呼吁各国政府深化自由市场经济改革,以便提高生产率增长水平。他们很清楚,生产率快速提高是缩小本国人民和美国人民之间差距的唯一办法。

本章小结

1. 描述中央计划经济的含义,说明这一体制衰落的原因:

在中央计划经济体制下,政府拥有土地、工厂以及其他经济资源,并且规划与经济有关的几乎所有活动。

中央计划经济强调集体利益高于个人利益,追求经济和社会平等。

中央计划经济走向衰落的原因之一是稀缺资源被浪费了,因为中央计划者不关心产品质量和消费者的需求。

其次,缺乏创新动机导致经济增长缓慢甚至是停滞,进而导致人民生活水平较低。

再次,中央计划者认识到,其他经济体制给其他国家带来了更高的增长率。

最后,消费者开始对包括食物、住房、医疗卫生在内的生活必需品的匮乏感到不满。

2. 阐述混合经济的主要特征,解释私有化的重要性:

在混合经济中,土地、工厂以及其他经济资源由私人和政府共同所有。

在混合经济中,政府倾向于控制对国家安全以及长期稳定至关重要的经济部门。

混合经济的推崇者认为，一个成功的经济体制不仅是有效率的、鼓励创新的，而且应该能够阻止社会上的过度个人主义以及贪婪现象。

很多混合经济都加入了私有化（出售政府所有的经济资源的做法）的浪潮中，从而可以更有效地利用资源。

3. 阐释市场经济是如何运转的，说明市场经济的显著特征：

在市场经济中，私人或者是企业拥有大部分土地、工厂以及其他经济资源。

市场经济中的经济决策会受到供给和需求的共同影响。

市场经济植根于以下理念，即个人利益至高无上，当个人得到适当的激励和奖赏时集体可以从中获益。

市场经济的正常运转需要自由选择（买方的购买选择）、自由企业（卖方的竞争决策）以及价格弹性（反映供给和需求）。

政府在市场经济中的作用包括实施反垄断法、保护产权、创造稳定的财政和货币环境、维护政治稳定。

4. 给出测度一国经济发展水平的不同方法：

经济发展指的是一国人民相对于另一国人民的经济福利状况。

测度经济发展的方法之一是计算国民产值，具体说来包括 GNP 和 GDP 两个指标。

第二种方法是购买力平价，指的是两国购买同一篮子商品的相对价格。

购买力平价可用来修正基于官方汇率得出的经济发展状况的国际比较。

第三种方法是联合国的人类发展指数，衡量的是一个人的需求被满足以及被平等对待的程度。

5. 阐释什么是经济转型，说明这一过程中存在的障碍：

一国改变其基本的经济组织结构以建立自由市场制度的过程叫做经济转型。

经济转型通常包括以下五个方面的改革措施：（1）宏观经济稳定；（2）经济活动自由化；（3）私营企业合法化以及国有企业私有化；（4）消除贸易和投资壁垒，允许货币自由流动；（5）建立社会保障体系。

经济转型国家面临的一大障碍是缺乏专业的管理技能，因为中央计划者几乎制定了所有的决策。

第二大障碍是资金短缺，缺少用于新的通信设施和基础设施、新的金融机构以及教育的资金。

第三大障碍是转型经济体和西方国家之间的文化差异，这种差异使得现代管理理念的引入非常困难。

第四大障碍是环境恶化，进而人民健康状况恶化，降低了生产率。

课堂讨论

1. 互联网已经渗透到发达国家商业和文化的各个领域。在你看来，这一技术会扩大发达国家和发展中国家之间的差距么？为什么？发展中国家如何利用这一手段来促进本国经济的发展？

2. 假设你是一家大型国际信贷机构的负责人，运营资金来自各个成员国。如果提供发展援助的话，新兴工业化国家以及发展中经济体的哪个行业将是你优先考虑的对象？你觉得会有成员国反对援助这一领域么？为什么？

3. 两个学生正在讨论经济发展水平的不同衡量指标的优点和缺点。第一个学生说："人均GDP是对一国经济发达程度的唯一准确测度。"第二个学生反驳道："我不这么认为。唯一正确的指标应该是该国人民的生活质量，而不是GDP。"分别指出两个学生的论点所存在的问题。

小组练习

1. 辩论题。在这个练习中，将八名学生平均分成两组，辩论市场经济和混合经济的优缺点。在每组的第一个学生发言后，第二个学生反驳对方的论点，找出其中的漏洞和自相矛盾之处。第三个学生则回应前一个学生的驳斥。每组的第四个学生负责总结己方观点。最后，全班投票选出哪一组的论证更加充分。

2. 市场进入战略项目。这一练习和市场进入战略在线模拟有关。你所调研的国家是哪种经济体制？它长期以来一直是这一体制么？它是发达国家、新兴工业化国家、新兴市场还是发展中国家？按照经济发展水平测度指标衡量，它属于哪一类？在过去的20年里，它是否经历了任何形式的经济改革？如果是的话，转型给该国的文化、政治、法律、经济体制带来了怎样的影响？将你的调研结果写入你的市场进入战略报告。

关键术语

中央计划经济	经济转型	私有化	需求
新兴市场	购买力	发达国家	人类发展指数
购买力平价	发展中国家（欠发达国家）		市场经济
经济发展	新兴工业化国家	供给	技术二元性
经济体制			

伦理题

1. 假设你是一家中加合资企业中国区的首席执行官。你们在中国的合作伙伴是中国人民解放军。后者建起了一个庞大的几乎无所不包的商业帝国，从养猪到开办航空公司和医院、煤矿、酒店，再到互联网和通信行业，无所不及。中国人民解放军以商业巨头的身份和一些国际投资者打交道。有人说，进入中国的外资中有相当大一部分是和军方控制的企业以及卡特尔组织合作。也有人说没必要过分解读军方涉足商业这件事。他们指出，军方下属单位控制的上千家公司之间几乎没有什么比较集中的合作。这些公司有的是退休官员开办的，有些是普通百姓负责的。作为公司的首席执行官，你对于与军方的合作有顾虑么？如果有的话，是什么？假设民主人士和军方之间的冲突演变成了流血事件，这会对你们和军方之间的业务往来产生怎样的影响？和军方合作引发的伦理道德方面的问题与简单地对中国出口产品引发的伦理道德问题有区别么？为什么？

2. 假设你是一家美国公司在法国南部的分公司的负责人。西欧国家的社会福利制度是在第二次世界大战之后建立起来的，该制度考虑到了一些具体的伦理问题：降低经济和社会不平等、提高贫困人口的生活水平、为几乎所有人提供免费的医疗服务。现在这些国家中有很多正在对社会福利进行瘦身，转而依赖市场力量来解决这些问题。你认为半个世纪之前的伦理考虑已经过时了么？你认为市场化改革只能导致人们优先考虑发展福利型国家么？身为经理，你应该如何做从而打消工人们对更开放的经济会削弱其社会保障的担忧？

国际管理案例

在苏联解体之前，古巴与它的共产主义兄弟之间经常进行物物交换，用糖来换取石油以及其他商品。但是1989年苏联解体后，古巴就不得不和特惠交换比率以及苏联的补贴说再见了。留给古巴领导人卡斯特罗的唯一选择是，在公开市场上销售本国的糖。但是尽管1990年糖出口给古巴带来了50亿美元的收入，但是到了2006年这一数字却萎缩到了2 000万美元。糖的产量也从1989年巅峰时的接近800万吨下降到2010年的100万吨左右。面对在国际市场上的收益下降、产量下滑以及低效制糖作坊消耗大量石油的局面，卡斯特罗别无选择，只能是关停了国内一半左右的制糖厂。现在，巴西成为了一个食糖净进口国，而且大权掌握在卡斯特罗的哥哥劳尔手中。

面对国有工业巨头的消失以及巨大的经济压力，卡斯特罗向海外投资者放开了部分主要国有产业。结果是，合资企业逐渐成为推动古巴进行有限经济改革的主要动力。资金主要来自加拿大、墨西哥和欧洲，它们都是古巴的邻国以及死对头美国自1962年以来对古巴实施贸易禁运的受益者。大部分投资都涌向

了古巴向世界提供的另一种商品——镍。古巴的镍储备量——这种金属可以用于不锈钢和其他合金的生产——占到全世界的30%，而且75%的产量被出口到了欧洲。古巴最大的镍开采公司之一当属加拿大的谢里特国际公司。该公司的旗子在古巴最大的镍矿上空飘扬，此外，该公司还重新开采一些废旧的油田。在解决了莫阿镍矿的问题后，谢里特公司得到了卡斯特罗的特许，进行海滨旅游胜地的开发以及通讯和交通网络的扩建。

尽管像谢里特公司这样的机构可以在古巴进行投资，但是它们仍然面临严峻的现实和种种限制。卡斯特罗虽然允许本国存在一些资本主义成分，但同时也制定了复杂的、冗长的规章制度。外国人稍微熟悉这些规章制度之后，政府就会进行新的调整。"经常会出现古巴人似乎有意制造障碍的情况。"一个欧洲商人抱怨说，"他们需要我们，我们可以在这里做生意，我不明白问题出在哪里。"但是，看上去古巴政府似乎并不会帮忙消除这种局面。

里卡多·埃利桑多从墨西哥来到古巴，帮助管理公司在古巴电信公司Etecsa持有的资产。埃利桑多说，任何一个

想要在古巴做生意的人都必须接受自己是在与一个社会主义国家进行合作的现实。古巴缺乏保障商务合同履行的法律体制，也缺乏可以提供贷款的银行体制，而且没有私人产权这个概念。这个政府唯一不缺的东西是劳动者保护法——这些法律法规非常繁杂。国外的合作伙伴没有权利直接雇用、解雇工人，甚至无权直接向工人支付工资。他们支付一笔费用给政府以便获得劳动力，后者反过来将所得的一部分支付给工人。据人权组织自由屋（Freedom House）宣称，一家公司每年为每个工人向古巴政府支付9 500美元，但是工人最后每年只能拿到120～144美元。与此同时，有报道说在中哈瓦那地区，平均每天有一两座建筑倒塌。

为什么在古巴进行投资的公司愿意忍受这些限制呢？首先，它们获得了巨额的投资回报。"古巴的资产令人难以置信的便宜，收益潜力巨大。"持有谢里特11％股份的多伦多阿尔塔米拉管理公司副总裁弗兰克·莫斯奇这样说到。分析人士指出，古巴给外来投资者提供的回报率高达80％。此外，外国投资者对卡斯特罗兄弟的政权并不是非常看好。在后卡斯特罗时代，美国可能会终结对古巴的贸易禁运；一旦这样，资产价格必将狂飙。像谢里特和Etecsa这样的先行者将会在一个充满生机的市场上占据宝贵的战略地位。

资料来源：Archibald Ritter，" Cuba in the 2010s：Creative Reform or Geriatric Paralysis？" *Focal Point*，April 2010，pp. 12 - 13；"U. S. Is $500 Million Supermarket to Cuba，" CNBC Web site（www. cnbc. com），May 27，2010；Steve LeVine and Geri Smith，"New Cuba Policy Is No Business Home Run，" *Bloomberg Businessweek*（www. businessweek. com），April 15，2009；Cuba Coverage on the Foreign Policy Blogs Network（cuba. foreignpolicyblogs. com），various reports and data.

□小思考

1. 你认为古巴政府要求外国企业只能通过政府来雇用工人、支付薪水的理由是什么？外国公司和古巴政府建立合作关系符合伦理道德么？为什么？

2. 多了解一些古巴的情况，设想一下当前政府倒台之后古巴经济转型的场景。你认为古巴的市场经济转型与俄罗斯和中国的做法会有什么不同？

3. 美国通过一项法案，支持美国公司起诉那些帮助运送被古巴政府国有化了的美国公司财产的企业。同时，该法案还授权美国政府有权拒绝给这些公司的高管及他们的家人发放签证。为什么美国政府如此抗拒和古巴做生意？你认为这种贸易禁运符合美国的最大利益么？为什么？

国际商务：全球化带来的挑战（第6版）

第三篇

国际贸易与投资

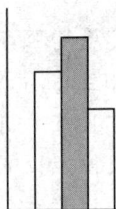

第5章

国际贸易

第 5 章

国际贸易

学习目标

通过本章的学习，你应该能够：

1. 掌握国际贸易量和世界产出之间的关系，了解基本的贸易模式。
2. 掌握重商主义及其对世界列强和他们的殖民地的影响。
3. 了解绝对优势理论和比较优势理论。
4. 了解要素禀赋理论和产品生命周期理论。
5. 了解新贸易理论和国家竞争优势理论。

内容回顾

第 2、3、4 章探讨了不同国家之间在文化、政治、法律以及经济方面的差别。我们之所以早早就介绍这些差别，是因为它们对国际商务活动有着重要影响。

本章概要

本章学习国际贸易和投资环境。我们探讨了最古老的国际商务活动——国际贸易。我们讨论了国际贸易的利益和规模，以及尝试解释国际贸易产生的原因的主要理论。

下章前瞻

第 6 章探讨企业与政府之间的贸易关系。我们将研究政府对贸易关系进行干预的动机和方法，以及国际贸易机制是如何促进自由贸易发展的。

从本顿维尔到福州

阿肯色州，本顿维尔——1991 年，当沃尔玛在墨西哥的墨西哥城开设新店时，它第一次成为了一家跨国公司。现在，沃尔玛在美国有 3 750 家左右的商店，在其他 14 个国家开设了 4 100 家商店。凭借年均 4 050 亿美元的全球销售额，沃尔玛成为全球最大的公司之一，但是它所在的州的人口数量甚至少于鸡的数量。

沃尔玛（以及类似企业）野心勃勃的全球扩张战略促进了国际贸易的繁荣。在进行全球扩张的过程中，为了赢得消费者，沃尔玛提出了"天天平价"的口号。为了兑现这一承诺，提供低价商品，沃尔玛将中国这样的低成本生产地区作为其廉价商品的主要来源。几年来，这家折扣商在中国对美国出口剧增方面发挥了重要作用。实际上，如果将沃尔玛看作一个国家的话，它将成为中国第六大贸易伙伴。包括沃尔玛在内的跨国公司将世界商品和服务的出口推高到了一个新的水平。

国际贸易的发展增强了中国和世界其他国家之间的相互依存度。沃尔玛和其他企业迅速将中国变成了一个世界工厂。中国的贸易额按照比世界其他国家和地区快两三倍的速度扩张。日本进口总额中大约有 18% 来自中国，美国总进口中则大约有 12% 是中国制造。同时，中国的进口也在不断增长。中国从美国进口各种各样的产品，从满足蓬勃发展的建筑业需求的钢铁到包括改善人们医疗条件的 X 光机器在内的各种设备。另外，对于包括沃尔玛在内的西方消费品公司来说，中国正日渐成为一个更大的市场。

在学习本章的过程中，思考一下国家之间为什么要进行贸易，像沃尔玛这样充满雄心壮志的企业是如何促进世界贸易的发展的。[1]

世界各国的人们已经习惯了购买其他国家提供的产品和服务。实际上，很多消费者都是通过购买其他国家的产品才第一次接触到该国的文化。香奈儿 5 号香水会让人联想到法国的浪漫。伊万里瓷器上精美的艺术作品传达出日本人对细节和品质的重视。美国鹰牌牛仔裤代表的则是美国人的生活方式。

在本章中，我们研究商品和服务的国际贸易。我们首先探讨贸易的收益、规模以及模式。接下来我们介绍解释国际贸易产生的原因的各种理论。

5.1 国际贸易概览

跨国界购买、销售或者是交换商品与服务的活动叫作国际贸易。这是一个与国内贸易相对的概念，国内贸易发生在同一国家的不同州、地区或者城市之间。

---

[1] Stephanie Clifford and Stephanie Rosenbloom, "With Backdrop of Glamour, Wal-Mart Stresses Global Growth," *New York Times* (www.nytimes.com), June 4, 2010; Andrew Winston, "Wal-Mart's New Sustainability Mandate in China," *Bloomberg Businessweek* (www.businessweek.com), October 28, 2008; Wal-Mart Web site (www.walmart.com), select fact sheets.

近年来，对全球化敞开怀抱的各个国家越来越认识到贸易对其经济的重要性。衡量贸易对一国重要性的方法之一是看贸易额在该国总产值中所占的比重。

□ 5.1.1　国际贸易带来的收益

国际贸易不仅在全球范围内创造了新的商机，而且使得各国人民可以在更多的商品和服务中进行选择。例如，因为气候寒冷，芬兰没有办法种植棉花。但是，它可以向美国出售纸张或者是其他以木材为原料的商品（芬兰盛产这类资源），然后用出售这些商品获得的收益从美国进口比马棉。这样一来，芬兰人就得到了他们原本无法得到的棉花。同样，尽管美国没有大面积的森林资源，但是从芬兰进口的木制品仍在一定程度上弥补了美国市场上的缺口。

国际贸易还给很多国家创造了大量的就业机会。据美国商务部计算，出口每增加 10 亿美元，就可以给美国带来22 800个工作岗位。另外，据估计美国大约有 120 万个就业机会依赖于出口，而这些岗位的平均工资比那些与国际贸易无关的岗位的平均工资高出 13%～18%。[1] 贸易的扩张同样也给其他国家带来了收益。

□ 5.1.2　国际贸易的规模

国际贸易的价值和规模都在不断增长。目前，世界商品出口总额高达 160 多万亿美元，而服务出口总值则接近 38 万亿美元。[2] 表 5—1 中列出了世界上最大的商品和服务出口国。对于美国在商业服务出口方面位列全球首位，而在商品出口方面仅排在第三位（次于德国和中国）这一结果，人们可能并不会感到太奇怪。

世界商品贸易的绝大部分是制成品贸易。制成品在商品贸易中占据主导的局面已经持续了相当长的时间，而且很有可能会继续持续下去。原因在于，制成品贸易的增速远远高于其他两大类商品——矿产品和农产品——的贸易增速。尽管服务贸易在很多国家的地位正越来越重要，但是对于世界上最富裕的国家来说服务贸易相对而言更加重要。服务贸易额占到了世界贸易总额的 20%。

贸易与世界总产出　任何给定年份的世界产出水平都会影响到该年的国际贸易水平。较低的经济产出水平会减缓国际贸易规模的增长，较高的产出则会推动国际贸易更大的发展。经济遭遇衰退时贸易也会萎缩，因为当人们对自己未来的经济状况缺乏信心时，不管是本国商品还是进口商品的购买量都会减少。产出和贸易规模同向变动的另一个原因是，经济处于衰退中的国家的货币相对于其他国家的货币来说也比较疲软。这样一来进口商品相对于本国商品来说就比较便宜。（在第 10 章中我们会详细讨论货币价值和贸易之间的关系。）另外，尽管贸易规模与世界总产出呈现同步变动的趋势，但是贸易量的增速始终快于总产出的增速。

---

① "Getting on the Fast Track：Small Business and International Trade，" Small Business Survival Committee Web site（www.sbsc.org）.

② *International Trade Statistics* 2009（Geneva：World Trade Organization，November 2009），Tables 1.8 and 1.10（www.wto.org）.

表 5—1　　　　　　　　　　　世界主要出口国

世界主要商品出口国

排名	出口国	价值（10亿美元）	占世界总值的比重（%）
1	德国	1 462	9.1
2	中国	1 428	8.9
3	美国	1 287	8.0
4	日本	782	4.9
5	荷兰	633	3.9
6	法国	605	3.8
7	意大利	538	3.3
8	比利时	476	3.0
9	俄罗斯	472	2.9
10	英国	459	2.9

世界主要服务出口国

排名	出口国	价值（10亿美元）	占世界总值的比重（%）
1	美国	521	13.8
2	英国	283	7.5
3	德国	242	6.4
4	法国	161	4.2
5	中国	146	3.9
6	日本	146	3.9
7	西班牙	143	3.8
8	意大利	122	3.2
9	印度	103	2.7
10	荷兰	102	2.7

资料来源：Based on *International Trade Statistics* 2009（Geneva：World Trabe Organization，November 2009），Tables 1.8 and 1.10 (www.wto.org).

□ 5.1.3　国际贸易的模式

　　探究国际贸易规模与世界总产出之间的关系有助于我们更好地了解国际贸易环境，但是却无法告诉我们是什么人之间在进行贸易活动。它无法揭示出国际贸易是在世界最富有的国家之间展开的，还是说相对贫困的国家也显著参与到了国际贸易活动中来。

　　大多数国家的海关都会负责记录出口商品的目的地、进口商品的来源地，以及进出该国国境的商品的数量和价值。尽管这些数据有时候是误导性的，但是它们确实反映了各国之间整体的贸易模式。例如，政府有时候会有意歪曲军备物资或者敏感商品的信息。在其他一些情况下，黑市交易（地下交易）的大量存在也会扭曲各国之间贸易的真实情况。

　　大型远洋货轮是国际贸易过程中不可或缺的，负责将货物从一个港口运往另一个港口。实际上，希腊和日本的商船的运载能力占到了世界商船总运载能力（以装运吨位或者排水量来衡量）的 30％。整体来说，发展中国家的船运能力逐年上升，目前已经占到了接近 20％的比例。不过，全球各地的商业运输公司都面临着高油价带来的压力。因为更高的运输成本中有一部分要由进口商来承担，因此它们开始在离本国更近的地方生产商品，因而降低了对商船运载能力的需要。[①]

　　谁和谁进行贸易往来　　各国之间存在一个相对稳定的贸易模式。高收入经济体之间的贸易量占到了世界商品贸易总额的六成。高收入国家和中低收入国家之间的双边贸易量则占到了世界商品贸易总额的 34％。与此同时，低收入和中等收入国家之间的商品贸易量却只占世界贸易总额的 6％。这些数字一方面反映了世界上最贫困的国家购买力较低，另一方面也说明它们的经济普遍不够发达。

　　表 5—2 给出了世界主要经济地区的贸易数字（百分比）。我们首先来看一下欧洲地区内部的出口贸易数字（代表"欧洲"的行和列的交点）。从中我们可以知道欧洲 70％的商品出口的目的地都是其他欧洲国家。与此相对照，亚洲的区域内出口量占到了出口总量的将近 56％，而北美洲的这一数字则略低于 38％。这些数字可以解释欧盟（第 8 章会详细讨论）成立的内在逻辑。

表 5—2　　　　　　　　　　　　　区域商品贸易（百分比）

出口方	进口方							
	世界	北美	中南美洲	欧洲	独联体国家	非洲	中东	亚洲
北美	13.0	37.5	28.3	5.5	3.1	7.3	9.7	9.6
中南美洲	3.8	6.2	27.2	1.8	1.7	3.7	1.9	2.6
欧洲	41.0	17.6	16.6	69.7	46.4	40.5	30.5	12.5
独联体国家	4.5	1.3	1.7	6.0	26.1	2.3	4.0	2.0
非洲	3.5	4.5	3.2	3.2	0.3	11.7	2.3	2.9
中东	6.5	4.3	1.2	1.9	1.4	8.0	19.8	14.6
亚洲	27.7	28.6	21.8	11.9	21.0	26.5	31.8	55.8
世界	100.0	100.0	100.0	100.0	100.0	100.0	100.0	100.0

资料来源：Based on *Internation Trade Statistics* 2009（Geneva：World Trade Organization, Novermber 2009）（www.wto.org），Table 1.5.

　　表 5—2 中的数字还可以告诉我们，美国的新闻媒体为什么经常会抱怨亚洲市场没有对北美商品开放。虽然进入北美地区的商品中有 28.6％来自亚洲，进入亚洲的所有商品中却只有 9.6％来自北美地区。但是随着亚洲经济体的发展，这些数字也会

――――――――――

　　① "High Seas, High Prices," *The Economist*（www.economist.com），August 7, 2008.

相应调整以便反映那里的人们购买力的变化。有些经济学家将21世纪命名为"太平洋世纪"，以此体现亚洲经济体未来的增长前景以及贸易活动从大西洋地区向太平洋地区的转移。随着这一地区国家经济的增长，懂得如何在亚洲做生意对于企业管理者们来说就变得越来越重要了。关于在环太平洋地区做生意的一些小诀窍，参见下面的专栏"全球经理人公文包：在环太平洋地区做生意"。

全球经理人公文包

在环太平洋地区做生意

要想顺利在环太平洋地区的亚洲国家做生意，需要牢记的是亚洲顾客就像他们的文化一样分散多样，积极的销售策略并不一定有效。在前往这些国家之前，回顾一下通用的准则会对你有所帮助：

1. 利用人际关系。亚洲人更喜欢和认识的人做生意。贸然拜访或者是其他直接进行联系的做法很少奏效。在亚洲企业里，要和适当的人会面通常需要合适的人进行引荐。如果你希望合作的人很尊重你的介绍人的话，那么他们尊重你的可能性也比较大。

2. 使用双语名片。为了给对方一个良好的第一印象，即便很多亚洲人都说英语，仍然要使用双语名片。这样做既表明你尊重这个国家的语言，同时也能显示你希望在这里做生意的诚意。只有在了解了你的职位和你代表的对象之后，亚洲人才会感到比较自在。

3. 尊重、和谐、共识。亚洲文化尊重自己在音乐、艺术、科学、哲学、商业等各个领域取得的成就。亚洲人都是很难搞的谈判对手，但是他们不喜欢通过争论来讨价还价。和谐与共识是亚洲的信条，所以要有耐心同时坚持自己的立场。

4. 放弃法律语言。法律文件不像私人关系那么重要。亚洲人不喜欢复杂的合同，往往会要求留有余地以便随时根据环境的变化作出调整。在互信与双赢的基础上建立起良好的关系是非常重要的。在很多亚洲国家，重要的不是合同中规定了什么，而是什么人签署的合同。

5. 建立亲密的私人关系。保持良好的社交心态和私人友谊是在很多亚洲国家做生意的先决条件。因为在非正式的晚宴上达成合作的可能性和在公司达成交易的可能性一样大，所以尽量积极接受他人的邀请而且一定要回请对方。

□ 5.1.4 贸易依存与贸易独立

不同国家之间的贸易依存度也各不相同。有些国家几乎完全依赖于与另一个国家之间的贸易，但是也有一些国家则几乎不依赖于任何一个国家。从16世纪到18世纪的大部分时间里，在贸易方面完全独立是人们追求的目标。有些偏远的岛国是绝对独立的，因为没有适当的运输方式帮助它们参与到贸易中来。但是到了现在，与世隔绝通常不是人们希望看到的场面。

当代大多数国家之间的贸易活动具有一个普遍特征，那就是具有一定程度的依存度。发达国家的企业和其他发达国家的企业之间贸易往来频繁。两个国家之间的贸易依存度通常可以反映一家公司在两国的子公司之间的贸易量。

对发展中国家和转型国家的影响 与发达国家接壤的发展中国家和转型国家往往很依赖它们富裕的邻居们。对于很多中东欧国家而言，贸易依存是一件幸事。大量合资企业已经成为德国及其邻国的桥梁——近年来，德国仅在匈牙利就成立了6 000多家合资公司。对于很多最近加入欧盟的中欧和东欧国家来说，德国也是最重要的贸易伙伴。为了在竞争中占据优势，德国的企业将自身的技术优势与中东欧国家成本相对低廉的劳动力结合在了一起。例如，通用汽车集团在德国的分公司欧宝公司出资4.4亿美元在匈牙利的圣戈特哈德新建了一家工厂，专门为雅特（Astra）掀背式轿车生产零部件并组装成整车以备出口。

贸易依存的隐患 当一国遭遇经济衰退或者是政治动荡时，贸易依存的危害就变得显而易见，而且这也会对依存国产生危害。贸易依存对墨西哥来说是一件麻烦事，该国在过去30年里一直是美国公司理想的投资对象。墨西哥工厂几乎提供了运往美国市场的各种各样的产品，包括冰箱、手机以及各种风格的衣服等。但是，落后的教育体制、腐败、破旧的基础设施、毒品交易正导致一些公司放弃墨西哥，转投亚洲和欧洲的怀抱，这导致墨西哥失业人口剧增。尽管多年来贸易依存给墨西哥带来了很多收益，但是现在随着一些公司离开该国，它逐渐品尝到了贸易依存带来的苦涩。或许，墨西哥处理它与美国的贸易依存关系的最好方式是，提升自身竞争力，让自己在诸多新兴市场中脱颖而出，成为美国公司的最优选择。[①]

□**小测验**

1. 在世界贸易中，商品贸易和服务贸易各自占有多大的比重？
2. 国际贸易和世界总产出之间存在怎样的关系？
3. 说明国际贸易的模式。
4. 为什么说一国的贸易依存度或者是贸易独立程度是很重要的？

5.2 国际贸易理论

不同群体之间的贸易活动已经有了数千年的历史。但是直到15世纪，人们才开始尝试解释贸易为什么会发生，它又给贸易各方带来了怎样的收益。图5—1给出了提出各主要国际贸易理论的时间顺序。而且直到现在，人们还在继续完善现有贸易理论，并尝试创建新的理论。下面我们就来探讨一下最先被提出来解释各国为什么要参与到国际贸易活动中的理论——重商主义。

---

① Geri Smith, "NAFTA: Two Mexicos, Two Outcomes," *Bloomberg Businessweek* (www. businessweek. com), February 12, 2008; Greg Brosnan, "The U. S. Recession Hits Home—in Mexico," *Bloomberg Businessweek* (www. businessweek. com), May 19, 2008.

年份

重商主义

绝对优势理论

比较优势理论

要素禀赋理论

国际产品生命周期理论

新贸易理论

国家竞争优势理论

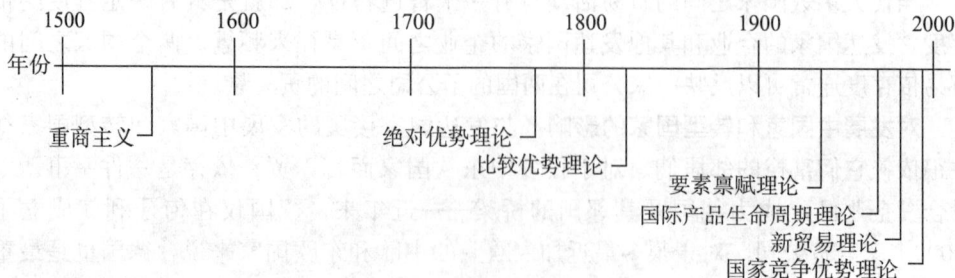

图 5—1　国际贸易理论时间轴

□ 5.2.1　重商主义

认为一国应该通过鼓励出口、限制进口的方式积累财富——通常是指黄金——的贸易理论被称为重商主义。该学说认为，衡量国家财富的其他指标，比如生活水平或者是人类发展程度是无关紧要的。从 16 世纪到 18 世纪末期，欧洲各国一直遵循这一经济理念。最典型的重商主义国家包括英国、法国、荷兰、葡萄牙以及西班牙。

重商主义的原理　当航海还是一个新鲜事物的时候，欧洲人就已经开始通过航海探索世界了，并且还以资助他们航行的欧洲君主的名字来命名他们发现的新大陆。早期探索者的足迹遍及非洲、亚洲以及美洲，并在那里建立殖民地。殖民地贸易为宗主国带来了巨大的收益，而殖民地则通常仅被看作是原材料的供应地。

近年来，前殖民地国家一直在努力抗争，试图摆脱对前宗主国的依赖。例如，为了降低对此前的宗主国的依赖，非洲国家积极和亚洲、北美洲的贸易伙伴建立关系。但是因为地理位置上的优势，欧盟在很多时候仍然是它们首选的贸易伙伴。

各国是如何践行重商主义的理念的呢？重商主义的实施依赖于三个基本支柱：贸易顺差、政府干预以及殖民主义。

贸易顺差。　各国认为它们可以通过维持贸易顺差——当一国的出口总值超过该国的进口总值时就说该国实现了贸易顺差——积累财富。在重商主义者看来，贸易顺差意味着一国通过出口赚取的黄金多于其购买进口商品所支付的黄金。贸易逆差则恰好相反，当一国进口总值超过该国的出口总值时，就称该国出现了贸易逆差。在重商主义者看来，应该不惜一切代价避免贸易逆差。（在第 7 章我们会更进一步讨论贸易均衡的重要性。）

政府干预。　政府会为了维持贸易顺差而积极干预国际贸易活动。按照重商主义者的观点，财富的积累依赖于该国维持一定的贸易顺差，而不必是贸易量或者是贸易总值的增加。奉行重商主义的政府通过禁止进口某些商品或者是对某些商品的进口施加诸多限制，比如关税和配额，来做到这一点。与此同时，它们还会为了扩大出口而对国内某些产业进行补贴。此外，政府通常还会通过法律禁止金银流出本国。

殖民主义。　重商主义国家会占领世界上的某些地区（殖民地），以作为获取廉价原材料的来源地以及出售高价制成品的市场。这些殖民地往往是重要原材料的来源地，包括茶、糖、烟草、橡胶以及棉花。这些原材料会被运往重商主义国家，在那里它们被加工成衣服、雪茄以及其他产品等制成品。这些制成品反过来再被销往殖民地。重商主义国家和殖民地之间的贸易活动为重商主义国家带来了巨大的利润。而殖民地只能以低价销售基础原材料，同时支付高价购买制成品。

重商主义者和它们的殖民政策极大地增加了它们国家的财富。这些财富使得实行这些政策的国家得以建立陆军和海军，控制远距离之外的殖民地，同时也保护本国的商船不被其他国家劫掠。这是一国经济实力的源泉之一，而这反过来也增强了该国相对于其他国家的政治实力。现在，努力维持贸易盈余、牺牲他国利益来扩张本国财富的国家被谴责为新重商主义或者是经济民粹主义。

重商主义的缺陷　尽管看上去重商主义给执行这一政策的国家带来了明显的收益，但是它仍然有内在的缺陷。重商主义认为世界的财富总量是有限的，一国财富增加是以其他国家财富的减少为代价的，即所谓的零和博弈。重商主义的主要问题在于，如果所有国家都限制进口而鼓励出口，那么国际贸易活动将会受到严重限制。实际上，所有非必需品的贸易都将终止。

此外，低价买入殖民地的出口物资同时向它们的进口收取高价会阻碍当地经济的发展。因此，它们作为商品销售市场的吸引力就会低于允许它们积累更多财富时的情况。重商主义带来的这些负面效应和18世纪末诞生的另一种贸易理论——绝对优势理论比起来，会更加显而易见。

□小测验

1. 重商主义的原理是什么？指出重商主义的三大支柱。
2. 新重商主义国家会采取怎样的政策措施？
3. 描述重商主义的主要缺陷。什么是零和博弈？

□ 5.2.2　绝对优势理论

1776年，苏格兰经济学家亚当·斯密首先提出了绝对优势理论。[①] 一国具有的能够比其他国家更有效率地生产某种产品的能力叫做绝对优势。换句话说，具有绝对优势的国家利用相同数量甚至是更少数量的资源，就可以比其他国家提供更多的产品和服务。

在众多观点中，斯密特别强调不应通过关税和配额来限制或禁止国际贸易，而应通过市场力量让贸易自由流动。如果不同国家的人们都可以自由进行贸易，那么任何国家就都不需要生产其所需要的所有商品。相反，一国可以专门生产其具有绝对优势的产品。然后和其他国家进行贸易，以便获得它需要但是又不生产的商品。

假设传奇投资人沃伦·巴菲特想在家里安装一个热水浴缸。那么他是应该自己完成这项工作还是请专业安装人员来做呢？假设巴菲特（他此前从没有安装过浴缸）需要花费一个月的时间并因此放弃80万美元的收入才能完成这一任务。另一方面，专业安装人员（他不是一个职业投资人）只需两周就可以装完浴缸，并且为此收取1

---

① Adam Smith, *The Wealth of Nations*, first published in 1776.

万美元的费用。虽然巴菲特在投资方面拥有绝对优势，但是浴缸安装人员在装浴缸方面有绝对优势。巴菲特花一个月才能做完工人两周就可以完成的事情。因此，巴菲特应该请一个专业的安装工人，因为这样做既可以节省时间又可以节省金钱。

下面我们就将绝对优势理论应用于两个贸易国的例子中，看看贸易是如何增加两个国家的生产和消费的。

案例：米国和茶国　假设我们生活在一个只有两个国家（米国和茶国）、两种产品（大米和茶叶）的世界，而且两个国家之间的产品运输成本可以忽略不计。米国和茶国目前各自生产和消费大米和茶叶。下表给出的是两个国家生产大米和茶叶分别所需的资源（劳动力）的数量。在米国，生产 1 吨大米只需要 1 单位资源，但是生产 1 吨茶叶需要 5 单位资源。在茶国，每生产 1 吨大米需要 6 单位资源，而每生产一吨茶叶则需要 3 单位资源。

	大米	茶叶
米国	1	5
茶国	6	3

衡量两国在生产大米和茶叶方面的效率的另外一种方法如下：

- 在米国，1 单位资源＝1 吨大米或 1/5 吨茶叶。
- 在茶国，1 单位资源＝1/6 吨大米或 1/3 吨茶叶。

这些数字还可以告诉我们与两国的大米和茶叶生产有关的另外一个问题。因为 1 单位资源在米国可以生产 1 吨大米但是在茶国只能生产 1/6 吨大米，因此米国在大米生产方面具有绝对优势——它是更有效率的大米生产国。另一方面，因为 1 单位资源在茶国可以带来 1/3 吨茶叶但是在米国只能生产 1/5 吨茶叶，所以茶国在茶叶的生产方面具有绝对优势。

专业化分工和贸易带来的收益。假设米国专门生产大米以便将两国世界的大米产量最大化。同样，茶国专业化生产茶叶以便最大化世界的茶叶产量。尽管每个国家都进行了专业化分工，世界总产出也增加了，但是两个国家都面临一个问题。那就是米国只能消费大米，茶国只能消费茶叶。如果两个国家互相进行贸易从而获得自己需要但是没有生产的产品，这个问题就迎刃而解了。

假设米国和茶国统一按照 1：1 的比例进行贸易，即 1 吨大米换 1 吨茶叶或者是相反。因此，米国可以多投入 1 单位资源以便多生产 1 吨大米，进而从茶国换回 1 吨茶叶。这显然比米国投入 1 单位资源生产出 1/5 吨茶叶好很多。因此，米国显然从贸易中获益了。与此类似，茶国可以多投入 1 单位资源以便多生产 1/3 吨茶叶，然后和米国进行贸易换回 1/3 吨大米。这是茶国投入 1 单位资源自己进行生产时所能得到的大米数量的 2 倍。因此，茶国也从贸易中获益了。这次简单的贸易活动所创造的收益见图 5—2。

尽管茶国从贸易中获得的收益与米国并不相同，但是它确实比没有贸易的情况下得到了更多的大米。在现实贸易中，贸易收益取决于各国可供利用的资源总量，以及各国对每一种产品的需求。

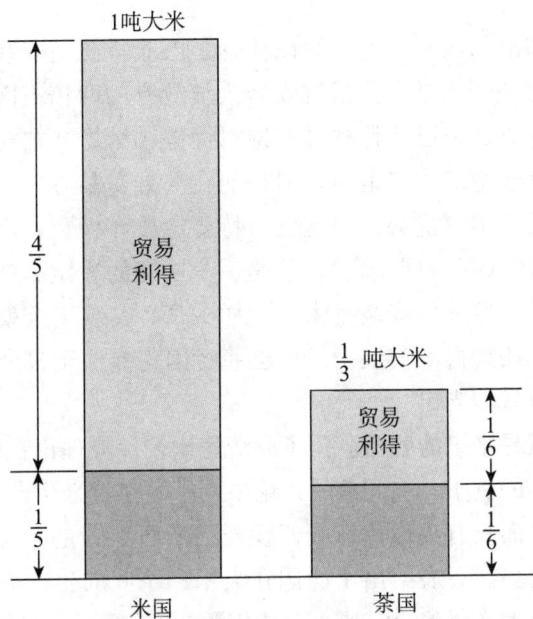

图5—2 专业化分工和贸易带来的收益：绝对优势

正如本例所表明的，绝对优势理论打破了重商主义关于国际贸易是一场零和博弈的说法。相反，因为两个国家都能够从交易中获取收益，所以国际贸易是一个正和博弈。这一理论也使得人们对政府通过限制性贸易政策积累财富的做法表示质疑。该理论认为，各国应该对贸易敞开国门，这样它们的国民才能够以更低的价格获得更多的商品。该理论并不以一国储备了多少金银，而是以人民的生活水平来衡量其国民财富水平。

尽管绝对优势理论在阐明国际贸易带来的收益方面颇有效果，但是它仍然有一个潜在的问题。如果一国在任何产品的生产方面都没有绝对优势，结果会如何呢？贸易还能够带来收益么，或者说贸易还能够发生么？为了回答这一问题，让我们看一下对绝对优势理论的拓展——比较优势理论。

□ 5.2.3 比较优势理论

1817年一个名叫大卫·李嘉图的英国经济学家提出了比较优势理论。[①] 他提出，如果一国（在我们的例子中，世界只有两个国家）在两种产品的生产方面都具有绝对优势，专业化生产和国际贸易依然能够给两国带来收益。如果一国在任何产品的生产方面都不比另一个国家更有效率，但是在某种产品的生产方面比其他产品都更有效率，那么我们就说该国具有比较优势。换句话说，即便一国在两种产品上的生产效率都更低，但是只要它在某种产品上的生产效率相对较高，同样可以从贸易中

---

① David Ricardo，*The Principles of Political Economy and Taxation*，first published in 1817.

获益。

我们再次回到浴缸的例子。现在假设沃伦·巴菲特此前安装过很多浴缸，可以在一周内完成这项任务——是专业浴缸安装人员效率的两倍。因此，不管是在投资方面还是在安装浴缸方面，巴菲特都具有绝对优势。尽管浴缸安装工人在安装浴缸和进行投资方面都处于绝对劣势地位，但是他在浴缸安装方面的劣势更小一些。尽管在两项任务上都具有绝对优势，但是巴菲特要想放弃投资转而安装浴缸的话，需要放弃 20 万美元的收入（一周工资）。这是一个明智的决定么？不是！巴菲特应该支付 1 万美元聘请一个专业的安装工人。这样一来，安装工人就赚得了如果巴菲特亲力亲为的话他就无法赚得的安装费。而巴菲特因为专注于投资所赚的钱也多于他亲自安装浴缸所能节省的支出。

专业化生产和贸易带来的收益。 为了弄清楚比较优势理论在国际贸易中的应用，我们回到米国和茶国的例子。在此前的讨论中，米国在大米生产方面具有绝对优势，而茶国在茶叶生产方面具有绝对优势。假设现在米国不管是在大米还是在茶叶的生产方面都具有绝对优势。下表给出了两国在大米和茶叶的生产方面所需要的资源的数量。米国生产 1 吨大米仍然只需要 1 单位资源，但是现在它生产 1 吨茶叶只需要 2 单位的资源（而不是 5 单位）。茶国生产 1 吨大米仍然只需要 6 单位资源，生产 1 吨茶叶则需要 3 单位资源。

	大米	茶叶
米国	1	2
茶国	6	3

衡量两国在生产大米和茶叶方面的效率的另外一种方法如下：
- 在米国，1 单位资源＝1 吨大米或 1/2 吨茶叶。
- 在茶国，1 单位资源＝1/6 吨大米或 1/3 吨茶叶。

因此，米国利用每一单位资源所能生产的大米和茶叶都比茶国多——米国在两种产品的生产方面都具有绝对优势。但是即便米国在两种产品的生产方面都具有绝对优势，它仍然可以从与低效率国家的贸易中获益。尽管茶国在大米和茶叶的生产方面都具有绝对劣势，但是它在茶叶的生产上具有相对优势。换句话说，尽管不管是茶叶还是大米的生产，茶国都不比米国更高效，但是茶国生产茶叶比生产大米更有效率。

再次假设米国和茶国决定按照 1：1 的比例进行贸易。因此，茶国利用 1 单位资源可以生产出 1/6 吨大米。但是如果它用这 1 单位资源生产 1/3 吨茶叶，然后从米国换回 1/3 吨大米，显然是更好的结果。通过专业化生产和贸易，茶国获得的大米数量是它自己进行生产的情况下可以获得的大米数量的两倍。对于在两种产品的生产上都具有绝对优势的米国来说也是如此。米国可以投入 1 单位的资源以生产出 1/2 吨茶叶。但是，如果它使用这 1 单位资源来生产 1 吨大米，然后用这些大米换回 1 吨茶叶，显然也是一个更好的结果。因此，米国获得了它自给自足情况下可以得到的两倍的茶叶。这是一个不争的事实，虽然米国在大米和茶叶的生产方面确实都比茶国更有效率。

两个国家从这次简单的贸易中获得的收益如图5—3所示。同样，在现实生活中，一国从贸易中所能够获得的收益取决于该国可供利用的资源的数量，以及各国对每种产品的消费量。

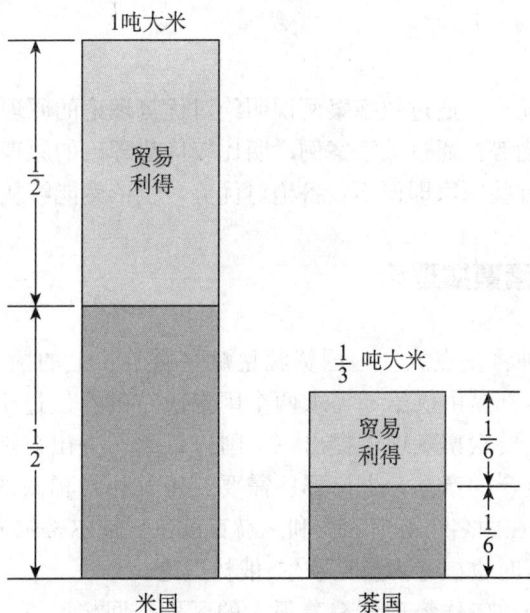

图5—3　专业化生产和贸易带来的收益：比较优势

假设条件及其局限性　在探讨绝对优势和比较优势理论的过程中，我们做了一些重要的假设，这些假设限制了这些理论在现实世界中的应用。第一，我们假设各国的唯一目标是追求生产和消费的最大化，但是现实中通常并不是这样。很多时候政府在干预国际贸易活动的时候，完全不考虑工人和消费者的利益。（在第6章中我们会详细讨论政府在国际贸易中的作用。）

第二，在我们的模型中，我们假设只有两个国家，只生产和消费两种产品。这显然不符合实际情况。在现实中，世界上有180多个国家，生产、交易以及消费的产品也是数不胜数。

第三，我们假设将产品从一个国家运往另一个国家的成本为零。在现实中，运输成本在某些产品的贸易中是一笔很大的开支。如果某种产品的运输成本超过了专业化生产带来的收益，国际贸易活动就不会发生。

第四，两种理论都假设生产过程中唯一需要投入的资源是劳动力，因为在这些理论被提出的时代，劳动力成本在产品的生产成本中占有一个较大的比重。另外，我们还假设劳动力可以在一国范围内自由流动，但是不能在国与国之间流动。但是劳动力特别是自然资源很难在国与国之间进行转移。

最后，模型假设专业化生产某种特定的商品并不会带来效率的提升。但是我们都知道，专业化会使得我们更擅长完成某项任务，可能也会懂得在将来如何更好地完成该任务。因此，生产特定数量的商品所需要的资源的数量应该会随着时间的推移而减少。

尽管比较优势理论作了很多假设，但是研究表明有大量证据支持这一理论的成立。然而，经济学家依然会继续提出新的理论来解释国际贸易发生的原因，并用现实检验这些理论。

□ 小测验

1. 什么叫绝对优势？通过数字案例说明绝对优势理论的原理。
2. 什么叫比较优势？通过数字案例说明比较优势理论的原理。
3. 解释为什么有些国家即便不具备绝对优势，也依然能够从国际贸易中获益。

□ 5.2.4 要素禀赋理论

20世纪初，一种将重点放在一国资源禀赋（供给）上的国际贸易理论诞生了。任何一种资源的成本都是由供给和需求两个因素决定的：供过于求的商品的价格低于供不应求的商品。要素禀赋理论提出，一国应该生产并出口那些使用本国相对充裕的资源（要素）生产的产品，进口那些需要使用其相对稀缺的资源（要素）生产的产品。[1] 该理论是在两名经济学家埃利·赫克歇尔、伯尔蒂尔·俄林的研究的基础上提出来的，因此有时也被称为赫克歇尔-俄林理论。

要素禀赋理论与比较优势理论有着很大的区别。回想一下，比较优势理论认为一国应该专业化生产那些它具有最大效率的产品。因此，该理论（绝对优势理论也是一样）关注的重点是一国在某种特定商品上的生产率。与此形成对照的是，要素禀赋理论认为一国应该专业化生产、出口使用其最充裕从而最便宜的要素所能得到的商品，而不是生产效率最高的商品。

劳动力 vs. 土地和资本设备 要素禀赋理论将一国的资源区分为两大类，一类是劳动力，另一类则是土地和资本设备。该理论预言，如果一国的劳动力成本相对来说低于该国的土地和资本的成本，那么该国将专业化生产劳动密集型产品。相反，如果土地和资本设备的成本低于劳动力的成本，那么该国将专注于生产土地和资本密集型产品。

要素禀赋学说从理论上看很有吸引力。例如，澳大利亚土地辽阔（接近60%是草地和牧场），人口稀少。在其出口产品中，矿石、谷物、牛肉、羊肉以及奶制品占有很大的比重——这些产品的生产都需要投入大量的土地和自然资源。另一方面，澳大利亚进口的主要是经过加工的原材料、资本设备和消费品——这些都是资本密集型的采矿业和现代农业所需要的。除了这种个例之外，下面我们再来研究一下要素禀赋学说是如何经受住科学的检验的。

要素禀赋理论的例证：列昂惕夫悖论 尽管要素禀赋学说从理论上看很有吸引力，但是与国与国之间的贸易流向有关的研究却并不支持其观点。20世纪50年代早期，列昂惕夫最先进行了大范围研究以检验要素禀赋学说。[2] 他考察了美国——该国

---

[1] Bertil Ohlin, *Interregional and International Trade* (Cambridge, MA: Harvard University Press, 1933).

[2] Wassily Leontief, "Domestic Production and Foreign Trade: The American Capital Position Re-Examined," *Economia Internazionale*, February, 1954, pp. 3-32.

拥有充裕的资本设备——是否出口资本密集型产品而进口劳动密集型产品。与要素禀赋理论的预言相反，列昂惕夫发现美国出口的劳动密集型产品要多于其进口的此类产品。理论预测和实际贸易流向之间的这种明显相悖之处被称为列昂惕夫悖论。近年来，针对很多国家的贸易数据进行的研究都支持列昂惕夫的发现。

那么，列昂惕夫悖论的原因是什么呢？一种可能的解释是，要素禀赋理论认为一国的生产要素是同质的——劳动力尤其是这样。但是，我们都知道一国不同劳动力的技能差别很大——可以通过培训和进修培养高素质的劳动力。如果把用来提高劳动者技能的支出考虑在内的话，要素禀赋学说似乎更容易得到真实贸易数据的支持。针对国际贸易数据的进一步研究有助于我们更好地理解造成列昂惕夫悖论的原因是什么。

鉴于到目前为止我们所提到的每一种国际贸易理论都是有缺陷的，因此研究者仍在继续提出新的理论。下面我们就来看一下试图以产品生命周期为基础解释国际贸易成因的理论。

□ 5.2.5 国际产品生命周期理论

20 世纪 60 年代中期，雷蒙德·弗农针对工业制成品提出了一种新的国际贸易理论，即国际产品生命周期理论。该理论认为，企业从出口产品开始做起，然后随着产品生命周期的推移再进行对外直接投资。该理论还认为，因为各种各样的原因，一国的出口最终会变成该国的进口。[①]

尽管弗农是在美国数据的基础上得出产品生命周期模型的，但是我们可以将它一般化并应用于所有发达的创新性市场，比如澳大利亚、欧盟以及日本。下面我们就来看一下该理论是如何解释国际贸易的流动的。

产品生命周期的不同阶段　国际产品生命周期理论根据产品处于生命周期的各个阶段（从新产品被研发出来到成熟再到标准化产品）来决定它在不同的地方进行生产（见图 5—4）。在第一个阶段也即新产品阶段，工业化国家强劲的购买力和消费者需求促使企业设计、研发并向人们推介新的产品概念。因为此时本国市场的需求水平具有很强的不确定性，企业生产量很低，主要瞄准本国市场。将生产控制在初始的研发国、密切关注消费者的反应使得企业可以了解消费者的偏好，不断根据市场需要改进自己的产品。尽管最初的时候几乎没有出口市场，但是在本阶段的后期，确实开始有出口出现了。

在第二阶段，即成熟产品阶段，国内外的消费者充分认识到了产品的存在及其价值。需求不断上涨并且这一状态将持续相当长一段时间。随着出口在产品总销量中占据越来越大的比重，大胆创新的企业向需求最旺盛的国家引入产品生产线。在本阶段后期，产品开始在发展中国家市场销售，甚至可能会有部分生产环节转移到那里。

在第三阶段，即标准化产品阶段，来自销售同类产品的企业的压力迫使创新企

---

① Raymond Vernon and Louis T. Wells, Jr., *Economic Environment of International Business*, 7th ed. (Upper Saddle River, NJ: Prentice Hall, 1991).

业降低价格，以便维持一定的市场销量。随着市场对价格更加敏感，企业开始积极在发展中国家寻找低成本的制造工厂，为日渐扩大的全球市场提供产品。此外，因为大部分生产活动都是在创新国以外的其他国家完成的，因此创新国的需求主要靠从发展中国家以及其他工业化国家进口产品来满足。在这个阶段的末期，本国生产甚至可能完全消失。

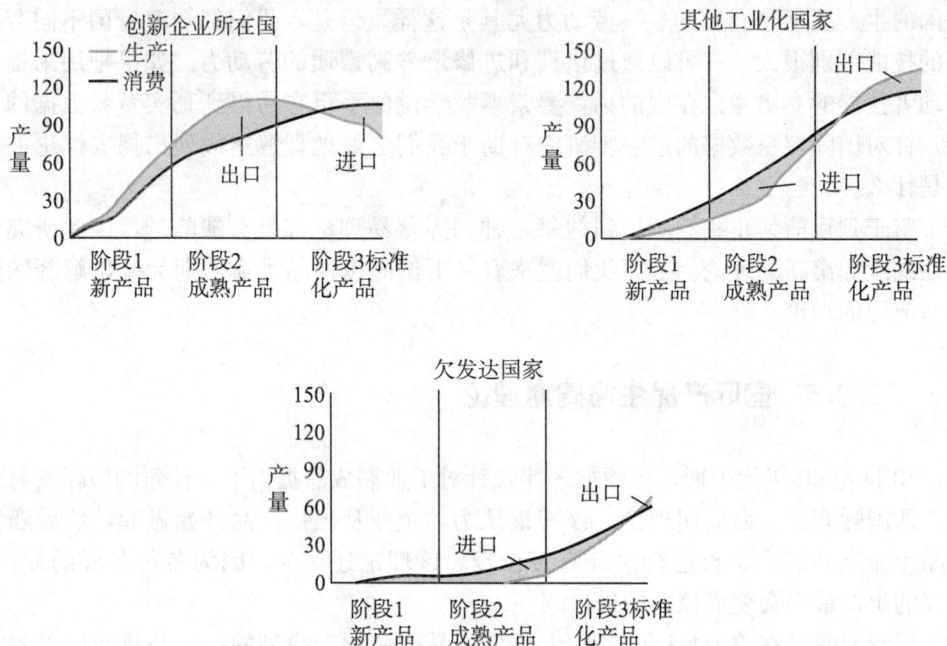

图 5—4 国际产品生命周期

资料来源：Raymond Vernon and Louis T. Wells, Jr., *The Economic Environment of International Business*, 5e (Upper Saddle River, NJ: Prentice Hall, 1991), p. 85.

国际产品生命周期理论的局限性 弗农提出该理论时，世界处在大多数新产品都首先在美国进行研发和销售的阶段。20 世纪 60 年代，美国企业纷纷走向国际化的原因之一就是其国内生产设施没有像欧洲那样（日本也不例外）遭到二战的破坏。此外，在二战期间，美国很多工厂从生产耐用品——包括汽车——转向了生产军事运输装备和武器。这为战后对资本密集型的消费品，比如汽车和家用电器的强劲需求打下了基础。另外，最初出于军事应用而研发出来的先进技术也被应用到了消费品领域。一系列创新性产品比如电视、复印机、电脑等满足了美国消费者不断提升的需求。

因此，在美国主导世界贸易潮流的时代，这一理论似乎能够完美地诠释世界贸易的模式。但是到了现在，该理论刻画各国贸易流向的能力已经非常疲弱。美国不再是世界上独一无二的产品创新者。随着企业将研发活动扩展到全球各地，新产品四处开花。

另外，现在企业设计新产品并对产品进行完善和改进的速度非常快。因此，有些产品上市之后不久就会被淘汰，企业不断用新的产品替代现有产品。这迫使企业在现有产品销量下降、生产线被更新之前就在多个市场同时推出新的产品，以便补偿其研发成本。在这样的情况下，本理论在解释贸易模式方面就碰到了一些困难。

实际上，国际产品生命周期理论之前的理论反而可以更好地解释当今的贸易模式。当前很多产品的生产状况更接近于比较优势理论的预测。波音公司位于华盛顿艾弗里特的装配工厂负责组装 747、767、777 等宽体客机。车间里堆着很多写有"爱尔兰，贝尔法斯特"的木箱，里面装的是机头起落架。金属支架上堆着的是来自意大利的侧翼板。波音 777 的整个机身则被分成四个部分，从日本远道而来。翼尖是在韩国组装的，方向舵来自澳大利亚，请如此类。[1] 这非常类似于根据比较优势学说可以得出的结论，即一种产品的不同组成部件是由具有最高生产率的国家分别生产的。然后在某个国家将这些部件组装在一起。

最后，国际产品生命周期理论在解释越来越多的公司从一开始就在国际市场层面上进行运营这一现象方面，也遭遇了困境。很多小公司与其他市场上的公司联合在一起，共同开发新产品或新的生产技术。对于小公司来说，这一战略格外有效，因为如果不这样做，它们根本没有机会参与国际生产或销售活动。法国安智公司是一家全球领先的安全交易系统供应商，提供交易终端及相关软件。该公司开始时规模很小，它与分散在世界各地的许多公司合作，让后者充当它们在当地的代理商，帮忙抢占当地市场。蕴藏在安智的全球网络中的文化内涵使得该公司可以针对每一个特定市场来设计和销售适当的产品。[2]

互联网的出现也使得小企业可以更容易地在初创阶段就登上世界舞台。关于小企业处理通过网络拿到的国际订单时应该避免的陷阱，请参见专栏"企业家工具箱：履行订单时常犯的五大错误"。

企业家工具箱

履行订单时常犯的五大错误

尽管我们没有办法彻底消除与在线销售有关的物流问题，但是如果企业可以避免以下错误，它们仍然可以获得很高的客户满意度。

错误 1：对供应链的误解。订单处理中心在一个小时、一天、一周之内可以处理多少订单？在标准而非特快方式下，包裹从订单处理中心到达消费者手中，需要多长时间？订单处理中心每天能够接受的存货量是多少？如果一家公司无法回答以上问题，那么它很有可能会犯下无法兑现送达承诺的错误。

错误 2：过度承诺送货服务。如果没有对不可控因素，比如天气作出合理的估计，那么企业所有者或者是管理层就不能在广告中过分吹嘘自己的送货速度。另外，还要注意不要向顾客承诺一个短的不现实的送货周期。在送货过程中必须留出一定的余地。

错误 3：没有考虑退货问题。得体地处理消费者的退换货服务可以给你赢得更多回头客。一定要组织好内部退换货处理流程，而不要等到产品被退回订单处理中心才做出反应。及时给消费者退款有助于企业赢得对自己销售的产品负责的声誉。

---

① William Greider, *One World*, *Ready or Not*: *The Manic Logic of Global Capitalism* (New York: Simon & Schuster, 1997), p. 15.

② Ingenico Web site (www. ingenico. com), select reports and press releases.

错误4：误解消费者的需要。很多网店倾向于牺牲购物速度，以便换取更低的购物成本。在成本和服务之间找到一个合理的平衡，为电子商务从业者降低履约成本创造了机会。

错误5：内部沟通不畅。营销部门必须能够和物流部门进行通畅的交流。如果物流人员信息不灵通，或者事先计划好的大型营销活动导致企业网站瘫痪的话，企业可能会遭遇公共关系危机。

□ 小测验

1. 要素禀赋理论是如何解释一国的进口和出口活动的？
2. 要素禀赋理论将资源划分成哪两大类？什么是列昂惕夫悖论？
3. 国际产品生命周期理论的三个阶段分别是什么？该理论存在哪些局限性？

□ 5.2.6　新贸易理论

20世纪七八十年代，一种新的贸易理论诞生了。[①] 新贸易理论认为，（1）专业化和规模经济效应的提高可以给人们带来收益；（2）率先进入市场的企业会设置进入壁垒；（3）政府可能会对本土企业提供支持。因为该理论强调生产率而不是一国拥有哪些资源，因此它与比较优势理论属于同一阵营，区别于要素禀赋理论。

先发优势　在新贸易理论看来，随着企业生产某种特定商品的专业化程度的提高，其产出会因为效率的提高而增加。无论企业的产量如何，都会有一个固定成本，比如研发成本、为了进行生产而需要的厂房和设备的购置成本。新贸易理论认为，随着专业化程度的提高和产出的增加，企业可以实现规模经济，进而降低单位生产成本。这也可以解释为什么随着企业的扩张，它们会降低向买方收取的价格，迫使潜在竞争对手在与它们接近的水平上进行生产——如果对手在价格方面想具有竞争力的话。因此，规模经济的存在使得一个行业只能容许少数几家大公司的存在。

先发优势是指率先进入某一行业的企业所获得的经济或战略优势。先发优势对于希望进入该行业的潜在竞争对手来说，构成了不小的壁垒。新贸易理论还提出，一国可以凭借形成了先发优势的本土企业，控制特定产品的出口活动。[②]

正是因为率先进入某个行业的企业可以获得潜在收益，一些商界人士和研究者主张政府应该对这类企业提供支持。他们认为，通过齐心协力瞄准某个潜在新兴行业，政府以及该国企业可以从最先进入该行业中获得收益。在以国家安全的名义探索太空等问题上，政府的参与是被各国广为认可的，但是人们对政府参与纯粹的商业活动则持不同看法。不过，对他国政府可能会帮助企业一起获取先发优势的担忧，

[①]　Elhanan Helpman and Paul Krugman, *Market Structure and Foreign Trade*（Cambridge, MA：MIT Press, 1985).

[②]　For a detailed discussion of the first-mover advantage and its process, see Alfred D. Chandler, *Scale and Scope*（New York：Free Press, 1990).

驱使很多政府投身到这类活动中来。

□ 5.2.7　国家竞争优势

1990 年，迈克尔·波特提出一个新的理论，解释为什么有些国家在某些产品的生产方面居于领先地位。[①] 波特提出的国家竞争优势理论认为，一国在某个行业中的竞争力取决于该产业创新和升级的能力。除了对此前的一些国际贸易理论中的某些元素作了整合之外，波特还给出了一些重要的新发现。

波特没有将主要精力放在解释一国的进出口模式上，而是尝试解释为什么有些国家要比其他国家更具有竞争力。他总结出了导致各国基本竞争力水平存在差异的四个因素。波特钻石模型由以下四个因素组成：（1）要素条件；（2）需求状况；（3）相关及支持产业；（4）企业战略、结构和竞争力。下面我们就分别来研究一下这四个因素，看看它们之间的交互作用是如何影响到一国的竞争力的。

要素条件　要素禀赋理论认为，一国的资源比如丰富的劳动力、自然资源、气候以及地表特征等，是决定该国生产和出口何种产品的首要因素。波特认可这些资源的价值，并将这些看作是基本要素，同时他还讨论了所谓的高级要素的重要性。

高级要素指的是一国不同领域的劳动力的技能水平以及技术性基础设施的实力。高级要素是投资于教育和创新活动的结果，包括劳动力培训和技术研发。如果说基本要素是解释一国为何要生产某种产品的初始原因，高级要素则决定着该国在该产品的生产方面可以获得可持续的竞争优势。

比如，目前来看，日本在汽车生产、美国在飞机生产方面具有优势。在计算机零部件制造方面，中国台湾仍然是领头羊，虽然中国大陆正迅速成长为一个强有力的竞争对手。单凭基本要素，这些国家和地区并不能获得目前所获得的地位。例如，日本无法在汽车生产领域形成优势地位，因为该国的铁矿石资源非常匮乏——实际上，日本国内根本没有铁矿石资源，它需要的所有铁矿石都依赖于进口。它们都是凭借艰苦的努力和谋划，才在各自行业内形成了较高的生产率和优势。

需求状况　本国市场上成熟的消费者对于在某个产品方面形成国家竞争优势也是至关重要的。一个成熟的国内市场可以驱使企业积极改进产品设计，研发全新的产品和技术等。消费者比较成熟的市场上的企业不出意外地会看到整个行业的竞争力在不断提升。比如，美国有一个成熟的计算机软件市场，这帮助美国企业在研发新的软件产品方面处于世界前列。

相关及支持产业　一国具有国际竞争优势的行业中的企业彼此之间并不是孤立的。相反，会涌现出诸多支持产业，负责提供这些行业所需的投入。之所以会这样，是因为那些可以从具有国际竞争优势的产品或生产技术中获益的企业将在某个地区围绕相关经济活动形成产业集群。集群中的每个行业都有助于提高其他所有行业的生产力，继而提升这些行业的竞争力。例如，意大利在制鞋方面成功形成了产业集群，那些制鞋企业从该国的皮革业和时尚设计业中受益匪浅。在美国，亚利桑那州

① Michael E. Porter，*The Competitive Advantage of Nations*（New York：Free Press，1990）.

的凤凰城是专门从事半导体、光学及电子元器件测试的企业的乐土——所有这些企业都高度依赖于在当地颇有影响力的波音公司以及摩托罗拉公司。

通常，少数几个产业集群会在某地的经济活动中占有较大的份额。此外，它们在该地的"出口"活动中往往也占有压倒性的比例。出口产业集群——通过产品出口或者对外投资在其他地区参与竞争的产业集群——是该地区长期繁荣的主要动力。尽管对当地某个产业的需求受制于当地的市场规模，但是出口产业集群的存在大大突破了这一限制。[①]

企业的战略、结构和竞争力 企业的战略及其管理层的一举一动都会对其将来的竞争力产生持久的影响。致力于生产消费者喜爱的高品质产品的同时最大化企业市场份额和/或利润的管理者对成功企业来说是至关重要的。同样重要的还有产业结构以及一国不同企业之间的竞争。一国本土企业之间为了生存而展开的竞争越是激烈，它们的竞争力也就越强。竞争力的提升有助于这些企业和进口产品、可能研发出同类产品的企业进行竞争。

政府与机遇 除了钻石模型中提到的四个要素之外，波特还提到了政府和机遇在培育产业的国家竞争优势方面所发挥的作用。

首先，政府可以通过自己的行动来增强企业甚至可能是整个产业的竞争力。例如，新兴市场的政府可以通过加快国有企业的私有化进程来提高经济增长率。私有化迫使企业要想在世界舞台上生存下去，就必须不断提高自己的竞争力。

其次，尽管机遇有助于企业或者是产业提升自身竞争力，但是机遇同样可能会成为一种威胁。在快餐行业，麦当劳在国际市场上形成了鲜明的竞争优势。但是，其主导性地位在前几年曾经受到疯牛病的威胁。为了防止消费者转向提供非牛肉类替代食品的竞争对手，麦当劳专门推出了麦香猪柳堡以及其他一些非牛肉类产品。

如果波特的理论准确地揭示了国家竞争优势的重要来源，那么对企业以及政府来说该理论就有着重要的含义。例如，政府政策的宗旨不应该是保护那些不具有国际竞争力的本国产业，而是应该注重发展钻石模型中有助于提升竞争力的要素。

□**小测验**

1. 什么是新贸易理论？解释先发优势的含义。
2. 阐释国家竞争优势理论；说明什么是高级要素。
3. 波特钻石模型中的四个要素以及两个影响因素分别是什么？

商务启示

贸易激发了企业家精神，给一国及其人民带来经济的发展。随着全球范围内贸易值和贸易量的不断扩大，很有可能会提出新的理论来解释贸易为什么会发生，各国为何会在某些产品的生产方面具有优势。

[①] Michael E. Porter, "Clusters and the New Economics of Competition," *Harvard Business Review* (November-December 1998), pp. 77-90.

全球化与贸易

本书一个重要的主题就是企业如何适应全球化进程。全球化及其带来的竞争的加剧迫使企业将某些活动转移到可以通过最高效率完成这些活动的地区。企业要么通过将生产设施转移到其他国家，要么将某些活动外包给海外公司来完成这一过程。企业这样做的目的是提升自身竞争力。

商业活动再配置和外包改变着商品和服务的国际贸易。在本章开头的案例中，我们看到沃尔玛通过从低成本的生产地比如中国进行采购，来向消费者提供廉价产品。惠普公司同样也通过全球化和国际贸易来最小化各种成本，同时实现产出最大化。该公司通过越来越专业化的电子制造系统实现了新型产品的设计和生产活动的分离。惠普公司在新加坡构想并设计新电脑；在台湾地区完成很多零部件的加工制造环节；然后在澳大利亚、中国大陆、印度以及新加坡等地进行组装。许多其他公司也都采取类似的生产和分销技巧来实现效率最大化。

不仅是产品的生产被分散到很多不同的地方，商业服务，比如会计、数据处理、信用卡客服以及保险咨询等也不例外。甚至连工程设计、计算机编程、科学研究这类需要较高技能的工作岗位也被转移分散到了不同国家和地区。企业这样做的目的和它们将加工制造类就业机会转移到成本更低的地区一样——在日益激烈的竞争中存活下去。

支持自由贸易

在解释服务和商品生产的地区性转移方面，国际贸易理论本质上并没有差别。正如我们在本章所了解到的，贸易理论告诉我们，如果在西方市场上销售的冰箱可以更廉价地在中国进行生产的话，那么冰箱生产企业就一定会这么做。按照同样的逻辑推理我们不难得出，如果来自西方国家的信用卡咨询服务由印度人提供的成本更低的话，结果就一定是由印度人来做这项工作。在这两个例子中，进口国因为享受了更便宜的产品而受益，出口国则从投资涌入和更多高薪酬的就业机会中获利。

最后，贸易理论对政府来说也有着重要含义。尽管发达国家的就业在总体上不会受到负面影响，但是就业岗位的转移仍然是一个需要考虑的问题。许多政府都鼓励工人接受终身教育，以便降低他们与其他国家的劳动者相比因为缺乏工作技能而处于劣势的可能。此外，不管对服务部门提供保护的呼声有多高，政府都会采取措施抵制这些诱惑。经验告诉我们，与自由贸易时的情况相比，形成竞争壁垒将导致企业和行业更缺乏竞争力、更多失业以及更低的生活水平。

本章小结

1. 阐释国际贸易量与世界总产出之间的关系，定义整体贸易模式：

国际贸易是指跨国境的商品和服务购买、销售和交换活动。

贸易使得一国人民在商品和服务方面有了更多的选择，同时对很多国家来说也是创造就业机会的重要源泉。

尽管服务贸易占到了 20% 的份额，

但是货物贸易仍在世界贸易中占有绝大多数比重。

世界经济产出放缓会导致国际贸易放缓，更高的产出则会催生出更多的贸易。

国际货物贸易的模式主要被富裕国家之间的贸易所把控。

2. 论述什么是重商主义以及重商主义对世界列强及其殖民地的影响：

重商主义认为，国家应该通过鼓励出口限制进口来积累财富——通常是指黄金。

重商主义认为，一国财富的增加是以另一国财富的减少为代价的，也就是说这是一个零和博弈。

重商主义理论的要点之一是通过保持贸易盈余来增加财富，所谓盈余即一国出口值高于其进口值的情况。

重商主义理论的要点之二是政府为了实现贸易盈余而积极干预本国贸易活动。

重商主义理论的要点之三是占领殖民地，将其作为廉价原料的来源地以及高价制成品的销售市场。

3. 阐释绝对优势理论和比较优势理论：

一国能够以比其他国家都更高的效率生产某种产品的能力叫做绝对优势。绝对优势理论认为，应该由市场力量来决定贸易流向。

根据绝对优势理论，一国应该生产自己具有绝对优势的产品，并且借此换回它需要但是无法生产的产品——正和博弈。

如果一国无法比其他国家更有效率地生产某种产品，但是它在该产品上的生产效率高于其他产品，那么就说该国在这种产品的生产方面具有比较优势。

即便一国在两种产品的生产上都效率更低，但是只要它在某种产品上的生

产效率低得更小一些，那么它依然可以从贸易中获益。

4. 阐释要素禀赋理论以及国际产品生命周期理论：

要素禀赋理论认为，一国应该生产和出口那些使用本国充裕资源（要素）进行生产的产品，进口那些使用本国稀缺的资源进行生产的产品。

要素禀赋理论认为，如果一国的劳动力成本相对来说低于土地和资本的成本，那么该国就应该专业化生产需要大量使用劳动力的产品，反之亦然。

要素禀赋理论的预测和现实之间的不一致被称为列昂惕夫悖论。

国际产品生命周期理论认为，随着产品沿生命周期向后推移，企业将从出口产品转向对外直接投资活动。

在新产品阶段，生产活动主要停留在母国；在成熟阶段，生产活动在需求最高的国家完成；在标准化产品阶段，生产活动转向低成本的地区，同时向世界提供产品。

5. 阐释新贸易理论和国家竞争优势理论：

新贸易理论认为，随着专业化程度的提高和产出的增长，企业会实现规模经济进而降低产品的单位生产成本。

规模优势使得企业获得了先发优势——最先进入某个行业的企业所获得的经济和战略优势。

国家竞争优势理论认为，一国在某个行业（因此贸易流向）中的竞争力取决于该行业的创新和升级能力。

波特的钻石理论给出了构成国家竞争优势的基础的四个要素：（1）要素条件；（2）需求状况；（3）相关及支持行业；（4）企业的战略、结构及竞争力。

政府的行为及偶然事件的存在同样可能会影响到一国企业的竞争力。

课堂讨论

1. 如果世界各国之间忽然中断了所有的贸易往来，那么你在本国内将无法获得什么产品？另选一个国家，指出它在上述假设下需要但是无法获得的产品。

2. 很多经济学家认为，中国将凭借改革开放、中国人的职业道德和高教育水平成为"超级大国"。中国的崛起对亚洲、欧洲以及北美的贸易有什么影响？

3. 尽管其国内自然资源丰富，巴西却一度被认为陷入"经济泥沼"。但是近年来巴西在经济方面表现相当不错。你认为是哪些因素驱动了巴西经济的进步？

小组练习

1. 辩论题。八个学生平均分成两组，围绕纯粹的自由贸易的优点和缺点展开辩论。在每组的第一个学生发言之后，第二个学生反驳对方的观点，找出其漏洞和矛盾之处。第三个学生则负责回应这些质疑。第四个学生总结己方观点。最后，全班投票选出哪一组选手更有说服力。

2. 市场进入战略项目。本题与市场进入战略在线模拟有关。对于你所研究的国家来说，贸易的重要性如何（用贸易占 GDP 的比例来衡量）？该国分别出口和进口哪些产品和服务？该国是否采取措施促进出口以便推动经济发展？该国主要的贸易伙伴是谁？该国是否依赖于和其他某个国家的贸易，有没有哪个国家依赖于该国？外包对该国的贸易模式有影响么？该国是只与富裕国家进行贸易，还是与中低收入国家也有着较频繁的贸易往来？将你的发现写进最后的市场进入战略报告中。

关键术语

绝对优势	国际贸易	贸易赤字	比较优势
重商主义	贸易盈余	要素禀赋理论	国家竞争优势理论
先发优势	国际产品生命周期理论		新贸易理论

伦理题

1. 假设你是华盛顿一家研究机构的研究员，负责调研限制劳动力跨国流动的伦理问题。在国际贸易实践中，自然资源和资本的跨国界流动是非常自由的，但是劳动力的流动却受到高度限制。实际上，人们很难拿到准许他们在多个国家找工作的许可证。因此，尽管企业可以自由将生产转移到劳动力成本低廉的国家和地区，劳动力却无法转向工资更高的地方。有人认为，这导致穷人被锁定在其贫困的土地上，几乎看不到谋求发展的希望。你认为这种情况为什么会一直存在？在所有生产要素中，劳动力的跨国流动受到限制最多，你认为合理么？为什么？

2. 假设你是一家欧洲公司的生产经理，你公司正考虑将生产活动外包给中国的一家生产商。公司 CEO 要求你就外包的利弊准备一份报告。在工作中，你发现有国际贸易理论认为贸易保护措施会限制进口，降低一国的生活水平——这是支持自由贸易者的论据之一。但是你也知道，自由贸易和国际竞争会促使企业将生产转移到成本较低的其他国家和地区，进而导致本国就业岗位减少。显然，自由贸易的得失不可能在所有人之间平均分配。在提交给公司 CEO 的报告中，请说明你是赞成还是反对采取措施来保护本国生产及本国人民的就业。

3. 假设你是某世界贸易组织工作组的成员，正在调查美国和欧盟最近的香蕉贸易大战。最近，欧盟和美国刚结束了一场持续了九年的香蕉贸易战。欧盟给予了非洲、加勒比地区以及太平洋岛国的香蕉出口商优惠待遇。但是美国认为这是不公平的贸易行为，而且世界贸易组织认同这一看法。全球大型水果公司，比如都乐、金吉达、德尔蒙——这三家公司占到了全球水果贸易总额的将近 2/3——也都表示支持美国的做法。欧盟争辩说，自己不过是希望帮助发展中经济体，因为香蕉出口在这些国家的人们的收入中占有很大的比重。阐述与经济比较薄弱的国家进行贸易往来的伦理问题。你支持美国一方还是欧盟一方？为什么？两方观点各有什么利弊？

国际管理案例

亚洲第一，世界领先

谁才是世界领先的国际快递公司？如果你的回答是联邦快递或者是 UPS 的话，那么你就错了。真正的答案是中外运敦豪（DHL）。这家由三名企业家创建于旧金山的公司早在 1969 年就已经开始提供国际快递服务了，从那时起该公司就在旧金山和檀香山之间递送汇票。很快该公司就接到在日本和其他亚洲国家提供递送服务的订单了，自此之后整个国际快递业务就诞生了。

现在，该公司为 220 多个国家和地区的 120 000 多个城市提供快递服务，其新的大本营也搬到了德国的莱比锡。它在全球有 30 万员工，其中大多数都在亚洲，那里也是该公司第一个也是最重要的国际市场。中外运敦豪颇以自己为客户提供的优质服务和可靠性为豪。它在开展业务的国家和地区当地雇用员工，并将这一点作为在海外市场与消费者建立良好关系的关键。该公司一位管理人员说："和我们的竞争对手不同，我们不会在收取包裹后就将它扔给代理商。我们保证收取和递送的包裹都是由我们的员工亲自完成的，我们可以通过了解当地习俗的本地人管好我们的企业。"在服务行业中，关系是重中之重。中外运敦豪与海关建立了很好的关系，因为在很多国家，繁杂的通关手续是提高快递速度的最大障碍。

航空快递目前在亚洲是一项很庞大

的业务，中外运敦豪的竞争对手不甘落后。这些对手包括收费相当有竞争力的联邦快递以及一些本土快递公司，比如香港快递——该公司规模较小因而非常灵活。中外运敦豪不能仅仅是满足于自己世界第一的位置，或者是凭借多年经验而自视甚高。其日本分公司遭遇消费者抗议快递费上涨的经历，使得该公司看到了盲目自大的危险性。当时，该公司的员工认为公司将永远处在世界第一的位置上，因而对服务不够重视。实际上，第三方的一份"运输检测报告"揭示出，中外运敦豪提供的服务是最差的，收费却是最高的。日本消费者一直和中外运敦豪合作，一方面是因为该公司是最先开展快递业务的，同时也是因为日本人很重视忠诚度。但是，费用上涨最终使得这些此前非常忠诚的消费者开始反抗。幸运的是，通过积极的努力，中外运敦豪（日本）最终回到了正常的轨道上来。

现在，该公司消费者服务记录显示，它正重新赢回亚洲和世界市场。例如，该公司旗下的一个名为中外运敦豪物流的分支机构在"快递行业物流管理与分销报告"组织的第18次服务质量评选中蝉联金奖。另外，在亚洲空运服务业颁奖礼上，该公司也常常获得"最佳快递服务"的殊荣。中外运敦豪远东地区总裁约翰·科尔解释说："我们是在一个竞争日益激烈的环境中经营，我们的消费者不仅需要更高水平的服务，而且需要成熟的物流解决方案……我们再也不敢像前几年那么松懈。我们将不断倾听客户的意见，了解他们的需求，然后努力做到让他们满意。"

2003年，中外运敦豪斥资10亿美元收购了空中快递公司。这次并购旨在重组快递业务，降低管理成本，整合两大巨头的地面和快递网络资源，向消费者提供辐射面更广的全球服务。其背后的想法是，合并后中外运敦豪就可以向美国消费者提供两项世界上最佳的服务：中外运敦豪世界级的国际服务再加上空中快递公司优质的国内服务。在美国市场上，中外运敦豪一直都处于亏损，但是它绝对不会完全放弃这个市场。相反，其美国公司关闭了大约三分之一的网点，地面运输网络减少了18%，取货及送货路线则缩减了17%。此外，中外运敦豪还在和UPS洽谈一笔业务，如果成功的话，后者将在北美洲为它提供航空货运服务。

参考文献：Ellie Duncan，"DHL Receives Five Awards at AFSCA 2010，" *Supply Chain Digital*（www. supplychaindigital. com），June 14，2010；Eric Joiner, Jr.，"DHL Brussels Farewell Party-June 11，2010，" Freight Dawg Web site（www. freightdawg. com），April 20，2010；Jance Roberts，"FedEx, UPS Look to Gain if DHL Scales Back，" *Memphis Commercial Appeal*（www. commercialappeal. com），March 6，2008；DHL Web site（www. dhl. com），select reports and press releases.

□小思考

1. 作为最早于1969年就开始提供国际航空快递业务的一家公司，中外运敦豪具有先发优势。像它这样的服务行业的先行者能否像波音公司这样的制造业先行者那样，获取优势呢？为什么？

2. 在全球扩张以及在海外建立分公司的过程中，服务业公司的焦点和制造业公司的焦点有什么不同？对于服务业公司来说，要想在全球市场上获得成功，必须具备哪些条件？它们在全球扩张过程中面临哪些障碍？

第 5 章

国际贸易

3. 中外运敦豪颇以自己在世界各国拥有 30 万名员工而不是依赖当地代理机构而自豪。试分析这种雇佣策略的利弊。

4. 你认为中外运敦豪在美国市场遭遇滑铁卢的原因是什么？如果有的话，你认为作为先行者的风险是什么？

第6章

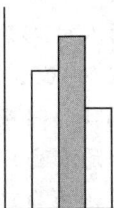

企业—政府的贸易关系

学习目标

通过本章的学习，你应该能够：

1. 阐释政府干预贸易活动背后的政治、经济以及文化动机。
2. 列举并解释政府可以用来促进国际贸易活动的手段。
3. 列举并解释政府可以用来抑制国际贸易活动的手段。
4. 说明世界贸易组织（WTO）在促进自由贸易发展方面起到的重要作用。

内容回顾

第5章探讨了解释国际贸易模式的原因的各种理论。我们阐释了比较优势等重要概念，并且说明了国际贸易使得各国受益的理论基础。

本章概要

本章讨论政府在国际贸易活动中扮演的积极角色。我们探讨了政府干预贸易活动的动机，以及政府可以用来实现自己的目标的手段和工具。接下来我们会探讨国际贸易体系，并说明如何促进自由贸易。

下章前瞻

在第7章我们会继续讨论国际商务环境。我们将介绍近年来对外直接投资（FDI）的形式、解释FDI为什么会出现的各种理论，以及政府在影响投资流向方面所扮演的角色。

传媒之王

加利福尼亚，好莱坞——时代华纳无疑是全球传媒和娱乐产业的领头羊，其业务范围包括电视网络、出版、影视娱乐等。随着时代华纳的势力范围在全球蔓延，几乎各个国家的人们都成为了时代华纳的观众。

由新线电影公司拍摄的《指环王》三部曲是有史以来最为成功的系列电影。三部曲的终结篇《指环王：王者归来》在全球范围内创下了 10 亿美元的票房。而整个三部曲则累计收获了 30 亿美元的票房，赢得 17 项奥斯卡大奖。此外，新线电影公司正在筹拍《指环王》三部曲前传《霍比特人》。

华纳兄弟公司根据英国作家 J. K. 罗琳的同名小说改编的《哈里·波特》系列电影也获得了空前的成功。该书被翻译成世界各主要语言，吸引了各国的孩子们，他们纷纷涌入电影院，希望在大荧幕上一睹小哈里的风采。此外，华纳兄弟公司的《蝙蝠侠：暗夜骑士》也大获成功——该电影是有史以来最卖座的电影之一。该公司还为自己的网站专门制作了微电影和小游戏。

但是，随着其在全球的扩张，时代华纳必须小心应对各种局面。一些政府担心本国的编剧、演员、导演及制片人等会被大手笔的好莱坞巨制，比如《指环王》、《哈里·波特》等排挤出市场，还有一些则担心本国的传统价值观会被这些进口大片中包含的价值观所取代。在学习本章的过程中，不要忘记思考这样一个问题：政府管制国际贸易活动的文化、政治以及经济原因是什么？①

在第 5 章中，我们探讨了分析应该按照怎样的模式开展国际贸易的各种理论。比较优势理论认为，在不存在贸易壁垒的情况下，一国如果在某种产品的生产方面具有比较优势，那么该国就应该专注于这种产品的生产。但是，这一理想状况并不符合当今世界市场上的贸易特征。尽管世界贸易组织或者是其他一些较小的国际组织一直在努力推动自由贸易，但是各国仍然设置了诸多的贸易壁垒。

这一章我们重点探讨企业和政府之间的贸易关系。我们首先介绍各国为什么要设置贸易壁垒，这样做背后的文化、政治以及经济动机有哪些。接下来我们介绍各国用来限制进出口活动的工具。最后说明在国际贸易体系的框架内为降低壁垒促进贸易发展做了哪些尝试。在第 8 章，我们会介绍较小一些的国际组织在消除贸易和投资壁垒方面做了哪些努力。

6.1　政府为什么要干预贸易活动

在没有贸易壁垒的条件下从事进出口活动的模式叫做自由贸易。尽管各国之间

---

① Tom Lowry, "At Time Warner, Local Content, Global Profits" *Bloomberg Businessweek* (www. businessweek. com), February 4, 2010; Brooks Barnes, "Warner Shifts Web Course, Shouldering Video Costs" *New York Times* (www. nytimes. com), September 10, 2007; Time Warner Web site (www. timewarner, com), select reports.

开放自由地进行贸易可以带来很大的优势，但是政府长期以来却一直对商品和服务贸易进行干预。政府为什么要对自由贸易施加限制呢？通常来说，政府这样做是基于政治、经济或者文化方面的考虑——或者是这三个因素的综合考量。各国往往通过大力支持本国企业的出口来干预国际贸易。但是，当一国经济表现不佳时，政府会更加感情用事地干预贸易活动。在经济困难时期，企业和工人常常游说政府限制会导致本国就业机会减少的产品和服务的进口。下面我们就具体来看看政府干预背后的政治、经济和文化动机。

□ 6.1.1　政治动机

政府官员经常会出于政治考量来作出与贸易有关的决定，因为政客的前途往往取决于他们能否取悦选民，从而帮助自己再次当选。但是，从长期来看，完全出于政治目的的贸易政策很少是明智的。政府干预贸易活动背后的政治考虑主要包括保护就业、保障国家安全、回击他国的不公平贸易行为，以及对他国施加影响等。[①]

保护就业　在没有大规模战争的情况下，没有什么能像失业这样迅速导致政府垮台。因此，当贸易会导致本国就业机会减少时，基本上所有的政府都不会坐视不理。过去的 14 年里，俄亥俄州损失了大概 215 000 个制造业就业机会。这些就业机会大多转移到了中国以及一些中东欧国家。失业工人的绝望再加上该州在总统大选中的核心地位吸引了大量政客来到这里，这些政客无不承诺要降低所得税税率、加强对工人的培训、扩大对该州基础设施的投资等。

但是，政客们保护就业岗位的这些做法会导致人们忽视自由贸易带来的真正收益。近年来，通用电气公司将很多就业岗位从美国转移到了墨西哥。到目前为止，该公司在墨西哥的 35 家工厂雇用了 3 万名墨西哥人，生产各种各样的设备及其他产品。反过来，通用公司向墨西哥企业销售了得克萨斯州生产的总值 3.5 亿美元的涡轮机、宾夕法尼亚生产的 100 辆火车头以及成打的飞机引擎。墨西哥专业化生产需要使用更廉价的劳动力的产品，而美国则专业化生产需要高科技以及大量资本投资的产品。[②]

保障国家安全　对一国安全至关重要的产业往往会受到政府支持的保护。不管进口还是出口均是如此。

国家安全与进口。　政府常常会以保护国家安全的名义限制某些产品的进口。在物资贫乏的战争年代，政府必须保证能从本国获得某些物资的供应，比如武器、燃料以及陆路、航空以及海洋运输线路等。当战争导致从他国进口石油受到阻碍时，很多国家都会不断从本国寻找更多石油。很难抵制合理合法、以保障国家安全为由干预贸易的活动，特别是在这种保护行为得到了一国大部分民众的支持的情况下。

一些国家宣称，国家安全是它们对本国农业部门给予强大保护的理由所在，因

---

①　David Leonhardt，"The Politics of Trade in Ohio，" *New York Times*（www. nytimes. com），February 27，2008.

②　"What You Don't Know About NAFTA，" *Bloomberg Businessweek*（www. businessweek. com），March 19，2008.

为食品安全在战争时期是一个至关重要的问题。法国因为对本国农业部门提供强力保护而一直饱受各国诟病。法国进行农业补贴的目的是为本国农民提供一个公平的收益，传统上，法国农民的经营规模都比较小，因而生产成本较高，利润水平较低。但是，很多发达国家都将农产品交易推向了市场，希望借此督促本国农民找到新的方法来降低风险，提高效率。富有创新精神的农民们正在尝试更精细化的土地管理、高科技的"精耕细作"以及更多使用生物技术等方法。

不过，为了减少竞争而限制进口的做法也存在弊端。其中最主要的一个缺点就是继续由本国生产某种产品或服务而不是从效率更高的其他国家进口所导致的成本的上涨。同样，保护性政策一旦开始实施，存续的时间就会超过必要的时间。因此，政策制定者在干预贸易活动之前，应该考虑一下这个问题是否真的关系到国计民生。

国家安全与出口。 政府出于国家安全的考虑，有动机禁止某些与国防相关的产品出口到其他国家。大多数工业化国家都设立了专门的机构，核查将具有双重用途即既能用于工业目的也能用于军事目的的技术或产品出口到他国的申请。设计为双重用途的产品都要进行严格分类，在出口之前要接受特殊的政府审批。

位列大多数国家双重用途产品清单的包括核材料、技术设备、某些化学物质和毒素、某些传感器和激光器，以及与军事、航海、航空和推进系统有关的特殊设备。在西方国家和苏联"冷战"时期，双重用途产品是被严令禁止出口的。虽然近年来很多国家都放松了这类限制，但是持续的恐怖主义威胁以及对大规模杀伤性武器的担忧再次为这类禁令的出台创造了机会。

此外，各国还将其他国家的一些企业和组织列入了禁止对其出口的黑名单。例如，一家电子设备生产企业被控非法从美国向印度出口双重用途产品，这些产品可能会被用于生产弹道导弹、航天设备、战斗机等。该公司负责人承认曾向印度的国有企业包括两家位列美国商务部黑名单的企业提供这类设备。最后，这位负责人被判监禁 35 个月，罚款 6 万美元。[①]

回击不公平贸易行为 很多观察家认为，如果其他国家积极保护本国工业的话，那么一国奉行自由贸易政策将是不合时宜的。政府常常会威胁要对另一个国家的船只关闭本国港口，或者是对其出口征收高额关税，如果后者不同意在某些被认为有失公平的贸易问题上作出妥协的话。换句话说，如果某个政府认为另一个国家的做法有失公平贸易原则，那么它将以报复相威胁，除非另一国作出让步。

对他国施加影响 世界最大的一些国家的政府可能会为了对小一些的国家施加影响而干预贸易活动。美国对整个中北以及南美洲和加勒比地区的事务一直都保持着相当大的话语权。

自 1962 年以来，美国全面禁止与古巴的贸易和投资活动，其目的就是希望对该国信奉共产主义的领导人施加政治压力。这一政策原本旨在迫使古巴政府作出转变，结果却是普通老百姓蒙受苦难，很多人心存侥幸妄图通过自制的筏子偷渡到美国，却因此而丧生。另一方面，古巴确实开始转变做法。自 2008 年起，普通古巴百姓可以买到 DVD 机，可以住旅馆，使用手提电话。甚至，连"与业绩挂钩"这个概念也

---

① Arun Kumar, "Indian American Admits to Selling Dual-Use Items to India," *The Indian Star* (www.theindianstar.com), March 14, 2008.

被引入古巴。这些看上去微不足道的自由度对于普通古巴人来说已经是莫大的改变，他们现在期盼着有一天自己可以自由购买汽车、到处旅行、买卖房屋。①

□ 6.1.2 经济动机

虽然说政府干预贸易活动有着强烈的文化和政治目的，但是它们这样做同样也有经济方面的考虑。一国政府试图影响国际贸易活动时最常使用的一个经济理由就是，保护本国幼稚产业不受竞争，实施战略性贸易政策。

保护幼稚产业　根据幼稚产业保护论的主张，一国幼稚产业在发展壮大的过程中应该予以保护，免受国际竞争，直到该产业在国际社会具有足够的竞争力。该理论建立在这样一个理念的基础上，即因为陡峭的学习曲线的存在，幼稚产业需要得到保护。换句话说，只有当一个产业发展壮大并且成熟之后，它才具备了变得更加有创造力、更加富有效率和竞争力所需要的知识。

尽管从理论上来说幼稚产业保护论有很强的吸引力，但是该主张确实存在几个缺点。第一，幼稚产业保护论要求政府区分哪些产业值得保护，哪些不值得保护。这一点即便不是一个不可能完成的任务，也是非常困难的一件事情。多年来，日本一直为本国幼稚产业提供保护、低息贷款以及其他优惠政策。20 世纪 80 年代早期，日本在扶持这些产业的发展方面表现还算突出，但是自此之后就乏善可陈。在未来，除非政府能够成功识别并且瞄准需要保护的产业，否则针对保护政策的质疑就会一直存在。

第二，这种保护会使得本国企业创新动力不足，让它们没有强烈的动机获取提升自身竞争力所需要的知识。这方面最极端的例子就是前社会主义国家的企业们。随着社会主义阵营的瓦解，这些国家几乎所有的国有企业和资本主义国家的竞争对手相比，都落后了几十年的时间。为了继续生存下去，很多国有企业都要求通过注资或者是彻底赎买的方式提供经济支持。

第三，保护带来的经济危害可能会大于其创造的收益。最终，消费者可能需要为自己购买的产品和服务支付更高价格，因为缺乏竞争往往导致企业没有太多的动力去降低生产成本、改进产品质量。与此同时，企业的竞争力变得更低，更依赖于政府的保护。日本的保护政策导致经济两极分化。在其中一极，具有强劲竞争力的跨国公司直面海外市场上的竞争对手，逐渐变得更加强大。在另一极，本国企业因为保护政策、高工资以及进口壁垒的存在而变得没有什么竞争力。

第四，幼稚产业保护论认为，小规模、有前景的企业并不总是能够在资本市场上获得融资，因此它们需要从政府那里获取资金支持。但是，当今的国际资本市场与过去相比要复杂得多，有前景的企业通常可以从私人手中筹集资本。

实施战略性贸易政策　在第 5 章中我们曾经提到，新贸易理论者认为，政府干预贸易活动有助于企业利用规模经济的优势，成为该行业的先行者。进而，生产的规模经济限制了一个行业中可以容纳的企业的数量，因此会带来先发优势。

---

① "U. S. Is ＄500 Million Supermarket to Cuba," CNBC Web site（www.cnbc.com），May 27，2010；"Big Brother's Shadow," *The Economist*，August 2，2008，p. 42.

战略性贸易政策的优点。 战略性贸易政策的支持者认为，该政策会增加一国的国民收入。如果企业获得了先发优势，巩固了自身在全球市场上的位置，自然能够赚取更多的利润。这些支持者还认为，正是战略性贸易政策帮助韩国建立起了国际化的企业集团（财阀），战胜了其他的竞争对手。多年来，韩国的造船企业接受了大量政府补贴，包括低成本融资。也正是这些财阀凭借自身的市场实力以及广泛的涉足领域，帮助韩国从全球经济危机的泥沼中艰难地走了出来。另外，这类保护政策对相关产业也有辐射作用，财阀在当地的供应商们现在也出现了蓬勃发展的势头。[①]

战略性贸易政策的缺点。 尽管听上去战略性贸易政策是完美无缺的，它同样也有弊端。过去政府对本土企业的慷慨援助导致了韩国和日本公司的低效率、高成本。政府对当地劳工组织的大量让步也导致工资高企，韩国财阀只能接受一个很低的利润率。[②]

此外，当政府决定对特定产业提供支持时，它们的决定往往会受到由希望得到政府援助的利益集团组成的政治游说势力的影响。特殊利益集团得到政府援助的所有好处，而消费者丝毫没有受益的情况完全是有可能的。如果出现这样的局面，最终消费者将为低质量的产品支付更高的价格。

□ 6.1.3 文化动机

各国政府经常通过限制商品和服务的贸易来达到一定的文化目的，其中最普遍的便是保护本国的民族特色。文化和贸易交织在一起，相互之间有着深刻的影响。随着他国人口和产品进入一国，该国的文化也会逐渐发生变迁。不良文化的影响可能会引起一国强烈的危机感，导致政府制止它认为有害的产品或者服务的进口（回忆一下我们在第2章中提到的"文化殖民主义"的相关内容）。

法国法律禁止外来词汇出现在所有商务和政治交流、广播、电视、公共宣传以及广告信息当中——至少在有合适的法语单词可以表达同样意思的情况下是这样。你不能用"畅销产品"（best seller）来做广告，而是应该使用"success de librairie"。同样，你不能在电影院卖爆米花（popcorn）；法国人看电影时只能吃 mais soufflé。法语高级委员会的职责之一就是抵制所谓的外来词语（Franglais），比如 le marketing（营销）、le cash flow（现金流）、le brainstorming（头脑风暴）进入商业以及法国文化的其他领域。为了不被邻国法国甩在后面，德国当局计划在官方用语中将一些英文单词替换为德文，用 ideensammlung 替代头脑风暴（brainstorming），用 treffpukte 替代交汇点（meeting points）。[③]

加拿大也希望尽量降低从美国引入的娱乐产品对其文化的影响。为此，其政府规定，加拿大广播中播放的音乐至少要有 35% 是由加拿大艺术家创作的。实际上，

① "The Chaebol Conundrum," *The Economist*, April 3, 2010, pp. 14 - 15.

② Tariq Hussain, "What's a Chaebol to Do?" *Strategy & Business* (www. strategy-business. com), April 3, 2007.

③ "Signs of the Zeitgeist," *The Economist*, May 29, 2010, p. 52.

很多国家出于文化方面的考虑，都在思考通过立法来保护本国媒体上播出的节目内容。制定诸如此类的限制性政策的负面作用就是，可供消费者选择的产品的类型大大减少了。

美国的文化影响力　在世界很多国家看来，美国给本土文化带来的威胁远远高于其他国家。其原因就是美国在娱乐和传媒（比如电影、杂志、音乐）以及消费品方面具有国际优势。这些产品是很多消费者都会看的，因此引发了各种各样的利益集团游说政府官员保护本国文化免受美国影响。本国的生产商发现自己很容易就可以加入到呼吁保护的队伍中来，因为保护主义者的言论通常都可以得到大众的广泛支持。

正是借着国际贸易这个便车，英语才轻而易举地就渗透到其他文化中。形形色色的产品和服务的国际贸易活动使得世界各地的人们开始接触到新的语言、理念、产品以及生活方式。同样，随着国际贸易的扩张，很多政府也开始控制贸易对本国文化和经济造成的不利影响。

□小测验

1. 政府干预国际贸易的政治原因有哪些？解释国家安全论所发挥的作用。
2. 政府干预国际贸易的经济动机有哪些？各种干预方式分别有什么弊端？
3. 政府干预自由贸易的文化动机有哪些？

6.2　促进贸易的方式

在前面的讨论中，我们提到了政府用来促进或者限制本国与其他国家贸易往来的各种手段。表6—1给出了政府最常采用的手段。在这一部分中，我们探讨促进贸易的方式。在下一节，我们再来探讨限制贸易的途径。

表6—1　　　　　　　　　　促进与限制贸易活动的途径

促进贸易	限制贸易
补贴	关税
出口融资	配额
自由贸易区	禁运
专门的政府机构	当地成分要求
	行政拖延
	外汇管制

□ 6.2.1　补贴

通过现金补偿、低息贷款、税收减免、产品价格支持或者其他形式向本国生产商提供财政支持的做法叫作补贴。无论补贴采取何种形式，其目的都是帮助本国企业与国际上的竞争对手进行抗衡。这或者意味着企业在本国市场上更有竞争力，或者是通过出口增强其在国际市场上的竞争力。因为补贴的形式多种多样，所以几乎无法计算出一国为本国生产商提供了多少补贴。这使得世界贸易组织（WTO）在裁决与补贴有关的争端时，工作难度非常大（在本章稍后的内容中，我们会对世界贸易组织作进一步的介绍）。

补贴的弊端　反补贴人士认为，通过弥补真正有竞争力的企业自己就应该能够补足的成本，补贴让企业变得低效以及自满。还有很多人认为，接受补贴的企业和行业确实受益了，但是却损害了消费者的利益，因为补贴的资金要用消费者缴纳的所得税和销售税来支付。因此，尽管补贴给企业和整个行业带来了短期救助，但是从长期来看是否有利于整个国家的国民却是值得怀疑的。

有些观察人士认为，补贴对发展中国家及新兴市场经济的农民们的影响甚至是毁灭性的。我们已经知道，很多富裕国家补贴农民，以保证国民能够获得足够的粮食供应。据说，这些高达数十亿美元的补贴导致来自贫困国家的农民们即便不是不可能，也很难在世界市场上售出自己没有得到补贴的粮食（换句话说，他们的粮食要更贵）。对这些农民来说，雪上加霜的是因为国际组织的推动，他们本国正被迫逐渐消除贸易壁垒。对非洲、亚洲以及拉丁美洲的贫困农民来说，结果就是失业率不断攀高，生活越来越贫困。[1]

补贴还会导致资源被过度使用、环境遭到破坏、商品成本提高。随着燃油价格的飙升，出于对通货膨胀以及民众不满的担忧，中国政府加大了对能源补贴的力度。中国每年用于能源补贴的资金高达 400 亿美元。这些补贴消除了人们节约燃油的动力，导致其价格进一步上涨。在没有提供能源补贴的国家需求保持平稳甚至有所下降的同时，提供补贴的国家需求上涨的势头甚至超过了全球能源供应增长的速度。[2]

□ 6.2.2　出口融资

政府往往还会通过帮助企业为其出口活动融资——向企业提供原本无法获得的贷款，或者是向企业收取低于市场利率的利息——来鼓励出口。另外一种做法是政府承诺一旦企业违约，政府将负责代为偿还贷款，这种做法也被称为贷款担保。

很多国家都设立了专门的机构，帮助本国企业获得出口融资。例如，此类机构中非常知名的代表之一就是美国进出口银行。该行为美国境内企业的出口活动提供融资，同时为海外应收账款提供担保。另外一家政府机构——海外私人投资公司（OPIC）同样也为投资者提供保险服务。有了该公司的帮助，在海外进行投资的企业可以规避因为以下原因而招致的损失：（1）资产征用；（2）货币无法兑换；（3）战争、革命以及暴动。

---

①　Julio Godoy, "Europe：Subsidies Feed Food Scarcity," *Global Policy Forum*（www. globalpolicy, org），April 25，2008.

②　Keith Bradsher, "Fuel Subsidies Overseas Take a Toll on U. S.，" *New York Times*（www. nytimes. com），July 28，2008.

从政府机构获得融资对于刚刚开始从事出口业务的小企业的成功来说是至关重要的。美国进出口银行处理的业务中，与小企业有关的累计占到了 80% 以上。例如，美国进出口银行承诺为 3.88 亿美元的贷款提供担保，帮助在加纳首都阿克拉埃芙阿·萨泽兰德公园（Efua Sutherland Park）修建一个 GI 休闲游乐场。该公司之所以愿意在非洲进行投资，是为了满足西非地区不断上涨的对世界级娱乐公园的需求。公园建成之后，至少将在当地招聘 175 名员工，管理层则由美国人出任。关于进出口银行是如何帮助企业获取出口融资的，如果你想要了解更多，请参见下面的专栏"企业家工具箱：出口融资专家"。①

企业家工具箱

出口融资专家

这里我们介绍一下进出口银行旨在帮助企业获得融资的一些项目：

■ 市/州项目。该项目为希望从事出口业务的中小型美国企业提供融资服务。目前，有 38 个州和地方政府部门和私人组织参与了这个合作项目。

■ 运营资本担保项目。该项目旨在为那些有潜力从事出口业务但无法从商业贷款人那里获得贷款的中小企业提供帮助。进出口银行为贷款本金及相应利息的 90% 提供担保。出口商可以使用这笔担保融资来购买用于出口的制成品或者是购买原材料等。

■ 资信信息服务。通过进出口银行的还款记录，可以了解到美国出口商以及商业贷款人的资信状况。银行还可以提供海外某个国家或者是企业的信息。但是，银行不会将非美国买方的机密财务信息提供给已经从该行获得贷款的一方，也不会泄露与在其他国家的具体情况有关的机密信息。

■ 信用保险。该项目旨在保护美国出口商免遭非美国买方或非美国债务人因为政治或商业原因违约带来的损失，在此基础上帮助他们拓展海外业务。该保单使得企业更容易获得出口融资，因为经银行同意后，其收益可以用作附属担保。

■ 担保项目。该项目旨在为向信用良好的购买美国资本设备、项目和劳务的一方提供的私人贷款提供还款担保。银行保证，一旦对方无法如期还款，银行将负责偿还本金及相关利息。非美国买方至少应现金支付 15% 的额度。大多数此类担保项目都同时为政治风险和商业风险提供担保。

■ 贷款项目。银行直接向美国出口商品的海外买方提供贷款，同时也向那些对海外买方提供贷款且资信状况良好的企业发放中介贷款。该项目还为美国资本设备及相关服务的出口商提供固定利率融资。

资料来源：Export-import Bank of the United States Web site.

① "U. S. Ex-Im Bank Approves Comprehensive Guarantee for UPS Capital Loan of ＄3. 88 Million to Fund Establishment of GI Leisure Amusement Park Project in Accra, Ghana," *Business Wire* （www. businesswire. com），June 12, 2008.

第 6 章

企业—政府的贸易关系

很多国家都通过建立所谓的自由贸易区（FTZ）——一个特定的地理区域，在这里商品可以享受较低的关税以及/或简化的通关手续——来促进本国与他国的贸易往来。建立自由贸易区的目的往往是为了提高就业水平，贸易增长则是一个副产品。土耳其的爱琴海自由贸易区是这方面的一个范例，在该贸易区内，政府允许企业在免税的条件下从事生产制造活动。

关税不仅导致产品的总生产成本上涨，而且会延后产品的上市时间。企业可以通过在自由贸易区设厂来消除这两个不利影响。很多企业的这类工厂的主要目的是完成产品的最后组装工作。美国商务部管理着美国境内的数十个自由贸易区。其中很多都对进口零部件给予了一定的关税优惠。一旦组装完成，最终产品就可以直接在美国市场上销售，而无须缴纳更多关税。自由贸易区很受各州政府的欢迎，因为组装工作可以带来更多的就业机会。

鉴于其在就业方面具有的优势，中国政府也建立了很多大型自由贸易区。进口到这些贸易区的产品既无须进口许可证或者是其他材料，也无须缴纳进口关税。跨国公司在将产品运往其他国家之前也可以暂时寄存在贸易区内，不会因此增加税负。此外，这些自由贸易区中有五个位于经济特区，当地政府可以为国际投资者提供额外的机会和税收减免。

另外一个从自由贸易区中获益的国家是墨西哥。早在几十年前，墨西哥就在与美国接壤的北部边境建立了一个自由贸易区。结果是带动了墨西哥边境沿线一批所谓边境加工厂的发展。这些工厂从美国进口免税原料或者零部件，进行一定程度的加工，然后重新出口到美国，后者只对在墨西哥境内创造的产品增值部分征收关税。自首次出现至今的五十多年来，这样的做法迅速扩张，解决了成千上万从墨西哥各地来到北部地区寻找工作的人们的就业问题。

□ 6.2.4　专门的政府机构

大多数国家的政府都设立了专门的贸易促进机构。对于经济实力有限的中小企业来说，这类机构的作用格外显著。政府贸易促进机构经常会组织负责国际贸易的官员及商人们出国旅行，和潜在的客户会面并且签订新的商务合同。这类机构通常还会在其他国家设立分支机构，其目的一方面是促进母国产品的出口，另一方面则是为了将本国企业介绍给东道国潜在的合作伙伴。政府贸易促进机构通常会在其他国家推出大量广告，以便促进本国产品的出口。例如，智利贸易委员会在全球四十多个国家设立了办公室，并且有自己的网站（www.chileinfo.com）。

政府贸易促进部门不仅鼓励出口，而且鼓励本国不生产或者是没有能力生产的产品的进口。例如，日本贸易振兴机构（JETRO）就是日本政府旗下的一家贸易促进组织。该机构协助安排海外中小企业与日本企业达成交易、与适合的日本经销商及合作伙伴会谈，甚至会帮助它们寻找临时的办公地点。

对于所有公司特别是资源有限的小公司来说，了解其他国家的法规是一项庞杂的工作。比如，企业必须知道其产品适用于哪一级税率或者是否有配额限制。幸运的是，现在通过互联网，企业可以找到很多诸如此类的问题的答案。关于这类信息提供网站的更多介绍，参见下面的专栏"全球经理人公文包：贸易法规查询"。

全球经理人公文包

贸易法规查询

美国商务部

■ 国际贸易管理局（ITA）网站（www.trade.com）按照国家、地区以及行业分门别类提供与贸易有关的数据。该网站还提供了关于美国各出口促进中心的信息、各国出口指南以及美国主要贸易伙伴的详细背景资料。

■ 联邦信息中心网站（www.fedworld.gov）是一个综合性中心网站，提供了与美国政府活动以及贸易法规有关的信息。

■ 美国经济统计网站（www.statusa.gov）上列出了各国关于贸易的法律法规以及所需单证的各种信息。

美国商会

邓白氏（www.dnb.com）厚达两千多页的《出口商百科全书》被称作"出口圣经"，现在可以通过美国商会的国际商务交流中心的网站（www.uschamber.org/international）来获得。利用这一百科全书是商会会员权利的一部分，同时它还提供了与国际贸易问题有关的各种信息。

美国贸易代表处

美国贸易代表处办公室的网站（www.ustr.gov）上提供了大量与贸易政策有关的免费信息。通过网站上实时更新的报告，可以了解到影响美国对他国的出口活动的主要壁垒。该网站同样也是获取贸易谈判信息的一个重要渠道，包括与谈判议题有关的大量文件，以及可帮你入门的与贸易相关的缩略语等。

美国出口贸易端口（US Export Portal）

这是美国政府为本国出口商提供的一个在线入口（www.export.gov）。该网站提供了与19个联邦机构有关的出口项目、服务内容以及市场调研信息。另外，通过该网站还可以搜索世界各地关于贸易展销会、论坛、会议以及其他活动的信息。

□小测验

1. 政府是如何通过补贴来促进贸易活动的？补贴存在哪些弊端？
2. 出口融资是如何促进贸易发展的？阐释出口融资对于中小企业的重要性。
3. 什么叫自由贸易区？它对贸易的促进作用有哪些？
4. 专门的政府机构是如何促进贸易发展的？

6.3　限制贸易的途径

在本章前面的内容中，我们介绍了政府干预国际贸易活动背后的政治、经济与文化原因。在这一部分，我们介绍政府可以用来限制不希望发生的贸易活动的各种方法。可供政府利用的贸易壁垒主要有两大类：关税是当产品进入或者离开一国边境时，政府对其征收的税负。关税直接导致了进口商品价格的上涨，因此降低了它对消费者的吸引力。非关税壁垒限制了进口商品的可得性，这间接导致进口商品价格的上涨，因此降低了它对消费者的吸引力。下面我们就来详细了解一下关税以及各种非关税壁垒。

□ 6.3.1　关税

我们可以将关税分成三大类。出口关税是一国政府对出口商品征税的关税。当政府认为出口商品的价格低于其应该收取的价格时，就可以对其征收出口关税。出口商品主要是低价的自然资源的发展中国家经常征收出口关税。转口关税是一国政府对途经该国前往最终目的国的商品征收的关税。根据各种国际贸易协定，目前世界各国基本上已经完全取消了转口关税。进口关税是一国政府对进口商品征收的关税。到目前为止，进口关税是各国政府最常采用的关税形式。

根据计征方法的不同，我们可以将进口关税进一步细分成三个类别。从价税是指根据进口商品价格的一定百分比征收的关税。从量税即对每一单位（用数量、重量等来衡量）进口货物征收一定数额的关税。混合税是指对同一批进口货物，部分按照价格的一定百分比征税，部分按照数量征税。下面我们探讨一下一国征收关税的两个主要原因。

保护本国生产商　政府可通过关税来保护本国生产商。例如，进口关税提高了进口商品的价格，从而增强了本国生产的商品对消费者的吸引力。这样一来，本国生产商就获得了抵御进口商品的保护性壁垒。尽管受到关税保护的生产商具有价格优势，但是从长期来看，这种保护会导致它们无法提高自身效率。如果保护鼓励了本国生产商的自满和低效行为，那么一旦面对激烈的国际竞争，对于受保护的产业来说结果将是毁灭性的。20世纪80年代中期，作为加入北美自由贸易区的前奏，墨西哥开始减少关税保护，结果很多墨西哥生产商虽然想方设法希望提升自身的效率，却仍然以破产告终。

增加收入　关税是政府收入的一个重要来源，但这主要是针对发展中国家而言的。主要原因是欠发达国家的经济活动不够正规，缺乏准确记录本国交易活动的能力。这导致这些国家销售税的征收成了一项非常困难的工作。于是，这些国家就简单地通过征收进出口关税以便增加税收来解决这个问题。但是，随着这些国家的发展和进步，它们越来越多地开始依靠所得税、资本收益和其他经济活动获取收入。

以上讨论不由让我们产生一个疑问，即谁是关税的受益者？我们已经了解到关

国际商务：全球化带来的挑战（第6版）

税壁垒存在的两大原因——保护本国生产商以及增加政府收入。表面上看起来，政府和本国生产商从征收关税中受益了。我们还看到，关税提高了产品的价格，因为进口商通常会通过提高产品价格来抵补关税带来的成本上涨。因此，表面上看起来消费者并没有从中受益。另外，正如我们在前面也曾经提到的，一旦保护性关税被取消，无效率的国内生产商存在破产的风险。有关关税给一国带来的总成本的分析要远比这里提到的复杂得多，超出了我们这里的讨论范围。但是我们完全可以这样说：从整体上看关税给一国带来了成本，因为它减少了一国居民可以从贸易中获得的收益。

□ 6.3.2 配额

关于一段时间内进出一国的商品数量（用单位或者重量来衡量）的规定被称为配额。配额是除关税之外，最为普遍的贸易壁垒。政府通常通过向其他国家的政府或公司（针对进口配额而言）以及国内生产商（针对出口配额而言）发放配额许可证来管理其配额制度。政府通常都是按年来发放此类配额。

实施进口配额的原因 一国政府实施进口配额，目的是通过限制进入本国的商品的数量，保护国内生产者的利益。这样做可以帮助国内生产者维持一定的市场份额和定价，因为竞争程度受到了限制。因此，国内生产者因受到保护而受益。消费者却因为竞争减少导致价格上涨、选择机会受限而利益受损。利用受到配额管制的商品进行生产的国内生产者同样也是利益受损者。依赖所谓的中间商品的企业将会发现，自己的产品的最终成本上涨了。

过去，各国通常会根据《多边纤维制品协定》对纺织品和服装等实施进口配额。一度，受这一协定影响的国家的纺织品和服装贸易总额占到了世界贸易总额的 80% 以上。2005 年当该协定到期时，很多贫困国家的纺织品生产商担心，工作岗位将大量转移到中国。但结果却是，纺织业在经济中占有较大比重的一些国家比如孟加拉国因为自己拥有廉价的劳动力、买方并不愿意完全从中国那里购买所有中间投入而受益。

实施出口配额的原因 一国对国内生产商实施出口配额至少有两个方面的原因。首先，它希望在本国市场上保持充足的产品供给。对于那些出口对本国经济至关重要或者是从长期看关系国家生存发展的自然资源的国家来说，这是一个非常普遍的理由。

其次，一国限制某种产品的出口可能是为了控制世界市场上该产品的供给量，进而提高该产品的国际价格。这也是石油输出国组织（OPEC）成立和不断采取各种措施背后的真正原因。这个由中东以及拉丁美洲一些国家构成的组织试图通过控制世界市场上的原油供给量来谋取更高的利润。

自动出口限制。 自动出口限制（VER）是出口配额的一个特殊表现形式，具体说来就是一国主动——通常是应另一个国家的要求——对本国出口商施加的配额。实施自动出口限制的国家往往是迫于进口国要施加进口配额甚至是完全禁止进口的威胁。这方面一个经典的案例是：从 20 世纪 80 年代开始，日本汽车制造商在美国市场上开始占有相当大的份额。美国本国汽车制造工厂的倒闭使得民众和国会掀起了一股抵制日本制造的浪潮。因为担忧如果不主动限制对美国的汽车出口可能会招致美国国会的严厉惩罚，日本政府和汽车制造商主动在对美汽车出口方面实施限制。

如果实施出口配额的国家本国的生产者不削减产量的话，该国消费者就可以从（因为供给增加而引起的）产品价格的下降中受益。进口国的生产商也会受益，因为来自出口国的产品数量受到了限制，因而可以借机抬高产品价格。出口配额损害了进口国消费者的利益，因为他们面临的选择减少了，甚至可能还要支付更高的价格。但是，出口配额或许可以帮助这些人保住他们的工作，如果进口危及了本国生产商的生存的话。同样，要想了解在具体的案例中，哪些人受益哪些人受损，需要进行详细的经济分析。

关税—配额   关税—配额是一种混合形式的贸易限制措施。具体说来就是，对特定数量的进口商品征收较低的关税，但是对于超出特定数量的进口商品则征收更高的关税。图6—1展示了关税—配额举措的原理。假设进入一国的进口商品数量在配额比如说1 000吨以内时，征收10％的关税。但是超出1 000吨这个范围的进口商品则要征收80％的关税。这一措施在农产品贸易中应用非常普遍。在1995年世界贸易组织——负责处理与各国之间的贸易有关的事务的一个国际组织——批准使用关税—配额制度后，很多国家便开始实施这一限制性措施。

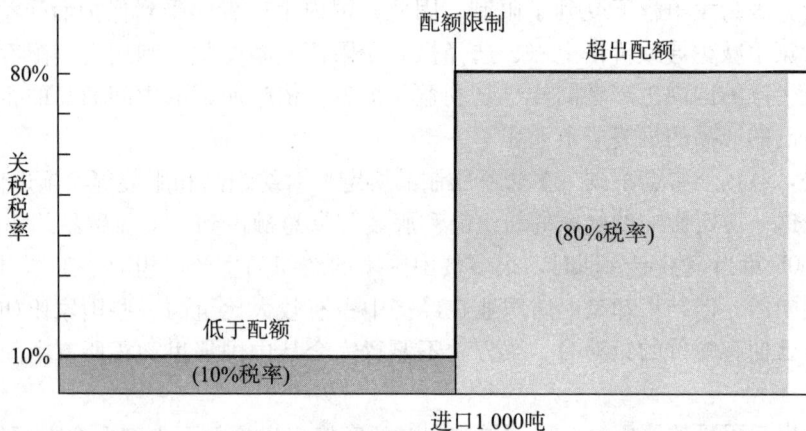

图6—1   关税—配额的作用原理

□ 6.3.3   禁运

全面禁止和某个特定国家之间的一种或更多商品的贸易活动（既包括进口也包括出口）的做法叫作禁运。禁运可能是针对一种或几种商品而言的，也可能是针对所有商品而言的。这也是各国可以利用的最严格的非关税壁垒，通常被用来达到一定的政治目的。禁运可能是某个国家自己制定的政策，也可能是由超国家组织比如联合国决定实施的。因为实施难度很大，因此与过去相比，现在实施禁运的情况要少得多。完全实行贸易禁运的一个例子就是美国对古巴的禁运。尽管现在已经允许一些药品和食物从美国进入古巴，但是美国游客仍然无法合法地到古巴度假。

20 世纪 90 年代，海地总统阿里斯蒂德（Aristide）因为军事政变被驱逐下台后，国际社会对当地军事政权进行制裁，要求他们要么重新让阿里斯蒂德总统执政，要么举行新的大选。美洲国家组织的禁运是这些制裁措施中的一项。但是，因为真正实施禁运有很大的难度，再加上联合国两年的外交调解措施一无所获，禁运以失败告终。紧接着，联合国要求各国停止与海地的石油和军火交易。尽管有一些经由多米尼加共和国进行的走私活动——多米尼加和海地共同拥有伊斯帕尼奥拉岛，这次禁运整体来说还是比较有效的，阿里斯蒂德总统最终再次掌管海地。

□ 6.3.4　当地成分要求

当地成分要求的目的是迫使外国公司在产品的生产过程中必须使用一定的当地资源，特别是劳动力。与对进口施加的其他限制类似，这一要求可以保护本国生产商避免与其他低工资国家具有价格优势的企业竞争。如今，很多发展中国家将当地成分要求看作是促进本国工业化的一种战略手段。对此，企业的应对之策则是将工厂搬迁到制定了此类要求的国家境内。

虽然很多人都认为音乐是没有国界的，但是不同文化对于世界音乐浪潮的开放度却并不相同。为了阻止盎格鲁-撒克逊音乐侵蚀法国文化，法国法律规定，广播节目中至少应该有 40% 是关于法国的内容。这一要求一方面是为了保护法国文化的特色，另一方面也是为了保住法国艺术家的饭碗，否则其他国家的流行音乐很可能会蜂拥而至。

□ 6.3.5　行政拖延

旨在减少进口到一国的商品和服务的管制措施或政府条例被称为行政拖延。这种形式的非关税壁垒包括形式多样的政府举措，比如让国际航班降落在交通不便的机场、要求进行会给产品带来损害的检查、故意裁撤海关工作人员以造成不必要的延误、要求提供需要花费大量时间才能获得的许可证等。这些行政拖延措施的目的只有一个，那就是对进口产品实施差别待遇——换句话说，也就是保护主义。

□ 6.3.6　外汇管制

对一种货币兑换成另一种货币的能力施加的限制叫做外汇管制。希望进口某种产品的企业通常需要用一种被普遍接受的国际货币，比如美元、欧元或者日元来进行支付。通常，该企业需要从其所在国家的银行拿到这笔结算资金。因此，一国政府可以通过规定谁可以将该国货币兑换成被国际社会接受的货币，起到限制进口的目的。

政府通过外汇管制来限制进口的另一种途径是将汇率维持在对潜在进口方不利的水平上。因为这样的汇率将会导致进口商品的成本高到不切合实际的地步，因此很多潜在进口商很可能会放弃进口这个想法。与此同时，该国政府可能还会按照一个有利的汇率水平，将出口商手中的外币兑换成本币以鼓励出口。

小测验

1. 关税和配额有什么区别？二者分别具有哪些具体形式？
2. 阐释自动出口限制的作用原理。它与配额有什么区别？
3. 什么是禁运？为什么现在很少采用这一做法？
4. 解释当地成分要求、行政拖延、外汇管制是如何起到限制进口的作用的。

6.4 全球贸易体系

全球贸易体系的发展历程并不是一帆风顺的。19 世纪末，国际贸易规模创下历史新高，但是却因为 1930 年美国实施《斯穆特-霍利法案》而走向衰败。该法案标志着美国从过去的自由贸易政策转向了贸易保护主义。它导致主要贸易国之间的关税壁垒一而再再而三地提高。其他国家认为，如果美国对进口施加限制的话，那么它们没有理由任由美国出口的商品自由进入本国。《斯穆特-霍利法案》及其引发的全球贸易大战削弱了工业化国家的经济实力，诱发了大萧条的出现。世界各地人们的生活水平在整个 20 世纪 30 年代期间都大大降低。

在本节中，我们首先看一下为了建立早期的国际贸易体系 GATT，人们做了哪些努力，接下来再研究在 GATT 基础上发展而来的 WTO。

6.4.1 关贸总协定（GATT）

20 世纪 40 年代末期，人们对自由贸易的态度发生了重大改变。在此前的半个世纪中，各国之间为争夺生产所需资源展开的激烈竞争导致了两次世界大战的爆发，也曾让人类陷入前所未有的经济衰退之中。因此，经济学家和政客们提议说，世界各国应该团结起来，构建一个可以帮助避免类似的灾难的贸易体系。最后，一个多边协定体系形成了，这就是我们所熟知的关贸总协定（GATT）——一个旨在通过降低国际贸易的关税和非关税壁垒来促进自由贸易的协定。GATT 成立于 1947 年，成员国有 23 个——其中 12 个发达国家，11 个发展中国家——并从 1948 年 1 月开始生效。[①]

关贸总协定最初取得了极大的成功。1947 年到 1988 年间，各国的平均关税率从 40% 下降到了 5%，全球贸易总额增长了 20 多倍。但是到了 80 年代末期，全球范围内民族主义情绪的高涨以及贸易冲突导致非关税壁垒增加了将近 50%。此外，服务贸易（这是 GATT 没有涉及的内容）变得越来越重要，在全球贸易总额中所占的比重也大大增加。很显然，对 GATT 作出修订已经成为一种必然，于是 1986 年新一

国际商务：全球化带来的挑战（第 6 版）

---

① These facts on the WTO are drawn from the WTO Web site（www.wto.org）.

轮的贸易谈判开始了。

乌拉圭回合 GATT 的基本条款源于其成员国之间定期举行的各个回合的谈判。尽管这些谈判在初期相对来说比较简短也比较直接，但是到了后来随着问题变得越来越复杂，谈判周期也越来越长。表 6—2 中列出了 GATT 建立以来的八轮谈判。需要注意的是，在前五个回合的谈判中唯一讨论的话题就是关税，但是随后几个回合的谈判已经开始涉及其他议题。

乌拉圭回合 1986 年在乌拉圭的埃斯特角城启动，是有史以来最大的一次贸易谈判。这也是 GATT 成立 40 年来的第 8 个回合的谈判，并且持续了长达七年之久。通过对 1947 年通过的 GATT 相关条款的修订，乌拉圭回合在降低贸易壁垒方面取得了显著的成就。除了就进一步降低产品贸易壁垒达成了计划之外，该回合的谈判还从几个重要方面对 GATT 的初始条款作了修订。

表 6—2　　　　　　　　　　　　　**GATT 各回合谈判**

年份	地点	参与成员国数量	议题
1947 年	瑞士日内瓦	23	关税
1949 年	法国阿纳西	13	关税
1951 年	英国托基	38	关税
1956 年	日内瓦	26	关税
1960—1961 年	日内瓦（狄龙回合）	26	关税
1964—1967 年	日内瓦（肯尼迪回合）	62	关税、反倾销措施
1973—1979 年	日内瓦（东京回合）	102	关税和非关税措施、框架协议
1986—1994 年	日内瓦（乌拉圭回合）	123	关税和非关税措施、法规、服务、知识产权、争端解决、投资措施、农产品、纺织品和服装、自然资源、WTO 的设立

资料来源：整理自世界贸易组织网站（www.wto.org）中的"About WTO"部分。

服务贸易协议。　　随着服务贸易在全球贸易总额中占有越来越大的比重，各国都希望 GATT 可以将服务贸易纳入考虑范围。《服务贸易总协定》（GATS）将非歧视原则的适用范围扩展到了所有服务贸易领域，尽管各国在某些领域的谈判成果比其他领域更加显著。问题在于，虽然说产品贸易是一个非常直观的概念——产品从一个国家出口到另一个国家——但是人们却很难准确地界定什么才是服务。尽管如此，乌拉圭回合谈判仍然明确了服务贸易可以采取的四种不同形式：

（1）跨境交付：在一国境内向其他国家提供的服务（比如国际长途电话）。

（2）境外消费：一国消费者或者企业在其他国家接受的服务（比如，境外旅游）。

（3）商业存在：一国企业在另一国设立分公司以提供相关服务（比如银行开设分行）。

（4）自然人流动：一国自然人前往另一个国家提供服务活动（比如商业咨询）。

知识产权协议。 与服务贸易一样，与知识产权有关的产品的贸易在国际贸易中所占的比重也在逐渐增加。在第 3 章中我们曾经提到，知识产权是由人们的智慧和才能创造的财富。知识产权类产品可通过版权、专利和商标来得到保护。

虽然跨国侵权行为长期以来一直存在，但是乌拉圭回合谈判在打击这一行为方面取得了长足的进步。该回合谈判最终达成了《与贸易有关的知识产权协定》（TRIPS），旨在帮助世界各国的知识产权法规实现标准化。TRIPS 承认保护知识产权对于整个社会来说是有益的，因为这会激励企业积极研发新的技术以及其他创造活动。该协定还认可《巴黎公约》以及《伯尔尼公约》（详见第 3 章）的有关条款，在某些方面甚至对知识产权保护采取了更为强硬的立场。

农业补贴协议。对世界上大多数贸易国来说，农产品贸易问题一直都是争论的焦点。各国用来保护本国农业部门的常用壁垒主要有进口配额以及直接向农民支付补贴。乌拉圭回合达成的《农业协定》涉及了与农业关税和非关税壁垒有关的所有主要问题。结果就是各国农业部门的市场开放度以及国际农产品贸易的可预测性都大大提高了。该协定迫使各国将非关税壁垒转化为关税壁垒这一过程被称为关税化。该协定还号召发达国家和发展中国家大幅降低农产品关税，但是该协定没有对最不发达国家提出任何要求。

□ 6.4.2 世界贸易组织（WTO）

或许，乌拉圭回合谈判最大的成就当属世界贸易组织的成立——这是一个负责约束各国之间贸易活动的国际组织。WTO 的三个主要目标分别是推动贸易自由化、通过谈判进一步开放市场、解决各成员国之间的贸易争端。被称为"正常贸易关系"（更准确的说法是最惠国待遇）的非歧视原则是 WTO 从其前身 GATT 那里继承而来的一个重要方面，该原则要求 WTO 的成员国给予某一成员国的优惠贸易条件必须同时给予其他所有成员国。例如，如果日本对进口自德国的汽车所征收的关税降低 5％，那么它必须将从 WTO 其他成员国那里进口的汽车的关税也下调 5％。

WTO 取代了 GATT，但是同时它也吸纳了 GATT 的各个协议（比如在服务贸易、知识产权保护以及农业补贴等方面的协议）。因此，GATT 已经没有正式存在的必要。WTO 目前已有 153 个成员国和 31 个观察员。

WTO 的争端解决机制 WTO 在解决贸易争端方面享有的权力是它与 GATT 的真正区别。在 GATT 时期，各国可以针对另一成员国提起诉讼，有专门的委员会负责调查该事件。如果情况属实的话，GATT 会指出不公平贸易行为，其成员国可以迫使违规者改变做法。但是实际上，GATT 的指令（通常要经过漫长的调查，有时甚至要等上几年的时间）有很大的可能被置之不理。

相反，WTO 的各种协定主要是其成员国之间签订的协议，约束各方执行公平、开放的贸易政策。当 WTO 的某个成员国向另一方提起诉讼时，WTO 的争端解决机构会马上采取行动，而且在不到一年的时间内就会作出决议——紧急事件是 9 个月，如果有人提起上诉则需要 15 个月。WTO 的争端解决机制不仅更迅速、是自动启动的，而且对于 WTO 作出的决议，任何成员国都不能置之不理或者是阻止决议的执行。违规者必须根据 WTO 的指导原则调整自己的贸易政策，否则就要受到经济处罚甚至是贸易制裁。正是因为具有这种惩罚违规成员国的能力，WTO 的争端解决机制就成为了全球贸易体系的支柱。

倾销与 WTO WTO 还要负责处理与倾销和补贴有关的贸易争端。当一家企业按照低于其在国内市场上的正常售价或者是低于生产成本的价格出口产品时，我们就说该企业存在倾销行为。几乎所有国家的企业，不管来自哪个行业，都曾经遭受倾销指控（有些属实有些则不然）。例如，西欧各国的塑料制品生产商曾提出对来自亚洲的竞争对手实施反倾销，因为其产品在欧洲的售价低于在国内的售价。最近，美国的钢铁生产商及其实力雄厚的商会联盟对巴西、日本以及俄罗斯的同行提出控诉，声称后者在美国市场上以低价进行倾销。之所以会出现这样的情况是因为这些国家希望通过增加产品出口，包括钢铁出口来改善本国经济状况。

因为倾销是一种企业行为而非国家行为，所以 WTO 不能对有倾销行为的企业所在的国家实施处罚。它只能对一国针对倾销企业采取的报复性行为作出回应。WTO 允许一国采取反倾销措施，但前提是该国可以证明倾销确实存在，可以计算出倾销给本国企业带来了多大的损失，同时能够证明损失很严重。各国通常会采取的报复性行为是征收反倾销税——对一国认为构成倾销的进口商品额外征收的关税。但是，反倾销税最多只能持续 5 年时间，除非一国能够证明市场状况需要继续征收这一税种。近年来，大量反倾销案件被提请 WTO 来处理。

补贴与 WTO 当本国企业的竞争力因为他国对其国内制造商提供补贴而受到威胁时，一国政府往往会采取报复性措施。与反倾销措施类似，一国可以对接受不公平补贴的进口商品征收反补贴税——对一国认为接受了不公平补贴的进口商品额外征收的一种关税。但是与倾销不同，因为补贴往往是由政府发放的，所以 WTO 对先进行补贴的国家以及对补贴采取惩罚措施的国家都具有约束力。

多哈回合谈判 2001 年底，WTO 在卡塔尔的多哈启动新一回合的谈判。这一轮谈判的宗旨是进一步降低贸易壁垒，帮助贫困国家发展经济。发达国家给予本国农民的补贴高达平均每天 10 亿美元，这一数字是它们对贫困国家援助总额的 6 倍多。因为贫困国家 70% 以上的出口商品是农产品和纺织品，发达国家一直有计划进一步开放农产品、纺织品以及其他劳动密集型产品市场。另外，贫困国家互相之间也要降低关税壁垒，同时接受发达国家的帮助进一步融入全球贸易体系。尽管多哈回合谈判原本计划在 2004 年底结束，但是到目前为止谈判仍然在继续。

WTO 与环境 国际贸易以及发展中国家、新型经济体快速工业化带来的收益也引发了政府和特殊利益集团对环境问题的关注。其中，二氧化碳排放是很多人都关心的一个问题，二氧化碳被认为是导致全球气候变暖的主要元凶。所排放的二氧化碳大部分来自化石燃料燃烧以及水泥生产过程。

WTO 并没有专门针对环境问题的协议。该组织明确表示，它不会将自己转变为一个负责制定环境标准的国际环保机构。相反，它将这一任务留给了各国政府以及现有的以环保为己任的国际政府间组织。同时，WTO 尊重现有与环保有关的国际协定，包括旨在保护臭氧层的《蒙特利尔议定书》、针对有害废弃物的国际贸易和运输活动的《巴塞尔协议》、《濒危物种国际贸易公约》等的要求。

尽管如此，WTO 协议的序言中确实提到了环境保护和可持续发展这两个目标。WTO 内部也设立了一个被称为贸易和环境委员会的机构，其职责就是研究贸易与环境之间的关系，在可能的情况下对 WTO 的贸易协定作出调整。

此外，在某些与贸易有关的环境问题上，WTO 的立场也非常鲜明。尽管 WTO 支持各国在清楚地标识"环境友好型"产品方面所做的努力，但是它也明确指出标签要求或相关政策不能对 WTO 其他成员国的产品构成歧视。此外，WTO 还支持最不发达国家出于公共健康与环境保护等理由，要求彻底披露进入该国市场的存在潜在威胁的产品信息。

□小测验

1. 什么是 GATT？列举出 GATT 所取得的主要成就。
2. 什么是 WTO？论述 WTO 是如何处理贸易争端的。
3. 解释反倾销税和反补贴税之间的区别。
4. 在贸易和工业化快速发展过程中，人类在保护环境方面作出了哪些努力？

商务启示

尽管从理论上说自由贸易能够带来收益，但是各国却不会简单地对贸易敞开国门，任由本国企业自生自灭。本章探讨了政府为什么要对本国工业予以保护，实施保护的具体措施又有哪些。世界贸易组织竭力想在各国实施贸易保护的愿望与整个世界对自由贸易的渴求之间实现一种平衡。

贸易保护的含义

保护自由贸易使得企业将生产转移到可以实现效率最大化的国家和地区。然而，政府对自由贸易的干预对于生产效率和企业战略来说，具有重要的含义。补贴往往会导致被补贴企业滋生出自满的情绪，因为补贴阻碍了竞争。补贴可以看作是对社会财富的再分配，其中没有获得补贴的跨国公司处于不利的地位。没有得到补贴的企业要么降低生产和物流成本，要么增强自身在某些方面的优势以证明自己的高价是合理的。

进口关税提高了进口商品的价格，使得本国生产的产品对于消费者来说更具有吸引力。但是因为关税会导致本国生产商效率低下，竞争力的降低可能会

抵消进口关税给这些企业带来的好处。试图进入关税较高的市场的企业通常改为在当地市场进行生产。进口配额通过限制竞争，帮助本国企业得以维持一定的市场份额和价格水平。受到配额保护的本国生产商会因为市场是受到保护的而获益。但是，以配额商品为原料进行生产的企业则会蒙受损失。这些企业要么不得不为自己所需的中间产品支付一个更高的价格，要么将生产活动转移到实施配额的市场之外的其他地方。

当地成分要求保护本国生产商免于和低成本国家的生产商进行竞争。一家试图向规定了当地成分要求的市场销售产品的企业除了在当地进行生产以外，没有其他选择。行政拖延的目的是对进口商品采取歧视性待遇，但是这样做往往也会导致低效率。在外汇管制制度下，企业要想得到国际认可的货币，需要提出申请。因此，政府可以通过控制谁可以得到用于支付进口商品的货币来达到限制进口的目的。此外，政府还可以通过将汇率水平维持在对潜在进口商不利的水平上来限制进口。不利的汇率水平

可以导致进口商品的价格上涨到不切合实际的程度。同样，这些国家还常常将利率维持在对出口商有利的水平。

政府补贴通常都是通过向整个经济征税来筹集资金的。补贴从长期来看对一国民众是否有利是值得质疑的，甚至可能会给一国招致损失。进口关税同样会损害消费者的利益，因为这样做一方面会抬高进口商品的价格，另一方面为那些可能会抬价的本国企业提供了保护。进口配额同样有损消费者的利益，因为配额降低了竞争，抬高了价格，使得消费者的选择减少。贸易保护降低了人们从自由贸易中可以获得的长期收益。

全球贸易体系的含义

全球贸易体系的发展推动了国际贸易中关税和非关税壁垒的削减，促进了自由贸易，从而使得跨国公司从中获益。关贸总协定（GATT）在最初是非常成功的，它的修订版也显著改善了国际贸易的氛围。商品贸易的平均关税税率得以降低，农产品补贴也相应减少。此外，该协定将非歧视性原则扩展到服务贸易领域，这一点也让企业受益匪浅。GATT 的修订版还明确提到了知识产权问题，保护版权、商标以及专利。这无疑会鼓励企业开发新的产品和工艺，因为它们知道自己的知识产权将会得到保护。

世界贸易组织（WTO）的成立对于跨国公司来说也是一件好事，因为该组织的各个协定要求成员国实施平等而开放的贸易政策。相对比较贫困的国家的企业，不管是本国企业还是跨国公司，都应该是将来各回合的国际贸易谈判的最大受益者。因为贫困国家更多的是出口农产品和纺织品，这些行业的企业将会从发达国家降低进口壁垒的做法中获益。另外，贫困国家的企业还应该能够从贫困国家更好的合作、进一步融入全球贸易体系中受益。

本章小结

1. 阐释政府干预国际贸易背后的政治、经济以及文化动机：

政府干预贸易的政治动机包括：（a）保护就业；（b）维护国家安全；（c）回击他国的不公平贸易行为；（d）获得对他国的影响力。

政府干预贸易的经济动机包括：（a）保护幼稚产业；（b）实施战略性贸易政策。

幼稚产业保护论认为，应该对一国的新兴产业提供保护，使之在发展过程中免遭国际竞争，直到它们变得足够有竞争力，但是这样做会削弱竞争程度，导致价格高企。

战略性贸易政策论认为，政府干预有助于企业利用规模经济的优势，成为整个行业的先行者，但这样做同样可能导致低效率、高成本以及贸易战。

政府干预贸易最普遍的文化考虑就是保护民族特色。

2. 列举并解释说明政府可用来促进国际贸易活动的措施有哪些：

补贴是针对本国生产者提供的经济援助，可以采取现金支付、低息贷款、税收减免、产品价格支持或者是其他一些形式。

尽管补贴的目的是帮助本国企业与国际竞争者相抗衡，但是批评者认为补贴等同于企业福利，从长期看是有害的。

出口融资包括按照低于市场水平的利率向企业提供贷款、向企业发放原本无法获得的贷款等。贷款担保则是指如果企业违约，那么政府承诺代为偿还贷款的做法。

自由贸易区（FTZ）是指一个特定的地理区域，在那里，商品可以按照较低的关税或者是简化的手续办理出入境手续。

专门政府机构负责组织政府贸易官员以及商务人士出国考察，在海外开设分部以便促进本国产品的出口。

3. 列举并且解释政府可用来限制国际贸易活动的各种举措：

关税是对进入或者离开一国边境的产品征收的税负。关税可以分为三种类型，即出口税、进口税以及转口税。

进口税可以分成从量税、从价税以及混合税三种。

对特定时间内进入或者离开一国的商品的数量施加限制的做法叫作配额。

进口配额为本国生产商提供了一种保护；而出口配额的作用则是保证本国有着充足的供应，或者是抬高配额产品在世界市场上的价格。

完全禁止和某个国家之间有贸易往

来的做法叫作禁运。

本地成分要求是指某种商品或服务中必须有特定比例是在本国市场上进行生产的法律要求。

行政拖延（管制措施或行政规则）或者是外汇管制（限制货币的自由兑换能力）也可以起到阻碍进口的目的。

4. 阐释世界贸易组织在促进自由贸易方面起到的重要作用：

关贸总协定（GATT）是一个旨在通过降低关税和非关税壁垒来促进自由贸易的协定。

乌拉圭回合谈判：（a）首次将服务贸易纳入进来；（b）对知识产权作了界定；（c）降低了农产品贸易壁垒；（d）决定成立世界贸易组织（WTO）。

WTO的三个目标是：促进自由贸易，通过协商促进市场进一步开放，解决成员国之间的贸易争端。

WTO的一个关键组成部分是被称为正常贸易条件的非歧视原则，该原则要求WTO的成员国公平对待所有成员。

当某公司按照低于其在国内市场上正常收取的价格，或者是按照低于生产成本的价格出口产品时，就说该公司存在倾销。

课堂讨论

1. 假设你所在国家的人们认为国际贸易影响了他们的工资水平和就业。你的任务则是要扭转他们的这一看法。你会如何做以便你的同胞能够认识到贸易的收益？具体解释你的每一种行动方案是如何影响人们的想法的。

2. 大多数国家都有一份"黑名单"，要求潜在出口商在向名单上的国家出口商品之前必须申请特殊许可证。哪些国家、哪些产品在你国的"黑名单"上？为什么？

3. 两名学生正在讨论在全球贸易体系下，为了降低贸易给环境带来的危害应该采取哪些措施。其中一名学生说："没错，可能确实造成了污染，但是相对于生活水平的提高来说，这不过是微不足道的。"另一名同学深表赞同，说道："没错，总有些大惊小怪的人喜欢夸大这方面的影响。谁会在意亚马孙河里几只小蟾蜍的灭绝呢？

我肯定是不会在意的。"针对这两个人的看法，你能提出相反的观点么？

小组练习

1. 调研项目。在你所在的城市选择一家从事进口/出口活动的企业，和公司老板或者是高级经理做一个访谈。你的目标是弄清楚政府干预国际贸易活动给该公司的业务带来了哪些正面或负面影响。在访谈之前，通过商业期刊（在线的或者是纸质的都可以）就政府对贸易的干预这一问题做一个调研，访谈结束之后再做一个调研。研究具体的案例，并且分析政府干预经济活动会带来怎样的潜在影响。

2. 市场进入战略项目。本练习与市场进入战略在线模拟有关。就你所调研的国家而言，政府对贸易活动的干预程度如何？干预背后的政治、经济和文化动因分别是什么？如果有的话，政府都采取了哪些措施来：（a）促进出口，（b）限制进口？国内有自由贸易区么？有没有向 WTO 提交针对另一个成员国的诉讼？其他国家是否曾指控该国有非公平贸易行为？将你的研究发现写入最后的报告中。

关键术语

倾销	行政拖延	禁运	补贴
反倾销税	自由贸易区	关税	混合税
自由贸易	关税—配额	从量税	从价税
正常贸易关系	自动出口限制	外汇管制	配额

伦理题

1. 假设你是佛罗里达州南部地区一家糖厂的总裁。最近，因作为你公司主要原料产地的加勒比地区歉收，你方一直疲于满足市场的需求。因为《赫尔姆斯-伯顿法案》以及美国对古巴的禁运令，你公司不能与古巴进行贸易往来。如果禁运令取消的话，你公司就可以得到一个廉价原料来源地，公司利润水平也会因此而得到显著提高。佛罗里达州有一名议员在华盛顿一个颇有影响力的委员会任职，后者正在评估对古巴禁运的问题。为了推动取消禁运令，你会向这位议员提出怎样的建议？

2. 假设你是世界贸易组织的一名顾问，对美国最高法院针对马萨诸塞州和缅甸之间的一起争端作出的判决进行复议。位于华盛顿的一个非营利贸易与产业组织——国家外贸理事会（NFTC）最近赢得了和马萨诸塞州之间的诉讼。在毫无争议的情况下，美国最高法院判决 NFTC 胜诉，并且废除了马萨诸塞州关于所有在缅甸做生意的企业都不能赢得本州合同的一条法律规定。最高法院认为，该州的法律触犯了联邦政府的权威，违背了联邦政府有关缅甸问题的规定。实际上，美国宪法明确规定，"外交政策全权由联邦政府制定"。NFTC 声称，它对发生在缅甸的侵犯人权的事件也感到担忧，但是它认为在敦促该国作出改变方面，跨国合作是最有效的方式。

你认为企业是否应该因为在海外某些国家开展业务而被剥夺其所享受的得到国内业务的权利？世界贸易组织是否应该插手这类政治事件？为什么？如果各州都可以根据自行确立的外交理念来惩罚州内企业，国内企业会受到怎样的影响？

国际管理案例

打倒倾销

"世界贸易组织同意调查欧盟对产自中国的皮鞋征收关税一事。加拿大在世界贸易组织向美国提起诉讼。墨西哥加大反倾销力度。中美贸易前景一片暗淡……必须制止这样的做法。"以上这些不过是世界各地新闻头条的一部分而已。

国际贸易理论认为，各国应该对国际贸易敞开大门。传统的自由贸易理论认为，与闭关锁国的条件相比，通过与他国进行贸易，一国可以为国民提供种类更多的产品，而且价格也更加便宜。但是，因为政府的干预，纯粹的自由贸易在现实中根本就不存在。尽管世界贸易组织以及其他一些小型的国际集团付出了很多努力，各国政府在国际贸易问题上仍然频频鸣冤叫屈。平均来看，世界范围内每年大概有 234 起反倾销案件，其中 70% 通过各方的协商予以解决。另外，尽管前些年美国和欧盟提起的诉讼占到了世界贸易组织诉讼总数的一半左右，现在这一数字已经降低到了四分之一——目前，一半以上的诉讼是由发展中国家提起的。

过去，最富裕的那些国家经常指控发展中国家对它们进行倾销。但是现在，新兴市场也加入到了控方的队伍中来。最近，中国就发起了一项调查，以确认从日本、韩国和俄罗斯进口的合成橡胶（主要用来制造汽车轮胎和鞋子）是否存

在倾销行为。墨西哥也扩大了自动进口告知系统的适用范围。该系统要求出口商（来自特定名单上的国家）在货物预计抵达墨西哥之前十天，将这批货物的数量和价格告知墨西哥官方。这样一来，墨西哥国内厂商就提前得到通知，有低价产品将要进入该国，从而它们可以在产品清关进入本国市场之前抗议对方存在倾销。印度则设立了专门的政府机构来处理反倾销案件。此外，阿根廷、印度尼西亚、南非、韩国以及泰国都纷纷使用反倾销这一流行的贸易保护主义手段。

倾销为什么会如此普遍？更加让人费解的是，世界贸易组织竟然会容许它的存在。在降低关税方面，世界贸易组织取得了显著的成就，近年来几乎所有产品大类均已大幅降低关税。但是，世界贸易组织没有权力对企业开出罚单，它只能惩罚政府机构。因此，世界贸易组织无法对在其他市场倾销产品的企业作出判罚。它只能制裁那些征收反倾销税的国家的政府。但是，世界贸易组织允许一国对产品存在倾销嫌疑的国家进行报复，只要该国能够证明：(1) 被控方严重伤害了本国生产商的利益；(2) 出口价格低于产品的生产成本或者是在母国市场上的销售价格。

除了向世界贸易组织提起反倾销诉讼之外，还可以采取其他手段。美国前

任总统乔治·布什就曾经依据美国贸易法的 201 条款，即"全球保障"调查，将进口钢铁的关税提高到了 30%。美国钢铁企业长期以来在和巴西、欧盟、日本以及韩国企业的竞争中一直处于劣势。但是，各国还是向世界贸易组织表达了对这项举措的不满。与此类似，2004 年美国政府对自中国和越南进口的河虾征收了高达 100% 的惩罚性关税，指控这些国家向美国倾销甲壳类产品。

反倾销关税的支持者声称，他们是在阻止倾销商试图通过压低目标市场价格从而将本土企业排挤出局的做法。也有支持者认为，在保护一国免遭完全自由贸易带来的潜在危险方面，反倾销税不失是一个很好的方法。反对者则抗议说，一旦开征，反倾销税很难取消。他们还声称，反倾销税耗费了政府和企业大量的时间和精力去提出诉讼、进行抗辩等。另外，为了避免倾销的嫌疑及不必要的麻烦，与没有反倾销调查的情况相比，出口商在目标市场上制定的价格要更高一些。这样一来，目标市场本国的企业也可以借机收取高价而不用担心失去市场份额——这就迫使消费者花更多的钱购买所需的产品。

资料来源：Jennifer M. Freedman，"WTO Agrees to Probe EU Duties on Chinese Footwear," *Bloomberg Businessweek* (www. businessweek. com)，May 18，2010；"When Partners Attack," *The Economist* (www. economist. com)，February 11，2010；"Trading Blows," *The Economist* (www. economist. com)，December 1，2009；Frederik Balfour，"Rough Road Ahead for U. S. -China Trade," *Bloomberg Businessweek* (www. businessweek. com)，April 4，2007.

□小思考

1. "你不能跟消费者说，他们以较低的价格购买传真机或者汽车的做法是不公平的。他们不关心个别公司的利益。对他们来说，这笔交易很划算，他们希望能够延续这种状态。"你同意这种观点么？你是否认为来自不同文化的人们对此会有不同的反应？为什么？

2. 正如我们已经了解到的，目前世界贸易组织不能对企业作出判罚，它只能直接对各国政府采取惩罚措施。你认为这样的规定明智么？为什么？你认为世界贸易组织为什么没有被赋予惩罚企业的权力？解释你的观点。

3. 找出一个最近提交给世界贸易组织的反倾销案例。通过媒体找到与该案有关的尽可能多的材料，并且进行讨论。指出涉案的国家、产品以及可能的惩罚措施。假设你是世界贸易组织争端解决机构的成员之一，你认同进行报复的一方采取的举措么？为什么？

第7章

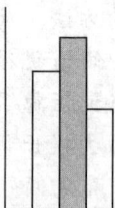

对外直接投资

通过本章的学习，你应该能够：

1. 掌握对外直接投资的方式以及为什么采用这样的方式。
2. 了解解释对外直接投资为什么会发生的各种理论。
3. 探讨对外直接投资决策过程中的重要管理问题。
4. 解释政府为什么要干预对外直接投资的自由流动。
5. 掌握政府可用来促进或者限制对外直接投资的政策工具。

内容回顾

第6章中我们在商品与服务的国际贸易框架内探讨了政府与企业之间的关系。我们研究了政府干预贸易活动的动机和手段。此外，我们还介绍了全球贸易体系及其在促进自由贸易方面起到的重要作用。

本章概要

本章介绍另一种重要的国际商务活动——对外直接投资（FDI）。同样，我们关心的是FDI的模式及其背后的理论依据。此外，我们还将探讨一下政府为什么以及如何对FDI进行干预。

下章前瞻

第8章探讨了各国经济进一步实现区域一体化的趋势。我们分析了更紧密的经济合作带来的收益，并且介绍了目前世界上主要的区域贸易集团。

再见，"大众法"

德国，法兰克福——德国大众集团旗下拥有世界上最有价值、最知名的八大汽车品牌，包括奥迪、宾利、布加迪、兰博基尼、西亚特、斯柯达、大众等。该集团在全球各地拥有48家工厂，每年向150多个国家提供将近600万辆汽车。按照计划，到2014年，该公司在中国的工厂的生产能力将要翻一番，达到300万辆。

和其他公司一样，大众集团能够有今天的成就得益于他人很多的帮助。自20世纪60年代开始，大众集团就受到了它自身的法律，即众所周知的"大众法"的特殊保护。该法赋予德国的下萨克森州——该州拥有大众集团20.1%的股份——阻止任何可能危及当地就业和经济状况的并购行为的权力。德国前总理施罗德曾经对一群欢呼雀跃的德国汽车产业工人这样说道："只要我们当权，联邦政府就会抵制布鲁塞尔的欧盟委员会任何试图摧毁大众文化的行为。"

欧盟法庭最终还是在2007年底废除了大众法，当然德国方面并没有乖乖缴械投降。立法机构通过了各种各样的大众法的变体，以帮助大众集团规避欧盟的监管，但是这些努力很有可能仍然无法取得成功。

大众集团受到的特殊待遇源自它在德国经济中的重要地位，以及德国政府与企业界之间的密切关系。大众集团在德国拥有上万名员工，在过去的60多年里，它一直是德国经济复兴的象征。在学习本章的过程中，思考一下在国际商务活动中，企业与政府之间可能会存在的问题。①

早期的很多国际贸易理论产生于大部分生产要素（比如劳动力、金融资本、资本设备以及土地或者自然资源等）都无法或者是很难跨境流动的时期。但是，现在，这些生产要素除了土地之外，都可以在国际间流动——跨越国境流向需要它们的地方。借助国际金融机构，可以获得企业扩张所需的金融资本，同时这些企业的工厂也可以搬到其他国家。虽然有很多障碍限制了劳动力的完全自由流动，但是与过去相比，其流动性也要强得多。

资本的跨国流动是对外直接投资（FDI）——通过购买他国企业的实物资产或者是一定份额的股份来获取管理控制权的做法——的核心所在。但是，关于FDI具体包括哪些形式，仍然有着广泛的争议。关于什么样的跨国资本流动才可以算作是FDI，不同的国家有着不同的标准。美国商务部规定，占海外企业10%及以上股权的跨国资本流动才能称得上是FDI，但是其他政府大多将这一比例设定为10%到25%。相比较而言，目标不在于获取对企业一定的控制权的投资被称为有价证券投资。

在这一章中，我们将探讨对外直接投资对跨国公司运营的重要性。我们首先介绍近年来FDI的增长势头，并探讨FDI的来源和去向。接着我们研究解释对外直接

---

① Mike Gavin, "Volkswagen Aims to Double China Capacity by 2013/14, CEO Says," *Bloomberg Businessweek* (www. businessweek. com), June 9, 2010; Nikki Tait, Bertrand Benoit, and Richard Milne, "Brussels Legal Threat to VW Law," *Financial Times* (www.ft. com), June 4, 2008; Volkswagen Web site (www. vw. com), select reports.

投资流动的几种理论。接下来，我们将注意力转向大部分企业在制定是否进行 FDI 的决策时，会考虑的几个重要管理问题。在本章最后，我们探讨政府鼓励或者限制 FDI 的原因所在，以及它们可以用来达到自己目标的手段。

7.1 对外直接投资的模式

与国际贸易一样（具体可以参见第 5 章），对外直接投资也具有各种不同的模式。在这一部分，我们先来看一下驱动 FDI 在过去的十年里迅猛增长的因素有哪些，接下来我们会将注意力转向 FDI 的流入国和流出国。

7.1.1 对外直接投资的波动

20 世纪 90 年代前半叶，FDI 按照每年 20％的速度迅速增长，后半叶这一数字更是达到了 40％。正如图 7—1 所示，1994—1999 年间，国际 FDI 的数额达到了年均 5 480 亿美元。从图中还可以看出，2000 年，FDI 达到历史峰值 1.4 万亿美元左右，但是在 2001 年、2002 年、2003 年增速开始放缓。一些国家在 2004—2006 年间强劲的经济表现以及高额的企业利润使得 FDI 进一步回升，并且在 2007 年创下新的历史纪录——1.9 万亿美元。

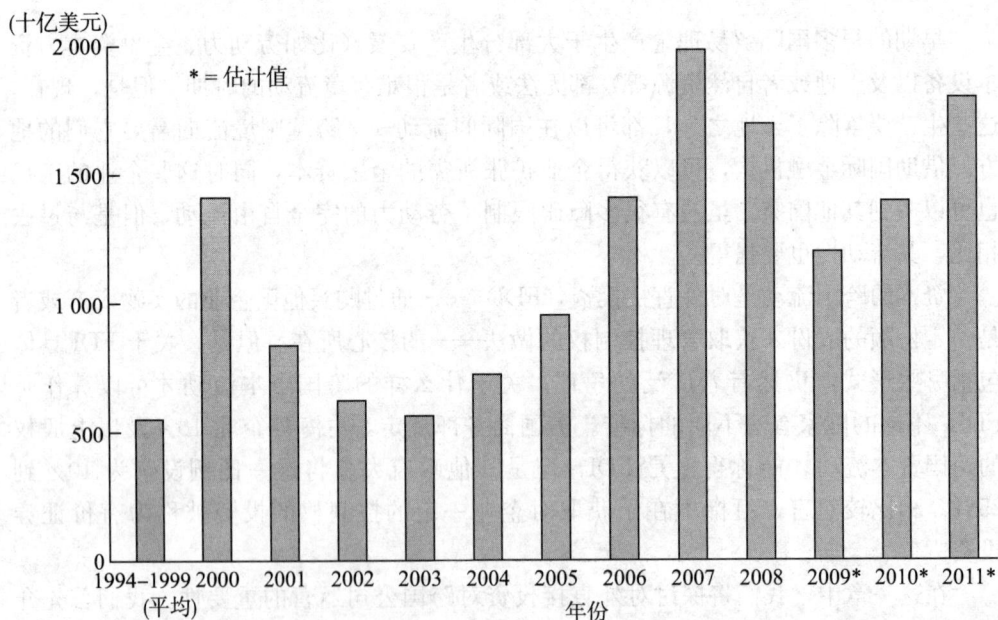

图 7—1 年均 FDI 流入值

资料来源：Based on *World Investment Report*（Geneva，Switzerland：UNCTAD），various years.

2008—2009 年的次贷危机期间，随着企业利润下降以及股票价格缩水，FDI 增速再次出现放缓。但是，随着全球经济逐渐走出衰退的泥潭，预计 FDI 会再次呈现

国际商务：全球化带来的挑战（第 6 版）

增长态势，长期来看全球范围内的 FDI 将会达到新的高点。FDI 的两个主要驱动力是全球化和国际并购。下面我们就来详细探讨一下这两股力量。

全球化　在第 6 章中我们曾经提到，曾有一段时期，原有的贸易壁垒没有减少，新的壁垒又在很多国家涌现出来。这就给那些希望将产品出口到全球各地市场的企业出了一个难题。结果就是，随着越来越多的企业为了绕开贸易壁垒进入它们看好的市场，出现了一股 FDI 浪潮。紧接着，乌拉圭回合谈判达成了新的进一步降低贸易壁垒的协议。随着各国贸易壁垒的降低，企业意识到现在它们可以在最有效率、生产率最高的国家和地区进行生产，然后将产品出口到不同市场。于是，具有成本优势的新兴工业化国家以及新兴市场又出现了一波 FDI 浪潮。因此，推动全球化的力量在一定程度上推动了对外直接投资的增长。

全球化的蓬勃发展还引发了在新兴市场进行对外直接投资的跨国公司不断增加。例如，20 年前，台湾企业开始在其他国家和地区进行大手笔投资。宏碁公司总部位于新加坡，但是创建于台湾，主要生产个人电脑和电脑零部件。在创办仅仅 20 年之后，该公司就已经在全球设立了 10 家分公司，在很多新兴市场经济体的个人电脑市场都占有不容忽视的地位。

兼并与收购　并购交易以及交易涉及的庞大价值也是导致 FDI 在长期内会呈现增长势头的一个重要因素。实际上，跨境并购是企业进行对外直接投资的主要渠道。过去，发达国家的企业是跨境并购的主要参与者，但是现在发展中国家的企业在国际并购活动中开始占据越来越大的比重。在过去的 20 年里，并购活动牵涉到的资本总值占 GDP 的比重从 0.3％增长到了现在的 8％。跨国并购总值在 2000 年创下历史高点，达 1.2 万亿美元。这一数字大约占到了全球股票市场总价值的 3.7％。我们前面提到的导致 FDI 起起落落的各种因素同样也使得跨境并购活动呈现出目前所看到的样子（见图 7—2）。截止到 2007 年，跨境并购总值攀升至 1 万亿美元左右，紧接着在全球次贷危机爆发后开始下滑。

（十亿美元）

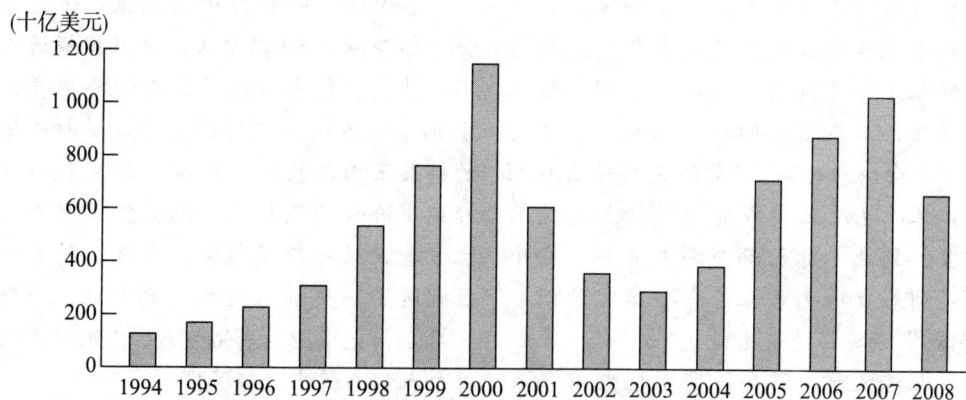

图 7—2　跨境并购总值

资料来源：Based on *World Investment Report*（Geneva，Switzerland：UNCTAD），various years.

很多跨境并购交易的发生，源于企业以下目的：

- 在新市场上站稳脚跟；
- 提升企业的全球竞争力；

■ 在全球产业背景下，填补企业产品线的空白；

■ 降低研发、生产、分销等成本。

在对外直接投资迅猛增长的过程中，中小企业也发挥了重要作用。尽管我们并没有关于小企业对 FDI 的贡献比的具体数据，但是确实有一些证据可以表明这些企业也在从事 FDI 活动。受很多大公司限制条件的阻碍，在其他国家进行投资的企业家往往会表现出非凡的敢干精神、创造力和勇气。关于一个年轻的企业家如何在中国实现他的梦想的真实案例，请参见下面的"企业家工具箱：东北牛仔"。

企业家工具箱

东北牛仔

在他 28 岁的时候，汤姆·科克伍德实现了自己将爷爷的太妃糖引入中国的梦想。他的经历——一路走来的跌跌撞撞——在跨国投资方面给我们提供了很好的借鉴。中国的小投资者们所遵从的理念再简单不过——找到一种易于生产、受众广泛、价格低廉的产品，然后选择一个成本最低、给予投资者最优厚待遇的地方完成产品的生产制造。

位于宾夕法尼亚州肖尼特拉华的肖尼酒店——一个可以滑雪或者打高尔夫球的度假胜地——是科克伍德的家族企业，现在他打算在中国东北地区这个人口众多的老工业基地开一家糖果厂。中国人喜欢将独立包装的糖果作为礼物送给别人。科克伍德认为，在中国，越来越多生活日渐富裕的城里人对于糖果的要求也会越来越高。"你不需要是 M&M 豆，但你也没必要成为廉价糖果。你只需要找到属于你的那个利基市场，在中国，利基市场也意味着一个庞大的消费群体。"科克伍德说道。

在这之前，科克伍德就已经有了来

中国做生意的打算。80 年代中期，他曾经在台湾和大陆呆了一年的时间，学习中文，并且曾经在上海一家工程公司工作。这些经历使得他萌生了在中国经济发展的大潮中一试身手的想法。带着从家族那里筹得的 40 万美元资金，科克伍德和他的朋友皮特购买了机器设备，并且在沈阳东北地区一个有着 600 万人口的城市租赁了厂房。那里公路和铁路交通都很便利，工资水平也比较低。当地政府对这个 100% 外资所有的企业也很是照顾，于是"沈阳肖尼牛仔食品公司"诞生了。

尽管这是一个很小的尝试，但是该公司已经拥有 89 名员工，并且规模还在不断壮大。科克伍德下定决心要用类似于 longhorn bars 这样的名字成功打造他的糖果王国。最近，在前往北京和一家经销商洽谈的飞机上，他突然想起来自己带着满满一袋子糖果。于是，科克伍德就送了一块糖给飞机上的空姐。午饭之后，科克伍德欣喜地发现："飞机上的每个人都知道牛仔糖了！"

□ 7.1.2 对外直接投资在全球范围内的流动

驱使对外直接投资不断增长的是 8.2 万家跨国公司，它们在世界各地有着 81 万多家分公司，其中大部分位于发展中国家。① 发达国家目前仍是对外直接投资的主要流入国，这是因为大部分的并购活动都集中在那里。全球对外直接投资流入总额——2008 年，这一数字接近 1.7 万亿美元——中大约有 57％的比例（约 9 620 亿美元）流入发达国家。相较之下，流入发展中国家的对外直接投资额则大约为 6 210 亿美元——在全球对外直接投资流入总额中占 37％，与 2004 年的峰值 40％相比略有下降。另外的 6％则流向了欧洲东南部、处于从共产主义向资本主义转型的不同阶段的国家。

在发达国家中，全球资本有相当大的比例流向了欧盟、美国和日本。欧盟是世界上最大的对外直接投资流入地，2008 年大概吸引了 5 040 亿美元资金流入（几乎占到了全球总额的 30％）。在这一庞大的数字背后则是欧洲一体化程度的加强。

发展中国家在 2008 年的经历不尽相同。在这一年，流入亚洲地区发展中经济体的资金额大约为 3 880 亿美元，其中，中国吸引的外资数额创下历史新高，达到 1 080 亿美元。印度作为亚洲次大陆最大的资本流入国，吸引了大约 420 亿美元，对于该国而言这也是一个相当大的数字。随着本土企业国际竞争力的增强，从亚洲的发展中国家流出的资金同样也在不断增加。

此外，整个非洲地区在 2008 年大约也吸引了 880 多亿美元的流入，占世界总额的 5.2％。流入拉丁美洲和加勒比地区的对外直接投资近十年来显著减少，但是在 2008 年却突然飙升到 1 440 亿美元，占全球总额的 8.5％。流入欧洲东南部以及独联体国家的资金连续八年都处于增长的势头，并在 2008 年创下新的纪录——1 140 亿美元，或者说全球对外直接投资总额的 6.7％。

▢ 小测验

1. 对外直接投资和有价证券投资之间的区别是什么？
2. 影响对外直接投资在全球范围内流动的因素有哪些？
3. 给出对外直接投资的主要流入国。对外直接投资的流向是否有所变化？

7.2 对外直接投资的成因

在前面的内容中，我们研究了对外直接投资的流向，但是并没有涉及对外直接投资形成的原因。下面，我们就详细探讨一下试图对企业从事对外直接投资活动的动因作出解释的四种理论。

▢ 7.2.1 国际产品生命周期理论

在第 5 章论及国际贸易的成因时我们曾介绍过产品的生命周期理论，该理论同

---

① This section draws on information contained in the *World Investment Report* 2009 (Geneva, Switzerland: UNCTAD, September 2009)，Overview.

样可以用来解释为什么会出现对外直接投资活动。[①] 国际产品生命周期理论认为，随着所处产品生命周期的阶段的变化，企业会从最初的出口产品转为进行对外直接投资。在新产品阶段，考虑到国内需求的不确定性，同时也为了保证生产与产品研发紧密联系，产品只能在母国进行生产。在产品成熟阶段，企业将在那些国内需求足以保证开工率的国家投资建设生产线。在最后的产品标准化阶段，激烈的竞争给企业带来了巨大的降低成本的压力。因此，企业在成本较低的发展中国家投资设厂，满足世界各国对其产品的需求。

尽管表面上看国际产品生命周期理论有着很强的说服力，但是该理论在解释企业为什么会选择直接投资而不是其他市场进入方式方面，有着很大的局限性。目标国本国的企业可以通过支付一定的费用获得生产某种产品所需的特定资产的使用权，这样一来，母国企业就可以规避以直接投资方式进入目标国市场所面临的风险。同样，该理论也无法解释企业为什么会选择对外直接投资而不是产品出口。与在目标国投资设厂相比，增加母国工厂的产能以满足海外市场的需求带来的成本可能会更低。

简言之，国际产品生命周期理论对一些企业按照自身产品的生命周期进行对外直接投资的原因作出了解释。但是，该理论并没有对其他市场进入方式为什么是次优选择作出阐释。

□ 7.2.2 不完全竞争市场（内部化）理论

一个以最大效率（产品价格降低到最低水平）运行、消费者可以很容易地买到自己所需的商品的市场被称为完全竞争市场（完美市场）。但是，在实际生活中，完全竞争市场即便存在也是非常少见的，因为一些因素会降低企业的运行效率，这被称为不完全竞争。不完全竞争市场理论认为，当市场上的不完全竞争因素导致交易效率低于应有水平时，企业将通过对外直接投资将交易内部化，从而消除不完全竞争的影响。与该理论相关的两种不完全竞争因素分别是贸易壁垒和专业化知识。

贸易壁垒 在国际商务活动中，诸如关税这样的贸易壁垒是非常普遍的一个会导致市场不完全竞争的因素。例如《北美自由贸易协定》规定，进入加拿大、墨西哥和美国的任何商品，如果希望享受免征关税的待遇，那么商品中源自前述三国的成分必须占到一定的比例以上。这就解释了为什么很多韩国企业会在墨西哥与加利福尼亚州交界处往南的蒂华纳进行投资。通过在墨西哥投资设厂，这些韩国企业就能避开从韩国工厂向这些北美国家直接出口产品时需要缴纳的关税。不完全竞争（关税）的存在导致企业选择对外直接投资。

专业化知识 在某些情况下，一家公司最具竞争力的优势就是其专业化知识。这里所说的专业化知识可以是工程师的技术专长，也可以是管理者独特的营销能力。在前一种情况下，该公司可以向使用这种专业技术生产相同或类似产品的他国企业收取一定的费用。但是，当一家公司的专业特长体现在员工方面时，要想利用其他国家存在的市场机会，唯一的方法就是进行对外直接投资。

企业收取一定费用后允许其他公司利用自己的专有技术可能会导致"养虎为患"的局面，因此专业化知识也是促使企业进行对外直接投资的一个不完全竞争因素。短期收益（向其他公司收取的费用）与从长期看蒙受的损失（丧失竞争优势）相比，企业更愿意选择进行对外直接投资。例如，随着二战后日本重建本国工业，很多日本企业选择向西方企业支付费用以便获取后者的产品生产技术。因为这些日本公司后来在改进和提高这些技术方面表现突出，它们很快便成为了行业领导者。

□ 7.2.3　折中理论

折中理论认为，当区位优势、所有权优势以及内部化优势结合在一起，使得在某一地区进行投资具有吸引力时，企业就会选择对外直接投资。[①] 区位优势是指某个地区凭借（先天或者后天的）独特条件将经济活动吸引到该地区所形成的优势。[②] 这种优势可能是历史形成的自然资源优势，比如中东的石油、加拿大的木材或者是智利的铜矿等；也可能是后天形成的，比如熟练的劳动力资源等。所有权优势是指企业拥有某种特殊的资产，比如品牌认知度、技术专长或者管理才能等所形成的优势。内部化优势是指在公司内部而不是相对而言缺乏效率的外部市场进行某种商业活动所形成的优势。折中理论认为，当以上三种优势都具备了时，企业将进行对外直接投资活动。

□ 7.2.4　市场势力理论

企业通常都会在本行业内谋求相对于竞争对手来说尽可能大的市场势力。市场势力理论认为，企业之所以进行对外直接投资，是为了在行业中占据主导性的市场地位。市场势力可以给企业带来更高的利润，因为这意味着企业对于生产投入的要素的成本或者是所生产的产品的价格有着更强的掌控力。

企业获取市场势力（主导地位）的渠道之一就是垂直一体化——将企业的生产经营活动扩展到可以为企业提供投入要素的领域（后向一体化）或者是可以吸收企业生产的产品的部门（前向一体化）。在某些情况下，当一家企业有资源或能力进行后向一体化从而参与到其生产所需的投入要素的供给中，它就控制了该要素在全球范围内的供给。同样，如果企业可以进行前向一体化，从而增强自身对产出的控制权，该企业同样可以获取强大的市场势力。例如，它们可以在销售领域直接进行投资，以便跳过被竞争对手牢牢控制着的销售渠道。

①　John H. Dunning, "Toward an Eclectic Theory of International Production," *Journal of International Business Studies*, Spring-Summer 1980, pp. 9 – 31.

②　For an excellent discussion of the economic benefits provided by particular geographic locations, see Paul Krugman, "Increasing Returns and Economic Geography," *Journal of Political Economy*, June 1991, pp. 483 – 499.

1. 论述对外直接投资的国际产品生命周期理论。
2. 不完全竞争市场（内部化）理论是如何解释 FDI 的成因的？
3. 简述折中理论，说明形成对外直接投资活动需要具备的三个优势。
4. 市场势力理论是如何解释对外直接投资的成因的？

7.3 对外直接投资决策中的管理问题

决定是否进行对外直接投资的过程与公司及其营销管理方面的一些重要问题有关。其中有些与进行对外直接投资的公司的内部运作方式有关，例如对海外经营或者生产成本的控制等；另外一些则与公司所处的市场和行业有关，例如消费者的偏好或者竞争对手的行为等。下面我们将依次考察这些重要的问题。

□ 7.3.1 控制权

在海外进行投资的公司大多非常关注自身对发生在当地市场上的某些行为的控制权。这可能是因为公司希望通过采取与本国市场相同的方式在当地市场销售产品，也可能是希望保证自己的产品在两个市场上的售价保持一致。有些公司力图确保在海外公司拥有大部分甚至是百分之百的所有权，因为它们认为占有的所有权比例越大，其控制权也就越大。

但是，因为各种各样的原因，即便是拥有绝对的所有权，公司也无法保证一切都在自己的掌控之中。例如，当地政府可能会加以干涉，要求企业在当地聘用一些管理人员而不是完全从母国派遣。如果公司一定要从总部指派管理人员到该国分公司工作的话，它就必须证明本地缺乏熟练的管理人才。政府还有可能要求公司在当地生产的所有产品都必须用于出口，从而避免与该国国内的企业竞争。

合伙要求 考虑到控制权的重要性，许多公司在对海外工厂应该拥有多大份额的所有权方面有着严格的规定。一度，IBM 公司严格规定，海外子公司必须百分之百为母公司所有。不过，如果当地政府提出以进入当地市场的特权来换取子公司的部分所有权的话，母公司通常也必须作出妥协。

一些政府将获得企业一定的所有权份额看作是保护其国内产业和工人，使其免遭大型跨国公司剥削和支配的手段。有时，跨国公司会为了获取市场准入机会而放弃部分控制权，但是大多数情况下，则往往拒绝让步。后来，大多数国家都先后转变自己的强硬立场，开始对跨国投资敞开大门。历史上，墨西哥曾对跨国投资采取逐项审批的管理方式。当时，IBM 就能否对设在瓜达拉哈拉的一个设备厂拥有百分之百的所有权与墨西哥政府进行谈判，结果，IBM 公司在其他方面作出大量的妥协之后，墨西哥政府才终于放行。

合作的收益 近年来，政府和跨国公司之间的配合越来越默契。许多发展中国家和新兴工业化国家的政府终于认识到了跨国投资能够带来的收益，比如减少失业、增加税收、培养熟练劳动力以及技术转移等。如果某个国家有了过分制约跨国企业发展的名声，那么本国的外来投资就会减少甚至枯竭。实际上，正是印度政府严苛的政策阻碍了对外直接投资流入该国，才让印度错失了东南亚邻国享有的收益。

跨国公司还给企业建立了一个重要的沟通渠道，使其得以借此和东道国保持良好的关系。企业和政府双方都倾向于坚持正确的路线——在大多数情况下选择合作，但是当风险很高时则加以控制。

通过与当地伙伴合作并充分尊重中欧国家的民族尊严，比利时的因特啤酒厂（Interbrew）成功实现了对匈牙利原国有企业博尔索迪啤酒厂（Borsodi Brewery）的收购。从一开始，比利时公司就明智地提出，只有在实行本土化管理的前提下，它才会大力推进并购行为。此外，它还将在技术、营销、销售、分销和日常管理培训方面对匈牙利企业提供帮助。博尔索迪啤酒厂最终成为因特公司的重要子公司，并且完全由匈牙利的管理者自行管理。

□ 7.3.2　收购还是新建？

对于企业管理层来说，另外一个重要的决策就是判定是收购一家现存的企业还是在海外建立一家新的子公司——也称为绿地投资。通过收购，投资者通常能够得到被收购企业现有的厂房、设备以及劳动力。当然，收购方还可以从被收购方多年来所建立的公司声誉或者是消费者对公司的品牌认知度中获益。此外，收购现有企业的融资方式也比较灵活，例如可以通过公司之间的股权互换等完成。降低收购现存企业的吸引力的因素则包括陈旧的设备、恶劣的劳资关系以及不利的地理位置等。

墨西哥的西迈斯水泥公司（www.cemex.com）是一家跨国公司，它通过收购一些濒临破产倒闭、效率低下的工厂后进行重组而大获其利。公司主席赞布拉诺（Lorenzo Zambrano）长期以来秉持的理念都是："要么你主动进行全球大收购，要么被收购。"西迈斯公司通过对外直接投资而取得了成功，并打击甚至击败了它在发达国家的许多竞争对手。例如，当该公司以18亿美元的价格收购了西班牙最大的两家水泥厂瓦伦西亚（Valenciana）和商信（Sanson）时，全世界都为之震惊。

但是，有时候并没有适当的企业可供收购，这时企业就必须进行绿地投资。波兰拥有大量廉价的熟练劳动力，这使得它对汽车制造商来说极具吸引力。但是当通用汽车公司打算在当地投资时却发现，该国缺乏先进的汽车生产设备。于是，通用公司花费了3.2亿美元在波兰的西里西亚地区投资建厂。该厂年产能达到20万辆，其中有些车型特别为出口到利润丰厚的西欧市场而设计。不过，绿地投资也有它令人头疼的地方，比如获取必要的准入许可、融资以及雇用当地工人等。在有些海外市场上，这些问题是不小的麻烦。

□ 7.3.3　生产成本

在任何一个国家，可能影响企业生产成本的因素都有很多。例如，劳动法规会大幅提高生产成本。企业可能需要为员工提供高于其小时工资的一揽子福利，可能需要对员工进行培训以使他们掌握达到生产标准所需的技能。尽管当地市场的土地成本和企业所得税税率可能相对较低（这或许是因为政府有意采取这些措施以吸引跨国公司），但是这些优势也未必是一直存在的。随着中国工业化进程的展开，把中国作为生产基地的世界各国公司发现不断上涨的工资水平正在逐渐侵蚀它们的利润。后来，一些公司又发现越南似乎是以低成本组织生产的不错选择。

合理化生产 企业降低生产成本的途径之一是合理化生产——在该生产系统中，产品的零部件都是在成本最低的地方进行生产，然后再集中到装配基地组装成最终产品。例如，中国生产的填充玩具，（除了用于缝合的多芯线外）所有构件都是进口的：眼睛在日本生产，外衣从法国进口，聚酯纤维来自德国或者美国，毛绒织物则是韩国产的。在中国完成的，只是这些小构件的组装工作。

虽然这种生产方式的效率很高，但是也存在一个潜在问题，那就是处于某个国家的那个生产环节的中断可能会导致整个生产流水线的停滞。例如，汽车制造业是高度合理化生产的，零部件从世界各国汇聚到一地进行组装。因此，当美国联合汽车工会针对通用汽车公司发起罢工时，通用公司的诸多国际组装厂都受到了威胁。美国联合汽车工会极具战略眼光地选中了一家主要负责向通用公司在北美地区的几乎所有组装厂提供刹车踏板的一家工厂，发起了罢工活动。

墨西哥的美资工厂 从太平洋沿岸到墨西哥湾绵延2 000英里、宽130英里的美国—墨西哥边境地带可能是北美发展最快的地区。该地区拥有1 100万人口，年经济产值达1 500亿美元。类似的这种边境经济组合模式——一边是经济发达地区，另一边是低工资地区——正逐渐成为那些被工资差异或者技术鸿沟分割开来的地区希望借鉴的经济模式。一些分析人士将美国—墨西哥之间的关系比作是香港和广东省之间的关系。来自德国和波兰边境地区的政府官员们也希望可以将美国—墨西哥的先进经验与自身的独特条件相结合。

研发成本 随着技术逐渐成为越来越强大的竞争因素，建立技术平台所需的高额费用也使得各跨国公司纷纷采取跨境联盟的方式来共享技术、共担成本。例如，一些大型跨国制药企业对刚刚起步的小公司所从事的尖端生物技术工作有强烈的兴趣。位于纽约的卡达斯制药公司（Cadus）发现了400种基因在被称为受体的分子中所起的作用。很多异常反应都与这些受体失效有关，因此，这些受体成了药物研发的重要对象。于是，英国的史克必成公司（Smith Kline Beecham）向卡达斯投资了大约6 800万美元，以便获取该公司的研究成果。

度量技术在对外直接投资活动中的重要性的一个指标是母公司在他国的分支机构所从事的研发项目的数量。创新的全球化以及对研发领域进行直接投资的现象并不一定是由当地市场规模等需求方面的因素引发的。相反，针对研发领域的对外直接投资看上去更像是被获得高科技、人力资本这样的供给因素所催生的。

□ 7.3.4　与消费者有关的信息

在决定是否进行对外直接投资时，消费者行为是非常重要的一个考虑因素。

直接在东道国进行投资有利于企业获得与消费者有关的重要信息——这一点是在母国无法做到的。例如，当不同国家的消费者对某种产品的消费偏好存在很大的差异时，本土化经营有助于企业更好地理解这种偏好上的差异并且据此对产品作出改进。

一些国家在某些特定类型的产品上培育起了良好的品牌声誉。德国的汽车工业、意大利的制鞋业、法国的香水以及瑞士的钟表等都会带给消费者一种优质的印象。这样一来，企业就可以通过在这些国家生产其具有高品质声誉的产品而获利，哪怕是企业总部设在其他国家也不例外。比如，一家古龙水生产商可能会在法国完成产品的包装工作并且给自己的产品起一个法国名字。品牌形象所具有的这种吸引力也会激励企业进行对外直接投资。

□ 7.3.5　追随客户

当企业所服务的对象在海外进行了投资时，企业自身也会倾向于进行对外直接投资。这种"追随客户"的做法常见于企业的许多零部件都是由一些与之有密切合作关系的供应商提供的行业。这一做法还可能会使得一些相互供应原材料的企业聚集在某个特定的地理区域并形成产业集群（参见第5章）。例如，梅赛德斯公司在亚拉巴马州的塔斯卡卢萨城创办它的第一家工厂时，多达九家的汽车零配件供应商都先后从德国迁到此地，它们共同带来了数百万美元的投资。

□ 7.3.6　追随对手

在为数不多的几家大型企业占据主导的行业中，对外直接投资决策往往伴随着"追随领导者"的情况出现。也就是说，很多企业认为如果不选择与先行者一致的行动的话，自己就会被一个潜在的有利市场淘汰。例如，当总部设在发达的工业化国家的企业在种族隔离制度被打破后重新返回南非时，其竞争对手也纷纷重新征战南非市场。当然，每个市场上都只能容纳一定数量的同业竞争者，此时那些没有竞争力的企业将会选择损失最小的经营方式。比如，百事可乐曾于1994年打入南非市场，遭到可口可乐公司的排挤后于1997年选择了再次退出该市场。

在这一部分内容中，我们探讨了企业管理者在进行对外直接投资决策时通常会考虑的几个因素。在第15章介绍企业是如何制定出谋求海外投资这一雄心勃勃的目标时，我们还会继续讨论这些因素。同时，通过学习下面的专栏"全球经理人公文包：海外投资小意外"，你还可以了解到与经理人决定进军海外市场时需要考虑哪些方面的问题有关的更多知识。

全球经理人公文包

海外投资小意外

是在海外市场投资建厂还是在当地　收购一家现有企业，这是一个很困难的决策。针对企业可能遇到的各种意外情况做好准备，管理层可以将自身面临的各种风险最小化。

■ **人力资源政策。** 企业并不总是能够做到在不违背当地法律或者是不触犯当地习俗的条件下，将在母国执行的人力资源政策照搬到海外市场。各国对生产活动有着不同的要求，对企业的运营管理也有着自己的规定。

■ **劳动力成本。** 法国工人每小时的最低工资是 12 美元，而墨西哥对外公布的最低工资标准是每天 5 美元。但是，如果把墨西哥政府关于员工福利的强制性规定以及该国的就业政策考虑进来的话，其最低工资标准大概要翻一番。这些方面的差别通常并不是那么显而易见。

■ **强制性福利。** 具体说来，这包括由企业提供的衣服和食物、必需的分红、就业保障合同以及慷慨的员工解雇政策等。企业在这些项目上的花费可能比向员工支付的全部工资还要高，而且这些福利项目通常没有讨价还价的余地。

■ **工会。** 在某些国家，你会发现有组织的工人渗透到了几乎每一个行业、每一家企业。企业往往不是与哪一个工会，而是不得不与五六个代表不同利益团体的工会同时进行交涉。

■ **信息。** 有些国家没有关于可供利用的劳动力情况、能源成本、通货膨胀水平等重要指标的数据。发达国家的这类信息的价值含量很高，新兴市场以及发展中国家的数据则值得怀疑。

■ **人际与政治关系。** 在发展中国家和新兴市场国家，人际和政治关系至关重要，某些情况下甚至是决定企业能否在当地投资设厂的唯一要素。但是，企业管理者在按照当地惯例做事时可能会陷入两难的道德困境。

▢ 小测验

1. 为什么说控制权在企业制定对外直接投资决策的过程中起着至关重要的作用？

2. 生产成本是如何影响企业的对外直接投资决策的？说明什么是合理化生产。

3. 请说明在对外直接投资决策过程中，为什么要考虑与消费者有关的情况、追随客户和追随竞争对手。

7.4 政府对对外直接投资的干预

为了保护本国的文化遗产、国内企业以及国内就业水平，各国政府往往会对外直接投资进行干预。政府可通过制定法律法规或者是对希望进入本国市场的海外企业设置障碍来达到这样的目的。但是，近年来激烈的竞争压力使得各国开始竞相吸引跨国公司到本国投资，政府转而实行鼓励海外投资的政策。如表 7—1 所示，近年来各国政府的大部分政策调整都是倾向于鼓励外资进入本国的。

表 7—1　　　　　　　　　国家的政策法规与 FDI

	1995	1996	1997	1998	1999	2000	2001	2002	2003	2004
调整投资法规的国家数量	65	70	71	72	82	103	92	91	58	55
作出调整的数量	139	150	207	246	242	270	203	177	98	110
鼓励 FDI	130	147	193	234	218	234	162	142	74	85
限制 FDI	9	3	14	12	24	36	41	35	24	25

资料来源：*World Investment Report* 2009（Geneva，Switzerland：UNCTAD，September 2009），Chapter 1，Table1.14，p.31.

通常情况下，一国的政策是倾向于保护主义还是对外开放主要取决于一国的文化、历史以及政治哲学。一国主导的价值观念、处事风格及信念构成了决定该国政府如何看待对外直接投资的基础。例如，与欧洲后裔有着紧密联系的南美洲国家（比如阿根廷）通常都对来自欧洲国家的投资持欢迎的态度；但是受本土影响较大的南美洲国家（比如厄瓜多尔）对来自欧洲国家的投资，态度则要冷淡得多。

对于一个国家来说，适宜的对外直接投资规模到底是多少，人们并没有统一的看法。一种极端情况是，人们倾向于经济上的绝对独立自主，反对任何形式的对外直接投资；另一种截然相反的情况则是，人们讨厌任何形式的政府干预。不过，大多数国家介于这两者之间，认为适度的外来投资对于提升本国总产出、改善人民生活水平是有利的。除了处世哲学方面的差别外，各国政府干预对外直接投资活动往往还有着更深层次的现实原因。在详细探讨这些原因之前，我们先来了解一下国际收支平衡的含义。

□ 7.4.1　国际收支平衡

一国的国际收支平衡表是指记录一国所有的对外支出和收入活动的会计系统。在跨国交易中，对其他经济体的支付行为（即资金流出）会导致一国的国际收支账户资金数额的减少，所以记作"－"号；相反，从其他经济体获得资金支付的行为（即资金流如）会使得一国的国际收支账户资金数额增加，所以记作"＋"号。

举例来说，当一家美国公司在墨西哥股票市场上买入一家墨西哥公司 40％的公共流通股时，美国的国际收支平衡表中所记录的交易量即为资本支出，应记作"－"号。表 7—2 给出了美国的国际收支平衡表的一个示例。如该表所示，任何一个国家的国际收支平衡表都由两个部分构成——经常账户和资本账户。下面我们就逐一解释表 7—2 中每个账户的含义，并且讨论如何才能读懂一国的国际收支平衡表。

表 7—2　　　　　　　　美国的国际收支平衡表　　　　　　　单位：百万美元

经常账户

货物、服务的出口和收入	1 418 568
货物	772 210

服务	293 492	
美国在海外的资产收入	352 866	
货物、服务的进口和支出		−1 809 099
货物		−1 224 417
服务		−217 024
海外资产在美国获得的收入		−367 658
单方转移支付		−54 136
经常项目差额		**−444 667**
资本账户		
美国在海外的资产增加（资本流出）		−580 952
美国官方储备资产		−290
美国政府的其他资产		−944
美国的私人资产		−579 718
在美国的外国资产（资本流入）	1 024 218	
外国官方资产	37 619	
其他外国资产	986 599	
资本账户差额	443 266	
统计误差	55 537	

资料来源：*Survey of Current Business*，July 2001（Washington，D. C.：U. S. Department of Commerce，2001），p. 47.

　　经常账户　经常账户是记录一国货物与服务进出口、本国在海外的资产获得的收入、外国资产在本国获得的收入等交易活动的账户。表7—2中的货物账户主要指有形商品货物，比如计算机软件、电子零部件和服装的进出口总额。服务账户则指的是服务业比如旅游、商业咨询以及银行服务等活动的进出口总额。假设美国的一家公司为国外一家公司提供咨询服务，当这家美国公司收到对方支付的服务费时，其发票上记录的就是"服务出口"，美国的国际收支平衡表的服务账户上，则用"＋"来表示。

　　收入账户是指美国的资产在国外所获得的收入。当一家美国公司的国外分支机构将在国外获得的利润汇回美国总部时，这笔利润就用"＋"记录在收入账户上。支出账户则是指其他国家的机构凭借在美国拥有的资产而获得的收入。例如，一家法国公司在美国的分支机构将其在美国所赚取的利润汇回法国母公司时，就以"－"的形式记录在美国资产负债表的支出账户中。

　　当一国货物和服务的出口总额大于进口总额、从国外获得的收入大于对国外的支出总额时，经常账户就会出现盈余，我们就说这个国家存在贸易顺差。相反，当一国货物和服务的进口总额大于出口总额、对国外的支付大于从国外获得的收入总额时，就会出现经常账户赤字，也即出现贸易逆差。表7—2表明美国该年度出现了经常账户赤字（见经常账户差额一栏）。

资本账户 资本账户是记录一国资产买卖活动的账户。如果一个美国公民在墨西哥股票市场上进行投资，这笔交易就会同时记录在美国和墨西哥两国的资本账户上，不同的是在美国记作资本流出，在墨西哥则记作资本流入。相反，假设一个墨西哥商人在美国购置不动产，则这笔交易同样会记录在两国的资本账户中，只是这一次在美国记作资本流入，在墨西哥记作资本流出。另外，尽管经常账户和资本账户的账目应该是平衡的，但是因为记录方式的不同，两者之间通常会存在一定的差额，在表7—2中这被记作统计误差。

□ 7.4.2 东道国进行干预的原因

政府对跨国公司在本国的投资采取何种政策取决于很多原因。接下来，我们就来看一下各国干预对外直接投资流入的两大主要原因：一是平衡国际收支，二是获取资源和收益。

平衡国际收支 许多政府都把干预看作是控制国际收支平衡的唯一途径。第一，由于对外直接投资的流入被记作国际收支的增量，因此对外直接投资流入一国会使得本国国际收支的规模扩大。第二，正如我们在第6章曾经提到的，一国可以通过对外国投资者施加本地成分要求来达到本土化生产的目的。这就为本国企业成为海外公司的供应商创造了机会，从而有助于减少本国的进口，改善国际收支。最后，新的生产活动带来的出口对改善东道国的国际收支失衡也有很大的促进作用。

但是，当跨国公司将其收益转移到母国时，会导致投资所在国的外汇储备减少。这种资本外流会恶化东道国的国际收支。因此，为了维持国际收支平衡，东道国可能会禁止或者是限制国外公司将利润汇回母国。

此外，当跨国公司将收益用于在当地的再投资时，一方面东道国可以保留外汇储备。另一方面，生产设备的再投资会提高东道国企业的竞争力、使得该国出口增加，从而改善其国际收支状况。

获取资源和收益 除了平衡国际收支外，政府还会出于获取先进技术和管理技能、提高本国就业水平等考虑而干预对外直接投资活动。

引进先进技术。 无论是新增产品线还是对生产工艺方面的技术进行投资，无一例外都会提高东道国的生产力和竞争力。这也是东道国一直积极鼓励技术进口的原因所在。长期以来，跨国公司在亚洲发展中国家投资设厂时，都会同时引进工业生产过程中的许多专有技术。不过，现在这些国家也在积极寻求并希望研发出属于自己的专有技术。在被德国工业巨头西门子公司选作亚太地区的微电子设计中心后，新加坡获得了大量具有极高价值的先进技术。此外，通过与包括美国得州仪器公司在内的诸多企业的合作，新加坡还获得了珍贵的半导体技术，建成了本国第一家半导体设备制造厂。

提高本国管理技能和就业水平。 正如我们在第4章曾经提到的，许多前社会主义阵营国家严重缺乏可以帮助本国在世界经济中占据一席之地的管理人才。通过鼓励外商在本国进行投资，这些国家可以引进卓越的管理者，代为培训本地员工，进而提高国内企业的国际竞争力。除此之外，那些接受过现代管理技能培训的本地员工很有可能会离开原来的企业，独立开创属于自己的事业，这样一来无疑可以创造更多的就业机会。但是，持相反意见的人认为，尽管对外直接投资能够创造新的就业机会，但是随着竞争力较差的本国企业被淘汰，FDI 也会导致就业机会的减少。

□ 7.4.3　母国进行干预的原因

出于各种考虑，母国政府也会试图促进或者阻碍对外直接投资的流出。不过，整体说来，母国对此并不会太过热衷，因为这类国家通常是发达的工业化国家。对于它们而言，企业去海外进行投资几乎对本国不会产生影响——这不同于吸引外商投资的发展中国家或新兴市场国家。尽管如此，还是存在一些不鼓励对外直接投资流出的理由：

■ 在其他国家进行投资会导致母国资源外流。这样，用于发展本国经济的资源就减少了。另一方面，海外资产获取的收益汇回母国时，会引起母国国际收支账户规模扩大，可供利用的资源增加。

■ 由于出口替代效应的存在，对外直接投资的流出最终可能会破坏一国的国际收支平衡。当母国公司在海外开办的新工厂生产的产品代替了原本从母国进口的产品时，母国的国际收支就会失衡。例如，如果大众设在美国的工厂能够满足美国消费者对德国汽车的需求，那么美国的消费者就不会购买从德国出口到美国的汽车，因此德国的国际收支状况就会恶化。另一方面，尽管对外投资开始时会对收支平衡产生负面影响，但是当公司将其在海外获得的收益汇回母国时，又会改善该国的国际收支状况。因此，从长期来看，对外直接投资还有可能会对改善一国的国际收支起到促进作用。

■ 对外直接投资带来的就业机会可能会降低母国的就业水平。对于母国来说，这是一个有着很强争议性的问题。在低工资国家投资建厂会给母国及其周边地区带来很大影响。但是，这种影响并不是全局性的，通常会因为投资带来的额外就业机会而得到一定补偿。此外，如果对外直接投资的流出能够使得母国其他产品的出口增加的话，那么母国的就业水平也会出现补偿性的提高。例如，假设韩国的现代汽车公司在巴西新建了一家汽车制造厂，因为需要向巴西制造厂提供更多生产所需的零部件，韩国国内的就业水平可能会提高。

但是，对于母国来说，对外直接投资带来的影响也不一定就总是负面的。实际上，在某些情况下，母国也会支持这类投资行为。国家鼓励并推动对外直接投资的原因主要有以下几个方面：

■ 对外直接投资的流出可以提升长期竞争力。当前，全球范围内的商业竞争日益激烈。最具竞争力的企业往往倾向于在世界范围内选择最有利的经营场所，不断提升自己相对于竞争对手的业绩，并通过与其他公司联盟来获取技术优势。比如，日本企业就非常擅长从对外直接投资以及与他国企业的合作中获利。把每次合资都看作是学习的机会是日本企业取得成功的秘籍。

■ 各国都支持对夕阳产业进行对外直接投资。夕阳产业是指那些使用落后的技术或者是雇用技能很低的低工资劳动力进行生产的产业。这些产业对于那些拥有高薪技术工人的国家来说，没有太大的吸引力。通过允许这些产业转移到其他国家、本国再培训高薪技术工人的做法，一国就可以实现经济朝着朝阳产业转型的目标。这体现的是政府在短期就业损失与提高工人技能带来的长期收益之间进行的权衡。

□ **小测验**

1. 什么是一国的国际收支平衡表？简要说明国际收支平衡表的作用。
2. 经常账户和资本账户有什么区别？
3. 东道国政府为什么要干预对外直接投资？
4. 母国政府为什么要干预对外直接投资？

7.5 政府的政策工具与对外直接投资

随着时间的推移，东道国和母国都发展形成了一系列鼓励或限制对外直接投资的措施（见表7—3）。政府采取这些措施的原因很多，其中包括改善国际收支状况、获取更多资源、防止资本外流、保护本国就业等等。下面我们就来详细了解一下这些措施。

表 7—3　　　　　　　　　　鼓励或限制对外直接投资的方法

	鼓励 FDI	限制 FDI
东道国	税收鼓励 低息贷款 基础设施的改善	所有权限制 对企业行为的要求
母国	保险 贷款 税收减免 政治压力	差别税率 制裁

□ 7.5.1 东道国政府：鼓励

东道国政府会采取一系列激励政策来鼓励 FDI 的流入。这些措施主要表现为两种形式，即财政支持和基础设施的改善。

财政支持　所有东道国政府都会向在其国内投资的外国企业提供财政支持。其中一种做法是税收鼓励，比如降低税率，或者是在一段时间内——可能是 5 年甚至是更久——对外资企业免征所得税等。有些东道国政府还会向投资者提供低息贷款。

但是，这些鼓励措施也存在负面效应，那就是可能导致跨国公司利用各国竞相吸引外资的意愿引发竞标大战。这样一来，最终对外资最有吸引力的国家往往要提出几轮不断升级的激励方案，才能得到资本的青睐。有些跨国公司甚至会将自己与其他国家政府的接洽行为当作谈判的筹码，迫使它们看中的投资东道国政府作出更大的让步。对这类行为的谴责，近年来并不鲜见。纳税人为了引进外资而付出的代价通常是实际成本的几倍，这在竞标战中表现得尤为突出。

基础设施的改善　鉴于财政支持措施会带来各种问题，一些政府转而求助于另外一种方式来吸引外资。外资涌入地区所能获得的持久收益源自当地基础设施的改善——更适宜集装箱运输的港口、公路交通以及通信系统的改善等。例如，马来西亚正在打造一个多媒体超级走廊（MSC）。按照计划，该走廊内将建成一个无纸化办公的政府、一个智能电子信息城、一座科技园和一个多媒体大学。MSC 致力于在电信、医疗、远程教学以及遥控生产制造等方面做到技术一流。

□ 7.5.2　东道国政府：限制

东道国政府也可以采取措施来限制对外直接投资的流入。这类措施同样也主要表现为两种形式，即所有权限制和对企业行为的要求。

所有权限制　政府可以通过所有权限制来禁止国外企业投资于某些行业或者是设立某些类型的公司。在大多数情况下，这类禁令都是针对文化行业和关乎国家安全的企业的。例如，在中东地区的一些穆斯林国家，为了保护其传统价值观念，保守派和现代派之间的一个重要争论议题就是是否接受西方国家的投资。基于同样的考虑，大多数国家都不允许外资进入本国的军事和国防事业。另一种形式的所有权限制措施是规定国外投资者在进行投资时，在企业中所持有的股份最多不能超过 50%。

但是，因为有很多不设置所有权限制的投资目标国可供跨国公司选择，这一压力促使许多国家都在削减这方面的限制。例如，当通用汽车公司考虑是否在印度尼西亚的雅加达设立一家先进的汽车制造厂时，印度尼西亚政府就放宽了所有权限制要求，并且允许通用公司将在印度尼西亚生产的汽车销往其他国家。这显然是因为印度尼西亚政府感受到了中国和越南也希望得到通用公司投资的压力。

对企业行为的要求　比所有权限制更加普遍的做法是对企业的行为提出要求，而这一点将影响到跨国公司在东道国的运营模式。尽管通常来说这种要求会被认为是对企业日常经营活动的一种干预，但是大部分跨国公司都会像遵守母国的法律章程那样遵守东道国的政策。对企业行为的约束具体说来包括产品的部分零部件必须是在当地生产的、规定生产的一部分产品必须用于出口，或者是要求必须将一些特殊技术转让给当地企业等。

□ 7.5.3　母国政府：鼓励

为了鼓励 FDI 的流出，母国政府可以：

■ 为海外投资的风险提供保险，承保范围包括资产被强行征收或罚没，由武装冲突、绑架或者恐怖袭击所造成的损失等。

■ 为想要扩大海外投资的企业提供贷款。企业需要从金融机构贷款时，母国政府可以提供担保。

■ 对海外资产所获得的利润给予税收减免或协议给予特殊税收待遇。例如，很多多边协议都减少或者是取消了双重征税——企业在海外获得的利润要同时在母国和东道国缴税。

■ 向他国施加政治压力以迫使对方放宽在投资准入方面的限制。其他国家的企业通常会发现很难在日本国内进行投资。美国政府不断向日本政府施压，要求后者对 FDI 进一步开放市场。但是这种做法收效甚微，很多美国企业不得不转而采取与当地日本企业进行合作的方式。

□ 7.5.4　母国政府：限制

另一方面，如果母国政府希望限制资本外流对本国经济的影响，那么它可以采取以下两种做法：

■ 差别税率：对在海外获得的收入施加比在国内获得的收入更高的税率。

■ 直接制裁：禁止国内企业在某些国家进行投资。

□小测验

1. 东道国主要通过哪些措施来促进和限制对外直接投资？
2. 母国主要通过哪些措施来促进和限制对外直接投资？

商务启示

不管是大型跨国公司还是积极进取的小企业都在一定程度上促进了对外直接投资的发展，而且从长期来看对外直接投资呈现出蓬勃发展的势头。在这里我们简单探讨一下国家政府对 FDI 流动的影响以及亚洲和欧洲的 FDI 活动。

国家政府和对外直接投资

世界上所有国家政府的行为对于商务活动来说都有着重要的含义。企业在一国的投资行为是遭受阻挠还是备受鼓舞，母国政府和东道国政府对此的态度至关重要。由于对外直接投资活动会影响到母国和东道国的经济状况，因此两国的国际收支状况显得尤为重要。为了吸引更多的投资，一国必须创造一个和谐的商业氛围，比如促进经济增长的一系列政策措施、稳定的治安环境，以及完善的基础设施等。

随着各国政府为了吸引跨国公司的投资而展开的竞争日益激烈，很多国家都对自己的政策法规作了调整，使之更加有利于 FDI 的流入。另外，世界各国在努力达成自由贸易协议（参见第 8 章）的同时，也在积极推动双边投资协定的签订。这些双边投资协定在吸引外资方面正扮演着越来越重要的角色。与以往相比，自由贸易协定下的投资条款也引起了各国更多的关注和重视。各国政府为了吸引投资所作的努力直接影响着跨国公司的经营战略，这在跨国公司选择厂址、物流服务以及办公活动的场所时，体现得尤为明显。

欧洲的 FDI

流入欧洲东南部的发展中国家（转型经济体）以及独联体国家的外资额在2008年创下历史新高。新近加入欧盟的各成员国表现尤为抢眼。特别地，外资主要流向了高附加值的行业——可以充分发挥这些国家和地区拥有丰富的接受过良好教育的劳动力这一优势的行业，而不是大量雇用低工资非熟练劳动力从事生产活动的行业。

西欧地区对外直接投资迅猛发展的主要动力要归因于区域经济一体化（参见第8章）。诚然，欧盟在发达程度较低的中欧和东欧成员国进行了一定的投资。但是，西欧国家企业之间的投资活动主要集中在市场开放以及贸易和投资壁垒消除所带来的产业联合方面。经济环境的转变使得整个欧洲充满了更具竞争性的商业氛围。

亚洲的 FDI

凭借大规模廉价劳动力和巨大的国内市场，中国吸引了流入亚洲的绝大部分对外直接投资。许多已经进入中国市场的企业正在不断扩大投资，而那些尚未进入中国市场的也有很多在筹划着如何将中国列入自己的规划之中。在将来，离岸外包服务将成为驱动对外直接投资的一大动力，在这方面，印度是各国企业的首选。印度的优势在于它有着一大批学历高、工资低、英语流利的劳动力。

最后，可能对未来企业活动产生影响的另一个因素就是一国的自然环境——这也是一国商业环境的组成部分。跨国公司正在身体力行地去逐渐改变发展中国家对于对外直接投资的看法。例如，中国的去集权化使得地方政府在很多对外直接投资活动中处于决策者的地位。这些政府官员更关心自身的经济利益而不是环境污染问题。但是，中国政府用于环保方面的支出在不断增加，同时跨国公司也加入到了环保队伍中来。

本章小结

1. 阐释对外直接投资的模式及其成因：

2000年，对外直接投资总额达到新的历史纪录——1.4万亿美元，但是自此直到2003年都一致处于疲软状态。2004—2006年出现反弹，并在2007年达到新高——1.9万亿美元。

在全球对外直接投资总额中，发达国家占到了57%左右，发展中国家则大约占据了37%的比例。

在发达经济体中，欧盟、美国和日本是对外直接投资的主要流入国。2008年，欧盟大约吸收了5 040亿美元的外资（约占全球对外直接投资总额的30%）。

2008年，流入亚洲发展中国家的对外直接投资总额接近3 880亿美元，其中流入中国的外资额达1 080多亿美元，印度则接近420亿美元。

2008年，流入整个非洲地区的对外直接投资额约占全球对外直接投资总额的5.2%。

全球化以及越来越多的并购活动是

对外直接投资蓬勃发展的主要动力。

2. 阐释以下解释对外直接投资成因的各种理论:

国际产品生命周期理论认为,最初企业选择将产品出口到其他国家,然后随着产品生命周期沿着新产品、成熟产品、标准化产品三个阶段推移,企业会选择进行对外直接投资。

市场不完全理论认为,当市场中的不完全竞争因素导致交易无法实现应有的效率时,企业将会选择对外直接投资,以便将交易内部化从而消除不完全竞争因素。

折中理论认为,地域优势与所有权优势和内部化优势相结合,使得某地对于投资活动具有很强的吸引力时,企业会选择通过对外直接投资的方式进入该市场。

市场势力理论认为,企业可以借助对外直接投资确立自身的市场地位。

3. 探讨对外直接投资决策过程中重要的管理问题:

尽管许多在海外进行投资的企业希望保持自身在当地市场的控制权,但是这些企业很可能会被迫在当地雇用管理者,或者是被要求将在当地生产的产品全部用于出口。

收购现有企业是一个不错的选择,如果这样做能够带来现代化的设备、和谐的劳资关系、优越的地理位置优势等。

在没有足够的现成设备可供利用时,企业可能需要进行绿地投资。

企业通常会选择对外直接投资,如果这样做可以使它们更接近客户和竞争对手的话。

4. 说明政府干预对外直接投资活动的原因:

对外直接投资的初始阶段以及投资生产的产品出口后都会导致东道国的国际收支平衡表规模扩大,但是当企业将赚取的利润汇回母国时,东道国国际收支平衡表的规模会缩小。

技术投资可以引进卓越的管理人才,它们可以帮助东道国培训更多的劳动力,提升该国的劳动生产率和国际竞争力。

母国之所以会干预资本的流出是因为这会导致该国的国际收支平衡表规模缩小,但是海外资产赚取的利润汇回母国时会给该国的国际收支状况带来相反的影响。

资本外流可能会导致母国对东道国出口部门的就业岗位减少,如果出口规模缩小的话,甚至可能伤及母国的国际收支状况。

5. 列出政府用来促进或者限制对外直接投资的政策措施:

为了鼓励外资流入,东道国政府可以采取税收激励(对外资适用较低的税率或者是在某个时期内免税)、为投资者提供低息贷款、改善基础设施等手段来吸引外资。

为了限制外资流入,东道国政府可以采用所有权限制(禁止外资涉足特定产业)、对跨国公司的行为设定要求(干涉跨国公司的经营活动)等手段。

为了鼓励资本输出,母国政府可以为到海外投资的企业提供保险、为企业向金融机构的贷款提供担保、对于企业在国外所获得的利润提供税收减免或者优惠税率。政府甚至可以对东道国施加政治压力,迫使后者接纳本国资本。

为了限制资本流出,母国政府可以采取差别税率对海外投资获得的收入征收比国内所得更高的税率。政府甚至还可以通过直接的制裁手段来禁止国内企业在某些国家进行投资。

课堂讨论

1. 你偶然听到了你的上司和公司里的另外一位经理的对话："我很反感我国企业向低工资国家提供了那么多的制造业和服务外包方面的就业机会。它们难道就没有民族自尊心么？"那位经理则回答说："我不同意你的看法，毕竟企业的职责就是给股东带来最大收益。为了达到这个目的，如果需要去海外发展以便降低成本的话，那就去做好了。"你同意他们哪一个人的观点？为什么？加入他们的对话，向他们阐明你的立场。

2. 你所在的汽车制造厂正在计划和哥斯达黎加的一家企业合作，在当地建一家装配厂。请说明你方愿意这么做的理由。你方希望拥有对新工厂的控制权么？为什么？在哪些情况下你方希望拥有控制权，在哪些情况下你方希望将控制权交给合作伙伴？

3. 本章给出了解释企业为什么要进行对外直接投资的几个理论。你最偏好其中哪个理论？为什么？你能不能举出一个或者几个符合该理论所阐释的情况的例子？在你看来，其他理论有什么不合理之处？

小组练习

1. 讨论题。分成小组，在当地财经媒体上寻找关于近年来跨国并购案例的报道。尽可能通过各种途径收集与该事件有关的信息。并购双方对于这次并购的发生分别给出了怎样的理由？这是一次门当户对的联姻，还是大鱼吃小鱼？财经报道中有没有提到并购完成后，企业管理层需要处理哪些内部问题？新公司目前的业绩如何？将你们小组的发现写成一个两到三页的报告。

2. 市场进入战略项目。本题与市场进入战略在线模拟有关。你们项目组所研究的国家是否吸引了大量的对外直接投资？对其他国家来说，该国是一个主要的资本输出国么？该国的国际收支状况如何？该国的经常账户处于什么状况？给出该国经常账户出现盈余或赤字的几个可能原因。这种盈余或赤字状况对该国经济有怎样的影响？该国资本账户状况如何？该国政府对本国与他国的贸易活动有怎样的鼓励或者限制措施？将你的发现写进最后的市场进入战略报告中。

关键术语

国际收支	折中理论	有价证券投资	资本账户
对外直接投资	合理化生产	经常账户	经常账户赤字
国际产品生命周期理论		垂直一体化	市场势力理论
市场不完全理论		经常账户盈余	

伦理题

1. 假设你是美国一家大型牛肉供应商国际销售部的经理。你们公司计划将一大批牛肉销往北非市场——在当地，从美国进口的牛肉尚属稀缺产品。业务拓展部的副总裁主张以低于当地市价的价格销售牛肉，以便迅速完成销售任务。在茶水间，你听到负责质量检查的两位经理谈到"一些可能受到了污染的牛肉将被运往非洲"。你想到了你们公司销售的牛肉曾经有过病毒携带的记录。这种情况下，你会怎么做，还会继续在北非销售牛肉么？你会先跟公司内部人还是外部人商谈这件事？还有哪些信息可能帮助你作出决策？

2. 假设你是一名参议员，正在考虑是对一项新的法律提案投赞成票还是反对票。这项提案对向低工资国家开展服务外包的做法作出了很多限制性的规定，因而有利于保护美国工人的就业。近年来，为了顺利进入海外市场，越来越多的公司将生产制造环节外包给海外市场当地的供应商完成。工会代表认为这种做法妨碍了国内工人的就业。毕竟，如果一家公司能够在中国以更低的劳动力成本生产部分零部件的话，它还有什么理由在美国完成这样的工作呢？此外，美国工会组织还担心技术的转移会在当地市场培育出更多的竞争对手，进一步威胁美国国内的就业。但是也有人认为，海外销量的增长有助于给美国带来更多的就业机会。你认为那些将生产外包给国外企业，以便在当地市场拿到订单的公司的行为是否符合伦理道德？你会对这项提案投赞成票还是反对票？你还需要考虑其他的因素么？

3. 假设你是一位美国驻马来西亚大使。为了帮助马来西亚成为半导体产品的一个重要出口基地，该国政府不仅提供了优惠的税收待遇，而且承诺杜绝独立工会的存在。该国政府宣称，本国的发展规划要求为半导体行业的先行者们提供一个无工会环境。在美国工会的压力下，马来西亚政府勉强同意企业可以建立自己的内部工会。但是，当哈里斯电气公司的工人们组建了工会之后，21位工会领导干部很快就被解雇了，而且这个工会不久就被解散了。另外一个例子是，当法属汤姆森电器公司发现自己收购的一家马来西亚公司组建了一个3 000人的工会时，公司马上关闭了当地的工厂，将生产活动转移到了越南。像马来西亚这样的新兴工业化国家渐渐认识到自身未来的发展要仰仗众多跨国公司的投资。但是这些国家的政府也清楚地知道，一旦无法保证创造一个无工会的环境，跨国公司很可能就会将投资转移到其他国家。请阐述在实现国民的需求和经济发展的长期需要之间的平衡时，政府面临着哪些难题。作为大使，你会向马来西亚政府和商界人士作出什么样的建议？能否举一个其他国家的例子来佐证你的观点？

国际管理案例

迪克西兰的世界品牌

"冷冰冰"、"刻板"、"没有活力"、"无趣"——这是一家市场调研公司在对梅赛德斯-奔驰公司的产品特性进行评估后得出的结论。针对美国经销商的一项调查结果也显示，消费者大多觉得梅赛德斯轿车看起来太压抑了，他们甚至都不愿意试驾展厅里的样车。

为了提升销售额，扩大市场占有率，吸引更多年轻且看重汽车性能的顾客的青睐，梅赛德斯-奔驰北美分公司以狂奔的犀牛和冲劲十足的外来移民为主题，推出了一系列富有创造性和自由意识的广告。尽管新广告带来了销量的上涨，但是要想保证未来的长期发展，梅赛德斯公司需要的绝不仅仅是一些新的广告语而已，它真正需要的是一系列全新的车型。就这样，一款多功能运动车（SUV）梅赛德斯 M 系诞生了。35 000美元以上的售价、出身豪门——梅赛德斯公司希望该款新车能够和福特的探险者和吉普的大切诺基等车型一争高下。

M 系不仅是梅赛德斯推出的第一款SUV，而且是梅赛德斯公司在德国之外——迪克西兰中部——生产的第一款汽车。亚拉巴马州塔斯卡卢萨县的旺斯是一个偏僻的小镇（这里总共只有400人），那里的人们喜欢整天整天地泡在烤肉店里。那里也是最后一个能够找到来自德国斯图加特的温文尔雅的工程师的地方。凭借以下几个特色，这个小镇吸引了梅赛德斯公司的注意：这个位于美国南部的小镇的劳动力成本要比德国低50%；而且亚拉巴马州为了创造就业机会，还提供了 2.5 亿美元的退税和其他一系列优惠条件。此外，梅赛德斯公司也希望加强自己同美国消费者的联系。于是，梅赛德斯公司便在当地建立了一家分厂，而这家分厂日后也成为了该公司国际化经营的一个典范。

日本汽车制造商在进入美国市场时，完全复制了它们在日本国内生产汽车的理念、文化、惯例和管理模式。但是，梅赛德斯在塔斯卡卢萨却实实在在是从零开始。为了吸引美国工人，梅赛德斯公司认识到自己必须放弃有着严格等级制度的生产模式，建立一个更加平等和谐的环境。整个工厂就像是一个大写的字母 E，管理人员的办公室分布在制造车间的中间地带，工厂里的员工可以很容易地接触到管理人员。另外，工人们可以自行停止装配线，以便纠正生产中出现的问题。

到目前为止，梅赛德斯的这一模式为塔斯卡卢萨美国工厂的工人、来自德国的培训师、来自底特律和日本的各个管理团队之间的交流作出了积极贡献。即便如此，梅赛德斯还是花费了大量的时间和精力对美国工人进行技术培训。一位来自新德尔芬根的 31 岁的培训师斯万·斯库尔曼这样说道："在德国，我们从来不说我们生产了一辆汽车。相反，我们说我们生产了一辆梅赛德斯。我们得把这个理念教给他们。"这一创新性的生产模式是德国、日本以及美国汽车行业的最佳实战经验在一个年轻的企业文化中的融合。

塔斯卡卢萨的工厂采用实时生产模式——该模式要求企业在线准备库存的时间不能超过两个小时，工厂里的库存也只能维持三个小时的生产活动。例如，法国佛吉亚公司 2011 年特意新建了一家工厂，专门为塔斯卡卢萨工厂生产的2012 款梅赛德斯轿车提供组装完好的汽车座椅。梅赛德斯的尝试是如此成功，以至于丰田、本田、现代等竞争对手纷纷跟风来到亚拉巴马，大众汽车公司很快也将在这里投资设厂。

现在，梅赛德斯公司在塔斯卡卢萨的工厂的规模已经扩大到了原来的三倍。工厂灵活采用各种生产技术，生产 M 系列、R 系列以及 GL 系列轿车。每一辆汽车中大约有 65% 的零部件来自加拿大、墨西哥以及美国其他地区，其中引擎和转换器是从德国进口的。塔斯卡卢萨工厂生产的汽车销往梅赛德斯公司在全球 135 个国家和地区的市场。

在如何在他国投资建厂、如何运营工厂等方面，梅赛德斯公司积累起丰富的经验。"过去，我们提到'我们的汽车是在德国生产的'时总是充满了难以名状的自豪感，"梅赛德斯母公司的时任 CEO 斯科瑞普说道，"但是现在，我们应该转变为'我们的汽车是由梅赛德斯生产的'，而无须在意汽车到底是在哪里完成组装的。"

资料来源：Patrick Rupinski, "Riley Joins Officials to Welcome Auto Plant," *Tuscaloosa News*（www. tuscaloosanews. com），April 8，2010；"Love Me, Love Me Not"，*The Economist*（www. economist. com），July 10，2008；Mercedes-Benz U. S. International, Inc. , Web site（www. www. mbusi. com），select reports.

□小思考

1. 你认为导致梅赛德斯公司决定在美国而不是德国投资生产 M 系轿车的主要原因是什么？

2. 你认为梅赛德斯公司为什么会选择在亚拉巴马州建立一家全新的工厂，而不是在底特律等地收购一家现有汽车装配厂？给出尽可能多的原因，并且详细解释你的答案。

3. 你认为在德国之外生产 M 系轿车会损坏梅赛德斯公司在高质量汽车引擎方面建立起的良好声誉么？为什么？

4. 你认为梅赛德斯公司进行对外直接投资管理的方式——放弃其在母国的企业文化以及某些实践经验——有哪些利弊？

第 7 章

对外直接投资

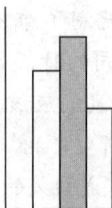

第8章

区域经济一体化

国际商务：全球化带来的挑战（第6版）

学习目标

通过本章的学习，你应该能够：

1. 了解区域经济一体化的定义及其五个层次。

2. 掌握区域经济一体化带来的利与弊。

3. 了解欧洲的区域经济一体化进程及其扩张模式。

4. 了解美洲的区域经济一体化进程及其未来发展前景。

5. 了解亚洲区域经济一体化的特征及其与其他地区区域经济一体化模式的差别。

6. 了解中东和非洲地区的区域经济一体化进程，清楚这些地区区域经济一体化发展缓慢的原因。

内容回顾

第7章介绍了近年来对外直接投资的模式。我们探讨了解释对外直接投资为什么发生的各种理论，并且讨论了政府干预对外直接投资的手段和措施。

本章概要

本章将探讨各国经济日渐一体化的趋势。我们首先给出了各国积极进行一体化尝试的原因，接下来研究了当前世界上最主要的一些区域贸易集团。

下章前瞻

从第9章开始，我们将转向对国际金融体系的研究。我们介绍了国际资本市场的结构，解释了外汇市场是如何运作的。

雀巢的全球食谱

瑞士，沃韦——尽管雀巢的总部地处小小的瑞士，但是几乎在世界每一个国家都可以看到它的产品。作为世界上最大的食品公司，雀巢在各个国家24小时不间断经营，在瑞士本国的销售额只占其全球销售总额的2%左右。

雀巢公司凭借将像瓶装水或者是宠物食品这样的普通产品打造成世界知名品牌的能力而举世闻名。如果时机得当的话，它也会将极具地方特色的产品推广到全球市场。例如，该公司开始时只针对亚洲市场推出的专为糖尿病患者设计的佳膳纤维棒，后来也被介绍给了世界各地的消费者。

不管是在哪一个国家和地区，雀巢都会想方设法尊重当地文化和政治传统，这是因为无论在哪里，食品都是一个社会不可或缺的内在组成部分。现在的雀巢公司会不遗余力地关注各地养育婴幼儿的传统方法。这是因为它从过去的失败中吸取了教训，懂得了自己必须尽全力确保发展中国家的妈妈们用清洁的饮用水来给孩子们冲奶粉。随着在新兴市场的不断扩张，雀巢公司还需要密切关注由区域经济一体化引发的越来越多的文化交流所带来的消费观念的转变问题。

各个区域贸易集团的法律法规同样也会影响到雀巢公司的经营。在雀巢和可口可乐宣布将共同开发咖啡和茶饮料之前，它们首先必须向欧盟委员会证明这种做法不会消除地区间的竞争，而且在欧盟地区经营的企业必须遵守欧盟制定的环境保护法。雀巢公司还与政府展开合作，通过开发和管理废弃物回收再利用活动，将产品包装带来的浪费降至最低。在学习本章的过程中，思考一下各国组建区域贸易集团会给商业活动带来怎样的影响。[①]

区域贸易协定正在改变着全球市场的格局。像瑞士的雀巢公司一样，很多公司都发现这些贸易协定降低了贸易壁垒，为它们的产品和服务打开了新的市场大门。否则的话，这些市场将很难进入，因为关税导致进口商品价格高昂，但是一旦取消关税，这些市场就会变得非常有吸引力。但是区域贸易协定对很多公司来说也是一把双刃剑：它们使本国企业积极开拓新的海外市场的同时，也把其他国家的竞争对手引入了本国市场。这样一来，签署区域贸易协定的每一个国家的竞争都更加激烈。

贸易协定会引致企业战略的转变，有时甚至是根本性的转变。正如我们在本章后面的内容中将会看到的，美洲国家正在努力建立一个北起美国的阿拉斯加、南至南美洲最南端的自由贸易区。一旦达成最终协定，关税的取消每年将给在这个区域内从事生产经营的企业节省数百万美元的成本。跨国公司只需几家区域性工厂就可以满足整个自贸区内消费者的需求，而无须在每个国家建厂，这无疑也将节省大笔开支。

第 8 章

区域经济一体化

---

① Tom Mulier, "Nestlé Targets Malnutrition to Fight Danone's Gains," *Bloomberg Businessweek* (www. businessweek. com), January 18, 2010; Thomas Mulier, "Nestlé Seeks Emerging Market Acquisitions, Spurning Cadbury," *Bloomberg Businessweek* (www. businessweek. com), January 7, 2010; Aili McConnon, "Gerber Is Following Kids to Preschool," *Bloomberg Businessweek* (www. businessweek. com), August 7, 2008; Nestlé Web site (www. nestle. com), select reports and fact sheets.

我们从专业化分工和贸易带来的收益开始本书第三篇的讨论。现在，在这一篇的最后，我们探讨一下各个国家为了消除贸易壁垒——这些壁垒可能会威胁到分工和贸易带来的收益——都进行了哪些努力和尝试。在这一章中，我们重点介绍为促进贸易和投资自由化展开的地区性合作。我们首先要给出区域经济一体化的定义及五个层次。接下来我们分析区域贸易协定带来的利与弊。最后，我们将详细介绍几个已经有了一定历史的区域贸易协定以及一些尚处于发展初期的贸易协定。

8.1 什么是区域经济一体化

位于某一区域内的各个国家相互合作，降低甚至消除阻碍商品、劳动力、资本跨国流动的壁垒的过程被称为区域经济一体化。实行区域经济一体化的国家则被称为区域贸易集团。

各国实行区域经济一体化不仅仅是为了增加跨国贸易和投资活动，同时也是为了提升本国人民的生活水平。比如，我们在第 5 章已经了解到，专业化分工和贸易能够给消费者带来更多的选择、更低廉的价格以及更高的生产率。区域贸易协定的目的则是帮助其成员国实现这些潜在收益。当然，实行区域经济一体化有时还能达到更多的目标，比如，保护知识产权、保护环境，甚至是帮助各成员国建立政治同盟。

□ 8.1.1 区域一体化的层次

自从理论的发展证实了各国通过自由贸易可以获得潜在收益后，各个国家都尝试通过各种方式来实现这些收益。图 8—1 给出了区域贸易集团在政治和经济一体化方面的五个不同层次，其中自由贸易区是最低层次的经济一体化形式，而政治同盟则代表着最高层次。每一更高形式的一体化都具有比它层次更低的一体化形式的所有特点。

自由贸易区 成员国之间彼此取消所有的贸易壁垒，但是各个成员国可以自行决定对非成员国施加何种程度的贸易壁垒的经济一体化形式称为自由贸易区。自由贸易区是最低层次的经济一体化形式，其成员国可以只有两个国家，也可以更多。区内各成员国之间取消与商品和服务贸易有关的所有关税和非关税壁垒，比如配额和补贴。但是，对于非成员国，各国可以保留它们认为合理的贸易政策——不同成员国之间的政策可能千差万别。同一自由贸易区内的成员国通常还要建立一个仲裁程序，以便解决可能出现的贸易争端。

关税同盟 成员国之间完全取消关税和非关税贸易壁垒，并且对非成员国采取统一的贸易政策的经济一体化形式叫做关税同盟。关税同盟与自由贸易区的最大区别就在于，关税同盟的成员国以统一的贸易政策来对待非成员国。同一关税同盟内的成员国可以作为一个独立实体，与超国家组织，比如世界贸易组织等进行谈判。

共同市场 成员国之间取消了阻碍商品、劳动力以及资本自由流动的所有壁垒，

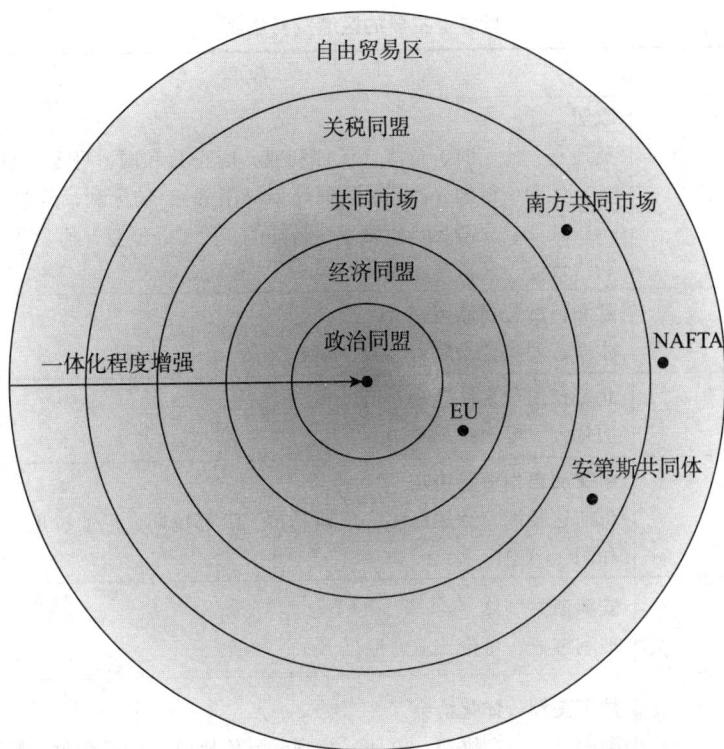

图 8—1　区域一体化的层次

并制定统一的贸易政策来对待非成员国的经济一体化形式被称作共同市场。共同市场在兼具自由贸易区和关税同盟的特点的基础上，还实现了两种重要的生产要素——劳动力和资本的自由跨境流动。但是，由于这一形式要求成员国至少在经济和劳动力政策方面进行一定的合作，因此这一形式在现实中很难实现。此外，因为熟练劳动力倾向于流向高工资的国家和地区，资本也偏爱高回报率的国家和地区，因此共同市场可能会导致各成员国之间出现利益不均等的问题。

经济同盟　成员国之间取消了阻碍商品、劳动力和资本自由流动的所有壁垒，对非成员国采取统一的贸易政策，同时协调各成员国之间的经济政策的经济一体化形式被称为经济同盟。经济同盟超越共同市场之处在于，各成员国不仅要在税收、货币和财政政策上实现统一，而且要使用相同的货币。成员国作为经济同盟的一分子，必须将一定的国家自治权或者说国家主权让渡给经济同盟这个超国家组织。

政治同盟　成员国之间不仅在经济上而且在政治制度方面都高度协调一致的经济和政治一体化形式被称为政治同盟。政治同盟要求成员国站在相同的经济和政治立场来对待非成员国。不过，各成员国在本国范围内也拥有一定的制定某些政治和经济政策的权力。就单个国家而言，加拿大和美国是早期政治同盟的范例。在这两个国家，一些较小的州或者是省份通过联合组建成更大的实体。目前，正在朝着政治同盟方向迈进的一个国家集团的例子则是欧盟——在后面的内容中我们会做更多的介绍。

表 8—1 列出了欧盟以及本章提到的其他一些区域贸易集团的成员名单。在学习过程中，你可以经常翻看一下这个表格。

表 8—1　　　　　　　世界上主要的区域贸易集团

名称	成员
EU	**欧盟** 奥地利、比利时、英国、保加利亚、捷克共和国、丹麦、爱沙尼亚、芬兰、法国、德国、希腊、塞浦路斯（南部）、匈牙利、爱尔兰、意大利、拉脱维亚、立陶宛、卢森堡、马耳他、荷兰、波兰、葡萄牙、罗马尼亚、斯洛伐克、西班牙、瑞典
EFTA	**欧洲自由贸易联盟** 冰岛、列支敦士登、挪威、瑞士
NAFTA	**北美自由贸易协定** 加拿大、墨西哥、美国
CAFTA-DR	**中美洲自由贸易协定** 哥斯达黎加、萨尔瓦多、危地马拉、洪都拉斯、尼加拉瓜、多米尼加共和国 、美国
Andean	**安第斯共同体** 玻利维亚、哥伦比亚、厄瓜多尔、秘鲁
ALADI	**拉丁美洲一体化协会** 阿根廷、玻利维亚、巴西、智利、哥伦比亚、厄瓜多尔、墨西哥、巴拉圭、秘鲁、乌拉圭、委内瑞拉
MERCOSUR	**南方共同市场** 阿根廷、巴西、巴拉圭、乌拉圭、委内瑞拉（玻利维亚、智利、哥伦比亚、厄瓜多尔、秘鲁是准成员国）
CARICOM	**加勒比地区共同体和共同市场** 安提瓜和巴布达、巴哈马、巴巴多斯、伯利兹、多米尼克、格林纳达、亚圭那、海地、牙买加、蒙塞拉特、圣基茨和尼维斯联邦、圣卢西亚、圣文森特和格林纳丁斯、苏里南、特立尼达和多巴哥
CACM	**中美洲共同市场** 哥斯达黎加、萨尔瓦多、危地马拉、洪都拉斯、尼加拉瓜
FTAA	**美洲自由贸易区** 来自中美洲、南美洲、北美洲以及加勒比地区的 34 个国家
ASEAN	**东南亚国家联盟** 文莱、柬埔寨、印度尼西亚、老挝、马来西亚、缅甸、菲律宾、新加坡、泰国、越南
APEC	**亚太经合组织** 澳大利亚、文莱、加拿大、智利、中国大陆、中国香港、印度尼西亚、日本、韩国、马来西亚、墨西哥、新西兰、巴布亚新几内亚、秘鲁、菲律宾、俄罗斯、新加坡、中国台湾、泰国、美国、越南

名称	成员
CER	**澳新自由贸易区** 澳大利亚、新西兰
GCC	**海湾合作委员会** 巴林、科威特、阿曼、卡塔尔、沙特阿拉伯、阿拉伯联合酋长国
ECOWAS	**西非国家经济共同体** 贝宁、布基纳法索、佛得角、冈比亚、加纳、几内亚、几内亚比绍、科特迪瓦、利比里亚、马里、尼日尔、尼日利亚、塞内加尔、塞拉利昂、多哥
AU	**非洲联盟** 非洲大陆 53 个国家

8.2 区域经济一体化带来的影响

在国际商务领域，针对区域贸易协定给百姓、就业、企业、文化以及人民生活水平带来的影响争论很多，其激烈程度很少有其他话题能够与之相提并论。这个话题还经常会引发人们关于区域贸易协定利与弊的讨论。在一个极端，人们只看到了区域贸易协定的缺点，而在另一个极端，人们则只看到了它的优点。双方都会引用贸易和就业相关数据来佐证自己的观点。前者选择那些在区域贸易协定达成之后，前往劳动力价格更为低廉的国家投资建厂的企业；后者则反驳说有很多企业依然在本国从事生产经营，从而将就业机会留在了国内。争论的结果则只能证明，在某些情况下，前者是对的，在其他一些情况下真理则握在了后者手里。

区域贸易协定还会涉及文化方面的问题。有人认为，如果本国与其他国家密切进行合作，他们就会失去自身独有的文化特色。我们在本章开篇案例中看到，雀巢公司高度关注不同市场的文化差异。但是，很多时候，大型跨国公司往往会忽视人们对文化趋同的警告。下面我们就来具体分析一下区域贸易协定带来的主要利与弊。

8.2.1 区域一体化带来的收益

我们在第 5 章已经了解到，很多国家参与专业化分工和国际贸易是为了获得生产和消费方面的收益。国家之间贸易水平的提高必然导致专业化分工程度、生产效率、人民生活水平以及消费水平的提高。

贸易创造 经济一体化消除了贸易集团内部各个成员国之间的贸易和/或投资壁垒。区域经济一体化带来的各成员国之间贸易水平的提高被称为贸易创造。贸易创造带来的一个结果便是与经济一体化之前相比，各成员国的消费者和生产者在商品和服务方面有了更多的选择。例如，美国本土有着很多知名的瓶装水品牌，其中包括可口可乐公司的 Dasani 以及百事可乐公司的 Aquafina。但是，美国的杂货店和便利店里同样还有很多不太知名的瓶装水，比如来自加拿大的 Stonepoint。显然，加拿大、墨西哥和美国之间的自由贸易协定（后面我们还会详细介绍）为这些加拿大品牌进入美国市场创造了机会。

贸易创造的另一个结果是，因为成员国之间消除了关税壁垒，消费者可以以更低的价格来购买商品和服务。此外，价格低廉的产品会刺激人们衍生出更多的需求，因为人们的购买力提高了。

更容易达成共识　在第 6 章中我们介绍了世界贸易组织为了减少全球贸易壁垒作了怎样的努力。与之相比，区域经济一体化的区别则在于它涉及的国家集团规模更小——成员国数量从几个到三十几个或者更多不等。在更小的国家集团内消除贸易壁垒的优势是，因为成员国数量较少——相形之下，世界贸易组织有 153 个成员国——各方更容易达成一致意见。

政治合作　区域经济一体化同样可以给成员国带来政治利益。与单个国家相比，几个国家组成的国家集团在世界政治舞台上拥有更重要的地位。因此，这些国家作为一个整体，在与其他国家进行谈判时——比如在世界贸易组织召开的会议上——有着更多的发言权。此外，实现政治合作的一体化有助于成员国之间避免潜在的军事冲突。实际上，20 世纪 50 年代欧洲各国在进行一体化努力时，一个主要目标便是和平。20 世纪上半叶爆发的两次世界大战给人们带来了深重的灾难，也让欧洲各国意识到，加强一体化可以避免更多的武装冲突。

更多的就业机会　通过让人们得以从一个国家到另一个国家去找工作或者说赚取更高的工资，区域经济一体化带来了更多的就业机会。区域经济一体化已经为欧洲的年轻人打开了一扇新的大门。那些积极进取的年轻人摒弃了狭隘的民族主义观念，将自己定位为彼此享有共同历史的"欧洲人"。他们精通各种语言，愿意背起行囊到其他欧盟国家工作，体验另一种文化背景下的生活。随着各个企业开始在整个欧洲范围内寻找适合的接班人，它们将更加青睐有着跨国、跨文化思维方式的人。

8.2.2　区域一体化的弊端

尽管区域一体化给成员国带来了很多的收益，但是同时它也会带来一些显著的负面效应。下面我们就来探讨一下区域一体化的弊端。

贸易转移　贸易创造的对立面就是贸易转移，即区域贸易协定成员国与非成员国之间的贸易活动被成员国之间的贸易活动取代的过程。贸易转移是由区域贸易集团成员国之间的低关税造成的。实际上，有些成员国可能会减少与生产率较高的非成员国之间的贸易，转而增加与生产率较低的成员国之间的贸易。从这个意义上说，区域经济一体化显然是扶持了贸易集团内部效率较低的生产商。除非贸易集团内部存在其他形式的竞争，否则贸易转移将导致消费者不得不因为生产商的低效而付出更高的代价。

世界银行关于拉丁美洲几个大国之间建立的自由贸易区——南方共同市场（稍后会详细介绍）的影响的报告引发了人们的热切关注。该报告认为，南方共同市场仅仅促进了区域内低价值商品的自由贸易，却抑制了区域外部高价值制造业产品的竞争。但是，进一步的研究却显示，该报告调查期间，不仅南方共同市场各成员国之间的贸易量扩大为原来的三倍，与市场外部的贸易量也出现了同等程度的增长。换言之，贸易协定的净效应并非像批评者认为的那样是贸易转移，而是贸易创造。与此类似，澳大利亚外交和外贸部公布的一项关于北美自由贸易协定对澳大利亚与北美地区之间的贸易、投资的影响的调查，也并没有得出北美自由贸易协定签署以来存在明显的贸易转移效应的结论。[①]

就业转移 区域经济一体化最具争议的一面可能当属它对就业的影响。区域贸易集团通过大幅度降低甚至是消除成员国之间的贸易壁垒，提高了经济效率。在竞争中存活下来的某种商品或者服务的供应商通常是区域贸易集团内最富有效率的。而那些主要依靠非熟练工人的企业则会选择将生产转移到贸易集团内工资水平较低的国家。

但是，关于就业机会究竟是增加了还是减少了，不同来源的数据给出的结论也不尽相同。美国政府认为，对墨西哥和加拿大出口的增加至少创造了 90 万个新的就业岗位。[②] 但是美国工会组织劳联-产联（AFL-LIO）则对这一数字提出了质疑，并且声称北美自由贸易协定导致美国本土的就业岗位减少了。贸易协定确实会改变劳动力市场的格局——有些工作岗位增加了，有些则减少了。

一旦贸易和投资壁垒被消除了，那些对本国低工资产业提供保护的国家可能会发现这些工作岗位转移到了劳动力价格更加低廉的国家和地区。不过，这也给失业工人提供了一个提高自身技术、接受更多职业培训的机会。显然，这样做可以提高这类国家的竞争力，因为与非熟练工人相比，受过更多教育的熟练工人更容易得到高薪工作机会。[③]

丧失国家主权 一体化层次越高，要求各成员国放弃的国家主权也就越多。加入自由贸易区的国家让渡的主权最少，相比之下，政治联盟要求各成员国在对外政策方面放弃更多的主权。这也是政治联盟难以建立的原因所在。在建立联盟时，各国之间是有着长期合作的历史还是嫌隙不断，并不是一个无关紧要的问题。因为对于某个特定的成员国而言，很可能某个成员国与之关系一般但是另一个则与之关系密切，这样一来，要想达成一个共同的对外政策就显得非常困难了。

由于区域贸易协定整体而言利大于弊，因此经济一体化正在全球范围内不断展开。欧洲、美洲、亚洲、中东以及非洲大陆都在不同程度地推进着一体化的进程（见表 8—1）。在接下来的内容中，我们就从一体化历史最悠久、层次也最高的欧洲开始，逐一探讨每个地区的经济一体化进程。

□小测验

1. 区域经济一体化的终极目标是什么？

---

① "NAFTA after Five: The Impact of the North American Free Trade Agreement on Australia's Trade and Investment," Australian Department of Foreign Affairs and Trade (www. dfat. gov. au/geo/americas/nafta).

② Data obtained from the Office of the United States Trade Representative (www. ustr. gov).

③ "The Dark Side of Globalization," *The Economist*, May 31, 2008, pp. 5 - 7.

2. 区域经济一体化可以分为哪五个层次？简要说明。

3. 给出区域经济一体化带来的几个潜在收益和潜在弊端。

4. 什么叫贸易创造和贸易转移？为什么说这两个概念很重要？

8.3 欧洲的一体化进程

截止到目前为止，区域经济一体化层次最高、发展最为成熟的范例当属欧洲大陆。第二次世界大战结束后不久，欧洲人就开始了区域一体化的尝试，虽然当时只是几个国家在某些特定行业展开合作。如今，区域一体化几乎涵盖了西欧所有国家、所有行业。

□ 8.3.1 欧盟

在 20 世纪中叶，几乎没有人能够想象长期以来彼此冲突不断的欧洲各国在 50 多年后会成为一个相对统一的共同体。下面我们就来探究一下欧洲是如何在相对较短的时间里做到这一点的。

早期 1945 年，饱受第二次世界大战摧残的欧洲面临着两大挑战：（1）实现欧洲的重建，并且避免更多的武装冲突；（2）增强自身的工业实力，以便和日渐强大起来的美国相抗衡。在当时的背景下，合作似乎是应对这些冲突的唯一途径。比利时、法国、联邦德国、意大利、卢森堡以及荷兰于 1951 年签署了《巴黎条约》，成立欧洲煤钢共同体。这些国家决定取消相互之间关于煤炭、钢铁、废金属的贸易壁垒，在煤炭和钢铁的生产方面加强合作，以便控制战后的军工产业。

1957 年，欧洲煤钢共同体的各个成员国签订《罗马条约》，宣布成立欧洲经济共同体。《罗马条约》为各成员国勾勒出了一个类似于自由市场的美好愿景。此外，该条约还致力于在成员国之间推进共同的交通运输政策和农业政策。1967 年，各成员国的合作范围进一步向其他产业扩张，特别是将原子能工业纳入合作领域，并且更名为欧洲共同体。此后，在 1973 年、1981 年、1986 年、1995 年、2004 年以及 2007 年，欧共体又经历了几次扩张，并且在 1994 年更名为欧盟。截止到目前，欧盟共有 27 个成员国，5 亿多人口，GDP 总量大约为 15 万亿美元。

在过去的 20 年里，两个具有里程碑意义的事件对欧盟的发展做出了重要贡献，一个是《单一欧洲法案》，另一个则是《马斯特里赫特条约》。

《单一欧洲法案》。一直到 20 世纪 80 年代中期，各成员国之间仍残留一些贸易壁垒、在很多重要问题比如税收、法律法规等方面无法协调一致等现实困难经常让人们感到无比沮丧。在法律和政策方面达成一致这个重要目标看起来几乎是不可能实现的。在这样的背景下，一个专门为了探究在 1992 年底之前能否实现共同市场而组建的委员会提出了几项建议。其目的则在于消除残余的贸易壁垒，增强各成员国的一致性，进而提升欧洲企业的竞争力。这些建议最终以《单一欧洲法案》的形式呈现出来，并且在 1987 年开始实施。

国际商务：全球化带来的挑战（第 6 版）

随着各个公司借助《单一欧洲法案》带来的机会纷纷重新进行自我定位，欧洲大陆出现了一股兼并收购的浪潮。大型企业将它们对欧洲的需求、能力以及文化的理解与自身规模经济优势相结合，中小企业则被鼓励加强彼此间的合作，以便消除产品标准变更给自身带来的负面影响。

《马斯特里赫特条约》。 一些欧盟成员国希望能够将欧洲的一体化进程推向更高的层次。1991 年，欧盟成员国在荷兰的马斯特里赫特举行峰会，并且在会上签署通过了最终在 1993 年开始执行的《马斯特里赫特条约》。

《马斯特里赫特条约》主要有三大宗旨。首先，它主张从 1999 年 1 月 1 日开始在欧盟成员国内部发行统一的共同货币，并且从 2002 年 1 月 1 日起新货币全面流通。其次，该条约为希望加入货币联盟的国家制定了货币和财政目标。最后，该条约呼吁成员国建立政治联盟——包括制定共同的外交政策和国防政策，赋予成员国公民共同的权利等。不过，欧盟成员国只有在成功跨入经济和货币联盟的终极阶段之后，才可能推进政治一体化。下面我们就来详细介绍一下欧洲的货币联盟。

欧洲货币联盟 正如我们在前面的内容中所提到的，在发行单一共同货币这个问题上，欧盟领导人意志坚定。欧洲货币联盟是指欧盟在 1999 年 1 月成立自己的中央银行、发行自己的货币的计划。《马斯特里赫特条约》规定了各成员国要想采用单一货币——欧元所必须满足的经济标准。第一，消费者价格指数（CPI）必须低于 3.2%，且不能超过通胀率最低的三个欧盟国家的平均通胀率 1.5 个百分点以上。第二，政府债务额占 GDP 的比重不能超过 60%。但是如果债务比率虽然超过 60%，但是呈现出逐渐下降到接近 60% 的态势，那么也可以算作是符合这一标准。

第三，财政赤字占 GDP 的比重低于或者等于 3%。虽超过但是非常接近 3% 的，或者是暂时性非常态地超过 3%，也可以算作是符合要求。第四，政府长期债券的收益率不能超过通胀率最低的三个成员国的平均利率 2 个百分点以上。符合以上几个标准有助于各国经济更紧密地融合，同时也为欧洲央行制定统一的政策铺平了道路。目前，欧盟成员国中使用共同货币的 17 个国家分别是奥地利、比利时、塞浦路斯、爱沙尼亚、芬兰、法国、德国、希腊、爱尔兰、意大利、卢森堡、马耳他、荷兰、葡萄牙、斯洛伐克、斯洛文尼亚以及西班牙。

欧元管理启示录。 采用单一货币给在欧盟从事生产经营的企业带来了深远的影响。首先，欧元的使用避免了由于各国使用不同货币而造成的金融难题，完全消除了不同成员国因为贸易往来而面临的汇率风险。单一货币免去了货币兑换费用，因而降低了交易成本。实际上，欧盟领导者估计，欧元给欧洲带来的经济收益大约占到其 GDP 总量的 0.5%。因为采用了单一货币，欧盟成员国之间的贸易就像美国各州之间开展贸易一样便捷。

其次，单一货币使得不同市场上的价格更加透明，商家很难在相距不远的市场上收取不同的价格。因此，消费者无须再为了省钱而去其他国家购买高档商品。例如，在货币联盟建立之前，同样一辆梅赛德斯-奔驰 S320 轿车在德国的售价是 72 614 美元，在意大利的售价却只有 66 920 美元。一辆雷诺 Twingo 在法国卖 13 265 美元，到了西班牙却只要 11 120 美元。为了获取价差带来的收益，甚至有汽车经销商和代理商专门从事跨国代购活动。欧元的使用显然大大减少甚至是消除了这类现象。

欧盟的扩张　近年来，欧洲最富有历史意义的事件之一当属欧盟成员国从 15 个增加到 27 个。克罗地亚、土耳其以及马其顿共和国则是欧盟成员国候选国，并且只要它们能够达到欧盟设定的标准就可以成为正式的成员。这些所谓的哥本哈根标准要求各国证明自己：

- 有稳定的机构来保证国内的民主、法制、人权以及对少数民族的尊重与保护；
- 形成了运行良好的市场经济，能够应对竞争的压力，包容欧盟内的市场力量；
- 有能力承担入盟后应承担的各项义务，包括坚持推进实现经济、货币以及政治同盟的目标；
- 有能力遵守欧盟的各项法则法规，服从欧洲法院的法律以及各项条约。

虽然土耳其已经申请加入欧盟，但是针对它的入盟谈判可能会格外艰难。该国未能赢得欧盟成员国支持的原因之一是，它被控侵犯了国内少数民族库尔德人的人权。另一个阻力则来自土耳其的宿敌希腊。但是，土耳其现在已经与欧盟建立了关税同盟，而且两者之间的贸易往来呈现不断增长的势头。整体来说，虽然那些信心满满的欧盟成员国有时候难免会感到失望，虽然欧盟在扩张过程中遭遇了不少的挫折，但是欧盟一体化进程仍然在不断向前推进。如果你想要更多地了解一下如何在欧盟成员国做生意，请参阅下面的专栏"企业家工具箱：捷克指南"。

企业家工具箱

捷克指南

地处中东欧地区的欧盟成员国代表着无限的商机。但是和在任何其他地方一样，在这里做生意同样面临着机遇与挑战的平衡问题。一些在捷克实现了自己商业梦想的企业家们给出了下面这些建议：

- **正式一点。** 捷克是一个非常讲究礼节的社会，因此除非你非常了解你的生意伙伴，否则你最好还是表现得正式一点。这包括在对方名字后面加上"博士"或者"先生"这类头衔。除非你们是非常要好的朋友，不然最好不要直接称呼对方的姓名。

- **建立人脉。** 赚钱对于任何企业来说显然都是一个重要的甚至是终极目标。但是，广交朋友、建立良好的人脉关系、尽可能帮助他人无不有助于新来者更快地融入当地社会。

- **找一个捷克合伙人。** 捷克在转型为资本主义社会之前曾经实行了 40 年的社会主义制度，这段历史给捷克人以及捷克文化留下了烙印。在当地找一个合伙人帮你处理可能出现的文化冲突是至关重要的。

- **聘用当地的专业人员。** 聘请一个熟悉捷克法律、税收制度（包括 19% 的增值税）以及其他红头文件的会计或者是其他专业人士是一个不错的选择。一个懂双语的律师同样也可以向你解释清楚捷克与美国法律存在哪些不同之处。

- **责任人。** 企业需要有一个负责各个方面事务的"责任人"。和自己并不熟悉的企业代表比起来，一些捷克人还是更喜欢和企业的责任人直接接洽。

欧盟的组织结构　欧盟有五大机构在监督和推进欧洲经济与政治一体化进程中扮演着格外重要的角色（见图8—2）。另外两个机构（监察专员和数据保护监管员）主要是起辅助性和支持性作用，因此这里我们不予讨论。

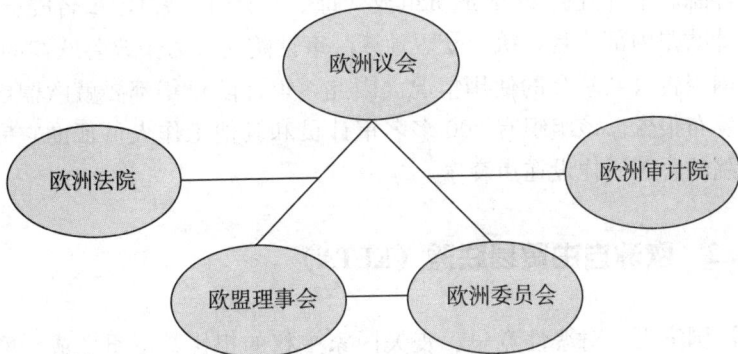

图8—2　欧盟的主要机构

欧洲议会。欧洲议会拥有700多名议员，这些议员每隔5年经由各成员国公开投票选举产生。因此，人们期望议员们可以在欧盟各种事务中发出本国的声音。欧洲议会的职责是遵照欧盟法律规定，对欧洲委员会提出的法案予以讨论和修改。欧洲议会还负有对所有机构实施整治监管的职责——它有权力监督欧洲委员会成员的任命，并且对委员会提出异议。同时，它还具有否决某些法案（包括欧盟的年度财政预算）的权力。有人还认为可以通过加强议会的权力来实现要求欧盟更加民主化的呼声。欧洲议会的办公地点设在比利时（布鲁塞尔）、法国（斯特拉斯堡）以及卢森堡。

欧盟理事会。欧盟理事会是欧盟的立法机关。理事会成员都是各成员国部长级的代表。理事会成员随着所讨论议题的不同而进行调整。比如，在讨论农业方面的议题时，理事会成员就是来自各成员国的农业部长们。所有法令只有经过理事会表决通过后方能成为欧盟的正式法律。虽然说移民和税收制度这类比较敏感的问题仍然需要理事会成员一致表决通过，其他法令现在通常只需要多数票通过即可。欧盟理事会还可以代表欧盟与其他国家或者国际组织签署协定。欧盟理事会的总部位于比利时的布鲁塞尔。

欧洲委员会。欧洲委员会是欧盟的执行机构。它由各成员国任命的委员组成——较大的成员国有两个席位，较小的成员国则只有一个。各成员国经欧洲议会同意后任命委员会主席和委员。欧洲委员会有权起草法案，负责政策的管理与执行，监督各成员国对欧盟法律的履行和遵守情况。每位委员都分管某个具体的政策领域，比如竞争政策和农业政策等。虽然委员是由所在国政府任命的，但是他们都应该出于欧盟的整体利益来行事，而不能仅代表自己国家的利益。欧洲委员会的总部同样也设在比利时的首都布鲁塞尔。

欧洲法院。欧洲法院是欧盟的诉讼法庭，有27名法官（每个成员国委派一名），以及8位每届任期六年的合议庭成员。欧洲法院处理的案件主要分为两大类，一类是对某成员国未能履行其协议任务的指控，另外一类是对协议期内欧洲委员会或欧盟理事会因为失职而未能尽到应尽之责的指控。和欧洲委员会的委员一样，欧洲法院也要求法官们基于欧盟的整体利益行事，而不能仅考虑本国利益。欧洲法院设在卢森堡。

欧洲审计院。 审计院由 27 名成员组成（每个成员国一名），每名成员任期六年。其职责是审计欧盟内部账目，执行欧盟预算。审计院还致力于改善欧盟的财政管理，并向各成员国报告公共基金的使用情况。因此，审计院每年都要就欧盟内部预算实际使用情况发布报告。该组织有 800 多名审计员和其他工作人员帮助它完成自己的职责。审计院的总部同样设在卢森堡。

□ 8.3.2　欧洲自由贸易联盟（EFTA）

一些欧洲国家出于对恶性竞争、丧失国家主权的担忧，不愿意成为欧盟的成员国。这些国家中有一部分虽然不愿意成为共同市场的一个组成部分，但是仍然希望能够获得自由贸易区带来的好处。出于这样的考虑，1960 年，它们联合起来，组建了欧洲自由贸易联盟，推进彼此之间在工业品而非消费品领域的贸易活动。但是因为欧洲自由贸易区初始时的一些成员后来选择加入欧盟，同时又有一些新的成员加入进来，目前该组织的成员国主要有冰岛、列支敦士登、挪威以及瑞士四国。

欧洲自由贸易联盟大约有 1 250 万人口，GDP 累计达 7 070 亿美元。尽管规模较小，但是其成员仍恪守自由贸易原则，实现了本国人民生活水平的不断提高。欧洲自由贸易联盟还同欧盟一起组建了欧洲经济区（EEA），希望在商品、劳动力、服务以及资本的自由流动方面加强合作。此外，在其他一些问题上，比如环境、社会政策以及教育等方面，两个组织也展开了共同努力。

□小测验

1. 欧洲希望建立区域贸易集团的初始动机是什么？
2. 描述欧盟的发展形成过程。欧盟的五大组织机构分别是什么？
3. 什么叫欧洲货币联盟？说明它对欧洲商业发展的主要作用。
4. 简要说明欧洲自由贸易联盟。

8.4　美洲的一体化进程

欧洲在区域一体化方面的成功使得其他国家也开始考虑本国从组建区域贸易集团中获利的可能。早在 20 世纪 60 年代初期，拉丁美洲国家就开始考虑签署区域性贸易协定，但是一直到八九十年代，它们才取得显著成效。因此，在推进经济一体化方面，北美洲比欧洲晚了大约 30 年才迈出关键一步。下面我们就逐一来看一下北美、南美以及中美洲在经济一体化方面都做了哪些主要的尝试，首先从北美洲开始。

□ 8.4.1 北美自由贸易协定（NAFTA）

加拿大和美国之间长期以来都保持了良好的经贸关系。它们以前就曾经签订过一系列贸易协定，涉及包括汽车在内的诸多工业领域。1989 年 1 月，《美加自由贸易协定》开始生效，该协定希望在 1998 年前彻底消除美国和加拿大之间的关税。

欧洲一体化进程的加速引发了建立一个包括墨西哥在内的北美自由贸易集团的迫切需要。1987 年，墨西哥加入现在的世界贸易组织，并且从第二年开始将国有企业私有化。1991 年，加拿大、墨西哥和美国之间的谈判最终促成了北美自由贸易协定的签订。从 1994 年 1 月开始，北美自由贸易协定取代了此前的美加自由贸易协定，正式开始生效。到目前为止，大约有 4.45 亿人口隶属于北美自由贸易区，其GDP 累计高达 16 万亿美元。

作为一个自由贸易协定，NAFTA 旨在取消原产自北美地区的大部分商品的关税和非关税贸易壁垒。该协定还要求放宽在政府采购、补贴、征收反倾销税等方面的限制（见第 6 章）。另外，北美自由贸易协定还包括与服务贸易、知识产权以及医疗、安全、环境等方面的标准有关的一些议题。

当地成分要求和原产地原则 尽管北美自由贸易协定鼓励在美国、加拿大以及墨西哥之间开展自由贸易，但是生产商和经销商们却必须遵守当地成分要求和原产地原则。虽然生产商和经销商们很难清楚地了解一套机器设备的各个零部件的确切产地，但是它们仍负有判定某件商品是否包括足够比例的原产自北美地区的零部件以便享有免税资格的义务。此外，它们还有义务向进口商提供 NAFTA 原产地证，以便后者享受免关税待遇。判定某商品是否符合 NAFTA 原产地规则，主要遵循以下四个原则：

- 完全出产自北美自由贸易区的商品；
- 含有非本地中间投入品，但是符合附件 401 原产地规则（含有关于本地中间投入品的规定）的商品；
- 在北美自由贸易区内生产并且原材料完全来自本区内的商品；
- 未组装的商品和商品零部件不符合附件 401 原产地规则，但是来自本区内的价值含量达到了商品价值总量的一定比例的商品。

NAFTA 带来的影响 自北美自由贸易协定生效以来，美国、加拿大和墨西哥三国之间的贸易量显著增长，其中美国与墨西哥之间的贸易活动更是表现得格外抢眼。如今，美国对墨西哥的出口总额已经超过了它对英国、法国、德国以及意大利四国的出口之和。实际上，墨西哥已经成为美国最大的进口国（仅次于加拿大和中国），同时它也是美国第二大出口市场（仅次于加拿大）。

整体来说，NAFTA 使得三国之间的贸易总量从 1993 年的 2 970 亿美元增加到接近 1 万亿美元。得益于 NAFTA 的出现，墨西哥对美国的出口总额跃升到 2 110 亿美元，同时美国对墨西哥的出口也增长到超过 1 360 亿美元。[①] 从这两个数字很容易

---

① Data obtained from United States-Mexico Chamber of Commerce Web site (www. usmcoc. org).

看出，美国对墨西哥呈现贸易赤字状态。在同一时期，加拿大对美国的出口总额翻了一番还要多，达到接近 3 000 亿美元，美国对加拿大的出口则增长到 1 760 亿美元。北美自由贸易协定签署以前，加拿大和墨西哥之间的贸易往来少得可怜，但是之后加拿大对墨西哥的出口增长了三倍多，接近 27 亿美元。[1]

北美自由贸易协定对就业和工资水平的影响则很难判定。美国贸易代表办公室声称，美国对墨西哥和加拿大的出口至少给本国带来了 290 万个就业机会（比 1993年时增加了 90 多万个），而且这些岗位支付的薪资水平也要比全国工人的平均工资高出 13%～18%。[2] 但是，劳联－产联（AFL-CIO）却提出了质疑，该组织声称NAFTA 使得美国损失了大约 100 万个就业岗位或者潜在就业机会。[3]

除了失业问题外，反对者还声称 NAFTA 给环境特别是美国和墨西哥接壤地区的环境造成了破坏。尽管北美自由贸易协定中含有环境保护方面的条款，但是墨西哥发现自己很难避免经济快速发展给环境带来的负面影响。不过，墨西哥国家生态研究所已经开展了一项工业废弃物管理活动，其中包括鼓励减少废弃物和废弃物循环再利用的激励机制。实际上，自北美自由贸易协定生效以来，美国和墨西哥政府在环境保护方面的投入已经超过了几十亿美元。[4]

NAFTA 的扩张　不同方面对 NAFTA 带来的长期效应存有争议在一定程度上妨碍了 NAFTA 的扩张步伐。不过，NAFTA 的扩张速度最终在很大程度上取决于美国国会是否会继续授予美国总统贸易促进权，即美国政府无须国会介入，就某项贸易协定与他方进行必要谈判的权力。等到协议的所有细节都敲定之后，国会只需要简单地就该协议是否被获准通过进行表决，但是它没有权力修改协议的条款。

但是，北美的一体化程度必将进一步扩张是毫无疑问的。实际上，北美各国最终可能会采用统一的货币也是有可能的。随着加拿大、墨西哥和美国之间贸易联系的日渐加强，采用统一货币（很有可能就是美元）消除了汇率波动的风险，从而使得这些国家的企业们受益。尽管从政治立场来看，加拿大和墨西哥政府可能很难接受这一点，但是从长期来看，北美各国使用共同货币还是可以预见的。实际上，厄瓜多尔经济已经开始"美元化"。

□ 8.4.2　中美洲自由贸易协定（CAFTA-DR）

自由贸易带来的潜在收益推动美国与其他六个比它小得多的经济体组建了另外一个区域贸易集团。中美洲自由贸易协定于 2006 年订立，签约国包括美国、哥斯达黎加、萨尔瓦多、危地马拉、洪都拉斯、尼加拉瓜以及后来的多米尼加共和国。

实际上，在中美洲自由贸易协定签署之前，其成员国之间已经有着密切的贸易往来。中美洲国家和多米尼加共和国已经成为美国在拉丁美洲的第二大出口市场，

---

① Data obtained from Industry of Canada Strategis Web site（www. strategis. ic. gc. ca）.

② Data obtained from Office of the United States Trade Representative（www. ustr. gov）.

③ Data obtained from the AFL-CIO（www. aflcio. org）.

④ "NAFTA：Myth vs. Facts," Office of the United States Trade Representative（www. ustr. gov），March 2008.

仅次于墨西哥。美国对其余六个成员国的出口总额超过了其对印度、印度尼西亚以及俄罗斯的出口总额。同样，中美洲国家和多米尼加共和国出口到美国市场的产品中，接近八成以上享受零关税待遇。中美洲国家的平均关税水平也从 1985 年的 45% 下降到当前的 7% 左右。美国与其余六个国家之间的商品贸易总额接近 320 亿美元。[①]

中美洲自由贸易协定给美国带来了方方面面的收益。该协定不仅旨在降低美国出口到中美洲地区以及多米尼加的关税和非关税贸易壁垒，同时它也保证了美国企业不会因为中美洲国家同墨西哥、加拿大等国家的贸易协定而处于不利的地位。此外，该协定还要求中美洲国家以及多米尼加改善它们的法律和经济环境，以便鼓励竞争，吸引更多投资，保护知识产权，提升法律法规的透明度。通过促进地区的融合、和平和稳定，该协定还起到了保护美国国家安全的作用。

▢小测验

1. 北美自由贸易协定的成因是什么？
2. 北美自由贸易协定对其成员国之间的贸易活动起到了怎样的作用？
3. 列举美国从中美洲自由贸易协定中获得的收益。

▢ 8.4.3　安第斯共同体（CAN）

拉丁美洲国家的一体化进程在开始时进行得并不顺利。它们的第一次尝试——拉丁美洲自由贸易联盟（LAFTA）——肇始于 1961 年。当时这些国家原本希望在 1971 年之前建立一个自由贸易区，后来又将这一时间点延长到了 1980 年。但是，席卷整个南美的债务危机以及各成员国对取消贸易保护措施的抵制情绪导致该联盟只能以失败告终。对拉丁美洲自由贸易联盟的失望情绪催生了另外两个区域性贸易集团——安第斯共同体和拉丁美洲一体化协会——的诞生。

组建于 1969 年的安第斯共同体由安第斯山脉的四个美洲国家组成，即玻利维亚、哥伦比亚、厄瓜多尔和秘鲁。截止到目前为止，安第斯共同体大约有 9 700 万消费群体，GDP 累计约为 2 200 亿美元。该贸易集团的主要目标是降低成员国之间的关税水平，达成统一的对外关税，在包括交通运输在内的某些产业实施共同的政策等。安第斯共同体的成员国还曾雄心勃勃地提出要在 1995 年前建立一个共同市场，但是一再的拖延导致它到目前为止仍然仅仅是一个不够完善的关税同盟而已。

阻碍安第斯共同体继续向前推进的原因如下。首先，从政治理念看，各成员国对于自由市场这一概念普遍持敌视态度，它们更偏好政府干预经济活动。其次，成员国之间彼此缺乏信任也导致更低的关税和更加自由的贸易难以成为现实。在安第斯共同体的框架内，共同市场将很难实现。其中一个原因是在与非成员国进行贸易时，安第斯共同体的成员国被赋予了太多的关税例外。另外一个原因则是各成员国

① Office of the United States Trade Representative（www. ustr. gov），select reports；U. S. Government Export Portal（www. export. gov），select reports.

仍在不断和共同体框架外的一个或者两个国家单独签署贸易协定。这种单打独斗的做法阻碍了共同体内部的发展，也伤及了安第斯共同体在与其他国家或者组织打交道时的可信度。

□ 8.4.4 拉丁美洲一体化协会（ALADI）

拉丁美洲一体化协会组建于 1980 年，到目前为止已经发展了 11 个成员国。鉴于首次一体化尝试（拉丁美洲自由贸易联盟）以失败告终，拉丁美洲自由贸易协会大大调低了自身的目标。ALADI 呼吁成员国之间两两实行特惠关税协定（双边协定）以便体现各个经济体在经济发展水平方面的差异。虽然 ALADI 促成了大约 24 个双边协定的签署以及 5 个分区公约的达成，但是它对于跨境贸易的作用却是微不足道的。对于该协会的不满导致一些国家再次组建了一个新的贸易集团——南方共同市场。

□ 8.4.5 南方共同市场（MERCOSUR）

南方共同市场 1988 年由阿根廷和巴西创建，并且在 1991 年将巴拉圭和乌拉圭两国纳入进来，紧接着委内瑞拉 2006 年也加入该组织。南方共同市场的准成员国还包括玻利维亚、智利、哥伦比亚、厄瓜多尔和秘鲁。墨西哥也被给予观察员身份。

如今，南方共同市场扮演着关税同盟的角色，并且宣称有着 2 660 万消费者（接近拉丁美洲总人口的一半），GDP 总额接近 2.8 万亿美元。它诞生的第一年即取得了极大的成功，成员国之间的贸易量增长了接近 4 倍。在贸易与投资自由化方面，南方共同市场还在不断进步，而且正逐渐成长为拉丁美洲最强大的贸易集团。拉丁美洲庞大的消费群再加上它所具备的成为全球低成本出口基地的潜力，使之不管是对欧盟还是对美国来说都有着极强的吸引力。

□ 8.4.6 中美洲和加勒比地区

与美洲其他国家和地区相比，中美洲国家及加勒比地区在推进经济一体化方面的尝试显得要落后得多。但是，我们还是要介绍一下它们取得的两个成果——加勒比地区共同体和共同市场（CARICOM）以及中美洲共同市场（CACM）。

加勒比地区共同体和共同市场（CARICOM） 加勒比地区共同体和共同市场成立于 1973 年。目前共有 15 个成员国、5 个准成员国以及 7 个观察员。尽管巴哈马也是加勒比共同体的成员之一，但是它却不是共同市场的成员。从整体来看，加勒比地区共同体和共同市场的 GDP 总额接近 300 亿美元，成员国人口总数将近 600 万。

加勒比地区共同体和共同市场的一个重要协定呼吁建立 CARICOM 单一市场，以实现包括商品、服务、资本和劳动力在内的生产要素的自由流动。加勒比地区共同体和共同市场面临的另外一个困境是其成员国之间的贸易规模远不及成员国与非成员国之间的贸易规模，之所以会造成这种局面仅仅是因为成员国之间无法提供对方所需要的进口商品。

中美洲共同市场（CACM）　中美洲共同市场诞生于 1961 年，目的是在哥斯达黎加、萨尔瓦多、危地马拉、洪都拉斯和尼加拉瓜之间建立一个共同市场。截止到目前为止，中美洲共同市场共有 3 300 万消费者，GDP 总额约为 1 200 亿美元。但是，因为洪都拉斯与尼加拉瓜之间常年的战争以及其他一些成员国内部的游击斗争，这一共同市场并没有真正建立。但是，失而复得的和平使得人们对这一地区的商业发展充满了信心，持乐观态度，这使得各成员国之间的贸易活动出现了两位数的增长。

此外，中美洲共同市场也并未建立一个关税同盟。各成员国的对外关税率从 4％ 到 12％ 不等。洪都拉斯和尼加拉瓜不久之前因为争端而向对方的进口产品施加惩罚性关税，这更是佐证了其成员国之间的合作具有明显的不稳定性。但是，政府官员们仍秉持积极立场，宣称他们努力的目标是欧洲式的一体化、更密切的政治联系，以及单一货币——有可能是美元。实际上，萨尔瓦多已经采用美元作为其官方货币，危地马拉则是同时使用美元和本国货币格查尔。

□ 8.4.7　美洲自由贸易区（FTAA）

一个真正具有主宰性的区域贸易集团可能当属美洲自由贸易区（FTAA）。美洲自由贸易区的目标是成为世界上最大的自由贸易区，从北美洲最北端的阿拉斯加一直蔓延到南美洲最南部的火地岛。美洲自由贸易区由 34 个成员国组成，拥有 8.3 亿消费者，涵盖了除古巴之外的整个西半球。美洲自由贸易区还将与同一区域内的其他贸易集团展开合作。

1944 年的第一次正式会议——美洲峰会为美洲自由贸易区制定了一个宏伟蓝图。4 年后的第二次美洲峰会上，当谈判真正开始时，成员国们纷纷重申了对建立美洲自由贸易区的信心。2001 年召开的第三次峰会却遭遇到激烈的抗议。考虑到美洲自由贸易区雄心勃勃的未来规划，可能还需要相当长的一段时间才能够将之变为现实。

□小测验

1. 什么叫安第斯共同体？说明安第斯共同体进展缓慢的原因。
2. 南方共同市场包括哪些成员国？它表现如何？
3. 中美洲和加勒比地区的经济一体化进程有怎样的特点？
4. 美洲自由贸易区的目标是什么？从目前来看，它成功实现目标的前景如何？

8.5　亚洲的一体化进程

与欧洲和美洲不同，其他地区的国家倾向于通过松散的组织形式推进经济和政治一体化。下面我们就来介绍一下亚洲和环太平洋地区几个重要的联盟——东南亚国家联盟、亚太经济合作组织以及澳新自由贸易区。

□ 8.5.1 东南亚国家联盟（ASEAN）

1967 年，印度尼西亚、马来西亚、菲律宾、新加坡以及泰国组建了东南亚国家联盟。1984 年文莱加入该联盟，随后，1995 年越南、1997 年老挝和缅甸、1998 年柬埔寨也纷纷成为东南亚国家联盟的一员。截止到目前为止，东南亚国家联盟共有10 个成员国，人口总数达 5.6 亿，GDP 总额接近 11 万亿美元。该联盟的三个主要目标是：（1）促进该地区经济、文化以及社会的发展；（2）维护该地区经济和政治的稳定；（3）提供一个公正和平地解决成员国之间争端的平台。

允许柬埔寨、老挝以及缅甸加入东南亚国家联盟遭到了一些西方国家的批评。对老挝和柬埔寨的不满源于它们在越南战争期间站在了共产党一边，对缅甸的指控则集中在该国政府肆意侵犯人权方面。然而，东南亚国家联盟认为，将这些国家吸纳进来有助于它们抑制中国的崛起，同时也可以扩大廉价劳动力以及丰富的原材料的供给。

亚洲发展中国家的企业很可能更愿意在东南亚国家联盟的成员国做生意。随着中国、日本和韩国加快入盟的步伐，这种趋势也会变得更加明显。中国的加入更是在欠发达国家和发达国家之间架起了一座桥梁。关于东南亚国家联盟，企业需要了解的一些重要方面请参见下面的专栏"全球经理人公文包：ASEAN 面面观"。

全球经理人公文包

ASEAN 面面观

不熟悉应该如何在东南亚国家联盟开展业务的经理人们必须谨慎行事。下面我们给出了关于该联盟不容忽视的一些细节：

■ 多元化的文化和政治。菲律宾是一个代议制民主国家，文莱则是一个石油资源丰富的伊斯兰国家，越南是国家占主导的共产主义国家。必须根据不同国家的特点来制定自己的商业政策和规则。

■ 经济方面的竞争。很多东南亚国家联盟的成员国都能够感受到中国在吸引跨国公司的投资方面的强大感召力。过去，这些成员国曾吸引了流入亚洲发展中经济体的对外直接投资的 30%，但是现在这一数字只有原来的一半。

■ 腐败和黑市。行贿和黑市（非官方市场）在 ASEAN 的很多成员国都是普遍现象，包括印度尼西亚、缅甸、菲律宾和越南。针对腐败情况展开的很多研究都表明，它们是被调查国家中最腐败的或者是接近最腐败的。

■ 政治变迁和骚乱。这一地区内的一些国家最近选出了新的领导人。印度尼西亚最近的领导人更迭尤为频繁。企业必须对政治风向以及与贸易和投资有关的法律法规的变化保持警醒和敏感度。

■ 边界争端。泰国与柬埔寨、老挝的有些交界地区经常会出现纷争。泰国和缅甸的边境维和部队与掸族（Shan

反对派势力之间的冲突也时有发生。

■ 缺乏共同关税和相关标准。在东南亚国家联盟的成员国做生意可能要付出更高的成本。统一的关税、质量与安全标准、海关规则以及投资法规可以大大降低交易成本。

□ 8.5.2　亚太经济合作组织（APEC）

亚太经济合作组织成立于 1989 年。从最初的 12 个贸易伙伴之间非正式会议的形式开始，发展到现在，亚太经济合作组织已经有了 21 个成员国（地区），它们之间的贸易往来占到了世界各国贸易总量的 40% 以上，GDP 总量超过了 190 万亿美元。

亚太经济合作组织的宗旨并不是要建立一个新的贸易集团。相反，它希望通过简化和放宽成员国之间的贸易和投资程序来促进多边贸易体系的发展以及全球经济的增长。从长期来看，亚太经济合作组织希望在 2020 年实现区域内贸易与投资的完全自由化。

亚太经济合作组织的发展历程　亚太经济合作组织已经成功地将成员国之间的平均关税率从 15% 削减到了 7.5%。特别是在成立初期，APEC 成绩斐然，但是 20 世纪 90 年代末的亚洲金融危机阻碍了该地区的自由化进程。在朝着贸易自由化迈进的过程中，APEC 也在朝着政治集团的方向发展。毕竟，虽然它没有像北美自由贸易协定或者是欧盟那样的凝聚力和成就，但是，其成员国之间的公开对话以及不断推进合作的努力势必会推动这一地区取得更大的进步，当然，这将是一个缓慢的过程。

进一步自由化将给在 APEC 成员国做生意的人们带来更多的收益。比如，APEC 正在调整商务签证发放办法，从而商务人士们无须持有多个签证便可以在各个成员国之间自由往来。APEC 还在推动成员国之间的专业资格互相认证工作，这样一来，像工程师这样的专业人员就可以在各成员国自由择业而无须考虑来自哪个国家。此外，APEC 还准备简化和统一成员国的海关业务流程。最终，所有成员国将采用统一的关税表格和清单。

□ 8.5.3　澳新自由贸易区（CER）

澳大利亚和新西兰于 1966 年曾签署自由贸易协定，约定到 1980 年将两国之间的关税和配额等减少 80%。该协定的成功促使两国在 1983 年签署了《紧密经贸关系协定》（CER），以便促进自由贸易的发展以及经济进一步的一体化。

1990 年，澳大利亚和新西兰之间完全取消了两国在关税和配额方面的贸易壁垒，比原定计划提前了五年时间，从这个角度看，CER 是一个巨大的成功。不管是澳大利亚还是新西兰，在本国可以销售的商品（以及绝大部分服务）都可以在对方国家合法销售。此外，在本国注册认证的大部分专业人员都可以得到另外一个国家的认可。

8.6　中东和非洲地区的一体化

中东和非洲地区在经济一体化方面取得的进步和其他地区相比虽然很微不足道，但总算是没有被遗忘。这两个地区成绩有限主要是因为相关经济体规模较小，经济发展水平相对来说也比较低造成的。在这里的联盟中最大的当属海湾合作委员会和西非国家经济共同体。

8.6.1　海湾合作委员会（GCC）

1980年，几个中东国家组成了海湾合作委员会，其成员国包括巴林、科威特、阿曼、卡塔尔、沙特阿拉伯以及阿拉伯联合酋长国。海湾合作委员会在创立之初的主要目标是与当时欧洲日渐强大的区域贸易集团——欧盟和欧洲自由贸易联盟——进行合作。但是，随着时间的推移，海湾合作委员会不仅仅是一个经济实体，而且越来越像是一个政治实体。它推出的合作举措包括允许成员国公民无须持有签证即可在各成员国自由往来。此外，它还允许一个成员国的公民在其他成员国拥有土地、资产以及企业，而无须在当地有担保人或者是合作伙伴。

8.6.2　西非国家经济共同体（ECOWAS）

西非国家经济共同体成立于1975年，但是因为早期没有什么实质性进展，直到1992年才重启经济一体化工作。西非国家经济共同体的重要目标之一就是建立关税同盟，最终建立共同市场以及货币联盟。到目前为止，西非国家经济共同体是撒哈拉以南非洲经济活动的主导。

西非国家经济共同体在市场一体化方面几乎没有取得任何进展。实际上，共同体成员国相互之间的贸易额只有成员国与第三方贸易额的11%。但是，西非国家经济共同体在人员流动、跨国公路建设、跨国通信等方面取得了一定的成绩。该组织的一些主要问题可以归因于政治不稳定、政府治理不完善、国民经济孱弱、基础设施落后以及经济政策不合理等。

8.6.3　非洲联盟（AU）

2002年，非洲大陆的53个国家联合组建了非洲联盟。而非洲统一组织成员国的首脑们在1999年签署的《苏尔特宣言》，则为非洲联盟的建立铺平了道路。

非洲联盟以建立一个团结、强大的非洲为远景目标，希望实现在政府以及社会各阶层之间建立合作关系以便加强非洲移民的凝聚力这一现实需求。其宗旨是促进非洲的和平、安全与稳定，促进成员国之间的经济和政治一体化，应对全球化带来的各种问题。具体来说，非洲联盟的目标是：（1）消除殖民化和种族隔离遗留的痕

国际商务：全球化带来的挑战（第6版）

迹；（2）促进非洲各国的统一和团结；（3）加强协调与合作，谋求共同发展；（4）维护成员国主权和领土的完整与独立；（5）在联合国的框架下促进国际合作。

现在判定非洲联盟能否成功还为时过早，但是非洲大陆并不缺少让它证明自身能力的机遇。比如，尽管非洲联盟做出了很多积极的努力，但是苏丹达尔富尔地区的种族冲突问题仍在继续。显然，所有的非洲人民都将从一个高效、成功的非洲联盟中获益匪浅。

□小测验

1. 阐述东亚南国家联盟致力于实现的三个主要目标。
2. 亚太经济合作组织的宗旨与其他区域贸易集团有何不同？
3. 什么叫海湾合作委员会？它都包括哪些成员国？
4. 阐述西非国家经济共同体和非洲联盟的目标分别是什么。

商务启示

区域经济一体化不仅给买方提供了更多的选择、更低的价格，而且有助于提高生产力，增强一国的竞争力。但是，一体化同样也有弊端——各国政府和独立组织为了克服这些负面效应做出了很多努力。下面我们就来看看区域一体化给企业运营以及就业带来的影响。

区域一体化与企业运营

区域贸易协定正在改变着全球市场的格局。一方面这些协定降低了贸易壁垒，另一方面也为商品和服务打开了新的市场。一些因为关税的存在导致进口商品价格太高而处于封闭状态的市场在取消关税之后，变得极具吸引力。但是对于企业来说，贸易协定也是一把双刃剑。因为贸易协定不仅为本国企业找到了新的海外市场，而且也向其他国家的竞争对手敞开了本国大门。流动性的提升使得签署贸易协定的每一个成员国都面临更激烈的竞争。

尽管区域一体化往往会导致竞争的加剧，但是它也带来了一系列的经济收益，比如单一货币带来的诸多好处。欧盟内部的企业从共同货币欧元的使用中获益是毫无争议的。首先，它们节省了不同货币之间的兑换费用。其次，企业主在进行跨国交易时无须再担心汇率波动导致的风险。这类成本和风险的消除使得资本可以更加自由地流动。再次，欧元的使用让不同市场上的价格更加透明，要想在不同市场制定不同价格变得更加困难。这有助于企业比较不同原材料、中间产品或者是服务的供应商的报价。

对于企业而言，区域一体化带来的另外一个好处就是更低的甚至是零关税。这使得跨国公司无须太多加工厂就可以满足某个地区的需求，从而实现规模收益。这是因为企业可以集中在某一个地方进行生产，然后只需增加少量成本就能将产品运往低关税的地区，这显然降低了企业的整体成本，提升了企业的生产效率。

区域经济一体化的潜在弊端之一是贸易集团各成员国之间的低关税将会导致贸易转移，也就是说，贸易集团内部效率较低的成员国之间的贸易增加，而与效率更高的非成员国之间的贸易减少的现象。在这样的情况下，除非区域内部的商品或者服务的提供商之间存在竞争，否则消费者很可能会因为贸易转移效应而支付更高的价格。

一体化与就业

关于区域一体化，最具争议的可能要数它对就业的影响。企业可以通过在劳动力市场上重新分配工作岗位来影响就业环境。在贸易集团内部提供某种商品或者服务的国家很可能是在这方面效率最高的。当这种商品是劳动密集型产品时，该国的劳动力成本很可能相当低。其他国家的竞争对手为了维持自己的竞争优势，可能会选择将生产活动转移到集团内工资相对较低的国家。这意味着

工资相对较高的国家就业机会的流失。

从另一角度看，就业岗位的流失给工人们提供了一个提升自身技能、获得更高级培训的机会。这无疑有助于一国提升自己的竞争力，因为一个受过更多教育、技能更丰富的劳动力队伍更容易吸引高薪工作的青睐。但是，和人们突然发现自己失业了招致的痛苦相比，一国竞争力提升带来的安慰实在是太微不足道了。

尽管区域一体化存在这样那样的弊端，贸易的扩张还是给人们带来了很多潜在收益，比如生活水平的提高。因此，鉴于区域经济一体化所带来的巨大潜在收益，人们很可能会继续通过一体化进程来消除国与国之间的贸易壁垒。

本章小结

1. 说明区域经济一体化的定义及其五个层次：

地处同一区域的各个国家共同合作，降低或者消除与商品、人口、资本等的跨国流动有关的壁垒的过程，叫做区域经济一体化。

自由贸易区：成员国相互之间取消所有贸易壁垒，但是对非成员国可以自行制定不同贸易政策的经济一体化形式。

关税同盟：成员国相互之间取消所有贸易壁垒，对非成员国制定统一的贸易政策的经济一体化形式。

共同市场：成员国相互之间取消所有与贸易以及劳动力、资本跨国流动有关的壁垒，对非成员国制定统一的贸易政策的经济一体化形式。

经济同盟：成员国相互之间取消所有与贸易以及劳动力、资本跨国流动有关的壁垒，对非成员国制定统一的贸易

政策，同时协调各成员国的经济政策的经济一体化形式。

政治同盟：成员国之间在经济和政治制度方面都高度协调统一的一体化形式。

2. 讨论区域经济一体化带来的利与弊：

贸易创造是指区域经济一体化带来的贸易规模的扩大，它给买方提供了更多的选择、更低的价格，同时也有利于提高生产力，增强一国的竞争力。

相对规模更大的区域集团而言，规模更小的区域集团更容易降低各个成员国之间的贸易壁垒。

区域一体化组织的成员国在与其他国家或者组织谈判时有着更大的话语权，有助于减少潜在军事冲突、扩大就业。

贸易转移是指贸易往来从非成员国转向成员国的现象；这可能会导致与贸

易集团内部低效率生产商的贸易活动增加。

3. 描述欧洲的区域一体化进程及其扩张模式：

欧洲煤钢共同体成立于 1951 年，旨在降低成员国在煤炭、铁、钢以及废金属贸易方面存在的壁垒。

在经过几轮的扩张、扩容以及更名之后，欧洲煤钢共同体发展成为今天为人们所熟知的欧盟，拥有 27 个成员国。

欧盟的五大组织机构分别是欧洲议会、欧洲委员会、欧盟理事会、欧洲法院和欧洲审计院。

欧盟成员国中有 17 个采用了共同货币欧元，这些成员国因为消除了汇率波动风险和货币兑换成本而受益。

欧洲自由贸易联盟共有四个成员国，旨在促进工业品贸易的发展。

4. 描述美洲的区域一体化进程，分析其未来发展前景：

北美自由贸易协定 1994 年开始在加拿大、墨西哥和美国之间生效。该协定旨在消除与原产于北美地区的商品有关的所有贸易和非贸易壁垒。

2006 年，美国以及其他六个中美洲国家共同签署中美洲自由贸易协定，以便促进它们之间的贸易往来。

安第斯共同体成立于 1969 年，旨在降低成员国之间的贸易壁垒，对外实施统一关税，在交通运输以及其他一些领域实行共同政策。

拉丁美洲一体化协会 1980 年由墨西哥以及 10 个南美洲国家共同组建，但是它对跨境贸易的影响几乎可以忽略不计。

南方共同市场建立于 1988 年，它的表现类似于关税同盟。

加勒比地区共同体和共同市场成立于 1973 年，中美洲共同市场则诞生于 1961 年。

5. 描述亚洲区域一体化的特点，说明它与其他地区的一体化进程有什么区别：

东南亚国家联盟成立于 1967 年，旨在：（1）促进该地区经济、文化以及社会的发展；（2）维护经济与政治稳定；（3）提供一个和平解决争端的平台。

亚太经济合作组织创建于 1989 年，希望通过简化和放宽各成员国在贸易和投资方面的限制，促进多边贸易体系的发展以及全球经济的增长。

澳新自由贸易区成立于 1983 年，两个成员国——澳大利亚和新西兰完全取消了关税和配额方面的壁垒。

6. 描述中东和非洲地区的区域一体化进程，解释它们发展缓慢的原因：

1980 年，一些中东国家组建了海湾合作委员会，允许成员国公民在不持有签证的情况下自由在各国往来，同时也允许一国公民在其他成员国拥有资产，而无须在当地有担保人或者是合伙人。

西非国家经济共同体成立于 1975 年，其主要目标是组建关税同盟并且最终朝着共同市场的方向迈进。

非洲联盟起始于 2002 年，有 53 个成员国，旨在促进整个非洲大陆的和平、安全与稳定，提升成员国的经济和政治一体化水平。

课堂讨论

1. 区域贸易集团在可预见的将来很有可能会继续扩张和发展。如果可能的话，你认为一体化进程在什么情况下将会终止？为什么？

2. 有人认为区域贸易集团的存在危及了世界贸易组织推动的自由贸易进程。你同意这一说法么？为什么？

3. 一些国家集团特别是非洲的经济发达程度远远落后于其他国家和地区，比如欧洲和北美洲。为了提高生活水平，你认为发达国家可以同欠发达国家开展什么形式的一体化安排？尽可能详细地说明你的观点。

小组练习

1. 辩论题。八名学生平均分成两组，针对将北美自由贸易协定推进到更高层次的经济一体化形式（甚至是政治一体化）所能带来的收益展开讨论。在每一组的第一名学生阐述完自己的观点之后，第二名学生要对另一方的观点提出质疑，找出其中的漏洞和前后不一致之处。第三名学生则要针对第二名学生的疑问作出回应。第四名学生则负责总结己方的观点。最后，全班投票决定哪一方的观点更有说服力。

2. 市场进入战略项目。本题与市场进入战略在线模拟有关。针对你所研究的国家，列出它可能参与的所有区域一体化安排。在这些一体化安排中，还包括了哪些成员国？驱动这些一体化尝试的经济、政治和社会目标是什么？到目前为止，一体化给本国带来了哪些积极的和消极的影响？跨国公司（既包括本国的也包括外国的）是如何应对的？解释一下这些企业的应对策略为什么会成功或者失败。将你的研究成果写入最后的市场进入战略报告中。

关键术语

共同市场	自由贸易区	贸易创造	关税同盟
政治同盟	贸易转移	经济同盟	区域经济一体化
欧洲货币联盟			

伦理题

1. 假设你是来自佛罗里达州的一名国会议员。你所在州的很多选民都对北美自由贸易协定和中美洲自由贸易协定颇为不满，认为这些协定对他们生活在加勒比海沿岸的亲戚们非常不公平。有些专家甚至认为自由贸易协定这个词是有误导性的。在他们看来，这些协定实际上只是特惠贸易协定，因为它们只在成员国内部倡导自由贸易，而对非成员国则奉行保护主义。你也很担心这正是加勒比地区被排除在NAFTA 和 CAFTA-DR 之外的国家的真实状况。还有人声称，随着就业岗位向墨西哥的转移，从牙买加的服装加工厂到特立尼达的甘蔗田，这些加勒比岛国原本就很脆弱的经济再次遭受了就业机会减少、市场份额丧失以及收入下降等损失。考虑到对非成员国的种种负面效应，你认为这些贸易协定符合伦理道德么？你认为是什么原因导致加勒比沿岸国家被排除在了北美自由贸易协定或者是中美洲自由贸易协定之外？作为美国国会的一员，你如何看待北美自由贸易协定和中美洲自由贸易协定进一步扩容，从而将加勒比地区囊括进来这个提议？

2. 假设你是厄瓜多尔政府聘请的一名世界知名经济学家，希望你就该国在安第斯共同体的一些事宜发表自己的意见。安第斯共同体是一个关税同盟，目前有四个南美成员国：玻利维亚、哥伦比亚、厄瓜多尔以及秘鲁。共同体的成员国可以自由进入其他成员国的市场，而非成员国则要就关税问题与成员国进行谈判。因为厄瓜多尔最近采用美元作为官方货币，有人认为其他安第斯共同体的成员国可能会阻碍厄瓜多尔的飞速发展。作为顾问，关于厄瓜多尔退出安第斯共同体这个问题，你会向该国政府陈述哪些正面效应和负面效应？

3. 假设你是墨西哥总统的经济顾问。美国工会和环保主义者并不是仅有的反对北美自由贸易协定的组织。在墨西哥，那些担心国家主权丧失以及认为美国和墨西哥之间的收入差距永远也不可能缩小的人们也一直在抗议该协定。美国的平均时薪大约是墨西哥的 6 倍。墨西哥的反对人士担忧整个国家有一天都将被美国企业控制，这非但无助于墨西哥人民生活水平的提高，反而可能会导致墨西哥成为一个低成本组装基地，而那些高薪、高技能的就业机会则留在了美国国内。你认为贸易协定有可能帮助缩小贫困国家与富裕国家之间的经济差距么？还是说相对贫困的国家会永远依附于区域贸易集团内部相对比较富裕的国家？作为一名经济顾问，你会建议墨西哥总统采取怎样的措施来保护本国的劳动者？

国际管理案例

食品安全领域的全球贸易赤字

现在，即便是在严冬季节，明尼苏达州的人们也可以品尝到夏季新县出产的树莓；距离北美千里之遥的欧洲人在早餐麦片里可以添加墨西哥芒果；日本消费者同样可以买到俄勒冈州出产的小萝卜。食品产业的全球化、不断降低的贸易壁垒以及区域贸易集团的建立使得人们选择世界各地出产的产品成为了可能。遗憾的是，这些因素同样会使得人们可能会因为接触了食物中的病原体而感染疾病。

近年来，与日益繁荣的农产品贸易有关的食品中毒事件时常见诸报端。几年前就曾爆发过一次有 2 300 多人受害的严重事件，他们食用的危地马拉树莓携带了一种名为环孢子虫的寄生虫。此外，还有消费者因为食用受到污染的草莓和紫花苜蓿芽而诱发甲型肝炎和沙门氏菌感染。前几年，SARS 的爆发夺去了成百人的生命，也让更多的人受到感染，特别是中国人、新加坡人和加拿大人。有些科研人员认为，这些病例中有相当一部分实际上是感染了 H5N1 或者说禽流感病毒。这种病毒的传染性格外强，而且可以跨物种传播。接触家禽以及卫生条件较差的情况下，感染禽流感病毒的可能性会显著增加。

尽管官方卫生部门认为并没有明确的证据证明进口食品的危险性一定更高，

但是他们给出了几个应该引起人们注意的理由。首先，进口食品通常来自那些食品卫生和基本卫生条件都比较恶劣的发展中国家。其次，一些在当地没有什么危险性的微生物被引入其他国家后，却可能造成致命伤害。最后，产地与餐桌之间的距离越长，食物受到污染的可能性也就越大。不妨看看携带沙门氏菌的紫花苜蓿芽的旅程：先从乌干达和巴基斯坦买来苜蓿芽的种子，海运到荷兰，然后空运到纽约，再用卡车运往美国各地，最后才到达消费者的餐桌上。

没有迹象表明食品污染事件发生的概率正在降低。自北美自由贸易协定签署以来，加拿大、墨西哥以及美国之间的食品跨境贸易直线增加。与此同时，美国食品药品监督管理局（FDA）对进口产品的检验检疫却放松了很多。持续膨胀的进口导致美国有着一百多年历史的食品安全体系——该体系是针对一个封闭的国家而设计的——不堪重负。但

是，美国国会仍在继续尝试提升进口食品的安全等级。国会 2010 年审议的一项法律提案呼吁给予美国食品药品监督管理局召回权，提高食品检验频率，要求食品生产者提交食物安全承诺书等。

尽管向每个国家派驻 FDA 工作人员的做法不切实际，但是美国政府也不是完全无计可施。对不符合美国食品安全扩大标准的国家生产的水果和蔬菜，美国国会可以加大禁止进口的力度。美国政府还可以对其他国家的农业种植方法以及政府安全系统进行更严格的审查。那些对最新审查不积极配合的国家将被禁止在美国市场上销售水果和蔬菜。世界卫生组织同样也推出了一系列针对食品安全的新政策，比如采用包括食品放射在内的一系列新技术。不过，世界卫生组织认为，预防因食物感染疾病的最有效的方式是采用适当的食品加工方式，告诉零售商和广大消费者如何处理食物才是正确的做法。

资料来源：Christopher Doering and Roberta Rampton, "Delauro Sees U. S. Food Safety Law in 2010," *Reuters* (www. reuters. com), March 17, 2010; "A Game of Chicken," *The Economist* (www. economist. com), June 26, 2008; "Food Safety and Foodborne Illness," World Health Organization Fact Sheet No. 237, March 2007; "Preparing for a Pandemic," *Harvard Business Review* Special Report, May 2006, pp. 20 - 40.

□小思考

1. 你认为像墨西哥这样对美国大量出口的国家应该如何应对更加严格的食品安全法规？你认为这是杜绝食物致病的有效手段么？为什么？

2. 密歇根州马歇尔市的苏·丹尼斯是一个学龄儿童的母亲，她的孩子是前面提到的甲型肝炎感染事件的受害者之一。在国会议员们面前，她说道："我们正在逼迫消费者用自己和家人的健康和安全来换取自由贸易。这是不公平的。北美自由贸易协定不仅仅是一个贸易问题：它是一个安全问题。"你认为是否应该在北美自由贸易协定中加入食品安全条例？为什么？在国际贸易协定中加入食品安全条例的利与弊分别是什么？

3. 缺乏统一的食品安全准则只是食品产业在全球化过程中面临的诸多挑战中的一个。在一个经济一体化、市场越来越开放的时代，食品产业还面临哪些其他的挑战？

第四篇

国际金融体系

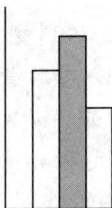

国际金融市场

学习目标

通过本章的学习，你应该能够：

1. 了解国际资本市场的宗旨、发展历程以及主要的金融中心。
2. 介绍国际债券、国际股票以及欧洲货币市场。
3. 掌握外汇市场的四项基本职能。
4. 阐释货币是如何标价的，以及汇率是如何确定的。
5. 了解外汇市场的主要工具和机构。
6. 掌握政府限制货币可兑换性的原因和手段。

内容回顾

第 8 章介绍了世界各主要地区在区域经济一体化方面取得的重要成效。另外，我们还分析了跨国公司是如何应对区域一体化带来的机遇与挑战的。

本章概要

本章通过探究国际金融市场的结构展开对国际金融体系的介绍。我们首先介绍了国际资本市场及其主要构成，接下来我们就转向外汇市场，给出其运作机制以及结构。

下章前瞻

第 10 章是关于国际金融体系研究的一个总结。我们讨论了影响汇率波动的因素，解释了政府以及其他一些机构进行汇率管理的原因以及手段。另外，我们还介紹了新兴市场最近面临的主要货币问题。

Wii 才是真正的赢家

日本，京都——自1989年以来，全世界的游戏迷们都沉溺于任天堂的产品而无法自拔。100多年以前的1889年，山内房治郎在京都创办了任天堂公司，生产一种名为花札的日本纸牌。到了今天，任天堂制作和销售各种移动游戏设备和家用游戏机，包括Wii、任天堂DS、GameCube以及GBA（Game Boy Advance）新一代掌上游戏机等——这些游戏设备缔造了一系列全球知名游戏人物，比如马里奥、大力金刚以及波克曼等等。

当任天堂公司推出新款游戏机Wii时，它在全球游戏产业掀起了新一轮的风暴。凭借无线体感遥控器、内置无线上网装置以及其他一些特色，Wii的表现超越了索尼公司的PSP和微软公司的Xbox等同类产品。任天堂推出的一款名为"Wii健身"的游戏巧妙地融合了包括瑜伽、力量训练甚至是呼啦圈在内的40多种运动，迫使玩家达到健身目的。

但是，任天堂公司的营销专家们和天才游戏设计师们并不是影响公司业绩的唯一因素——日元和其他货币之间的汇率也起到了一定的作用。每到年底，任天堂海外公司赚取的收入都要汇总到总公司，形成合并财务报表。将子公司的利润从其他货币兑换成相对强劲的日元，无疑会导致任天堂公司以日元计价的账面利润下降。

任天堂最近公布的上一年度净收益为2 573亿日元（折合26亿美元），但是报告中也提到，因为货币兑换导致的损失大约为923亿日元（约折合9.235亿美元），这是因为将子公司收益从其他货币转换成日元时，日元升值了。在学习本章的过程中，请思考一下一国货币币值的变化对企业的业绩有着怎样的影响，企业管理者应该如何规避这种影响。①

一个健全的金融市场是国际商务环境的重要组成部分之一，有了这个市场，资金就可以顺畅地从盈余者手中转移到短缺者那里。国际金融市场还为企业提供了兑换货币的场所。对于国际化经营的企业来说，货币能否兑换以及按照怎样的比率兑换有着至关重要的影响。

假设你买了一个MP3，它是从一家总部设在菲律宾的公司那里进口来的。不管你是否意识到了，你购买MP3时所支付的价格都会受到本国货币与菲律宾比索之间的兑换比率的影响。最后，这家菲律宾公司必须将所得收益由你们国家的货币转换成菲律宾比索。因此，菲律宾公司所赚取的利润也会受到你们两国货币之间的兑换比率的影响。企业管理者们必须清楚地知道货币价值进而汇率的变化对它们的跨国经营活动的利润产生了怎样的影响。此外，我们假想中的这家菲律宾公司还必须知道应该对卖给你的MP3制定怎样的价格。

在这一章中，我们通过探究国际金融市场的结构展开对国际金融体系的学习。

---

① Martyn Williams, "Nintendo Records A Loss As DS Sales Plummet," *Bloomberg Businessweek* (www. businessweek. com), July 29, 2010; Matt Vella, "Wii Fit Puts the Fun in Fitness." *Bloomberg Businessweek* (www. businessweek. com), May 21, 2008; Nintendo Web site (www. nintendo. com), various articles and annual reports.

国际金融体系由两个相互关联的子系统构成，即国际资本市场和外汇市场。我们首先探讨国际资本市场的意义及其近年来的发展。接下来，我们将逐一详细介绍国际债券市场、国际股票市场以及欧洲货币市场，这三大市场都为企业提供了在国际舞台上融通资金的场所。然后我们介绍外汇市场——为国际商业活动提供便利的一个国际货币市场。在本章的最后，我们探讨一下货币的可兑换性是如何影响国际商业活动的。

■ 9.1 国际资本市场

资本市场是通过债券和股票的形式，以最有效率的方式实现金融资源的重新配置的系统。它的主要职能是提供了一个有效进行贷款或者投资的机制。资本市场的参与者包括个人、企业、政府、共同基金、养老基金以及各种类型的公益组织等。举例来说，某个人可能希望购买自己人生中第一套住房，某个中等规模的企业可能希望进一步提高自己的生产能力，某国政府可能希望开发一个新的无线通信系统。这些个人和组织有时候有多余的资金可以出借给别人，有的时候则需要从他人那里借入资金。

□ 9.1.1 国内资本市场的职能

企业可以通过两种方式来获得外部融资，即债务融资和股权融资。资本市场则是帮助企业获得这两种融资的平台。但是，为了对国际资本市场有一个透彻的了解，我们首先需要回顾一下资本市场在国内经济中发挥的作用。不难理解，国内资本市场可以帮助某些个人或者机构借到其他个人或者机构希望借出的资金。尽管从理论上来说借款人可以自己去搜寻愿意提供贷款或者是进行投资的个人或机构，但是这样做显然是极其没有效率的一种方式。

债务的作用　债务也就是贷款，借款人承诺到期除偿还所借金额（本金）之外，还要支付事先商定的一笔利息。公司债主要采取债券的形式，即约定了本金及利息的偿还期限的一种借款工具。如果到期时贷款人未能如约还款，债券持有人有权利对贷款人进行破产清算。私营企业以及各级地方政府和中央政府经常会出于为某投资项目融资的目的而发行债券。

股权的作用　股权代表了对公司的所有权，股票持有人和公司其他所有者一起共担风险，共享收益。股权通常表现为股票的形式，即一定份额的公司资产所有权，股票持有者有权利分享公司未来的现金流。股票持有者还可能会获得股利——剩余资金的分配——或者是因为所持有股票价格上涨而受益。当然了，另一方面，股票持有者也必须承担公司经营不善所招致的损失即股票价格下降。企业并不必然会派发股利，这主要是由董事会根据企业财务状况来决定的。股票持有者也可以选择在资本市场上将手头的股票换成其他公司的股票，或者是变现卖出股票收回现金。流动性——这是债券市场和股票市场的共性——指的是债券持有人或者是股票持有人将投资转换成现金的难易程度。

□ 9.1.2　国际资本市场的职能

国际资本市场是由跨国进行投资和借贷活动的个人、企业、金融机构以及政府构成的一个网络。它既可以是有形的交易所（在这里，买卖双方当面进行金融工具的交易），也可以是无形的电子网络系统（此时，交易是匿名进行的）。这一市场运用各种独特的、创新的金融工具来适应不同国家的投资者和借款人的业务需要。国际化的银行巨头们在国际资本市场上占据了核心地位。它们将世界各地的投资者和储蓄者的剩余资金汇集起来，然后将这些资金借给全球各地的借款人。

增加了针对借款人的货币供给　国际资本市场将不同国家资本市场中的借款人和贷款人聚集在了一起。一些无法从本国投资者那里获取资金的企业可以在其他地方寻求资金，并得以完成仅通过国内融资根本无法开展的项目。这种走出国门从外部融资的自由，对于那些本国资本市场规模较小或者仍处在发展阶段，尤其是股票市场刚刚开始兴起的国家的企业来说，至关重要。在国内市场对资本的追逐过于激烈的情况下，增加货币供给还可以使那些规模不大但具有发展前景的企业受益。

降低了借款人的借款成本　增加货币供给还可以降低借款成本。与土豆、小麦等普通商品的价格类似，货币的价格也是由供给和需求决定的。如果供给增加，货币的价格即利率便会下降，这也是超额供给会催生买方（借方）市场，导致利率和借款成本下降的原因所在。当融资成本下降时，那些因为预期回报较低而被认为不可行的投资项目，很可能变得具有可行性。

降低了贷款人承担的风险　国际资本市场的存在创造了更多的可获利的贷款机会。反过来，机会的增加从两个方面降低了贷款人（投资者）所承担的风险：

1. 投资者选择借款人的机会增加。他们可以通过将资金分散投资于多种债券和股票来降低整个投资组合的风险。换句话说，即便一项投资出现亏损，也可以通过在其他市场的盈利来弥补这一损失。

2. 投资于国际证券将使投资者获利。这是因为当一些国家的经济出现衰退时，另外一些国家的经济可能正处在高速发展的阶段。例如，泰国债券的价格不会随着美国债券价格的波动而波动，而美国债券的价格与匈牙利债券的价格也毫无关系。简单说来，投资者可以通过持有价格波动相互独立的不同国家的证券来降低风险。

但是，小微借款人在获取贷款时仍面临严峻的问题。他们的贷款利率通常都很高，而且许多企业家无法提供抵押担保。关于引导资金流向小微企业，特别是发展中国家的小微企业的一些做法，可以参考下面的专栏"企业家工具箱：小贷款，大功劳"。

企业家工具箱

小贷款，大功劳

并不是只有富裕国家才有企业家。发　展中国家同样有着为数众多的急需一笔启动资金来开创自己的事业的能人志士。下面我们给出了小微贷款的一些特点：

■ 克服障碍。对很多发展中国家的企业家们来说，获得资本支持是一个很大的挑战。即便某人很幸运地获得了一笔资金，贷款方往往也是高利贷者，他们要求的高额贷款利息侵蚀了企业家大部分的利润。因此，小微金融日渐成为一种越来越流行的做法，即将资金以相当诱人的利率（10%到20%左右）借给那些无法提供担保的低收入企业家们。现在的金融机构们对"小微储蓄"这个概念极为推崇，有了它，人们就可以在一段时间内重新调配自己那微薄而且极其不稳定的收入。

■ 人人为我，我为人人。有时候，贷款者是一群企业家，他们就像一条绳上的蚂蚱，同生共死。这些企业家基于经济连带责任而联结在一起：如果其中一个企业家没能如期偿还贷款，其他所有企业家的信用状况都将受到影响。但是，通常情况下，同伴施加的压力以及施与的援手可以帮助避免违约的情况发生。在发展中国家，这种援助网往往还会延伸到亲友之间。孟加拉国的一个银行甚至声称，98%的贷款都能够及时偿付。

■ 女性借款人居多。虽然男性借款呈现上升趋势，但是小微贷款的借款人大多数还是女性。女人似乎更擅长经营，她们用赚得的利润来采买食物和衣物、接受教育，或者是进一步扩大生意。在孟加拉国，小微贷款的成功大大提高了工人的工资、居民收入以及女性的社会地位。从全球范围看，小微贷款的总额大约在80亿美元左右。

■ 在发达国家也有市场。小微贷款这个概念最先出现在孟加拉国，是发展中国家建立市场经济基础的一种途径。但是发展到现在，它似乎已成为发达国家提振落后地区比如内陆城市经济增长的一剂良药。不同的是，发展中国家小微贷款的平均额度是350美元，而发达国家的这一数字则要大得多。

资料来源："A Better Mattress," *The Economist*, March 13, 2010, pp. 75-76; Jennifer L. Schenker, "Taking Microfinance to the Next Level," *Bloomberg Businessweek* (www. businessweek. com), February 26, 2008; Steve Hamm, "Setting Standards for Microfinance," *Bloomberg Businessweek* (www. businessweek. com), July 28, 2008; Grameen Bank Web site (www. grameen-info. org), select reports.

□ 9.1.3 国际资本市场扩张的动力

40 年前左右，各国国内资本市场基本是相互独立运行的。但是从那时起，跨国交易的债券、股票和货币的数额出现了显著的增长。这一现象的出现主要可以归因于以下三个因素的作用：

■ 信息技术的进步。信息是各个国家资本市场的生命线，因为所有投资者都需要关于投资机会及相应风险水平的信息。过去 20 多年来，信息技术领域的大量投资大大降低了国际信息交流的成本——不管是时间成本还是金钱成本。现在，投资者和借款人可以在最短的时间内对国际资本市场的最新消息迅速作出反应。即便是交易所歇业后，电子交易方式的引入同样使得人们可以更加迅速地作出反应。

■ 管制的放松。放松对国内资本市场的管制对于国际资本市场的扩张起到了至关重要的作用。20 世纪 70 年代，对国内市场的管制相当严格的一些大国，与市场环境相对较为宽松的小国相比，面临着巨大的竞争压力，因此要求放松管制的呼声越来越强烈。放松管制则使得竞争加剧、金融交易成本下降，并且促使许多国家对国际投融资活动开放市场。但是，最近几年风向标似乎正在指向相反的方向，各国立法者纷纷要求加强监管，以避免再次出现2008—2009年那样的金融危机。[1]

■ 金融工具的创新。金融行业竞争的日益加剧使得市场上出现了对新型金融工具的需求。由此而导致的结果之一便是证券化，即将很难交易的金融资产通过分类定价和重新组合，使之成为流动性更强、可转让、可交易的金融工具（或者说证券）。例如，银行的抵押贷款是不可流通、不可转让的，因为它们都是银行和借款人签订的个性化合同。但是，类似于联邦国民抵押贷款协会这样的美国政府机构却可以为抵押贷款的履约提供担保，并把这些贷款组成一个资产池。由资产池里的抵押资产担保的证券可以在资本市场上出售，以便为投资活动融通资金。

需要指出的是，资产证券化被指控为金融机构在2007年以前的繁荣时期过度负债的罪魁祸首。因为投资者对次级抵押贷款支持的证券丧失信心，进而大量出售所购买的证券才导致了2008—2009年的全球信贷危机的爆发。尽管这次危机的导火索是抵押支持证券大幅贬值，监管部门很快就对资产证券化施加了合理限制以便抑制对高水平负债的渴求。[2]

□ 9.1.4 世界金融中心

伦敦、纽约和东京是世界上最主要的三个金融中心。除非传统交易所能够继续朝着现代化的方向发展，削减成本，为客户提供新的服务，否则它们很可能会被取代。事实上，在通过网络或者其他途径完成的交易的推动下，离岸金融中心可能会变得越来越流行。

离岸金融中心 离岸金融中心是指金融部门丝毫不受或者很少受到法规和税收管制的国家和地区。通常来说，这些国家和地区经济与政治环境稳定，拥有完善的电子通信系统来接入国际资本市场。许多国家的政府都通过限制国内企业在外汇市场上的货币兑换活动来保持本国货币的稳定。这就导致企业在国内很难得到外汇，只能转向离岸金融中心，因为后者恰好能够为其提供大量的各种外币。简单来说，离岸金融中心是跨国公司筹措资金（而且通常是廉价资金）的一个重要渠道。

离岸金融中心可以分为两大类：

■ 交易中心。开展大量的金融业务。伦敦（经营多种外汇业务）和瑞士（为其他国家提供大量的投资资本）都是著名的交易型离岸金融中心。

■ 记账中心。一般位于有优惠税收政策以及（或者）保密性法律的岛国和地区。这类金融中心几乎不开展任何经营活动，资金只是经由此处流向其他大型交易中心。实际上，通常是各国银行机构在这里设立海外分行，只记账不交易，利用这里优惠的税收政策来记录税收和货币交易信息。加勒比地区的开曼群岛和巴哈马群岛，欧洲的直布罗陀、摩纳哥和海峡群岛，中东地区的巴林以及东南亚的新加坡都是重要

① "Maul Street," *The Economist*, May 15, 2010, pp. 84 – 85.
② "Shine A Light," *The Economist*, March 27, 2010, pp. 16 – 18.

的记账型离岸金融中心。

□小测验

1. 简要说明国际资本市场的主要作用是什么。
2. 引起国际资本市场扩张的因素有哪些？什么叫证券化？
3. 什么是离岸金融中心？为什么它们会受到商业界的欢迎？

9.2 国际资本市场的主要构成

在前面的内容中，我们介绍了国际资本市场的一些基本特点，接下来我们进一步探讨它的主要构成：国际债券市场、国际股票市场以及欧洲货币市场。

□ 9.2.1 国际债券市场

国际债券市场是指由企业、政府或者其他一些债券发行机构在本国以外发行的所有债券构成的市场。在国际市场上发行债券正日渐成为一种越来越流行的融资方式。国际债券的买家通常是一些持有富余金融资产的大中型银行、养老基金、共同基金或者是政府机构。为企业和政府等管理国际债券发行和销售活动的，则通常是那些大型国际投资银行。

国际债券的种类 企业进入国际债券市场的方式之一是发行欧洲债券——在计值货币所在国以外的其他国家发行的国际债券。换句话说，一家委内瑞拉公司发行的以美元计值、在英国、法国、德国和荷兰进行买卖（但是不能在美国买卖或者是出售给美国居民）的债券，就被称为欧洲债券。因为这种债券是用美元来计值的，位于委内瑞拉的借款人实际上获得的是美元贷款，同时他也需要用美元来支付利息。

欧洲债券的流行（占所有国际债券总额的75%～80%）得益于它不受交易发生国政府的管制，因此债券的发行成本大大降低。副作用是，这也同时增加了欧洲债券的风险——这一点很可能导致一些潜在投资者失去信心。传统的欧洲债券市场主要位于欧洲和北美地区。

企业还可以通过发行所谓的外国债券——在借款人所在国以外的其他国家发行，并且以发行国货币计值的债券——的方式来融资。举例来说，德国汽车制造商宝马公司在日本发行的以日元计值的债券就是外国债券。外国债券在整个国际债券市场上大约占20%～25%的份额。

外国债券与发行国的其他国内债券一样，都要受到当地法规的管制。政府通常会要求发行人符合一定的发行条件，并且披露与公司经营活动、所有者以及高层管理人员有关的详细信息。因此，宝马公司发行的武士债券（在日本发行的外国债券被称为武士债券）就和日本本土的丰田汽车公司发行的债券一样，必须符合相同的信息披露要求以及其他一些相关法规的要求。在美国发行的外国债券也被称为扬基债券，在英国则被称为猛犬债券。在亚洲除日本以外的其他国家和地区发行的外国债券（通常以美元计值）则被称为龙债券。

利率：驱动力 目前，低水平的利率（即借款成本）是国际债券市场蓬勃发展的一大动力。在发达国家，低利率是低通货膨胀的结果，但这同时也意味着投资者从政府和企业在国内发行的债券那里获得的收益很低。因此，银行、养老基金和共同基金纷纷将目光转向一些新兴工业化国家和发展中国家，投资于风险更高的债券以谋求更高的回报。与此同时，发展中国家的企业和政府则急需资本投资到企业扩张计划和公共项目的建设中去。

这种局面引发了一个非常有趣的问题：寻求高回报的投资者和希望支付低利率的借款人如何才能达到各自的目的呢？这一问题至少在一定程度上可以到国际债券市场上去寻找答案。

■ 通过在国际债券市场上发行债券，来自新兴工业化国家和发展中国家的借款人得以从利率更低的国家和地区借款。

■ 同样，发达国家的投资者会购买新兴工业化国家和发展中国家发行的债券，以便获得更高的投资回报（当然，他们也要承担更高的投资风险）。

尽管国际资本市场具有很强的吸引力，但是考虑到全球货币市场的波动性，许多新兴国家同时也认识到了发展本国市场的必要性。当一种货币急剧贬值时，将给那些以印度尼西亚卢比这类货币计算利润但是以美元支付利息的企业带来灾难性的后果。为什么这么说？这是因为当一国货币贬值时，借款人需要付出更多的本国货币，以便偿付以币值未发生波动的另一种货币计值的债券的利息。

9.2.2 国际股票市场

国际股票市场包括了在发行人所在国以外的其他国家进行买卖的所有股票。企业和政府在国际股票市场上发行股票是常有的事情。这类股票的购买者包括其他企业、银行、共同基金、养老基金和私人投资者。法兰克福证券交易所、伦敦证券交易所和纽约证券交易所是拥有国外上市公司最多的三大交易所。大型的跨国公司通常会同时在多个国家的股票交易所挂牌上市，有时甚至只在国外市场发行股票。影响国际股票市场发展的因素主要有以下几个：

私有化的扩张 随着许多国家放弃中央计划经济体制和社会主义经济，全球范围内私有化的步伐正在加快。一家企业私有化后，通常会在股票市场上大量发行新股。例如，秘鲁政府通过卖掉其国有电话公司秘鲁电信26%的股份，募集了12亿美元的资金。在所出售的全部股份中，有48%卖给了美国人，26%卖给了其他国际投资者，另外26%则卖给了本国的散户投资者和一些机构投资者。

新兴市场的经济增长 新兴经济体持续的经济增长也对国际股票市场的发展起到了强大的推动作用。随着新兴国家企业的成功和发展壮大，它们会需要更多的投资。但是由于这些国家本国市场能够提供的资金非常有限，国际股票市场也就成为其重要的资金来源。

投资银行的活动 国际化经营的投资银行通过将卖方和潜在的大买家聚集在一

起，显著促进了公司股票在国际市场上的销售。现在，投资银行越来越多地将目光瞄准跨国公司总部所在国之外的投资者。实际上，与公司股票在国外的交易所挂牌交易相比，这种新的筹资方式正变得更为流行。

网络交易市场的兴起　股票交易所的自动化助推了国际股票市场的发展。网络交易市场没有有形的交易场所，而是通过互联网完成各种国际交易活动。网络交易市场（由超级计算机、高速数据传输线、个人电脑等组成）可以在十亿分之一秒的时间内将买家和卖家联系起来。在这里，企业可以通过电子媒介将自己的股票在全球范围内挂牌上市，并且全天 24 小时不间断交易。

☐ 9.2.3　欧洲货币市场

存放在货币发行国境外的各种货币，统称为欧洲货币。这些货币的交易场所即为欧洲货币市场。因此，存放在东京银行的美元被称为欧洲美元；存放在纽约的英镑可称为欧洲英镑；而存放在法兰克福的日元则可以被称为欧洲日元，依此类推。

由于欧洲货币市场的特点是交易额巨大，因此通常来说只有大型企业、银行和政府才能参与这一市场。欧洲货币市场上的存款主要有以下四个来源：

- 因为长期贸易顺差而拥有大量盈余资金的政府；
- 拥有大量超额货币存款的商业银行；
- 拥有大量盈余现金的跨国公司；
- 超级富豪。

欧洲货币起源于 20 世纪 50 年代的欧洲。当时一些东欧国家的政府担心如果美国公民向它们提出索赔，它们存在美国银行的存款将会不保。为了保护它们的美元储备，这些国家开始将美元存入欧洲的银行。英国的银行最先将这些资金用于为国际贸易提供融资，随后其他国家（包括加拿大和日本）的银行也纷纷效仿。现在，欧洲货币市场的总规模大约为 6 万亿美元，其中伦敦市场一家就占据了 20% 左右的份额。其他一些重要的欧洲货币市场还包括加拿大、加勒比地区、中国香港和新加坡等。

欧洲货币市场的魅力　各国政府都倾向于对境内商业银行经营本国货币的活动进行严格的管制。例如，政府通常会规定商业银行必须向中央银行缴纳一定比率的存款保证金，也就是说要将全部存款中的一部分作为储备存放在这些银行在中央银行设立的无息账户中。这类规定虽然保护了投资者的利益，但是却使得银行的经营成本增加。与之相比，欧洲货币市场最具吸引力之处就在于这里不存在任何的管制，因而大大降低了银行的成本。而欧洲货币市场上进行的又都是巨额的交易，所以平均交易成本进一步降低。这样一来，银行可以向借款人少收利息，给投资者更高回报，同时却不会影响到它们自身的获利水平。

银行同业拆借利率——全球的银行巨头们向其他银行提供或借入资金时收取的或支付的利率——是由自由市场决定的。欧洲货币市场上最常用的银行同业拆借利率是伦敦银行同业拆借利率。其中，伦敦银行同业拆出利率是伦敦银行对向其借入欧洲货币的其他大型银行收取的借款利率；伦敦银行同业拆入利率指的是伦敦银行向大型投资银行提供的欧洲货币存款利率。

欧洲货币市场存在的一个让人头疼的问题就是它的风险更高。国内市场上为存款人提供保护的政府管制在这里根本就不存在。不过，尽管违约的风险更大，但由于市场参与者都是有着良好口碑和信誉的大型银行，因此欧洲货币交易相对来说还是比较安全的。

9.3 外汇市场

与国内交易不同，国际交易通常涉及两个或者更多国家的货币。在国际商业活动中，为了将一种货币兑换成另一种货币，企业需要一种被称为外汇市场——进行外汇买卖、决定外汇价格的场所——的机制。金融机构按照特定的汇率——一种货币兑换成另一种货币时的比率——来进行不同货币之间的兑换。这个比率取决于交易规模、交易者的一般经济状况等因素，有些情况下甚至是由政府强行规定一个兑换比率。

在许多方面，外汇市场与棉花、小麦以及铜等普通商品的市场并无区别。市场的供求决定了货币的价格，交易过程中会涉及买入价和卖出价。如果有客户询问某种货币的即期汇率，而银行不清楚对方到底是一个潜在的买家还是卖家，那么银行就会给出两种汇率报价：买入价是银行愿意买入某种货币的价格，卖出价则是银行愿意卖出某种货币的价格。例如，假设英镑与美元之间的汇率是 1：1.505 4。那么银行可能就会开出以 1.505 2 美元买入、以 1.505 6 美元卖出英镑的汇价。这两个价格之间的差额就是买卖价差。显然，银行总是在低买高卖，从买卖价差中赚取利润。

9.3.1 外汇市场的作用

外汇市场实际上并不是企业融资的渠道。但是，它的确为企业的金融活动和国际业务往来提供了便利。投资者主要出于以下四个目的来利用外汇市场：

货币兑换 企业通过外汇市场将一种货币兑换成另一种货币。假设一家马来西亚公司销售了一批电脑给法国客户。这位法国客户希望以欧元支付货款，但是马来西亚公司希望收到本国货币林吉特。那么，双方应该如何来解决这一矛盾呢？毫无疑问是求助于愿意为它们提供换汇服务的银行。

企业在进行对外直接投资时也必须将本币兑换成外币。相应地，当海外子公司实现了盈利，希望将部分利润汇回母国时，又必须将当地货币兑换成母国货币。

货币对冲 为了避免因汇率发生不利变动带来的潜在损失而采取的保值行动叫做货币对冲。出于以下两个方面的考虑，跨国公司通常会采取保值行为：

1. 降低与资金跨国转移相关的风险；

2. 在开出账单和收到货款之间存在时滞的信贷交易活动中保护自身的利益。

假设一家韩国汽车制造商在英国有一家子公司。韩国母公司知道 30 天后比如说 2 月 1 日英国子公司将汇来一笔英镑。因为担心汇率在这一个月内会发生不利的变动，母公司希望通过保值操作来避免因英镑贬值而给自身带来的损失——显然，如果英镑贬值，母公司收到的兑换成韩元的资金总额就会减少。因此，在 1 月 2 日，韩国母公司通过一家金融机构，比如银行签订合同，约定一个月以后按照双方现在商定的特定汇率来兑换这笔款项。这样一来，韩国母公司在 1 月 2 日这天就可以准确地知道自己可以收到多少韩元的款项。

套汇 套汇是指为了获利而在不同市场上同时进行货币买卖的行为。假设纽约的一个外汇交易商发现欧元在东京的汇率比它在纽约的汇率低，那么这个交易商就可以在东京买入欧元，然后在纽约卖出，从差价中赚取利润。高科技的通信手段和交易系统使得整个交易只需要几秒钟的时间就可以完成。但是，如果两个市场上的汇率差价不足以支付交易成本，那么就没有必要进行套汇了。

对于那些经验丰富的外汇交易商、大型投资商以及从事套汇业务的企业来说，套汇是一种很普遍的做法。但是对于不以此为主业的企业，比如零售商和制造商来说，只有在持有大量现金的情况下才会参与套汇活动。

套利。 套利是指同时买卖以不同货币计价的附息证券以便获取利润的行为。企业通过套利在海外市场获得比国内更为优惠的利率。这类交易涉及的证券主要有政府发行的短期国债、公司和政府债券，甚至是银行存款。假设某个交易商发现，墨西哥银行的存款利率比澳大利亚悉尼的银行利率高（经过汇率调整后），那么，他就可以先将澳元兑换成墨西哥比索存入墨西哥的银行账户，假定存期为一年。到期后，他再将墨西哥比索重新兑换成澳元，这样，他就可以得到比将等量资金存入澳大利亚的银行更高的利息收入。

货币投机 因为预测某种货币的币值将发生变动而进行买卖从而获取利润的行为叫做货币投机。某种货币的币值的变动可能是突然发生的，也可能会持续较长的一段时间。外汇交易商可能预测币值会上涨，也可能预测币值会下降。假设某伦敦交易商预测未来三个月内日元将会升值，他就会按照当天的汇率用英镑买入日元，并且在 90 天后卖出日元。如果到期时日元确实升值了，那么他就可以获利；反之，如果日元贬值了，他就将遭受损失。由于货币的币值具有很强的波动性，并且受到多种因素的影响，货币投机的风险要比套汇大得多。但与套汇一样，进行货币投机操作的通常是那些专门从事外汇交易的人员和企业，而不是从事其他主营业务的个人和企业。

货币投机的一个典型案例是 1997 年的东南亚。自从当年 5 月泰国传出经济放缓、国内政局动荡的消息后，外汇交易商就迅速行动了起来。面对泰国经济增速放缓和被高估的泰铢，交易商们的应对之策是在国际外汇市场上大量抛售泰铢。当泰铢供过于求之后，其价格必然会出现暴跌。与此同时，交易商们开始赌其他一些亚洲国家的经济也是如此脆弱，不堪一击。从泰铢危机爆发到 1997 年底，印度尼西亚卢比贬值 87% 左右，韩元贬值约 85%，泰铢贬值约 63%，菲律宾比索贬值大概 34%，马来西亚林吉特贬值 32%。① 尽管许多投机商借此机会赚得盆满钵满，但是投机给这些国家的人民所带来的苦难使得人们不得不质疑，如此大规模的投机是否符合道德伦理。（在第 10

---

① "Assessing the Damage," *Euromoney* (www.euromoney,com).

章中，我们将对亚洲金融危机和货币投机做更加详细的介绍。）

☐ 小测验

1. 什么叫国际债券市场？哪些因素促进了国际债券市场的蓬勃发展？
2. 什么叫国际股票市场？给出推动国际股票市场扩张的因素。
3. 什么叫欧洲货币市场？对投资者来说，它的魅力在哪里？
4. 投资者参与外汇市场的四个主要原因是什么？

9.4 外汇市场的运行机制

由于外汇市场对贸易和投资活动有着重要意义，商业人士有必要了解货币在外汇市场上是如何标价的。此外，企业的管理者需要了解哪些金融工具可以帮助他们在国际商务活动中获利，他们还必须了解政府可能对货币兑换采取什么样的管制措施，并且知道自己应该采取什么样的应对措施。

☐ 9.4.1 货币标价法

每个汇率的标价都包括两个部分：报价货币和基础货币。如果某一汇率表示的是购买 1 美元需要支付的日元的数量（￥/$），那么这里的日元就是报价货币，美元则被称为基础货币。在表示任何一种汇率时，报价货币永远是分子，基础货币则是分母。例如，给出日元/美元的汇率是 90/1（即购买 1 美元需要支付 90 日元），分子是 90，分母是 1。我们还可以记为￥90/$。

直接标价和间接标价　表 9—1 给出了 2010 年 9 月 1 日美元与其他一系列货币之间的汇率。其中，"本币/美元"一栏下的数字告诉我们，1 美元可以购买多少单位下面列出的货币。例如，找到"日本（日元）"那一行，不难发现 1 美元可以购买84.377 日元。我们将这一汇率记作￥84.377/$。在这里，因为日元是标价货币，我们就说这是用直接标价法表示的日元汇率，用间接标价法表示的美元汇率。注意，欧元区国家货币的汇率用"欧元区（欧元）"这一行表示。

表 9—1　　　　　　　　　　　**美元对主要货币的汇率**

国家和地区（货币）	本币/美元	国家和地区（货币）	本币/美元
阿根廷（比索）	3.951 2	马来西亚（林吉特）	3.140 5
澳大利亚（澳元）	1.118 9	墨西哥（比索）	13.204 0
巴林（第纳尔）	0.377 0	新西兰（新元）	1.428 6
巴西（雷亚尔）	1.755 9	挪威（克朗）	6.303 0
英国（英镑）	0.651 5	巴基斯坦（卢比）	85.470
加拿大（加元）	1.064 5	秘鲁（新索尔）	2.797 0

国际商务：全球化带来的挑战（第 6 版）

国家和地区（货币）	本币/美元	国家和地区（货币）	本币/美元
智利（比索）	502.75	菲律宾（比索）	45.225 0
中国（人民币）	6.809 0	波兰（兹罗提）	3.155 1
哥伦比亚（比索）	1 826.45	罗马尼亚（列依）	3.365 9
捷克共和国（克朗）	19.521 0	俄罗斯（卢布）	30.804 0
丹麦（克朗）	5.868 4	沙特阿拉伯（里亚尔）	3.750 9
厄瓜多尔（美元）	1	新加坡元（新加坡元）	1.354 6
埃及（镑）	5.705 5	斯洛伐克共和国（克朗）	23.747 0
欧元区（欧元）	0.788 3	南非（兰特）	7.387 2
中国香港（港元）	7.778 8	韩国（韩元）	1 191.55
匈牙利（福林）	226.325 0	瑞典（克朗）	7.377 3
印度（卢比）	47.075 0	瑞士（法郎）	1.016 3
印度尼西亚（卢比）	9 040.0	中国台湾（台币）	32.025 0
以色列（谢克尔）	3.814 7	泰国（泰铢）	31.217 0
日本（日元）	84.377 0	土耳其（里拉）	1.526 6
约旦（第纳尔）	0.705 7	阿联酋（迪拉姆）	3.672 4
肯尼亚（先令）	81.020 0	乌拉圭（比索）	20.83
科威特（第纳尔）	0.288 5	委内瑞拉（博利瓦）	4.294 6
黎巴嫩（镑）	1 507.39	越南（越南盾）	19 495

当我们知道某种货币的直接（间接）标价汇率，希望推导出其间接（直接）标价汇率时，只需求倒数即可。用间接标价汇率求直接标价汇率的公式如下：

直接标价汇率＝1/间接标价汇率

同理，用直接标价汇率求间接标价汇率的公式为：

间接标价汇率＝1/直接标价汇率

在前面提到的例子中，我们已经知道美元的间接标价汇率是 84.377 日元/美元。为了求出美元的直接标价汇率，只需要用 1 除以 84.377：

1 美元/84.377 日元＝0.011 852 美元/日元

这意味着购买 1 日元需要支付 0.011 852 美元——1 美分多一点。我们将这一汇率记为 0.011 852 美元/日元。在这里，因为美元是报价货币，所以我们称之为美元的直接标价汇率，日元的间接标价汇率。

汇率变动百分比的计算　商务人士和外汇交易商之所以会关心用汇率衡量的货币价格在长期中的变动，是因为货币价格的变动会对现在和将来的国际交易活动产生或有利或不利的影响。汇率风险或者说外汇风险指的是汇率发生不利变动的风险。

第 9 章

国际金融市场

管理者会随时跟踪汇率变动的百分比来使得外汇风险最小化。例如，令 P_n 表示期末汇率（货币的新价格），P_0 表示期初汇率（货币的旧价格）。那么，我们就可以用下面的公式来计算货币价格变动的百分比：

$$汇率变动的百分比（\%）=(P_n-P_0)/P_0×100\%$$

注意，这个方程式得出的是基础货币，而不是报价货币的价格变动的百分比。

让我们用一个简单的例子来说明这个公式的应用。假设今年 2 月 1 日挪威克朗兑美元的汇率是 5 克朗/美元。到 3 月 1 日，假设汇率下降到 4 克朗/美元。则基础货币美元的币值变化如何呢？将相关的数字代入上面的公式，就可以得出美元币值的变化程度：

$$汇率变动的百分比（\%）=(4-5)/5=-20\%$$

也就是说，美元贬值了 20%。换句话说，3 月 1 日的 1 美元与 2 月 1 日相比，能够兑换的克朗数减少了 20%。

如果想要计算出挪威克朗币值的变动，我们需要先计算出克朗的间接汇率。这一步骤是很有必要的，因为我们必须把挪威克朗变成基础货币。利用前面给出的公式，不难得出 2 月 1 日的汇率为 0.2 美元/克朗（1 美元/5 克朗），而 3 月 1 日的汇率则为 0.25 美元/克朗（1 美元/4 克朗）。将这两个数字代入汇率变动百分比计算公式，可以得出：

$$汇率变动的百分比（\%）=(0.25-0.2)/0.2×100\%=25\%$$

也就是说，挪威克朗升值 25%。换句话说，3 月 1 日的 1 挪威克朗与 2 月 1 日时相比，能够兑换的美元数增加了 25%。

币值的这种变动对于企业界人士和外汇交易商们来说，意味着什么呢？考虑到外汇市场的交易单位（称为一手）通常为 500 万美元，因此，在 2 月 1 日用 500 万美元可以买到 2 500 万挪威克朗，但是到了 3 月 1 日，因为美元的购买力下降了 20%，同样的 500 万美元只能买到 2 000 万挪威克朗，比一个月以前减少了 500 万挪威克朗。

交叉汇率 两种非美元货币之间的国际交易通常将美元作为一种媒介货币。例如，某荷兰零售商会将本国使用的欧元兑换成美元，然后用美元支付日本供应商的货款，日本供应商再将这些美元兑换成日元。这种做法在过去——只有少数几种货币可以进行自由兑换，而且美国在国际贸易中占据主导地位的时候——更为流行。但是现在，日本的供应商可能更希望荷兰买家用欧元付款。这样一来，日本和荷兰的企业就需要知道日元和欧元之间的相对汇率。为了做到这一点，我们需要计算所谓的交叉汇率。

两种货币之间的交叉汇率既可以用它们相对于第三种货币的直接汇率，也可以用它们相对于第三种货币的间接汇率来计算。例如，假设我们想要计算荷兰和日本两国的货币之间的交叉汇率。从表 9—1 中可以得到，欧元的直接标价是 0.788 3 欧元/美元，日元的直接标价是 84.377 0 日元/美元。为了得出欧元与日元之间的交叉汇率——以日元为基础货币，只需要用 0.788 3 欧元/美元除以 84.337 0 日元/美元，也就是说：

$$0.788\ 3\ 欧元/美元 \div 84.377\ 0\ 日元/美元 = 0.009\ 3\ 欧元/日元$$

因此，为了买到 1 日元，需要支付 0.009 3 欧元。

表 9—2 给出了世界主要货币之间的交叉汇率。在查找用直接标价法表示的交叉汇率时，左边一列各国的货币代表报价货币，横行的货币则代表基础货币。相反，查找用间接标价法表示的交叉汇率时，左边一列国家的货币代表基础货币，横行的货币则代表报价货币。查看一下"欧元区"对应的行（上例中的报价货币）与"日元"对应的列（上例中的基础货币）交叉处的数字，不难发现，与我们计算出的欧元与日元的直接交叉汇率 0.009 3 欧元/日元相吻合。

表 9—2   主要货币之间的交叉汇率

	美元	欧元	日元	英镑	瑞士法郎	加拿大元
加拿大	1.064 6	1.350 5	0.012 6	1.634 5	0.047 6	…
瑞士	1.016 3	1.289 2	0.012 0	1.560 3	…	0.954 6
英国	0.651 3	0.826 2	0.007 7	…	0.640 9	0.611 8
日本	84.454	107.13	…	129.66	83.102	79.330
欧元区	0.788 3	…	0.009 3	1.210 3	0.775 7	0.740 5
美国	…	1.268 6	0.011 8	1.535 4	0.984 0	0.939 3

显然，不管是对日本供应商还是对荷兰零售商来说，欧元与日元之间的汇率都是非常重要的。如果欧元相对于日元贬值，荷兰公司就必须支付给日本供应商更多的欧元。这将导致荷兰公司不得不采取以下措施：要么提高日本进口商品的转售价格（可能会导致销量下降），要么保持原有价格不变但是利润水平下降。具有讽刺意味的是，如果日元升值幅度过大，日本供应商同样会遭受损失。这是因为在这样的条件下，日本供应商也会面临两个选择：一是任由汇率变动导致以欧元支付的价格上涨（从而维持一定的利润水平）；二是降低商品的日元报价以抵消欧元的贬值（这样将导致日方损失部分利润）。日本供应商和荷兰零售商都可以通过压缩利润空间的做法来减轻汇率变动的影响——但这是有限度的。一旦超过这个限度，日荷双方将停止贸易。荷兰买家将被迫在汇率更为有利的国家或者是本国（或者其他欧元区国家）寻找新的供应商。

□ 9.4.2　即期汇率

到目前为止，我们所讨论的汇率都是即期汇率——要求交易货币在两个工作日内进行交割的汇率。两种货币的交易必须"当场"进行。即期外汇市场就是指按照即期汇率进行货币交易的市场。对于企业来说，即期外汇市场主要有以下三个作用：

1. 将企业在海外获得的收益兑换成本国货币；
2. 将企业的资金兑换成外国供应商所使用的货币；
3. 将企业的资金兑换成投资目的国所使用的货币。

买入汇率和卖出汇率　即期汇率只适用于金额达数百万美元的交易。这也是它只在银行和外汇交易经纪人之间使用的原因。如果你计划去国外旅行，想在出国前到银行兑换一些外币，银行不会按照即期汇率给你报价。银行和其他金融机构会报给你一个买入汇率（银行买入外币的汇率）和一个卖出汇率（银行卖出外币的汇率）。换句话说，银行报给你的是我们在介绍外汇市场时曾提到过的买入价和卖出价。从这两种报价中可以看出大型外汇交易商的要价以及加价幅度。

例如，假设你要去西班牙出差，所以需要购买一些欧元。银行会给你一个报价，比如每欧元 1.268/78 美元，也就是说，银行会以 1.268 美元/欧元的价格买入美元，以 1.278 美元/欧元的价格卖出美元。

□ 9.4.3　远期汇率

当一家公司预计在将来某个时间要用到一定数量的外币时，它就可以按照远期汇率来进行货币兑换。当双方约定在将来某个日期按照特定比率进行货币兑换时，该特定兑换比率就被称为远期汇率。远期汇率代表了外汇交易商和银行对货币未来即期汇率的预期。这个预期反映了一国当前以及未来的经济状况（包括通货膨胀率、债务水平、税收、贸易平衡情况以及经济增长率等）以及社会和政治局势。远期外汇市场就是指按照远期汇率进行货币交易的市场。

为了保护自身利益免遭汇率不利变动的影响，企业往往会求助于远期外汇市场。这种做法适用于需要在未来支付外汇的各种交易，包括信贷买卖、投资或贷款的利息收付以及对其他国家的股东支付股息等。但是，并不是所有的货币都能在远期外汇市场上进行交易，特别是那些通货膨胀率较高的国家的货币和在国际金融市场上需求很小的货币。

远期合同　假设一家巴西自行车制造商从一家日本公司进口零部件。双方在合同中约定，巴西进口商必须在 90 天内支付 1 亿日元的货款。巴西公司可以等到合同到期前的一两天在即期市场上买入日元，然后支付货款给日本供应商。但问题是，在合同到期前的这 90 天里，汇率很有可能会发生波动。如果巴西货币雷亚尔贬值了，结果会怎样呢？显然，巴西进口商就需要付出更多的雷亚尔，才能兑换同样的 1亿日元。因此，巴西进口商可能会希望在 90 天的合同到期前就还清债务。但是，如果进口商手中没有足够的资金怎么办？如果它也需要用这 90 天的时间来向它的客户收齐应收账款才能向日本公司支付货款，又该怎么办？

为了降低汇率风险，巴西进口商可以签订一份远期合同——要求在约定时间按照某个特定的汇率交割一定数额的货币的合同。远期合同一般分为 30 天、90 天和180 天三种，但是也有一些根据客户需要特定化的合同（比如 76 天合同）。注意，远期合同要求以特定汇率在约定时间交割约定数额的货币，也就是说，银行和巴西进口商必须按照事先约定的价格卖出和买入日元。远期合同是一种金融衍生工具，其价值衍生自其他商品或者金融工具。这类工具不仅包括远期合同，还包括货币掉期、期权和期货等（在后面的内容中我们将逐一介绍这些衍生工具）。

在我们的例子中，巴西进口商可以利用远期合同在 90 天后向日本供应商支付日

国际商务：全球化带来的挑战（第 6 版）

元。当然，90 天后，巴西雷亚尔的价值可能会低于现值。但是，通过锁定远期汇率，巴西公司就可以避免在 90 天后按照相对不利的即期汇率来支付以日元计价的货款所造成的损失，因为 90 天后它无须支付更多的日元。这样，即便三个月后的即期汇率发生了不利变动，巴西进口商赚取的利润也不会减少。但是要强调的是，远期合同虽然帮助巴西商人规避了雷亚尔贬值带来的损失，但是同时也导致它无法从雷亚尔这段时间可能的升值中获利。

□ 9.4.4 掉期、期权和期货

除了远期合同外，远期外汇市场上还有另外三种常用的货币工具，即货币掉期、货币期权和货币期货。

货币掉期　掉期是指同时买入和卖出到期时间不同的外汇。货币掉期已经成为外汇交易市场上越来越重要的组成部分。假设一家瑞典汽车制造商从土耳其子公司进口了一批零部件，该公司必须在明天发货时向土耳其公司支付以土耳其里拉计价的货款。与此同时，该公司在 90 天后又将收到在土耳其销售汽车的货款——同样也使用里拉计价。于是，这家瑞典公司今天在即期市场上将瑞典克朗兑换成里拉以支付购买零部件的费用。同时，它又签订了一份 90 天的远期合同，同意按照 90 天远期的里拉汇率出售土耳其里拉（同时买进瑞典克朗）。这样一来，通过掉期操作，瑞典公司既降低了汇率波动的风险，又锁定了远期汇率。从这个角度看，我们可以把货币掉期看作是一个更加复杂的远期合同。

货币期权　在前面的内容中我们曾提到，远期合同要求在约定时间按照某个特定的汇率交易约定数量的货币。相比之下，货币期权赋予了买方在约定时间按照某个特定的汇率交割约定数量的货币的权利，或者说它代表了一种选择权。换句话说，远期合同要求双方必须按照约定的汇率完成交易，而期权的买卖双方却不必然完成交割。

货币期货合同　与货币远期合同类似，货币期货合同要求在约定时间按照某个特定的汇率交易特定数量的货币，且合同一经签订，所有条款都不得更改。

□小测验

1. 如何计算货币价格变动的百分比？为什么说汇率风险对企业而言至关重要？
2. 什么是交叉汇率？解释交叉汇率对企业来说有哪些作用。
3. 解释即期汇率和远期汇率在外汇市场上是如何运用的。
4. 货币掉期、货币期权和货币期货之间的主要区别是什么？

9.5 今日的外汇市场

外汇市场本质上是一个连接全球主要金融中心的电子网络。反过来，每一个金

融中心本身又是由外汇交易商、货币交易银行以及投资公司组成的网络。到 2010 年中，全球外汇市场的日交易量（包括货币掉期、货币期权和货币期货）已经达到创纪录的 4 万亿美元，比很多小国一年的 GDP 总量还要高。①几个主要的交易中心和为数不多的几种货币是外汇市场上的主角。

□ 9.5.1 主要交易中心

全球的主要城市大多已经参与到外汇市场的交易活动中来，但是近年来，仅英国、美国、日本三个国家的交易量就已经达到了全球外汇交易总量的一半以上。相应地，外汇交易大部分都在伦敦、纽约和东京这三大国际金融中心完成。

伦敦在外汇市场上的主宰地位是由历史原因和地理因素决定的。英国曾经是全球第一大贸易国。英国的商人有兑换不同国家货币的需求，伦敦自然也就成了重要的金融中心。伦敦能够迅速占据并维持市场主导地位至今，还与它从地理位置上看恰好位于北美洲和亚洲之间有关。它所处的时区是一个关键因素。因为时差，当伦敦市场开始交易时，亚洲市场刚好停止了一天的交易。而当纽约早晨开市时，伦敦的交易已经接近结束了。

从图 9—1 中可以了解到为什么可以每天 24 小时不间断地进行外汇交易（周末和主要假期除外）。每天有 22 个小时，三大主要金融中心（伦敦、纽约、东京）至少有一个可以进行交易。在它们关闭的 2 个小时里，交易也不会中断，因为其他交易中心（包括旧金山和悉尼）还在开放。同样，活跃于外汇市场的多数大银行都会雇用通宵工作的交易人员来保证不间断进行交易。

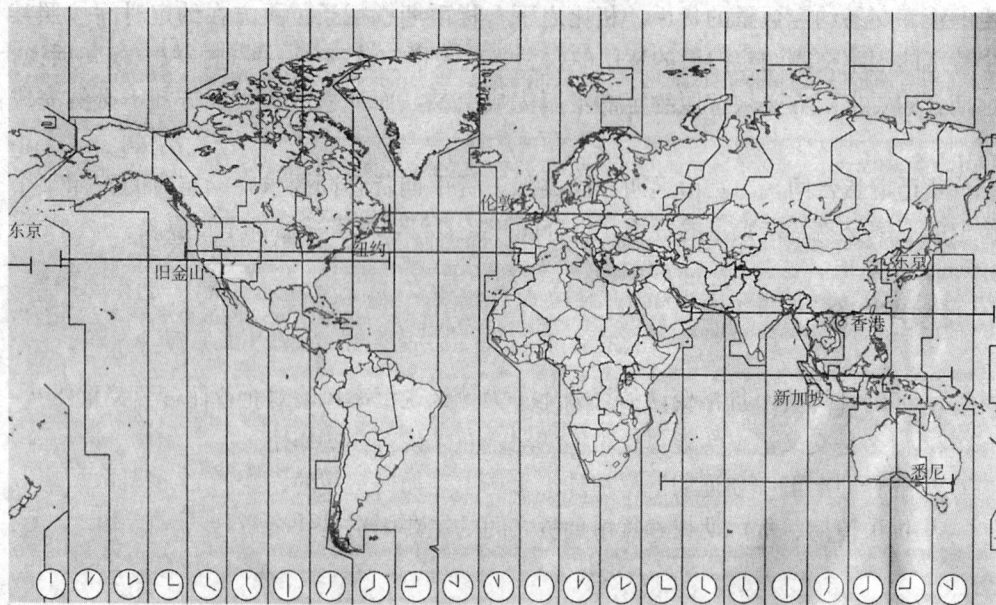

图 9—1 各主要金融中心所在时区

① Bank for International Settlements Web site（www. bis. org），Foreign Exchange Statistics section.

□ 9.5.2 主要交易货币

尽管外汇交易主要发生在英国，主导外汇交易市场的货币却是美元。这是因为美元在国际贸易中被运用得非常广泛，它被看作是一种媒介货币——充当其他两种货币之间交易的中介的货币。外汇交易中常用的货币包括美元、欧元、日元以及英镑。

美元能成为媒介货币的原因之一是美国是当今世界上最大的贸易国。由于美国在国际贸易活动中占有如此重要的地位，许多跨国公司和银行都会持有大量的美元储备，这使得美元和其他货币之间的兑换简单易行。另一个原因是，第二次世界大战后，世界主要货币都与美元相挂钩，因为它是币值最稳定的货币。另一方面，美元的价值又与一定量的黄金相挂钩——这种做法限制了币值的波动。现在，尽管世界各国货币的价值已经与黄金没有任何关系（参见第 10 章），但是美元币值的稳定性及其对抗通胀的能力，使得个人和机构持有美元比持有本国货币有更强的购买力。因此时至今日，仍然有很多国家的人们会将手中闲置的资金从本国货币兑换成美元。

□ 9.5.3 外汇市场的主要机构

到这里，我们只是泛泛地对外汇交易市场做了一个介绍。下面我们继续探讨外汇市场的三个主要组成部分：银行同业市场、证券交易所和场外市场。

银行同业市场　全球最大的那些银行正是在银行同业市场中按照即期汇率和远期汇率进行外汇交易的。企业通常会选择业务往来最密切的银行来提供外汇交易服务。一家银行在同业市场上收到其他银行的报价后，再答复客户对相关汇率的询价。对于交易中比较常用的货币，大银行通常会持有比较充足的储备。但是对于那些不常用的货币，银行一般不持有任何储备，而且想要从其他银行周转这类货币也不是一件易事。在这样的情况下，银行会求助于外汇经纪人，后者与庞大的银行网络保持着联系，因而可以拿到那些在交易中不常用的货币。

在同业市场上，银行的角色类似于企业客户的代理人。除帮助配置和兑换货币外，银行还经常提供一些交易策略方面的建议，以及一系列货币工具和其他风险管理服务。它们还通过提供关于国际管制和相关条例的信息来帮助客户管理外汇风险。

同业市场中的大型银行可以利用它们在货币市场上的影响力来为客户提供比其他小型银行更有利的汇率。但是，因为交易量太小且交易不够频繁，中小型企业通常无法获得最优惠的汇率。

清算机制。清算机制是银行同业市场的一个重要组成部分。银行不停地与外汇经纪人进行外汇交易活动，但并不是在每笔交易完成后就马上进行结算，而是多笔交易全部完成后再一起结算。这种待一家银行应该支付给另外一家银行的外汇累积到一定金额后再进行支付交易的过程就叫做清算。过去，银行之间的实际货币交易每天或者每隔一天就清算一次。但是现在，清算工作全部由数据化的清算系统来完成，而且比以往更加频繁，已经不再需要使用实际货币进行交易了。

证券交易所　证券交易所是专门从事货币期货和期权交易的市场。在这类机构进行的货币买卖通过证券经纪人来完成，这些经纪人通过传达或者执行客户的指令来促成交易。证券交易涉及的金额通常比银行同业市场要小，并且不同货币的交易额也会不同。芝加哥商品交易集团是全球领先的一家交易所，几乎所有主要的期货和期权产品都可以在这里进行交易。该交易集团由芝加哥交易协会、芝加哥商品交易所以及纽约商品交易所三家的期权和期货交易合并构成，它拥有世界排名第二的电子外汇交易额，每天的额度超过了 800 亿美元。[1]

另外一家重要的交易所是伦敦国际金融期货交易所，在这里可以看到各种主要货币的期货和期权交易。在美国，货币期权交易主要是在费城股票交易所完成的，该交易所同时提供标准化和个性化的期权交易服务，并且在与投资者签订货币期权合同时可以有一定的灵活性。[2]

场外市场　场外市场是一种通过包括外汇交易商在内的市场参与者组成的网络系统进行交易的分散化交易市场。所有的外汇交易都可以在场外市场完成。该市场的参与者主要是大型金融机构。

近年来，凭借其为商业活动提供的极大便利，场外交易市场得到迅猛发展。有了它，商业人士就可以自由寻找能够提供最佳交易价格的金融机构。此外，场外交易市场还为个性化服务提供了更多机会。关于企业与外汇交易活动有关的更多信息，请参见下面的"全球经理人公文包：外汇交易管理"专栏。

全球经理人公文包

外汇交易管理

■ 选择与你的需求相匹配的服务提供商。分析你的外汇需求以及可供选择的服务提供商。尽量选择那些用你所需要的货币进行交易的服务提供商，并且将频繁的小额交易合并。很多人在需要向国外汇款时会自然而然地找当地银行帮忙，但这样做未必是最佳选择。在有些情况下，选择几家服务供应商共同为你服务可能会找到更好的方案。

■ 与大鳄合作。与当地银行相比，那些直接参与外汇市场交易、位于主要金融中心的银行在成本和服务方面具有更大的优势。直接和大交易商合作往往比和当地银行合作更节约成本，因为前一种做法能够省掉本地银行收取的额外的服务费。

■ 合并交易以节约成本。在国际支付活动中，可以将多笔交易合并成一笔大额交易以便节约成本。如果你的公司必须小额多次支付，但是使用的是同一种结算货币，那么你可以在海外开立一个可以接受你开具的汇票的当地货币账户。还可以考虑将国外的应收账款暂存入当地的付息账户，等积累到一定额度以后再汇回国内以节省服务费。

■ 争取最有利的交易条件。如果你方的外汇交易活动规模很大的话，可以和两家或者更多位于主要金融中心的银行建立合作关系，以便拿到最有利的汇率。此外，你还要随时关注汇率的变动，

① CME Group Web site (www.cmegroup.com).
② Philadelphia Securities Exchange Web site (www.phlx.com).

因为如果银行发现你没有"货比三家"的话，它们可能会抬高汇率。可以通过路透社、彭博资讯这类公司获取实时市场汇率的有关信息。

■采用先进的信息技术。在电话、电子邮件或者是传真等方面人为犯错可能会导致你公司紧急的资金需求无法得到满足。因此，在跨国的电汇业务中应该采用先进的信息技术。专业服务提供商的自动化软件程序在加快交易速度的同时，还可以显著降低出错率。

9.6　货币的可兑换性

到目前为止，我们对外汇交易市场的讨论都是建立在所有货币都是可以在外汇市场上自由兑换的假设基础上的。可兑换货币也称为硬通货，是指可以在外汇市场上自由交易、价格由市场供求决定的货币。只有那些在金融界占据有利地位、拥有充足外汇储备的国家才会允许其货币具有完全可兑换性。这些国家不用担心人们会将本币兑换成外币。但是，许多新兴工业化国家和发展中国家都不允许本国货币自由兑换。下面我们就来看看政府为什么要在货币兑换方面进行管制以及它们如何进行管制。

□ 9.6.1　货币管制的目标

政府实施货币管制是有一定目标的。其中第一个就是，保持足够的硬通货储备以偿还欠其他国家的债务。发达国家、新兴市场和一些出口自然资源的国家通常也是持有外汇储备最多的。如果没有足够的外汇储备（流动性），一国很可能无法按期偿还债务，从而影响到未来的外资流入。这正是十年前阿根廷国际债务出现违约后发生的情况。

货币管制的第二个目标是保持足够的硬通货以购买进口品以及为贸易赤字融资。在第5章中我们曾经提到，当一国的进口总值超过出口总值时就会出现贸易赤字。进行货币管制可以帮助政府维持外汇存货，以弥补贸易失衡。货币管制还会增加进口的难度，因为当地企业将无法获得进口所需的外汇，因此导致的进口萎缩可以直接改善一国的贸易失衡状况。

货币管制的第三个目标是，防止外汇投机行为。例如，1997—1998年亚洲金融危机爆发后，一些东南亚国家曾通过货币管制来减少经济下滑造成的损失。马来西亚政府就曾经通过控制本国投资者将本币资产兑换成外币来阻止外资流出。这一举措减少了货币投机行为，但是同时也切断了马来西亚同国外投资商之间的正常商业往来。

货币管制的第四个目标是，禁止居民个人和企业在海外投资。这些政策通过将投资限制在本国领土范围内来促进经济更快地增长。遗憾的是，这种方法在短期虽然会起作用，但它往往会导致长期经济增速放缓，这是因为无法保证所有留在国内的资金一定会在本国进行投资，这些资金更有可能转化为储蓄或者是被消费掉。具有讽刺意味的是，消费的增长一般意味着进口的进一步增长，而这反过来将使得贸易赤字更加严重。

□ 9.6.2　货币管制政策

政府经常会制定一些政策来限制货币的可兑换性。它们可以要求所有的外汇交易活动必须经过中央银行批准才能进行，或者直接由央行进行操作。政府还可以对一些或者所有重要的进口交易活动实施进口许可制度，通过进口许可证帮助控制流出本国的外汇总额。

一些政府则实行复汇率制度，明确规定对某些货物或来自某些国家的进口交易适用更高的汇率。这样政府就可以在确保重要商品进入本国的同时，减少进口。政府还可以用这个政策对来自与之有贸易关系的国家的商品有针对性地实行差别汇率。

还有一些政府提出进口保证金要求，即企业必须在特殊账户留存一定比例的外汇资金作为进口保证金，然后再向其发放进口许可证。另外，数量限制政策还可以限制本国居民以游客、学生或病人身份出国时携带出境的外汇数量。

对销贸易　在本章最后，我们再来介绍一种规避国内货币兑换管制的方法——对销贸易，即全部或部分以商品或服务形式来交换其他商品或服务的做法。对销贸易的一种简单形式是易货贸易，在这种交易中商品进行等值交换，然后双方再将交换所得在世界市场上销售以获取硬通货。例如，古巴曾经用价值6 000万美元的糖与意大利粮油公司交换同等价值的谷物、通心粉和植物油。波音公司和沙特阿拉伯之间则是以飞机换取石油。我们在第13章中将详细讨论各种不同形式的对销贸易。

□小测验

1. 世界上主要的外汇交易中心有哪些？在外汇市场上使用最为普遍的货币有哪些？
2. 外汇交易市场的主要参与机构有哪些？
3. 为什么要对货币自由兑换进行管制？政府用来管制货币兑换的政策有哪些？

商务启示

一个健全的金融市场对于国际商务活动来说至关重要。国际金融市场为企业提供了货币兑换机制等便利。下面，我们就重点看一下金融市场对跨国公司的意义。

国际资本市场与企业

国际资本市场将不同市场上的借款人和贷款人集中在了一起。一家无法在本国获得资金的企业，可以在国际资本市场上从其他国家融资，从而得以开展在没有国际资本市场的条件下无法进行的项目。这种机会对于本国资本市场规模较小或者新兴资本市场国家的企业来说至关重要。

与其他商品的价格类似，货币的价格也是由市场供求决定的。如果供给增加，货币的价格——表现为利率的形式——将下降。国际资本市场为企业融资开辟了新的途径，以往被认为不可行的项目也有可能获得融资。此外，国际资本市场还扩大了贷款的机会，通过允许贷款人将资金分散投资于不同的债券和股票，利用证券市场上的所有证券不会同时上涨或下跌的原理来获得利润，从而降低了贷款人的风险。

国际金融市场与企业

企业在进行 FDI 活动时，需要将资金兑换成投资国的货币。当国外子公司盈利后，要想将利润转移回母国，又需要重新兑换成本国货币。在这个过程中，外汇市场上主导汇率的水平将影响企业最终的盈亏额。

这就引出了国际金融市场的一个重要特性——波动性。跨国公司不仅可以在外汇市场上运用对冲工具来降低资金跨国转移过程中的风险，而且可以在出账与回款存在时滞的信贷交易中保护自身的利益。当它们手头持有大量现金时，一些企业还会参与套利活动。此外，企业还可以在国外市场寻找比本国更优惠的利率，利用利差套利获益。

商务人士还热衷于跟踪币值的变动，因为这会影响到他们的国际交易活动。进口企业所获得的利润会受到本国货币与出口国货币之间汇率的影响。当企业的管理者认识到币值的变化将影响企业国际商务活动的盈利能力的时候，就会采取措施尽可能降低风险。

在下一章中，我们将扩展对国际金融体系的介绍，探讨市场因素（包括利率和通货膨胀率）对汇率的影响。最后，以考察政府和国际机构在控制汇率变动方面所起的作用来结束对国际金融体系的学习。

本章小结

1. 描述国际资本市场的宗旨、发展及主要金融中心：

国际资本市场旨在：（1）为借款人扩大货币供给；（2）降低借款人的借款成本；（3）降低贷款人承担的风险。

国际资本市场的发展主要归功于：（1）信息技术的进步；（2）对资本市场管制的放松；（3）金融工具的创新。

伦敦、纽约和东京是全球最主要的三大金融中心。

离岸金融中心虽然交易量要小一些，但是那里的管制更少、税率更低，甚至完全没有税收负担。

2. 定义国际债券市场、国际股票市场和欧洲货币市场：

国际债券市场是指在本国以外发行的所有债券组成的市场。

发达国家的投资者希望在新兴市场寻找能够支付更高利率的借款人，同时后者希望寻找比本国更有利的贷款利率，这是国际债券市场蓬勃发展的主要原因。

国际股票市场是由在发行人所在国以外的其他国家进行买卖的所有股票组成的市场。

国际股票市场的发展主要受益于以下四个因素：（1）私有化；（2）新兴工业化国家和发展中国家企业发行了更多的股票；（3）投资银行业务在全球范围内的扩张；（4）全球电子商务的兴起。

欧洲货币市场是指存放在发行国境外的各种货币的交易市场。欧洲货币市场的魅力在于这里没有政府管制，借贷成本也更低。

3. 阐释外汇市场的四个基本职能：

外汇市场是进行外汇交易和价格决定的场所。外汇市场的职能之一是个人、企业和政府可以利用外汇市场直接或间接地进行货币兑换。

外汇市场的第二个职能是为投资者提供了一种规避汇率不利变动风险的工具。

外汇市场的第三个职能是可以在不同市场上同时买卖一种货币或附息证券来获得利润。

外汇市场的第四个职能是可以利用外汇市场上某种货币价值的变动进行投机以获取利润。

4. 描述货币的标价法和汇率的决定：

货币 A 与货币 B 之间的汇率为 10/1 的含义是，10 单位的货币 A 才能换回 1 单位的货币 B（对货币 A 来说这种标价法是直接标价法，对货币 B 来说则是间接标价法）。

两种货币之间的汇率还可以通过它们各自和第三种货币之间的相对汇率来计算，由此得出的结果被称为交叉汇率。

即期汇率是指在两个工作日内进行货币交割的汇率。

如果买卖双方约定在将来的某个特定时点按照指定汇率进行交易，则这一汇率被称为远期汇率。它代表的是市场对某一货币未来价值的预期。

5. 描述外汇市场的主要工具和机构：

远期合同是指要求在约定时间按照某个特定汇率交割约定数额的货币的合同。

货币掉期是指同时买入和卖出数额相等、到期日不同的某种外汇。

货币期权是指在某个特定时间按照特定汇率交割特定数额的某种货币的一种选择权；有时候可以用这种方式来获得所需的货币。

货币期货合同要求在某个特定时间按照特定汇率交易特定数额的货币（合同的所有条款都是不可更改的）。

银行间市场是全球的银行巨头们为企业进行货币配置和兑换的场所。

证券交易所是专门从事货币期货与期权交易的场所（这一市场的交易量通常要比银行间市场小）。

场外市场是通过计算机网络将所有交易商连接起来组成的一个无形的交易市场。

6. 阐述政府限制货币自由兑换的原因和方式：

政府实行货币管制的一个主要目的是它希望保持足够的硬通货来偿还对其他国家的债务。

第二，限制货币兑换以保持足够的硬通货来支付进口费用，或者是弥补贸易赤字。

第三，货币管制可以用作防止外汇投机行为的手段。

第四，货币管制可以起到防止本国急需的资本流向他国的作用。

货币管制的主要政策措施有：（1）对货币兑换实施审批制；（2）进口许可制；（3）复汇率制度；（4）数量限制。

课堂讨论

1. 你认为哪些因素阻碍了真正意义上的全球资本市场的形成？全球资本市场的运作方式与现在的国际资本市场相比可能会有什么不同？（小提示：可以从利率、货币、管制措施以及一些国家遭遇的金融危机等角度进行分析。）

2. 不同货币的使用阻碍了国际商务活动的长期发展。对于企业和政府来说，用区域性货币来代替国内货币，有哪些利弊？你认为将来是否有可能出现世界货币？为什么？

3. 各国政府对离岸金融中心为洗钱活动提供便利的行为非常不满。你认为电子交易会使洗钱以及其他掩盖不法活动的行为变得更容易还是相反？是应该允许离岸金融中心继续像现在这样自由运作，还是应该对它们实施管制？为什么？

■ 小组练习

1. 讨论题。和几个同学组成一个小组。假设你们要帮助一家持有 1 000 万美元现金的企业进行一个月的投资。你们小组的任务就是用这笔钱在外汇市场上进行投资并盈利——不能持有现金。根据当天的即期汇率水平选择你们希望购买的外币，每种外币的投资额不得低于 250 万美元。在接下来的一个月里，关注商业媒体发布的每种外币的汇率变动情况。到这个月的最后一天，按照当天汇率将外币兑换成本币。计算一下你们小组这个月的盈亏情况。（指导老师会告诉你这个月能否进行货币交易，以及多长时间进行一次货币交易。）

2. 市场进入战略项目。本题与市场进入战略在线模拟有关。你们所研究的国家有没有哪个城市是重要的金融中心？该国债券市场的交易规模如何？在过去一年里，股市行情如何？该国货币与你国货币之间的汇率是多少？影响汇率水平的稳定性或波动性的因素有哪些？该国的货币是否可以自由兑换？对该国货币币值的预期可能会对其主要产业的贸易活动产生哪些影响？把你对这些问题的研究结果写入最后的市场进入战略报告中。（提示：国际货币基金组织出版的《国际金融统计》月刊、《外汇管理与管制》年刊都是很好的参考资料。）

■ 关键术语

基础货币	衍生品	套利	债券
股权	国际债券市场	资本市场	欧洲债券
国际资本市场	清算	欧洲货币市场	国际股票市场
可兑换货币（硬通货）		汇率	流动性
对冲汇率风险（外汇风险）		离岸金融中心	交叉汇率
场外交易市场	货币套利	外国债券	报价货币
货币期货合同	外汇市场	证券交易所	货币对冲
远期合同	证券化	货币期权	远期市场
即期市场	货币投机	远期汇率	即期汇率
货币掉期	银行间利率	股票	债务
银行间市场	媒介货币		

伦理题

1. 假设你是为通过离岸金融中心进行外汇交易的美国企业制定新法规的某委员会的一名参议员。离岸金融中心的银行存款已经从几十年前的几百亿美元增加到现在的1万多亿美元。通过贩毒、赌博和其他非法活动赚取的"黑钱"和通过正当途径获得的干净资本一样，利用离岸金融中心来逃避征税和政府管制。一些专家认为，国际货币基金组织和离岸避税天堂这样的组织影响了社会的稳定，损害了公众的利益。他们认为，人们利用这些组织是为了逃避法律的管制，破坏在他们看来毫无效率的官僚机制企图将某种道德观念强加在人们头上的努力。作为一名参议员，你支持什么样的管制措施？你如何向你所在选区内从事离岸金融交易的企业家们作出合理的解释？你认为企业利用离岸金融中心来逃避国内政府管制和征税的行为，是否符合道德？为什么？

2. 假设你是美国某大型银行董事会的一名成员。近年来，尽管对银行的管制促进了业内的竞争，但是你对于银行业的未来发展仍然持怀疑态度。你行的高层管理团队不久将与政府官员会面，讨论目前业内的状况。政府对金融业施加管制的目的是维持金融体系的完整性和稳定性，从而保护存款人和投资者的利益。这些管制措施包括禁止内部交易、禁止经营者自我借贷或者是向与其有密切关系的企业贷款（这类行为被称为自我交易），以及禁止其他有利益冲突的交易。然而，在不到20年的时间里，放松管制逐渐成为全球金融市场的主导趋势。它刺激了金融部门内的竞争和发展，允许资本跨国境自由流动，同时大大促进了发展中国家的经济增长。在与政府官员会谈之前，你会向银行的高管们提出什么建议？从商业道德的角度来说，你认为放松管制的缺点是什么？你认为亚当·斯密警告人们要提防"生产者串通行为"的危险时，其用意何在？这一告诫适用于今天的金融服务行业么？

国际管理案例

我们该为阿根廷哭泣么

阿根廷前总统爱德华多·杜阿尔德曾语出惊人地说道："阿根廷破产了！我们都破产了！商业止步不前，支付链断裂，没有资金维系经济的运行，甚至连发圣诞节奖金、工资和养老金的钱都没有了！"

尽管在20世纪90年代曾经荣登拉美榜首，但是截止到2002年初，阿根廷的未清偿公共债务总额已经高达1550亿美元。杜阿尔德总统推行了多项举措，力保阿根廷经济在经历了四年的萧条之后免于彻底崩盘的悲惨境地。十多年来，阿根廷的货币比索一直按照1∶1的汇率通过货币局制度钉住美元。杜阿尔德总统一上台，就立即取消了这一制度。但是，在其市场价值被允许自由波动后，比索迅速贬值三分之二——3比索才能兑换1美元。紧接着，因为资金匮乏，政府控制了人们的储蓄账户，限定了在一定时间内的取款总额。于是人们走上街

国际商务：全球化带来的挑战（第6版）

头，引发暴力冲突，打伤了一些政客，十多家银行受到了攻击。

当地企业的日子也不好过。很多企业都抱怨说，它们之所以欠债不还是因为它们必须得到中央银行的批准，才能把钱汇到国外。对外汇的严格管制导致进口商要等上几个月甚至更长的时间，才能从政府那里得到美元，支付相关款项。另外，出口企业以及资金充足的企业还必须承受新的征税法案征税以便为政府的公共服务融资带来的重负。在筹集资金偿付国外供应商的欠款时，当地企业也碰到了不少的困难。相形之下，非阿根廷企业对该国丧失信心所造成的损失更是难以估量。很多企业是在90年代市场经济改革和私有化浪潮时期来到阿根廷的。"如果政府可以随意地变更合同条款，"布宜诺斯艾利斯的一名外交官说道，"你怎么能对以后的商务关系有信心呢？"

对于那些在阿根廷债务不断攀升、损失日渐加剧的美国企业来说，不断贬值的比索使得问题更加棘手。一直以比索计算利润的美国公司的阿根廷分公司发现，随着比索的贬值，它们在偿还以美元计价的债务方面感到越来越吃力。而政府则强行要求电力和燃气公司把合同的计价货币从美元改为比索，同时规定这些公司不得随意涨价以便保护消费者的利益。同时，这些公司也不能寄希望于国外母公司施以援手，因为母公司没有义务为这些法人单位提供现金流和债务偿付方面的帮助。

为了减轻自身的债务负担，恢复阿根廷在国际货币基金组织中的信誉，政府下令将500亿以美元计价的政府债务（大部分是国内债务）作了一个掉期，换成以比索计价。这样做的目的是释放因为阿根廷未能达到预设的经济目标，而被冻结的100亿美元国际货币基金组织贷款。美国和欧洲投资者持有的另外460亿美元的阿根廷国债，也将通过各种途径进行重组。在此前的十年中，阿根廷政府积累了大量以美元等货币计价的债务。随着2002年1月政府放开比索对美元的汇率，比索的疲软导致偿还这些外债需要更多的资金。

阿根廷经济大崩溃的后果是灾难性的。从2001年到2002年，阿根廷的经济总量萎缩了15%，失业率高达21%，56%以上的阿根廷人陷入贫困的泥潭。政府的一系列刺激需求的举措，比如提高工资、实施价格管控、将比索币值维持在低位、设立公共支出基金等，在短时间内都取得了一定的效果，但是到了2010年，随着阿根廷的通货膨胀率达到10%以上，消费者购买力被极大削弱，贫困进一步加剧。

参考文献：Roben Farzard, "Don't Cry for Argentina," *Bloomberg Businessweek*, May 24-May 30, 2010, pp. 9 - 10；"Clouds Gather Again over the Pampas," *The Economist*, August 23, 2008, pp. 30 - 31；"Who Needs Credit?" *The Economist* (www. economist. com), May 8, 2008；"Argentina Tops Household Consumption in Latin America," *The Economist* (www. economist. com), June 29, 2006.

□小思考

1. 搜索有关阿根廷经济状况的最新信息。目前比索的比值处在什么水平？在你看来，取消比索对美元的钉住汇率，是否明智？为什么开始时阿根廷要将比索钉住美元？你认为比索钉住美元对于阿根廷危机的爆发有没有影响？为什么？

2. 危机爆发后，阿根廷当地的企业和跨国公司们进行了哪些调整以适应新的形势？在应对危机时，它们采取的措施是类似的还是各自制定了独特的战略？请尽可能详细地给出具体案例，来证明你的观点。

3. 危机刚爆发时以及经济逐渐恢复的过程中，普通百姓受到了哪些影响？危机造成的后果从长期看，对普通百姓的购买力有什么影响？对百姓的储蓄又有什么影响？在你看来，国际救助对于阿根廷的普通百姓来说，是好事还是坏事？为什么？

第10章

国际货币体系

学习目标

通过本章的学习，你应该能够：

1. 解释汇率对本国企业和跨国公司的经营活动有着怎样的影响。
2. 指出汇率的决定因素及其对商务活动的影响。
3. 描述预测汇率的基本方法。
4. 掌握当前国际货币体系的演进过程，解释它的运行机制。

内容回顾

第 9 章介绍了国际资本市场和外汇市场的运行机制。此外，我们还介绍了汇率的计算方法，以及在国际商务活动中不同汇率标价法的运用。

本章概要

本章继续介绍与汇率和国际金融市场有关的知识。我们将考察影响汇率水平的因素以及汇率变动的预测方法。另外，我们将探讨各国在汇率管理方面作出的各种尝试，回顾近年来俄罗斯、阿根廷以及其他新兴市场上出现的货币问题。

下章前瞻

从第 11 章开始将介绍本书最后一部分内容——国际商务管理。我们将介绍企业在实现国际商务目标的过程中采用的具体战略和组织结构。

开弓没有回头箭

比利时，布鲁塞尔——"欧洲大设想"、"欧元，预备，跑！"，各大报纸的头版头条以类似的字眼来欢呼欧洲新货币欧元的诞生。自罗马帝国时代以来，还没有哪一种货币能在欧洲大陆如此大范围内流通。希腊甚至放弃了已有着近3 000年历史的本国货币德拉克马。现在，欧元已经成为至少17个欧洲国家的法定货币，在其他很多欧洲国家也被视作可以合法流通的。

诞生之初，欧元与美元之间的兑换比率大约为1：1。紧接着，欧元大幅升值，很快就变成了1欧元可以兑换1.57美元。这表明人们对欧元区经济体未来的增长与发展充满了信心。升值也提升了欧元作为世界货币的地位，成为有可能与美元抗衡的一种货币。

但是，席卷全球的次贷危机和经济大萧条给那些负债较高的欧元区国家上了惨痛的一课。到2010年底，欧元和美元的兑换比率下跌到1：1.27，有些分析人士甚至开始质疑欧元能否继续存活下去。如果欧洲各国可以重构自己的经济，那么从长期看欧元对欧洲企业来说是有利的。在商业活动中使用统一的货币，不仅使得欧元区企业规避了汇率变动带来的风险，同时也有助于这些企业提升财务计划。此外，单一货币还可以提升企业的竞争力，因为并购将给企业带来协同作用以及规模经济效应。

欧洲的出口商们无疑将从疲软的欧元中受益，因为欧元贬值降低了这些企业的产品在世界市场上的价格。那些在欧元走强时丧失了市场份额的欧洲企业，或许可以借着这个机会，重新赢回一些消费者。在学习本章的过程中，请思考一下国际货币体系对企业管理者的决策和企业业绩有着怎样的影响。[1]

在第9章中，我们介绍了与汇率的计算方法以及各种汇率的用法等有关的基础知识。在这一章中，我们将探讨汇率的决定因素以及各国进行汇率管理的做法，以便加深大家对国际货币体系的理解。首先我们将学习汇率的变动会给企业活动带来怎样的影响，然后考察货币价值和汇率的决定因素，接着介绍预测汇率变动的不同方法，最后探讨国际货币体系及其表现。

10.1 汇率如何影响商业活动

一种货币对其他货币汇率的变化既会影响本国企业，也会对跨国公司产生影响。例如，汇率会影响到国际市场对某企业产品的需求。当一国货币变得疲软（即相对于其他货币贬值）时，该国的出口产品在国际市场上的价格就会降低，进口产品价格则会提高。较低的价格不仅使得该国出口的产品在国际市场上更加有吸引力，同

---

① Bradley Davis, "Euro Weakens as Debt Jitters Outweigh Data," *Wall Street Journal* (www. wsj. com), June 17, 2010; "Emergency Repairs" *The Economist*, May 15, 2010, pp. 77 - 79; "The Euro in the World," European Commission Web Site (www. ec. europa. eu), Issue 10, June 2008; Diana Farrell, "The Rise of the Euro," *Bloomberg Businessweek* (www. businessweek. com), March 21, 2008.

国际商务：全球化带来的挑战（第6版）

时也给企业创造了从其他产品价格相对较高的企业那里抢夺市场份额的机会。

更进一步，如果一家公司在货币坚挺（即相对于其他货币来说价值更高）的国家出售产品，同时该公司在货币疲软的国家雇用工人进行生产（支付给工人的工资更低），那么该公司的利润水平一定会提高。例如，如果某公司用逐渐走低的货币支付工人工资和供应商货款，却在币值不断上升的国家销售产品，那么该公司就可以受益，因为它的收入是由稳步上涨的强势货币带来的，费用却是用不断下滑的疲软货币来支付的。但是，管理者却必须谨慎对待自身的这种价格优势，因为这会伤及企业的长期竞争力。

汇率变动还会影响到企业的国外子公司向其上缴的利润。国外子公司的利润通常要折算成用母国货币计价，然后合并到母公司财务报表中，将子公司利润从疲软的东道国货币折算成坚挺的母国货币会导致企业利润总额的下降。相反，将利润从坚挺的东道国货币折算成疲软的母国货币则会提高利润总额。

图 10—1 给出了美元与世界一些主要货币之间的汇率。不难看出，2001—2007年相对于英镑和欧元来说，美元贬值了。但是 2007—2009 年的全球经济萧条期间，美元兑英镑和欧元都出现了升值的势头。2001—2009 年，美元和日元之间的汇率基本保持平稳的态势。

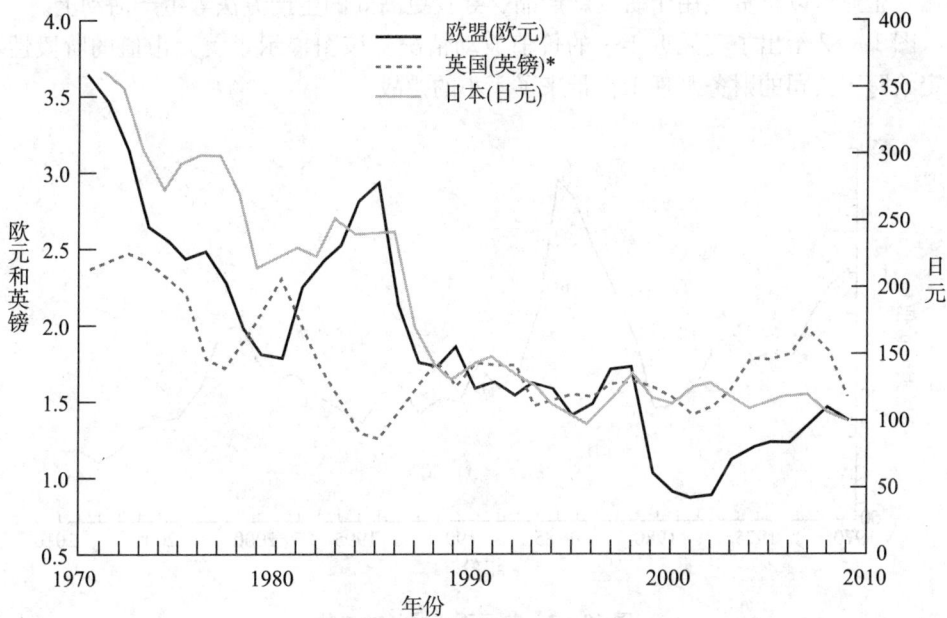

图 10—1　美元兑世界主要货币的汇率

* 表示每英镑可兑换的美元数。1999 年以前，欧元数据以德国马克为代表。

资料来源：Based on *Economic Report of the President*, Table Bllo, multiple years.

一国政府有意调低本国货币在国际市场上的价值的做法叫做货币贬值。相反，政府有意抬高本国货币在国际市场上的价值的做法被称为货币升值。需要提醒读者的是，不能将货币贬值和货币升值这两个概念同疲软货币和坚挺货币这两个概念相混淆，虽然它们产生的影响是类似的。

货币贬值会降低本国出口的产品在国际市场上的价格，抬高本国进口的产品的价格，因为该国货币在国际市场上的价值下降了。因此，一国政府可能会有意令本币贬值从而提高本国企业相对于其他国家企业的竞争力。但与此同时，本币贬值也削弱了本国消费者的购买力。另外，这种做法还会助长本国企业低效的现象，因为本币贬值弱化了企业在降低生产成本方面面临的压力。本币升值带来的效应则正好相反：出口产品价格提高，进口产品价格降低。

□ 10.1.1 对汇率稳定性及可预测性的需求

不管是本国企业还是跨国企业，都要因为汇率的不利变动而付出代价。尽管确实存在一些可以避免汇率不利变动造成的影响的措施，但是这对于中小型企业来说往往代价太高。此外，随着汇率不可预测性的增加，为了避免相伴而来的风险，企业要付出的成本也往往要相应增加。相反，稳定的汇率水平可以提高企业财务规划的准确性，使得对现金流的预测也更加精准可信。

企业管理者往往还希望汇率的变动是可预测的。可预测的汇率降低了企业因为突发性或意料之外的汇率变动而来不及采取保值措施的可能；可预测的汇率还有助于减少用于应对不确定的汇率变动的保值成本（通常是对冲操作）。与采取保值措施相比，企业可以将资金用于研发新产品、寻找更高效的生产方法等生产活动上。

图 10—2 给出了美元近年来的价值波动情况。该图揭示了美元币值的阶段性不稳定给跨国公司的财务管理工作带来了不小的挑战。

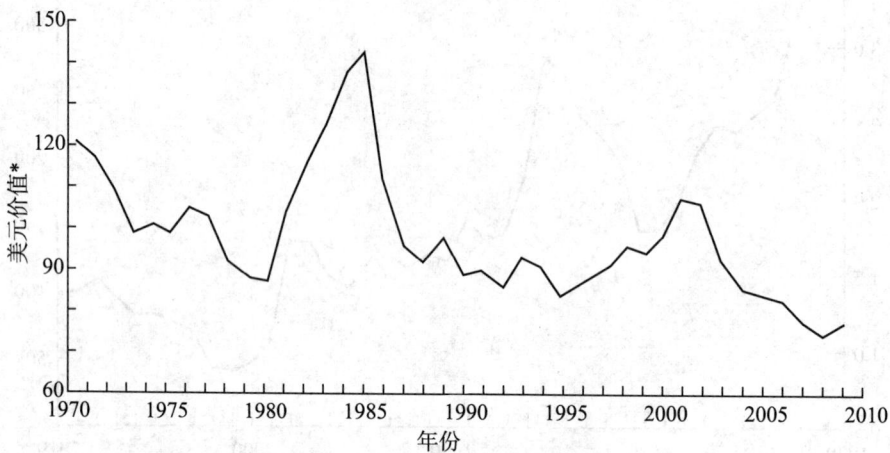

图 10—2 美元币值的长期走势

* 美元的多边贸易加权价值（1997 年 3 月为 100）。

资料来源：Based on *Economic Report of the President*，Table B110，Multiple years.

□小测验

1. 为什么说汇率对企业管理者的决策来说是至关重要的？
2. 货币贬值与货币升值之间有什么区别？
3. 企业管理者为什么会希望汇率是稳定的和可预测的？

10.2 汇率的决定因素

为了更好地理解汇率的决定因素，我们先要理解两个重要的概念：一价定律和购买力平价。这两个概念都可以告诉我们汇率应该处在什么水平上。在讨论这些概念时，我们还将考察一些影响实际汇率水平的因素。

□ 10.2.1 一价定律

汇率可以告诉我们要用多少单位某种货币才能换回一定数量的另一种货币。但是，它无法告诉我们在其他某个国家购买某种商品所花费的钱（和在本国内购买相比）究竟是更多了还是更少了。出国旅游时，我们会发现本国货币的购买力可能比在国内时更高，也可能更低。换句话说，我们很快便会知道汇率并不能保证本币的购买力。因此，在某些国家我们可能会丧失一部分购买力，但是在另外一些国家则可能获得更高的购买力。例如，同样吃一顿饭，在纽约花费 60 美元，到了日本可能要花费 7 000 日元（折合 80 美元），而在墨西哥可能只要 400 比索（折合 30 美元）。与在纽约吃的那顿饭比起来，你在日本就损失了一些购买力，但是在墨西哥的购买力又提高了。

一价定律指出，当以同一种货币表示时，同一种商品在所有国家都应该具有相同的价格。这一定律成立的条件是，不同国家的商品必须具有相同的品质，且必须完全在一国内进行生产。

例如，假设美国和德国生产的煤炭的质量基本一样。进一步假设 1 公斤煤炭在德国的价格是 1.5 欧元，在美国的价格则是 1 美元。那么，根据一价定律可以得出欧元与美元之间的预期汇率是 1.5 欧元/美元。假设货币市场上欧元与美元之间的实际汇率是 1.2 欧元/美元，煤炭在美国和德国的价格都保持原来的假设不变。那么如果按照用实际汇率换算后的美元在德国购买煤炭的话，就不能只将 1 美元兑换成欧元，而是要将 1.25 美元（预期汇率除以实际汇率得出的结果，或者说 1.5/1.2）兑换成欧元。因此，德国煤炭的价格要高于美国的价格。

另外，在本例中，因为煤炭的价格违背了一价定律，就出现了套利的机会——换句话说，你可以在一个国家购买某种商品，然后再将其转售到某个价格更高的国家。例如，你可以按照 1 美元/千克的价格在美国购买煤炭，然后再以 1.25 美元（即 1.5 欧元）的价格在德国市场上转售，从中获取利润。但是，商人们在美国买进德国卖出，需求的增加会抬高美国市场上煤炭的价格，同时，供给的增加则会压低德国市场上的煤炭价格。最后，两国的煤炭价格将会稳定在初始时美国的市价和德国的市价之间的某个水平上。

这时，套利机会存在的理由看上去就消失了，事实也确实如此。一些企业总是不断在旧的套利机会消失后寻找新的机会。换言之，套利的本质就是通过消除自身的获利机会来平衡过度波动的影响。

巨无霸货币　一价定律的作用在于可以帮助我们判定一种货币的价值是被高估了还是低估了。《经济学家》杂志每年都会公布汇率的"巨无霸指数"——该指数用一价定律来判定美元与其他主要货币之间的汇率应该处在什么水平。它将麦当劳餐厅出售的巨无霸视作检验一价定律的同质商品。之所以会选择巨无霸，是因为不同国家或者地区出售的巨无霸汉堡质量几乎相同，而且都是在销售地完成生产加工的。

根据最新的巨无霸指数，在美国一个巨无霸的平均售价是 3.73 美元，同样一个巨无霸在中国大陆的售价则为 1.95 美元。因此，根据巨无霸指数，人民币被低估了 48%（$(3.73-1.95) \div 3.73 \times (-100) = -48\%$）。相反，巨无霸在挪威的售价是 7.2 美元，这意味着挪威克朗被高估了 93%（$(3.73-7.2) \div 3.73 \times (-100) = 93\%$）。[①]

货币市场上的汇率与根据巨无霸指数预测的汇率之间存在如此大的差别并不令人感到奇怪。首先，食品的售价在大多数国家都会受到农产品补贴的影响。而且你无法做到在售价低的国家购买巨无霸然后在售价高的国家转售出去。另外，巨无霸的价格也会因为麦当劳餐厅在不同国家采取的营销策略不同而受到影响。最后一个解释是，各国对餐饮行业征收的营业税并不相同。

巨无霸指数的缺陷表明，仅仅依靠将一价定律应用在某种商品身上来预测汇率的方法过于简单。尽管如此，理论研究仍然表明，货币价值的变动通常会趋向于巨无霸指数所指明的方向。

□ 10.2.2　购买力平价理论

在第 4 章中讨论与经济发展相关的内容时我们已经介绍了购买力平价的概念。这一概念同样可以用来确定汇率应该处在什么水平上。购买力平价指的是两个国家的货币在两国购买同一篮子的商品时，相对购买力如何。因此，一价定律对应的是某一种商品，而购买力平价理论则适用于一篮子商品的情况。下面我们通过一个具体的例子来看看为什么是这样。

假设在泰国只需要 650 泰铢就可以买到在美国价值 30 美元的商品。那么从这两个数字中，关于泰国人和美国人的经济状况，我们可以得出哪些信息呢？首先，这两个数字可以帮助我们比较泰国消费者和美国消费者的购买力。但接下来的问题是，与美国消费者相比，泰国消费者的境况究竟是更好呢还是更糟呢？要回答这一问题，我们假设两个国家的人均国民生产总值（GNP）分别为：

　　　　泰国人均 GNP＝122 277 泰铢
　　　　美国人均 GNP＝26 980 美元

同时，假设两国的汇率为 41.45 泰铢/美元。这样一来，我们就可以把 122 277 泰铢折算成美元，即 122 277÷41.45＝2 950 美元。现在，我们的问题就变成了：与收入为 26 980 美元的美国消费者相比，泰国的物价水平可以让收入为 2 950 美元的

---

①　"When The Chips Are Down," *The Economist*, July 24, 2010, p. 72. International Monetary Fund Web Site (www. imf. org), select reports.

泰国消费者买到的商品更多了还是更少了呢?

我们已知在泰国 650 泰铢可以买到在美国价值 30 美元的商品。因此,650÷30＝21.67 泰铢/美元。注意,尽管货币市场上泰铢与美元的汇率是 41.45 泰铢/美元,但是泰铢的购买力平价却是 21.67 泰铢/美元。下面我们就用这个数字来计算两国货币之间的另外一种相对汇率。重新计算用购买力平价表示的泰国人均 GNP,有122 277÷21.67＝5 643 美元。因此,平均说来,泰国消费者与美国消费者相比要贫困一些。当我们考虑他们用手上的泰铢可以购买到的商品和服务而不是美元的数量时,不难发现,用购买力平价表示的 5 643 美元的人均 GNP 更准确地反映了泰国消费者的真实购买力。

后面的计算过程在调整两种货币的相对价值时考虑到了价格水平的因素。因为我们讨论的是汇率,因此购买力平价理论的基本原则可以解释为两国货币的汇率等于其物价水平之比。换句话说,购买力平价理论告诉我们,泰国的消费者只需用 21.67(而不是 41.45)泰铢就能买到美国消费者用 1 美元可以买到的商品。

从这个例子中我们还可以看出,购买力平价汇率(21.67 泰铢/美元)与金融市场上的实际汇率(41.45 泰铢/美元)通常并不相等。但是购买力平价理论也表明,经济力量会推动实际汇率向购买力平价理论决定的汇率水平调整。在调整完成之前,都会存在套利机会。购买力平价理论适用于那些不受贸易壁垒限制、运输成本很低甚至为零的可跨国交易的商品。为了获利,套利者必须确保在低售价国家购买的商品加上运输成本、关税以及其他各种税费后,在高售价国家依然可以按照较低的价格售出。下面我们来探讨一下通货膨胀和利率水平对汇率和购买力平价有着怎样的影响。

通货膨胀的作用　通货膨胀是货币的供给与需求共同作用导致的结果。假设在某经济中,货币供给的增加无法带来产出水平的提高,那么人们在购买同样数量的商品时,将比以前花费的更多。当对商品需求的增加超过停滞的供给时,商品的价格就会上涨并且吞噬消费者为此多支付的每一分钱。所以,通货膨胀会损害消费者的购买力。

货币供给决策的影响。因为通货膨胀会带来灾难性的影响,所以各国政府都会努力控制本国货币的供给与需求——通过旨在影响货币供给的两种政策手段。货币政策泛指所有会直接影响一国利率水平和货币供给量的做法。卖出政府债券将会减少一国的货币供给,因为投资者为了得到这些债券必须支付现金。相反,当政府在公开市场上买入政府债券时,无异于向经济中注入了资金,货币供给也相应增加。

财政政策指的是利用税收和政府支出手段间接影响一国货币供给的行为。例如,为了减少消费者手中持有的现金,政府可以提高税负,这样一来人们就被迫将手中的钱上交国库。反之,减税会增加消费者手中持有的现金。政府还可以通过扩大支出来增加流通中的货币数量,通过削减支出来减少流通中的货币数量。

失业和利率的影响。很多工业化国家在控制通胀方面都极其富有成效。一些经济学家认为,国际竞争的压力对于控制通胀功不可没。之所以这样说是因为,国际竞争和企业可以自由转移到成本最低的国家的压力致使一国的工资水平受到抑制。由于工资水平被控制在合理范围,企业就不会抬高产品价格,从而就抑制了通货膨胀。当然，实际情况是否是这样还有待进一步研究证实。

影响一国通胀水平的其他因素包括该国的失业率和利率。当失业率较低时，劳动力相对紧缺，企业必须支付更高的工资才能吸引劳动者。当劳动力成本较高时，为了保证自身获得合理的利润水平，企业往往会提高产品价格，将增加的劳动力成本转移给消费者，进而引发通货膨胀。

利率（本章后面会进行详细介绍）之所以会影响通货膨胀是因为它影响着借款的成本。低利率鼓励人们通过贷款购买新的住房和汽车等消费品，或者是鼓励人们透支信用卡。高利率则会促使人们减少债务支出，因为更高的利率意味着他们每个月要偿还更高的利息。因此，降低通货膨胀率的一种方法就是提高利率，负债成本的上升可以使得消费者减少支出，同时使得企业扩张的成本也进一步提高。

汇率如何随通货膨胀而调整。购买力平价理论蕴含的一个重要含义是，汇率会随着不同国家通货膨胀水平的不同而进行调整。这种调整对于维持各国货币的购买力来说，是非常重要的。例如，假设年初时墨西哥比索对美元的汇率是 8 比索/美元（或者说 0.125 美元/比索）。同时，假设通货膨胀使得墨西哥的物价平均每年上涨 20%，而美国物价的年均增长率只有 3%。那么我们可以通过下面的公式得出年底时比索与美元之间的汇率：

$$E_e = E_b(1+i_1)/(1+i_2)$$

其中，E_b 是期初的汇率，i_1 是国家 1 的通货膨胀率，i_2 是国家 2 的通货膨胀率。将前面提到的数字代入这一公式，有

$$E_e = 8[(1+0.2)/(1+0.03)] = 9.3 \text{ 比索/美元}$$

记住下面这一点是很重要的：因为在汇率表达式中比索在分子的位置，在计算两国通货膨胀率的比率时，墨西哥的通货膨胀率也要放在分子上。不难看出，汇率从 8 比索/美元调整到了 9.3 比索/美元，因为墨西哥的通货膨胀率更高，两国货币的相对价值也相应发生了变化。墨西哥相对较高的通胀率使 1 比索可兑换的美元数量减少，或者说 1 美元可以兑换的比索数量增加。换言之，年初时购买 1 美元只需要 8 比索，到年底时却需要 9.3 比索。

在这个例子中，美国消费者现在去墨西哥旅游度假变得更便宜了，但墨西哥人则发现去美国的成本更高了。当墨西哥企业必须为美国提供的货物支付更多的美元时，美国企业却可以用更少的美元换回墨西哥供应商提供的商品。

上面的讨论至少可以告诉我们高通货膨胀率国家面临的诸多问题之一。物价快速上涨的国家的消费者和企业的购买力被削弱了。发展中国家和处在转型期的国家最容易受到物价上涨带来的伤害。

利率的作用　要了解利率是如何影响两种货币之间的汇率的，我们先要回忆一下通货膨胀率和利率在单一经济体中的联系。首先，我们要区分两种不同的利率：名义利率和实际利率。假设当地银行就购买新车的贷款利率向你报价，那么这个利率就是名义利率，它由实际利率和为了应对通货膨胀而额外收取的费率两部分组成。这背后的原因非常简单，我们曾经提到，通货膨胀率会导致货币购买力受损，贷方在贷款期内的这一潜在损失必须得到补偿。

费雪效应。现在假设银行借给你一笔钱买小货车。根据你的信用等级，银行在正常的情况下会向你收取5％的贷款年利率。如果下一年的预期通货膨胀率为2％，那么你要支付的年利率将为7％，即5％的实际利率加上用于弥补预期通货膨胀损失的2％的费率。这一将通货膨胀与利率联系起来的原则被称为费雪效应——名义利率等于实际利率加上某段时间内的预期通货膨胀率。我们可以将通货膨胀与利率的关系用下面的公式表示：

$$名义利率＝实际利率＋通货膨胀率$$

如果货币可以不受任何限制地在不同国家之间自由流动，那么所有国家的实际利率都应该是相同的。为了弄清楚为什么是这样，我们假设加拿大和美国的实际利率分别为4％和6％。这样一来就会出现套利机会：投资者可以按照4％的利率在加拿大借钱，然后按照6％的利率在美国将钱贷出，获取2％的利差。如果有足够多的人都利用这个机会来获利，那么加拿大的利率水平将随着当地货币需求的增加而上涨，美国的利率水平则将随着当地货币供给的增加而下降。最后，套利机会存在的理由就消失了。这也就是各国实际利率从理论上来说应该相等的原因。

在前面的内容中，我们介绍了通货膨胀和汇率之间的关系，而费雪效应则揭示了通货膨胀和利率之间的关系。下面我们就来探讨一下利率和汇率之间的关系。为了做到这一点，我们需要引入国际费雪效应——两国名义利率之间的差异会导致两国的即期汇率出现等量但反向的变化。回忆一下第9章的内容，我们知道即期汇率是指在两个交易日内进行交割的货币之间的兑换比率。

由于各国的实际利率在理论上应该是相等的，所以两国之间的利率差异只能归因于两国预期通货膨胀率的差异。一国的预期通货膨胀率高于另一国，则其货币价值将下降。这时，汇率的调整必须反映出币值的变化。举例来说，假设澳大利亚和加拿大的名义利率分别为5％和3％，也就是说澳大利亚的预期通货膨胀率比加拿大高2％。那么，根据国际费雪效应可以知道，澳元相对于加元将贬值2％。

对购买力平价理论的评价　购买力平价理论更适合用来预测长期汇率（10年以上），但是对短期汇率的准确预测对于跨国公司的管理者来说是更有价值的。因为即便是短期规划，也必须考虑到不同国家未来的经济和政治状况，比如附加成本、贸易壁垒、投资者心理等。

附加成本的影响。购买力平价理论无法准确预测汇率的原因很多。比如，该理论假设不存在运输成本。假设同一篮子货币在美国的售价为100美元，在挪威为950克朗（150美元）。表面看起来，一个人可以通过在美国买入后在挪威卖出这些商品来进行套利。但是，如果将这些商品从美国运到挪威需要60美元的运费的话，那么商品在挪威的总成本将为160美元。这样一来，将没有人愿意倒卖这些商品。两国之间的价格也不会出现趋同，价格差异将继续保持下去。在这样的情况下，即便购买力平价理论预测克朗被高估了，运输成本的存在也将阻止美元和克朗之间的汇率进行调整。在一个存在运输成本的现实世界中，购买力平价理论将无法准确预测汇率的变动。

贸易壁垒的影响。购买力平价理论还假设没有国际贸易壁垒。但是在现实中，这些壁垒显然是存在的。政府会出于各种各样的考虑而设置贸易壁垒，比如帮助本国企业维持竞争优势、保护本国居民就业等。假设在前面提到的例子中，挪威政府对价值 100 美元的进口商品征收 60% 的关税，或者是干脆就认定这种进口行为属于非法的。这样一来，价格的趋同或者是汇率的调整就不会发生，根据购买力平价理论也就无法准确预测汇率。

商业信心和心理因素的影响。 最后，购买力平价理论忽略了人为因素对汇率的影响，即人们对一国经济状况及该国货币价值的信心和信念的作用。很多国家都会通过商业信息调查来测度人们对本国经济的信心。在日本，这类调查中规模最大的一个是短观调查（tankan survey），它每年都会针对 10 000 家企业进行 4 次商业信心调查。

投资者关于某种货币价值的信心在其汇率决定过程中扮演着重要的角色。假设一些交易商认为印度卢比未来将升值。那么他们将按照现价买入卢比，并在升值后卖出以便赚取利润。假设所有的交易商都持有同样的观点，并且采取相同的行动。那么，单是这些交易商的行为本身就足以推动卢比更大幅度地升值。至于交易商为什么会认为卢比将升值则显得不那么重要了。只要有足够多的人对某种货币未来价值的变动秉持相同的信念，那么其币值就将相应发生改变。

这也是各国政府要努力维持投资者、企业家和消费者对本国经济的信心的原因所在。对一国失去信心将导致企业延迟对新产品和新技术的投资，放缓雇用更多的工人。消费者则倾向于增加储蓄，减少负债消费。这些行为无疑将导致一国的货币更加疲软。

▢ 小测验

1. 什么是一价定律？它存在哪些局限性？
2. 什么是购买力平价理论？
3. 简要说明通货膨胀和利率是怎样影响汇率水平的。
4. 购买力平价理论在预测汇率方面存在哪些局限？

10.3 汇率的预测

在进行国际商务活动之前，企业管理者必须对未来的汇率走向作出判断，考虑币值变化对自身收益的影响。这一节我们将探讨关于利用远期汇率——即在将来某个时间进行交割时的汇率——预测未来即期汇率的准确度的两种截然不同的观点。另外，我们还将简单介绍几种不同的汇率预测方法。

▢ 10.3.1 有效市场假说

围绕市场在预测汇率方面是否有效这个问题，有大量的争论。如果金融工具的价格可以迅速反映交易者得到的最新公开信息，那么我们就说这个市场是有效的。

因此，有效市场假说认为金融工具的价格可以随时反映所有可以获得的公开信息。将这一假说运用到汇率问题上，就等于说远期汇率是对未来即期汇率的准确预测。

在第 9 章中，我们曾提到远期汇率反映的是市场对两种货币未来价值的预期。在一个有效的货币市场上，远期汇率随时反映所有可以获得的公开信息，被认为是预测汇率的最佳工具。这一观点的支持者认为，不存在其他可以获得的公开信息来改善远期汇率对未来汇率的预测。如果这一观点成立，那就意味着企业浪费了大量的时间和资金来收集并且评估它们认为可能会对未来汇率产生影响的信息。但是，远期汇率和实际汇率之间总是存在一定的偏差，也正是因为利用远期汇率进行的预测不够完美，企业才有动力不断寻找更加准确的汇率预测方法。

□ 10.3.2　无效市场假说

无效市场假说认为，金融工具的价格无法反映所有可获得的公开信息。支持这一观点的人认为，企业总是可以得到一些新的信息来改进对未来汇率的预测。但是，进一步搜寻信息的成本不能超过这些信息所能带来的收益。

考虑到私密信息的存在，无效市场假说的观点更容易让人信服。假设某交易商掌握了关于一国经济政策未来变化的信息，并且他认为这一信息将对该国货币的汇率产生影响。因为市场尚未获知该信息，因此就无法在远期汇率上体现出来。那么这位交易商无疑将因为握有私密信息并采取相应行动而获益。

现在我们已经了解了关于市场有效性的两种基本观点，下面我们就来看看企业用来预测汇率的具体方法。

□ 10.3.3　预测方法

关于市场能否有效预测未来即期汇率的争论引发了人们关于不管市场是否有效，专家们能否改进对汇率的预测的质疑。正如我们所看到的，一些分析人士认为可以通过挖掘远期汇率未能反映出来的信息来改进对汇率的预测。实际上，确实存在专门提供这类服务的公司。建立在对附加信息价值的肯定基础上的预测方法主要有两种，即基本面分析和技术分析。

基本面分析　基本面分析指用基于基础经济指标的统计模型来预测汇率的方法。这些模型通常都非常复杂，包含多个反映可能的经济状况的变量，其中经济变量主要包括通货膨胀率、利率、货币供给、税率和政府支出等。这种分析方法通常还会考虑一国的国际收支状况（见第 7 章），以及政府为了影响货币价值而对外汇市场施加的干预行为。

技术分析　另一种改进预测的方法是技术分析，即利用货币价值的历史走势并考虑其他因素来预测汇率的方法。专家们利用复杂的统计模型和历史数据趋势图来估计汇率变化时的主要情况，并且尝试估计出未来变化的时间、程度和方向。许多从事汇率预测工作的人都将基本面分析和技术分析两种方法结合使用，以便得到尽可能准确的预测结果。

□ 10.3.4 汇率预测的难点

汇率预测是一个快速发展的领域。这一趋势似乎也可以证明越来越多的人相信有可能改进远期汇率对未来汇率的预测精准度。但是，预测仍然存在各种各样的难题。尽管训练有素的专业人士掌握了很多复杂、精密的统计分析方法，但是预测并不仅仅是一门纯粹的科学。因为整个预测过程充满了各种不可预期的变动因素，几乎没有哪个相关人士能完全准确地把汇率预测出来。

除了与这些技术所使用的数据有关的问题之外，预测过程中人为因素的影响也可能导致预测的失败。例如，人们可能会错误地估计市场可获得的经济新闻的重要性，或者是过于强调某些因素的作用而忽略了其他因素。

到目前为止，我们已经了解到不同货币之间汇率的重要性，企业为何力图管理汇率的波动，以及对未来汇率进行预测的困难在哪里。关于企业用来消除强币或弱币对自身影响的方法，请参见下面的专栏"全球经理人公文包：随币值波动而调整"。

全球经理人公文包

随币值波动而调整

一国货币币值上升将导致该国的出口产品变得更贵。下面针对坚挺货币国家的企业应该如何成功开展出口贸易，给出了一些小建议。

■ 精简企业运营。通过裁员来降低成本、提升效率，通过重启母国的工厂来维持一定的生产水平。当出口收入下降时，积极寻找海外客户。

■ 调整产品。根据各地消费者的需求来调整你们公司的产品，以便赢得商业机会和顾客的忠诚度。这样的话，即便你们公司产品的价格比较高，也有可能存活下来。

■ 海外采购。去海外采购原材料以及生产所需的其他投入品——你的供应商也要赚一定的利润，转向海外采购可能可以享受到比国内更优惠的价格。

■ 稳定价格。最后一招可能是保持海外市场上产品价格的稳定——这样一来，如果销售情况出现好转，公司的总利润就会增加。

一国货币贬值将导致该国的进口产品变得更贵。下面是关于企业如何完善自我以便应对疲软货币的一些建议。

■ 本国采购。在本国寻找原材料以及零部件可以降低生产投入的成本，避免汇率风险，缩短供应链。

■ 抢占本国市场。现在企业应该尽量争取本国消费者的青睐，因为进口的外国竞争对手的产品相对来说更贵了——由他们坚挺的货币导致的。

■ 促进出口。通过将业务拓展到海外市场，可以充分利用你公司从疲软货币中获得的价格优势——不管是哪个国家的消费者都喜欢物美价廉的东西。

■ 减少各种费用。为了对冲进口能源价格上涨导致的成本增加，可以借助最新的通信和交通技术来完成一些工作，以便降低差旅费、水电费以及运费。

1. 简单说明关于汇率预测的两种主要观点。
2. 描述汇率预测的两种主要方法。预测汇率的过程中存在哪些困难？

10.4 国际货币体系的演进

至此，我们已经讨论了汇率对企业的影响，以及企业家们为什么希望汇率能够保持一定的稳定性和可预测性。我们介绍了通货膨胀和利率是如何影响货币价值进而影响汇率的。此外，尽管我们希望能够准确地预测汇率，但是仍存在这样那样的困难。

基于以上原因，各国政府纷纷建立了汇率管理体系。一些国家甚至联合起来，通过了正式或者非正式的协议来控制它们之间的汇率。当今的国际货币体系就是各种汇率管理协议和机构的组合。在这一节中，我们简要回顾国际货币体系的演进过程并考察它的现状。

早期：金本位制度 在国际贸易发展的早期阶段，黄金是各国普遍接受的可用来购买商品和服务的货币。在国际贸易中使用黄金作为交换媒介，有如下几个优势：第一，因为黄金的供给是有限的，所以对它的需求很旺盛。第二，黄金不易被腐蚀，被用于交易的次数不受限制，也可以储存上百年的时间。第三，黄金可以小至金币大至金条，所以不管交易额大小都可以用黄金作为交换媒介。

但是，充当交易媒介的黄金也有自身的劣势：第一，黄金很重，所以运输成本高昂。第二，当运输黄金的船只沉没时，黄金也会随之沉入海底。因此，商人们需要一种新的支付手段，而不是带着黄金在世界各地跑来跑去。解决方法就是金本位制——各国将本国纸币的价值和特定数量的黄金相挂钩的一种国际货币体系。英国在 18 世纪初成为第一个采用金本位制的国家。

面值 金本位制要求一国将一盎司黄金所能兑换的本币的数量固定下来。用黄金表示的某种货币的价值被称为面值。各国都必须保证每个有需要的人都可以将纸币按照面值兑换成黄金。对于货币面值的计算是以购买力平价理论为基础的。这种做法使得黄金在世界各地的购买力都相等，并且可以维持各种货币在其他国家的购买力。

所有将本国货币与一定量黄金挂钩的国家都通过这种方式，将本国货币与其他国家的货币间接联系起来。由于金本位制将各国货币与黄金价值固定地联系在一起，因此它被称为固定汇率制——一种货币与其他货币之间的兑换比率根据政府之间的协议被固定在某一水平上。固定汇率制和面值使得计算任意两种货币之间的汇率变得很容易。例如，在金本位制下，美元的价值最初被固定为每盎司黄金兑换 20.67 美元，英镑则被固定为每盎司黄金兑换 4.247 4 英镑。因此，美元与英镑之间的汇率就是 4.87 美元/英镑（＝20.67 美元/4.247 4 英镑）。

金本位制度的优点　金本位制在施行初期非常成功。事实上，正是其在早期取得的成功，使得现在仍有一些经济学家和政策制定者呼吁重新启用金本位制。以下三个优点是金本位制早期大获成功的基础：

第一，金本位制使得各国货币之间的汇率保持高度稳定，大大降低了汇率风险。在这一体制下，汇率风险要比自由浮动货币体系下低得多。汇率越稳定，潜在汇率不利变动给企业造成的影响也就越小。因为金本位制显著降低了汇率风险，进而降低了贸易的风险和成本，所以国际贸易随着它的出现而迅速发展。

第二，金本位制对采用这一体系的所有国家都施加了严格的货币政策限制。在上面的内容中我们曾提到，金本位制要求各国政府必须将任何有需要的人手中的纸币兑换成黄金。如果一国所有纸币持有者都要求将纸币兑换成黄金，那么政府就必须拥有等量的黄金储备。这就是一国货币供应量的增长不能超过黄金储备的增长的原因。通过限制一国货币供给量的增加，金本位制有效地控制了通货膨胀的爆发。

第三，金本位制有助于调节一国的贸易失衡。假设澳大利亚的进口总量超过了出口总量（即存在贸易赤字）。为了购买这些进口产品黄金会流出澳大利亚，该国政府就必须减少本国的货币供给，因为流通中的货币数量不能超过该国的黄金储备。随着货币供给的减少，澳大利亚商品和服务的价格也会相应降低，这是因为对商品和服务的需求减少了（消费者可消费支出减少了）而供给量却没有变化。与此同时，澳大利亚生产的商品和服务价格的下降会使其出口产品在国际市场上变得更加便宜，因而出口量增加，直到澳大利亚的国际贸易重新恢复平衡。当出现贸易盈余时，情况正好相反：黄金的流入会导致纸币供给增加，从而增加对商品和服务的需求并导致生产成本上升，更高的价格则会引起出口总量的下降，直到贸易重新恢复平衡。

金本位制度的崩溃　第一次世界大战的参战国都需要为庞大的军费开支筹集资金，于是各个政府都采取了发行更多纸币的做法。这显然违背了金本位制度的基本原则，并且迫使各国最终不得不放弃金本位制度。强行发行大量纸币导致这些国家出现了严重的通货膨胀。1934 年当美国重新恢复金本位制时，美元的面值由此前的 20.67 美元/盎司黄金调整到 35 美元/盎司黄金，这反映了通货膨胀后美元价值的下跌，即美元贬值了。但是，在早几年恢复金本位制度的英国，英镑的面值却并未受到通货膨胀的影响。

在金本位制下，每种货币都与其他货币挂钩，因此一种货币相对于黄金贬值一定会影响到该货币与其他货币之间的汇率。当美国政府决定将美元贬值时，英国却决定保持英镑币值不变，那么美国出口的产品在国际市场上的价格就会下降，从英国进口到美国的产品的价格则会上升。例如，以前只需要 4.87 美元就可以兑换 1 英镑，现在却需要 8.24 美元（＝35 美元/4.247 4 英镑）。这样一来，一套价值 10 英镑的茶具从英国出口到美国后的价格就从美元贬值前的 48.7 美元上升到了 82.4 美元。因此，随着来自英国以及其他国家的产品价格大幅上升，这些国家的出口收入会相应下降。随后，因为各国都采取报复性贬值行为，就会出现各国货币竞争性贬值的时期。为了改善贸易平衡，各国政府任由自己的货币贬值。因为金本位制已经无法准确体现货币的真实价值，人们渐渐对其丧失了信心。1939 年，金本位制彻底退出了历史舞台。

□ 10.4.1 《布雷顿森林协定》

1944 年，来自 44 个国家的代表聚集在美国新罕布什尔州的布雷顿森林，尝试建立新的国际货币体系。各国代表最终签署了《布雷顿森林协定》，同意建立以美元为基础的新的国际货币体系。新体系希望能够在金本位制对货币发行量的严格限制与各国政府处理临时性货币问题时需要的灵活性之间找到一个平衡点。下面我们简要介绍一下该体系的一些重要内容。

固定汇率　《布雷顿森林协定》通过将美元价值直接与黄金挂钩、其他货币价值与美元挂钩的方式实现了固定汇率。当时，美元的面值被固定为每盎司黄金 35 美元，其他货币的面值则用美元而不是黄金来表示。例如，英镑的面值当时被固定为每英镑 2.4 美元。同时，该协定规定成员国货币面值的上下波动幅度不能超过 1%。此外，协定还明确限定只有各国政府才有权利将美元兑换成黄金，而非任何有需要的个人，从而在一定程度上改进了金本位制度。

内在灵活性　新体系还体现了一定程度的内在灵活性。例如，尽管竞争性货币贬值是被禁止的，但是当出现被称作根本性失衡——贸易赤字导致一国的国际收支发生永久性恶化的情形——的极端状况时，一国货币可以进行大幅贬值。在这样的状况下，政府可以使本国货币贬值幅度超过 10%。但是在实际贬值行为发生之前，必须能够确切证明处于困境中的国家所发生的失衡是持久性的，而非短暂的。

世界银行　为了给各国的经济发展提供资金支持，《布雷顿森林协定》还决定成立世界银行——官方全称是国际复兴开发银行。创建世界银行最初是为了给二战后欧洲的重建提供经费。后来，世界银行将关注的重点转移到了满足发展中国家的一般性财政需求上面，为非洲、南美洲和东南亚等地各种各样的经济发展计划提供资金。此外，世界银行也会为某些从商业角度看风险过高，因而无法获得贷款的国家项目提供融资。世界银行还经常承担建立运输网络、能源设施和农业及教育计划等发展项目。

国际货币基金组织　《布雷顿森林协定》决定建立一个管理固定汇率制度、执行国际货币体系规则的机构——国际货币基金组织（IMF）。IMF 成立初期只有 29 个成员，现在已发展到 185 个。该组织的主要宗旨包括：[①]

- 促进各国在货币问题上的合作；
- 促进国际贸易的扩大与平衡发展；
- 维持汇率的稳定，保持有序的汇率制度，避免竞争性汇率贬值；
- 为成员国提供临时性使用的资源；
- 缩短成员国国际收支失衡的持续时间，减轻失衡的程度。

特别提款权。20 世纪 60 年代，因为 IMF 的活动需要更多的美元和黄金，导致全世界的美元和黄金储备特别紧缺。作为应对之策，IMF 提议设置特别提款权（SDR）——国际货币基金组织的一种资产，以美元、欧元、日元和英镑四种货币组成

---

① International Monetary Fund Wet Site（www. imf. org），select veports.

的加权篮子为其价值基础。图 10—3 给出了每种货币在特别提款权整体价值中所占的权重。特别提款权的价值每天确定一次，并且会随着它所依赖的基础货币价值的变动而变动。目前，IMF 拥有超过 204 亿单位特别提款权，价值略低于 300 亿美元（以 1 单位特别提款权相当于 1.47 美元计算）。[①] 特别提款权的重要性在于它是 IMF 账户的记账单位。每个国家在加入 IMF 时，都会根据其经济规模分配一个相应的份额。各国按照这一份额所缴纳的款项成为 IMF 向成员国发放短期贷款的资金来源。

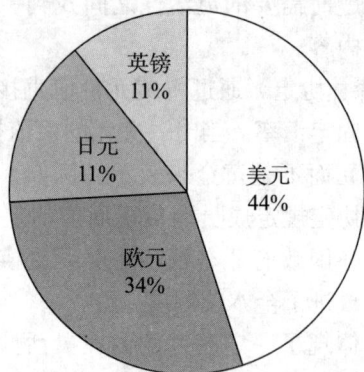

图 10—3　特别提款权价值的构成

《布雷顿森林协定》的瓦解　布雷顿森林体系在成立后的 20 年左右的时间里运行得非常成功，那个时代以汇率保持了前所未有的稳定而自豪。但是，到了 20 世纪 60 年代，布雷顿森林体系开始摇摇欲坠。这主要是因为美国开始遭遇贸易赤字（进口总量超过出口总量）和预算赤字（财政支出超过财政收入）两大难题。持有美元的各国政府开始怀疑美国政府是否有足够的黄金储备来兑换它们所持有的纸币。当这些国家要求将手中的美元兑换成黄金时，随之而来的便是国际金融市场上大量美元被抛售的现象。

《史密森协议》。 1971 年 8 月，美国政府的黄金储备量还不到兑换流通中的所有美元所需的黄金总量的 1/4。该年年末，美国和其他国家达成所谓的《史密森协议》，以重建并加强国际货币体系。该协议主要有三个内容：（1）将以黄金表示的美元价值降低到每盎司黄金 38 美元；（2）提高其他国家的货币相对于美元的价值；（3）将汇率的浮动幅度从原来的 1％扩大到 2.5％。

最后阶段。 布雷顿森林体系的成功有赖于作为储备货币的美元保持坚挺。但是，高通货膨胀和持续的贸易赤字却导致美元变得疲软，暴露了该体系存在的根本性缺陷。美元的走弱对日本和大多数欧洲国家的中央银行维持本国货币与美元之间的汇率的能力提出了严重的挑战。因为这些国家的货币都与美元挂钩，美元持续贬值，这些货币自然也不能幸免。最后，英国在 1972 年中期退出了布雷顿森林体系，并允许英镑与美元的兑换比率自由浮动。瑞士紧随其后在 1973 年退出。1973 年 1 月，美元再次贬值到大约每盎司黄金 42 美元，但即便这样仍然不能解决问题。当各国开始

①　"SDR Valuation," Special Drawing Rights section, International Monetary Fund Web Site（www. imf. org）.

大规模抛售手中的美元储备时，为了防止进一步卖空美元，货币市场一度被关停。但是当市场再度开放时，大部分主要货币对美元的汇率都开始浮动，以固定汇率为基础的国际货币体系就此终结。

□小测验

1. 金本位制度是如何运行的？简要说明其演进和崩溃的过程。
2. 说明《布雷顿森林协定》的主要内容。
3. 哪些因素最终导致了布雷顿森林体系的瓦解？

□ 10.4.2 有管理的浮动汇率制度

布雷顿森林体系的瓦解源于它过于依赖美元价值的稳定。只要美元保持坚挺，它就可以运行得很好；但是一旦美元疲软，它必将无法正常运行。一开始，新的浮动汇率体系只是被看作弥补《布雷顿森林协定》和《史密森协议》缺陷的临时方案，但是后来各国未能就新的国际货币体系达成一致。相反，出现了一些相对独立的旨在对汇率波动加强管理的协议。

《牙买加协议》 1976年1月，重新回到固定汇率体系看起来已经是不可能的事了。在这样的背景下，各国领导人一起草拟了所谓的《牙买加协议》——IMF成员国之间达成的将现行的浮动汇率体系作为正式的新的国际货币体系的协议。《牙买加协议》包括以下几项重要内容：第一，该协议认可了有管理的浮动汇率制——根据该制度，一国货币相对于其他货币的价值可以浮动，但与此同时政府必须采取一定的干预行为，保证本国货币对其他货币的汇率稳定在一个目标水平上。有管理的浮动汇率制是和自由浮动汇率制相对的，在后一种体制下，一国货币相对于其他货币的价值可以自由浮动而无须政府的任何干预。第二，黄金不再是IMF的主要储备资产。各成员国在有需要的时候可以从IMF那里换回黄金。第三，进一步扩大IMF的职责，它不仅仅是一个固定汇率体系的管理者，而且扮演着向收支失衡的国家提供援助的"最后贷款人"的角色。为了支持IMF的这一新角色，各成员国需要缴纳的储备资产额度也相应地增加了。

其他协定 1980—1985年间，美元的币值相对于其他货币大幅上涨，导致美国出口产品的价格相应上涨，并进一步加剧了美国的贸易赤字。1985年9月，当时最大的五个工业化国家，即我们所知道的G5——英国、法国、德国、日本和美国——达成了新的协定，即《广场协议》，五大工业国决定共同采取行动促使美元贬值。因此，交易商们纷纷卖出美元，美元价值也应声下跌。

1987年2月，各工业国又开始担心美元有过度贬值的危险，于是，G7——G5加上意大利和加拿大——集团的首脑们齐聚巴黎，签署了一项新的协议《卢浮宫协议》，该协议肯定了美元的定价是合理的，而且各国将对货币市场进行干预以保持美元当前的市场价值。于是，货币市场再次作出了相应的回应，美元价值渐趋稳定。

□ 10.4.3　现行汇率制度

当前的国际货币体系在很大程度上保留了有管理的浮动汇率制度的做法，大多数国家的货币都相对于其他货币进行浮动，而且政府为了稳定汇率可以采取一定的干预措施。但是，在现今这个更大的货币体系下，仍有一些国家希望通过钉住其他国家的货币，来保持本国货币汇率的稳定。下面，我们简单介绍一下各国为实现这一目标而采取的两种主流做法。

钉住汇率制度　你可以把一个国家想象成在变化无常的金钱海洋中航行的巨轮上搭载的小救生艇。很多经济学家认为，各发展中国家与其让本国货币独自面对货币市场上的风浪，不如钉住其他币值更加稳定的货币。钉住汇率制度就是将一国货币的价值钉住一种更稳定、在国际贸易活动中使用更加普遍的货币的做法。采取钉住汇率制度的国家允许本国汇率围绕一个中心汇率在上下 1% 范围内波动。

许多小国都会令本国货币钉住美元、欧元、IMF 特别提款权或者是其他某种货币。实行这类政策的国家和地区包括巴哈马群岛、萨尔瓦多、伊朗、马来西亚、荷属安的列斯群岛和沙特阿拉伯等。还有一些国家则将本国货币钉住"一篮子"货币。例如，孟加拉国和布隆迪就将它们的货币塔卡和布隆迪法郎与其各主要贸易伙伴的货币挂钩。博茨瓦纳、斐济、科威特、拉脱维亚、马耳他和摩洛哥等也属于这一类国家。

货币局制度　采用货币局制度的国家对外公开承诺按某个固定汇率将本国货币兑换成特定的其他货币。实行货币局制度的政府必须持有至少能够与本国货币总量相当的外汇。因为货币局制度规定，政府在没有足够外汇作为后盾的情况下，不能随意发行本国货币，因此采取这一制度有利于控制通货膨胀。

正是因为货币局制度，波黑才得以维持其坚挺而稳定的货币。阿根廷自 1991 年起到 2002 年初一直实行货币局制度，之后比索汇率被允许在货币市场上自由浮动。文莱、保加利亚、吉布提和立陶宛也都是实行货币局制度。

□ 10.4.4　欧洲货币体系

即便布雷顿森林体系已经瓦解，但很多欧盟国家领导人并没有放弃建立一个能够稳定各国货币的币值、降低汇率风险的体系的希望。他们为此作出的努力随着欧盟各国之间贸易量的持续扩大而显得愈发重要。1979 年，这些国家建立了欧洲货币体系（EMS），旨在通过货币制度来稳定汇率、促进各国之间的贸易，以及保持低通货膨胀。后来，这一体系随着欧盟成员国采用同一货币而走向尽头。

欧洲货币体系是如何运行的　将欧盟成员国货币之间的汇率波动幅度限制在一个特定的范围内的机制被称作欧洲汇率机制，它要求成员国将本国货币的最高价和最低价之差控制在 2.25% 的范围内。举例来说，假设持续走低的法国法郎兑德国马克的汇率波动幅度即将超过 2.25% 的临界线，那么法国和德国的央行会同时采取措施来抬高法郎的价格，从而使汇率偏差离开警戒线。它们是如何做到这一点的呢？

具体说来就是在货币市场买入法郎,增加对法郎的需求,进而促使法郎升值。

欧洲货币体系在早期同样运行得非常成功。币值调整并不经常出现,通货膨胀也得到了很好的控制。但是,1992 年末,英镑和意大利里拉对德国马克的汇率都在一段时间内处于被允许的波动范围的边缘。货币投机分子开始抛售英镑和里拉,而英国和意大利央行都没有足够的资金在公开市场上买入本国货币。随着本币价值的迅速下跌,两国不得不退出欧洲汇率机制。1993 年底,欧洲货币体系进行调整,允许各国货币波动的目标区间扩大到15%。尽管意大利在 1996 年 11 月重新采用欧洲汇率机制,但英镑却一直处于该机制之外。后来,许多欧洲国家都开始采用共同的货币欧元作为本国货币(见第 8 章),欧洲汇率机制也就失去了存在的必要。

在三个符合条件但是没有启用欧元的国家即英国、丹麦、瑞典中,丹麦是唯一一个加入欧洲汇率机制II的国家。这一机制始于 1999 年 1 月,至今仍在发挥作用。欧洲汇率机制II旨在通过将它们的货币与欧元挂钩,为那些希望在未来加入欧盟的国家提供帮助。因此,拉脱维亚和立陶宛同样也加入到了欧洲汇率机制II中。在这个轮辐式机制中,欧元起到了支撑点的作用,一国货币在双边基础上与其挂钩。采用欧洲汇率机制II的国家的货币对欧元有一个中心汇率,且可以在15%的范围内波动。那些将来加入到欧盟的国家,一旦满足《马斯特里赫特条约》规定的条件,都必须使用欧元作为本国货币。

□ 10.4.5　近年的金融危机

尽管各个国家都尽最大努力避免金融危机的爆发,但是近年来世界经济还是遭遇了一些痛苦的危机。下面我们就来看看这其中最重要的几次。

发展中国家的债务危机　20 世纪 80 年代初,一些发展中国家(尤其是拉美国家)积累了巨额债务,它们的债权人不仅仅是大型商业银行,还包括国际货币基金组织、世界银行等。1982 年,墨西哥、巴西和阿根廷宣布已经没有能力偿还贷款利息。与此同时,这些国家大多都出现了恶性通货膨胀。非洲的许多国家也面临同样的问题。

为了防止整个金融体系的崩溃,一些国际机构开始介入,提出了许多临时性的解决方案以应对危机,比如重新调整还款计划、延长还款期限等。1989 年,美国时任财政部长尼古拉斯·布雷迪公布了布雷迪计划。该计划呼吁大规模削减贫困国家的债务,将原来的贷款置换成新的低息贷款,并且允许以这些贷款为基础的债务工具在金融市场上进行交易等。最后一项举措使得债务国可以从一些机构获得贷款,然后用这些贷款在金融市场上购买有价证券(也被称为"布雷迪债券")。这些新的贷款由私营商业银行提供,并且有国际货币基金组织和世界银行的支持。

墨西哥比索危机　1993—1994 年间,墨西哥恰帕斯州的武装叛乱和刺杀总统候选人事件动摇了投资者对墨西哥金融体系的信心。当时的外资大多是以股票和债券(有价证券投资)而不是厂房和设备(外商直接投资)的形式流入墨西哥的。随着墨西哥比索的疲软以及美国利率的上升，这些投资开始逃离墨西哥，流向美国。墨西哥银行在发放贷款时毫无节制以及不健全的银行监管使得事情更是雪上加霜，政府无法及时采取措施来应对危机。1994年末，比索开始贬值，墨西哥百姓的购买力急剧下降。

为了应对这次危机，IMF和美国一些私营银行开始介入，提供了约500亿美元的贷款来支持墨西哥经济。从这个角度来看，墨西哥比索危机对于扩大IMF的贷款额度起到了一定作用。后来，墨西哥提前还清了这笔贷款，并且重新获得大量外汇储备。

东南亚货币危机　1997年夏天，亚洲"四小虎"和其他一些经济快速增长的国家和地区的发展浪潮突然减速。在此前的25年中，印度尼西亚、马来西亚、菲律宾、新加坡和泰国等五个国家凭借相当于其他大多数国家两倍的经济发展速度，震惊了世界。虽然很多分析家认为这些地区的经济增长仍将持续下去，而且有数十亿美元的资金正在从西方国家流入这里，一些投机者却开始变得悲观起来。

1997年7月11日，投机者们开始在国际市场上大量抛售泰铢。在投机者们转而攻击菲律宾和马来西亚之前，抛售导致泰铢贬值了18%。到11月，泰铢继续暴跌22%，而且这一地区的其他国家的经济也开始出现衰退迹象。这次亚洲金融危机波及了整个世界。

似乎只是一夜之间，那些一度被认为发展势头强劲的新兴经济体——曾被其他发展中国家争先效仿的"四小虎"——急需数十亿美元资金来防止本国经济的崩盘。当这场风暴过后，印度尼西亚、韩国和泰国都不得不向国际货币基金组织求助。为了鼓励这些国家开始漫长的经济重建过程，国际货币基金组织的救助计划附带了一系列的条件。例如，印度尼西亚获得贷款的条件包括旨在使该国建立更稳固的经济基础的三项长期目标，那就是：（1）恢复人们对国际金融市场的信心；（2）重组国内金融部门；（3）支持国内放松管制，进行贸易改革。

究竟是什么原因导致了危机的爆发呢？对这个问题的回答取决于你向谁发问。有些人认为是亚洲的裙带资本主义引发了这次危机。在他们看来，问题的关键包括不健全的监管、向信用很差的亲戚朋友发放贷款、企业与银行的财务状况不够透明等。还有一些人则把矛头指向了货币投机分子以及其他恐慌的投资者。也有人认为，东亚国家经常项目账户持续处于赤字状态是它们的货币被抛售的根本原因。实际上，危机可能是以上所有这些因素综合作用的结果。[①]

俄罗斯的卢布危机　20世纪90年代，俄罗斯经历了一系列的事件，其中有些影响是长期性的，有些则是阶段性的。首先，俄罗斯未能在90年代末东南亚金融危机爆发时幸免于难。当投资者的恐慌情绪蔓延到世界其他新兴市场时，俄罗斯股票市场也开始暴跌。造成俄罗斯诸多问题的另一个原因则是油价过低。俄罗斯国内生产总值的相当大一部分来自石油生产，国际原油市场价格一路走低削减了俄罗斯政府的硬通货储备。另外，无效的税收体系和庞大的地下经济——这意味着大量应该征收的税收没有征收上来——也给政府收入造成了严重的负面影响。

① Robert N. McCauley and Jens Zukunft, "The Asian Financial Crisis: International Liquidity Lessons," *BIS Quarterly Review* （www.bis.org），June 9, 2008.

国际商务：全球化带来的挑战（第6版）

当然，通货膨胀问题也不能忽视。在本章前面的内容中我们已经了解到，当商品供给量不变但是货币供给量增加时，价格一定会上涨。这正是1992年价格放开后俄罗斯出现的情况。当时，物价飞涨，人们拿出辛苦积攒的每一分钱却买不到任何商品。关于通货膨胀是如何吞噬一国货币价值的，我们并不陌生。俄罗斯的通货膨胀导致卢布对美元的汇率从1992年初的每美元兑换200卢布一路下跌到1995年的每美元兑换5 000卢布。

紧接着，1996年初，货币投机商开始抛售卢布，俄罗斯政府不得不在货币市场上设法维持卢布的价值。但是这一切不过是徒劳无功，俄罗斯的外汇储备很快就被消耗殆尽，无奈之下政府只好向IMF求助，并且得到了100亿美元的资金支持。作为援助的条件，俄罗斯承诺将削减债务（占GDP的平均比例为7%），征收欠税，停止发行卢布，同时令卢布的币值钉住美元。

在接下来的一段时间里，情况似乎出现了好转。但是到了1998年中期，俄罗斯政府发现自己不得不再次采取措施对抗货币市场上的投机行为，以维持本币价值。仅在一天之内，俄罗斯为了拉高卢布的价格就付出了10亿美元的代价，直接的后果就是其外汇储备缩减到140亿美元。在俄罗斯政府濒临破产之际，IMF再次介入并且同意提供110亿美元的资金援助。但是，当得知贷款中有一部分流入了离岸银行账户之后，IMF立即停止了贷款的发放。1998年8月17日，因为国内资金严重短缺，俄罗斯政府宣布到年底以前卢布将贬值34%。与此同时，政府还宣布延期90天偿付外国债券，国内债券则将不予偿还。8月26日，俄罗斯央行宣布已无力继续在货币市场维持卢布的币值。之后，在不到一个月的时间里，卢布贬值300%。俄罗斯国内的通货膨胀率从7月份的0.2%飙升到8月份的15%，并且在9月份的第一周更是超过了30%。到1998年底危机结束时，IMF向俄罗斯贷放的资金总额超过了220亿美元。

阿根廷的比索危机　20世纪90年代初期和中期，阿根廷曾经是拉美之星。但是到2001年底，阿根廷已经处于经济萧条状态达4年之久。这主要是因为为了降低自己的出口产品在国际市场上的价格，巴西政府在1999年主动令本币贬值。与此同时，因为采取货币局制度令比索与坚挺的美元挂钩，阿根廷的产品价格却保持在相对较高的水平。结果，阿根廷的出口产业陷入困境，经济发展速度大大减缓。到2001年底，IMF已承诺向阿根廷提供480亿美元援助。

当一国政府没有能力偿付债务时，事态的发展就到了紧急时刻。阿根廷最终在2002年初宣布对1 550亿美元公共债务违约。此前还从没有哪个国家的债务达到如此庞大的规模。阿根廷政府迅速放弃了将比索钉住美元的货币局制度，结果比索在货币市场上的币值迅速下跌了70%。因为资金紧缺，政府控制了居民的储蓄账户，并且规定了单次取款的最高限额。

自2001—2002年的经济崩溃以来，阿根廷经济几经反复。2001—2002年间，该国经济总量萎缩了15%，失业率高达21%，56%的人口陷入贫困。政府采取的一系列刺激需求的计划，比如提高工资、实施价格管制、将比索价值维持在较低水平、扩大公共支出等都在有限的一段时间内发挥了作用。但是2010年，该国通货膨胀率仍然在10%以上，这大大削弱了百姓的购买力，加剧了他们的贫困。

□ 10.4.6　国际货币体系的未来

在本书即将付印之际，欧洲一些国家蔓延着对欧元——这将是欧洲地区的共同货币——未来的一股恐慌情绪。大多数专家认为欧元可以继续存活下去，但是相较于刚诞生时，其价值毫无疑问将下降。很多政治家则将矛头指向了投机分子和他们的拥趸，与东南亚金融危机期间我们听到的那些指责毫无二致。[①]

但一个不幸的事实是，欧洲一些国家的债务占 GDP 的比重已经失控。例如，2010 年初夏，欧盟和 IMF 共同对欧盟成员国希腊施以援手。但是即便如此，希腊的债务总额仍然高于该国的年 GDP。其他一些国家，比如葡萄牙、爱尔兰、意大利、西班牙如果想要改善自己的财务状况，也必然执行和希腊一样甚至更加严厉的紧缩计划。在我写下这段话的时候，仍无法确定希腊甚至是西班牙是否会出现债务违约。[②]

与此同时，很多发展中国家和新兴工业化国家的领导人们也在抱怨国际资本给他们的经济所造成的影响。尽管有人提议应该解散 IMF 或者是用其他机构（目前为止尚没有明确的目标）来取代 IMF，但是更符合现实的做法是对 IMF 及其政策规定作出调整。在这方面，各国已经开始进行尝试，比如建立国际通行的良好运行准则，以便对不同国家的财政和货币运行状况进行比较，同时鼓励各国政府提升金融政策领域的透明度和公开度。IMF 的透明度也在逐渐提高，以便增强其作为领导者的公信力。此外，IMF 还加强了对成员国宏观经济政策的监控，并不断提升自己在金融领域的分析和判断能力。

但是，我们仍然需要找到整合国际金融市场的有效途径，从而更好地对风险进行管理。另外，在防范和应对金融危机的过程中，我们必须将私人部门考虑在内。政策制定者们对目前的投资方式感到忧心——当发展中国家势头强劲时，国际资本蜂拥而至；但是一旦出现不好的苗头，这些资本很快就会逃离。此外，也有一些人认为，IMF 频频向债务国提供援助会导致私人银行在面对有风险的贷款时缺乏足够的安全意识，毕竟 IMF 总是会为债务国买单的。由此看来，IMF、私人银行以及债务国之间还需要更多的合作和理解。

□小测验

1. 为什么要转向有管理的浮动汇率制度？简要说明该制度的表现。
2. 建立欧洲货币体系的目的是什么？简要描述该体系是如何运作的，表现如何。
3. 在近年爆发的金融危机中，国际货币基金组织在援助相关国家方面发挥了哪些作用？

国际商务：全球化带来的挑战（第 6 版）

[①]　"That Sinking Feeling," *The Economist*, May 22, 2010, pp. 75-76.

[②]　Antonia Oprita, "Double-Dip Risk Is Rising in the Euro Zone: Roubini," CNBC Web site, (www.cnbc.com), June 15, 2010.

商务启示

每隔一段时间就会爆发一次的金融危机告诉我们，企业管理者有必要充分理解国际金融市场的复杂性，而且必须将这方面的知识与自己对国际金融市场状况的警惕性结合，才能有效地应对各种局面。在这里，我们关注的是掌握这些知识对企业制定商务战略以及预测收入和现金流的重要意义。

对商务战略的影响

汇率的变动不管是对本土企业还是对跨国企业来说，都会产生一定的影响。当一国货币变得疲软时（即相对于其他货币而言币值下降），该国出口产品在国际市场上的价格就会下降，进口产品价格则会上升。这使得该国企业有机会从其他产品价格相对较高的企业手中抢夺市场份额。

尽管一国政府可能会通过本币贬值的方式来提升本国企业相对于其他国家企业的竞争力，但是本币贬值同时也会削减本国消费者的购买力。另外，这种做法可能还会导致本国企业缺乏效率的情形延续下去，因为本国企业降低成本的压力减小了。

如果一家企业在货币坚挺（即相对于其他货币而言币值升高）的国家销售自己的产品，却在货币疲软的国家雇用工人进行生产，那么该企业的收益必然增加。但是，企业在享受汇率带来的短期价格优势所创造的利益时，绝对不能满足于自己的长期竞争力。

预测企业收益和现金流

汇率还会影响到企业从国外子公司那里获得的盈利。国外子公司的收益通常要折算成用母国货币表示的一定数额，然后合并到母公司财务报表中。如果子公司收益是从相对疲软的东道国货币转换成相对坚挺的母国货币，则会低估以本币计价的收益总额。相反，将收益从相对坚挺的东道国货币转换成相对疲软的母国货币，则会高估以本币计价的收益总额。

汇率突然的不利变动不管对本国企业还是对跨国企业来说，都要付出相应的成本。相反，稳定的汇率则可以提高财务规划的准确度，包括对现金流的预测。虽然企业可以通过保值措施（通常是货币对冲）来避免汇率潜在不利变动的影响，但是对于中小企业来说，这样做的成本太高。另外，随着汇率不可预测性的增强，企业为避免随之而来的风险所要付出的代价也不断增加。

此外，管理者还希望汇率的变动是可预测的。可预测的汇率可以降低企业因为突然的或意料之外的汇率波动而来不及采取保值措施的可能性，也可以减少企业为应对不确定的汇率变动所付出的保值成本。与购买保值产品相比，企业把资金用在开发新产品、探寻更有效的生产方法等生产活动上，显然能实现更大的效益。

正如我们在本章所学到的，不仅仅是企业的财务决策要受到国际金融市场上发生的重大事件的影响，生产和市场营销决策也不例外。从下一章开始，我们要深入探讨与国际化企业管理有关的内容。加深对国内商业环境、国际贸易与投资以及国际金融体系的理解，可以帮助我们更顺畅地继续对国际商务管理相关知识的学习。

本章小结

1. 阐述汇率是如何影响本国企业和国际化企业的经营活动的：

当一国货币变得疲软时（即相对于其他货币而言币值下降），该国出口产品在国际市场上的价格就会下降（从而使得这些产品更有吸引力）。坚挺货币带来的效应恰恰相反。

如果一家企业在货币坚挺（即相对于其他货币而言币值升高）的国家销售自己的产品，却在货币疲软的国家雇用工人进行生产，那么该企业的收益必然增加。

一国政府调低其货币在国际市场上的价值的做法被称为货币贬值，这样做会导致一国出口产品的价格下降，同时该国进口产品的价格上升。

一国政府抬高其货币在国际市场上的价值的做法被称为货币升值，这样做会提高该国出口产品的价格，降低该国进口产品的价格。

如果子公司收益是从相对疲软的东道国货币转换成相对坚挺的母国货币，则会低估以本币计价的收益总额。相反，将收益从相对坚挺的东道国货币转换成相对疲软的母国货币，则会高估以本币计价的收益总额。

2. 指出影响汇率水平的因素及其对商业活动的影响：

根据一价定律，当以同一种货币表示时，同样一种商品在所有国家的价格都应该相等。

根据购买力平价理论，两个国家货币之间的兑换比率等于这两国价格水平之比。

当向产出增加停滞的经济中注入货币，或者是雇主为留住雇员而提高工资然后再将因此而上涨的成本转嫁给消费者时，就会出现通货膨胀。

通过影响借贷成本，利率会对通货膨胀水平产生影响：低利率鼓励消费和高负债，高利率则鼓励储蓄和低负债。

因为不同国家的实际利率水平理论上来说应该是相等的，因此两国利率的差异只能是不同的预期通货膨胀率引起的。

如果一国的通货膨胀水平高于其他国家，那么该国将会发现本币价值下跌。

3. 给出预测汇率的主要方法：

远期汇率是在未来某个时刻进行外汇交割时的汇率。

有效市场假说认为，金融工具的价格可以反映市场上所有可以公开获得的信息；这意味着远期汇率是对未来即期汇率的完美预测。

无效市场假说则认为，金融工具的价格不能反映市场上所有可以公开获得的信息；这意味着可以通过获得远期汇率没能体现出来的信息来改进对未来即期汇率的预测。

建立在对附加信息价值的肯定基础上的预测方法之一被称作基本面分析，该方法使用基于基础经济指标的统计模型来预测汇率。

和基本面分析相对的另外一种分析方法叫做技术分析，该方法根据货币价格的历史走势以及其他一些因素来预测汇率。

4. 阐述国际货币体系的演进过程并说明其运行机制：

《布雷顿森林协定》（1944 年）是各

国之间达成的建立以美元为基础的国际货币体系的协议，该协议通过金本位制将各国货币与一定价值的黄金相挂钩。

布雷顿森林体系最重要的一些特点是固定汇率、内在灵活性、为经济发展提供资金援助以及保证该体系得以实施的执行机制。

世界银行为贫困国家的经济发展项目提供融资，比如建设交通运输网络和电力设施、发展农业和教育等。

国际货币基金组织负责管理固定汇率制，执行国际货币体系的规则。

《牙买加协议》（1976年）提出了有管理的浮动汇率制，即各国货币相对于其他货币的价值可以浮动，同时政府会进行有限的干预以便将本币价值维持在目标汇率水平上。

在自由浮动汇率体系下，一国货币相对于其他货币的汇率可以完全自由地浮动，政府不会进行任何干预。

在当前的有管理的浮动汇率体系下，一些国家希望通过令本币和其他比较坚挺的货币相联系，将汇率维持在比较稳定的水平。

课堂讨论

1. 简要说明固定汇率制和浮动汇率制的优缺点。你认为未来的国际货币体系会变得更倾向于浮动汇率制还是固定汇率制？

2. 你认为以金本位为基础的国际货币体系现在还能有效运行么？为什么？你认为目前在全球范围内实施旧的欧洲货币体系可行么？为什么？

3. 国际货币基金组织和世界银行的活动存在交叉。设计一个方案来减少它们之间的重叠性，明确区分二者的权责。在环境保护和打击腐败这两个问题上，你会要求它们承担更大的责任么？描述并且评价你所设计的方案。

小组练习

1. 讨论题。假设你和你同学是巴西一家公司的营销人员，现需要评估美国消费者对公司新研发的一款产品的需求。你们所找的市场调研公司完成整个调研的收费是15万美元，但公司给你们的调研预算总额只有300万巴西雷亚尔，而且用于任何一个调研项目的费用都不能超过预算总额的20%。

a. 如果当前的汇率是每美元5雷亚尔，你们会请调研公司做调研么？为什么？

b. 如果汇率变成了每美元3雷亚尔，你们会请调研公司做调研么？为什么？

c. 在什么样的汇率水平上，你和你的团队会从拒绝市场调研公司变成雇用他们为你方做调研？

2. 市场进入战略项目。本题与市场进入战略在线模拟有关。你和你的团队所研究的国家是IMF的成员国么？它是否加入了某个区域性的货币体系以便对本国汇率加以管理？通货膨胀和利率对该国货币与其他货币之间的汇率水平有怎样的影响？汇率对该国的进出口有哪些影响？汇率水平的变动对该国的企业和消费者的购买力又分别产生了什么样的影响？在未来的一周、一个月和一年内，预期汇率将处在什么水平？（提示：国际货币基金组织出版的《国际金融统计》月刊、《外汇管理与管制》年刊都是很好的参考资料。）把你对这些问题的研究结果写入最后的市场进入战略报告中。

关键术语

《布雷顿森林协定》	基本面分析	一价定律	货币局制度
根本性失衡	有管理的浮动汇率制度		贬值
金本位	有效市场假说	无效市场假说	《史密森协议》
费雪效应	国际费雪效应	特别提款权	固定汇率制
国际货币体系	技术分析	浮动汇率制度	《牙买加协议》
升值			

伦理题

1. 假设你是联合国货币研究部门的一名高级经济顾问。马来西亚总统指控货币投机分子合谋导致林吉特贬值，并要求联合国制定一项正式的防范政策来规避未来可能发生的类似的金融危机。几年前，当投机商们对马来西亚失去信心并逼迫林吉特大幅贬值时，时任马来西亚总理马哈希尔·穆罕默德曾公开谴责投机者的行为"是不道德的"，并且提出货币交易的唯一目的应该是促进两国之间的贸易活动。尽管大多数评论家都对这位以喜欢对西方投资者发表长篇大论闻名的总理的话不予置评，但是也有人认为他的话并不是完全没有道理的。你认为限制货币交易的国际政策有助于杜绝类似的金融危机的爆发么？这一政策是否还能带来其他影响？货币投机分子对某国货币押注，甚至不惜以一国经济衰退为代价来牟利的行为是否道德？或者说你认为在矫正一国货币币值被高估或低估方面，投机分子是否起到了积极作用？

2. 假设你是国际货币基金组织某特别任务组组长，任务是重新评估针对私营部门遭受重大损失的国家的援助政策。现行政策鼓励工业化国家对陷入金融危机泥沼的新兴市场国家提供援助。工业化国家的纳税人通常才是为 IMF 救助活动最后买单的人，他们累计支付了数十亿美元的贷款。墨西哥、印度尼西亚和泰国都是近年接受援助的对象。一些评论家将这种做法称为"残存的社会主义制度"——用纳税人的钱把金融机构和投资者从他们自己所犯的错误中拯救出来。例如，泰国的金融危机很大程度上是私人部门的事情。泰国的银行和保险公司都有着沉重的债务负担，而中央银行在使用外汇储备维持本国货币方面更是不计后果。作为组长，你如何看待这个两难的问题？你认为在目前的体制下，损失被社会化（政府提供了救助）而收益被私有化了么？解释一下谁才是救助行为的真正受益者。除了提供救助外，IMF 是否还有其他的选择？

国际管理案例

仁慈的银行业

詹姆斯·沃芬森在出任世界银行行长时曾经坦言，银行把非洲"搞得一团糟"。借助银行贷款的帮助，非洲的贫困国家建起了大量现代化的基础设施（大坝、公路、电厂等），但是贫富差距却丝毫没有缩小。实际上，银行和金融监管机构的政策给撒哈拉以南非洲带来了新的危机：这些国家的债务额已经超过了它们的偿还能力。非洲的债务总额已经和整个非洲大陆的GDP总额相当。例如，莫桑比克——在这里，25%以上的孩子在5岁以前就因为各种各样的传染病而丧命——政府用于偿还贷款的支出是它们用在医疗和教育方面的支出的两倍。

但是，就在很多国家得到了债务豁免权的时候，围绕直接援助和贷款所产生的争论再次出现。人们开始讨论如何帮助发展中国家避免经济崩溃和债务问题，如何更有效地使用经济援助。一些国家愿意提供更多的免费援助，但是它们希望自己提供的资金可以投向那些金融和政治秩序都比较稳定的国家和地区。同时它们也希望世界银行能够向贫困国家提供免费援助，而不是发放贷款——贷款是需要偿还的。

一些国家则担心如果提供免费救助，不管是世界银行还是它们自己都会被"榨干"。它们坦陈可能没有办法向欠发达国家慷慨施以援手，毕竟世界银行扮演的角色更像是银行而不是慈善家。世界银行的数据显示95%以上的贷款都如期偿还、贫困国家在使用贷款时比使用免费捐赠更加谨慎这两个事实则为这种观点提供了支持。

多年来，包括国际施乐会在内的非政府组织一直在游说世界银行和国际货币基金组织对提供给最贫困国家的贷款一笔勾销，呼吁"宽限债务"或者"减免债务"。对非洲人民和他们的同情者来说幸运的是，世界银行的行长已经把债务减免问题列为最重要的议题。1996年秋季，世界银行和IMF宣布了一项减免世界上最贫困、债务最深重国家的债务的计划。这个名为"重债贫困国家减债计划"（HIPC）的项目将目标国的债务总额削减50%，减轻它们的债务负担，同时增加对贫困国家的社会投入。HIPC项目已经在非洲、拉丁美洲、亚洲和中东地区选定了一些符合债务减免条件的对象。但是，债务减免并不是一句话那么简单。国际贷款机构通常是将债务减免作为类似于胡萝卜加大棒的一种手段：只有改革颇有成效的国家才能获得债务减免，改革收效甚微的国家将一无所获。

紧接着，2006年，全球最大的贷款机构又发起了一项名为"多边债务减免"（MDRI）的计划，希望和HIPC计划一起帮助各国实现债务减免目标。截止到2010年，被选定的35个国家都将自己的债务总额减少了80%左右。对这些国家来说，债务负担占出口总额的百分比从1996年的18%下降到了2010年的6%。这些国家认为，同期它们的GDP增长率能够从-114%转变为35%在很大程度上也要归功于债务负担的减轻。

乌干达是成功的典型代表。乌干达是1997年第一个被宣布符合受援条件的国家，也是1998年第一个接受HIPC项目债务减免计划的国家。对乌干达实施减免计划的决定并不是随随便便就作出来的。在前总统伊迪·阿敏（Idi Amin）的暴力统治下，债权人对乌干达不屑一顾。但是之后，总统约韦里·穆塞韦尼（Yoweri Musevini）带领该国人民开始了长达十年的经济改革。乌干达成为了标杆，其年均经济增长率平稳保持在5%左右，咖啡是主要的出口作物。世界银行和国际货币基金组织对乌干达的这种可供他国效仿的做法予以嘉奖，将该国债务降低到了最低水平——大约相当于该国出口总额的两倍。因为债务减免而节省下来的资金则被用于改善乌干达家庭所能享受到的医疗服务和初等教育。

资料来源："Heavily Indebted Poor Countries（HIPC）Initiative and Multilateral Debt Relief Initiative（MDRI）—Status of Implementation，"World Bank Web site（www.worldbank.org），May 19，2010；"HIPC-at-a-Glance Guide，"World Bank Web site（www.worldbank.org），Fall 2007.

□小思考

1. 在 HIPC 计划的协商过程中，世界银行和 IMF 合作非常密切。但是一度，双方关于乌干达的咖啡出口情况无法达成一致，IMF 的预测更加乐观，因而提出已经没有必要继续减免乌干达的债务。在你看来，这两大机构共同合作能够带来收益么？为什么？在提供经济发展援助方面，哪个机构应该发挥更大的作用？为什么？

2. 世界银行和 IMF 曾提出这样的观点，即宽限债务的做法会导致贷款方在世界资本市场上以较低的成本借钱变得更加困难。假如你是世界银行的一名捐款人，你会支持还是反对 HIPC 计划？为什么？

3. HIPC 计划刚提出的时候，一些分析人士认为这还远远不够，债务减免需求至少在 10 年以前就已经是显而易见的了。他们认为有些国家的情况实在是太严峻了，应该将所有外债一笔勾销而不是仅仅减免一半。你认为世界银行和 IMF 应该将所有债务一笔勾销么？这样做的正面效应和负面效应分别是什么？

国际商务：全球化带来的挑战（第 6 版）

第五篇

国际商务管理

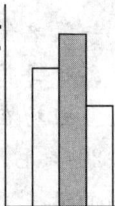

第11章

国际战略与组织

通过本章的学习，你应该能够：

1. 了解企业作出战略选择之前需要经过哪些界定与分析环节。
2. 明晰企业通常会采用的两种国际战略以及企业层面的战略。
3. 掌握企业通常会采用的业务层面的战略和部门层面的战略的作用。
4. 了解影响企业组织结构选择的重要因素。
5. 描述各种类型的国际组织结构，阐述团队工作的重要性。

内容回顾

在第10章中我们着重介绍了国际货币体系的相关内容。我们考察了汇率的决定因素，以及在建立稳定、可预测的汇率制度方面各国作出了哪些尝试。

本章概要

本章主要介绍跨国公司的战略。我们给出了可供跨国公司选择的不同类型的战略，以及在进行战略选择过程中需要考虑的关键因素。此外，我们还考察了企业为适应跨国经营的需要而设计的组织结构。

下章前瞻

第12章将介绍企业管理者如何筛选、研究潜在市场和经营场所。我们探讨了筛选过程中需要哪些信息，以及企业管理者应该通过怎样的渠道和途径来获取这些信息。

少花钱，多飞行

爱尔兰，都柏林——在向欧洲的7 300万乘客提供不花哨、讲求实际的航空服务方面，没有哪家公司能像瑞安航空（Ryanair）一样成功。与欧洲的大型国家航空公司相比，瑞安航空的票价要低50%以上，有时候甚至只有前者十分之一的价格。25年来，瑞安航空从最初的每天只有一次从爱尔兰到英格兰的航班，发展到在欧洲26个国家的153个城市设有1 100条航线。

瑞安航空已经成功地在航空领域开辟了属于自己的天地。在谈到成功的诀窍时，瑞安航空的CEO迈克尔·欧莱瑞说道："非常简单！我们就像是美国的沃尔玛——薄利多销！"瑞安航空的战略是充分利用那些位于欧洲大城市周边不那么繁忙的二线机场资源。比如，在伦敦，瑞安航空的客机不是降落在希思罗机场，而是飞到斯坦斯特德。同样，在德国，瑞安航空选择的也不是法兰克福机场，而是法兰克福以西60英里的哈恩，此前这里曾经是美国空军基地。2008—2009年的经济衰退期间，随着航空业开始想方设法节省成本，瑞安航空公司反而从那些国家航空公司手中夺取了更多的市场份额。

瑞安航空的这一策略使得它成功地将机场使用费降低到了每位乘客1.5美元，而欧洲一些大型机场在这一项的收费通常为每人15～20美元。瑞安航空还通过削减其他方面的开支来达到降低成本的目的，单是不向乘客提供冰激凌这一项每年就可以节省50 000美元。对乘客托运的行李收费意味着行李会减少，这样一来就不仅可以节省燃油，而且还会降低地面服务成本。另外，瑞安航空在飞机上不向乘客提供免费矿泉水，而是每瓶水收取几美元。

包括英国航空、德国汉莎航空以及意大利航空等在内的一些大型航空公司纷纷开始效仿瑞安的做法。对此，瑞安航空一度在一架客机上刷上了"再见！意大利航空"的标语，以示对意大利对手的愤怒和不满。欧莱瑞对自己战略的成功充满自信。"在未来的10～12年里，瑞安航空将成为欧洲的巨头。"他这样说道。在学习本章的过程中，思考一下企业在超越竞争对手以及向顾客提供服务方面，可以采取哪些创新性的战略。①

规划（planning）是指为组织确定并选择目标，并决定如何来实现这些目标的过程。战略是指管理者为帮助企业实现目标而采取的一整套有计划的行动方案。所以，制定一项有效战略的关键就在于明确企业的目标，并详细规划如何实现这些目标。这就要求企业对自身的能力和优势进行分析，以确定自己可以在哪些方面比竞争对手做得更好。此外，这还意味着企业必须对自身所处的竞争环境以及国内国际商务环境进行审慎的评估。

一项精准的战略不仅可以帮助企业有效地参与到竞争日益激烈的国际市场上，还有助于协调企业的不同部门以及不同决策，进而以最高效的方式完成企业的整体

① "Sackcloth and Ashes," *The Economist*, May 22, 2010, pp. 60 - 61; "Damp Squid," *The Economist* (www. economist. com), August 6, 2009; Mark Tran, "Ryanair Emergency Landing Puts 16 in Hospital," *The Guardian* (www. guardian. co. uk), August 26, 2008; Phil Stewart, "Ryanair Gives Alitalia the Finger," *International Herald Tribune* (www. iht. com), July 25, 2008; Ryanair Web site (www. ryanair. com), select reports.

目标。一项清晰、合理的战略可以使企业集中精力从事自己最擅长的活动，进入最适合自己的领域，并进一步帮助企业避免业绩平平甚至是彻底失败的窘境。反过来，不合理的战略则会导致企业走向失败，或者是涉足自己不太了解的行业。

　　本章我们将从探讨管理者在分析企业的优势和劣势时会考虑哪些因素开始，接下来考察企业所采用的不同的国际战略以及企业、业务和部门层次的战略，最后讨论企业在协调其国际化运营活动的过程中可以采取哪些不同类型的组织结构。

11.1　国际战略

　　不管是只在国内经营的企业还是国际化的企业，管理者们在制定战略时所面临的很多问题实际上都是大同小异的。这两类公司都需要决定生产什么，在哪里生产，在哪里销售产品以及如何销售。它们之间最大的区别不过是过程的复杂程度不同。希望进行国际化生产的企业需要从很多潜在国家中选择生产地，而且每个国家可供选择的地点可能也不止一个。根据其产品线的不同，一家希望在国际市场销售产品的企业还需要考虑潜在市场的问题。不管是考虑将一地作为经营场所还是作为潜在销售市场，每一次国际性选址都是文化、政治、法律、经济、传统和流程等多种因素综合作用的结果。所有这些因素都提高了国际化经营企业的管理者们在制定规划和战略时的复杂性。

□ 11.1.1　制定战略

　　战略的制定过程包括规划和战略决策两个环节。在制定战略的过程中，管理者需要从日常活动出发，从新的角度来把握企业及其所处的行业当前及未来的发展方向。如图 11—1 所示，战略制定过程可以分为三个步骤。下面，我们就来考察一下在这一过程中的每个步骤应该考虑的几个重要问题。

第一步　　　　确定企业的宗旨和目标
- 明确业务范围
- 明确主要目标

第二步　　　　确定核心竞争力和能够创造价值的活动
- 分析企业的特殊能力
- 分析企业的基本活动
- 分析企业的辅助活动
- 分析国内外商务环境

第三步　　　　制定战略
- 选择跨国或全球战略
- 制定企业层面的战略
- 制定业务层面的战略
- 制定部门层面的战略

图 11—1　战略制定过程

□ 11.1.2 确定企业的宗旨和目标

大部分企业都会围绕为什么而存在这个问题形成一个总体性目标，并将其体现在企业宗旨中——企业宗旨是关于成立企业的原因及计划完成的目标的书面陈述。例如，一家企业可能致力于为某个细分市场——一个被清晰界定的潜在顾客群——提供最高水准的服务。另一家企业的目标则可能是成为其所在的细分市场上价格最低的供应商。企业宗旨通常会对诸如进入和退出哪些行业，以及怎样在所选择的细分市场上进行竞争等方面的决策起到指导性作用。

企业宗旨的类型　企业宗旨一般会阐明企业的经营活动将如何影响到利益相关者——受企业经营活动影响的所有各方，从供货商、员工到股东和消费者，不一而足。有些企业把公司品牌放在核心位置，将建立深受大众喜爱的品牌作为首要任务；有些企业更看重其他问题，比如大股东的收益、盈利性、市场份额、企业的社会责任等；还有些企业的宗旨会把重点放在消费者利益上，比如博士伦公司的宗旨就把消费者考虑了进来：

> 博士伦是一家国际化的眼睛护理公司，致力于让消费者看得更清楚，生活得更美好。[1]

一家国际化企业的宗旨取决于它所涉足的业务类型、需要努力满足的股东以及有助于实现目标的最重要的业务领域等。举例来说，某企业可能必须在每国股东对经济收益的追求、潜在市场上买家对价值的追求、生产地大多数民众的需求之间找到一个平衡。

企业管理者还必须明确他们希望在全球市场上达到怎样的目标。其中企业最高层次的目标往往都是以非常笼统的方式来表述的。下面就是一个例子：

> 成为我们参与竞争的每个行业中最大的国际性企业。

企业业务层面的目标相对来说则要更明确一些，一般是用具体的术语来进行阐述，有时可能会包括一些量化指标。下面就是这类宗旨陈述的一个例子：

> 到 2015 年实现零污染排放汽车的批量化生产。

各个部门层面的目标则会更加细致，而且几乎都会包括与业绩有关的量化指标。具体的示例如下：

> 在接下来的 3 年里，每年使企业在全球的市场份额增长 5%。

□ 11.1.3 确定核心竞争力和能够创造价值的活动

在制定有效的战略之前，企业管理者必须对企业自身、企业所涉足的行业（可能是多个行业）以及所处的国内商业环境进行分析。同时，他们还应该考察将来可

---

[1]　Bausch & Lomb Web site (www.bausch.com).

能会进入的目标行业和国家。在这一节中，我们先重点讨论与企业及其所在行业有关的内容，接着再来介绍有关商务环境的知识。

企业的特殊能力 大型跨国公司虽然通常都是涉足几个行业，但是大多数情况下它们会在某一个或者某几个领域胜过所有竞争对手。核心竞争力是指一家企业所具备的、其他竞争对手很难或不可能拥有的特殊能力。核心竞争力不是一种技能，技能是个人所具备的。例如，一个建筑设计师能够设计出维多利亚式的写字楼，这是一种技能。而核心竞争力指的则是协调多种技能并形成一种单一的技术性成果的能力。

技能可以通过在职培训和个人经验来获得，核心竞争力则是通过长期积累而形成的，且很难互相传授。例如，日本的佳能公司曾经购买与光学技术有关的专门技术，但是很久之后，佳能公司才利用这些光学技术成功地开发出一系列产品，如照相机、复印机、半导体印制设备等等。同样，索尼公司几十年来凭借在电子元件微缩技术方面的核心竞争力，确立了它在消费电子产品领域的全球领先地位。这些公司都拥有了生产出众的产品并形成核心竞争力的独特能力。

那么，管理者如何来分析并发现本公司的特殊能力呢？接下来我们看看管理者在分析企业自身情况的过程中常用的一种方法——价值链分析法。

价值链分析 管理者必须选择与企业的独特优势及其所面对的市场条件相一致的战略；同时，他们还应该以消费者认为有价值的企业活动为基础来选择战略。这就是管理者进行价值链分析——将企业活动划分成基本活动和辅助活动，并确定能为消费者创造价值的环节的过程——的原因所在。[①]

如图 11—2 所示，价值链分析将企业的活动划分成为顾客创造价值的基本活动和辅助活动两部分。基本活动包括投入/产出的运输、生产、市场营销和客户服务。基本活动涉及产品的生产、营销、配送及售后服务等各个环节。辅助活动则包括企业的基础设施建设、人力资源管理、技术研发和采购等。这些活动中的每一项都是为基本活动提供所需的投入和基础设施的。

基本活动

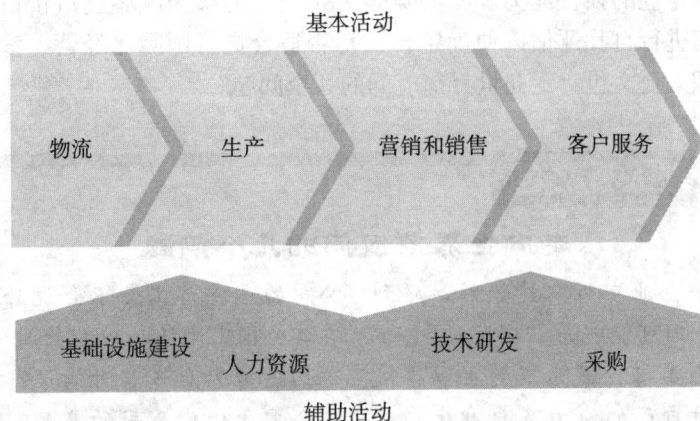

物流　　生产　　营销和销售　　客户服务

基础设施建设　人力资源　　技术研发　　采购

辅助活动

图 11—2　企业价值链

[①]　For an excellent discussion of this approach, see Michael E. Porter, *On Competition* (Boston: Harvard Business School Press, 2008).

每一项基本活动和辅助活动都可能成为企业优势或劣势的来源。管理者必须判定每一项活动究竟是使得顾客价值增加了还是减少了，然后将判定结果纳入到战略制定过程中。对基本活动和辅助活动的分析通常是围绕寻找能够通过改进而获得巨大利益的活动来展开的。下面，我们来看看管理者是如何判断一项活动对顾客价值的影响的。

基本活动。在分析基本活动时，管理者通常都会寻找企业能提高为顾客创造的价值的那些环节。例如，他们可能会研究生产过程，发现新的、更有效的生产方法以便降低生产成本，提高生产质量。改善物流管理，缩短产品的配送时间或者是提供更优质的客户服务，也可以提高顾客的满意度。

企业还可以通过在生产过程中引入更加现代化的设备来降低成本。电脑制造商宏碁公司就将快餐生产模式应用到了个人电脑的生产过程中。该公司并不是在亚洲完成整台电脑的生产然后再配送到世界各地，相反，它先在遍布全球的工厂中完成各个零部件的生产，然后将这些零部件运到各地的组装工厂，并在当地根据顾客的具体要求进行组装。宏碁之所以采用这样的做法，是因为组装电脑这个环节已经不能产生任何的附加价值。通过改变生产和物流环节，宏碁创建了一种能够为顾客创造价值的经营模式。

辅助活动。顾名思义，辅助活动是对企业的基本活动起辅助作用的。举例来说，企业每一个员工的表现对于企业的成功来说都是至关重要的。如果员工很称职，并且受过正规的培训，那么企业的生产、物流、销售和客户服务等活动一定会从中受益。国际化企业经常通过加强对员工的培训和管理来提高产品质量。反过来，过硬的质量又可以提高企业在生产加工、市场销售和客户服务等环节的效率。有效的采购渠道可以帮助企业找到低成本、高质量的原材料和中间投入品，而且能够保证及时送到生产部门。最后，完善的基础设施不仅可以改善企业内部的沟通交流，而且有益于企业文化的形成以及企业每一项基本活动的顺利展开。

由上可见，在战略制定过程中，对企业的内部活动进行深入细致的分析可以帮助管理者发现企业的独特能力和核心竞争力，确定能够为顾客创造价值的活动。关于小企业如何进行自我评估以便确定自己是否适合进行国际化经营，参见下面的专栏"全球经理人公文包：走向世界前应问的几个问题"。

全球经理人公文包

走向世界前应问的几个问题

当前，小企业在听取建议时，碰到的最多的一个词可能就是"国际化"。但是，每个企业要想在国际市场上取得成功，都必须对自己的能力及自身生产的产品有一个清晰的了解。下面给出了小企业在进军海外前需要考虑的几个问题。

■ 你们准备好了么？你或者是你们公司的主要员工会不会说外语？你们有在其他国家生活一段较长时间的经历么？你们公司开业多长时间了？哪些市场可能会需要你们公司的产品？你们公司能经受住国际贸易的惊涛骇浪么？你估计你们的销售额能达到什么水平？你可以勾勒出你们公司的全球化旅程图么？

■ 你们的产品准备好了么？你们公司可以把自己的优势转化成利润么？你们是否需要对产品或者是营销方法进行调整？你们的产品能满足所有国家和地区的安全、标准和其他规定么？你们公司的产品能赢得和对手的竞争以及消费者的信赖么？

■ 每个部门都准备好了么？你们公司的基础条件能满足国际化的需要么？每个部门（比如物流、运营、营销、销售、服务、人力资源、托收等）是否都具有足够的能力来承担相应职责？你们

公司针对国际扩张而制定的财务战略是什么？如果国际化初期出现亏损的话，国内业务能否予以弥补？公司里的每个人都为企业的国际化做好准备了么？

■ 你们的战略准备好了么？你们公司的国际化尝试与你们的总体战略是相冲突的还是一致的？外来者这个身份对你们公司来说是个障碍，还是说你们可以充分利用这一机遇盈利？你们公司的业务能否持续较长的一段时间？你们公司如何打入别人长久以来建立的家庭或者商业关系网？

显然，企业不能脱离所处的经营环境在真空状态下来发掘自身的特殊能力。外在商业环境包括所有会影响企业业绩的外部因素，如文化、政治、法律、经济、工会、消费者和金融机构等。下面我们就来探讨一下影响战略制定过程的一些主要环境因素。

国内和国际商务环境 各国在语言、宗教信仰、风俗习惯、传统和气候等方面的差别加大了战略制定的复杂度。语言的差异会增加企业运营和管理的成本。有时候生产过程必须能够适应当地的劳动力供给、风俗、传统以及惯例。如果忽视文化差异的话，营销活动可能会让企业付出惨重的代价。例如，某公司想在日本销售干洗用的洗涤剂，但是它没有相应地调整包装的大小。结果，这家公司耗资数百万美元组织了一场深入的营销活动后，却惊讶地发现销量并不尽如人意。后来工作人员才意识到应该针对日本市场设计更小瓶的洗涤剂，原因是日本的消费者更喜欢小包装，因为他们在买完东西后通常都是走路回家，而且由于日本的居住条件很紧张，日本人家中的储藏空间也很有限。

政治和法律制度的差异也会使国家战略的制定复杂化。目标国在法律和政治程序方面的差异有时会大到企业必须从外面聘请咨询顾问来帮助它们了解当地的相关制度。这些方面的信息对于国际化企业来说非常重要，因为当地政府的支持对于直接投资来说几乎是不可或缺的。企业需要了解究竟是哪个部门才有权审批一宗大笔交易——这个过程很可能会非常烦琐。例如，中国的外资企业在营业之前往往要得到几个部门的许可。地方政府对法律的解释与中央政府不一致使得这个过程更加复杂。

不同的经济体制会使得战略的制定进一步复杂化。当地民众对外商直接投资带来的冲击的消极态度可能会引发政治动荡。经济理念会影响政府征收的税率，比如，社会主义经济国家一般要征收更高的营业税，而自由市场经济的税率则通常要低一些。另外，如果经营活动涉及两种或更多种货币，也会使国际战略更加复杂。为了将币值波动带来的损失最小化，企业还必须制定战略来应对汇率风险。

最后，除导致战略复杂化外，各国商务环境的差别还会影响企业对经营地的选

择。例如，如果一国将 GDP 中的很大一部分用于支持研发活动，那么该国就会吸引那些高科技行业和高薪酬的工作岗位，它也会因此变得更加繁荣；相反，那些在研发方面的投入相对来说比较少的国家，一般来说经济发展水平也比较落后。

▢ 小测验

1. 战略制定过程可以分为哪三个步骤？每个步骤分别涉及哪些活动？
2. 请解释核心竞争力的含义。它与技能之间有什么区别？
3. 什么是价值链分析？解释基本活动与辅助活动之间的差别。
4. 国内和国际商务环境对企业战略的制定有什么影响？

▢ 11.1.4　制定战略

正如在前面的内容中提到的，一家国际化企业的优势和特殊能力以及它所面临的环境因素会对其战略产生很大的影响。下面，我们就来考察一下规划和战略制定过程的最后一个步骤——制定战略。

两种国际化战略　从事国际商务活动的企业可以通过两种途径进入国际市场，即国别战略或者全球战略。需要提醒各位读者的是，这两种战略并不适用于出口企业。出口商在其他国家的市场上不进行直接投资活动，因此必须制定合理的出口战略（参见第 13 章）。下面我们就来研究一下国别战略和全球战略对企业来说分别意味着什么。

国别战略。有些国际化企业可能会选择国别战略——在不同国家实施不同的产品和营销战略，以适应当地消费者的偏好。换句话说，顾名思义，国别战略就是针对企业销售产品的每个国别市场制定不同的战略。为了实施国别战略，企业通常会在各个国别市场上设立一些相对独立的、自主经营的机构（或者称其为子公司）。每家子公司通常都是自主从事产品的研发、生产和营销活动。在很大程度上，每个子公司都像独立的企业那样运营。国别战略通常比较适合消费者偏好存在国别差异的行业中的企业，比如食品生产企业和传统的纸质媒体行业。

国别战略最大的优点就是企业能够更好地把握每个国别市场上的消费者的偏好，并且能够迅速、有效地对新兴的消费者偏好作出反应。在与其他竞争对手相比向消费者提供更高的价值的同时，企业希望消费者能够感受到自己为他们提供的是一种量身定制的产品。因此，采用这一战略的企业能够制定更高的价格，并且占据更大的市场份额。

国别战略的缺点则是企业无法在产品研发、生产或者营销方面获得规模经济效应。采用这一战略通常会导致企业的组织成本增加，进而被迫制定更高的价格来弥补这些成本。因此，国别战略对于那些价格竞争是企业成功的主要决定因素的行业来说并不合适。另外，子公司在经营方面的高度独立性也使得企业内部进行资源共享的机会大大减少。

全球战略。还有一些企业则认为，最适合它们的是全球战略——在所有市场上采用相同的营销战略提供相同的产品。选择全球战略的企业通常会选定几个最适合的国家来生产所有产品和零部件，从而获得规模经济效应。这类企业通常还倾向于在一个或者几个地方集中进行产品的研发，促销方案和广告策略则往往是由公司总部统一制定。这种所谓的"全球产品"在以价格竞争为特点故而企业必须想尽办法控制成本的行业中很常见，比如生产某些电子元件、包括钢铁在内的很多工业品以及纸张和文具等消费品的行业。

全球战略最大的优点是由产品和营销活动的标准化带来的成本节约。这些节省下来的成本可以让渡给消费者，从而帮助企业在细分市场上获得更大的市场份额。采用这一战略，还使得企业管理者可以相互分享自己在某国市场上积累的经验和教训。

全球战略的主要问题则在于采用这一战略的企业往往会忽视不同市场上消费者偏好的重要差异。采用全球化战略意味着除了一些最表面的元素比如产品的颜色或者小的附加特性外，企业不能对产品作出任何调整。这就使得竞争对手有机可乘，通过满足当地消费者未被满足的需求占领一个可以盈利的市场。

除了确定是应该采取国别战略还是全球战略外，管理者还必须针对整个企业、每个业务领域和每个职能部门分别制定战略。下面我们就来看一下三个不同层次的战略：企业层次、业务层次和部门层次（见图11—3）。

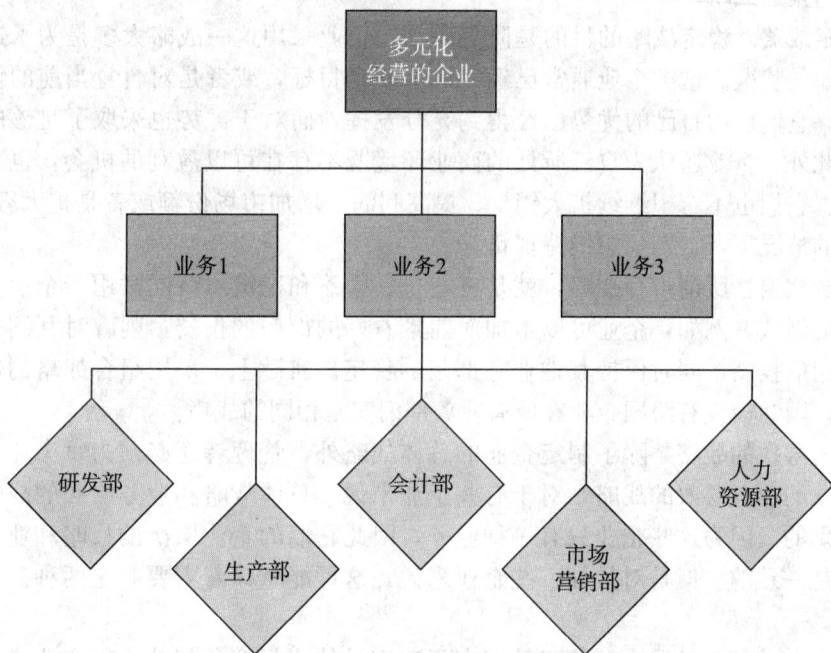

图 11—3　企业战略的三个层次

企业层次的战略　从事多元化经营的企业首先需要制定一个企业层次的战略。在一定程度上，这一战略需要界定企业将要开展经营活动的国别市场和行业。当然，它还要包括为企业不同业务部制定总体目标，规定每个部门在实现这些目标的过程中应该发挥的作用等。制定企业战略的四种主要思路是增长、紧缩、稳定和组合战略。

增长战略。制定增长战略的主要目的是扩大企业的经营规模和经营范围。规模指的是企业活动的规模大小，而范围则是指经营活动的类型。衡量企业成长性的常用指标包括地域范围、业务部数量、市场份额、销售收入和员工数量等。有机增长是指依靠内部力量带来增长的企业战略。例如，3M 的管理者积极鼓励员工集思广益，激励各事业部想出最好的理念并付诸实施。

实现企业成长的其他途径还包括并购、合资经营和战略联盟（参见第 13 章）。当一家企业不希望通过内部投资来开发某些技术，或者是其他企业已经实现了该企业管理者想要达到的目标时，就可以采用这些战略。企业在实施这些战略时，竞争对手、供应商和买家都可能成为它的合作伙伴。此外，企业通常还会和竞争对手合作来减少竞争、扩大生产线或者是进行地域扩张。与供应商合作的最大动力则是增强对产品质量、成本以及投入的控制。

紧缩战略。与增长战略相对立的是紧缩战略——旨在缩小企业的业务规模和范围的战略。当经济形势恶化或者是竞争加剧时，企业可能会选择缩小经营活动的规模——可以通过关闭闲置的工厂和解雇工人来达到这个目的，也可以通过解雇那些无法带来足够销售收入的国别市场上的管理人员和销售人员来做到这一点，此外，企业还可以通过出售无法盈利或者是与企业总体目标没有直接关系的业务部来缩小经营范围。当一国市场上的竞争加剧时，竞争力相对来说比较弱的企业只能退而求其次选择紧缩战略。

稳定战略。稳定战略的目的是防范变动。企业采用这一战略大多是为了避免增长或紧缩的状况。这类企业通常已经完成了既定目标，或者是对自身当前的情况比较满意。它们认为自己的优势已经得到充分发挥，而对于劣势也采取了足够的防范措施。此外，企业还认为自己所处的商业环境既不存在可以盈利的机会，也不会造成威胁。它们也不希望继续扩大销量、提高利润、增加市场份额或者是扩大客户群。在当前的情况下，它们只想维持现状。

组合战略。所谓组合战略，就是将增长、紧缩和稳定战略同时用于企业不同业务部门的做法。例如，企业可以增加对前景看好的部门的投资，削减对利润空间不大的部门的投资，同时保持其他业务部门的稳定。实际上，采用组合战略的做法非常普遍，因为极少有跨国企业在所有业务部门实施相同的战略。

业务层次的战略　除了制定企业的总体战略外，管理者还必须为每个业务部门制定独立的业务层次的战略。对于有些企业来说，总体战略和业务层次的战略可能是无差别的。因为这些企业只有一种业务，因此它们的企业层次的战略和业务层次的战略是一致的。但是对另外一些企业来说，这可能意味着需要制定两种甚至十几种战略。

制定有效的业务层次的战略关键在于确定总体市场竞争战略。每个业务部都必须决定是在某个行业中以最低价格销售产品，还是要给产品附加一些特殊性能。各业务部可以在以下三种业务层次的战略中选择一个，作为参与行业竞争的立足点——低成本领导者战略、差异化战略和集中战略。[①] 在实际生活中，这些战略可以

---

① The discussion of these strategies is based on Michael E. Porter, *Competitive Strategy* (New York: Free Press, 1980), pp. 34 - 46.

适用于世界各国市场上的几乎所有企业。下面我们就逐一对这些战略加以介绍。

低成本领导者战略。企业利用规模经济实现同行业竞争者中最低的成本结构的战略被称为低成本领导者战略。企业要想成为低成本领导者，还必须设法控制管理费用和其他各项基本活动的成本，比如营销、广告和分销等活动的成本。我们在本章开篇的案例中已经看到了瑞安航空是如何积极削减成本，并成为欧洲低价航空的领头羊的。虽然削减成本对于采用低成本领导者战略的企业来说至关重要，但是其他一些关键的竞争因素，比如产品的质量和客户服务的优劣等，同样也不容忽视。支撑低成本领导者地位的一些潜在因素（大批量、高效率的生产活动）可以帮助企业免于竞争对手的攻击，因为它们提高了进入市场的成本。采用该战略的企业通常需要占有较高的市场份额，因为要获得低成本领导者地位往往要依靠大规模的生产来控制成本。低成本领导者战略带来的弊端是，客户的忠诚度会比较低——在其他条件相同的情况下，客户会从任何其他价格更低的企业那里购买产品。

低成本领导者战略最适合那些面向对价格敏感的消费者进行销售的大众商品。对生产标准化产品、有着统一的营销战略的企业来说，低成本领导者战略也是不错的选择。卡西欧和得州仪器就是在各自行业——前者是运动手表，后者是计算器和其他电子设备——抢占低成本领导者地位的典型代表。

差异化战略。采用差异化战略的企业，目标是使消费者认为它所设计的产品在同行业中是独一无二的。消费者对产品独特性的认同使企业得以收取比采用低成本战略时更高的价格，获得更高的顾客忠诚度。但是，为了实现顾客对自身独特性的认可，或者说为了满足一小部分消费者的需要，往往会导致企业只能占据一个比较小的市场份额。因此，采用这一战略的企业必须培养出忠诚的客户群，以便抵消较小的市场份额、生产和销售独特产品的高成本等所带来的不利之处。

实现产品差异化的方法之一是提高产品质量的美誉度。我们日常使用的陶瓷餐具几乎每个国家的商场里都能够找到。但是，日本的则武株式会社生产的陶瓷餐具却凭借高质量将自己和其他普通餐具区别开来。消费者对高质量的认同使得企业可以在全球范围内对自己的产品制定一个较高的价格。

也有一些产品则是凭借独特的品牌形象实现了差异化。例如，阿玛尼和 DKNY 是两家向年轻、喜欢追求时尚的顾客提供相对比较昂贵的服饰的制衣企业。它们总是不断推出新的面料和颜色，并且很快就会成为兼具时尚和实用的代表。另外一个例子是意大利汽车制造商阿尔法·罗密欧公司。该公司并不进入全球汽车行业中竞争最激烈的大众消费市场，因为如果要进入这个细分市场，它必须在价格上更有竞争力，并且提供更多可供消费者选择的车型。相反，阿尔法·罗密欧只生产高端轿车，其品牌形象本身对于罗密欧汽车的拥有者来说就是一种地位和尊贵的象征。

实现差异化的另一个途径是产品设计——产品外观和根据消费者需求设置的功能等产品特性的总和。在看重这些特性的消费者心中，依据不同特性可以区分不同产品和服务。在制定战略的过程中，企业还可以将上面提到的几种差异化因素结合起来使用。例如，包括卡西欧在内的一些大众型运动手表生产企业侧重产品的性能，但瑞士的豪雅公司生产的运动手表除了看重性能外，还很注重产品是否经典、是否时尚。

集中战略。集中战略是指企业集中力量为某个细分市场服务的做法，企业通过成为低成本领导者——或对产品实行差异化，或者是两者相结合——来实现这一目标。竞争的加剧往往意味着更多的产品只能借助自身在价格、品质或者设计等方面的差异来与竞争对手区分开来。相应地，产品类型的增加会导致市场越来越被细分。现在，许多行业都包括大量细分市场，甚至是更小的次细分市场。例如，有些企业只服务于某个民族或种族的需要，还有一些企业，通常是私营企业和小企业，则只为某个地域范围内的人们服务。

强生公司通常被认为是大型消费品生产企业。但是，实际上它是一家由 250 多个独立经营的子公司组成的大型联合体，这些子公司在各个不同的细分市场上销售很多种类型的产品，它们很多都希望通过提供特殊的产品和服务，在自己的细分市场上占据主导地位。为了做到这一点，它们通过低成本领导者战略或者差异化战略来集中开发某些特定的细分市场。[①]

采取集中战略通常意味着企业要针对那些对现有产品不满意或者希望拥有个性化产品的消费者来设计产品、制定营销活动。让我们来看一下高度细分的精制咖啡市场。有一种名叫鲁瓦克（Luwak）的咖啡的售价竟然高达 300 美元/磅！显然，麝香鼠（Luwak，印度尼西亚爪哇岛上的一种鼬鼠）食用了含有咖啡豆的咖啡果后，这些果实在鼠体内经过自然发酵后被排泄出来。当地的人们重新收集这些咖啡豆，经过清洗和烘烤，做成一种独特的咖啡卖到世界各地。[②]

部门层次的战略　企业层次和业务层次目标的实现要依靠有效的部门战略，这一层次的战略关注的是将资源转化成产品的具体活动。部门层次战略的制定需要再次回到对支撑企业战略的能力——为顾客创造价值的基本活动和辅助活动——的分析。在对这些活动进行分析后，管理者必须制定能够发挥企业在价值创造方面的优势的战略。

基本活动和辅助活动。在采用低成本或差异化产品战略来为顾客创造价值的过程中，每个部门都起着重要的作用。那些从事基本活动的部门更是如此。例如，生产战略不管对于削减标准化产品的成本还是削减差异化产品的生产成本都是不容忽视的，此外它对于产品质量的提升也至关重要。有效的营销战略可以帮助企业成功推销其产品的差异性。强大的销售队伍和出色的客户服务有助于企业在消费者和采购商心目中建立起良好的形象，培养忠诚度。此外，保证及时为工厂供应零部件和原材料，同时将产品及时配送到各个市场的高效物流体系也可以为企业节约大量的成本。

辅助活动同样也可以为顾客创造价值。例如，研发部门可以发现需求没有得到满足的细分市场，并设计出相应的产品来满足这一市场上的消费者。人力资源部经理通过雇用受过良好培训的员工、组织员工培训和管理层进修等活动来提高企业的效率，降低成本。采购部门以合理的成本为生产经营活动提供优质资源。会计和财务部门（企业基础设施的一部分）必须建立有效的信息系统来帮助管理者进行决策和财务控制，因此它们也会对企业的成本和生产质量产生影响。

---

① Norimitsu Onishi, "From Dung to Coffee Brew with No Aftertaste," *New York Times* (www. nytimes. com), April 17, 2010.

② Johnson & Johnson Web site (www. jnj. com).

世界一流企业在形成战略决策的过程中会考虑很多重要的因素。例如，生产方面需要考虑的问题是生产设备的总量和分布、是否在所有市场上进行标准化生产。不同市场上的产品特性和营销战略等是否应该标准化则是在营销方面需要考虑的内容。在后面的章节中我们将讨论与生产和营销有关的战略问题。

□ 小测验

1. 比较国别战略和全球战略的区别，说明它们分别适用于什么情况。
2. 企业层次的战略有哪四种？详细说明每一种战略的特点。
3. 业务层次的战略有哪三种？说明这些战略之间的区别。
4. 论述部门层次的战略的重要性。基本活动和辅助活动是如何帮助企业实现其目标的？

11.2 国际组织结构

组织结构是企业将业务活动分配到不同的部门并协调各部门之间活动的方式。如果一家企业的组织结构能够与它的战略相适应，那么它在实现自己目标的过程中就会表现得更加高效。在这部分内容中，我们将探讨一些与企业组织结构有关的问题，并介绍一下可供企业选择的几种类型的组织结构。

□ 11.2.1 集权与分权

企业高管的一项重要任务是决定企业决策的集权和分权程度。集权式决策将决策权集中于某地如公司总部的高级管理者手中；分权式决策则将决策权分散到较低的组织层次，如海外子公司。

母公司的管理者是否应该积极参与到海外子公司的决策活动中？还是说他们应该尽量减少干预，或者说只参与最重要的决策？当然，有些决策必须是分散作出的。如果高层管理人员把自己牵扯到每家子公司的日常经营活动中去的话，他们肯定会忙得焦头烂额。比如，他们不可能直接干预每一个人事任免决定，或者是每个子公司工作人员的具体安排。同时，企业的总体战略也不能交由各个子公司的管理者来完成，因为只有高级管理层才具备制定企业层面战略的能力。

在讨论决策权是应该集中还是分散时，记住以下两点是至关重要的：

1. 企业很少将决策权都集中或者分散起来。相反，它们会寻找一种能够带来最大效率和最佳效果的方式。
2. 国际化企业很可能会在某些市场采用集权式决策，而在其他市场则采用分权式决策，具体采用哪种方式要受包括产品调整的必要性和各地管理者能力等在内的很多因素的影响。

在了解了这两点之后，我们来学习一下决定企业究竟是采取集权式决策还是分权式决策的重要因素有哪些。

何时集权　集权式决策有助于协调各海外子公司的经营活动。这一点对涉足多个行业或多国市场的企业来说尤其重要。当一家子公司的产出正好是另一家子公司的投入时，这一点也很重要。在这样的情况下，从高层角度统一协调经营活动显然更有效。当所有子公司在生产中使用的投入品都相同时，一般会集中作出采购决策。例如，某生产钢制文件柜和办公桌的企业需要大量钢材，采购部集中购买显然可以获得比各子公司分别购买更优惠的批发价格，之后每家子公司再从采购部购进原料，这样就比从公开市场上购买的成本更低，进而获得更大利润。

一些企业通过要求子公司将利润全部汇回母公司，然后再根据各子公司的实际需要重新分配资金来实现对财务资源的集中控制。这样做可以减少一些子公司的项目盈利性差、其他子公司有更有潜力的项目却资金短缺的现象。还有一些企业会集中制定政策、流程和标准，以便形成统一的全球组织文化。这样做有助于所有子公司统一执行企业的规章制度，也有利于管理人员在各子公司之间调动，因为统一的政策可以帮助管理者和下属之间更好地磨合。

何时分权　当企业所处商业环境变化很快并且需要针对当地情况迅速作出反应时，分权化的决策方式将是非常有利的。这种做法可以使产品更适合当地消费者的需要，因为子公司经理更了解当地的文化、政治、法律和经济背景。当地管理者更可能意识到总部管理人员无法察觉的环境变化。即使总部管理者也注意到了这些变化，他们得到的也很可能是二手信息。反应滞后和对事件的误解可能会导致企业失去订单、生产滞后、竞争力下降。

参与式管理和责任感。分权还有助于促进员工共同参与管理活动。如果子公司经理和下属能够参与决策，他们的士气会更高。如果把与生产、营销、分销和定价等问题有关的决策权下放，子公司的管理层和工人们会更愿意付出努力。

分权还可以增强个人对企业决策的责任感。如果当地管理者会因为自己的决策而受到奖励（或惩罚），那么他们在制定和执行这些决策时就会投入更多精力；相反，如果当地管理者除了执行上级传达的指令外什么都不能做，那么他们就会把糟糕的业绩归因为企业决策不适应当地环境。但是，当管理者必须对决策的制定和执行负责时，他们通常会花费更多精力来研究、考虑各种可能的方案，结果自然就是决策更有效，业绩也更突出。

□ 11.2.2　协调性与灵活性

在设计组织结构时，管理者需要回答几个重要问题，比如，连接各个部门最有效的方法是什么？为了实现总体战略，应该由谁来协调不同部门之间的活动？在必要时，应该如何处理信息并将其传达给管理者？应该建立怎样的监督和奖励机制？企业应该如何引进纠错机制，又由谁来负责执行？为了找出这些问题的答案，我们必须了解与协调性和灵活性有关的一些知识。

结构与协调性　正如我们在前面所看到的，有些企业处在多种商务环境中，它们几乎在世界各地生产和销售产品。还有一些企业集中在一个国家从事经营活动，并向其他国家出口或从其他国家进口产品。不管是哪一种类型的企业，都必须设计出合理的组织结构。每家企业都需要一个能够明确界定责任范围和指挥链——贯穿最高领导层和每个员工，并且明确内部报告关系的权力链条——的组织结构。最后，每个企业的组织结构都必须能够把需要密切合作的各个环节联系在一起。例如，为了避免产品设计给生产过程带来不必要的难题和额外成本，大多数企业都会确保研发部门和生产部门保持密切联系。

结构与灵活性 组织结构并不是一成不变的，而是会随着企业内部和外部环境的变化而作出调整。由于企业的组织结构通常是以其战略为基础的，因此战略的调整一般也会要求组织结构相应作出变动。类似地，由于一国商务环境的变化会导致战略的改变，因此环境变化也会影响企业的组织结构。对于那些文化、政治和经济环境变化较快的国家，密切关注各方面变化是非常重要的。下面我们就来探讨一下有助于提高企业在国际商务活动中的反应能力和效率的四种组织结构。

□小测验

1. 什么叫组织结构？集权式决策与分权式决策有什么区别？
2. 为什么说协调性和灵活性对于组织结构非常重要？
3. 阐述指挥链概念的含义。

□ 11.2.3　组织结构的类型

企业在开展国际商务活动时，有很多类型的组织结构供其选择。但是，对于大多数的国际化企业来说，最常用的组织结构有四种，即部门结构、区域结构、产品结构和矩阵结构。

国际部门结构 国际部门结构通过建立一个有自己的管理者的独立的国际部门，将国内和国际业务区分开来（见图11—4）。这个国际部门则根据企业所在国家——比如中国、印度尼西亚、泰国等——的不同划分出不同的子部门。每个国家的总经理负责控制本国产品的生产和营销活动。每个国家的部门还会设立自己的职能部门，比如市场营销部、财务部和生产部等来完成整个生产经营活动。

因为这种结构将很多操作集中在一个部门，所以这个部门的管理者也就成为了包括外汇、出口政策、游说政府官员等在内的多个领域的专家。通过将各种活动交由一个部门完成，可以起到降低成本、提高效率、避免国际活动与国内活动相冲突的矛盾等作用。所有这些对于刚开展国际业务或者是国际业务只占全部业务一小部分的企业来说，都是非常重要的。

不过，这种结构也给企业带来了两个问题。第一，国际部的管理者通常需要依靠总部经理提供资金和专利技术，以便获得国际竞争优势。如果两个管理者的合作不顺畅的话，不仅会影响国际部的业绩，还会对整个企业造成损害。第二，国际部的总经理通常要对所有市场上的经营活动负责。尽管这种做法有利于各国市场之间的协调，但是也削弱了每个国别市场上的管理者的权力。总经理和国别经理之间的

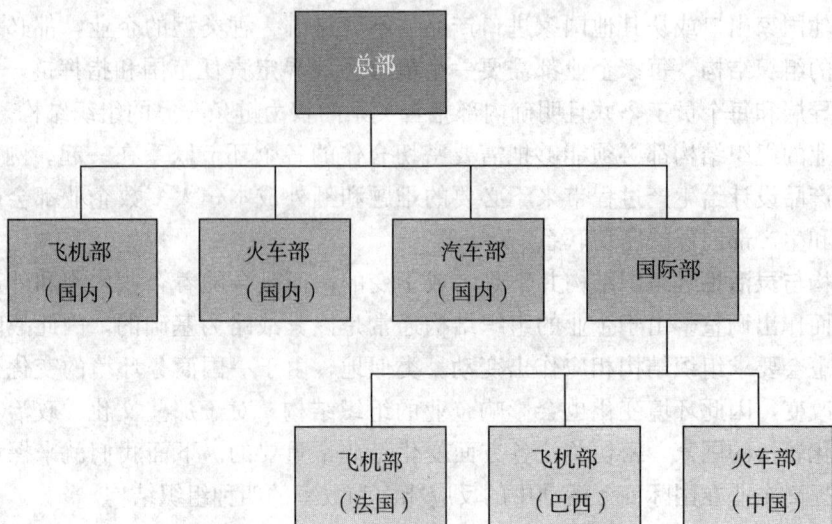

图 11—4 国际部门结构

矛盾可能会给整个企业的业绩带来负面影响。

国际区域结构 国际区域结构是指按照国家和地区组织企业的全球经营活动（见图 11—5）。企业经营活动涉及的国家越多，就越可能按照地区比如亚洲、欧洲和美洲而不是国家来组织活动。一般来说，每个国家或地区都会有一位总经理。在这种结构下，每个地区分部都是一个独立的经营单位，大多数决策权都分散到各个国别经理或地区经理手中。每个分部都有自己的一系列业务部门，比如采购部、生产部、营销部、研发部和会计部等。大多数战略计划都是由各个分部自己制定的，总部的管理者则负责制定企业总体战略、协调各地区分部的活动等。

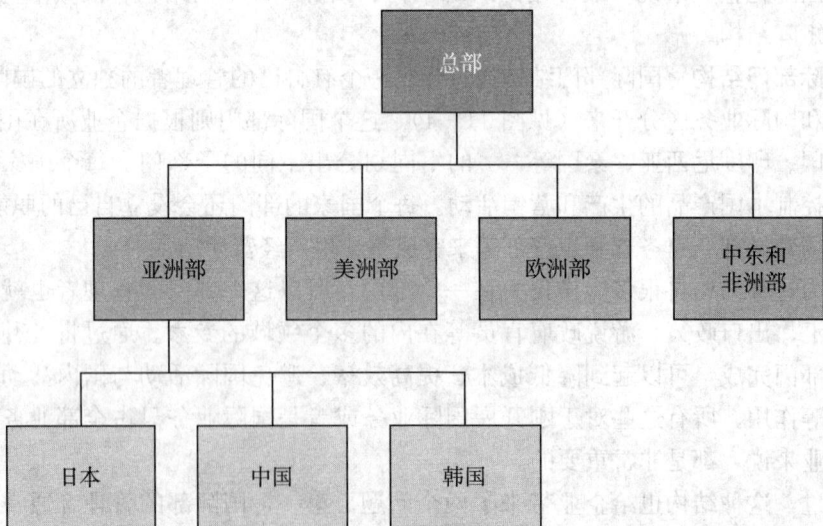

图 11—5 国际区域结构

国际区域结构最适合那些把每个国家和地区市场都看作是独一无二的企业。当国与国之间、地区与地区之间存在巨大的文化、政治或经济差异时，这种结构尤其适合。总经理对于自己管辖区域内的活动拥有较大的控制权，在满足自己面对的顾客群的独特需要方面也是专家。与此同时，因为各个分部之间的活动是相互独立的，在资源分配方面可能会出现重叠现象，各分部在分享和交流知识、经验方面效果也不够理想。

全球产品结构　全球产品结构意指按照企业产品线来划分全球业务活动（见图11—6）。例如，一家电脑企业可能会有互联网和通信部、软件研发部、新型技术部等部门。每个产品部门又被分成国内和国际两个分部，且每个产品部门的国内和国际分部都有自己的职能部门，比如研发部、营销部等。

全球产品结构适合那些提供不同系列的产品或服务的企业，因为这一结构克服了国际部门结构在沟通协调方面存在的一些问题。鉴于最主要的关注点是产品，因此每个产品部门的国内部和国际部的管理者必须相互协调，避免发生冲突。

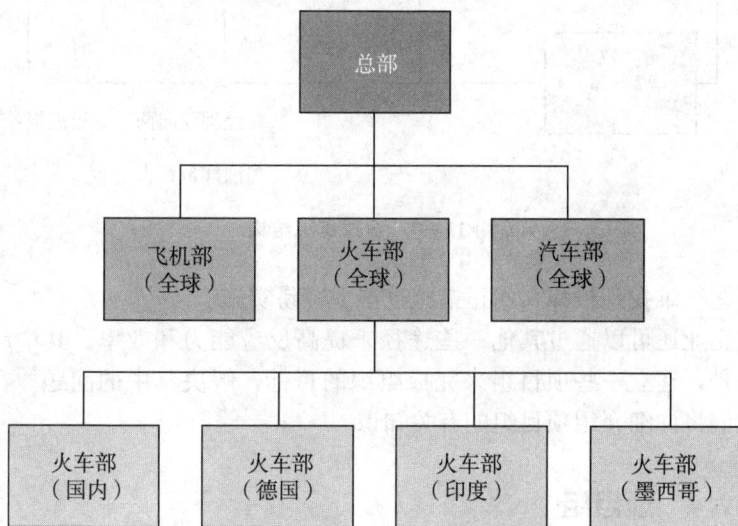

图 11—6　全球产品结构

全球矩阵结构　全球矩阵结构指根据产品和区域拆分指挥链的组织结构（见图11—7）。每个经理人都要对两个上级产品部负责人和区域部负责人负责。这一结构的主要目的是让区域部的管理者和产品部的管理者共同作出决策。实际上，将组织中不同部门的专业人士聚集起来本身就构成了一个项目组。矩阵结构越来越受到那些希望提高在当地市场的反应能力、降低成本以及协调全球经营活动的企业的欢迎。

矩阵结构解决了其他类型的组织结构的一些不足之处，尤其是加强了各部门之间的沟通，并且提高了那些高度专业化的员工的效率。在理想条件下，矩阵结构能够在改进协调合作的同时，增强企业对当地市场的敏感度和反应能力。

但是，矩阵结构也有两个明显的缺点。第一，这一结构很烦琐。单是为了协调不同部门负责人的工作就需要召开很多会议，更不用说协调各部门内部的活动了。正是因为协调过程太烦琐，采用这一结构会导致决策过程非常耗费时间和精力，组织的反应速度也会大大减缓。第二，在这一结构中，个人的责任归属不够明确。因为责任是共同承担的，管理者可以把糟糕的业绩归咎于他人。此外，在矩阵结构中，

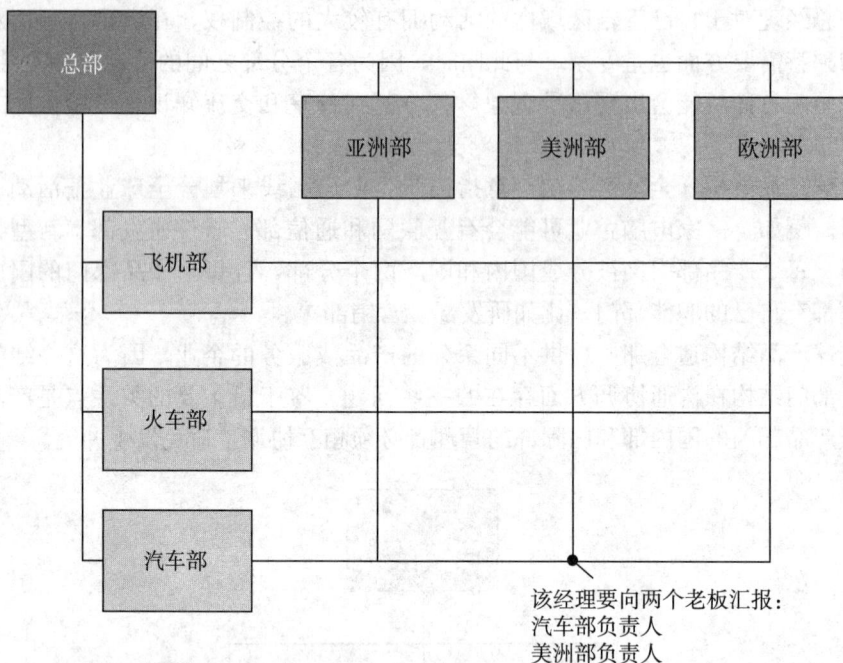

图 11—7 全球矩阵结构

一旦出现问题很难找到根源，纠正措施也不太容易实施。

国际化企业还可以通过其他一些途径来提高反应能力和效率。其中越来越流行的一种做法是，建立一些项目组来完成组织的目标，解决其中的问题。在接下来的内容中，我们将详细介绍项目组的有关知识。

11.2.4 项目组

全球化要求企业对商务环境的变化迅速作出反应。组建项目组消除了那些会延缓组织作出决策的跨职能部门比如生产部和营销部的障碍，可以有效提高企业的反应能力。虽然矩阵结构通过建立跨部门的合作也可以做到这一点，但有时候企业并不一定愿意为了实现矩阵结构可能带来的收益而改变整个组织结构。在这种情况下，企业只需要组建一些不同类型的项目组，而无须改变整个企业的组织结构。

组建项目组的目的是各个环节协调合作，达成解决问题的方案，采取有效的行动。目前，国际化企业正以前所未有的热情转向项目组这种形式，以增强不同业务部门之间的直接沟通。有些企业甚至会组建项目组来制定和执行竞争战略。下面，我们就来介绍几种不同类型的项目组——自我管理型项目组、跨职能（部门）项目组和全球性项目组。

自我管理型项目组　自我管理型项目组是指从本部门内部选拔人员承担该部门以前的监督人所承担的责任的做法。具体到生产部门来说，这种项目组通常都会重新组织生产工艺和生产流程。因为这种项目组是实行自我管理的，所以管理者就不需要再监督他们的每一项活动。自我管理型项目组的优点是有助于提高生产力、产品质量、顾客满意度、员工士气和企业忠诚度等。在实际中，质量改善项目组是很多制造业企业中最常见的自我管理型项目组，这种做法可以减少生产过程中存在的浪费，降低生产成本。

缩小企业内部经营规模，以便获得更大的灵活性和更高的生产率这一全球性趋势使得项目组更加流行，因为这一做法降低了监督管理的必要性。现在，全世界很多企业都会聘请自我管理型项目组来负责其国际经营活动，但是，也有研究指出，文化差异可能会造成对自我管理型项目组这一理念的排斥，并影响其具体应用。此外，专家们还建议国际化企业的管理者遵循以下基本指导原则：[1]

■ 通过选拔性考核来挑选最有可能在团队中表现突出的员工；

■ 自我管理型项目组这一理念必须与每家子公司所在国的文化相适应；

■ 可以在母公司对各地本土的管理者进行培训，然后授权他们在最合适的时机组建项目组。

对于那些希望在国际经营过程中组建项目组的企业管理者来说，我们在第 2 章讨论过的文化差异也是非常重要的。例如，有些文化强调集体主义而不是个人主义，有些国家的人们更看重地位的差异，有些国家的人们认为未来超出了个人能力的控制范围，还有些文化则推崇工作是为了生活的理念。研究者指出，在上述环境下，传统的管理者必须对项目组保留比较严格的控制。但是在人们崇尚努力工作的文化中，如果被赋予更多自主权，项目组的工作将会更加富有效率。[2]

跨职能（部门）项目组 跨职能（部门）项目组是指由在不同职能部门的同一层级的员工组成的项目组。组建这类项目组的主要目的是给企业经营带来一些变革，它非常适合那些需要在各职能部门之间进行协调的项目，比如缩短产品从创意阶段到推向市场这一过程所花费的时间。国际化企业还可以利用跨职能项目组，通过将采购、生产和分销部门（当然还有其他一些部门）的员工聚集起来，共同解决具体问题来达到提高产品质量的目的。同样，跨职能项目组还有助于消除各部门之间的壁垒，围绕生产过程而不是职能部门来重组企业活动。

全球性项目组 一些大型的国际化企业也会组建所谓的全球性项目组——由来自企业总部和各国子公司的高层管理人员组成的团队，这些人聚在一起是希望能够为整个公司内出现的问题寻求一个解决方案。例如，加拿大的北电网络公司就组建了一个由来自英国、加拿大、法国和美国的高管们组成的全球性项目组，他们飞赴亚洲、欧洲和北美各地，寻求改进产品研发的办法。

根据要处理的问题的不同，项目组成员可能从一个事业部抽调，也可能由几个事业部的人员组成。有些项目组会在问题解决之后解散，但是也有些项目组要继续解决新的问题。影响全球性项目组绩效的因素包括团队成员之间的距离、为了将成员聚在一起而花费在路途上的时间、跨时区工作带来的不便等。当然，很多时候企业还是可以克服这些困难的，尽管这样做要花费很高的成本。

---

① Bradley L. Kirkman and Debra L. Shapiro, "The Impact of Cultural Values on Employee Resistance to Teams," *Academy of Management Review*, 22, no. 3 (1997): 730-757.

② Ibid.

1. 国际商务活动中最常用的四种组织结构是什么？
2. 说明每种组织结构与其他三种组织结构的区别。
3. 指出项目组的三种类型，并说明每一种类型的项目组是如何提高企业的反应能力和效率的。

11.3 结束语

企业管理层担负着制定企业层次、业务层次和部门层次的国际战略这一复杂而又重要的责任。管理者一般会将企业经营视作一个为顾客创造价值的活动链，并对其进行分析（价值链分析）。正是在这个过程中，管理者制定并执行与企业的特殊能力相适应的战略。而管理者所选择的战略则决定了企业的组织结构。国内商务环境的变化也会对管理者的战略和组织决策造成影响，包括是否要对其产品作出调整（产品是标准化还是适应性调整）、在哪里组织生产（集中生产还是分散生产）、采用哪种类型的决策方式（集权式决策还是分散式决策）等等。

当然，管理者在制定战略、建立企业整体的组织结构方面起到的作用也不能被过分夸大。他们所选择的战略决定了企业将涉足哪些细分市场，企业是应该争取低成本领导者地位还是差异化自身产品以便制定更高的价格。这些决策对于国际化经营的企业来说，都是至关重要的，而且会影响到企业将如何：（1）进入国际市场；（2）管理其人力资源；（3）管理日常的生产、营销及其他经营活动。

本章小结

1. 说明确定战略之前的判别与分析步骤：

确定和选择一个组织的目标并决定如何使组织实现这些目标的过程叫做规划。

战略是指管理者采用的能帮助企业实现目标的一整套有计划的行动方案。

在制定战略之前，管理者首先必须明确企业的宗旨和目标、核心竞争力和创造价值的活动。

管理者可以通过价值链分析将企业活动划分成基本活动和辅助活动，并确定其中能够为顾客创造价值的部分来分析和确定企业为顾客创造价值的特殊能力。

管理者还必须对企业所处的文化、政治、法律和经济环境进行分析。

2. 说明企业通常会采用的两种国际战略以及企业层次的战略：

国别战略意味着企业要在不同国家采取不同的产品和营销战略，以适应当地消费者的偏好。

全球战略意味着在所有国家采用相同的营销战略，提供相同的产品。

进行多元化经营的企业必须制定一项包括所有不同业务部在内的企业层次的战略。

增长战略旨在扩大企业的经营规模（活动规模）或业务范围（活动种类）。

紧缩战略希望缩小企业的经营规模和业务范围。

稳定战略旨在防范变动，被用来避免增长或紧缩。

组合战略意味着同时将增长、紧缩和稳定战略运用于企业的不同部门。

3. 说明企业采取的业务层次的战略有哪些，部门层次的战略的作用是什么：

低成本领导者战略是指企业利用规模经济实现同行业竞争者中最低的成本结构的做法。

产品差异化战略是指企业向市场提供被看作是在整个行业内独一无二的产品的做法。

集中战略是指企业专注于为某个细分市场的需求服务的做法，企业可以通过成为低成本领导者或者产品差异化或者是两者的结合来做到这一点。

企业和业务层次目标的实现依赖于有效的部门战略，即专注于为顾客创造价值的独特活动——而与一个部门是从事基本活动还是辅助活动无关。

4. 讨论影响企业组织结构选择的重要因素：

组织结构是指企业在不同业务部门之间分配业务活动并对其进行协调的方式。

对组织结构来说非常重要的一点是企业决策的集权化（在高层作出决策）或分权化（由子公司层面作出决策）的程度。

集权式决策有助于协调不同子公司之间的活动；分权式决策则有助于提升企业在当地市场的反应能力。

在设计组织结构的时候，企业管理者必须考虑到协调性和灵活性这两个问题。

组织结构必须能够明确界定责任范围和指挥链——贯穿企业高层管理者和底层员工，明确内部报告关系的权利链。

5. 给出每一种类型的国际组织结构，并说明项目组的重要性：

国际部门结构通过组建一个有自己管理者的国际部门来区分企业的国内活动和国际活动。

国际区域结构将企业在全球的业务活动按照国家或地区进行划分，其中每个国家或地区都像一个独立的机构那样进行经营。

全球产品结构是指先按照企业的产品线划分其全球业务活动，然后再进一步划分为国内业务和国际业务。

全球矩阵结构对指挥链进行了拆分，而且要求每个管理者或者员工要同时向两个上级产品经理和区域经理汇报。

成立项目组是为了协调加强不同部门之间的合作以达成解决方案，执行纠错措施。项目组可分为自我管理型、跨职能型和全球性项目组三种。

▋ 课堂讨论

1. "影响企业战略决策的因素是相同的，而与企业是国内企业还是国际化企业无关。"你是否认同这一观点，为什么？举例来佐证你的看法。

2. "全球各国的文化有逐渐趋同的势头，因此企业的产品和营销战略都应该标准化。"你是否同意这一观点，为什么？是否存在一些行业，这一观点多多少少还是适用的？

3. 技术的不断进步对国际商务的管理方式产生了深刻的影响。你认为技术（比如互联网）应该对国际化企业的基本战略和组织结构产生实质性影响么？你认为企业是否可以简单地把新的战略和组织结构直接纳入现有战略和结构中？为什么？

▊ 小组练习

1. 创意题。成立一个小组，举出 5 种在过去 24 小时里你们消费过的产品（比如早饭、口香糖等）或者服务（比如无线互联网、收音机广播等）。提供这些产品和服务的企业分别采用的什么战略：低成本领导者、产品差异化还是集中战略？对每一家企业，用一两段话说明你是如何得出这些结论的。

2. 研究题。成立一个小组，选择你们感兴趣的一家国际化企业，从网上下载该公司的年报。这家企业的宗旨和主要目标是什么？它的企业层次和业务层次的战略分别是什么？它在哪里生产和销售自己的产品？它的生产设备是高度集中的还是分散的？它是提供标准化产品还是根据不同市场适当调整自己的产品？该企业的组织结构属于哪种类型？它应该采取两种国际战略中的哪一种？该公司成立项目组了么？把你们组的研究结果和全班同学分享。

3. 辩论题。将八名同学等分成两组，就国别战略和全球战略中哪一个更有优势展开辩论（每组选择一个战略）。在双方的第一位同学都发言之后，第二名学生提出对对方观点存在的质疑，寻找其中的漏洞和逻辑不一致之处。第三名同学则负责作出回应。最后一名同学对己方观点进行总结。最后，由全班同学投票选出哪一组的阐述更具说服力。

▊ 关键术语

控制链	全球性项目组	规划	组合战略
增长战略	紧缩战略	核心竞争力	国际区域结构
自我管理型项目组	跨职能项目组	国际部门结构	稳定战略
差异化战略	低成本领导者战略	股东	集中战略
战略	国际矩阵结构	国别战略	价值链分析
全球产品战略	全球战略	组织结构	

▊ 伦理题

1. 假设你是一家在全球 100 多个国家从事经营的跨国企业的首席执行官。全球经济形势近年来的变化正导致地理和政治边界被重新划分。在社会文化、政治、经济、法律等方面千差万别的国家之间相互依赖程度越来越强也导致企业不得不调整经营政策和战略。你需要为企业制定一套与当前法律和道德相适应的行为规范。你希望这套准则在企业涉足的所有市场上都是有效的。考虑到这一问题的复杂性，你认为什么样的政策会适合在千差万别的国家从事经营的企业？你认为有可能设立一套适合所有文化的道德准则么？这样一套道德准则应该强调哪些问题？

2. 假设你是 WTO 成立的国际道德工作组的一名成员。你们组的任务是评估微软公司近年来的全球战略。需要考察的一个重要问题是微软公司是否利用其在计算机行业中的优势地位，通过对用户采取强硬策略、打压实力较弱的竞争对手等手段开展不公平竞争。暂且不考虑微软的行为是否违反了《反垄断法》，你认为它在商业交易中的所作所为符合道德么？微软公司滥用了自己在行业中的实力和微软仅仅是一个强大的竞争者这两种说法，你认可哪一个？你认为 WTO 应该针对类似于微软这样的国际巨头实施的竞争策略制定应对政策么？为什么？

3. 假设你是星光制造——一家大型国际化汽车零部件制造企业——的子公司的新任总裁。自从三个月前你执掌星光制造以来，你就发现很难将企业的原材料和制成品顺利送达消费者手中。当地的法律顾问建议你给地方官员一笔钱来解决海关的刁难，这种做法在当地是非常普遍的。这笔贿赂可以让整个运输过程变得畅通起来，从而提高本公司的利润。你会怎么做？你们企业能否制定一项所有员工都必须遵守的政策？你还需要考虑其他哪些问题？还有什么信息有助于你作出决策？

国际管理案例

宜家的全球战略

宜家是瑞典一家总资产达 300 亿美元的家具企业。在全球 37 个国家开设了至少 301 家分店，它的成功实现了企业创始人英格瓦·坎普拉德的社会抱负，即以大多数老百姓都买得起的价格销售既时尚又实用的家具。坎普拉德成功的故事在《宜家：企业家、商业理念与文化》一书中有详细的阐述。宜家店铺的外观一律使用瑞典的民族颜色——天蓝色和黄色。进入店铺，消费者可以看到用实物装饰摆设的家居空间。

与标准的行业做法不同，宜家的家具除了有产品编号外还有类似于 Sten 或者 Ivar 这样的名字。在宜家里，购物是自助式的——在展厅浏览完所有家具后，消费者记下自己钟爱的家具的名称，就可以直接从货架上拿下装有整套家具的箱子。宜家战略的核心之一就是让消费者自己把购买的家具带回家，然后自行动手组装。典型的宜家商场里通常还会设有宜家瑞典风味的餐厅、一家名为"瑞典小店"的杂货店、一个有专人看护的儿童游乐场以及一间育婴室。

宜家的经营模式使得它得以在一个业绩平平的行业中取得了较快的增长。来自全球 50 多个国家的 1 500 多家供应商则使得宜家得以保持其成本优势。在中东欧等新兴市场，宜家同样也开设了店铺。因为这些地区消费者的购买力较低，因此宜家提供的可供选择的家具种类也比较少，而且还有些家具是专门针对前苏联地区国家居住空间狭小的特点而设计的。而在欧洲大陆，宜家则凭借瑞典是高品质的象征这一信条而获利。实际上，"源自瑞典"正是该公司的卖点之一。另外，宜家也进入了像俄罗斯等新兴市场，并且其核心战略与反贿赂政策都取得了不错的成效。

行业分析人士预测，美国最终将成为宜家最大的销售市场。自1985年美国第一家宜家店在费城开业，如今美国已经有数十家宜家，每年创造数十亿美元的营业额。宜家的许多竞争对手都非常紧张。莱克星顿家具公司的首席运营官杰夫·杨评论说："宜家正在逐渐成长为家具行业的沃尔玛。如果你也在这个行业，你最好小心一点。"但是，一些美国消费者对宜家的畅销产品经常断货的情况感到非常不满。另外一个让消费者感到不满的地方，则是因为宜家只提供基本服务而导致的排长队现象。有顾客抱怨说："创意不错，但是执行力太差。宜家卖的很多东西都很不错，但是买东西时乱糟糟的场面会让人怀疑是否值得购买。"

对此，宜家北美地区负责人高然·

卡斯特德引用了宜家的宗旨来作为回应。"如果我们提供更多的服务，那么产品的售价必然要提高。"他解释说，"我们的顾客都清楚我们的经营哲学，那就是每人多做一点点，最终节省一大笔。顾客喜欢我们的低价格。他们中很多人都说还会再来消费。"为了吸引消费者，宜家在广告方面从来都是毫不吝啬。虽然家具行业的惯常做法是严重依赖报纸和收音机广告，但是宜家北美地区2/3以上的广告预算都投向了电视。约翰·西特尼克，宜家北美公司首席执行官这样说道："我们将自己和其他家具企业区分开来。我们认为电视是我们可以独享的。"

令人难以置信的是，宜家还进一步将业务扩展到了公寓这个细分市场。这家零售巨头在瑞典、挪威、芬兰以及英国等地提供了3 500多套组合式预制房。在宜家的Boklok（在瑞典语中，是简约生活的意思）公寓里，可以看到该公司的现代家具的重新组合。而且这些公寓本身的设计都是灵活可变的，层高很高，三面有窗户，当然也少不了预设的宜家厨房。

资料来源："The Corruption Eruption," *The Economist*, May 1, 2010, p. 73; Dianna Dilworth, "Ikea Enters UK's Housing Market," *Bloomberg Businessweek* (www. businessweek. com), April 20, 2007; Kerry Capell, "Ikea's New Plan for Japan," *Bloomberg Businessweek* (www. businessweek. com), April 26, 2006; Ikea Web site (www. ikea. com), selected reports.

□小思考

1. 宜家是在全球市场采取标准化策略还是按需调整策略？你认为这种策略对宜家来说是恰当的么？为什么？

2. 在美国，谁是宜家最大的竞争对手？为什么？

3. 当宜家创始人坎普拉德决定进军中国市场时，他的这一决定并不是建立在市场调研基础上的，而是凭借他的直觉。宜家的业务在中国开展得怎么样？坎普拉德的决策是明智的么？

4. 在大约20年前在日本遭遇滑铁卢之后，2006年宜家重返日本市场。查阅关于宜家再次回到日本的资料。宜家能否避免第一次失败时所犯的那些错误？

第12章

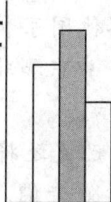

国际机会分析

通过本章的学习，你应该能够：

1. 掌握市场筛选和地点筛选过程的四个步骤。
2. 了解国际市场调研过程中存在的三个主要难题。
3. 了解二手国际数据的主要来源，掌握它们的用处。
4. 描述进行原始国际调研的主要方法。

内容回顾

在第 11 章中我们学习了企业是如何规划并组织其国际运营活动的，此外，我们还探讨了国际化企业为完成它们的战略目标所采用的不同的战略和组织结构。

本章概要

本章我们首先介绍了企业管理者如何发现潜在的新市场和新的经营地点，然后指出进行国际市场调研的主要难题。最后我们还将探讨在市场和地点筛选过程中需要哪些信息以及通过哪些渠道来获取这些信息。

下章前瞻

第 13 章将研究与企业进入国际市场采取的不同进入模式有关的选择和管理问题。另外，我们还将探讨出口战略对出口商的重要性以及各种进入模式的优缺点。

星巴克带来的全球热潮

华盛顿，西雅图——随着1996年在东京的第一家咖啡店的开业，星巴克开始了其国际化旅程。截止到现在为止，星巴克已经在北美以外的53个市场上开设了1 500多家咖啡厅。虽然也有一些咖啡厅因为业绩不佳被关闭，但是总体而言，星巴克在全球给消费者和竞争对手掀起了一股狂潮。

星巴克先是把欧洲口味的咖啡带到了美国，之后又将具有美国风味的咖啡重新带回了欧洲。这个咖啡业的巨头关于纸杯装的拿铁咖啡和无烟消费区一定可以胜过欧洲传统咖啡厅的认知，被证明非常准确。尽管20世纪90年代末星巴克就已经进入英国市场，但是却一直等到2001年才进入瑞士的苏黎世，2004年才进军法国巴黎。在苏黎世的第一家欧洲咖啡厅开业之前，星巴克对欧洲市场进行了认真的调研，随后才逐渐向其他国家的市场扩张。因为国民的多元文化和多种语言，瑞士市场给星巴克提供了一个"巨大的机会去学习如何在欧洲的其他国家和地区进行经营"，星巴克欧洲、中东和非洲区总裁马克·麦凯恩这样表示。

与此同时，星巴克还将咖啡文化介绍给了中国的茶爱好者们。事实上，大约三分之一左右的中国家庭至少有一瓶速溶咖啡，这一事实让星巴克备受鼓舞。它正努力使咖啡成为平均年龄在18~45岁之间的中国消费者的首选。星巴克国际公司总裁哈沃德·贝哈坦言："在中国，咖啡的人均消费量很低，但是中国人口众多，所以这个市场将不断发展壮大。"近年来，星巴克的业绩并不尽如人意，但是在2010年，瘦身后的星巴克来了个大逆转，变得更加注重自身的产品，希望为自己塑造一个"公平交易"的形象。在学习本章的过程中，思考一下企业在进入国际市场时应该如何研究、分析和选择市场。[①]

企业进军国际市场的传统方式是首先选择进入自己熟悉或者地理上临近的市场。进入邻近市场对企业管理者而言是一件相对比较轻松的事情，因为他们往往已经与这些文化中的人们打过交道，对他们或多或少有一些了解。因此，加拿大、墨西哥和美国的企业通常都是在另外两个国家的市场上开始自己的国际化初体验。同样，亚洲国家的企业在去亚洲以外的国家和地区投资之前，大多也是先在本地区的国家挖掘机会。

但是，很多公司发现自己要比以往更加频繁地面对空间和文化造成的差异和隔阂。首先，通信和交通领域的技术进步使得全球范围内越来越多的市场被开拓出来。一些企业几乎可以将地球上的任何一个地方作为自己的潜在市场或者是潜在的经营场所。其次，区域市场（比如欧盟）的扩张也使得企业可以考虑与母国相距遥远的市场上存在的商机。企业越来越趋向于在区域市场内进行生产，因为这样一来，在向该区域内的消费者提供产品或者服务时它们就可以享受免税待遇。

---

① Alistair Dawber, "British Rebound Gave Starbucks a Lift," *Bloomberg Businessweek* (www. business-week.com), January 22, 2010; "Starbucks Fact Sheet" (www. starbucks. com), February 2008; Maria Bartiromo, "Howard Schultz on Reinventing Starbucks," *Bloomberg Businessweek* (www. businessweek. com), April 9, 2008; Starbucks Web site (www. starbucks. com), select repons.

迅速变化的全球市场迫使企业不得不从全球视角出发来制定商业战略。现在，生产、营销和其他方面的战略已经成为企业整体计划的一部分。举例来说，为了及时向生产环节提供信息，越来越多的企业选择将研发部门设在靠近海外生产工厂的地方。与此同时，管理者们也在不断筛选并分析可以作为潜在市场或者经营场所的国家和地区。当梅赛德斯公司决定针对美国市场推出 M 系 SUV 汽车时，公司管理层同时决定要在这里投资设厂，他们不仅评估了美国这个潜在汽车市场的规模，同时也认定这里是一个适合的生产地。

本章介绍系统筛选市场和生产地点的方法。在探讨了文化、政治、法律和经济等各个影响筛选过程的重要因素后，我们将话题转向进行国际调研的困难之处。接下来，我们将探讨获取现有市场数据的主要渠道以及进行一手的国际调研的主要方法。

12.1 筛选潜在市场和生产地点

在筛选潜在市场和生产地点的时候，企业管理者通常会受到两个至关重要的问题的困扰：首先，他们希望将调研成本控制在最低水平；其次，他们希望对每一个潜在市场和每一个可能的生产地点都进行一番调研。为了实现这两个目标，管理者可以把筛选过程划分为以下四个阶段（见图 12—1）：

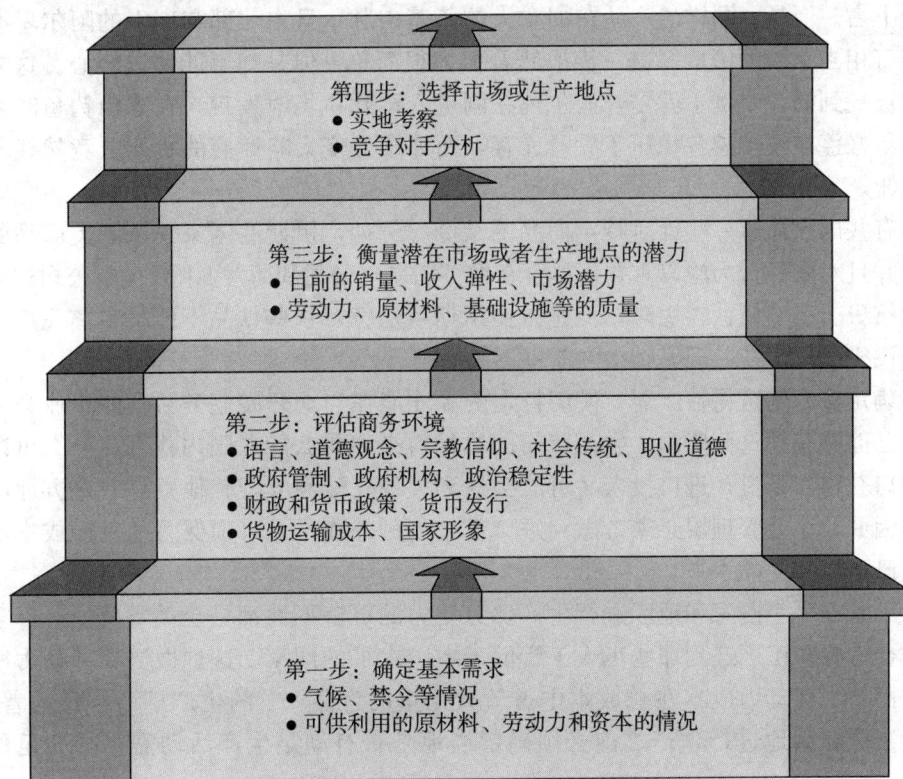

第四步：选择市场或生产地点
● 实地考察
● 竞争对手分析

第三步：衡量潜在市场或者生产地点的潜力
● 目前的销量、收入弹性、市场潜力
● 劳动力、原材料、基础设施等的质量

第二步：评估商务环境
● 语言、道德观念、宗教信仰、社会传统、职业道德
● 政府管制、政府机构、政治稳定性
● 财政和货币政策、货币发行
● 货物运输成本、国家形象

第一步：确定基本需求
● 气候、禁令等情况
● 可供利用的原材料、劳动力和资本的情况

图 12—1 潜在市场和生产地点的筛选过程

1. 确定基本需求；
2. 评估商务环境；
3. 衡量潜在市场或生产地点的潜力；
4. 选择市场或生产地点。

如上所示的筛选过程意味着企业需要为尚在后半段考虑范围内的潜在市场和生产地点花费更多的时间、金钱和精力。因此，代价不菲的可行性研究（在筛选过程的后半段完成）就只能是针对预期最有潜力的少数市场和地点的。这样做既可以有效降低筛选过程的成本，同时又不会遗漏任何潜在的市场或者生产地点。下面我们就来详细讨论一下上面提到的这四个步骤。

□ 12.1.1 第一步：确定基本需求

我们已经知道，企业之所以进入国际市场要么是为了提升销售额（进而提高利润），要么是为了获取更多的资源。所以，确定潜在市场的第一步就是评估对某一产品的基本需求。同样，选择生产、研发或者其他经营活动的地点的第一步也是考查所需资源的可得性。

确定基本需求 搜寻潜在市场的第一步是明确对于企业提供的某种产品是否存在需求。在这个过程中，一国的气候是极为重要的一个考虑因素。例如，没有哪家公司会在印度尼西亚、斯里兰卡或者是中美洲国家销售滑雪板，因为这些地方根本不会下雪。但是，同样的产品在加拿大的落基山脉、日本北部和瑞士的阿尔卑斯山则会有相当不错的销量。这一步虽然看上去很简单，但是却不能掉以轻心。这方面经常被提到的一个例子就是，沃尔玛在刚进入国际市场时发现，在冰山钓鱼时使用的简易帐篷在波多黎各积压了大量库存，而加拿大安大略商店的货架上竟然找不到雪地靴。

有些国家还有一些针对特定商品的禁令。例如，伊斯兰国家禁止酒类商品的进口，并且对走私行为施以重罚。尽管在像英国航空公司和荷兰 KLM 航空公司这样的国际航班上有酒精饮料供应，但是按照伊斯兰法律，这些饮品不能被带离飞机，并且在飞机飞离伊斯兰国家领空之前也不能饮用。

确定资源的可得性 需要使用特定资源才能在当地开展业务活动的企业必须确保自己能够获得这些资源。生产所需的原材料必须要么能在国内找到，要么可以通过进口获得。不过，进口投入品可能会遇到关税、配额或者其他贸易壁垒方面的麻烦。因此，企业管理层必须考虑到进口带来的额外成本，以确保总的生产成本不超出自己可以接受的水平。

不管在哪个国家和地区进行生产，劳动力的可获得性都是至关重要的。许多企业都会选择将工厂迁到那些工人工资低于本国水平的国家。这种做法在劳动力密集型产品——劳动力成本在总成本中占较大比重的产品——的生产厂商中最为普遍。企业决定在某地进行生产之前必须确定当地是否有满足生产活动需要的充足的劳动力。

希望在海外市场融资的企业，还必须确定当地资本的可得性及融资成本。如果当地的利率水平太高，企业可能就不得不从母国市场或者其他可能的市场上进行融资。另一方面，能够获得低成本融资对于那些正在寻求国际化扩张的企业来说，也是一个很大的动力。英国企业家理查德·布兰森在日本开设了多家维珍特大型商店，尽管人们素来都认为日本市场牢不可破。最初吸引布兰森到日本投资的一个原因就是，当地的融资成本大约只有英国的三分之一。

如果某个潜在市场和生产地点在对企业产品的基本需求或者是资源的可得性方面不满足条件，那么就没有必要进一步考虑它了。

□ 12.1.2　第二步：评估商务环境

如果所有国家的商务环境都一样的话，在哪里生产或者销售产品就成了一个非常简单的问题。根据反映当地经济状况的数据，管理者就可以分析出自己准备投资的项目的预期盈利。但是，正如我们在前面各章了解到的，各个国家在文化、政治、法律和经济方面千差万别。因此，管理者们必须努力理解这些差异的含义，并将这种理解运用到对潜在市场和生产地点的选择过程。下面我们就来考察一下一国的商务环境究竟对选址过程有着怎样的影响。

文化因素　虽然国与国之间在文化方面会具有一定的相似性，但是它们在语言、商业理念、宗教信仰、传统和习俗等很多方面都有很大的不同。有些产品只需要做很小的改动甚至是无须改动就可以行销全世界。这方面的例子从打包机等工业设备、牙刷和软饮料等消费品，到许多其他的产品和服务，不一而足。但是，多数其他商品都必须进行较大的改动才能适应不同地方消费者的偏好，比如书籍、杂志、即食食品等。

文化因素会影响到在一个市场上销售什么以及如何进行销售。企业必须评估潜在市场当地的文化对自己产品的适销程度的影响。以可口可乐公司在中国的遭遇为例。在中国，很多人用传统的中药来治疗感冒和流感。因此，人们发现可口可乐的味道和中药的味道——大多数中国人并不喜欢这种味道——很像。由于可口可乐的全球营销策略是在全球推行完全相同的口味，中国区的营销人员只能是想办法扭转中国消费者对可乐味道的反感印象。为此，可口可乐公司策划了一系列的营销活动，将购买可口可乐与体验美国文化联系起来。通过这些精心准备的营销活动，可口可乐在这个原本看起来毫无吸引力的市场上取得了巨大的成功。

商务环境中的文化因素同样会影响企业对生产地点的选择。当出于文化方面的考虑需要对产品进行较大改动时，企业可能就应该选择在目标市场建厂生产。但是，满足目标市场上顾客的特殊需要所带来的收益，必须能够抵消在不同地方而非同一个地方生产所造成的潜在规模经济的损失。现在，企业可以采用柔性制造方法来最小化这种损失。例如，尽管手机制造商诺基亚在全球各地进行生产，但是它却能保证每一家分厂都可以在 24 小时内生产针对其他市场的任何一款手机。

拥有一支高素质的劳动力队伍对于企业来说同样也是至关重要的，这与它在某地要开展什么活动无关。同样，当地劳动者较强的职业道德对于生产活动的开展也是极为重要的。管理者必须评估每一个潜在国家或地区的人们是否具备了进行生产、提供服务或任何其他商务活动所需的职业道德。当地员工是否接受了足够的教育来完成企业计划完成的商业活动，也是不容忽视的一个方面。虽然产品组装活动可能不需要员工接受过高等教育，但是产品的研发、高科技产品的生产和某些服务往往会对员工提出这样的要求。如果一个潜在国家或者地区的劳动者不具备适当的职业道德或受教育水平，那么企业也必须将它从进一步考虑的范围中剔除。

政治和法律因素 政治和法律因素同样会影响企业对市场或生产地点的选择。这方面主要包括政府管制、政府机构以及政治稳定性等。下面我们简要了解一下每个因素的影响。

政府管制。正如我们在前面的章节中所提到的，各国在文化、历史及当前局势方面存在的差异导致它们对待贸易和投资的态度也会有所区别。有些国家秉持强烈的民族主义立场，而其他政府则对国际贸易与外来投资表示欢迎。一国政府对待贸易和投资的态度可以体现在它对进出口以及外来投资所施加的管制的数量和类型上。

政府管制足以导致一个潜在市场或生产地点被剔除出进一步考虑的范围。首先，它们会制造投资壁垒以确保本国对企业或产业的控制。政府做到这一点的方法之一就是在公司所有权方面实施投资限制，例如规定外资企业必须采取合资形式等。

政府还可以通过全面禁止跨国公司参与国内某一经济领域的竞争来达到管制外来投资的目的。这样做通常是出于国家安全方面的考虑。电视、广播、汽车和飞机制造、能源开发、军工制造和钢铁生产等通常都是禁止外资进入的领域。这些产业之所以会受到保护，或者是因为它们与一国文化紧密相关，或者因为它们是经济增长的引擎，或是因为它们是重要的军事领域。东道国政府往往会担心失去对这些经济领域的控制就意味着将自己的命运交到了跨国公司的手里。

其次，政府可以限制跨国公司将在本国赚取的利润自由汇出。这种政策强行要求跨国公司要么在东道国持有现金，要么在东道国进行新的投资。东道国之所以会这样做，通常是因为它们自己无法获得足够的外汇来进口国内急需的物资。

再次，政府还可以实施严格的环境法规。在大多数工业化国家，以化工产品为主要产品或者副产品的企业都必须遵守严格的排污标准。环保法规通常会要求它们安装价格不菲的污染物处理设备，并且要对周围的空气、水和土壤的质量进行严密监控。这样做确实起到了保护环境的作用，但是也提高了企业短期内的生产成本。相比之下，很多发展中国家和新兴工业化国家在环保方面的管制要宽松得多。令人遗憾的是，有些企业将毒性原材料的生产转移到了新兴市场，利用当地宽松的环保法规达到降低生产成本的目的。这种行为受到了严厉的指责，被认为是极其不道德的，而且随着各国在建立一致的环保政策方面不断加强合作，这样的行为必将会受到抑制。

最后，政府还会要求企业披露某些信息。当印度政府要求可口可乐公司公开可乐的秘方，作为允许后者在该国从事经营活动的条件时，可口可乐公司选择了撤出印度市场。一直到后来印度政府降低要求后，它才重回该国。

政府机构。一个精简的、运作顺畅的政府机构会增强该国或该地区的吸引力。相反，如果从政府机构获得批准或许可的流程与环节太过繁杂、缺乏效率的话，相应市场对企业的吸引力也会降低。在很多发展中国家，即便是取得一个小零售商店的经营许可证这样看起来微不足道的事情，往往也要从各种机构拿到数不清的批文才行。这些机构的官员们一般都不在意自己能否提供高质量的服务。企业管理者们必须做好应付行政拖延和诸多错综复杂的规定的准备。比如，米雷康姆国际移动通信公司（Millicom）在坦桑尼亚的经理们必须等上 90 天，才能拿到每个月 100 万美元的移动电话设备进口海关许可。但是，考虑到当地庞大的市场潜力，米雷康姆公司不得不采取容忍的态度。

政治稳定性。每个国家的商务环境都或多或少会受到政治风险的影响。正如我们在第 3 章了解到的，政治风险是指一国出现给商业活动带来负面影响的政局变化的可能性。政治风险会威胁到出口商的市场、制造商的生产设备和企业转移在当地获得的利润的可能性。

政治风险中对企业影响最大的当属不可预见的政局变化：如果企业不能对未来的政治局势作出准确、全面的估计，那么政治风险无疑就会上升。预计到一个将带来负面影响的事件会在将来发生，这件事给企业造成的影响就不会太坏，因为企业可以早做准备并采取防范措施。真正会给企业带来政治风险的，是那些不可预见的负面事件。

管理者关于一个国家过去所发生的政治动荡的记忆通常会影响它们对这个市场上的政治风险的理解。但是，管理者也不能因为过去的经历就无视未来机会的存在。跨国公司必须尽力去监控并预测那些会对自身经营和未来盈利潜力造成威胁的政治事件。通过提前对政治环境进行调查，管理者就能够充分认识到政治风险并制定相应的应对方案。

但是，管理者从哪里才能找到这些问题的答案呢？他们可以委派公司员工去收集与某国政治风险程度相关的信息，或者是从专门提供政治风险服务的独立机构那里获取这些信息。熟悉某国或者地区当前政治局势的专家们的建议尤其有价值。这些专家包括国际银行家、政治顾问、记者、国别风险专家、国际关系学者、政治领导人、协会领导、使馆官员以及其他一些正在该国或地区工作和生活的商界人士。

经济和金融因素　在选择某地作为新的市场或生产地点之前，管理者必须仔细分析该国的经济政策。一国糟糕的财政政策和货币政策会导致通货膨胀率提高、财政赤字飙升、货币贬值、生产力水平下降、创新能力止步不前等。这些后果通常都会妨碍投资者的信心，迫使跨国公司缩小投资规模甚至是干脆取消原定的投资项目。例如，印度政府最终不得不废止了带有严格限制性的贸易和投资政策，转而采取更加开放的政策。新政策特别鼓励跨国公司在生产设备和研发方面的投入，尤其是对计算机软件行业的投资。

货币和流动性问题向跨国公司提出了特殊的挑战。货币价值的波动使得企业很难准确预测以本国货币计算的未来收益。货币价值的大幅波动还会导致企业很难计算出计划投资的项目所需的资金额。货币价值的不可预测的变动也使得清偿资产变得更加困难，因为较大的不确定性可能会使资本市场的流动性下降，像孟加拉国和斯洛伐克这样资本市场相对比较小的国家尤其如此。

除了从本国政府那里获取信息外，企业管理者还可以从世界银行、国际货币基金组织和亚洲开发银行等机构获取有关一国经济和金融状况的信息。各种类型的商业和经济类出版物也是不错的信息来源，网络上也有大量免费的信息。

其他因素　运输成本及一个国家的形象在评估一国商务环境的过程中也起着重要的作用。接下来我们就简单看一下这些因素的影响。

原材料和商品的运输成本。原材料和制成品的运输成本会影响到在哪里建立生产基地这一决策。有些产品从生产到分销所需的运输成本很低，但有些产品则要花费高额运费。物流是指从原材料投入生产开始到制成品最终到达消费者手中的整个物质流动过程。物流将生产活动与将产品运送到买方的活动联系了起来，包括各种形式的运输、储存和分销活动。

为了理解高效率的物流活动的重要性，我们来看看全球物流业这个价值高达4 000亿美元的行业。我们通常认为美国是一个高效的物流市场，因为这里有四通八达的州际公路和横贯东西的铁路线。但是，由于高速公路过于拥堵，平均每年大约有20亿人力时间被浪费在交通堵塞上，这相当于480亿美元的生产力损失。正是因为低效率的物流会给企业带来高额的成本，许多运输公司和货运港口都竭力为自己的服务做广告。

国家形象。因为国家形象体现了一国商务环境的各个方面，所以它与生产、研发和其他任何活动的选址决策都有着密切的关系。例如，国家形象会影响加工制造或组装活动的选址，因为产品通常必须贴上标明它是在哪里生产或组装的标签——比如"中国制造"或者"巴西组装"。虽然这些标签给不同产品带来的影响是不同的，但是它们却能反映重要的正面或负面形象，从而提升或者降低相关产品的销量。

在相对发达的国家制造的产品一般被认为比在欠发达国家制造的产品更有价值。[①] 这是因为在消费者看来，某些国家的劳动者在生产一些特殊商品方面拥有更高的技能。举例来说，日用消费品行业的两大巨头宝洁公司和联合利华公司都在越南设有工厂。但是，越南消费者却不太愿意购买这两家公司在当地生产的皓清牙膏和汰渍洗衣粉，而是更倾向于购买在邻国（比如泰国）生产的同一品牌的产品。就像一位年轻的越南消费者所说的："泰国产的汰渍更好闻。"在越南消费者心中有一个潜在的共识，那就是日本或新加坡的产品是最好的，泰国的次之。对于宝洁公司和联合利华公司来说更加不幸的是，许多来自这些其他国家的商品通过走私途径进入越南并在黑市上进行销售，这无疑影响到了它们在当地的销售收入。

一国形象对于某些产品来说可能是正面的，但是对其他一些产品来说则可能是负面的。例如，大众汽车公司为美国市场提供的新型甲壳虫轿车都是在墨西哥生产的，这一点并没有影响到该车型的销量。但是，如果被告知一辆纯手工打造的劳斯莱斯汽车是在墨西哥生产的，有钱的消费者们还会选择它么？因为劳斯莱斯汽车的购买者看中的是精心打造的奢华汽车形象，如果在墨西哥进行生产的话，那么劳斯莱斯的尊贵形象也将消失得干干净净。

最后，需要注意的是，国家形象也会随着时间的流逝而变化。例如，"印度制造"在过去一直与低技术含量的产品比如足球和各种纺织品等联系在一起。但是现在，世界一流的计算机软件公司越来越依赖印度南部的马德拉斯和班加罗尔附近地

---

① Johny K. Johansson, Ilkka A. Ronkainen, and Michael R. Czinkota, "Negative Country-of-Origin Effects: The Case of the New Russia," *Journal of International Business Studies*, 25: 1, pp. 157 - 176.

区的工程师的软件开发技术。

在讨论筛选过程的第二步"评估商务环境"的过程中，我们已经介绍了很多与传统商务活动有关的重要因素。关于与通过互联网成功进入国际市场有关的一些问题，请参见下面的专栏"全球经理人公文包：国际电子商务"。

全球经理人公文包

国际电子商务

通过互联网进入新市场正日渐成为大型跨国公司和企业家们进行扩张的主流做法。下面给出了在这样做的过程中，企业管理者需要考虑的一些问题：

市场进入问题

■ 基础设施。在大手笔投资于电子商务之前，要先调查清楚你的潜在客户是否能够很便利地接触到网络。此外，还要确定当地政府是否会开发先进的数字网络。

■ 内容。企业必须对信息传输过程中途经的每个国家的政策都有所了解，以便规避法律问题。这方面的主要问题包括保证广告的真实性、禁止诈骗、不包含带有暴力色彩、煽动性或色情的内容等。

■ 标准。我们并不是总能够清楚地知道哪个国家制定了关于开展电子商务活动的运营标准。但是，这些标准的设立可能成为将跨国企业挤出一国市场的非关税壁垒。

法律问题

■ 隐私权。电子商务的优势之一就是可以很便捷地收集到与消费者有关的信息，并运用这些信息提升企业的销售额。但是，有些国家的消费者组织认为这种收集客户信息的行为侵犯了消费者的隐私权。当消费者不了解这些信息已经被收集、将用做何处时，他们的抵触心理会很强烈。

■ 安全性。企业必须确保数据传输的安全，防止未经授权者使用或者修改数据信息。虽然现在已经有加密技术、密码控制和防火墙等安全技术措施，但是这些技术仍需要全球基础设施的支持。

■ 知识产权保护。国际条约可以管理并保护版权、数据库、专利权和商标。但是，由于有关互联网的被广为接受的法律框架尚未建立，知识产权仍是开展国际电子商务活动时需要注意的问题。

财务问题

■ 电子支付。在线使用信用卡是否安全仍是很多消费者关心的问题。储值卡、智能卡等全球电子支付系统目前仍处在不同发展阶段，它们的使用频率的提高有助于缓解消费者对很多安全问题的担忧。

■ 关税和税收。国际上关于电子交易应该由哪一方来交税以及向哪个国家交税的规定，目前仍不成熟。在如何处理这些问题方面，各个国家的看法有着天壤之别。

□小测验

1. 筛选过程可分为哪四个步骤？

2. 在确定潜在市场或生产地点的基本需求时需要考察的主要因素有哪些？
3. 在评估一国商务环境时需要考察的主要因素有哪些？
4. 运输成本和国家形象对选址决策有着怎样的影响？

□ 12.1.3 第三步：衡量潜在市场或生产地点的潜力

经过前两个步骤后，管理者要对剩下的国家和地区进行更进一步的分析评估，以便让潜在目标的数量更优化更适宜。在这些市场上尽管存在对产品的基本需求，而且国内商务环境也足够稳定，但是潜在顾客却可能因为各种理由还没有准备好或者是还没有能力去购买该公司的产品。尽管可以获得生产或营销所需的资源，但是有些市场的资源水平可能无法满足企业的需要。现在我们就继续探讨影响潜在市场或生产地点的适宜程度的其他一些因素。

衡量市场的潜力　随着全球范围内贸易壁垒的不断降低，很多企业都希望能同时提高自己在工业化市场和新兴市场上的销售额。但是，它们却不太可能针对每一个销售市场制定一份营销计划。不同国家处于不同的经济发展阶段这一点显然会影响到在该市场上销售何种产品、以何种方式进行销售，以及这些产品应该具有哪些特性等决策。同样，不同市场不同的经济发展水平要求采用不同的方法来研究特定市场的潜力。管理者应该如何评估对特定商品的潜在需求呢？我们先看一下分析工业化市场时需要考虑的一些因素，然后再考察分析新兴市场时的一种特殊工具。

工业化市场。收集评估一种产品在工业化国家市场上的潜力所需要的信息比在新兴市场上要容易。实际上，在最发达的市场上，有很多专门为企业提供市场数据的调研机构。欧瑞信息咨询公司就是一家这样的公司，它在消费品研究方面的工作遍及全球。该公司向许多跨国公司和企业家出售研究报告，并针对特定公司进行研究。一份典型的行业分析报告应该包括以下一些信息：

- 最大竞争对手的产品名称、产量和占领的市场份额；
- 该产品的进口量和出口量；
- 批发和零售分销网络的结构；
- 市场背景，包括人口特征、重要的社会发展趋势；
- 该市场上用于这种产品以及同类产品的总支出；
- 该产品的零售量及市场价格；
- 对于该市场及其潜在机会的展望。

由专业机构提供的这些信息的价值不言自明——这些报告对某种产品在一国市场上的规模和结构提供了一个概览。研究报告的成本各不相同（由市场和产品决定），但是通常在 750 美元到 1 500 美元之间。这家公司还允许客户通过在线支付方式购买某些小型细分市场的研究报告，最低只需要 20 美元。在后面的内容中，我们还会讨论获得此类市场信息的其他一些渠道。

因此，进入工业化国家市场的企业往往很容易就可以获得与该市场有关的大量信息。接下来非常重要的问题就是，预测一个潜在市场将会成长还是收缩。预测市场需求的方法之一是判断产品的收入弹性，即某产品的需求量对于收入变化的敏感程度。某产品的收入弹性系数可以用产品需求量变化的百分比除以收入变化的百分比计算得到。如果弹性系数大于 1，说明该产品是富有收入弹性的，也就是说随着收入的提高，对该产品的需求量将会以更大的比例增加。这类产品通常是非生活必需品，比如电脑、网络游戏、珠宝和高档家具等一般不是必不可少的商品。如果弹性系数小于 1，说明它是一种缺乏收入弹性的，也就是说随着收入的提高，对该产品的需求量只会以更小的比例增加。这类产品通常被认为是生活必需品，包括食品和饮料等。例如，假设碳酸饮料的收入弹性系数是 0.7，那么收入每提高 1 个百分点，对碳酸饮料的需求将增加 0.7 个百分点；相反，如果 MP3 的收入弹性系数是 1.3，则说明收入每提高 1 个百分点，对 MP3 的需求将增加 1.3 个百分点。

新兴市场。如今，大型新兴市场比以往任何时候都显得更加重要。几乎每一个开展国际化业务的大型公司都已经进入或者正在考虑进入像中国和印度这样的大型新兴市场。这些国家有着庞大的消费群体和较高的经济增长率，因而吸引着全世界的营销人员的关注。虽然这些国家的经济发展之路肯定不会一帆风顺，但是从长远来看它们绝对不可小觑。

考虑进入新兴市场的企业经常会碰到信息缺失方面的困难。比如，企业可能会因为一国收集数据的方法太落后而无法获得与该国市场规模或者市场潜力有关的数据。但是，企业还可以用其他方法来评估新兴市场的潜力。其中之一是用所谓的市场潜力指标来给不同国家或地区的发展水平排序，但是这种方法只对那些正在考虑向这些国家出口产品的企业有效。如果企业希望到某个新兴市场投资，那么就必须参考后面关于衡量潜在生产地点的讨论中将要考察的一些因素。下面给出的是市场潜力分析通常包括的一些主要指标[①]：

■ **市场规模。**市场规模提供了关于某一市场在任一时点的容量的简单信息。这一指标度量的不是某一产品的市场规模，而是整个经济的规模。有了市场规模数据，管理者就可以将各个国家按照规模大小进行排序，而不必考虑某种特定的产品。市场规模通常是根据一国人口总量或生产和消费的能源总量来估计的。

■ **市场成长率。**这一指标反映了这样一个事实，即市场（经济）的成长率和它的总体容量同样重要。它可以帮助管理者避免进入那些尽管规模很大但是却在不断萎缩的市场，并将目标锁定在那些规模虽然较小但是却正在迅速扩张的市场。市场成长率一般可以通过估计国内生产总值增长率和能源消费量的增长率来获得。

■ **市场强度。**这一指标从个人和企业支出的角度来估计一个市场的财富量和购买力。它可以用人均消费量和（或）基于购买力平价的人均国内生产总值来估计（见第 4 章）。

■ **市场消费能力。**这一指标旨在估计市场的支出能力。它可以用中产阶级占总人口的百分比来估计，因此它关注的是一国经济的核心购买力。

■ **商业基础设施。**这个指标被用来评估一国的分销和信息沟通渠道。这类变量包括电话、电视、传真和个人电脑的人均保有量，公路的密集度或者汽车的人

---

① This discussion is based on S. Tamer Cavusgil, "Measuring the Potential of Emerging Markets: An Indexing Approach," *Business Horizons*, January-February 1997, pp. 87-91; "Market Potential Indicators for Emerging Markets," Michigan State University CIBER (www. ciber. bus. msu. edu).

均保有量，以及每个零售点覆盖的人口数量。对于依靠网络进行销售的企业来说，还有一个正变得越来越重要的变量——人均拥有的互联网服务器的数量。但是，因为这些数据的时效性非常强，所以企业必须确保通过最新的渠道来获取最准确的信息。

■ 经济自由度。这一指标可以用来估计自由市场规则在市场中的主导程度。一般来说，是对政府的贸易政策、政府对商业活动的参与程度、财产权的保护程度和黑市等因素的综合度量。通过自由之家（www. freedomhouse. org）每年公布的年度报告《世界自由》（*Freedom in the World*）可以获得相关信息。

■ 市场接受能力。这一指标用来评估市场的开放程度。构建这一指标的方法之一是利用一国的国际贸易总量占国内生产总值的比重。如果一家企业想要了解一个市场对其母国产品的接受度如何，它可以使用该市场从母国市场的人均进口量这一指标。此外，企业管理者还可以使用进口量的增长（或下降）速度来判断一个市场对自己产品的接受能力。

■ 国家风险。这一指标旨在估计在一国开展商业活动的总体风险，包括政治、经济和金融风险。有些市场潜力评估方法把这一指标合并到市场接受能力指标中。这一指标可以从许多评定不同国家风险等级的服务机构获得，例如政治风险服务机构（Political Risk Service）。

在对上述因素逐一进行分析之后，可以按照每个因素对特定产品需求的重要程度赋予不同的权重。这样一来，各个潜在市场就可以按照各自的吸引力来排序（每个市场都对应一个市场潜力值），从而挑选出新的市场。

衡量生产地点的潜力 在这一步中，企业管理者必须审慎地评估他们将利用的当地资源的质量。对于许多企业来说，这其中最重要的就是人力资源——既包括普通劳动者也包括管理人员。有些市场工资水平相对较低，这可能是因为其劳动力资源丰富，也可能是因为劳动者技能水平相对较差（虽然他们可能也接受了良好的教育），或者是两者兼而有之。员工们可能接受过也可能没有接受过足够的训练来生产某种商品或者从事某些研发活动。如果他们没有接受过足够的培训，那么在企业选址过程中就必须考虑到培训所需花费的费用和时间。

对当地管理者进行培训同样需要投入大量的时间和金钱。缺乏合格的本土管理者有时会导致企业不得不从母国派遣管理人员到当地工作。这会增加公司的成本，因为母国管理人员被调配到当地市场时通常会要求一笔不低的补偿金。此外，企业还需要评估当地劳动者和管理人员的生产力。毕竟，低工资通常意味着较低的劳动生产力水平。

在评估生产地点的潜力时，企业管理者还需要考察当地的基础设施情况，比如道路、桥梁、机场、港口和电信系统等，其中的任何一项都会严重影响到原材料和产品的运输效率。目前，对于许多公司来说很重要的一个考虑方面就是一国的电信设施。现在，很多商业活动都是通过电子邮件完成的，很多公司要依靠电子信息处理系统来处理订单、存货和生产战略等必须在不同国家的子公司之间进行协调的事务。因此，管理者必须认真考察每一个潜在生产地点，并确定它们在多大程度上符合当代通信手段的要求。

□ 12.1.4　第四步：选择市场或生产地点

这是筛选过程的最后一步，也是需要我们花费最多精力来评估剩余的潜在市场和生产地点——通常少于一打，有时只有一两个——的一步。在这一步骤中，企业管理者通常希望逐一到备选地点去考察，以验证先前的预期并对竞争对手进行分析。同时，他们一般要对所提议的投资项目进行财务评估，以便评价每一个潜在地点对现金流的贡献度。关于这个分析过程的专业性和技术性介绍，读者可以从与公司财务有关的教科书中找到。

实地考察　高层管理人员对每个备选的潜在市场或生产地点进行实地考察的重要性不言自明。这种实地考察通常包括参加一系列的会议和艰难的谈判活动。考察也给管理者提供了直接接触市场的机会，而在此之前一切都是纸上谈兵。现在，他们有机会亲身体验当地的文化，观察可能将要受雇于他们的劳动者，或者是与潜在的新客户和经销商进行私人接洽。似乎遗留的所有问题都可能在实地考察过程中进行研究，以便在选定某个特定的市场和生产地址前能够准确理解所有协议中的每一个条款。接下来，管理者通常就可以返回所选定的国家或地区，将最终协议以书面形式确定下来。

竞争对手分析　因为我们在第 11 章中已经详细介绍了如何对竞争对手进行分析，因此这里只做一个简单的评论。高度竞争的市场通常会给企业施加向消费者收取较低价格的压力。此外，生产和研发地激烈的竞争还会导致企业商务活动的成本增加，显然由于竞争导致的低价格和高成本要通过该市场或生产地能够带来的潜在利润水平来平衡。因此，对竞争对手的分析至少应该考虑以下几个方面的问题：

- 每个市场上（国内和国际）的竞争对手的数量；
- 每个竞争对手所占有的市场份额；
- 每个竞争对手的产品是对某一细分市场有吸引力还是对广大消费者都有吸引力；
- 每个竞争对手是看重产品的高质量还是低价格；
- 竞争对手是否牢牢控制着分销渠道；
- 竞争对手的顾客忠诚度如何；
- 替代产品的潜在威胁有多大；
- 可能进入该市场的新竞争对手；
- 竞争对手对主要投入品（如劳动力、资本和原材料）的控制程度。

到目前为止，我们已经介绍了很多企业在选择新的市场或生产地点时通常会遵循的一种模式。我们了解了企业在筛选过程中经历的各个步骤，但是我们还不清楚它们如何来完成这一复杂的任务。下面我们就来探讨一下企业在国际化背景下进行市场调研时可能会碰到的一些情况，以及它们在调研过程中会用到的具体的工具。

□**小测验**

1. 收入弹性在衡量市场潜力时的作用是什么？

2. 指出市场潜力指标的主要构成，为什么说该指标对评估新兴市场很有帮助？
3. 在衡量生产地点的潜力时要考虑的重要因素有哪些？
4. 为什么筛选过程最后一步中的实地考察和竞争对手分析很有必要？

12.2　国际调研

国际竞争的加剧迫使企业在选择新的市场和生产地点之前，必须进行高质量的调研和分析工作。企业发现，这样的调研能帮助它们更好地了解国外消费者的行为及商务环境。市场调研就是收集并分析可以帮助管理者作出明智决策的信息的过程。我们之所以要提及市场调研，是为了把它应用到对潜在市场和生产地点的评估中。国际市场调研不仅可以提供与一国商务环境有关的信息，包括文化习惯、政治、法律法规和经济等，还可以使管理者了解一国市场的规模、消费者行为、物流和分销系统等方面的信息。

针对新市场进行调研有助于制定企业的营销战略、理解消费者的偏好和立场。例如，在法国行之有效的方案到了新加坡可能根本就行不通。市场调研还可以使管理者在选定新目标之前，了解当地的商务环境，比如就业率、工资水平和基础设施的状况等。此外，市场调研还及时为管理者提供了相关的市场信息，以便预测市场的变动、当前法规的调整，以及可能进入该市场的新竞争对手。

在这一部分，我们首先介绍一下企业在进行国际调研时面临的一些常见问题，接下来探讨管理者进行潜在地点评估时可以参考的信息来源，最后再来研究一下进行一手的国际调研常用的方法。

□ 12.2.1　进行国际调研面临的难题

市场调研在所有国家的作用本质上是一样的。但是，各国独特的条件和环境带来的困难迫使企业要针对具体对象来调整调研方式。对于自己进行市场调研的企业来说，清楚地认识到自己可能会面临的障碍是很重要的，因为只有这样调研的结果才是可靠的。那些聘请外部机构来完成调研工作的企业同样也要充分认识到这些困难。毕竟，它们要对调研结果进行评估，并确定这些结果与选址决策之间的相关性。我们将探讨以下三个与国际市场调研相关的主要难题：

1. 数据的可获得性；
2. 数据的可比性；
3. 文化差异。

数据的可获得性　在尝试把某个特定的细分人群设定为目标对象时，营销经理需要十分详尽的信息。值得庆幸的是，企业通常不需要再花费时间、金钱和精力去收集第一手的数据，因为这些工作已经有人完成了。在像澳大利亚、加拿大、日本、西欧国家和美国这样的高度工业化的国家，更是这样，政府机构和私人调研公司都可以提供相关的信息。例如，信息资源公司（www.infored.com）、调查研究集团（www. surveyresearchgroup. com）以及 AC 尼尔森市场调查公司（www. acnielson. com）就是这方面的三个典型代表。

但是，在许多新兴市场国家和发展中国家，事先收集好的有效信息很难获得。即便能够找到，数据的可靠性也有待商榷。例如，分析家们有时会指控一些新兴市场国家的政府试图通过高估本国总收入和消费水平来吸引投资者。除了故意欺瞒之外，信息的不准确还可能源于当地不恰当的信息采集方式和分析技术。但是，一些在新兴市场和发展中国家专门为工业化国家的客户收集数据的研究机构正在努力提高自身在这方面的作为。例如，为了满足西方国家企业对更精确的市场调研的需要，信息提供商和民意调查机构盖洛普正雄心勃勃地准备将其业务扩张到整个东南亚。

数据的可比性 在对从不同国家得到的数据加以解释时必须保持慎重。因为不同国家关于贫穷、消费、文化程度等的界定千差万别，所以提到这类数据时必须给出准确的定义。例如，在美国，一个四口之家如果家庭年收入低于 20 000 美元，就被称为处于贫困线之下。[1] 但是，同样的收入水平对于越南的一个四口之家来说，可以称得上是高收入阶层了。

各个国家测量数据的方法不同也会影响到它们之间数据的可比性。例如，有些国家用货币价值来确定在该国的外商直接投资总量，有些国家则用该年度实施的投资项目数量来确定。但是，在工业化国家进行一项投资需要的资金额可能是发展中国家数个投资项目金额的几倍。因此，要想对一国的外商直接投资状况有全面的了解，与以上两个指标相关的数据都必不可少。另外，对外公布的统计数据可能并没有将外商直接投资（控制管理权）和有价证券投资（与管理权无关）区分开来。如果因为不了解数据是用什么方式收集和测度的而导致对数据的错误解读，即便是再完美的营销方案和生产战略，也无法实现既定目标。

文化差异 在自己不熟悉的市场上进行调研的营销人员必须留意文化是如何影响你所获得的信息的。其中最重要的可能要属语言方面的差异。例如，如果研究人员没有掌握他们进行调研的市场所使用的语言，那么他们就不得不求助于翻译人员，而后者可能会在无意中曲解某些评论，或者是无法准确传达评论者的情绪。

调研人员可能还需要借助用当地语言做成的问卷对潜在的消费者进行调查。为了避免对调研问题或者结果的表述出现错误，调研问卷首先必须被翻译成目标市场所使用的语言，然后再将问卷的调查结果重新翻译成调研人员所使用的语言。问卷的书面表达必须高度准确，这样才不至于让问卷结果变得毫无意义，或更糟糕的结果——产生误导。当地人的识字率也会影响书面调查的结论。在文盲率较高的国家，比如摩洛哥（48%）、尼日利亚（31%）、巴基斯坦（50%），几乎无法进行问卷调查。[2] 在这样的情况下，调研人员可能需要选择不同的信息收集方式，例如面对面地访谈或是观察消费者的购买行为。

那些缺乏在不熟悉的市场进行调研的经验的企业往往会雇用当地的机构来完成部分或整个市场调研活动。当地的调研人员更了解当地的文化环境。他们不仅知道

---

① Erik Eckholm, "Recession Raises Poverty Rate to a 15-Year High," *New York Times* （www. nytimes. com），September 16，2010.

② Data obtained from *World Development Indicators Database* （www. worldbank. org）.

哪些做法是可以被接受的、哪些问题是可以问的，而且还知道找谁才能得到某种类型的信息。另外，最重要的是，他们知道应该如何解读收集到的信息，并且能够判断这些信息的可靠性。但是，如果一家企业决定亲自进行市场调研，那么在必要的时候，它必须采取适合当地市场的调研方法。许多在母国市场看来理所当然的因素，到了东道国可能就需要重新评估、考量。

□ 12.2.2　间接国际数据的来源

企业可以通过各种途径来获取与一国商务环境和市场有关的信息。企业管理者具体应该参考从哪个途径获取的信息，则取决于企业所在的行业、正在考虑的国别市场及其选址过程的进展情况。获取企业内部已有的或者是通过外部渠道得到的信息的过程被称为间接市场调研。管理者经常利用间接市场调研活动所收集的信息来估计对某种产品的市场需求，或者是对一国的商务环境形成一般性的认识。获取间接数据的费用相对来说比较低，因为已经有其他机构收集、分析并总结过这些数据了。下面我们就来看一下能够帮助管理者作出更好的选址决策的间接数据的主要来源。

国际组织　各种国际组织是获取与某个国家的产品需求有关的免费或低价信息的很好来源。例如，联合国出版的《国际贸易统计年鉴》中不仅给出了每个国家不同产品的进出口量，还提供了各国最近五年的出口总值和进口总值。总部位于瑞士日内瓦的国际贸易中心也提供一百多个国家最新的进出口数据。

世界银行、国际货币基金组织和亚洲开发银行等国际发展机构也是不错的选择。例如，世界银行可提供每个成员国每年的人口和经济增长率等方面的数据。现在，大多数机构都通过网络和传统纸质材料两种途径提供这些数据。

政府机构　大多数国家的商务部门和国际贸易机构都会提供与进出口法规、质量标准和各个市场的规模有关的信息。这些数据大多可以直接从相关部门、机构和驻外使领馆的商务专员处获得。实际上，在实地考察潜在市场时拜访当地大使馆并参与它们的社会活动，是与未来潜在客户进行接触的不错方法。

当然，由东道国提供的经过精心处理的信息往往会略去一国商务环境存在的潜在问题——政府总是希望把本国最好的一面展现出来。出于同样的原因，这类信息对母国市场的刻画往往是不完全的或片面的。因此，对企业管理者来说，寻找其他能够客观评价潜在市场的信息来源也是非常重要的。

美国中央情报局出版的《世界真相》（www.cia.gov）给企业提供了一个更广博的视角。在整个市场和生产地点筛选过程中，本书都能提供很好的指导，因为它提供了大量与各个国家的商务环境有关的真实信息。该书详细说明了每个国家的地理、气候、地形、自然资源、土地使用情况和重要的环保问题；另外，本书还考察了每个国家的文化、官僚体制和经济条件，包括政府债务和汇率问题等。此外，书中还有关于每个国家的交通和通信系统的质量的简要说明。

隶属于美国商务部的贸易信息中心（www.export.gov）是许多进出口商的首选信息来源。该中心不仅提供了与其他国家产品质量标准有关的详细说明，而且就各国市场机会和最佳前景给出了建议。它还提供与联邦政府出口资助项目有关的信息，这对于第一次从事出口的企业来说是最重要的。该中心提供的其他信息还包括：

- 一国与贸易有关的法律和其他规章制度；
- 贸易展会、贸易考察团和其他重大事项；
- 针对特定国家的出口建议；
- 进口关税和海关程序；
- 对其他国家的出口总值。

近年来，智利外交部下属的智利贸易委员会在向世界其他国家宣传智利方面表现得极为抢眼。智利贸促会（www.chileinfo.com）在世界各地设立了35家商务办事处。该组织在促进出口提升、建立国际商务关系、促进国际贸易、吸引投资和构建战略联盟方面起到了积极作用。它还提供大量关于智利重点产业、风险等级等商务环境方面的信息。另外，贸促会还提供了出口商、进口商和投资者需要引起注意的重要贸易法规和标准方面的信息。[①]

许多国家的州或省级商务部门也会在其他国家设立旨在促进贸易与投资的办事处。这些办事处大多鼓励外国企业去它们代表的地方投资，有时还会帮助外国企业向当地出口。例如，洛林发展公司就是法国洛林地区设在亚特兰大的一家旨在促进对洛林地区投资的办事处。该公司会帮助美国企业评估洛林地区一个很受欢迎的工业投资区的潜在市场机会。它可以提供与选址、建厂、融资、法国及欧盟的商务环境有关的各种信息，每年还会为投资者举办10～20次选址调研活动。

最后，很多政府还向来自各国的商人开放它们的图书馆。例如，位于东京市中心的日本贸易振兴机构（www.jetro.com）拥有一座大型图书馆，已经进入日本市场的跨国公司可免费获取里面的贸易数据。此外，该机构的网站对于那些希望评估日本市场潜力以便选择时机进入该市场的公司来说，也是非常有帮助的。该组织除了支持日本企业走向海外，还致力于为有兴趣对日本出口或在日本投资的公司服务。

行业和贸易协会 企业通常会加入一些由同行业或同业务领域内的企业组成的协会。尤其是那些正在尝试打入新市场的企业，它们希望通过加入这些协会来接触同行。这些组织的出版物有助于其成员了解到最新动态，帮助管理者追踪重大事件和商机。许多协会还为国内市场出版有关进出口数据的特刊。它们还经常编制一些列有会员公司的高管、经营范围以及电话号码和地址之类联系方式等内容的企业名录。现在，很多协会还建立了内容丰富的网站。这方面两个很有意思的例子是全美意大利面食协会（www.ilovepasta.com）和全美洋葱协会（www.onions-usa.org）的网站。

有时，行业和贸易协会也会委托其他机构针对本行业展开专门的调研，然后以优惠价格将调研结果提供给会员。这类调研大多针对非常重要的问题或是希望寻找可以进行国际扩张的新机会。例如，美国全国糖果制造商协会（www.chocolateusa.com）和华盛顿州的华盛顿苹果委员会（www.bestapples.com）就曾经聘请某调研公司针对中国的甜食爱好者进行了一项调研。后来，这次调研的结果被提供给两个协会中的每

---

① Information obtained from the ProChile Web site (www.chileinfo.com).

个会员企业，以便它们采取恰当的行动。

服务性组织　银行、保险、管理咨询和会计等行业的许多国际服务性组织也可以为客户提供关于某个市场的文化、法规和金融状况等的信息。例如，安永公司出版了包括大多数国家在内的（在 xxx 做生意）系列丛书。每本书都囊括了与某个特定国家相关的商务环境、外商投资法规、企业形式、劳动力状况、税收和文化等方面的信息。

此外，还有些公司提供了与世界市场某方面有关的特定信息或整体概况。有需要的企业可以通过它们了解目标市场的人口统计学特征、生活方式、消费数据、消费者行为特征及广告等方面的专业研究。

互联网和万维网　从事国际商务活动的企业逐渐意识到了互联网和万维网上提供的间接调研信息的巨大价值。这些网络资源往往很易于获得，而且信息量巨大。LEXIS-NEXIS（www.lexisnexis.com）是世界领先的市场信息在线提供商之一。通过该网站，可以获知世界各地新闻报道的全文且这些新闻会实时进行更新。此外，它还提供一些特殊的服务，比如有关很多跨国公司的企业高管人员、产品、财务状况、营销战略和公共关系等方面的信息。DIALOG（www.dialog.com）和道琼斯（www.dj.com）也是很受欢迎的在线信息提供商。谷歌和雅虎等搜索引擎也有助于企业缩小可用电子资源的范围。

在搜寻与潜在生产地点有关的信息时，互联网的作用尤其明显。因为到最有潜力的目标国家或地区进行实地考察的成本往往太高，在线信息有助于节省大量的时间和金钱。例如，你可以先从大型在线信息提供商的网站搜寻与某个特定国家或地区有关的信息。然后缩小你搜索的主题范围比如文化、经济状况或者某个特定产业，这样就可以找到哪些国家或地区的市场前景更好、哪些稍差的线索。

□小测验

1. 进行间接市场调研的好处有哪些？
2. 在国际市场上进行调研的三个主要困难是什么？简要说明每一个方面。
3. 获取间接市场调研数据的主要渠道有哪些？

□ 12.2.3　开展原始资料国际调研的方法

虽然在筛选过程的初级阶段，间接市场调研可以提供大量有价值的信息，但是有时候我们还需要专门针对某个市场的信息。这种情况下就非常有必要进行原始资料调研——收集并分析原始数据并将结果应用到当前研究的过程。这种类型的信息有利于填补间接调研时留下的空白。但是，获得这类数据的成本往往比间接调研更高，因为必须进行全面的调查研究。下面我们就来探讨一下企业在选址过程中经常用到的一些调研方法。

贸易展会和贸易考察团　贸易展会是指供一个或多个行业的企业展示最新产品、了解竞争对手活动以及考察当前趋势和机会的展览会。实际上，各个国家几乎都有这种类型的展会，并且吸引了来自世界各地的公司参与。贸易展会一般是由本国或者国际性的行业贸易协会举办的，当然也可能是由政府举办的。通过 Expo Central（www. expocentral. com），可以了解有关各国贸易展会的信息。

显然，不同国家的贸易展会的形式和内容也不尽相同。例如，由于美国的国内市场很大，所以它举办的展会往往是针对美国市场上的商业机会。与美国的文化相似，展会的氛围很随意，人们几乎和碰到的每一个人交换名片——不管他们的名片制作得多么简单。相反，因为德国的国内市场较小，而且它是欧盟成员国，所以在那里举办的展会就更国际化，可以在整个欧洲市场上挖掘商业机会。展会往往非常正式，人们也只和希望与之建立商务关系的人交换名片。关于企业如何利用贸易展会和其他途径开拓海外市场的更多内容，请参见下面的专栏："企业家工具包：你能从世界市场上获益么"。

企业家工具包

你能从世界市场上获益么

私营业主或小企业怎样才能在国际市场上拥有一席之地呢？他们应该如何与大型跨国公司相竞争呢？这些并不容易做到，但也不是完全不可能的。首先，小公司在进入全球市场之前必须做大量的准备工作。走向国际化是一项长期投资，而准备工作则是决定成败的关键。同时，它们还必须做好投入大量资金的准备。一家小企业用于基本市场调研、参加贸易展会或者实地考察一两个国家的费用在 1 万到 2 万美元不等。下面给出了两个小公司在走向国际化的不同阶段如何在国际市场寻找商机的例子。

■ 新泽西州蒙特维尔的 Lucille Farms 公司主要生产并销售奶酪制品。公司首席执行官法利维纳（Alfonso Falivene）正在小心地尝试进入国际市场。他最近加入了美国日常出口品委员会（U. S. Daily Export Council），该委员会不仅可以向成员提供包括到海外考察新的业务机会和海外市场竞争状况的服务，还提供大量与国际市场相关的免费信息。法利维纳这样说道："我的办公室堆放着很多资料。如果我自己出去收集这些信息的话，可能得花好几万美元。"

■ 明尼苏达州温纳贝戈的 Meter-Man 公司专门生产农用测量装置。当 Meter-Man 决定进入国际市场的时候，它把贸易展会看作获取市场信息建立合作关系的重要方式。在巴黎举办的一场为期 5 天的农业交易会上，公司的管理层与潜在客户举行了 21 场会谈，并与一家业务覆盖全巴黎的大经销商签订了合约，由后者担任 Meter-Man 在当地市场的代理商。Meter-Man 公司销售和营销部主管詹姆斯·奈夫飞往西班牙巴塞罗那参加贸易展会时，在飞机上和坐在身边的人一见如故相谈甚欢，结果对方回馈了一笔 20 万美元的订单，现在这个人已经成为 Meter-Man 公司在南美市场的主要经销商。

另一方面，贸易考察团则是国家或省级政府组织政府官员和商界人士进行的国际考察，目的是挖掘商业机会。参加贸易考察团的商业人士通常会被介绍给重要的商界人士和政府高官。

出于以下两个方面的考虑，中小企业比较愿意参加贸易考察团：第一，有了政府的支持，它们可以在目标市场上享有一些特权，或者是结识一些它们原本没有机会认识的官员和商界人物；第二，虽然有时候这类考察的花费对小公司来说是一笔不小的支出，但是因为总能带来有利可图的回报，所以这笔钱花得很值得。如果要考察的目的地距离本国比较远的话，一次考察要走访好几个国家，以便使企业投入的时间和金钱得到最高的回报。例如，组织欧洲商务人士去拉丁美洲考察的话，可能会同时前往阿根廷、巴西、智利、墨西哥等几个国家。北美或者欧洲公司组织的亚洲考察团则可能要在中国、日本、韩国和泰国等地停留。

调查访问和小组座谈会　虽然行业数据对于处在筛选过程初期的企业非常有价值，但是在此之后还必须评估消费者的情绪、态度和文化信仰等。行业数据无法告诉我们消费者对一家企业或者其生产的产品的感受，在决定是否进入某个市场及之后制定有效的营销计划的过程中，又非常需要这类信息。因此，许多公司在大规模收集国别数据的同时，也会做一些其他形式的调研，比如对潜在顾客进行调查访问。当然，如果想获得可靠、客观公正的信息，在进行访谈时就必须非常仔细。在有些国家，被调查对象可能不愿意回答某些问题，或者有意作出模糊、误导性的回答以免触及个人隐私。例如，尽管美国人向来不介意坦陈他们的购物习惯甚至是私人生活等各方面的信息，但对其他很多国家的人们来说，这样做相当困难。

由一位主持人对一个小群体进行随意但是深入的访问，以了解该群体对某个公司或其产品的看法，这种做法叫作小组座谈会（focus group）。主持人可以引导小组成员就某个话题展开讨论，但是要尽量少插话，以免影响他们自由交流。访问过程会被记录下来，以便于随后进行评估，进而确定被访问者中反复出现的或者主流的观点。这种调研方式可以帮助营销人员发现购买者的负面意见，并据此制定修正性的营销战略。由于受访者在口头表达或者肢体语言上的细微差别很容易被忽视，所以只有当主持人是土生土长的本地人时，小组座谈会才能达到最好的效果。颇为讽刺的是，在崇尚集体主义的文化（参见第 2 章）中，有时很难进行小组座谈会，因为这些国家的人们会倾向于附和小组中其他成员的意见。在这种情况下，可以尝试采用消费者代表小组（consumer pannel）的方法，即要求人们将自己的态度、购买行为、消费习惯等信息记录在私人日记中的方法。

调查　调查者要求当前或潜在消费者回答一些书面或口头问题，以此来了解一些事实、观点或者态度的做法叫作调查。例如，假设 Saucony 公司想了解消费者对它新推出的某款女士健身鞋的看法如何，那么它就可以选择一些女性进行调查，口头调查可以当面进行，也可以通过电话方式来完成，而书面调查则可以当面、发送邮件或者是通过公司网站来完成。接下来公司再将这些结果制作成表格并加以分析，再制定新的营销计划。

调查研究的最大优点是能够一次性收集到大量数据。但是，调查的方法必须与当地市场相适应。例如，针对工业化国家的调查可以采用任何技术方法来完成，电话或互联网均可。但是，在孟加拉国电话调查基本不可能，因为只有少数孟加拉人才有电话。同样，尽管通过网站进行调查十分便捷，但是要谨记的一点是，即使是在工业化国家也只有在对中等和高等收入家庭进行调查时才会采用这种方式。

其他一些原因也可能会妨碍书面调查的顺利进行。有些国家的邮政服务很糟糕，包裹送到邮局几个星期甚至几个月之后才会进行投递，有些还会因为被盗或者遗失而永远送不到了。另外，在文盲率高的国家自然也无法进行书面调查，不过有时候可以通过口头提问、口头反馈的方式来克服这个问题。

环境扫描 　出于战术或者战略目的而持续进行信息的收集、分析和处理的过程被称为环境扫描。环境扫描过程需要获得与公司所处的或者打算涉足的商务环境有关的客观信息和主观信息。持续关注其他地区发生的事件，可以帮助管理者发现潜在的机会和威胁，从而使企业财务损失最小化，同时获得更高的回报。环境扫描不仅可以帮助管理者作出准确的决策、制定有效的战略，还可以帮助企业针对多变的环境制定应变方案。

□小测验

1. 原始调研与间接调研的区别是什么？
2. 进行原始调研的方法主要有什么？
3. 进行国际市场调研的主要困难是什么？

12.3　结束语

为了适应业务范围越来越广、竞争越来越激烈的全球商务环境，企业需要遵照综合了各种调研方法的系统过程来筛选潜在市场和生产地点。本章介绍了一种筛选潜在新市场和生产地点的系统方法。但是，这只是企业走向国际化的第一步。接下来还要实际进入选定市场，开展海外经营活动。在下一章中，我们将探讨企业可以选择的几种进入海外市场的模式，它们应该如何获得开展业务所需要的资源，以及如何管理分布在世界各地的国际商务活动。

本章小结

1. 说明市场和生产地点筛选过程包括的四个步骤：

第一步包括确定潜在市场的基本需求（如对产品的基本需求）和/或评估生产资料（如原材料、劳动力、资本）的可获得性。

筛选过程的第二步是评估市场和生产地点的商务环境，包括对当地文化、政治和法律因素（如政府机构、政治稳定性）以及经济变量（如财政政策和货币政策）的考察。

筛选过程的第三步是测度每个市场的潜力（如市场的规模和成长率、市场潜力指标）和/或是否适合开展业务（如工人、管理人员、原材料和基础设施的可获得性）。

在筛选过程的第四步中，管理者通常会逐一考查每个候选地点，并作出最终的决策（如竞争对手分析、财务评估等）。

2. 说明进行国际市场调研的三个主要困难：

市场的特殊条件和环境给调研过程造成了三个主要困难，使得企业在不同国家进行调研时必须不断调整调研方法。

数据的可获得性：除了故意的瞒报外，不恰当的信息采集方式和分析技术导致有时候很难获得高质量、可靠的信息。

数据的可比性：像贫困、消费量、文化程度这样的术语在不同国家有不同的含义。衡量统计数据的方法不同也会影响数据的可比性。

文化差异：企业在进入一个不熟悉的市场时经常会雇用当地机构来进行市场调研，因此后者更清楚哪些做法是可以被接受的，哪些问题是可以问的，以及如何解读所收集到的信息、信息的可靠性如何等。

3. 指出间接国际数据的主要来源并解释它们的用途：

获取公司内部已有的或者能够通过外部渠道得到的信息的过程被称作间接市场调研。

包括世界银行、国际货币基金组织等国际发展机构在内的国际组织大多免费或低价提供与某个国家的产品需求有关的信息。

政府机构，比如商务部门和国际贸易机构可提供与进出口法规、质量标准和各个市场的规模有关的信息。

行业和贸易协会的出版物可以帮助管理者不要错过重大事件和商机。

像银行、保险、管理资源和会计等领域的很多国际服务性组织也可以为客户提供与某个市场的文化、法规和金融状况相关的信息。

4. 描述进行原始资料国际调研的主要方法：

收集、分析原始数据并将结果应用到当前调研中的过程叫做原始资料调研。

贸易展会是供一个或多个行业的企业展示最新产品、了解竞争对手动向、考察当前趋势和机会的展览会。

贸易考察团是由国家或省级政府组织政府官员和商界人士进行的国际调查，其目的是挖掘潜在的商业机会。

企业可以用调查访问的方式来评估消费者的情绪、态度和文化信仰等。

小组座谈会是指由一位主持人对一个小组（8～12个人）进行随意但是深入的访问，以了解该组成员对某公司或者其产品的态度。

在调查中，采访者会要求当前或潜在消费者书面或口头回答一些问题，借此了解一些事实、观点和态度。

出于战术或战略目的而持续进行的收集、分析和处理信息的过程叫做环境扫描。

■ 课堂讨论

1. 对于很多跨国公司来说，不管是从市场规模还是从增长潜力来看，中国都是一个极富吸引力的市场。但是如果从经济自由度和政治风险角度看，中国的排名都要落后于其他国家。但即便如此，还是有成百上千家企业在中国建立了加工厂。这很大程度上是因为中国政府把在中国投资设厂和在中国销售产品捆绑在了一起。中国政府希望本土企业可以向外资企业学习先进的管理技能，引进先进技术。很多分

国际商务：全球化带来的挑战（第6版）

析人士认为西方企业如果接受中国政府的要求，无疑就是通过让渡重要的产业技术换回当地的市场。外国企业应该接受中国政府开出的条件么？还是宁可失去这一市场也不肯进行技术转移？这两种做法各自带来的长期后果是什么？

2. 虽然索尼公司的迷你播放器在日本市场上大获成功，但是美国消费者对它的反应相当平淡。在第三次尝试在美国市场推出同类产品时，索尼认为自己终于找到了正确的方式。该公司的一位负责人这样说道："这一次，我们已经做足了功课，我们知道消费者脑袋里想的是什么。"在你看来，为了了解目标市场上消费者的想法，该公司应该采取怎样的战略？你认为针对不同市场需要采取不同的市场调研方法么？为什么？

3. 通过小组座谈会或观察法等研究方法收集的"软性"市场调研数据有什么优点？使用消费者购买习惯统计和市场数据等"硬性"数据又有什么优点？这两种数据分别应用于什么情况？为什么？

小组练习

1. 研究项目。分成不同的小组，到你们学校的图书馆查阅一下协会大全（Encyclopedia of Associations）或是类似机构的网站。挑选一到两个你们感兴趣的行业协会，写信或者打电话索取一份信息资料包，然后简要提炼总结一下这些信息。接下来，将你们小组收到的信息与贸易协会发给其他小组的信息进行比较。最后，按照信息的有用性把所调查过的贸易协会进行排名。

2. 新兴市场项目。选择一个你们团队感兴趣的新兴市场。从整理这个市场的基本情况开始，然后进行更多的调研来充实有关这个国家潜在的市场机会的信息，或者是利用本章介绍的步骤判断一下是否适合在那里投资建厂或销售产品。列出在该国寻找商机的跨国企业的名单，然后指出这些跨国公司所经营的产品和品牌有哪些。这些公司在该国开展业务的原因是否与你们调研得出的市场机会相一致？看看这些公司是否已经在这里设厂生产或者销售产品，还是两者兼做。

关键术语

物流	原始资料调研	消费者代表小组	收入弹性
贸易展会	调查	市场调研	贸易考察团
环境扫描	间接市场调研	小组座谈会	

伦理题

1. 假设你是美国总统经济顾问委员会的一名成员，被委派评估针对低工资国家的外包行为是否符合道德。一些反对全球化的人士声称，发达国家的企业解雇本国工人转而去发展中国家投资的行为损害了全球经济体系。他们宣称，全球化导致相对富裕的国家的工人与发展中国家的低收入工人之间产生了利益冲突。另外，企业为了寻找更低的成本或者是更大的市场不断从一个发展中国家转移到另一个发展中国家的做法，也使得国家之间出现了冲突。跨国公司有义务去为本国工人保留就业机会么？在这个问题上，你认为委员会应该向总统提出怎样的建议？论证你的观点。

2. 假设你是一家因为在某拉美国家投资而获利丰厚的大型跨国公司的首席执行官。通过让该国的低成本劳动力流动起来，你们公司帮助该国实现了两位数的经济增长。但是，在一次政治动乱之后，军政府上台。民众的权利受到严重侵害，当地工人自然也不例外。身为公司的首席执行官，你有权决定未来的行动。你会置工人利益于不顾，选择撤出该国市场么？还是说你会公开甚至是直接面对新政府的负责人，要求对方尊重工人的权利？还是更加谨慎一点，通过外交手段解决问题？你还有其他行动方案么？你能作出一个既符合伦理道德又符合商业利益的决定么？

3. 假设你是质量调研咨询协会（QRCA）——一家旨在为从事市场调研的人员提供帮助的机构——的负责人。作为章程的一部分，协会成员同意遵守九条道德行为守则，包括在招聘员工时不存在歧视、禁止用回扣或者其他好处换取商业利益等。守则还要求成员的调研必须基于合法目的，而不能作为产品促销的一种手段。你觉得 QRCA 以及其他类似的调研机构为什么要制定这些守则？你认为这样做有助于减少不道德的市场调研行为么？作为 QRCA 的负责人，你觉得还有哪些市场调研领域也应该受到类似道德行为守则的约束？

国际管理案例

越南的新兴市场潜力

大约 25 年前，越南政府第一次提出了"改革开放"这个理念。这一"复兴"政策开启了越南的自由市场改革，与此同时保留了共产主义的政治体制。1990 年，越南共产党宣布欢迎外国制造企业来这个东南亚国家投资设厂。韩国的大宇集团成为第一个吃螃蟹的公司。包括东芝、标致汽车、BP 石油在内的其他一些知名企业，也接受了河内的邀请。

但是，因为美国和越南之间没有建立贸易和外交关系，因此美国企业只能是做一个旁观者。大约四年之后，美国政府解除了针对越南的贸易禁运，从而为美国企业去越南寻找商机铺平了道路。对于跨国公司来说，越南地处亚洲中心、有大量受过良好教育的廉价劳动力，无疑有着巨大的吸引力。

现在，越南的投资者面临着很多的挑战。这里有大约 8 200 万贫困人口，年人均收入只有 2 900 美元。基础设施非常落后：只有 25％ 的道路是公路，电力供应很不稳定，银行体系极不发达。另外，尽管从长期来看有着巨大的潜力，但是要想达到泰国目前的经济发展水平，越南至少还要等上 20 年的时间。

另外，越南共产党竭尽全力去适应市场经济的原则，但是几十年的共产主义制度给他们带来的官僚体制阻碍了改革的进程。尽管越南合作与投资委员会做了很多工作，但是政府的办事方式有时候还是会让国际投资者摸不着头脑。河内曾爆发一次"铲除社会罪恶"的风

国际商务：全球化带来的挑战（第 6 版）

波，人们推倒或者是涂抹了使用除越南语之外的所有其他语言的广告牌或指示标志。另外，该国与税收和外汇有关的法律也频频变动。

然而，越南逐渐形成的企业家阶层却对奢侈品有着深厚的兴趣，比如尼康相机、雷朋太阳镜等这些在当地商店都能够买到。世界经济研究所的迪恩（DoDuc Dinh）评论说："越南有一个巨大的地下经济。对大多数人来说，工资只够维持 5～10 天的生活。但是人们却在不断盖房子。钱是从哪里来的呢？即便是政府部门也有两本账——一本记录正常的收入，另一本则记录非正常收入。"

2001 年底，美国和越南签署贸易协定，给予越南正常贸易地位。这意味着越南可以以最低的关税出口商品到美国。与此同时，美国公司也越来越多地涉足越南市场。结果就是，越南的出口总额（2010 年大约为 570 亿美元）持续上涨，

这很大程度上要得益于其廉价、高效的劳动力以及不断增加的外来投资。越南对美国的出口额以每年翻一番的速度增长。该国出口商品类型比较分散——从一般商品、农产品到工业制成品——意味着任何一种商品价格的变动都不会给它带来太大的影响。目前，越南是全球最大的辣椒出口国，在大米出口方面可能很快就能超越泰国，它甚至还向印度出口茶叶。

越南已经成为亚洲表现最为突出的经济体之一。在过去十年里，其年均经济增长速度一直保持在 8％ 左右。实际上，尽管 90 年代末货币危机席卷整个东南亚，但越南的经济增速从来没有低于 4.8％。但是最近的全球经济滑坡确实减缓了越南上升的势头。不过，该国的贸易驱动型经济发展模式确实帮助很多越南人摆脱了贫困。80 年代末，越南 70％ 的人口被世界银行界定为贫困人口，但是到了 2010 年这一数字下降到了只有 13％。

资料来源： "V Not Yet for Victory," *The Economist*（www.economist.com），September 24，2009； "Half-Way from Rags to Riches," Special Report of *The Economist*，April 26，2008，pp. 1-16； "Good Morning at Last," *The Economist*，August 5，2006，pp. 37-38； "Vietnam's Export Worth $ 22.3 Billion," Vietnam Ministry of Trade press release，July 25，2006.

□小思考

1. 了解越南最新的政治、法律和经济状况，然后随便选择一种产品，从销售市场和生产基地两个角度评价一下越南的潜力。

2. 如果可能的话，西方国家可以做些什么来帮助改善越南的政治氛围？给出具体的例子。

3. 在越南做市场调研时，企业可能会面临哪些问题？为什么？

4. 对于标有"越南制造"的产品，你的看法是什么？产品类型会影响到你的看法么？如果会，为什么？

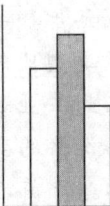

第 13 章　进入模式的选择与管理

国际商务：全球化带来的挑战（第 6 版）

通过本章的学习，你应该能够：

1. 阐释企业是如何利用出口、进口以及对等贸易的。
2. 掌握不同的进出口活动融资方式。
3. 了解可供企业选择的不同的契约式进入模式。
4. 掌握不同的投资进入模式。
5. 讨论影响企业进入模式选择的重要战略因素。

内容回顾

第 12 章讨论了企业如何分析国际商业机会。我们知道了企业管理者是如何筛选和调研潜在市场和生产地点的。

本章概要

本章介绍企业进入国际市场的不同方式。我们讨论了与（1）出口、进口和对等贸易；（2）契约式进入模式；（3）投资式进入模式的选择和管理有关的重要问题。

下章前瞻

第 14 章探讨企业的国际营销活动。我们将介绍影响企业产品的促销、定价以及分销的重要因素。

令人激动的许可

英国，伦敦——漫威动漫公司以授权其他公司使用自己的动漫形象而举世闻名，它在过去的70多年时间里创造了5 000多个动漫形象。

最开始，漫威公司许可其他公司使用自己的动漫人物，是为了摆脱单一的动漫公司和游戏公司的形象，现在它已经把知名漫画书中的人物——包括钢铁侠、蜘蛛侠、刀锋战士、X战警、绿巨人——成功搬上了大荧幕。电影确实给漫威公司带来了一定的回报，但是它们的主要功能还是推广该公司的动漫人物。

近年来真正驱动漫威公司盈利的，是它与其他公司签订的一系列许可协议——根据这些协议，漫威同意后者将其动漫人物用在从午餐盒、玩具到视频游戏在内的各种产品中。作为漫威许可业务的一部分，它与孩之宝公司签订合同，允许后者在2017年前使用自己的动漫人物。作为回报，孩之宝在全球卖出的每一件玩具都必须向漫威支付一定的专利使用费。最近，漫威以43亿美元的价格向迪斯尼出售自己创造的动漫人物则意味着，这些动漫人物将出现在更多的电影、主题公园以及全球各地的商店里。

漫威与索尼公司各出资50%成立一家合资企业，负责管理与电影《蜘蛛侠》以及索尼公司拍摄的同名系列电视连续剧有关的许可与特许经营业务。至于《钢铁侠》，则是漫威独家所有，它凭借一己之力将这个人物推向了大荧幕。

即便如此，漫威公司并没有就此止步。设在英格兰的漫威国际正在谋划将公司的许可业务拓展到战略性国际市场上。漫威时任首席执行官阿伦·利普森说道："对公司来说这是一个重要的战略性行为。漫威国际业务的增长一直受到严重压制。"在学习本章的过程中，思考一下企业为什么要进行国际化经营，可供它们选择的进入模式有哪些，每种模式分别适用于什么样的情况。[①]

通过哪种模式进入新的海外市场会受到很多因素影响，包括当地的商业环境和企业自身的核心竞争力。进入模式是企业为了使自身产品、技术、员工技能以及其他资源进入某个市场而采取的制度安排。对于为了在新市场上生产和（或）销售其产品而进入该市场的企业来说，有很多潜在的进入模式可以供它们选择。具体选择哪种模式则依赖于很多因素，比如企业在当地市场上是否有丰富经验、管理者希望对当地市场保持多大的控制力，以及该市场的潜在规模的大小等。下面我们逐一介绍以下三种进入模式：

1. 出口、进口和对等贸易；
2. 契约式进入模式；
3. 投资进入模式。

---

① Erik Larson, "Marvel Sues over Copyright Claims by Artist's Heirs," *Bloomberg Businessweek* (www. businessweek. com), January 8, 2010; Ronald Grover, "Iron Man Spawns a Marvel of a Movie Studio," *Bloomberg Businessweek* (www. businessweek. com), April 29, 2008; Ronald Grover, "Spider-Man's Guardian Angels," *Bloomberg Businessweek* (www. businessweek. com), June 27, 2005; Marvel Web site (www. marvel. com), select reports.

13.1　出口、进口和对等贸易

进出口贸易是最普遍的国际货物买卖方式。企业通过进口可以获得更廉价的商品与服务，甚至是国内市场上根本就没有的商品与服务。当国际市场对于某种产品与服务的需求可以给企业带来新的销售额进而带来利润的增长时，企业就会选择出口。世界各国的企业（不管是来自发达国家还是来自发展中国家）无不把美国看作是一个巨大的出口市场，因为美国的市场规模非常大，而且美国人的购买力非常强。图13—1给出了对美出口总值排名前10位的国家和地区。

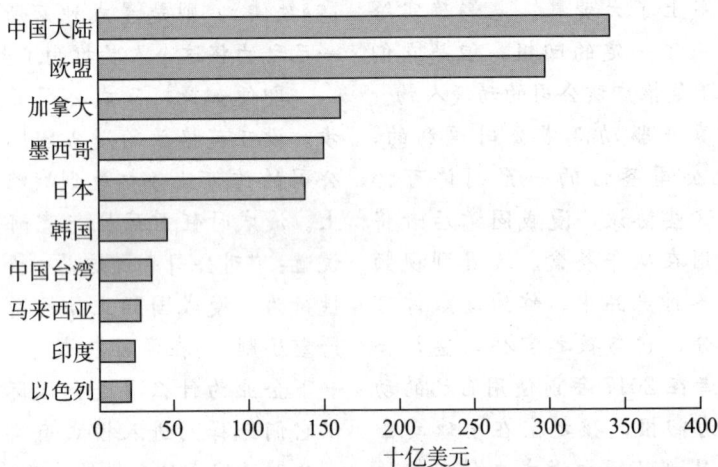

图13—1　对美出口总值排名

资料来源：*International Trade Statistics* 2009（Geneva, Switzerland：World Trade Organization, November 2009），Table Ⅱ.30，p.64.

因为本章关注的重点是企业如何将自己的产品和服务打入国际市场，因此我们首先来讨论出口问题。接下来我们介绍当没有足够的现金来支撑贸易时，如何开展对等贸易，同时我们也探讨了为进出口贸易融资的一些方法。因为进口对大多数企业来说属于采购方面的决策，因此我们把这个问题留到第15章再来介绍。

□ 13.1.1　企业为什么要出口

在经济全球化时代，企业越来越多地将产品和服务销售给其他国家的批发商、零售商、行业采购商以及普通的消费者。通常来说，企业出口是出于以下三个方面的考虑：

1. 扩大销路。当国内市场逐渐趋于饱和时，大多数企业都会选择出口作为进一步扩大销量的手段。销量提高意味着企业可以将固定成本分摊到更多的产品上，从而降低了单位产出的成本。简言之，国际化是实现规模经济的一种途径。

2. 销路多元化。出口意味着企业的销路开始多元化。换句话说，它们可以通过在一国市场上销售额的增加来抵消在另一国市场上销售额的减少（这可能是因为经济萧条导致的）。销路多元化起到了平滑企业现金流的作用，企业轻而易举地就可以用来自消费者的收入平衡应该支付给贷方的各项费用。

3. 积累经验。企业通常把出口看作是开始自己的国际化之旅的一种低成本、低风险的方式。小企业的所有者和经理人们——他们通常不太了解应该如何在其他国家做生意——借助出口来积累宝贵的国际化经营经验。

□ 13.1.2　制定出口战略：四步走

通常来说，企业是在其他国家的顾客对自己的产品有需求之后才开始从事出口活动。通过这种方式，企业逐渐意识到自己的产品在国际市场上的潜力，并且第一次品尝到国际化经营的滋味。

但是，企业不应该只是被动地对国际市场的需求作出反应。更加合理的对策是分析、研究国际市场上的机会，并且制定出一个清晰的出口战略。有着这样的战略的企业会积极寻找出口机会，而不是坐等国外的客户找上门来。下面我们来看一下制定成功的出口战略需要哪四个步骤。

第一步：确定潜在市场。为了弄清楚某个目标市场对于本公司的产品与服务是否有需求，企业应该进行市场调研并且分析调研结果（参见第12章）。新手应该把重点放在一个或者是少数几个市场上。例如，巴西一家第一次从事出口活动的企业可能并不希望同时向阿根廷、英国以及希腊出口商品和服务。一个更优的战略是集中全力盯住阿根廷，因为它的文化与巴西最为接近（尽管两国使用的是不同但相关的两种语言）。当企业在周边国家积累起一定的经验之后，它就可以进一步扩大出口市场了。将来打算开展出口活动的企业还应该听取一下专家的意见，了解与特定目标市场的出口有关的法律法规、一般流程等事项。

第二步：让客户需求与自身能力相匹配。完成第一步之后企业要做的就是评估自身是否有能力满足市场的需求。假设目标市场所处地区温暖潮湿，常年对空调设备有很大需求。假设企业发现了这一需求，但是它只能生产工业用制冷设备，那么显然不能满足市场的需求。但是，如果该公司能够用最小的工业用空调来满足几户人家的需求，那么这个市场对它来说可能还是一个机会。如果没有其他选择，或者是当地家庭都想要单独的空调，那么该企业就只能是要么设计出更小的空调设备，要么退出该市场。

第三步：初步接触。尽早与当地的经销商、卖家以及其他利益相关方见面是十分必要的。初步接触应该把注意力放在建立对彼此的信任上，并且在各方之间培育出良好的合作氛围。在这个阶段，各方在文化方面的差异也会表现出来。除了建立信任之外，如果各方都有兴趣的话，可以再安排一系列的会谈来看看是否有达成协议的可能。到了最后阶段，各方要展开谈判，最终敲定协议的细节问题。

例如，来自亚利桑那州的几家环保科技企业正在寻找海外市场。一个台湾代表团来到亚利桑那的沙漠地区，考察这些企业的产品情况。尽管白天排满了各种访问、正式会谈以及谈判活动，但是美方还是积极利用晚上的时间来拉近双方的关系。他们组织了露天烧烤、坐马车出游、列队晚会、边境旅游等，希望台湾的客人能够充分了解当地的历史与文化。为了让远道而来的客人感到舒适，主办方还安排了去唱卡拉OK、去中餐馆吃饭等活动，宾主双方都大展歌喉。接下来的会谈中双方很快就达成了几项交易。

第四步：调配资源。在会面、谈判以及签署合同之后，企业就要把人力、财力以及物力投入生产活动中了。首先，必须明确企业的出口目标，而且必须是未来三到五年的目标。对于小企业来说，有一个人来负责制定目标、评估企业的资源状况可能就足够了。但是，随着企业将业务扩展到更多产品和/或更大的市场上时，很多企业都感觉到有必要成立一个专门的部门来负责出口业务。通常来说，该部门的领导有责任（以及权力）制定、实施以及评估企业的出口战略。关于这一阶段应该考虑的重要的组织设计问题，参见第11章的内容。

□ 13.1.3 出口参与度

各种规模的企业都有可能从事出口贸易，但是并不是所有企业参与出口贸易的程度都是一样的。有些公司（通常是个体企业或者中小企业）很少甚至是根本不开展将其产品引入国际市场的活动，相反它们选择借助中介——专门负责将产品从一个市场引入另一个市场的机构——的力量。也有些公司（通常是规模最大的那些企业）几乎所有的出口事项都是自己完成的，它们设有专门的部门来弥合不同市场之间的差别。下面我们就详细探讨一下两种基本的出口方式——直接出口和间接出口。

直接出口 有些公司在其产品的出口过程中参与度很高。当企业直接将自己的产品卖给目标市场上的买家时，我们就说这类企业是直接出口。在各个行业都可以找到直接出口的企业，比如飞机制造（波音）、工业设备（约翰·迪尔）、服装（兰迪·安蒂）以及瓶装水（依云）等。但是需要记住的一点是，直接出口并不代表是将产品卖给最后的使用者，这类企业只是将自己的产品运往目标市场，然后直接卖给当地的买家，而不需要经过任何中介机构。它们通常依靠当地的销售代表或者是经销商将产品卖给最终用户。

销售代表。销售代表（可以是个人也可以是组织）只代理一家公司的产品，而不能代理其他公司的产品。他们通过各种途径来促销产品，包括参加展销会、私下拜会当地的批发商和零售商等。他们不享有商品的所有权，相反，他们和企业之间是雇佣关系，拿到的报酬分为基本工资和根据销售业绩计提的提成两部分。

经销商。除销售代表外，直接出口商还可以通过经销商在目标市场上销售产品，当产品进入一国之后经销商即享有对商品的所有权。作为所有者，他们要承担商品在当地销售时可能发生的一切风险。他们通过自己的分销渠道将产品销售给批发商和零售商或者是最终使用者。通常，他们向出口商支付的价格和他们向买家收取的价格之差，即为他们的利润。尽管经销商降低了出口商面临的风险，但是它们对产品最终的销售价格的控制权也更低了。经销商的定价如果不合理就会抑制出口商市场份额的增加。因此如果可能的话，出口商应该选择那些愿意投资于商品的促销活动，并且不直接销售竞争对手产品的经销商。

间接出口 有些企业不具备直接出口所需的资源。也有些企业发现因为和海外市场缺少联系或者是缺乏相关经验，出口对它们来说是一件很困难的事情。幸运的是，除了直接出口外，这些企业还有其他选择。如果一个企业将自己的产品卖给某个中间商，后者再转手将产品卖给目标市场上的买家，那么我们就说这个企业是间接出口。在选择中间商时要考虑很多因素，包括出口商海外销售额占销售总额的比重、企业可供利用的资源以及目标市场的增长率等。下面，我们就来详细介绍几种不同类型的中间商——代理商、出口管理公司以及出口贸易公司。

代理商。 在目标市场上代表一个或者几个间接出口商的个人或者机构被称为代理商。代理商一般根据销售额以佣金的形式收取报酬。因为和代理商建立联系相对比较容易、成本也比较低，因此这是间接出口企业经常选择的一种方式。但是在选择代理商的过程中也必须非常谨慎，因为如果出现问题，出口商可能要付出惨重的代价，而且和代理商解除代理关系也不是一件容易事。另外，因为代理商通常要同时代理几个间接出口商的产品，这也要求企业必须谨慎选择代理商。代理商可能会将促销重点放在能够给他们带来最大佣金的公司的产品上，而不是最优质的产品上。

出口管理公司。 代表间接出口商从事产品出口活动的公司被称为出口管理公司（EMC）。这类公司采用合同制经营方式，作为代理商（按照销售额收取佣金）或者是经销商（拥有产品的所有权并从销售价差中获利）销售产品。

出口管理公司通常基于预存来提供更多的服务，从委托人的预存账户收取固定费用作为自己提供服务的报酬。它提供的典型服务包括收集市场信息、制定促销战略、履行特定的促销义务（比如参加展销会）、调查客户的资信状况、安排发运以及协调出口单证等。通常来说，出口管理公司集中在某个行业（比如农产品或者日用品）或者某个地区（比如拉丁美洲或者中东）优先发展。实际上，出口管理公司最大的优势就在于帮助出口商了解目标市场所在国的文化、政治、法律和经济状况。出口管理公司的员工可以同时在出口国以及目标市场所在国的文化中如鱼得水地工作。一般的出口管理公司通过建立广泛的商业和政治关系网。给代理客户的商业活动提供便利。

雇用出口管理公司唯一的弊端可能就是，其提供的服务范围之广、程度之深可能会对出口商自身在该领域的国际化发展造成阻碍。但是，出口商与其出口管理公司之间的关系通常都很紧密，以至于出口商通常会把对方看作是自己的一个出口部门。如果是这样的话，出口商就可以从出口管理公司那里学到很多与出口有关的知识。这样，一旦双方合同到期，出口商往往会直接从事产品出口活动。

出口贸易公司。 除了提供与客户的出口活动直接相关的服务外，还向间接出口商提供其他服务的公司被称为出口贸易公司（ETC）。与出口管理公司只从事与出口相关的活动不同，出口贸易公司为客户提供各种帮助，包括进出口、对等贸易、培育并且扩张分销渠道、提供仓储设施、为贸易与投资活动融资，甚至是产品的加工制造。

欧洲贸易国在几个世纪前率先提出了出口贸易公司的概念。最近，日本赋予了这个概念新的含义，并给这类企业起了一个新的名字——综合商社。日本出口贸易公司的规模大小不一，从小型的家族企业到三菱、三井、伊藤忠这样的大企业集团。

363

韩国人则将出口贸易公司称为财阀，其中比较知名的包括三星和现代公司。

日本和韩国的出口贸易公司凭借在全球抢占的巨大市场份额，变成了该领域强有力的竞争者。这些亚洲企业很快就危及了美国大型跨国公司的统治地位，因此后者开始游说美国立法者支持它们在国际市场上挑战亚洲的大型出口贸易公司。其结果就是1982年美国通过了《出口贸易公司法案》。尽管如此，美国人并没有真正理解出口贸易公司一词的含义。与亚洲同行相比。美国典型的出口贸易公司的规模仍然很小，就像是一个小矮人。美国人对于出口贸易公司缺乏兴趣的原因之一是，在亚洲，政府、金融机构以及企业之间的关系要密切得多。因此，亚洲更容易出现涉足融资、生产和分销等所有活动的大型集团公司。相形之下，美国对于这类商业行为的监管要严格得多，企业与行业之间的界限也要清晰得多。

□ 13.1.4 避免进出口失误

有些错误对于刚刚涉足出口活动的企业来说具有普遍性。首先，很多企业在出口之前没有进行充足的市场调研。实际上，很多公司之所以出口，只是因为有客户主动向它们下了订单。如果企业以这样的方式进入一个新市场的话，那么它应该尽快制定一个出口战略以便有效地管理其出口活动，而且一定注意不能将所有精力都投注在出口活动上。

其次，很多企业都没能听取足够的出口建议。国际以及地区政府都很愿意并且有能力帮助企业经理们或者是小企业主了解和应对一国的进出口法律法规要求的大量单证等。当然，经验丰富的出口商也可以提供很多的帮助。它们可以帮助新手们避免因为文化、政治或者是经济环境的差别而犯下不该犯的错误。

为了确保不犯不该犯的错误，一个经验不足的出口商可能还需要向货运代理——专门处理与出口有关的活动比如清关、缴纳关税、运费以及保险费等的个人或企业——寻求帮助。货运代理人还可以帮助出口商将产品打包，并且负责将货物从出口港运送到进口港。

□小测验

1. 简要描述制定出口战略的四个步骤。
2. 直接出口与间接出口有什么区别？
3. 简述出口管理公司与出口贸易公司之间的区别

□ 13.1.5 对等贸易

有时候企业在进口商品时没有支付能力。这或者是因为进口国政府缺少购买进口商品所需的硬通货，或者是因为该国政府有意识地限制本国货币的自由兑换。幸运的是，即便是只使用很少的硬通货甚至是完全不使用硬通货，企业依然可以进行国际贸易活动。部分或者全部用其他商品和服务来交换另一种商品和服务的贸易方式叫做对等贸易。虽然开展对等贸易要求有广泛的国际关系网，但是即便是小企业也可以从对等贸易中受益。

长期以来一直在从事对等贸易的国家大多分布在非洲、亚洲、东欧以及中东地区。缺乏足够的硬通货迫使这些国家通过对等贸易，用石油换回民用客机和军备物资。现在，因为缺少硬通货，发展中国家和新兴市场依然经常通过对等贸易来进口货物。发达国家的企业越来越多地参与到对等贸易中，也扩大了对等贸易的应用。

对等贸易的分类　对等贸易可以分为不同的类型：易货贸易、互购、抵消、转手贸易以及回购。下面我们逐一对它们加以解释。

■ 易货贸易是指直接用一种商品和服务换回另一种商品和服务，而完全不使用货币的做法。这是对等贸易最古老的形式。

■ 互购是指企业向一国销售商品和服务，并且承诺将来从该国购买特定产品的做法。这类协议往往是为了让该国能够收回为了初始进口而付出的一部分货币。

■ 抵消是指企业向一国出口并且承诺将来以硬通货购买一定金额的该国某种产品的做法。它与互购的区别仅在于它没有明确规定企业将来要购买的产品，而是规定了企业的采购金额。抵消协定给予了企业在履行对等贸易协议时更大的自主权。

■ 转手贸易是指企业将自己应该承担的购买特定国家产品和服务的义务转手卖给另一家企业的对等贸易。例如，作为回报，一家希望进入某个较大市场的企业可能会承诺购买一些自己根本用不到的商品和服务。接着，该企业将这种购买义务转手卖给需要这些商品或者服务的大型贸易公司。如果这类贸易公司自己也不需要这些商品或者服务，那么它可以将这种购买权再转卖给其他有需要的企业。

■ 回购是指出口某种工业设备，换回用该设备生产的产品的贸易方式。这样做通常是为了和对方公司建立一种长期的合作关系。

对等贸易可以帮助企业进入那些因为缺少硬通货，原本无法进入的市场。但是对等贸易也可能会招来麻烦。大部分对等贸易都涉及大宗商品或者是农产品，比如石油、小麦、玉米等，这类商品的国际市场价格往往变化很大。从双方签订对等贸易协议到一方真正卖出商品这段时间内，如果标的商品在国际市场上的价格下跌，那么就会出现问题。外汇市场上价格的波动也会带来相类似的问题。当然，企业管理者可以采用与在外汇市场上规避货币价值波动类似的方式来对冲商品期货市场上的风险（参见第9章）。

□ 13.1.6　进出口融资

国际贸易给进出口双方都带来了风险。出口商的风险在于交付货物后可能收不到货款，进口商则担心一旦预付货款可能无法取得货物。旨在降低这类风险的进出口融资方法于是就出现了，具体包括预付、跟单托收、信用证和赊销等（参见图13—2）。下面我们逐一介绍这些方法。

预付　进口商在货物装船之前就将货款支付给出口商的进出口融资方式叫做预付。当贸易双方对彼此都不熟悉、贸易额相对较小，或者是卖方因为信用等级较差无法获得信用贷款时通常会采用这种做法。货款大多是通过电汇方式从进口商的银行账户直

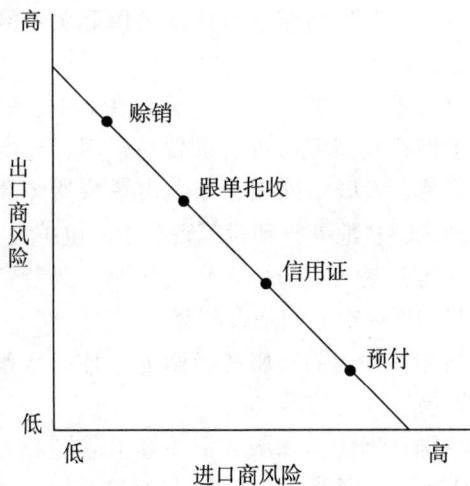

图 13—2 进出口融资方法的风险

接转到出口商的银行账户。尽管预付款降低了出口商拿不到货款的风险，但是却将提货不着的风险完全施加在了进口商的身上——进口商可能支付了货款，却永远得不到货物。因此预付是出口商最喜欢的方式，但是却是对进口商最不利的方式。

跟单托收 银行作为中介机构负责收取货款但是不承担相应风险的进出口融资方式叫做跟单托收。这种方式大多用于双方有着持续的商业往来时。跟单托收过程可以分解为三个主要阶段九个较小的步骤（见图 13—3）。

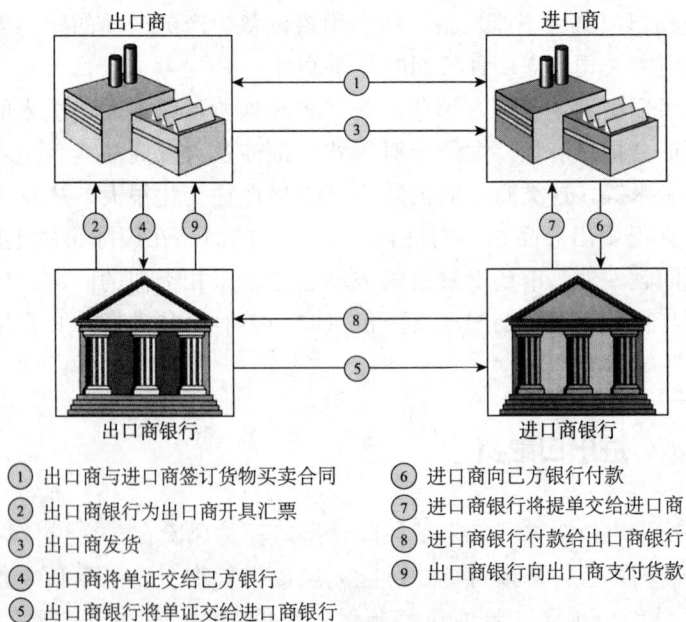

① 出口商与进口商签订货物买卖合同　⑥ 进口商向己方银行付款
② 出口商银行为出口商开具汇票　　　⑦ 进口商银行将提单交给进口商
③ 出口商发货　　　　　　　　　　　⑧ 进口商银行付款给出口商银行
④ 出口商将单证交给己方银行　　　　⑨ 出口商银行向出口商支付货款
⑤ 出口商银行将单证交给进口商银行

图 13—3 跟单托收流程图

1. 发货前出口商（在己方银行的帮助下）开具汇票——要求进口商在特定时间向出口商支付特定金额的单证。即期汇票要求进口商在货物运抵之后马上支付货款。

远期汇票则要求进口商在货物运抵一段时间（通常是 30 天、60 天、90 天）之内付款。（当进口商在汇票上写下"承兑"字样时，远期汇票就成为了可以在金融机构之间交易的议付工具。）

2. 汇票开出后，出口商将货物交给承运人，后者将货物运往进口商所在国。然后出口商将包括汇票、装箱单、提单——出口商与承运人之间签订的载明商品运输目的地以及运输费用的合约——等在内的全套单证交给己方银行。提单是出口商将货物装船的证明。国际海运要求有两份提单，一份是表明货物已经达到出口商边界的内陆提单，另一份是表明货物经水路运抵进口国的海运提单。国际航空运输则只要求一份覆盖全程的航空运单。

3. 在收到出口商寄来的单证并且审查合格后，出口商银行将这些单证寄给进口方银行。在进口方履行了汇票上载明的义务并且付款给进口方银行后，后者将提单（即进口商品的物权凭证）交给进口商。

跟单托收降低了进口商提货不着的风险，因为装箱单上详细列出了货物的装船情况；提单则可以证明货物已经装船。出口商收不到货款的风险则增加了，因为尽管出口商在货物被承兑之前一直保有物权，但是进口商在收到所有必需的单证之前不会支付货款。尽管进口商有拒收汇票（从而拒收商品）的权利，但是这几乎不可能发生，因为一旦拒收汇票——即便合同中的所有条款都是满足的——那么进口商银行未来将不会再与进口商合作。

信用证　信用证是指进口商银行出具的，表明如果出口商履行了合同中的所有条款，那么它将付款给出口商的书面文件。信用证通常用于进口商的信用等级有问题、出口商需要信用证来融资或者是市场规定要求使用信用证等情况下。

银行在开立信用证之前，会检查进口商的财务状况（见图 13—4）。通常，只有进口商在银行存入一笔与进口货物价格等值的存款时，银行才会为其开立信用证。银行有义务付款给出口商，但是一旦进口商没有能力支付货款，它存入银行的资金可以起到保护银行的作用。对于那些信誉非常好的客户，银行可能会免除这样的存款要求。

信用证可以分为不同的类型：

■ 不可撤销信用证是指只有在征得进出口双方同意的情况下，开证行才能修改相关条款的信用证。

■ 可撤销信用证是指无须进口商或者出口商同意，开证行就可以修改相关条款的信用证。

■ 保兑信用证是指由出口商所在国的出口商银行和进口商所在国的进口商银行同时保兑的信用证。

在开立信用证之后，进口商银行（通过出口商银行）通知出口商信用证已经备好，后者可以发运货物。然后出口商将全套单证（具体要求需要参见信用证的相关条款规定）提交给己方银行。这些单证通常包括发票、海关单据、装箱单、提单等。出口商银行要审核确保这些单证准确无误，然后付款给出口商。

当进口商银行认为信用证的相关条款都已经满足时，它会付款给出口商银行。此时，进口商银行要负责从进口商处收取货款。信用证在国际贸易中的应用很普遍，

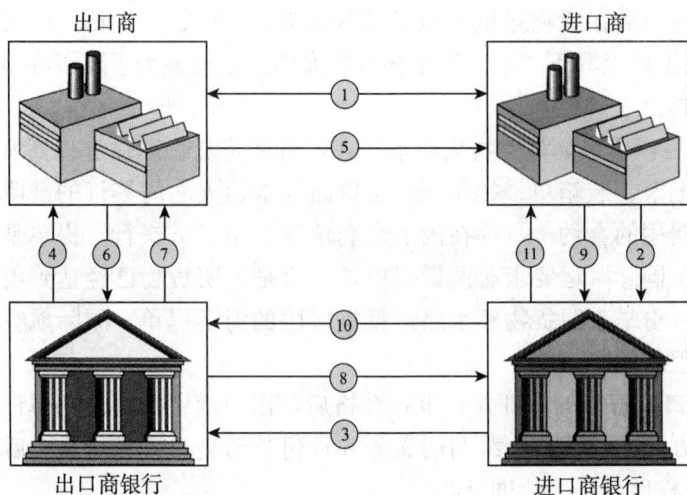

① 进出口商签订货物买卖合同
② 进口商申请信用证
③ 进口商银行代表进口商向
　出口商银行开立信用证
④ 出口商银行通知出口商收到信用证
⑤ 出口商发运货物
⑥ 出口商将单证提交给己方银行
⑦ 出口商银行审核单证无误后付款给出口商
⑧ 出口商银行将单证提交给进口商银行
⑨ 进口商向己方银行支付货款
⑩ 进口商银行向出口商银行支付货款
⑪ 进口商银行将单证交给进口商

图 13—4　信用证流程

因为在这种方式下银行承担了大部分风险。信用证降低了进口商提货不着的风险（与预付相比），因为进口商在支付货款之前拿到了装船证明。尽管出口商收不到货款的风险略有增加，但是对它来说这仍是一种更加安全的支付方式，因为当进口商银行向出口商银行签发信用证时，收不到货款的风险就由进口商银行承担了。

赊销　出口商先发货然后再向进口商收取货款的进出口融资方式称为赊销。因为有些应收账款可能无法收到，所以只有面对最值得信赖的客户时出口商才愿意赊销。当交易双方都非常熟悉或者是交易发生在一家跨国公司的两个子公司之间时，才可以使用这种支付方式。在这种方式下，出口商只需要通知进口商付款的金额和时间即可（与国内贸易类似）。与预付相比，这种方式降低了进口商提货不着的风险。

当然，赊销增加了出口商拿不到货款的风险。因此赊销是对出口商最不利但是对进口商最有利的支付方式。关于小型出口企业如何增加自己收到货款的可能性的一些小建议，请参见下面的专栏"企业家工具箱：收取国际账款"。

🔲小测验

1. 企业为什么要进行对等贸易？列出对等贸易的五种类型。
2. 进出口融资的四种主要方式是什么？
3. 论述在各种进出口融资方式下，进口商和出口商各自面临的风险。

收取国际账款

如果买方不支付货款的话，你辛辛苦苦做成一笔国际生意又是为了什么呢？出口商如果拿不到货款，这个问题就不好回答了。下面给出了小企业可用来降低自己收不到货款的可能性的一些小诀窍：

■ 了解你面对的出口市场是你首先也是最好的防卫手段。了解目标市场的文化、使用的语言以及法律体系是比较理想的做法。你还应该了解对方在商业债务方面的偿还滞后期一般是多长，以及常用的债务托收程序。

■ 清楚哪些国家通常会在债务托收环节出现问题。你可以通过网络上的免费信息了解到哪些国家容易出现问题。避免和这些国家的企业做生意，去其他地方寻找商机。

■ 防止后续出现托收问题的关键是交易双方都清楚地理解了买卖合同中的支付条款。一定要确保买方清楚地知道什么时候应该付款。

■ 如果已经出现了账务延期，尽快处理。那些一拖再拖的出口商很可能永远也收不回货款了。通过电话、传真、电子邮件和信件与对方进行沟通，态度一定要坚决。

■ 向国际贸易法方面的律师征求意见，或者是如果有必要的话，请专门的跨国收债公司来帮你收款。如果有机会找仲裁来解决这个问题的话就找仲裁，这样你至少可以收回部分货款。

13.2 契约式进入模式

有些企业的产品因为是无形的，所以无法在公开市场上进行交易。因此，企业无法通过进出口或者对等贸易等方式来利用目标市场上的机会。幸运的是，它们可以选择其他进入方式。这类企业可以借助契约式进入模式——许可、特许经营、管理合同和交钥匙工程——在海外市场上销售其专有化的资产和技术。下面我们就逐一介绍这些模式。

□ 13.2.1 许可

企业有时候会授予他人使用某些在该公司最终产品的生产过程中起着关键作用的资源的权利。许可是指拥有无形资产的公司（许可人）授予另一家公司（被许可人）在特定时间内使用该无形资产的权利的契约式进入模式。被许可人使用该资产赚取销售收入，许可人则通常要按照销售收入的一定比例收取许可费用。许可人也可以一次性收取一笔费用，从而弥补将资产使用权授予被许可人给其带来的成本。通常来说，许可涉及的无形资产包括专利、著作权、配方以及设计、商标和品牌等。因此，许可协议往往与授权被许可人使用生产某一特定产品所需的工艺技术有关。

下面是与许可协议有关的一些成功案例：

■ Novell 公司（美国）许可香港的三所大学在校园网内安装其软件；

■ 日立公司（日本）向绿点公司（Duales System Deutschland，德国）申请许可，将该公司技术用于日本塑料的回收。

■ 惠普公司（美国）向佳能公司（日本）申请打印机机芯许可，用于生产单色激光打印机。

独占许可是指许可人授予被许可人在某一特定地区内生产或销售一种资产或者是使用该资产生产的产品的专有权利。这里的地区既可以是被许可人的母国，也可能是整个国际市场。非独占许可虽然也授予被许可人使用许可人资产的权利，但是却未授权后者独占某个市场。换句话说，在非独占许可下，许可人可以将在某个地区内使用其资产的权利授予一个以上的被许可人。

交叉许可是指两家公司签署许可协议，互换无形资产的使用权的许可方式。例如，日本富士公司和美国的得州仪器公司签订了一个为期五年的交叉许可协议，允许对方采用自己的技术生产产品——这样显然可以降低研发成本。这一协议囊括的范围很广泛，几乎包括了除一小部分半导体专利外的所有专利。因为许可双方互换的专利很难是完全等价的，所以在交叉许可中，一方往往要向另一方支付专利使用费。

许可的优点　许可作为企业进入新市场的一种模式，具有自身的优点。首先，许可人可以利用这种方式来为自己的国际扩张融资。大多数许可协议都要求被许可人为设备和投资融资——可能是启用专用的生产设备，也可能是利用现有的闲置生产能力。这对于希望扩大自身规模但是又缺乏资金和管理资源的许可人来说，显然是有利的。另外，因为不需要自己花费时间去建设、启用新的生产设施，许可人可以比其他方式下更快实现盈利。

其次，与其他进入模式相比，许可对于专利所有者来说的风险最低。例如，有些国家可能存在社会、政治动荡的风险，也有些国家则可能因为各种各样的原因无法得到准确的市场调研结果，许可模式降低了专利所有者在不稳定或者是不易进入的市场上充分利用其生产能力的风险。

再次，许可降低了专利所有者的产品在黑市上交易的可能性。在很多新兴市场国家的大城市，路边经常会有人售卖各种盗版软件、好莱坞大片以及国际流行音乐巨星的录影带。一定程度上，许可模式使得当地企业以在当地具有竞争力的价格销售许可人的产品，从而降低了黑市交易的可能。当然，许可人拿到的专利许可费可能没有以高价销售产品获得的利润那么高，但是这总好过没有利润——盗版肆虐会导致许可人没有利润可言。

最后，被许可人也可以通过许可模式来升级自己现有的生产技术并从中获利。例如，菲律宾的塑料和其他合成材料制造商希望能达到日本电子及办公设备制造商在当地的分公司制定的高标准。为此，D&L 公司通过从日本颜料公司申请原料技术许可，完成了生产流程的升级。

许可的缺点　许可模式存在一些明显的缺点。首先，它限制了许可人未来的经营活动。例如，假设被许可人被授予某项资产的独占使用权，但是其生产的产品却没有达到许可人的期望，因为许可协议是独占性的，许可人此时就不能通过直接在市场上销售产品来满足需求，也不能与其他公司签订许可协议。因此，好产品和有利可图的市场并不能保证那些通过许可方式进入市场的生产者一定能大获成功。

其次，许可会降低许可人产品的质量以及营销活动在不同国别市场上的一致性。许可人可能会发现，如果允许各国被许可人按照各自选择的方式经营，自己将很难达到建立统一的全球品牌形象的目标，之后再想提升，可能要花费大量时间和金钱来扭转市场上买方的各种错误观念。

再次，许可模式可能意味着企业在将未来具有重要战略意义的资产出借给未来的竞争对手。当转让的技术恰好是许可人的竞争优势时，这样做将格外危险。许可协议通常会存续几年时间（可能是十年也可能更久），这段时间内，被许可人已经熟悉了许可人产品的生产流程和营销方法。协议期满后，许可人可能会发现被许可人可以生产出改良的、更好的产品。因此，许可协议要能够（而且应该）限制被许可人将来借助在被许可资产基础上制造出的产品参与竞争。但是，这种附加条款只对完全相同或者近乎完全相同的产品有效，对那些进行了实质性改进的产品没有约束力。

□ 13.2.2　特许经营

特许经营是指一家企业（特许者）在一定时期内为另一家企业（被特许者）提供无形资产和其他支持的契约式进入模式。特许者一般会收取固定费用、特许使用费或者是二者兼有作为报酬。那些赢得了广泛认同的品牌的特许经营是比较流行的做法，比如梅赛德斯-奔驰、麦当劳、星巴克等。实际上，特许者的商标或品牌通常都是被许可者最想得到的。这也是那些品牌或商标知名度比较低的企业在寻找对自己感兴趣的被特许者时更困难的原因。

特许经营和许可贸易的区别在于：首先，特许经营赋予特许者对自身产品在目标市场上的销售情况更强的控制力，被特许者在产品质量、日常管理职责、市场营销方面要遵守严格规定。其次，许可经营在制造业比较普遍，而特许经营则更多地用于服务业，比如汽车代理、娱乐、酒店、餐饮以及商业服务等。再次，许可经营只涉及资产的一次性转移，而特许经营则要求特许者提供持续帮助。除了最初的资产转移外，在启动资金、管理培训、选址以及广告等方面，特许者也要向被特许者提供帮助。

下面是采用特许经营的一些企业的例子：

■ Ozemail 公司（澳大利亚）授予 Magictel 公司（香港）在当地提供网络电话和传真服务的特许经营权。

■ 让-路易斯·戴维美发连锁公司（法国）在意大利有 200 多家特许经营的美发沙龙。

■ 布鲁克斯兄弟公司（美国）授予迪生创意公司（香港）在整个东南亚开设分店的特许经营权。

美国企业在特许经营方面占据全球领先地位。得益于美国庞大且统一的国内市场、较低的州际贸易和投资壁垒，美国企业使得特许经营日趋完善。同时随着单一货币以及统一的特许经营法律法规的形成，欧盟地区的特许经营业务也逐渐发展起来。

尽管预计欧洲未来在特许经营方面会有强劲的增长，但是那里的企业经常会误解特许经营的含义。例如，假日酒店在西班牙的特许经营步伐就比预期的要慢得多。该公司在当地的业务拓展经理告诉我们，他经常要向当地的经营者解释，假日酒店并不是要控制他们的旅馆。[1] 在一些东欧国家，当地企业也无法理解为什么自己要不断向商标所有者付费。特许经营模式在东欧市场的扩张还碰到了资本短缺、高利率、高税负、官僚主义、限制性法律以及腐败等问题。[2]

特许经营的优点　特许经营有几个很重要的优点。第一，特许者可将特许经营作为一种低成本、低风险进入新市场的方式。采取全球性战略的公司需要在国际市场上维持统一的产品和主题形象。特许经营方式使得它们得以在每个目标市场上通过产品标准化来保持一致性。但是，很多特许经营者在营销环节，特别是在面对当地购买者时，也会对产品和营销方式作出一些细微的调整。

第二，特许经营可以帮助企业快速进行区域化扩张。企业通过率先抓住市场机遇来获得竞争优势。例如，佐治亚州亚特兰大市的 Microtel Inns & Suites 公司正利用特许经营方式加快自身的国际扩张的脚步。该公司大胆地进入了阿根廷和乌拉圭，并且瞄准了巴西和西欧市场。它以每晚 75 美元左右的价格，为那些承担不起每晚 200 美元的住宿费的商务人士们提供服务。[3]

最后，特许者还可以从被特许者掌握的文化知识和技术中获益。这降低了它在不熟悉的市场上遭遇失败的风险，给其带来了竞争优势。

特许经营的缺点　特许经营也可能会给当事双方带来麻烦。首先，特许者可能会发现在不同国家管理大量被特许者不是一件容易事。一个主要的担心是被特许者的产品质量和营销策略在各个市场上很难保持一致。确保特许者拥有较强控制力的方法之一是，在每个市场设立一个所谓的特许经营旗舰店，由它来负责监控各个被特许者的经营状况。

其次，被特许者可能会觉得特许经营让它们失去了组织方面的灵活性。特许经营协议会限制它们的战略和战术选择，它们有时甚至要被迫推销属于特许者其他部门的产品。百事可乐多年来一直是知名餐饮企业必胜客、塔可钟、肯德基的所有者。作为和百事可乐公司特许经营协议的一部分，这些餐厅必须向顾客出售百事可乐公司提供的饮料。世界各地的很多被特许者都不愿意受到这样的限制，因此当百事可乐将餐饮连锁业务分离出去之后，它们觉得松了一口气。

□ 13.2.3　管理合同

根据管理合同，一家企业要在特定时间内向另一家企业提供管理方面的专业知

---

[1]　David Ing, "Spain Proves Tough to Crack," *Hotel & Motel Management*, 212：15, p. 8.

[2]　Laura Gatland, "Eastern Europe Eagerly Accepts U. S. Franchisors," *Franchise Times*, 3：9, p. 17.

[3]　Frank H. Andorka, Jr. "Microtel Introduces New-Construction Plan," *Hotel & Motel Management*, 212, no. 13, p. 1.

识。作为报酬，专业知识的提供者可以一次性收费，也可以根据对方产品或服务的销量多次收费。这种做法多见于发达国家和新兴市场国家的公共事业部门。通过管理合同，技术经理的专业知识和总经理的商业管理技能就可以进行转移。

下面是管理合同的两个例子：

■ DBS 亚洲公司（泰国）与华武龙社通信公司（中国台湾）签订管理合同，帮助后者在当地开设并经营一家提供数字电视节目的公司。

■ 里昂水务公司（法国）和 RWE Aqua 公司（德国）签署管理合同，在未来 25 年里共同保证匈牙利布达佩斯的饮用水质量，收取水费，维护当地的供水设施。

管理合同的优点　管理合同能实现国家和企业的双赢。首先，企业可以通过与其他企业签订管理合同，在无须将自己的有形资产置于投资风险中的情况下，利用潜在商机。这样，它就可以把金融资本用于利润更丰厚的投资项目。

其次，政府也可以通过管理合同授权其他企业来经营和升级公共设施，当一个国家缺少资金时这种做法更加重要。正是出于这样的考虑，哈萨克斯坦政府与一家名为 ABB 电网财团的跨国公司签订了管理合同，由后者在未来 25 年内经营管理该国的电网系统。根据合同，该财团必须帮助哈萨克斯坦政府偿付所拖欠的工人工资，并且签订合同的头三年要向该国投入 2 亿多美元。哈萨克斯坦政府既没有钱支付工人的工资，也没有钱来完善该国的电网系统。

最后，政府可以利用管理合同来提高当地工人和管理者的技能。例如，根据合同，爱尔兰的 ESB 国际公司在未来三年内不仅要管理和经营非洲加纳的一家电厂，还要帮助当地人掌握将来管理该电厂所需要具备的技能。

管理合同的缺点　不幸的是，管理合同也会给专业知识的提供者带来两个重要弊端。一方面，管理合同虽然降低了有形资产面临的风险，但是对于提供方的员工来说则未必是这样——接受一方社会和政治动乱可能会危及他们的生命。

另一方面，专业知识的提供方可能在当地市场上给自己培育出了一个很难应对的竞争对手。在学会经营管理方面的技能后，开始时需要帮助的企业就可能成为提供帮助的一方的主要竞争者。故而，企业必须在管理合同所能带来的利润与新的竞争对手带来的潜在威胁之间寻找平衡点。

□ 13.2.4　交钥匙工程

当一方负责为另一方设计、建造并且测试生产设施时，我们就说他们之间达成的协议叫做交钥匙工程（BOT）。之所以使用这个说法是因为客户在为该工程支付一笔固定费用后，就无须再做任何工作，只要等到从施工一方拿到钥匙就能使其生产设施开始运营。也就是说，接受交钥匙工程的公司在为客户准备生产设施时，已经完成了所有的相关工作。

与管理合同类似，交钥匙工程通常都规模较大，且往往有政府机构的参与。但是与管理合同不同的是，交钥匙工程转移给客户的通常是特殊的生产技术或者是生产设施设计方案。这类项目通常包括发电厂、机场、港口、通信系统和石化设施建设等，且建成后就交付给客户使用。而在管理合同中，资产——管理方面的专业知识——保留在提供者手中。

下面是国际交钥匙工程的两个例子：

■ 印度电信咨询公司在马达加斯加和加纳建设通信网络——这两个交钥匙工程累计耗资 2 800 多万美元。

■ 鲁北化工集团（中国）与白俄罗斯签署协议，参与建设一个以肥料的副产品作为添加剂生产水泥的工厂。

交钥匙工程的优点　交钥匙工程可以让合同双方都受益。首先，这种做法使得企业可以专注于自己的核心竞争优势，同时充分挖掘单凭自身力量可能无法企及的商机。例如，埃克森-美孚与印度尼西亚的 PT McDernott 公司、日本岛俄供养工程公司达成交钥匙工程协议，由它们共同在印度尼西亚的苏门答腊岛修建一个液化天然气厂。提供方负责建造一个离岸操作平台，铺设长达 100 公里的水下管道，建造一个陆上液化天然气精炼厂。这个项目耗资高达 3.16 亿美元，只有在每家公司都将自己特有的技术贡献出来，完成诸多设施的设计、修建和测试工作的前提下，才有可能完成。

其次，通过交钥匙工程，政府可以得到世界一流企业为其设计的基础设施项目。例如，土耳其政府和两大独立国际财团合作在克鲁河上修建了四座大坝。这些大坝汇聚了两大财团各自的设计特色和技术专长。另外，土耳其政府还与瑞典的爱立信公司以交钥匙工程的方式，共同开发该国的移动通信系统。

交钥匙工程的缺点　在所有缺点中，值得一提的是某公司得到交钥匙工程项目，可能并不是技术原因而是政治原因。这类项目通常耗资巨大且多有政府参与，从而拿到这类项目的过程可能会很政治化。当招标过程不完全公开时，与政府关系最密切的企业通常会胜出，招标价格往往也会被抬高——当然，成本大多会转嫁给当地的纳税人。

与管理合同类似，交钥匙工程也存在养虎为患的问题。一个新培育出来的竞争对手可能在本国市场上成为主要的服务提供方，也可能去原来的提供方服务的其他市场上分一杯羹。因此，企业都会尽量避免参与那些可能涉及自己核心竞争力的转移的项目。

□小测验

1. 在许可模式下，许可人与被许可人分别面临什么优势和劣势？
2. 阐述特许经营与许可这两种模式的区别。特许经营模式的主要优缺点是什么？
3. 管理合同适用于哪些情况？在该模式下，哪两种知识可以进行转移？
4. 什么叫交钥匙工程？论述交钥匙工程的优点和缺点。

13.3　投资进入模式

在投资进入模式下，企业不仅需要在一个国家直接投资建设厂房、购买设备，而且需要持续参与当地的经营。这种进入模式使得企业在一国市场上的参与程度更高。下面我们分别介绍一下三种常见的投资进入模式——全资子公司、合资企业和战略联盟。

□ 13.3.1　全资子公司

从字面意思不难理解，全资子公司是指完全由一家母公司所拥有或者控制的子公司。企业可以通过新成立一家公司并购置全新生产设施（包括厂房、办公室和机器设备等）的方式成立全资子公司，也可以通过收购现有企业并利用其设备来达到同样目的。具体在实践中是使用收购还是新建很大程度上取决于母公司的经营计划。如果母公司设立子公司是为了生产最新的高科技产品，一般就要建新厂，因为依靠当地条件要想达到尖端技术水平比较困难。采用新建方式设立子公司的主要缺点在于兴建厂房、雇用和培训工人、开发产品等都将花费大量时间。

相反，在当地找一家具备市场营销和销售能力的企业，相对来说要容易得多，因为这类业务通常不需要专有技术。通过在目标市场上收购现有企业的市场营销和销售团队，子公司很快就可以开始运转。当被收购方在当地拥有具有一定价值的商标、品牌或生产技术时，收购就更是一种好的战略。

全资子公司的优点　通过全资子公司方式进入一国市场主要有两大优点。第一，管理者可以完全控制子公司在目标市场上的日常经营，而且能确保有价值的技术、工艺和其他无形资产保留在子公司内部。较大的控制权还降低了竞争对手获取母公司竞争优势的可能，特别是在母公司以技术作为竞争优势的情况下，这一点显得格外重要。此外，管理者对子公司的产出和价格也有绝对的控制权。与许可和特许经营模式不同，子公司创造的利润必须如数上交给母公司。

第二，如果母公司希望能够协调旗下所有子公司的活动，全资子公司也是一种非常好的进入模式。母公司可以从全球战略角度，把各个地方市场看作是相互联系的全球市场的一部分。因此，拥有对子公司的完全控制权对实行全球战略的企业来说更有吸引力。

全资子公司的缺点　全资子公司的主要缺点也有两个。第一，这种进入模式需要的资金额较大，企业可能需要依靠内部积累或者金融市场来为投资活动筹集资金。这对于大型企业来说相对容易，但是对于中小规模的企业来说可能就比较困难。

第二，成立全资子公司需要占用大量资源，所以企业面临的风险也就更高。风险来源之一是目标市场政治或社会方面的不确定性或不稳定性。这类风险严重时可能会危及公司的财产以及员工生命安全。全资子公司的母公司还面临着消费者不认可公司产品的风险。当然，只要在进入目标市场之前充分了解当地的消费者，就可以降低这种风险。

□ 13.3.2　合资企业

在某些情况下，企业更愿意和他人分享对某项经营活动的控制权而不是独占。

两个或两个以上独立的经济实体为了实现共同的商业目标而设立并共同拥有的独立企业叫做合资企业。合资企业的当事人可以是私营企业、政府机构，也可以是国有企业。每一方都可以用其他合伙人认为有价值的任何东西出资，包括管理才能、营销技能、市场准入资格、生产技术、金融资本以及研发领域的先进知识和技术等。

下面是合资企业的几个例子：

■ 铃木汽车（日本）和印度政府成立了一家合资企业，专门为印度市场生产小排量轿车。

■ 几家印度公司和一家俄罗斯公司成立合资企业，在俄罗斯为当地市场提供电视机。

■ 比尔特公司（美国）和深圳石化公司（中国）合资成立了一家生产鞋底的工厂，为中国市场上的国际制鞋企业供货。

合资企业的结构模式 如图13—5所示，合资企业主要有四种模式。[①] 尽管每种模式我们都只画出了两个合伙人，但是实际上每个模式都适用于几个或者更多合伙人的情况。

前向一体化合资企业。 图13—5（a）描述的是以前向一体化为特征的合资企业。在这种模式下，合作各方共同投资于下游经营活动——通常由其他企业来完成的位于价值链远端的业务活动。例如，两家家电产品生产企业在某个发展中国家设立的从事零售活动的企业就属于这种性质。这两家公司从事的就是通常由零售商完成的活动——在产品从生产到送达消费者手中这个链条中处于远端的活动。

后向一体化合资企业。 图13—5（b）描述的是以后向一体化为特征的合资企业。换言之，合资企业的参与方转向了上游经营活动——通常由其他企业来完成的位于价值链近端的业务活动。两家钢铁制造企业共同组建合资公司开采铁矿就是后向一体化的典型例子。合资企业从事的活动通常是由矿业公司完成的。

回购型合资企业。 图13—5（c）给出的合资企业中，每一方不仅要为合作伙伴提供投入品，还要吸收其生产出来的产品。当所有合伙人在生产过程中需要的元部件都相同时，或者是任何单一合伙人面临的市场需求都不足以使其达到实现规模经济效应所需的某个最小产量时，就可以采取回购型合资企业这种方式。通过整合各种资源，既可以满足合资各方自身的需要，又能从规模经济中节省费用。这就是克莱斯勒和宝马汽车公司在拉丁美洲共同投资5亿美元，生产小型轿车的发动机的原因所在。这两家公司都因该厂40万台发动机的年产量所带来的规模经济而受益——这一产量是两家公司中的任何一家单独经营都无法吸纳和实现的。

多级分段式合资企业。 图13—5（d）描述的是多级分段式合资企业的结构，其特点是对于其中一个合伙者而言合资企业属于前向一体化，对于另一个合伙者而言则属于后向一体化。当一家企业生产的产品和服务恰好是另一家企业所需要的产品和服务时，往往可以采取这种形式。例如，一家体育用品制造商可能与某体育用品

① This classification is made in Peter Buckley and Mark Casson, "A Theory of Cooperation in International Business," in Farok J. Contractor and Peter Lorange（eds.），*Cooperative Strategies in International Business*（Lexington, MA: Lexington Books, 1988），pp. 31 - 53.

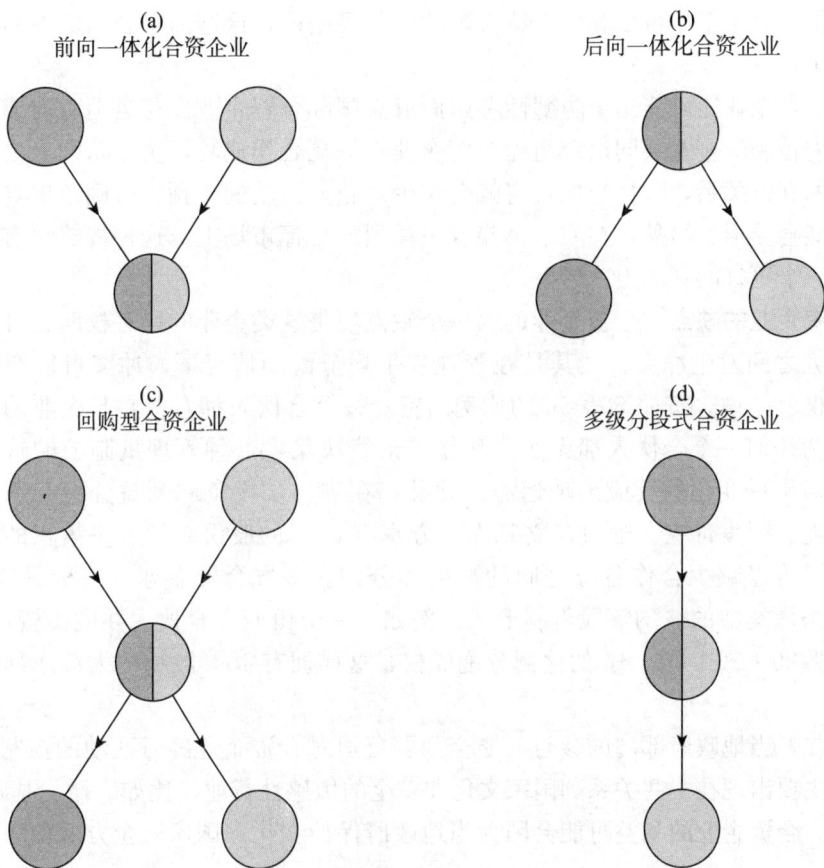

图 13—5　合资企业的结构模式

零售商共同出资，成立一家经销商性质的合资企业，以便摆脱对发展中国家低效率的经销网络的依赖。

合资企业的优点　合资企业对于国际化经营的企业来说有以下几个重要的优点。首先，合资企业有助于企业降低风险。一般来说，与全资公司相比，合资企业的合伙人所承担的风险更小——每个合伙人仅以其出资为限承担风险。这也是如果进入目标市场需要进行大规模投资，或者目标市场可能出现重大政治和社会动荡时，采用合资企业的进入方式比较明智的理由。同样，企业可以利用合资企业的方式先来了解当地的商业环境。实际上，很多合资企业的某个合伙人在充分了解当地市场之后，最终会收购合资企业。

其次，企业可以利用合资方式渗透到原本无法进入的国际市场。例如，有些国家的政府要求外国公司与国内公司共享所有权；有些政府则会出台一些激励措施来鼓励外国公司这样做。这种情况在发展中国家非常普遍，其目的就是通过与国外公司合作，使本国企业从国际投资伙伴身上学到一些先进的经验，从而提高自身的竞争力。

再次，利用合资方式，企业得到了使用其他公司的国际分销网的机会。为了提高与共同的竞争对手日本小松公司的对抗能力，美国的卡特彼勒公司和日本的三菱重工组建合资公司。从而卡特彼勒获得了进入三菱重工在日本的经销网络的机会，作为回报三菱重工也可以利用卡特彼勒的国际经销网，这样两家公司的国际竞争力都提高了。

最后，企业还可能出于防御性考虑而成立国际合资企业。与当地政府或者是由当地政府控制的企业共同出资组建合资企业，一旦合作成功，企业与政府之间就有了直接的利益关系，这样当地政府就会减少对企业活动的干预，否则政府自身的利益也可能会受损。另外，在一个民族意识强烈的目标市场上，这种战略也有助于企业建立一个更好的"本土"形象。

合资企业的缺点　合资企业的第一个缺点便是这类企业的所有权问题可能会导致合伙人之间发生冲突。尤其是在管理权平均分配的情况下，冲突可能会更加常见——也就是说，按照50∶50的比例出资，每个合伙人都有权参与企业的高层管理。因为任何一个合伙人都无法单独作出最终决策，这种管理机制上的缺陷将导致企业对市场变化的反应出现迟滞。此外，在进一步投资和利益分配问题上的分歧也可能会引发冲突。通过建立其中一方享有51％的股份并拥有决策权的非均等股份制，可以减少合作各方之间的冲突和分歧。多方合资企业（一般是指财团）也可以采取类似的非均等股份制形式。例如，一个由四方合伙人共同出资的企业，可以按照20∶20∶20∶40的比例分配股权，这样拥有40％股权的大股东便拥有决策权。

第二，当地政府部门的参与可能会削弱公司对合资企业经营活动的控制权。这种情况主要出现在一些关系到国家文化和安全的敏感性行业，比如广播、基础设施、国防等。合资企业的利益可能会因为当地政府保护文化和国家安全方面的考虑而蒙受损失。

□ 13.3.3　战略联盟

有时，企业虽然希望和其他企业合作，但是却不想再建立一个共同所有的公司，当两个或者两个以上独立的经济实体进行合作（但是并不组建一家独立的公司）以完成各自的战略目标时，我们就说它们是战略联盟。与合资企业一样，根据参与方各自目标的不同，战略联盟可以是短期的，也可以持续几年时间。企业可以跟它的供应商建立战略联盟，也可以与客户甚至是竞争对手建立战略联盟。在组建战略联盟的过程中，有时候合伙一方还会购买其他合伙人的一部分股份。通过这种方式，每家公司都与合伙人的未来业绩有了直接的利害关系，从而降低了合伙人之间相互食利的可能。

下面是战略联盟的几个例子：

■ 西门子公司（德国）与惠普公司（美国）成立战略联盟，制造并销售通信系统控制设备。

■ 生命集团（Nippon Life Group，日本）和帕特南投资公司（Putnam Investment，美国）建立战略联盟，允许后者为前者开发投资产品并管理其资产。

战略联盟的优点　战略联盟可以给企业带来一些重要优势。首先，企业可以利用战略联盟来分担进行国际投资的成本。例如，很多公司都在研制既整合了最新技术又缩短了现有产品生命周期的新产品。反过来，缩短了的生命周期又帮助企业更快地收回资金以便进行新的投资。因此，很多公司进行合作来分担研发新产品的成本。例如，日本的东芝公司、德国的西门子公司以及美国的 IBM 公司共同出资 10 亿美元，在名古屋附近设厂生产一种小型的高效计算机芯片。

其次，企业还可以通过战略联盟来利用竞争对手的特有优势。门户网站和技术公司正是出于这样的考虑才组建的战略联盟。例如，门户网站可以通过自己的网站向全球广大受众提供服务，而技术公司则负责提供能够传输网络资源比如音乐的专门技术。实现联盟的目标——通过网络来推广音乐——需要合作双方都具备一定的竞争力。

最后，企业建立战略联盟的原因很多时候和成立合资公司的原因是一样的。有些企业组建战略联盟是为了利用合作方在目标市场上的分销渠道。也有些企业利用战略联盟来规避合资企业方式下可以规避的风险。

战略联盟的缺点　战略联盟最大的缺点是这种做法导致企业未来在当地甚至全球市场上多了一个竞争对手。例如，合伙一方可能会利用战略联盟来在目标市场上做实验，并为将来设立全资子公司做准备。通过拒绝在自身具有核心竞争力的领域与其他公司合作，企业可以降低扶持一个会危及自身主要业务领域的竞争对手的可能性。同样，企业还可以坚持在合同中写明禁止合作方在某些产品或者某些地区与自己展开竞争的条款，企业还必须小心保护那些没有对联盟开放的研究项目、生产技术或者是营销策略等。自然，企业管理者必须在培育新竞争对手带来的威胁与参与国际合作带来的收益之间进行权衡。

与合资企业一样，战略联盟的各方也会发生冲突，甚至毁掉合作。战略联盟各方之间签署的合同应该尽量考虑到各种可能性，但是双方在沟通与文化方面仍然会出现分歧。如果分歧很严重的话，解散联盟可能是唯一的选择。

□ 13.3.4　选择合作伙伴

每家公司的目标和战略都要受到公司自身的竞争力以及在市场上面临的挑战的影响。因为任何两家公司的目标和战略都不可能是完全一致的，所以合作一定是非常难以达成的。此外，合资和联盟关系通常都会持续很多年，有时甚至是无限期的。因此，合作伙伴的选择对于企业成功来说就是至关重要的了，接下来的讨论将重点放在了合资企业、战略联盟的合作伙伴的选择方面。但是，这里讲到的很多要点同样适用于契约式进入模式，比如特许经营和许可经营等，在这些模式下，选择正确的合作同伴同样也是非常重要的。

合作的每一方都必须坚定不移地瞄准合作的目标。很多公司都会参与到商业合作中，但是它们这样做的理由是各不相同的。有些公司一旦自己的目标达成了，就不愿意为继续合作付出努力。在国际合作的前期谈判阶段，尽可能在合同中详细列明各方的权利和义务可以保证双方合作持续进行。关于国际合作协议的谈判过程中应该注意的问题，请参见下面的专栏"全球经理人公文包：市场进入谈判"。

市场进入谈判

跨国经营企业的管理者必须就很多协议的条款和他人进行谈判。合作各方之间能否形成一种合作氛围，取决于各方是否将合同谈判看作是成功的开始。企业管理者必须熟悉谈判的流程以及影响因素。谈判通常分为以下四个阶段：

■ 阶段1：准备。谈判代表必须清楚地知道公司希望达到怎样的目标。计划展开的合作是一次性的还是长期合作的开始会直接影响到谈判过程。

■ 阶段2：阐明立场。当各方都阐明自己的立场——也是对各方都有利的条件——后，大家就可以开始讨论了。也可以逐渐阐明立场，以便为后续的调整留下余地。

■ 阶段3：讨价还价。谈判各方的实力对比是谈判结果的重要决定因素。这阶段可能会爆发直接的冲突，文化在此时发挥着重要作用。例如，如果出现分歧，中国人很可能会尽力避免冲突，他们可能会中止谈判。

■ 阶段4：签约以及履约。谈判到了这个阶段基本上已经成功了。虽然西方人在合同签订后会认为谈判结束了，但是对于大多数亚洲人来说，签合同不过意味着一段灵活关系的建立。

下面两个因素会影响到国际商务谈判：

■ 文化因素。不同文化的谈判风格也不同。在亚洲文化中，成功的谈判意味着不让对方丢面子，满足对方一般的要求。但是西方谈判者则关注的是如何尽量多让对方让步，而不太考虑是不是让对方觉得尴尬这个问题。

■ 政治和法律因素。谈判者可能会有政治诉求。一个公共立场坚定无比的谈判代表可能是为了向国内的公司或者政府官员证明，他们是站在公司或者本国利益来做事的。同样，消费者组织和工会可能会游说政府官员，从而让达成的协议有利于他们。

虽然说找到可信任的合作伙伴的重要性不言自明，但是在真正开展合作时必须非常慎重。一些公司选择进行合作可能有不可告人的秘密。有时候它们希望从合作中获得的可能比合作方意识到的要多得多。如果在合作过程中一方发现了另一方的秘密，那么信任就被打破了——这样一来，合作关系最终将无法维系。正因为信任是如此重要，因此很多公司更愿意选择此前曾经有过愉快的共事经历的企业进行合作。但是，这样的选择对于大型跨国公司来说可能是可行的，但是对于缺乏国际化经营的经验或者是与国外企业联系较少的中小企业来说，要困难得多。

合作各方的管理者在和其他国民文化的人们共事或者是到其他国家出差（甚至是定居）时，必须感到比较舒服。只有这样，合作才能顺利开展下去，被派到合资企业工作的管理者才能轻易适应自己需要面对的转变——既有工作的转变也有个人生活的转变。合作各方的管理者在和来自其他企业文化的人共事或者是去其他企业工作时也必须要感到比较舒服。例如，虽然有些公司鼓励子公司参与制定决策，但是有些公司却不这么认为。这些差异通常反映了各国在国民文化方面的差别，如果管理者能够理解不同文化的差别，适时调整自己，那么合作才有可能顺利进行下去。

总而言之，一个合适的合作伙伴必须能够为他人提供些有价值的东西。企业应该尽量避免仅仅因为自己被其他公司选中就与对方展开合作。相反，管理者必须确信自己能够从合作中得到合理的回报。他们应该像评估其他投资机会一样，对跨国合作可能带来的收益进行评估。

13.4 选择进入模式时的战略因素

进入模式的选择对于企业未来的经营来说有着重要的战略意义。[①] 因为在选择进入模式时企业需要投入大量的时间和金钱，所以一定要慎重。会影响到企业进入模式选择的重要因素包括文化环境、政治与法律环境、市场规模、生产与运输成本以及国际经验。下面我们逐一对这些因素加以介绍。

13.4.1 文化环境

正如我们在第2章所介绍的，不同国家的文化——价值观、信仰、习俗、语言、宗教——可谓千差万别。在这样的情况下，企业经理们对于自己管理企业在东道国的运营活动的能力可能不太自信。他们可能不仅要担心交流问题，可能还会担心人与人交往的障碍。因此，管理者们可能会避免投资进入模式，相反，会比较偏爱出口或者是契约进入模式。另一方面，文化相似性会增强企业管理者的自信，因而更可能采取投资进入模式。同样，当管理者对目标市场的了解越来越多时，文化差异的重要性会逐渐下降。

13.4.2 政治与法律环境

正如在本章前面提到的，目标市场的政治不稳定增强了投资面临的风险。显著的政治分歧和不稳定程度会导致企业避免进行大规模投资，偏爱可以保护其资产的进入模式。

目标市场的法律体制也会影响到对进入模式的选择。一些重要的管制，比如高关税或者较低的配额会鼓励投资。在当地进行生产的企业可以避免高关税带来的成本上涨；同样，在当地投资设厂的企业也不用担心如何将配额之外的产品引入市场的问题。但是，低关税和高配额会导致以投资模式进入市场的可能性降低。同样，政府还可以通过法律来禁止某些形式的投资活动。多年来，中国政府一直禁止非国有企业在中国设立全资子公司，合资企业中必须有当地企业的参与。最后，如果目标市场上知识产权和商标法不够完善，企业可能会选择投资进入模式以便维持对其

---

① This section is based in part on Franklin R. Root, *Entry Strategies for International Markets* (Lexington, MA: Lexington Books, 1987), pp. 8 – 21.

资产以及营销活动的控制权。

□ 13.4.3　市场规模

潜在市场的规模大小也会影响到企业进入模式的选择。例如，目标市场上人们收入的不断提高会导致更多企业选择投资进入模式，因为这样的话企业一方面可以为未来市场需求的扩张做好准备，另一方面也可以增强对目标市场的了解。中国国内强劲的市场需求吸引了大量企业以合资、战略联盟、全资子公司等方式进行投资。另一方面，如果投资者认为目标市场的规模较小的状况很可能会持续一段时间，那么出口或者是契约式进入可能是更好的选择。

□ 13.4.4　生产与运输成本

低成本生产与运输通过降低总成本给企业带来了一定的优势。相应地，如果在某个市场上进行生产的总成本低于企业在母国生产的总成本，那么在当地投资设厂将是不错的选择。低成本的本土化生产还会鼓励通过特许经营和许可等契约式模式进入当地市场。如果生产成本足够低，甚至可以通过这家工厂为其他市场——包括母国——提供产品。本土化生产带来的另一个潜在收益可能就是企业管理者可以观察到当地消费者的行为模式，并对自己的产品作出调整以便更好地满足当地市场的需求。如果在母国生产的成本比较低，那么出口可能更有吸引力。

生产的产品运输成本较高的企业显然也会选择本土化生产。契约式与投资式进入模式此时都是可行的选择。相反，当产品的运输成本相对较低时，出口模式更可行。最后，替代品较少的产品或者是与其他产品差异比较显著的产品受价格竞争的影响较小，因此也更容易接受较高的运输和生产成本。此时，出口可能是不错的选择。

□ 13.4.5　国际经验

大部分企业是通过出口进入国际市场的。随着企业在国际市场上积累了越来越多的经验，它们会逐渐转向那些有着更高参与度的进入模式。但是这也意味着它们必须承担更大的风险，从而换回对经营活动以及企业战略的更大控制权。最终，它们也许会选择特许经营、许可经营、管理合同以及交钥匙工程等模式。随着企业在某个市场上越来越如鱼得水，合资企业、战略联盟甚至是全资企业便成为了可行的选择。

这个随着经验的积累逐渐承担更大风险以及控制力的演进路径并不是对所有企业都适合的。有些企业可能永远停留在某个阶段，有些则可能会跳过其中的某些进入模式。技术以及交通运输的进步则使得越来越多的小公司得以一次跳过几种进入模式。根据不同公司的产品以及它们所在的母国和目标市场的不同特征，这些关系也是不同的。

1. 什么叫全资子公司？给出全资子公司的优点和缺点。
2. 合资企业的意思是什么？给出合资企业的四种结构。
3. 战略联盟与合资企业的区别是什么？阐述战略联盟的优缺点。
4. 论述在选择进入模式时，企业应该考虑的战略因素。

13.5 结束语

本章论述了企业在选择进入模式时需要考虑的重要因素以及不同模式下的管理要点。我们介绍了每种进入模式最适合的环境以及各种模式的优缺点。具体选择哪种进入模式则要与企业的国际战略相匹配。有些公司可能会希望选择那些能给予它们对国际业务最大控制权的进入模式，因为它们推行的是全球战略。与此同时，其他一些公司则可能不会选择那些集中控制型的进入模式，因为它们推行的是国家战略。企业选择的进入模式还必须与其组织结构相一致。

本章小结

1. 说明企业是如何利用出口、进口以及对等贸易的：

出口可以帮助企业扩大销量、实现销售多元化或者是积累经验，这代表了一种低成本、低风险进入国际市场的模式。

一个成功的出口战略应该包括：（1）找出潜在市场，（2）将客户需求与自身能力相匹配；（3）初步会面；（4）配置资源。

当企业通过当地的销售代表或者经销商直接向目标市场上的买家销售产品时，我们就说这种做法叫直接出口。

当企业先将产品卖给中介（代理、出口管理公司、出口贸易公司），再由后者将产品卖给目标市场上的买家时，我们称这种做法为间接出口。

对等贸易是指用其他商品或者服务来交换某种产品或服务的做法。对等贸易可以采取以下形式：（1）易货贸易；（2）互购；（3）抵消；（4）转手贸易；（5）回购。

2. 说明为进出口活动融资的各种方式：

预付是指进口商在货物装船之前就将货款支付给出口商的做法。

跟单托收方式下，银行扮演了中介的角色，但是银行本身并不承担任何金融风险。

在信用证方式下，进口方银行出具书面证明，承诺当出口方履行了单证中规定的所有义务后，自己将支付货款。

信用证的几种类型分别是不可撤销信用证、可撤销信用证以及保兑信用证。

在赊销方式下，出口商先发运货物，然后向进口商收取货款。

3. 描述可供企业选择的不同的契约

式进入模式：

许可是指拥有无形资产的一方（许可者）授予另一方（被许可者）在特定时间内使用其资产的权利的契约式进入模式。

特许经营是指一家企业（特许者）在特定时间内向另一方（被特许者）提供无形资产以及其他帮助的契约式进入模式。

管理合同是指一家公司在特定时间内向另一家公司提供管理技能的做法。在这种模式下，两类不同的知识——技术经理的专门知识和总经理的商务管理技能——得以转移。

交钥匙工程是指一方为客户设计、建造、测试生产设施的做法。

4. 给出投资进入模式的不同类型：

投资进入模式是指在某个国家直接投资于厂房和设备，并且持续在当地进行经营的做法。

全资子公司是指完全由一个母公司拥有和控制的公司。

两个或者两个以上独立的经济实体为了实现共同的商业目的而共同组建、共同拥有一家公司的做法被称为合资企业。

合资企业可以采取前向一体化合资企业（涉及向下投资的活动）、后向一体化合资企业（包括向上投资的活动）、回购型合资企业（互相提供投入品，互相吸收产出品）以及多级分段式合资企业（对一方来说是前向一体化，对另一方来说是后向一体化）等形式。

战略联盟是指两个或者两个以上的实体之间的合作形式（但是并不组建一家单独的公司）。

5. 论述在选择进入模式时需要考虑的重要战略因素：

企业经理们对于自己在不熟悉的文化中管理企业运营活动的能力可能不太自信。因此，他们可能会避免投资进入模式，相反，会比较偏爱出口或者是契约进入模式。

显著的政治分歧和高度不稳定会导致企业避免进行大规模投资，偏爱可以保护其资产的进入模式。

目标市场上人们收入的不断提高会导致更多企业选择投资进入模式，因为这样的话企业一方面可以为未来市场需求的扩张做好准备，另一方面也可以增强对目标市场的了解。

如果在某个市场上进行生产的总成本低于企业在母国生产的总成本，并且运输成本较高时，在当地投资设厂将是不错的选择。

企业往往会通过出口进入国际市场，然后随着在国际市场上积累了越来越多的经验，它们会逐渐转向那些有着更高参与度的进入模式。

课堂讨论

1. 并不是所有企业都是通过"先出口，然后选择契约，接下来再投资"的步骤来进入国际市场的。企业生产的产品对其国际化过程有怎样的影响？技术，比如互联网对于企业的国际化有着怎样的影响？

2. "企业应该尽可能采用投资进入模式，因为这样的话它们才能保持对运营的最大控制权。"你认可这种说法么？有没有什么时候其他市场进入模式赋予企业更大的控制权？什么情况下投资进入模式可能是一个很糟糕的选择。

3. 在前面的章节中，我们学习了政府是如何参与到国际贸易与对外直接投资活动中的。我们还介绍了区域经济一体化对国际商务的影响。找出两种进入模式，论述政府行为以及日渐出现的区域一体化对这些进入模式的影响。

小组练习

1. 调研/采访题。三四个同学组成一组，选择一家跨国经营的企业并且采访该公司的经理。这家公司在刚开始走向海外市场时采取的哪种进入模式？该公司对外出口么？如果是的话，是直接出口还是间接出口？该公司在不同市场采取不同的进入模式么？哪些因素影响了这些进入模式的选择？在跨文化谈判时，这位经理是如何应对文化差异问题的？给出你们认为与该公司的市场进入有关的所有信息。

2. 谈判题。本题旨在让你们了解谈判的复杂性，并且帮助训练你们的谈判技巧。

背景：一家西欧汽车制造商正在考虑进入东南亚市场。该公司想在泰国曼谷的郊外建一家装配厂来组装低价轿车。主要的零部件从巴西、波兰以及中国的制造商那里进口。汽车将销售给东南亚以及印度次大陆的新兴市场国家。公司管理者希望和泰国政府合作，成立一家投资达 1 亿美元的合资企业。该公司负责提供技术和管理，政府的出资只占一小部分，主要的贡献则是提供税收减免（以及其他金融激励政策）以及适合企业运营的稳定的商务环境。

金融资本正逐渐流入泰国。该国货币比较坚挺，国内通货膨胀率较低。与该地区的其他国家一样，投资者渐渐开始怀疑该国的稳定性。新的汽车装配厂将促进当地经济，减少失业，提高当地工人工资。但是有些政府官员担心该公司只是为了利用该国相对低廉的劳动力。

活动：将全班同学每三四个人分成一组。其中一半代表汽车制造商，另一半代表当地政府。每个小组有 15 分钟的时间讨论本小组的立场以及谈判战略。然后选择代表另一方的一个小组，进行 20 分钟的谈判。谈判结束后，用 15 分钟时间对比你们小组和对手在谈判中各自取得了哪些进展。

关键术语

预付	汇票	特许经营	代理商
进入模式	管理合同	以货易货	出口管理公司
抵消	提单	赊销	回购
出口贸易公司	战略联盟	对等贸易	许可经营
转手贸易	互购	承运人	交钥匙工程
交叉许可	间接出口	直接出口	合资企业
全资子公司	跟单托收	信用证	

伦理题

1. 假设你是纽约一家顶级服装设计公司国际业务部的负责人。你们公司刚刚与拉丁美洲一家顶级服装生产企业以 50∶50 的比例成立了一家合资公司。最近在去这家位于拉丁美洲的公司考察时，你发现报送给母公司的财务数据和报送给当地母公司的数据不一致。进一步了解之后你确信合资公司的管理层一直使用两套账目，并通过这种方式中饱私囊。但是这种做法并没有让你觉得有什么大惊小怪的，因为这在当地非常普遍。你会怎么做？你会直接和当地合伙人对质还是有其他什么办法？你会不会想办法激励当地合伙人如实处理账目？如果会的话，具体如何做？

2. 假设你在加利福尼亚有一家小型加工厂，正在考虑是进入澳大利亚还是香港市场。你不确定应该瞄准哪个市场，而且你也不知道哪一种进入模式更好。最近，一项针对这两地的商务人士的伦理观念的调查发现，有两个因素会影响到伦理问题：(1) 文化；(2) 具体的市场进入模式（例如，出口、契约式进入、投资组建子公司或者是合资企业）。本章所介绍的进入模式分别可能引发哪些伦理问题？这些会对你的进入模式的选择产生什么样的影响？

3. 假设你是德国一家电信公司的首席运营官，公司正考虑在中国和当地企业组建一家合资公司。公司聘请的帮助你准备谈判的顾问最近告诉你，当跨国公司以与当地企业合作的方式（比如组建合资公司）进入中国市场时，可能会出现伦理道德问题。当合作各方都向合资公司派驻员工时，尤其是这样，因为不同文化视角会导致人们对伦理问题有着不同的看法。这让你格外担心，因为合资企业打算既招聘中国人也雇用德国人——这两个国家的人们有着完全不同的文化背景。在这样的情况下，你和中方能做些什么来建立一致的伦理准则——不管是在合资企业成立之前还是之后？你认为一家面临这样的困难的企业还能取得成功么？

连接世界的电信公司

全球电信业正处在变革之中。在宽带和互联网等使得视频通话和高速信息传递成为可能的新技术的驱动下，全球电子商务时代已经到来。全球电信服务类企业的年收入累计达 6 000 亿美元，其中跨国公司占据了 20% 的份额。

随着邮政、电话以及电报业务 (PTT) 不断私有化，全球范围内的市场机会也不断涌现。从 1998 年起，东欧国家逐渐开始撤销对电信业的管制。与此同时，发展中国家政府加大了基础设施领域的投资，以便增加可供利用的电话线路。对电话服务的需求急剧增加，最近六年来，国际长途通话时长翻了一倍多。其结果是电信产业全球化。正如海陆服务公司副总裁威廉·唐万所说的："我不想和不同国家的电信服务商打交道。我不希望因为某个运营商在一国没有代表处，就导致我在一个国家使用这个运营商的服务，去了其他国家就得选择其他运营商。"

一些希望能在不断变化的市场和商业环境中获利的企业共同组建了战略联盟或者是合资企业。法国电信、德国电信和 Sprint 公司共同出资组建了一家名为"国际第一"（Global One）的公司，负责向跨国公司提供国际电信服务。作为协议的一部分，斯普林特向德国和法国合伙人各出让 10％ 的股份。该合资公司面临的问题之一是如何将三方的电信网络进行整合。另外，初创成本固然很高，但是需要使用三种语言进行沟通交流也给公司的员工们带来了不小的麻烦。刚决定合作时，就各方给合资企业带来哪些价值这个问题就需要一个艰难的谈判过程。一位前主管曾说道："合作者根本不信任彼此。"与各国电信寡头签署的分配协议引发的计费方式和设备不兼容问题也是合资企业面临的一大障碍。因为公司出现亏损，斯普林特总裁威廉·埃斯雷任命本公司执行官加里·福斯担任国际第一的首席执行官和董事长。

AT&T 也将与其他公司建立合作关系作为进入国际市场的模式。World Partner 刚开始时就是 AT&T、日本国际电信电话公司（KKD）和新加坡电信公司组建的一个联盟，目标是为国际化经营的企业提供更好的电信服务。现在，World Partner 由 10 家公司组成，新西兰电信、澳大利亚电信、香港电信以及 Unisource 公司等都是其出资人。

Unisource 公司本身就是一家合资企业，最早由瑞典公共有限责任公司（Telia AB）、PTT 瑞士电信和 PTT 荷兰电信出资成立。后来，西班牙电信加入进来，成为与其他三家公司拥有同等权力的合伙人。后来，Unisource 公司又与 AT&T 达成协议，按照 6∶4 的比例出资组建了一家名为 AT&T-Unisource 的公司，为欧洲客户提供电话、数据以及信息传递服务。AT&T 原本更愿意选择法国或者德国电信公司合作，但是欧洲监管者考虑到它巨大的品牌效应与资本实力，拒绝了这个交易。

这次合作背后的考虑很周密。正如 AT&T-Unisource 首席执行官詹姆斯·科斯葛鲁夫在阿姆斯特丹附近的公司总部所说的："在欧洲就得按照欧洲人的习惯做事，但是同时你又必须能提供全球性的解决方案。"虽然是 5 家公司一起合作，但是公司内部已经形成了平等共处的氛围。詹姆斯·科斯葛鲁夫告诉我们："两年的实践已经让各方很好地实现了磨合。我们已经意识到必须把几家公司合作当作是一个普通业务来看待。否则，即便是达成了协议也是互相勉强。"对于 AT&T 来说，西班牙电信公司的加盟有着非同寻常的意义，因为后者在拉美地区很有影响力。但是不幸的是，当西班牙电信决定与 Concert 公司合作时，原联盟的实力无疑被削弱了。为了弥补这一点，AT&T 和意大利的 STET 公司组建了一个新联盟，同时向拉美和欧洲客户提供服务。

当英国电信公司 PLC 收购 MCI 电信公司 20％ 的股权时，全球第三大电信联盟——Concert 诞生了。该联盟的目标也是向全球的企业提供国际化的通话和数据网络服务。

资料来源：Barbara Martinez, "Sprint Names Its Long-distance Chief to Run Loss-Beset Global One Venture," *Wall Steet Journal*, February 17, 1998, p. B20; Jennifer L. Schenker and James Pressley, "European Telecom Venture with Sprint Hasn't Become the Bully Some Feared," *Wall Steet Journal*, December 23, 1997, p. A11; Alan Cane, "Unisource Partners to Strengthen Ties," *Financial Times*, June 4, 1997, p. 13; Gautam Naik, "Unisource Expected to Merge Operations," *Wall Street Journal*, June 4, 1997, p. B6.

第 13 章

进入模式的选择与管理

□小思考

1. AT&T 公司为它与 Unisource 公司的合资公司带来了哪些资源？

2. 你认为 AT&T-Unisource 公司将来可能出现哪些问题？

3. 根据本章介绍的影响企业进入模式选择的战略因素，评价本案例中的国际第一、Unisource 和其他公司的合作关系。

国际商务：全球化带来的挑战（第6版）

第14章

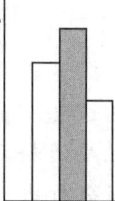

产品研发与营销

学习目标

通过本章的学习，你应该能够：

1. 解释全球化对国际营销产生的影响。
2. 掌握制定国际产品战略时管理者应该考虑的几个要素。
3. 了解影响国际促销战略以及产品与促销战略整合的因素。
4. 掌握制定国际分销战略时管理者必须考虑的几个要素。
5. 清楚影响国际定价战略的几个要素。

内容回顾

在第 13 章中，我们学习了每种国际市场进入模式的优缺点以及它们各自最适用于什么样的情况。此外，我们还探讨了与每种进入模式有关的管理问题，以及在模式选择过程中需要考虑的重要战略因素。

本章概要

本章主要探讨全球化进程以及各国不同的商业环境对国际产品的研发和营销有着怎样的影响。我们还将考察在产品的研发与营销过程中制定产品、促销、分销以及定价战略时需要考虑的各种变量。

下章前瞻

第 15 章将介绍企业如何开创并管理国际生产业务，其中我们将重点讨论环境因素对生产战略的影响。

学会飞翔

奥地利,维也纳——迪特里奇·马特施茨(Dietrich Mateschitz)到亚洲出差时品尝到了一些颇受人们喜爱的功能饮料。他敏锐地感觉到了其中蕴含的巨大商机,便买了一些样品带回奥地利,并且于1987年创办了红牛公司。如今,红牛的业务领域已经扩展到全世界的160多个国家和地区,每年的销量超过了39亿罐。

在所有市场上销售的红牛都是毫无差别的红、蓝、银三色的包装,里面是咖啡因、碳水化合物以及维他命和氨基乙磺酸(氨基酸的变种)组成的重8.3盎司的混合物。红牛对泡吧者来说是个福音,喝了红牛,他们可以精力充沛地玩上一个通宵。实际上,红牛公司销量的增长在很大程度上来源于顾客们的口碑和忠诚度。此外,红牛还在全球范围内招募年轻人,担任本公司的"品牌代言人",让他们在一些促销活动中发放供大家免费品尝的赠品;公司请来"院校代表",负责在校园内宣传红牛公司及其产品。

新意十足的电视广告使得红牛的销售收入以两位数的速度增长。广告中的卡通人物在喝了红牛饮料之后,立刻飞向空中,屏幕上则会打出"红牛助你飞翔"的字样。同时,为了强化品牌形象,红牛公司还参与了一系列公关活动,包括赞助顶级的运动选手或者是体育赛事,比如帆板、滑雪、滑翔以及滑板等。

虽然有一部分顾客会抱怨说红牛的口味太甜了,但是红牛公司对此好像并不以为意。公司的发言人这样说道:"这并不是一款重在口味的饮料,你要么喜欢它,要么讨厌它。"尽管因为成分的原因,丹麦、挪威、乌拉圭等国都将红牛列入禁止销售的黑名单,许多人似乎都习惯了在运动时喝上一罐红牛。在学习本章的过程中,思考一下产品在国际市场上的营销手段都有哪些。①

在前面几章中,我们一直在强调国际化运营与仅在国内经营相比要复杂得多。一国的商务环境所具备的各种各样的差异性使得管理活动变得非常复杂。管理跨时区和跨文化的市场营销活动,即便是对经验老到的营销经理来说也是个不小的挑战。

在第1章中,我们首先就介绍了全球化的概念以及它是如何影响国际商务活动的,而且在接下来的章节中,我们也不断重复提到这一话题。我们已经了解到,全球化的影响并不是一成不变的:它会以不同方式对不同行业和产品产生不同程度的影响。有些公司能够利用全球化带来的优势在全球市场上进行标准化的营销。像开篇案例中提到的红牛公司就是利用相同的方法在全球160多个国家和地区销售完全相同的功能饮料。也有一些公司则意识到各国在商务环境方面的差异已经大到不容忽视,它们必须生产新的产品、调整促销方案或者改变营销战略。

在本章中我们首先粗略地看一看围绕全球化应该在多大程度上影响营销战略这一问题产生的争论。接下来,我们将讨论如何在国际营销中设计不同的生产战略、

① Alex Duff, "Red Bull's Mark Webber Wins Spanish Formula One Race," *Bloomberg Businessweek* (www. businessweek. com), May 9, 2010; Rob Taylor, "Red Bull Drink Lifts Stroke Risk: Australian Study," Thomson Reuters Web site (www. reuters. com), August 14, 2008; "Skydiver in Record Channel Flight," *BBC News* (www. bbc. co. uk), July 31, 2003; Red Bull Web site (www. redbull. com), select reports.

促销与广告战略、定价战略、分销渠道战略等。全球化和国别差异对国际市场营销活动的影响这一主题贯穿本章始终。

14.1 全球化与市场营销

全球化正在改变一些——但并不是所有——产品在国际市场上的营销方式。有些公司实施的是全球战略，即在全球范围内以近乎相同的促销手段来销售同样的产品；另外一些公司则发现需要对其产品作一些调整，以适应国外市场上的消费者的偏好；另外还有一些公司的产品则需要根据当地市场所特有的环境，发起不同的营销活动。那么，管理者如何来决定是否需要对产品的营销战略作出调整呢？在这一节中，我们将解释全球化在企业究竟是选择标准化决策还是本土化决策的过程中起到的作用。

□ 14.1.1 标准化 vs. 本土化

美国著名学者李维特（Theodor Levitt）在他的一篇著名论文中这样写到，世界正变得越来越标准化和同质化，因此企业应该在所有国家用相同的方式来销售无差异的产品。[1] 李维特认为，技术进步使得世界上所有顾客的需求和偏好趋同，因此，企业应该标准化其产品的物理特性和营销策略，以便节省生产成本和营销成本。

然而，标准化只不过是那些已经成功进入国际市场的企业采取的诸多战略中的一种而已。标准化战略并不一定总是最适合的战略。那些规模较小的公司，最好利用自身的国际化形象来获取当地市场份额。

国内商务环境的影响　各个国家的消费者在购买产品时都希望该产品能够与他们独特的品位和偏好相吻合。文化、政治、法律和经济环境都会对消费者和行业采购商的偏好产生重要的影响。回顾第 2 章的内容我们知道，审美观包含的诸多内容中，较之于其他方面，人们在颜色偏好方面的差异最为显著。总部设在俄亥俄州的乐柏美公司（www.rubbermaid.com）在尝试提升其国际营销时认识到了审美观的重要作用。美国的消费者比较喜欢中性的蓝色或者是杏色的家居用品，而欧洲南部的消费者则偏爱红色，荷兰人最喜欢的是白色。另外，很多欧洲国家的人们认为塑料制品是劣质品的代名词，因此他们喜欢用带盖的金属垃圾桶；美国人则恰恰相反，更加偏爱敞口的塑料垃圾桶。

但是，确实有一些产品对所有文化中的人们都有吸引力。尽管亚洲人没有喝红酒的习惯，但是红酒却在极短的时间内就席卷了整个亚洲，例如中国的香港、台湾、新加坡和泰国等。医学研究得出的"适量饮用红酒有利于身体健康"（泰国国王也曾公开宣称红酒有益身体健康）这一结论更是促进红酒市场迅速扩张的主要动力。当然，其他一些原因比如在亚洲人看来，红色代表着幸运也对红酒的畅销起了不小的

① To read the original classic article, see Theodore Levitt, "The Globalization of Markets," *Harvard Business Review*, May-June 1983, pp. 92-102.

作用。很多人在就餐时点上一瓶红酒很可能就是因为红酒象征着成熟和成功，是成功人士的首选（相比之下，白酒就没有这样的效果，因为它看起来就像是白开水）。在北京，现在时尚前卫的年轻人都会选择红酒，而不是他们父辈们钟爱的白酒作为送给朋友们的乔迁之礼。

产品标准化对于经济发展处在同一水平的国家来说更为可行。过去，印度消费者购买汽车时面临的选择非常有限，大多数汽车都是印度本地生产的，价格昂贵，耗油量较大。得益于印度在过去 20 年中高速的经济增长，当地消费者的生活水平大幅提高，收入大大增加，因此他们有能力购买各种全球知名的进口名牌轿车，与几年前相比，铃木、福特等现在在印度的大城市里已经非常普遍了。

在简单介绍了与国际营销战略有关的一些问题之后，让我们来深入探讨一下影响企业产品、促销、分销以及定价战略的一些因素。

14.2　制定产品战略

在决定进入国际市场之后，企业可以通过各种各样的方式来标准化或本土化其产品。下面，我们就来看一看决定着究竟是应该标准化还是应该本土化的那些因素，以及其他一些与国际产品战略有关的问题。

14.2.1　法律法规

企业通常必须对其产品作出调整以满足某个目标市场上的法律法规要求。不同市场上的消费者有各不相同的口味，在这一方面巧克力也不例外。当欧盟试图标准化其成员国的巧克力产品的成分，并以立法的形式规定下来时，立刻引发了一场所谓的"巧克力大战"。论战的一方是纯可可成分的拥护者，代表国家有比利时、法国、德国、西班牙、意大利、荷兰、卢森堡和希腊，另一方的代表国有英国、丹麦、葡萄牙、奥地利、芬兰和瑞典——它们允许生产商在巧克力中添加植物油。纯可可主义者认为，欧洲广告中所提到的巧克力，不仅应该仅限于 100% 的纯可可制品，而且牛奶巧克力这种说法也应该被明令禁止；他们还要求那些非 100% 纯巧克力的产品标签上应该标明具体成分，例如"含牛奶和非可可植物油的巧克力"。

但是，许多发展中国家在消费者保护方面的法律法规非常不健全，这一点也给一些公司带来了商业道德方面的问题。颇为讽刺的是，发展中国家消费者的受教育水平更低、购物经验更少，这意味着他们很可能更需要得到保护。但是，很多国家的政府为了降低生产成本和消费品价格，在这些方面出台的管制措施很少。不幸的是，这很可能导致国际经销商隐瞒与产品及其潜在危害有关的信息。

14.2.2　文化差异

企业还会对其产品进行调整，以便满足当地文化给消费者带来的特殊偏好。哈根达斯公司就以自己能够区别不同目标市场上消费者的不同偏好和口味而深感自豪。该公司通过在基本产品中加入一些当地人偏爱的口味来满足各地消费者的需求。经过多年试错得到的秘方，再对口味进行反复调整，最终哈根达斯针对日本市场推出了一种绿茶口味的冰激凌。这种冰激凌的味道像极了日本的抹茶——几百年来一直用于豪华的日式典礼的一款顶级绿茶。绿茶冰激凌一经推出立刻就引起了轰动，将来的某一天，它甚至完全有可能超过哈根达斯在日本畅销已久的另一款产品——香草口味的冰激凌。

但是，并不是所有的企业都有必要针对当地文化调整自己的产品。相反，它们可能需要在当地找到一种自己能够满足的、与众不同的文化需要。Altoids（www.altoids.com）是一家有着两百多年历史的英国企业，该公司一直把自己的产品定位为一种能够缓解胃部不适的薄荷味口香糖。但是，进入美国市场后，该公司发现了该产品的另一种作用。由于口味比较重，Altoids公司的产品被定位成口气清新剂，其销售额甚至已经超过了味道较淡的其他同类产品。

□ 14.2.3　品牌和产品名称

与企业品牌有关的诸多问题是管理者在日常工作中需要重点考虑的。品牌是指能够代表某个产品系列的来历或特点的一个或多个产品的名称。当我们看到一个贴着某一特定品牌的产品时，我们会基于过去对这个品牌的认知来确定该产品的价值。这也是我们说品牌对于产品的特色及其展现给消费者的形象来说至关重要的原因所在。它能够告诉消费者一个产品的来历，使消费者和生产者远离假冒伪劣产品。品牌还具有帮助消费者挑选、推荐或者拒绝使用某种产品的功效。另外，品牌还具有法律产品的作用，保护品牌所有者免受竞争对手的非法侵犯。

实际上，一个响亮的品牌确实可以成为企业最有价值的资产以及企业竞争优势的主要来源。随着消费者和商务人士有越来越多的机会出国旅行，树立一个统一的全球品牌形象变得越来越重要。不断变换品牌可能会使现有的和潜在的客户感到困惑。尽管企业通常会保持各个市场上品牌的一致性，但是它们也经常创造出一些新的产品名称或者改变现有名称，以便适应当地市场的偏好。

经常审视自己的品牌形象并积极进行调整对于企业来说也是很有必要的。一旦发现某个品牌有落伍的势头，就应该立即进行更新换代。例如，立顿公司希望客户们可以用立顿茶饮料来代替可口可乐或者其他软饮料。自从19世纪80年代以来，"立顿"的吉祥标志一直是公司创始人托马斯·立顿爵士。但在对该品牌进行重塑的过程中，所有有关立顿爵士的信息都消失不见了，因为他会给人一种过时的印象——年轻人认为立顿是为父辈们准备的饮料。因此，立顿用"汤姆"——一个时髦的年轻英国人来代替其创始人作为公司的标志。

选择国际化的品牌和产品名称　无论是采用标准化的还是本土化的战略，企业都必须谨慎地为其产品选择名称。起名实验室（www.namelab.com）是一家知名的品牌定制咨询公司，利用6 000多个词根来为客户的新产品命名。该公司认为，因为西方语言大多源于相同的印欧体系，因此公司的品牌在这些国家就会有基本相同的意思。例如，accu 在西方和日本文化中都有"正确、精确"的意思，因此，本田公司推出了 Acura 这个高档汽车品牌。很多品牌的名称在不同语言中往往具有相同的含义，至少不会造成文化偏见，如康柏、柯达和索尼等。① 品牌名称一旦选定，企业应该着手调查一下当地消费者对该名称的态度，这样做可以帮助企业避免在营销环节犯错。

在国际市场上品牌很少会对人们造成困扰，但是如果没有经过认真的调查和筛选，产品的名称一不小心就会冒犯他人。英国的克拉克制鞋公司就曾经因为某个系列的产品的名称而侵犯了英国的印度教团体。结果，这家公司不得不在英国报纸上公开道歉，因为它误将印度神 Vishnu 和 Krishna 的名字用在了自己的一些产品上，并且因此伤害了英国的印度教团体的感情。

有时候，产品名称即便没有冒犯他人也需要进行修改，因为该名称很可能会误导消费者。英国巧克力及饮料制造商吉百利·史威士股份有限公司（www. cadburys schweppes. com）就曾经碰到过这样的问题。当时，瑞士巧克力制造商对吉百利提起了诉讼，指控后者以"瑞士巧克力棒"这个名字误导大众，让人们以为它生产的巧克力才是正宗的瑞士巧克力。后来，吉百利不得不从市场上回收这一产品。英国一家法院也证实了，该产品的名称中含有"瑞士"字样，外包装上还有白雪覆盖的阿尔卑斯山脉的图像，的确可能对消费者造成误导。

□ 14.2.4　国家形象

消费者从某种产品中获得的价值在很大程度上会受到产品的设计、生产或组装所在国家或地区的形象的影响。每次提到意大利的鞋、德国的豪华汽车以及日本的电子产品时，我们不难发现国别对产品形象的影响有多大。这种形象可能会给某些产品带来正面作用，但对于其他产品的影响则可能是负面的。例如，俄罗斯的鱼子酱和伏特加酒在全世界都享有盛誉，但是如果提到俄罗斯的汽车或者电脑时，你会有什么反应？显然，把某些产品与俄罗斯联系起来可能是有益的，但是对于另外一些产品而言则可能是不利的。

由于国家形象会影响到消费者对产品质量和可靠性的看法，因此它也是制定产品政策时需要考虑的一个重要因素。不过，国家形象能够而且确实会随着时间的变化而变化，尽管这可能是一个比较漫长的过程。几十年前，日本生产的产品给人的印象是质量差而且相当不可靠。但是，日本企业为了提高产品质量作出了巨大的努力，引进了各种质量控制程序，最终日本树立起了高质量与高精度产品生产国的国家形象。日本汽车一度是专门为对价格敏感的消费者生产的，但现在日本本土也出现了很多豪华车型，并且排在世界顶级汽车之列。

与日本类似，前些年台湾地区以生产基本的、没有太高附加价值的玩具以及各种工业制成品而闻名。但是现在，台湾在很多行业都赢得了"创新者"地位，即产品设计者，这些产品背后往往有持续多年的对研发和工程技术的投资。自行车制造企业捷安特是从大手笔投资于研发活动中受益的典型代表。大概三十几年前，这家

① NameLab，Inc. Web site（www. namelab. com）.

企业创办于台中，最初是为其他公司贴牌生产自行车。当捷安特开始使用自己的品牌生产自行车后，它在山地车市场上给自己赢得了一片天地。凭借在轻型材料以及全新设计方面的创新，捷安特甚至成为了西班牙世界自行车大赛的赞助商。如今，很多贴有"台湾制造"的高科技产品，甚至包括一些传统上不被看作是高科技产品（比如自行车）的产品，都在全球范围内享有声誉。

□ 14.2.5 假冒伪劣商品与黑市交易

在第 3 章中，我们讨论了企业是如何保护其知识产权和商标免受假冒伪劣商品侵害的。假冒伪劣商品是指仿照其商标、专利、版权等受到法律保护的产品而制成的产品。由于发展中国家在执行这些法律保护措施方面的力度远远不够，所以在这些国家假冒伪劣商品颇为流行。中国、印度、俄罗斯、泰国和土耳其是世界上假冒伪劣商品最为普遍的几个国家。

针对品牌识别度较高的消费品，比如手表、香水、服装、电影、音乐 CD 及电脑软件等的假冒伪劣商品往往非常普遍。假冒伪劣商品一般都是在所谓的黑市上——一种典型的地下交易市场，在此进行交易的商品要么是非法的比如假冒伪劣商品，要么是受到政府严格管制的——卖给消费者的。一些国际大都市街边的小商小贩就是黑市中的零售商。例如，在保加利亚首都索非亚，你只需要花 10 美元就可以买到内置 50 多种应用软件的光驱，相同产品的官方售价高达 5 000 美元。在爱沙尼亚的 Kasaka 跳蚤市场，你只要花 18 美元就可以买到全套的微软办公软件——大约相当于微软公司官方零售价的 1/50。另外，工程工业元件（比如飞机的零部件）、药品和其他医用产品等也开始成为假冒伪劣产品制造商仿造的对象。

如果假冒伪劣商品的质量太差，就会破坏该品牌在消费者心目中的形象——这种情况几乎一直都在发生。购买某个品牌的商品的消费者对产品的工艺质量等通常都抱有很高的期望，并且希望自己的需求能够得到满足。因此，一旦所购买的产品没有预期中那么好，他们就会感到失望，同时该企业在其心目中的地位就会一落千丈。日本摩托车生产企业发现近年来它们在中国的销售业绩大幅下滑，因为中国人现在可以买到和日本摩托车几乎一样的产品，但是价格却不到日本车的 40%。

□ 14.2.6 缩短的产品生命周期

长期以来，企业一直通过将产品不断引入新的市场来延长它的生命周期。它们通过先将产品引入发达国家的市场，然后再引入发展中国家和新兴市场国家的市场来做到这一点。这样，当产品在一个市场上的销量开始下降时，它在另一个市场上的销量却很有可能是上升的。

然而，信息技术的飞速发展使得世界各地的消费者很容易就可以了解到最新的产品信息。因此，发展中国家和新兴市场上的消费者同样希望得到最新的产品，而不愿意接受在发达国家市场上已经过时的东西。与此同时，技术创新的节奏越来越快也使得产品的生命周期大大缩短。跨国公司本身实际上也加剧了这种局面的出现。

企业在不断加快新产品的开发速度，因此大大缩短了产品的生命周期。

□小测验

1. 全球化对企业的国际营销活动有什么影响？
2. 说明一国商务环境中影响标准化还是本土化决策的因素有哪些。
3. 品牌与竞争优势之间存在什么样的关系？
4. 阐述国家形象与假冒伪劣产品对企业的国际产品战略的潜在影响。

14.3 制定促销战略

企业通过各种营销活动，如个人销售、广告宣传、公共关系、直销等，进入分销渠道并最终将产品送达目标消费者手中的过程叫做促销组合（promotion mix）。不难想象，产品的促销活动往往能够在市场上受到最多的关注，因为很多人，甚至包括一些专家在内都将营销等同于促销。下面我们先介绍两种最普通的促销战略，然后再来讨论国际化广告和沟通活动的复杂性。

□ 14.3.1 推动战略与拉动战略

企业将营销信息传递给消费者的常用促销战略可分为两种。它们可能单独使用其中的一种战略，但是也可能两种战略同时使用。能够创造大量消费者需求——足以激发分销商储备本公司产品的促销战略称为拉动战略。换句话说，企业创造消费者需求是为了"拉动"产品通过分销渠道最终到达消费者手中。采用拉动战略最常见的做法是通过直接营销来创造消费者需求。例如，宝洁公司在向亚洲市场推广飘柔护发产品时在经销商那里遇到了挫折，于是转而采取创造大众需求的做法：租用大量卡车装满飘柔洗护类产品，直接在市场上向潜在消费者免费发放试用装。

与此相反，推动战略则意味着向分销商施加压力让其进货并将产品推销给最终消费者。通过商场或杂货店来销售产品的厂商经常采取这一战略。例如，制造商的销售代理会不停打电话给沃尔玛公司，劝说后者采购自己的产品并摆放在超市里比较显眼的位置上。包括电脑和办公桌等在内的办公用品的销售也比较适合采取推动战略。企业的国际销售能力的强弱是能否在海外市场成功实施推动战略的关键决定因素。要想深入了解企业如何更有效地管理其他国家和不同文化背景下的销售人员，请参见下面的专栏："全球经理人公文包：如何管理国际销售部"。

全球经理人公文包

如何管理国际销售部

现在，企业的销售收入中来自于国　际市场的部分所占的比重越来越大。那么，作为一个全球经理人，怎样才能更好地管理本公司的国际销售部呢？下面给出了几个有助于提高企业海外销售代表工作效率的建议：

■ 了解销售背景。在雇用销售人员组建国际销售部之前，必须先进行深入的调研，然后针对预期销售目标制定战略计划并向销售人员分派各自的业绩目标。当然，在不同国家，薪酬的多少以及薪酬的发放方式也是不同的。例如，美国销售人员的工资中佣金所占的比重要高于欧洲同行。所以，你必须了解当地公司类似职位的销售人员的工资结构以及各自的激励政策。

■ 研究消费者。不能理所当然地认为国外消费者的需求和偏好与本国消费者是基本相同的。一定要搞清楚潜在购买者究竟想买什么、愿意为此支付多少钱。ECA 国际集团（一家市场信息提供商）在向亚洲进行扩张时曾屡遭失败，直到后来通过销售部门了解到亚洲的潜在消费者更倾向于逐次付费购买调研信息而不是一次性支付一笔费用成为某家公司的会员。于是，ECA 根据当地消费者的偏好调整自己的策略，终于成功在亚洲发展了越来越多的会员。

■ 适应当地文化。"为了调动销售人员的积极性，你要为他们制定切实可行的销售目标，而这又与当地的文化密切相关。"跨文化管理公司 IOR 的营销主管约翰·瓦德（Jonh Wada）这样说道。任何一家公司都首先要搞清楚下面这个问题的答案：在当地的文化背景下，人们对工作团队和竞争的看法会不会与本国销售人员的想法不同？他们又是怎样看待计划和最后期限的？你们计划进入的那个市场是奉行"时间至上"还是没有什么时间观念？一定要确保总部的管理者与当地的销售人员能够理解彼此的想法。

■ 向代理商学习。如果销售人员认为他们所推广的产品与当地市场毫无关系的话，他们的业绩一定会受到影响。"我本可以做得很好，但是这种产品在这里根本就销售不出去。"这时销售代表可能会开始批评公司的产品而不是加大推销力度。因此，可以让公司的销售代表参与到研发过程中来，这样他们就会对产品有更好的了解。同样，还可以每年将在国外工作的销售人员召回国内一两次，以便让他们了解母国市场的销售情况。这样，他们就会感到自己与公司的经营之间有着重要的联系。最后，公司的高层管理人员还应该拜访当地政府部门以便更好地了解当地顾客的需求。

资料来源：Charlene Marmer Solomon, "Managing An Overseas Sales Force," *World Trade* , Global Sales and Technology Special Section, pp. S4-S6.

在给定营销环境下，推动战略和拉动战略究竟哪一种更适合，这个问题的答案取决于以下几个因素：

■ 分销系统。如果经销渠道（比如批发商）相对于生产商来说权力更大，那么实施推动战略就很困难。如果分销渠道太长，这种战略也很可能起不了作用：中间商的层次越多，意味着需要说服采购本公司产品的渠道商也越多。在这种情况下，采用拉动战略来创造消费者需求比说服批发商买进大量存货容易得多。

■ 接触大众传媒的机会。在发展中国家和新兴市场采用拉动战略时，可供借用的大众传媒工具通常都比较少。因此，要使消费者意识到某种产品的存在从而产生需求是很困难的。这些市场上的大多数消费者都支付不起有线电视或卫星频道的收视费，甚至没有多余的钱购买报纸或杂志。在这种情况下，广告商或许可以利用广告牌或广播来达到宣传目的。此外，由于可供利用的媒介资源只能将信息传递给当地而非全国的消费者，所以很难在这些市场上进行广泛的宣传。例如，印度尼西亚到1994年才有了第一家全国性的电视台。另外一种可能的情形是，在某些特定的媒体上为某些特定产品做广告是不合法的。比如，在加拿大和美国，企业不能通过电视或广播来为烟草产品做广告。

■ **产品类型。**拉动战略特别适合消费者对某个特殊品牌的忠诚度较高的情况。换句话说，具有品牌忠诚的消费者在出门之前就已经计划好了要买的东西。推动战略则更适用于那些没有品牌忠诚度的消费者青睐的廉价消费品。低品牌忠诚度意味着消费者购买商品时并不知道在同类产品中哪一个品牌是最好的，他们只是从批发商或零售商手中随便选择一种商品。工业产品也比较适合推动战略，因为潜在的购买者通常需要了解一种产品的特性及优点。

□ 14.3.2 国际广告

在国际市场上进行广告宣传与在国内市场上的做法有很大不同。管理者必须根据他们对某一市场的了解来判断某条广告是否适合本公司的国际促销活动。如果目标国的文化相似，那么在这些国家投放的广告只需稍加改动，但是如果目标国的差异比较大，则意味着可能需要设计全新的广告。

可口可乐公司为了吸引中国消费者而专门拍摄广告的经典案例，很好地反映了针对某个市场特制广告时可能会碰到的问题。在拍摄一个真正具有中国特色的广告的渴望的驱使下，可口可乐公司的工作人员来到了中国东北的哈尔滨。不幸的是，载着广告演职人员的汽车在中途熄火了。当司机给油箱烤火以便让燃料解冻时，惊慌不已的工作人员从车窗爬了出去，因为他们认为这样做将导致汽车爆炸。所有人在冰天雪地里一直等到车子再次发动——导演的鼻子因为冻疮而永远留下了一个疤痕，算是对这次冒险的纪念。事情还没有结束。工作人员紧接着发现当地参与拍摄的一个老人听不懂导演的指示，后来经过村民解释才知道这个人听力有问题。最后，为了寻找一片空地让冰冻的红色风车转起来，全体演职人员在及膝的雪地里走来走去；由于当时风向不对，他们还要不断调整风车以便风能够带动风车旋转起来。但是，最后的事实证明，所有的辛苦努力都是值得的。在这个广告中，可口可乐向人们展示了生活在一个乡村里的老百姓用传统方式庆祝春节的画面。"它深深打动了我"，在上海工作的一名白领在看到这则广告后这样评价说。本土化的广告印证了可口可乐公司"本土化思考，本土化经营"的理念——这是公司总裁道格拉斯·达夫（Douglas Daft）提出来的，向我们传达了他希望将可口可乐重塑为一个敏锐的市场经销商的愿望。[①]

下面，我们就来研究一下考虑究竟是选择标准化还是本土化的广告策略时，需要注意的几个因素。

标准化还是本土化 任何一个国家的大部分广告都是专门针对本国观众设计的。

---

① Alessandra Galloni, "Coca-Cola Tests the Waters with Localized Ads in Europe," *Wall Street Journal* (www. wsj. com), July 18, 2001.

国际商务：全球化带来的挑战（第6版）

但是在几个不同的市场上做广告宣传时，企业就必须考虑广告的各个方面中哪些可以标准化，哪些则不能。进行跨国营销的企业总是希望尽量将宣传活动标准化，以节省广告成本。但是，出于包括文化背景、法律等在内的诸多方面的考虑，很少有企业会将其国际促销活动的所有方面都标准化。

选择标准化策略的公司通常是由母公司来负责管理广告宣传工作。这样做有助于企业在所有市场上树立统一的品牌形象，传递一致的促销信息——这也是企业实施全球战略的宗旨（参见第 11 章）。企业可以通过基本促销信息、创新理念、图形以及信息内容的标准化来实现品牌的连贯性。当企业决定采用全球化营销战略时，自然希望使自己广告支出的效用最大化。

企业吸引全球消费者注意力的途径之一就是赞助全球性的体育赛事。比如奥运会、世界杯足球赛以及一级方程式汽车拉力赛。这些赛事备受媒体关注，而且很多国家都会同步转播，甚至连挂在赛场边的条幅都可以提升企业品牌的知名度，因为全世界有成百上千万观众可以看到这些条幅。例如，全球 102 个国家的观众可以看到 F1 大奖赛赞助商的宣传条幅。

案例：难以捉摸的欧洲消费者　欧盟成员国之间一体化的加快使不少厂商梦想着有一天能够用一则标准化的广告来吸引众多的所谓欧洲消费者的注意力。但是欧洲消费者却始终保持着一种神秘感，使得即便是世界上最精明的广告商也感到难以捉摸。

一些世界知名的国际广告代理商都曾尝试制作针对全欧洲的广告，但是最终还是被国与国之间的差异打败了。我们可以看看在业内颇有声望的李奥·贝纳公司（www. leoburnett. com）的例子。该公司曾经为联合酿酒集团（United Distillers）的尊尼获加（www. johnniewalker. com）威士忌专门制作了一个针对整个欧洲市场的宣传广告。广告正式亮相之前，工作人员颇为头疼地做了多次测试与修改。在最初的版本中，画面上打出的广告语是"生命之水"，描述的是一个男人参加在西班牙的潘普洛纳举行的斗牛赛。在侥幸躲过公牛的踩踏之后，他用一杯尊尼获加红牌来庆祝胜利。但是这个广告却在很多国家引起了争议，人们指责说"西班牙人根本就不懂得怎么酿出好的威士忌酒。"该广告在德国进行试播时，也没有实现预期的效果，因为对德国人来说，这个广告看起来太鲁莽了——这种品行在德国并不受人欢迎。尊尼获加的全球品牌经理强尼·奥格恩（Johnnie Vaughn）认为，"另外一个原因是德国人的动物保护意识很强，所以在电视媒体上甚至不能出现鱼缸里的金鱼这样的画面，斗牛更是让人无法接受的。"此外，"生命之水"在很多国家的语言中也会引起歧义。奥格恩说："很多人觉得这是一种掺水的威士忌。"所以，广告语被改成了"品味生活"。但是，广告中的画外音在翻译成另一种语言时却又被错译成了"让你生活的每一天都过得有意义"。这句广告语在市场上要么没有起到预期的作用，要么失去了原本的含义。在意大利，这句广告语甚至直接被舍弃了。该广告的德文版更加不可思议："把每一天都当成最后一天去过。"

欧洲语言的多元化肯定会给营销人员带来棘手的翻译问题。因此，最成功的泛欧广告往往是强调视觉冲击、几乎没有语言文字、以产品和消费者为核心的广告。瑞士豪雅表的一则广告是最好的例子之一——该广告将豪雅表定位为有竞争力和成功者的象征。在广告中，一名游泳运动员正在和鲨鱼比赛，一名跨栏运动员则正在跨过一把锋利的超大号剃须刀。类似的高水平的视觉广告向观众传达了该公司是胜利者的象征这一信息。

□ 14.3.3 产品与促销组合战略

当企业将其营销业务扩展到全球时，通常会采取产品与促销组合战略。[①] 在针对某个特定的市场制定战略时，企业既要考虑产品的特性，也要考虑到销售过程用到的各种营销手段。在介绍完营销过程之后，我们将研究企业可以采用的五种产品与促销组合战略以及各种战略的适用范围。

传播促销信息　将有关产品的促销信息传递到目标市场上的过程称为营销传播。出于以下几个原因，在国际市场上向消费者传递关于产品特色的信息会比在国内进行宣传更加困难。国际营销往往意味着要将产品的促销信息翻译成各种语言。营销人员必须熟悉各种文化之间的细微差别，因为这些差别将直接影响到消费者是如何理解促销信息的。另外，一国关于在他国进行产品促销活动的法律法规有时也会迫使企业调整促销信息的传递方式。

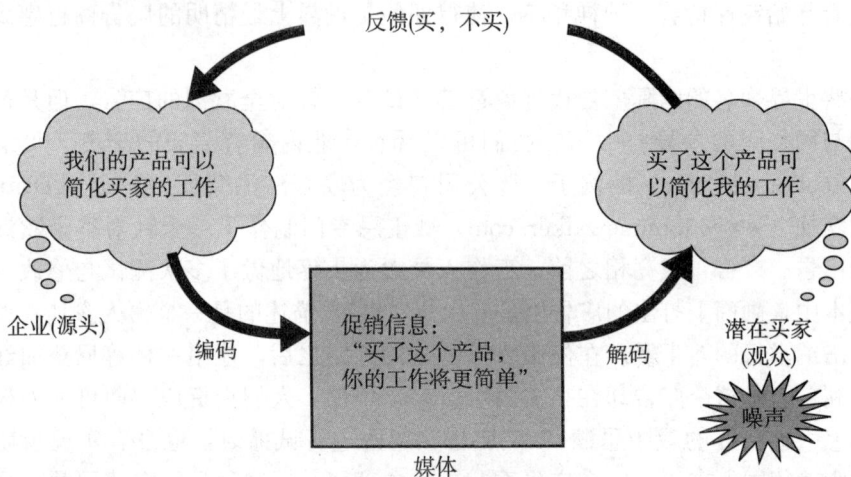

图 14—1　营销传播过程

资料来源：Based on Courtland L. Bovee, John V. Thill, George P. Dovel, and Marian Burk Wood, *Advertising Excellence* (New York, NY：McGraw-Hill, 1995), p. 14.

如图 14—1 所示，营销传播通常被看作是一个循环的过程。希望传递某个想法的企业是这个循环过程的源头。这个想法被编码（例如转化成图像、文字或象征符号）成公司希望传递出去的促销信息，然后再将促销信息通过各种媒体呈现给观众（即潜在顾客）。公司用来进行产品宣传的媒体一般包括电视、广播、报纸杂志、广告牌以及直接的信件投递。顾客在收到这些信息之后，会进行解码并解读信息的含

---

① This section draws on the classic discussion of these strategies in Warren J. Keegan, *Global Marketing Management*, 5th ed. (Upper Saddle River, NJ：Prentice Hall, 1995), pp. 489 – 494.

义。接下来，信息以反馈的形式（买或不买）再回到循环过程的源头。顾客在解码的过程中可能会受到一些"噪声"——指任何能够干扰顾客接受与解读促销信息的不利因素——的干扰。如果忽视了不同文化之间的一些重要差异，企业就会在无意中制造出干扰顾客理解过程的"噪声"。例如，如果某公司的促销信息没能准确翻译成当地语言，那么它与潜在客户之间的语言障碍就制造了"噪声"。

产品/传播延伸（双重延伸）　这种方法是指将国内产品与促销手段完全不加任何修改地一起照搬到其他目标市场。在一定条件下，这是最简单、最有利的战略。例如，因为所使用语言相同且文化背景也相似，总部设在加拿大说英语的省份的公司可以将其产品用相同的包装和同样的广告语在美国市场上进行销售——只要美国政府没有要求该产品附带其他特别说明或警示语。因此，加拿大公司就可以通过在两个市场上销售同一种产品并采用相同的广告来控制成本。不过，即便如此，这家加拿大公司也不能忽视那些细小的文化差异，因为它们很可能会造成受众理解上的障碍。

随着信息技术让世界各国更加紧密地联系在一起，这种做法很可能会变得更加常见。现在，一些看似偏远的地区的消费者也能够在很短时间内了解到世界上的最新潮流。不过，这种做法似乎更适合某些特殊的消费群体，例如热衷于名牌产品的青少年、商务管理人士以及有钱人。此外，这个战略也比较适合那些采用全球性产品战略的企业——它们的产品也大多是一些高档消费品，比如劳力士手表、爱马仕的丝巾和领带，以及香奈儿的香水。一些大众化的、不受阶级和年龄限制的世界品牌，比如佳能、玛氏糖果和诺基亚等，也比较适合这一战略。除此之外，这种战略对于在某个行业内具有低成本领先优势的国内公司来说也更为适用：相同的产品及促销战略可以大大降低企业的成本。

产品延伸与传播本土化　根据这一战略，企业投放到目标市场中的产品是完全相同的，但是宣传手法进行了一些调整。之所以这样做是因为与母国相比，产品要满足不同市场的需求，提供不同的功能或者吸引不同类型的消费者群体。企业可以通过调整其营销传播方式来告诉潜在顾客，这种产品可以满足他们的需求或是具备了某种独特的功能。这种战略不要求对产品作出任何改动，因而有助于控制成本。但是，改变传播方式可能代价不菲，尤其是在目标市场之间存在较大的文化差异时更是如此。在当地招聘演员重新拍摄广告会明显增加企业的促销成本。

为了开拓国际市场而改变宣传策略的企业的一个例子是日本零售商无印良品（www.muji.net）。该公司销售包括文具、衣物、家居饰品等在内的各种商品，且这些商品都宣扬同一个主题——在日本文化中已经有几百年历史的"简约生活"理念。无印良品的营销哲学是销售没有品牌的优质产品，公司的促销箴言则是"适合每个人的实用日本简约主义"，在日本的目标消费群体则主要是学生和年轻人。但是，无印良品欧洲分店的广告语却不是这样。由于欧洲客户通常年纪都比较大，而且多以成熟、时髦的消费者自居，因此该公司在那里的广告语改成了"购买值得你信赖的品牌"，这与公司在日本的广告语显然不是同一种风格。另外，欧洲消费者购买的不仅仅是一种产品（像日本顾客那样），他们购买的还有日本传统的简约风格。[①]

---

① Muji Web site（www.muji.com），select reports.

较低的经济发展水平也会要求企业根据当地情况调整广告信息。例如，欧洲、北美以及一些亚洲国家的企业高度依赖现代化的通信系统——比如电视、广播甚至是互联网——向数百万消费者传递促销信息。但是，在发展中国家（比如中国和印度的一些偏远农村地区），电视和广播的普及率较低，网络的发展更是远远落后于其他发达国家，因此在这些地区就必须采用其他的宣传方式，比如上门推销或者是举办地区性的展销会等。

产品本土化与传播延伸　使用这一战略时，企业会根据国际市场的具体要求对产品进行调整，但宣传推广工作保持不变。产品本土化的原因很多。原因之一可能是为了遵守当地法律的规定。此外，当地政府可能会要求企业在生产过程中必须使用一部分当地的原材料、劳动力或者是其他生产资源。如果当地市场上根本没有生产所需的原材料或零部件，那么就必须对产品作出调整。

对产品作出适当调整以便适应当地消费者的需要意味着企业必须在当地投资兴建厂房和设备，因此采用这一战略的成本可能会更高。如果需要在所有市场上兴建自己的生产设施，那么规模经济带来的成本节约就完全无法实现。但是，如果企业销售的是差异化的产品，就可以采取这种战略，并通过对产品制定较高的售价来弥补高额的生产成本。

产品本土化与传播本土化（双重本土化）　这种战略要求同时对产品和市场营销方式作出调整以适应目标市场的需要。产品自身进行调整以适应当地消费者的需求偏好，广告语也要进行修改以更好地说明产品是如何满足消费者的需求和偏好的。由于要同时对产品和营销策略做出调整，所以实施这种战略的费用很高，因此这方面的例子并不常见。但是，如果目标市场的规模足够大且存在利润丰厚的细分市场，那么运用这种战略也可以盈利。

研制新产品　这种战略要求企业为目标市场提供一种全新的产品。当目标市场与本国市场存在较大差异时，研制新产品就是很有必要的。研制新产品也可能是因为当地消费者群体的购买力比较低，他们没有能力购买现有产品。例如，针对东南亚及欧洲市场上的价格敏感型消费者，本田公司推出了一款名为"斯蒂"（City）的汽车。

如果某一地区缺乏经销某一产品所需的基础设施，那么企业也将不得不研制新产品。有一天，伦敦的一个发明家柏利斯（Trevor Baylis）看到，电视里提到非洲很多地区都没有电力设备或电池来开通广播服务，因此妨碍了向非洲人宣传艾滋病防治知识。于是，柏利斯发明了一种无须用电而是靠发条工作的手摇式收音机——只要用手摇动 30 秒就可以使用 40 分钟。后来，柏利斯又与南非的几个商人合作，在开普敦成立了一家名为 Bay-Ben 的电力公司。这种手摇式收音机开始时只是卖给发展中国家的救助机构。但是凭借良好的口碑，现在这款收音机在全世界的徒步旅行者、环保主义者甚至是寻找"复古"电器的新潮消费者之间已经颇为流行。

□小测验

1. 指出影响企业选择推动战略还是拉动战略的几个因素。

2. 哪些因素会影响本土化或标准化的国际广告战略选择？

3. 阐述营销传播过程的几个步骤，并说明它们之间是如何相互影响的。

4. 在国际营销活动中，产品战略与促销战略结合的方式有哪五种？简要说明每一种组合方式。

14.4 制定分销战略

计划、实施并控制产品从被生产出来到被消费的整个实际流动过程的活动叫做分销。产品到达消费者手中所经过的路径叫做分销渠道。分销渠道中共同努力将产品传递给消费者的企业叫做渠道成员或者中间商。需要注意的是，并不是只有商品的生产者才需要分销渠道。咨询公司、保健服务组织、新闻机构等服务提供方也需要利用分销渠道，才能接触到消费者。通过互联网来提供新闻服务的情况下，在将新闻从编辑部传递给读者的过程中，包括网站服务提供商和搜索引擎供应商等在内的各方，都是不可或缺的渠道成员。

企业往往会根据以下两个相关决策来制定它们的国际分销战略：（1）如何使产品进入一个国家或地区；（2）如何在一国国内进行分销。在第 13 章中我们已经讨论了使产品进入各个国家的不同途径，现在我们重点看一下主要用于各国国内的分销战略。

□ 14.4.1 设计分销渠道

在建立分销渠道时，管理人员需要考虑两个重要的问题：第一，产品需要的市场受众面有多大；第二，产品的分销成本如何。下面我们深入研究一下这两个问题。

市场受众面 在把产品推向尽可能多的潜在顾客的过程中，营销人员必须考虑该产品需要的市场受众水平。独占型渠道是指生产商将其产品的销售权授予一个或有限几个分销商的情形。独占型渠道不仅可以使公司通过批发商和零售商来控制产品的销售，还可以帮助公司达到限制经销商销售竞争对手的产品的目的。通过这种方式，独占型渠道就给渠道外的产品设置了一个难以逾越的壁垒。例如，在大多数国家，新车都是通过专卖店销售的——三菱的经销商通常不能卖丰田的车，而通用的经销商也不能卖福特的车。

当企业希望产品尽可能在更多经销店销售时，就会选择密集型渠道——厂商把产品的经销权授予多个经销商的做法。密集型渠道为消费者带来了地点上的便利，因为在这种方式下，很多店铺都在销售该产品。但是，这种方式无法阻止同业竞争对手的进入，而且也不能杜绝零售商销售竞争性品牌的产品的做法。

通过便利店或者是百货公司来销售产品的大公司通常会选择密集型的分销渠道。对于选择密集型分销渠道的小公司来说，最大的困难在于如何保证自己的产品被摆上货架，特别是那些品牌没有知名度的公司更是如此。零售商开发自有品牌（由零售商自己创造的品牌）这一全球性趋势使得这一问题变得越来越严峻。因为这样一来，零售商就会把自己的产品摆放在最显眼的位置，而那些不知名的品牌则被摆放在最不好的位置——最顶层或底层的货架上。

渠道的长度和成本 渠道的长度是指在生产商和消费者之间的中间商的数量。在零距离渠道（被称为直销）中，生产者直接将产品卖给消费者。在单级渠道中，生产者和消费者之间只有一层中间商，二级渠道则包括两层中间商，依此类推。通常来说，渠道中的中间商越多，产品的价格就越高，因为每个环节的经销商都要加价以弥补其提供服务的成本。那些生产销量对价格比较敏感的产品比如糖果、食品、小型家用品的企业尤其要慎重考虑这一问题。正如我们在第 11 章中所探讨的，如果企业销售的是高度差异化的产品，就可以制定高价，因为它们的产品是独一无二的，此时即使采用多层级的分销渠道也不会有太大的问题。

□ 14.4.2 产品特性的影响

产品的价值与其重量或体积之比称为产品的价值密度。在制定分销战略时，价值密度是一个重要的考量指标。按照惯例，产品的价值密度越低，分销系统越应该本土化。大多数商品，比如水泥、铁矿石、原油的价值密度都很低——这些产品很重，但是如果用每立方米装运重量来衡量的话，单位价值并不高。因此，相对于其价值来说，它们的运输成本太高了。所以这些产品的加工或再生产都是在出产地附近进行的。相反，价值密度高的产品，包括翡翠、半导体、香水等，因为与高昂的价格相比运输成本很低，所以就可以在其他地方进行加工，然后再转运到不同销售市场。比如，强生公司的一次性隐形眼镜就有很高的价值密度，所以该公司选择在美国进行生产和仓储，然后再将这款产品供应到全球市场。

当产品需要根据当地市场进行调整时，企业也可以相应地对其销售体系做些改进。卡特彼勒公司在重新设计了其分销体系后，销量翻了一番。调整后，每个国家都提供一系列可供选择的卡特彼勒叉车部件。公司先把部分组装完成的叉车部件运到目标市场，待顾客确定了可选部件后再完成最后的组装。因此，卡特彼勒的分销渠道扩充了其装配线，使得公司可以利用最低的成本来保持并改善服务。

□ 14.4.3 特殊的分销问题

一个国家的分销体系的发展需要经过很长的时间，它体现了该国特有的文化、政治和经济传统。因此，虽然每个国家的销售体系都有自身的优缺点，但那些负面因素确实会伤害到跨国公司的国际商务活动。在有些国家，盗窃和破坏财产的行为是最大的风险。而在另一些国家，风险和不确定性来自于对市场缺乏足够的理解。下面，我们就来看一下影响企业国际分销活动的两个具体问题。

对市场缺乏了解 企业很可能仅仅因为对当地市场了解不够就遭受巨大的物质和经济损失。这方面一个经典案例是安利亚太公司——美国安利公司的亚洲子公司，该公司曾因为高估自己对新兴市场经销商的了解而吃尽苦头。安利公司在全球推行的一个政策是，如果顾客对所购买的液体香皂、香水不满意，那么公司将给予经销商全额退款——即使退回来的是空瓶子。但是，进入中国市场后不久，这项政策就遭遇了巨大挑战。退款承诺一传出去，有些经销商就开始回收旧瓶子，并转而向安利公司要求全额退款。有些人甚至在垃圾堆收集了满满一袋子被丢弃的空瓶。单在上海一地，每天的退款额就高达 10 万美元。安利上海区总裁佩希·陈（Percy Chin）也不得不承认："我们可能太仁慈了。"紧接着，安利迅速对退款政策作出了调整：瓶子里至少还有一半产品的情况下，才可以申请全额退款。①

偷窃和腐败　偷窃和腐败事件频发也会对企业的销售业绩产生负面影响。俄罗斯的分销体系从一个侧面反映了该国 75 年之久的社会主义经历。宏碁公司决定在俄罗斯销售电脑后，在俄罗斯的邻邦芬兰成立了加工厂。这是宏碁公司考虑到在俄罗斯直接投资可能会有巨大风险后作出的决策。另外，宏碁公司也考虑到了如果自己直接使用俄罗斯陈旧低效的分销体系也会有一定的风险。在三年时间里，共有 50 名从芬兰运送电脑到俄罗斯的卡车司机在通往俄罗斯的高速公路上被抢劫，其中两人被杀，两人失踪。最后，宏碁公司只能通过在芬兰境内向俄罗斯经销商销售电脑来解决这一问题。因为俄罗斯的经销商懂得如何按照他们自己的方式，在俄罗斯的分销系统下协调各种问题，故而能够解决分销问题。②

□ 小测验

1. 独占型渠道与密集型渠道有什么区别？各举一个例子。
2. 请阐述价值密度在分销战略中的重要性。
3. 缺乏对市场的了解以及偷窃和腐败行为对国际营销有什么样的影响？

14.5　制定价格战略

企业所采用的定价战略必须符合其整体国际战略。一家在本行业内具有成本领先优势的企业生产的产品通常不能卖很高的价格，因为这种产品很可能没有什么特点，或者是强调一般性功用而不注重个性化设计。另一方面，生产差异化产品的公司却可以制定更高的价格，因为购买者看中的是产品的个性。在这一节中我们先来看看企业在国际市场上经常使用的两种价格战略——全球定价和双重定价，然后再分析会影响管理者选择何种定价战略的一些因素。

□ 14.5.1　全球定价

为全球市场制定统一的价格的定价策略称为全球定价。实际上，全球统一定价很难实现。首先，不同国家的生产成本是不同的。要保证生产成本相同对在不同国

---

① Craig S. Smith, "In China, Some Distributors Have Really Cleaned Up with Amway," *Wall Street Journal*, August 4, 1997, p. B1.

② "Laptops form Lapland," The *Economist*, September 6, 1997, pp. 67-68.

家设厂的企业来说，几乎是不可能的。因此，销售价格一般也会体现生产成本的差异。

其次，即便只在同一个国家或地区进行生产（以保证生产成本相同），公司也不能保证其产品在各个目标市场上的销售价格完全相同。把产品运到某个市场上的成本可能会高于运到其他市场上的成本。此外，销售成本在不同市场上也是不同的。在分销体系更有效率的地方，与分销体系过时且没有效率的地方相比，销售价格往往也更低。

再次，企业还必须考虑当地消费者的承受能力。企业管理者可能会选择压低价格以使消费者能够购买更多的产品，从而使自己获得更大的市场份额。

最后，企业还要考虑汇率的变动情况。当生产国的货币相对于目标市场的货币升值时，产品在目标市场的价格就要更高。

□ 14.5.2　双重定价

由于全球定价存在前面提到的那些问题，所以在国际市场上被广泛使用的往往是另一种定价策略。产品在国外市场上的价格不同于国内市场上的价格的定价策略称为双重定价。当一种产品在国外市场的价格高于其国内市场的价格时，被称作价格上涨。这主要是因为我们刚才讨论的一些原因——出口成本和汇率波动。

但是有时候，产品的出口价格也可能低于其国内市场价格。什么情况下会出现这种局面呢？有些公司认为在国内市场的销售足以弥补所有产品的生产成本（研发投入、管理费用、日常开支等）时，出口产品只要能够弥补一些额外的出口成本以及在目标市场销售的成本（如关税）就可以了。从这个角度看，出口可以视为一种"红利"。

要想在国际营销活动中成功运用双重定价策略，企业必须能够将国内消费者和国际消费者隔离开来。如果某个市场上的消费者发现自己支付的价格比另一个市场上的消费者支付的价格高，他们很可能就会取消订单。这时，如果企业在使用双重定价策略时不能把各国的消费者隔离开，买方就会利用套利——在产品售价低的地方买进产品，然后运到卖价高的地方卖出——的方式来获利。但是，产品在一国出口市场上的价格更高通常可以反映出将产品运到当地市场的成本和目标市场上的贸易壁垒如关税等的情况。因此，对于套利者来说，要想获利，他们必须确保自己的收益高于这些附加成本。

□ 14.5.3　影响定价决策的因素

影响管理者的定价决策的因素很多。在接下来的内容中，我们针对其中最重要的四个方面——转移价格、公平价格、价格管制和倾销——展开分析。

转移价格　母公司及其子公司之间买卖商品或服务时收取的价格叫做转移价格。母公司和子公司之间的交易行为极为普遍。例如，母公司经常会把技术授权给子公司，并向后者收取特许使用费或许可费。同时，子公司也很愿意接受这种方式，因为这样做比在市场上购买同类技术便宜得多。接下来，母公司又可以从子公司那里以转移价格购入制成品。

过去，各个企业可以随意制定转移价格。因此，高税负国家的子公司就可以通过压低转移价格来减轻税收负担。子公司通过减少其在高税负国家的利润来压低母公司需要支付的税负。同样，低税负国家的企业则往往会把转移价格定得相对高一些。

当各国关税水平不同时，企业也会按照类似的模式调整转移价格。向关税较高的国家的子公司收取的转移价格较低，从而也就降低了产品在当地的成本。通过转移价格的调整，那些拥有多家子公司的大型企业可以做到更好地平衡其全球税负，从而在一些市场上更具有价格竞争力。

公平价格 现在，针对转移价格行为的限制越来越多，使得这一方法用起来不像以往那么方便。实际上，很多国家的政府都针对跨国公司内部转移定价的行为施加了管制措施，要求按照自由市场价格来大致确定产品的转移价格。因此，现在很多母公司与子公司之间的交易都是按照公平价格——自由市场上互不相关的两方进行交易时收取的价格——来完成的。

公平价格被越来越多企业使用的另一个原因源自公司需要在各个目标市场上树立良好企业公民这一形象的压力。当跨国公司进行价格操纵以减少自己应该承担的关税等各种税负时，发展中国家和新兴市场受到的伤害最大，损失了大量的税收收入。而这些国家需要依靠税收来修建学校、医院以及包括通信系统、港口、码头等在内的基础设施。实际上，这些工程也给跨国公司带来了收益，因为这可以改善当地的商务环境，进而提高企业的生产效率。因此，一些跨国公司制定了行为规范，要求转移价格必须以公平价格为基础。

价格管制 制定价格战略时还必须考虑到可能会有的政府价格管制——对在本国境内销售的产品的价格规定一个上限或者下限。规定最高限价是为了使产品价格在通货膨胀的大背景下保持稳定。在设置了价格管制的经济体中，企业必须先向政府部门申请并且得到批准之后才能涨价。与目标市场所在国政府保持良好关系的企业通常可以免受价格管制的影响，其他企业则需要通过降低生产成本来尽量减少限价对自己造成的负面影响。

与此相反，最低限价禁止企业把价格降低到某一水平之下。政府有时会通过最低限价政策来帮助本国企业与外国企业的廉价产品进行竞争。在另外一些情况下，最低限价是为了避免出现将导致竞争弱化，并使得某家企业在一国占有垄断地位的价格战。

倾销 在第6章讨论政府部门对国际贸易活动的干预时，我们就已经介绍过倾销的影响。回忆一下，当商品的出口价格低于其国内价格时，我们就说存在倾销。当廉价进口商品大量涌入一国国内市场时，该国将会提起倾销的指控，以便对抗来自其他国家的竞争者。尽管进行倾销的企业通常是故意压低价格以压垮进口国国内的竞争者，但有时汇率的波动也会在不经意中造成倾销行为。当一国指控另一国在其市场上进行倾销时，它通常会对后者的产品强行征收反倾销税——目的是惩罚倾销国，迫使它将产品价格提高到更加公平的水平上。

1. 全球定价与双重定价的区别是什么？
2. 什么是转移价格和公平价格？
3. 价格管制和倾销对跨国公司的定价策略有什么影响？

14.6 结束语

尽管学术界对于全球化以及企业应在多大程度上标准化其营销活动并没有定论，很多企业还是在不断地适应当地市场的环境。有时，企业只需要对促销战略稍作调整，但是有时候却需要向市场提供全新的产品。对市场战略中的促销政策做出调整，可能是因为文化方面的原因比如语言不通，也可能是出于法律方面的考虑，比如政府要求企业在当地生产以便降低当地的失业率或是刺激当地经济等。另一些企业则通过在全球销售相同产品，从标准化和集中化生产中获益。在下一章，我们将对影响生产战略的因素以及管理者据此作出的不同决策作更加深入细致的分析。

本章小结

1. 指出全球化对国际营销活动产生的影响：

通过标准化其产品的物理特性和市场营销策略，企业或许可以达到降低生产成本和营销成本的目的。

也有些企业可能会发现标准化仅仅是诸多战略中的一种，而且并不一定总是最好的战略。

对于某些类型的产品，标准化的产品足以让全球的消费者都感到满意。但是对于其他一些类型的产品，消费者则希望能够满足他们特殊的偏好和口味。

一国的商业环境会对全世界的消费者和工业采购者的偏好产生巨大影响，当生产者和消费者所在国的经济水平相当时，最有可能实施产品的标准化策略。

2. 简述制定国际产品战略时管理者应该考虑的几大因素：

企业可能会因为目标市场上的一些法律法规或者是为了适应当地特殊的文化而被迫对产品作出调整。

企业希望在不同市场上维持其品牌的一致性，但是它们也经常会创造出新的产品名称或是对旧的名称进行调整以适应当地人的偏好。

企业设计、生产、组装产品所在的国家或地区的形象会影响消费者对产品质量的认可程度以及对企业的信任度。

当假冒伪劣产品的质量很差时，就会破坏该品牌在消费者心目中的形象。

缩短的产品生命周期也会影响企业进入国际市场的时机。

3. 描述影响企业国际促销战略的因素以及产品与促销组合策略的形式：

企业通过各种宣传推广活动，比如个人销售、广告宣传、公共关系、直接营销等进入分销渠道并将产品信息传递给目标消费者的行为被称为促销。

通过创造消费者需求来激发分销商储备本公司产品的促销战略称为拉动战略。与此相反，推动战略是一种向分销商施加压力，让它们购进企业的产品并推销给最终消费者的促销战略。

产品延伸与传播延伸（双重延伸）是指将本国产品和促销方法同时延伸到其他目标市场的做法。

产品延伸与传播本土化是指采用不同促销手段将同质产品销售到不同市场上的做法。

产品本土化与传播延伸是指用相同的市场宣传方法来推销根据当地市场需要做出调整的产品以适应目标市场需求的做法。

产品本土化与传播本土化（双重本土化）意味着产品和市场营销方式都要根据目标市场的要求作出调整。

研制新产品是指针对目标市场提供一种全新的产品的做法。

4. 阐释制定国际分销战略时管理者需要考虑的几个方面：

分销指的是规划、实施并且控制产品从生产源头到最终消费者手中的整个过程。产品到达消费者手中所经过的路径被称为分销渠道。

独占型渠道是指制造商将销售其产品的权利授予一家或者是有限的几家经销商，这样做使得批发商和零售商对产品的销售拥有较强的控制权。

密集型渠道则是指制造商将销售其产品的权利授予很多家经销商。这种方式下对零售商的决策控制权很小。

渠道的长度是指介于生产商和消费者之间的中间商的层数：零距离渠道下，生产商直接将产品卖给消费者；单级渠道下，生产商和消费者中间有一层中间商；依此类推。

5. 指出影响国际定价战略的几个因素：

全球定价是指在所有市场上制定同样的零售价格——在现实生活中很难做到这一点。

双重定价是指在国外市场和本国市场上制定不同的价格的做法。

当一种产品在国外市场的售价高于在国内市场（或者是生产地）的售价时，称为价格上涨。

转移价格是指公司的不同分支机构或者子公司之间买卖商品时收取的价格。

公平价格是指互不相关的各方买卖特定商品时收取的自由市场价格。

课堂讨论

1. 假设来自全球不同文化的人们的产品偏好趋同的势头仍在继续。找出会受到这种趋势影响的两种产品，再找出不会受到这种趋势影响的两种产品。对于每一种产品来说，这种变化对营销经理的工作有什么影响？

2. 价格上涨给那些希望按照统一定价策略将产品出口到全球各国的企业提出了挑战。这些企业应该如何应对价格上涨带来的影响？尽可能多地给出解决方案。

1. 调研题。和几个同学一起，选择一家你们感兴趣的公司。通过公司的年报或者是网络途径，看看该公司在过去的一两年里推出了哪些新产品。这些产品的的确确是一种创新，还是说只是原有产品的简单扩展？该公司在研发新产品时主要有哪些方面的考虑？

2. 广告题。这个题目要求每个组员都选择一份在他们的祖国之外的国家公开出版发行的杂志。找出某家跨国公司或者是某个产品、品牌在这些杂志上刊登的广告。找出三四个这样的广告后，判断一下这些广告分别采用的是以下五种产品与促销组合策略中的哪一种：双重延伸、产品延伸与传播本土化、产品本土化与传播延伸、双重本土化、研发新产品。你认为这些公司为什么会选择这样的策略？

关键术语

公平价格	密集型渠道	推动战略	品牌
营销传播	转移价格	分销	价格控制
价值密度	双重定价	促销组合	全球定价
独占型渠道	拉动战略		

伦理题

1. 假设你是在荷兰的海牙国际法庭工作的一名法律人士。你正在重新审查最近一个关于治外法权的案子的判决。简要案情如下：法国在二战大屠杀中的幸存者将美国雅虎公司告上了法庭，因为他们在雅虎美国网站上看到很多类似纳粹大事记的内容。另外，他们还起诉雅虎公司建设并且维护一个反闪族人的网站。尽管按照法国的法律，这些都是违法行为，但似乎在美国这些做法无可厚非——因为这里信奉言论自由。因此法官裁定，法国法律对于在美国境内运营的公司的行为没有约束力。在现代社会，网络使得人们很难判断出法律诉讼的真正归属地在哪里。如果你是这个案件的主审法官的话，判决结果会有差别么？给出你作出判决的理由。你觉得网络管制有没有可能在未来杜绝类似事件的发生？

2. 假设你是菲利普·莫里斯公司的一名独立顾问。公司被指控在一些重要的发展中国家市场上，比如土耳其推出了一种可以增强万宝路等品牌的刺激程度的特殊的烟草混合物。如果真是这样的话，那么就需要重新审视烟草企业进行"标准化 vs. 本土化"决策的用意。如果莫里斯公司确实通过这种策略来本土化自己的产品，你觉得这样做是否符合伦理道德？在公司董事会上，针对这一问题你又会给出怎样的建议？

国际营销中的心理学

在设计和实施促销活动的时候，营销人员会采取一些心理战术或者说他们至少应该采取一些心理战术已经不是什么秘密了。但是有些人，包括总部设在华盛顿州的美国商业警戒公司（www.commercialalert.org）的加里·鲁士金都认为家长们被骗了。"我觉得人们并不清楚商家为了吸引孩子们买他们的东西而采取了什么心理战术。如果他们搞清楚这个问题的话，一定会大吃一惊。"鲁士金的观点得到了美国60位心理学专家的支持，他们联名写信给美国心理学协会（www.apa.org），抱怨企业"为达到自己的商业目的而采用心理战术影响青少年的决策"。

什么使得这些心理学家如此愤怒？显然，事情的导火索是詹姆斯·麦克尼尔博士在《营销工具》（Marketing Tools）上发表的一篇介绍"透射完成实验"的文章。假设有一档很受欢迎的儿童电视节目，男孩子都被吸引购买与该节目有关的产品，但是女孩儿们则无动于衷。为了找出为什么会是这样，公司找来了很多女孩，给她们每个人一幅画，上面有一个男孩和一个女孩在看电视，而且男孩问女孩"为什么你喜欢这个节目？"女孩的回答可以提供一些线索，帮助企业修正它们的营销策略以便吸引女孩儿们的喜爱。麦克尼尔博士认为这种方法"合理而且科学"。鲁士金则驳斥道："心理学家们必须在心理学究竟是一种治疗方法还是牟利手段之间作出选择。"美国心理学协会也承认，目前对于将心理学应用于广告中，确实没有任何指导原则。

广告专家们不仅仅瞄准了电视广告。在过去的一年里，没有植入广告的儿童网站所占的比例从10％下降到了2％。促销活动都是以什么方式呈现的呢？其中之一是游戏。大约55％的青少年网站都以游戏为主要特色。艾伦·纽伯恩跟他6岁的儿子说他可以从超市收银台处随意选择一种糖果。结果他儿子选了一袋甜馅饼，并且高兴得手舞足蹈。当被问到他是否是从电视广告中了解到这种甜点时，这个孩子回答说："不，我是从甜馅饼的网络游戏中知道的。"正是通过这些游戏，企业和孩子们有了更长的接触时间——远多于孩子们接触电视广告的时间。

另一种促销手段是电子邮件。美国《儿童在线隐私法案》（Children's Online Privacy Act）禁止企业在没有征得父母的同意的条件下，通过电子邮件向13岁以下的孩子兜售自己的产品。但是，相关企业通过让孩子们自己转发此类邮件规避了这个要求。例如，孩子们可以自己登录网站（www.sasameworkshop.org），向朋友们发送一封带有芝麻街人物形象的电子贺卡。这个网站上甚至还有聊天室。布莱恩·鲁巴什是孩之宝旗下的一个分公司老虎电子（Tiger Electronics）的技术营销经理。他承认自己经常登录雅虎公司网站，发布与本公司产品有关的信息，回答与公司正在研制的机器宠物狗有关的问题。

欧洲国家就企业针对儿童的营销活动制定了严格的规定。但是，欧盟成员国之间的规定也可谓千差万别。例如，希腊禁止在电视上播出关于武器装备的玩具的广告，并且每天上午7点到晚上

10 点之间禁止任何形式的玩具广告。比利时的荷语区禁止在儿童节目开始之前到结束之后的五分钟内播放广告。瑞典则禁止任何针对 12 岁以下儿童的广告。

但是瑞典（以及其他有着更严格规定的国家）面临的问题是，这些法律规定只适用于境内的电视台，对于境外电视台或者是卫星电视则无可奈何。这也是瑞典努力推动制定关于儿童广告的统一政策的原因所在。位于比利时布鲁塞尔的世界广告商联合会（www. wfanet. org）的一名说客斯蒂芬·洛尔克说："他们正努力推动成员国达成一致。"尽管像瑞典那样彻底禁止的措施不太可能被通过，但是像比利时那样部分禁止针对儿童的广告还是有可能的。为了防止欧盟成员国通过更严格的立法，广告商们可以尝试"自愿广告限制"。

但是，也有些广告商在为自己的行为辩护。加拿大多伦多的一名广告总监杰弗瑞·洛奇否认心理学家的看法，他说道："广告并不能起到洗脑的效果，孩子们也远比我们想象的要精明。我不认为作为广告商的我们可以说服孩子们做任何事情。"但是艾伦·坎纳博士则认为："如果广告没有效果的话，为什么企业每年还愿意在这方面花费数十亿美元呢？"社会消费心理协会主席库提斯·豪格特博士更加中立，他认为尽管广告确实有负面影响，但是孩子们也可以从中受益。"即便是芭比娃娃也是有利有弊的。芭比可以提升孩子的想象力，陪他们玩耍，而且还可以帮孩子们认识人体的器官。"豪格特博士还强调了在帮助孩子学会理性消费的过程中，引导的重要性："孩子们肯定不能只凭想象来决定买什么。"

资料来源：Ellen Neuborne, "For Kids on the Web, It's an Ad, Ad, Ad, Ad World," *Bloomberg Businessweek*（www. businessweek. com），August 13，2010；Brandon Mitchener, "Banning Ads on Kids' TV," *Wall Street Journal Europe*，May 22，2001，p. 25；James MacKinnon, "Psychologists Act against Ad Doctors," Adbuster Web site（www. adbusters. org）.

▢小思考

1. 把你自己放在世界广告商联合会的说客斯蒂芬·洛尔克的位置上。首先，陈述一下欧盟为什么要制定更加严格的广告法。然后，通过实例说明欧洲的广告商们为什么要进行"自愿广告限制"。最后，阐述一下为什么说现行法律不需要进行调整。你同意哪一种观点？哪个说法你认为更有说服力？

2. 有些机构经常攻击广告商的促销方式。广告行业应该做些什么来减少自己面对的批评呢？具体说说你的看法。

3. 有些批评人士认为，广告只是激发出了消费者的欲望，而没有帮助他们满足自己的需求。以某个产品为例，说明为什么说该产品只是激发出了发展中经济体的消费者的欲望而不是满足他们的需求。阐述围绕是否在某个发展中国家引入该产品出现的伦理道德问题。

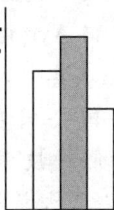

第 15 章

国际经营管理

学习目标

通过本章的学习，你应该能够：

1. 了解制定生产战略时需要重点考虑的因素。
2. 掌握获取物质资源时需要重点考虑的因素。
3. 清楚管理者需要特别注意的一些生产问题。
4. 阐述三种潜在的融资渠道以及每种渠道涉及的主要金融工具。

内容回顾

在第 14 章中，我们探讨了全球化对企业国际化经营活动的影响。此外，我们还阐述了各国商务环境的差别会对营销战略的制定过程产生怎样的影响。

本章概要

在这一章中，我们将讨论企业是如何努力开展并管理其国际生产活动的。我们分析了企业获取自身所需的原材料和产品的途径，同时还论述了商务环境的各个方面是如何影响生产战略的。此外，我们还将简单介绍一下企业为其生产活动进行融资的方式。

下章前瞻

在第 16 章中，我们将研究跨国公司如何管理其人力资源，具体来说包括国际员工政策、招聘、培训、薪酬、劳资关系以及文化冲击等。

领头羊丰田

捷克，科林——丰田汽车公司在全球汽车市场上占据了14%的市场份额，并且希望自己在不久的将来成为世界第一大汽车制造商。目前，丰田是全球第五大公司，年销售额超过2 300亿美元，拥有316 000名员工。

在全球27个国家建立了53家加工厂，产品被销往170多个国家和地区，丰田的涉猎范围可谓遍布全球。它还在全球包括澳大利亚、比利时、日本、泰国以及美国在内的很多看上去没有丝毫相似之处的国家设立了14个研发中心。雷克萨斯（豪华轿车）、日野（Hino，商用车）、大发（小型轿车）都是丰田旗下的品牌。

丰田公司在全球各地的大部分加工厂都是它的独资子公司，但是也有一部分是合资企业。丰田公司也积极和其他汽车制造商合资建厂。例如，丰田和标致-雪铁龙公司共同出资，在捷克共和国成立了一家名为TPCA的组装厂，年产量达30万辆——丰田Aygo、标致107以及雪铁龙C1都包括在其中。

很自然地，丰田公司在产能设计、在哪里设厂、使用何种技术生产、工厂如何布局等方面承担了大量的工作。

正如你可以想象的，建造一家汽车加工厂需要大笔的资金。丰田公司通过日本和国外的资本市场筹集了一部分资金。但是，作为一家希望借助美国资本市场上的投资者的力量的非美国企业，丰田公司必须发行美国存托凭证（ADRs）——一种可以在美国的资本市场上进行交易、代表了对丰田公司一定股权的凭证。当然，丰田公司也利用自己从汽车销售中赚取的利润来为更多的生产活动提供资金。

在学习本章的过程中，思考一下企业是如何构建其全球生产布局的，它们又是如何为自己的商业活动融资的。①

无论一家跨国公司的主营业务是从事商品的加工制造还是提供某种服务，在正式开始经营之前，它都必须获得所需的各种资源。那么，生产活动所需的原材料和零部件从何而来？所需的生产能力有多大？它是自己建造还是从外部购买新的生产设备？服务中心应该有多大的规模？通过何种方式为生产经营活动融资？所有这些问题的答案都是非常复杂且相互联系的。

本章将从考察制定国际生产战略时需要考虑的因素出发，探讨包括"集中化生产还是分散化生产"、"标准化生产还是本土化生产"等在内的话题。在这个过程中，我们将联系前面章节中介绍过的一些内容，包括企业的整体战略以及市场营销战略等。接下来，我们将介绍企业获取实现生产目标所需的资源的各种途径。我们将阐明企业是如何获取包括生产设施、办公地点、各种设备以及原材料等在内的各种固定（有形）资产的。此外，我们还将讨论国际物流以及全面质量管理等与生产有关的重要问题，然后介绍影响管理人员作出扩张或者收缩国外生产能力这一决策的因素。最后，我们还会简要地看一下企业是如何为国际生产经营和其他活动进行融资的。

① "Global 500," *Fortune*, July 21, 2008, pp. 156－182; "Toyota Seeks 15 Percent of Global Car Market," MSNBC Web site (www. msnbc. msn. com), November 13, 2006; Toyota Peugeot Citroën Automobile Web site (www. tpca. cz); Toyota Motor Corporation Web site (www. toyota. co. jp), select reports.

15.1　生产战略

生产经营活动对于实现企业的战略目标至关重要。合理安排生产经营的各个环节可以帮助企业降低生产成本（从而成为低成本领导者）或是开发设计出新的产品或产品特色——这是实施差异化战略必不可少的。企业管理者必须重点考虑包括企业的生产能力、工厂的选址、生产过程以及工厂布局等在内的一系列问题。

□ 15.1.1　生产能力

评估企业生产足够的产出以满足市场需求的能力的过程叫做生产能力规划。企业必须尽可能准确地估计国际市场对其产品的需求。如果目前的生产能力大于预计的市场需求，那么企业可能会通过减少某些工厂的工人人数或轮班次数等方式来达到减产的目的。但是，各国关于企业裁员的法律规定不尽相同。因此，根据不同国家的法律法规，企业可能需要也可能不需要提前通知工人被解雇或工厂倒闭的事实。相反，如果市场需求持续增加，管理者就必须决定哪些工厂要扩大生产或者是否需要引进新设备来提高生产能力。实际上，在新设备投入生产之前，企业宁可选择与其他厂商合作来满足额外的市场需求，也不愿意错失潜在销售机会。

生产能力规划对于服务性企业来说同样也是非常重要的。例如，打算进入一个新市场的酒店连锁企业必须估计一下自己应该准备多少间客房。此外，管理者还必须考虑一下是否需要配备会议室，如果需要的话，会议室的数量又应该是多少。如果当地的潜在客户要求能够随时与分布在全球各个角落的其他分公司保持联系的话，该酒店还要考虑安装视频会议设备。

□ 15.1.2　选址规划

选择工厂所在地的过程称为工厂选址规划。企业通常可以从全球各地的诸多潜在地点中选择究竟在哪里从事生产、研发或其他活动。各国商务环境中对于企业制定选址规划比较重要的方面包括劳动力、管理人员、原材料、零部件和能源等资源的成本与可获得性。其他一些关键因素还包括政治的稳定性、政府管制和官僚作风的程度、经济发展水平以及包括人们对工作所秉持的信念以及一些比较重要的传统观念等在内的当地风俗习惯。

利用其他国家的低工资来降低生产成本对于保持公司产品的价格优势来说非常重要。在劳动力成本占全部生产成本的比重比较高的行业中，这一点尤其突出。但是，企业必须在较低的劳动力工资与可能出现的低生产效率之间进行权衡。同发达国家相比，大多数发展中国家及新兴市场国家的工人的生产效率都偏低。

尽管大多数服务型企业在选择生产地点时会首选离客户比较近的地方，但是在这个过程中，它们也要考虑顾客的不同需求。在生产便利和客流量大的地方提供服务对顾客来说很重要么？这种位置对于某些公司来说显然是非常重要的，例如餐饮、银行和电影院等。但是对于其他一些服务型企业，比如咨询公司或者公共事业单位来说，地理位置方面的便利性就显得没有那么重要。

在选址环节，与供给有关的问题同样不容忽视。无论采取哪种运输方式，生产工厂与目标市场之间的距离越远，顾客为获得商品需要等待的时间就越长。换句话说，企业必须在目标市场上保持大量存货，以尽量缩短配送过程中的延误。这样一来显然会导致企业用于仓储和保险的费用增加。当生产活动离目标市场较远时，运费也是一笔不小的支出。运输成本是钢铁产业全球化的一个极大驱动力。钢铁的运费大约是每吨 40～50 美元，与每吨 400～500 美元的售价相比，这是一个相当大的比重。通过在目标顾客所在国建造钢铁厂，企业便可以节约一笔庞大的运费支出。

日本和德国的汽车制造商在美国境内投资设厂也是出于上面提到的这几个原因。例如，包括丰田公司在内的日本汽车制造商选择在美国生产汽车，无不是为了抵消货币汇率变动带来的风险，并缓和美国对日本贸易赤字引发的政治问题，同时还可以更近距离地接触客户。德国的宝马公司在美国集中生产也是出于类似的原因。一方面，这是因为德国马克的强劲使得德国商品在世界出口市场上变得更加昂贵；另一方面，则是因为德国是目前全世界人均工资最高的国家之一——人均时薪在 32 美元左右。最后，希望引入外资的美国各州政府向外国投资者提供的包括税收减免和廉价土地在内的优惠政策，对于德国公司来说也具有很大的吸引力。

区位经济 选择一些能够提供最有利条件的地方作为经营地点可以使企业实现区位经济——在最理想的地点开展生产活动带来的经济效应。区位经济源于我们在前面的内容中提到的诸多因素的合理组合。为了利用区位经济带来的优势，企业要么在某个特定地区亲自从事商务活动，要么从该地区的其他企业那里购买商品和服务。实际上，企业在某个特定区域内表现抢眼的任何一项商务活动都会创造区位经济效应，包括研发活动、提供广告服务等。

下面的例子可以说明服务型企业可以在多大程度上利用区位经济。某公司在瑞典设计出高精冰上曲棍球设备，在加拿大融资，在丹麦和美国的克利夫兰州进行组装，最后在北美和欧洲市场上销售。这种装备所使用的合金材料的分子结构是在美国的特拉华州研制并获得专利，然后在日本进行合成的。飞机制造商波音公司在华盛顿和日本设计飞机，在西雅图完成组装，其中机身尾部是在加拿大生产的，一些特殊的尾部装置在中国和意大利生产，引擎则来自英国。最后一个例子，某公司的广告宣传计划在英国构思完成，在加拿大拍摄，然后回到英国进行配音，最后在纽约剪辑。①

需要提醒大家注意的一点是，区位经济意味着在这个特定的地区完成的每一项生产活动都能比在其他任何地区完成同样的活动创造出更多的价值。在评估一个国家或地区能为某项经济活动带来的附加价值时，生产效率是很重要的尽管并不是唯一的考虑因素，而每一个地区的生产效率又主要取决于两个因素——劳动力和资本。

---

① This classic example is found in Robert B. Reich, *The Work of Nations* (New York: Vintage Books, 1992), p. 112.

国际商务：全球化带来的挑战（第 6 版）

当然，要想利用区位经济的优势，企业管理者必须做到对各个地区的不同风俗习惯了如指掌。例如，各国在政治和法律方面存在的差异会迫使企业寻找外部顾问，或是对企业法律人员进行有关当地传统的专门培训。语言差异则意味着企业在经营过程中必须将各种重要文件翻译成当地语言。正是由于以上原因，有些企业有时会将自己的某项业务外包给该地区的其他企业。

集中化还是分散化 生产管理人员需要考虑的一个很重要的问题就是，企业是进行集中生产还是分散生产。集中生产是指把所有厂房设备集中在某一地点；而分散生产则是将厂房设备分散在不同地区，甚至是在每一个产品销售市场都建立厂房设备——这是采取国别战略的企业经常采用的做法。企业选择集中生产是为了追求低成本，并充分利用规模经济效应——这是实行全球战略的企业所采取的典型做法。企业通过在同一个地区内生产大量相同的产品来降低单位产出的成本，从而降低生产的总成本。

运输成本和地理条件也会影响到是集中生产还是分散生产这一决策。因为它们通常在所有市场上销售无差异的产品，所以低成本企业通常不需要在销售市场附近设厂以便及时发现消费者偏好的改变。这就是低成本厂商经常选择生产和运输成本综合来说比较低的地区来办厂的原因所在。但是，即便是这些企业也必须权衡在生产过程中投入的成本与将产品运往目标市场的运费之间的关系。地理条件中影响运输成本的关键因素主要是工厂到各个港口、机场或其他运输中心的便利性。

与此相反，销售差异化产品的企业往往更愿意选择分散生产。通过在不同市场附近投资设厂，它们就可以随时与客户保持联系，并迅速对顾客的消费偏好作出反应。与客户保持密切联系还可以帮助企业更深刻地理解当地文化背景下消费者的行为。

由于研发与生产之间的密切合作对于执行有效的差异化策略至关重要，所以这两种活动通常都是在同一个地方完成的。不过，技术进步也给企业开展分散经营活动提供了更大的自由度。如今，通信手段的发展使得即便是相隔甚远的子公司与母公司也能够自由进行交流。

□ 15.1.3 生产过程

决定企业采取何种生产方式来生产产品的过程被称为生产过程规划。企业所选择的具体生产过程通常是由企业的事业部层面的战略决定的。例如，低成本战略通常要求进行大规模生产，因为生产者希望利用规模经济来降低生产成本。一家专门为普通滑雪者批量生产滑雪板的企业往往会引进一条利用先进计算机技术控制生产过程的自动生产线。但是，差异化战略则要求生产者通过为客户提供一些与众不同的东西，比如高品质、附加功能或特有的品牌形象来增加产品的价值。因此，为专业滑雪运动员设计并生产滑雪板的企业就不会采用自动生产线，而是依赖于经验丰富的能工巧匠。企业会为每一位滑雪运动员设计并生产专用的滑雪板，以适应他们各自的习惯和特殊要求。对于这些企业来说，服务是其生产过程中最重要的部分。

当地劳动力市场的成本及可获得性对于生产过程规划是非常重要的。如果东道国的劳动力工资比较低,某跨国公司可能就会选择技术含量更低的劳动密集型生产方式——这主要取决于企业所生产的产品和遵循的战略。但是,需要再次强调的是,企业必须在当地市场劳动力的可获得性和工资水平以及劳动力的生产效率之间进行权衡取舍。

标准化还是本土化 在制定生产战略时,另外一个很重要的问题是,企业是应该在所有市场上实施标准化生产,还是根据在不同市场上对产品作出的调整而相应调整生产过程。例如,具有低成本领先优势的企业的管理者经常下令用自动化、标准化的方式大批量地生产产品。这种批量生产方式不仅可以大大降低生产的单位成本,而且还能弥补企业先前在自动化设备上的投资。工人通过重复劳动和不断学习有助于减少失误与浪费的新方法,使得生产成本进一步降低。

但是,差异化战略往往要求进行分散生产,以便在当地市场出现变化时迅速作出反应。由于分散化的生产设备是专门为某一个国家或地区服务的,因此这类工厂的规模通常相对来说比较小。这就消除了实现规模经济的可能,从而提高了每个生产单位的费用和成本。类似地,在差异化战略下,企业在目标市场上占据的份额比较小,因此生产规模也比较小。如果通过将一些客户所需要的特性加入到产品中来实现差异化,无疑将进一步增加制造成本。而那些经过专门设计、具有特殊样式或性能的产品,研发费用肯定也会更高。

□ 15.1.4 工厂布局

决定各个工厂内部各个生产环节的空间安排的过程叫做工厂布局规划。日本、新加坡和中国香港的土地供给都非常紧张而且地租不菲,在这些国家或者地区办厂的话,企业必须设计紧凑的布局以便充分利用厂房空间。相反,像加拿大、中国内地或者是美国这样土地资源比较丰裕的国家或者地区,投资建厂的成本也会大大降低。同时由于这里的土地价格低廉得多,厂商在设计厂房时也有更多的选择。

更重要的是,工厂内部的布局还取决于厂商选择怎样的生产过程,而后者又取决于企业业务层面的战略。例如,康柏公司参与竞争的方式是在收到客户的订单后再进行个性化生产,而不是批量生产出大量电脑堆积在库房里。为了更好地实施这一战略,企业管理层决定用若干个三人生产小组来代替以往的批量装配线。在康柏设在苏格兰的一家分公司所进行的生产试验中,新的生产小组的产量与最好的批量生产线相比,还要高出 23%。此外,该工厂每平方英尺的产量也提高了 16%——这已经是对生产效率的一个相当显著的改进。

□小测验

1. 解释为什么在制定生产战略的过程中生产能力规划非常重要。

2. 工厂选址规划是如何受到以下因素影响的:(1)区位经济;(2)集中生产还是分散生产。

3. 阐释生产过程规划是如何受到标准化还是本土化决策影响的。

4. 工厂布局规划与生产战略的制定有什么关系？

15.2　获取物质资源

　　跨国公司在正式运营之前都必须获得大量的物质资源。例如，管理者必须回答一系列的问题，包括企业是应该自己生产还是从外部购买生产所需的各种零部件？生产所需的原材料从何而来？企业是并购其他工厂和生产设施还是自己重新建造？在这一节中，我们来谈谈管理者在解决这些问题的时候需要考虑的因素。

□ 15.2.1　生产还是购买决策

　　典型的制造业企业在生产过程中需要各种各样的投入品。一般来说，这些投入品要么是以生产所需的各种原材料形式，要么是以只需简单组装的零部件的形式进入生产过程的。但是需要记住的一点是，零部件在投入生产之前，可能需要进行一定的调整或微加工处理。决定是由公司自己生产还是向其他公司购买各种零部件的过程叫做生产还是购买（make-or-buy）决策。实际上，无论是自己生产还是向他人购买，每一种选择都有其优势和劣势。

　　生产的优势　　垂直一体化是指企业扩大其对生产之外的环节——投入或产出——的控制的过程。当企业决定生产而非购买一种产品时，它所参与的就是"上游"的活动，即发生在企业现有经营活动之前的生产活动。例如，某汽车制造商决定自己生产所需的车窗玻璃时，所从事的就是一项新的上游活动。

　　成本更低。首先，企业自己生产而不是从外部购买零部件是因为这样做可以降低总成本。通常来说，制造商的利润是产品利润与生产成本之间的差额。当企业购买某产品时，会提高制造商的利润边际。但是，当企业自己生产的成本低于从另一家公司购买所需支付的费用时，它往往会采取内部化生产而不是向他人购买的方式。因此，内部化生产可以在一定程度上降低企业的生产成本。

　　例如，计算机中的主板是个人电脑的核心部件，CPU、存储芯片以及其他零部件都要安装在主板上。主板的价格通常占到计算机整机价格的40%左右。康柏公司发现自己生产主板的成本比从亚洲供应商那里购买的价格低25美元，此外还可以节省大约两周的运输时间。

　　与大企业相比，小公司要想自己生产而不是购买他人生产的零部件的话，并不是那么容易，尤其是在生产该产品需要大手笔投资于工厂和设备的条件下。但是，如果企业拥有自己的专利技术或者是其他的竞争优势，那么它就可以打破这一规则。

　　控制力更强。在一些关键原料和零部件上过分依赖他人的企业无异于放弃了一部分控制权。相反，自己生产而不是购买这些零部件使得企业管理者对原材料、产品设计和生产过程这些会影响产品质量的重要因素有着更强的控制力。反过来，当企业面对的是对产品质量或公司信誉的变化极为敏感的顾客时，质量控制就显得更加重要。

此外，企业往往很难说服外部供应商在产品的质量和特性方面作出重大调整。当这种调整涉及昂贵的设备投资或者需要花费大量的时间和精力时，就更加不可能了。如果只有一名顾客要求对产品进行改进而且这样做的花费不菲，或者是供应商有理由认为顾客最后会在其他地方购买这种产品时，供应商就不愿意投入大量资金进行改进。除非这位顾客的购买量非常大，否则供应商根本承担不起如此之高的改进成本。在这种情况下，顾客只能自行生产，否则就无法获得能够满足其要求的产品。也就是说，如果企业自己生产各种零部件，它们在产品的设计和特殊性能方面就拥有了更强的控制力。

最后，当从供应商处购买产品意味着企业必须将自己的关键技术提供给对方时，自己生产也是比较妥当的做法。通过许可协议（第13章），企业得以向低工资国家的供应商提供生产所需的技术。但是，如果涉及的是企业的核心生产技术的话，这样做就会在无意中给自己培育出一个未来的竞争对手。因此，当企业自身对关键技术的控制至关重要时，最好的办法就是进行内部化生产。

购买的优势　外包是指从其他公司购买属于本公司价值增值活动的一部分的商品和服务的行为。外包源于专业化和技术进步的持续发展。为了成功实现每一项经营活动的专业化，厂商必须拥有比以前更多的技能和知识。通过外包，公司可以降低其垂直一体化程度，从而减少它必须具备的专业知识和技能。

在计算机制造业中，外包的做法格外普遍。各种零部件制造商——包括生产处理器的英特尔公司、生产硬盘的希捷公司、生产调制解调器的美国机器人公司以及生产 DVD 光驱的美上美（三美）公司——向全球大大小小的电脑生产商提供零部件。电脑公司从这些制造商手中购买零部件，在自己的工厂中进行组装，然后再将成品销往世界各地。电脑制造业中还有一个类似的做法叫作"隐形制造"，即通过外包方式将电脑全部组装好，然后将这些成品供应给世界各地的经销商和中间商。

在制药行业，一种新颖而有趣的外包方式正变得越来越流行。那些碰到难题的企业和机构通过一个名为伊诺信（www. innocentive. com）的网上论坛向全球 14.5 万多名能人志士寻求帮助。这些人里有工程师、科学家、发明家，也有商人，他们在社会科学、工程学、化学、数学、计算机科学以及企业管理方面有着丰富的经验，通过解决世界上头号难题来换取丰厚的报酬。该论坛对所有人开放，有七种语言的网页供选择，提供的物质奖励从 2 000 美元到上百万美元不等。①

当购买的成本更低时，许多企业都会选择外部采购而不是自己生产。如果企业不能以比供应商更低的价格进行垂直一体化生产，那么它就会选择外包方式。下面我们继续探讨导致企业是选择购买而不是自己生产的其他一些原因。

更低的风险。在前面的章节中，我们介绍了企业在其他国家建厂和配备相关人员可能面临的各种风险。例如，我们曾经提到某些市场上的政治风险很高，社会动乱或者是一些公开冲突也会对厂房、生产设备和员工的安全造成威胁。

企业使其资产避免因为他国政治风险而蒙受损失的一种方法是拒绝在海外投资设厂或者是购买设备，相反，它可以从国际供货商那里购买自己需要的产品。这种

① Innocentive Web site（www. innocentive. com）.

做法同时还可以免去企业在政治环境不稳定的国家从事生产时需要支付的高昂保费。不过，这种做法并不能使企业彻底规避所有潜在危机——政治上的不稳定可能会导致所需要的零部件无法准时送达。实际上，即便是在正常的情况下，国际外包活动所需要的更长的运输时间也使得企业无法按期完成生产计划的风险大大增加。

更高的灵活性。不管是对哪里的企业来说，保持对市场变化迅速作出反应的灵活性都是越来越重要的。内部化生产要求在设备和厂房方面进行大量投资，这往往会导致企业的灵活性降低。相反，从一个或多个外部供应商处购买产品的企业则具有更高的灵活性。实际上，灵活性的提高是使得企业对外包的态度发生根本性转变的关键原因。现在，很多管理者已经把外包看作是一种可以给企业带来充分灵活性的策略，而不仅仅是解决突发事件的一种手段。

当供应商所在国的商务环境不稳定时，保持灵活性就显得更加重要了。从多个供应商那里进行采购或者是在多个国家和地区投资建厂的好处是，一旦某个国家或地区陷入动乱，企业可以立即转向另一个国家或地区进行采购。当一国汇率处于剧烈变动时期时，保持灵活性对于企业来说同样很重要。汇率变动会导致从一国进口产品的成本相应变动。在不同国家与多个供应商建立联系，企业在进货渠道上就有了更大的灵活性，从而可以减少汇率波动给自己带来的冲击。

企业还可以简单地通过不投资于生产设备来保持其经营上的灵活性。没有了在生产设备上进行大量投资的限制，企业就可以迅速改变产品线。这种灵活性对于那些需求量较小或者潜在不确定性风险较高的产品来说，格外重要。另外，如果企业没有把资金用来建立子公司或者购买生产设备，那么它在资金使用方面的灵活性也就更大了。它可以用剩余资金在国内外市场上寻求更多的投资机会。同时，采用外包方式的企业不需要考虑进行研发投资进而从这笔投资中获利这个问题。

市场控制力。成为供应商的重要客户赋予企业在双方关系中更强的控制力。事实上，有时候供应商在面对一些特殊顾客时会很被动。例如，当某供应商将其几乎全部产能都用于为某个特殊顾客服务时，它对后者的依赖性就非常强。如果这个大客户突然转从别处采购的话，该供应商可以选择的其他客户就很少了。这种情况下，采购方在要求供应商提高产品质量、降低产品价格或者是对产品进行改进方面，具有明显的优势。

购买的壁垒。因为各种各样的原因，有时企业在从国际供应商那里购买产品时会遇到一些阻碍。首先，为了维持贸易收支的平衡，进口国政府可能会对进口产品强制征收关税。制造商从国外进口零部件需要交纳的关税可能占到该零部件总成本的 15%～50%。

其次，中间商提供的服务也大大增加了外部采购成本。申请开立信用证、安排运输、购买保险等所需的各项费用最终都要计入从国外购买产品所需支付的成本中。虽然与过去相比，现在这些费用已经有所降低，但是它们仍然会显著抬高产品的成本。当这些费用高到一定程度时，就会抵消从外部购买的优势。

□ 15.2.2 原材料

原材料的可选性与可得性这一问题对各种类型的厂商来说都是非常重要的。质量和数量则是这个重要问题的关键。首先，很多行业或者企业几乎完全依赖于当地可用的原材料的数量。这一现象在采矿、林业、渔业公司中表现得尤为明显。因此，在进行大批量投资生产之前，必须要确定当地的铁矿石、石油、木材或者鱼类等原材料的供给是否充足。

其次，原材料的质量对于企业最终产品的质量有重要影响。例如，食品加工企业必须仔细检查当地种植的水果、蔬菜、粮食和其他原料的质量。饮料生产企业则需要不断评估当地水资源的质量，在某些市场上可能还要投资引进净水设施。还有一部分地区，比如中东的大部分地区，当地唯一的水资源是海水，这就意味着企业必须引进脱盐设备。

□ 15.2.3　固定资产

大部分企业在东道国经营时都必须拥有一定的固定资产，比如生产设备、仓库、零售店以及生产和办公设备等。许多企业都会面临这样的选择：要么兼并重组现有企业，要么建造全新设施，即所谓的绿地投资。无论选择哪种方式，企业都必须投入大量人力。例如，生产管理人员必须确信现有企业足够大，且符合自己的生产布局；选址专家和法律人员则要保证企业所进行的商业活动符合当地法律的规定；公关人员则必须同经营管理人员进行协作，以确保企业所进行的活动不会侵犯当地人的权利，或者是与当地人的价值观和风俗习惯相冲突。

最后，企业管理者还必须确保当地的基础设施能够支持企业计划进行的商业经营活动。在许多新兴工业化国家和发达国家，企业很容易就可以买到所需的生产和办公设备。但是，在发展中国家却未必是这样。因此，管理者不仅要预估对进口设备征收的关税，还要考虑为了进口设备而花费的时间和精力。

□ 小测验

1. 解释企业决定自己生产还是购买某种零部件的主要原因。
2. 论述垂直一体化和外包在生产还是购买决策中的作用。
3. 企业在获取原材料和固定资产时，需要考虑的主要因素有哪些？

15.3　关键的生产问题

在第 11 章中，我们讨论了生产工厂的数量和选址对企业的战略和组织结构的影响。到目前为止，我们还有几个与生产有关的重要问题没有讨论。在这一节，我们首先介绍一下企业如何实行质量最优化以及运费与仓储费最小化，然后再简要讨论一下再投资与撤资问题。

基于成本和顾客价值两个方面的考虑，企业会努力改进产品质量。首先，高质量的产品有助于企业保持较低的生产成本，因为这可以减少高价值投入品的浪费，降低从顾客手中收回次品需要的额外支出，同时还可以减少处理次品的费用。其次，现在几乎市场上的所有产品都有一个能被顾客接受的最低质量标准。即便是那些生产廉价产品的企业都在努力保持并提升产品质量，只要这样做不会影响它们在典型的价格竞争市场或细分市场上的地位。如果企业能够在保持产品低价的同时保证产品的质量，那么它就能在市场竞争中获得巨大优势。

对于服务型的企业来说，改进质量同样也很重要——无论它是纯服务型的还是生产与服务结合型的。鉴于服务的生产与销售是同步完成的，对服务进行质量管理也就更加复杂。正是因为如此，服务提供商的员工与顾客之间进行良好沟通对于提升服务质量来说就显得非常重要。此外，在正式提供服务之前必须进行的准备工作同样也不容忽视。例如，餐馆在提供饭菜之前要保持清洁卫生，准备好菜单需要的原料和配料。与此类似，银行只有确保员工每天准时上班、业务熟练、热情对待客户才能提供高质量的服务。

下面我们就来看一下推动质量改进的两项措施，即全面质量管理和国际标准化组织 9000 认证（简称 ISO 9000 认证）。

全面质量管理　企业全方位承诺通过连续不断的质量改进措施来满足甚至超越消费者期望的管理方式被称为全面质量管理（TQM）。全面质量管理将责任细化到个人身上，要求他们努力提高产出的质量——不论他是属于生产部门、行政部门还是管理部门。

不断改进产品的质量不仅可以使企业的产品从众多同类产品中脱颖而出，而且还会为该产品带来一大批忠诚的顾客。全面质量管理理论全面兴起于 20 世纪六七十年代的日本，电子与自动化行业的企业都用该理论来降低成本，并且凭借在价格上的优势和过硬的产品质量占领了很大的市场份额。美国和欧洲的许多企业一直到将自己的市场份额拱手让给日本竞争对手之后，才逐渐接受了 TQM 标准。

ISO 9000　ISO 9000 认证是企业在达到本行业最高质量标准时所获得的国际认证。欧盟国家的一些企业在 ISO 9000 认证方面遥遥领先。现在，为了确保自己能够进入欧洲市场，不管是欧洲还是非欧洲的企业都在努力让自己达到国际认证标准。为了获得认证，企业必须证明会对产品质量产生影响的所有经营环节都是可靠合理的。企业们都希望通过 ISO 9000 认证，因为它所代表的高质量会吸引大量的顾客。要想了解企业是如何将全面质量管理和 ISO 9000 认证结合起来的，可以参见下面的专栏："全球经理人公文包：世界级的标准"。

全球经理人公文包

世界级的标准

在当今的竞争环境下，许多企业都　采用了全面质量管理。ISO 9000 认证在国际贸易中也变得越来越重要，但是该标准并没有具体说明企业应该如何建立自身的质量体系。相反，它要求企业自己制定并且证明自己正在实施这样的质量管理体系。下面简要介绍一下如何综合运用全面质量管理原则和ISO 9000标准来提升企业提供高品质商品和服务的能力。

全面质量管理的主要原则包括：

■ 取悦顾客。对于顾客最看重的方面，企业必须做到最好。在不同的时间，顾客看中的方面也会发生变化，所以企业必须与顾客保持密切联系。

■ 以人为本的管理方式。系统、标准和技术本身并不是质量的保证。关键在于让员工明白应该做什么，如何去做，并且根据他们的表现提供反馈信息。

■ 不断改进。全面质量管理不是一个短期的行为而是一个持续的过程。小的持续的改进好过一次性的重大突破。

■ 以事实为依据进行管理。对质量的管理和改善要求企业管理者清楚地知道顾客如何看待自己的产品与服务。它们应该获取各种信息并与员工进行分享，而不是仅仅依靠直觉。

企业可以通过以下三种方式把全面质量管理原则和ISO 9000标准联系起来：

■ 确定流程。现有的业务流程必须要确定下来。而且一旦确定，就不但要使大股东满意，而且要能够"取悦顾客"。

■ 改进流程。为了实现好的结果，企业中的每个人都必须合理遵照确定下来的流程，否则企业就要调整政策。

■ 管理流程。不管是企业管理者还是普通员工，都必须清楚各个流程的细节，以便能够正确地对流程加以管理。

资料来源：Based on G. K. Kanji, "An Innovative Approach to Make ISO 9000 Standards More Effective." *Total Quality Management*，February 1998，pp. 67 - 79.

□ 15.3.2 运输与仓储成本

运费可能会对将原材料和零部件运到工厂所需的总成本产生显著影响。如果从外部引进的投入品占产品总成本的比重比较高的话，生产者就会倾向于选择靠近这些投入品的地方来生产。运输成本会受到一国商务环境中诸多因素的影响，比如经济发展水平，其中包括港口、机场、公路、铁路等基础设施的情况。

以前，生产商通常会买进大量原材料或零部件储存在自己的仓库里，以备不时之需。但是为了避免存货被毁坏或丢失而付出的保管费、仓库的租金或是购置成本使得持有大量存货的成本非常之高。

为了把用于仓储的资金投放到更适合的地方，企业家们想出了更好的存货管理方法。即时生产法（JIT）是指最小化存货的数量，生产所需的投入品在需要时及时送达的生产方法。虽然这一技术源于日本，但是很快就被全世界的制造商广泛采用。即时生产法不仅大大降低了大量存货引致的成本，而且有效减少了浪费，因为不合格的原材料或者零部件在生产过程中很快就会被发现，而在传统模式下，有问题的原材料或零部件有时候只有在被加工成制成品之后才能被发现。

□ 15.3.3　再投资 vs. 撤资

当企业看不到新的机遇时，往往会选择维持当前的生产水平。但是，全球市场竞争条件的不断变化经常会要求管理者在再投资和撤资之间作出选择。

只要长期前景较好，企业就会把利润继续投资于回报期较长的市场上。发展中国家和大型新兴市场上经常会出现这样的情况。例如，腐败问题、官僚主义、分配问题、含糊不清的法律制度，对于进入中国这个大市场的外国企业来说无疑是一个巨大的挑战。但是，因为它们所期望的是长期投资回报，所以即便短期收益具有不确定性，西方国家的很多企业还是加大了在中国投资的力度。这些企业中的绝大多数都采取投资设厂的做法，以充分利用当地廉价的劳动力和能源。①

当明显要比预期花费更长的时间才能盈利时，企业就会收缩国际业务的规模。同样以中国为例，许多公司被吸引到中国来投资，因为它们看好 12 亿消费者带来的巨大增长潜力；但是，有些公司在制定营销计划时过于乐观，到最后不得不缩小投资规模。

当市场呈现快速增长的势头时，企业往往会追加投资。具体说来，既可以是在该市场上进行扩张，也可以在为该增长着的市场提供服务的其他国家或地区进行扩张。在扩张型市场中投资通常是一个很有吸引力的选择，因为潜在的新顾客对某个公司或品牌的产品往往忠诚度不高。吸引这样的市场上的顾客与在不景气、萎缩的市场上分一杯羹相比，要容易得多，成本也低得多。

但是，政治、社会和经济环境方面存在的问题可能会导致企业不得不减产甚至停产。这些问题通常都是一环紧扣一环、密切相关的。例如，前几年，因为一场由政治问题（对国家领导人的不信任）、经济危机以及恐怖袭击等共同导致的社会骚乱，一些西方企业选择从印度尼西亚撤资。

最后，企业会投资于预期回报最大的项目。通常来说，这意味着企业会减少在某些市场上的投资或者是撤资，即便在那里是有利可图的，以便将资金投放到其他回报率更高的市场上。

□小测验

1. 全面质量管理和 ISO 9000 对于企业改善产品质量、控制成本起到了什么样的作用？

2. 说明运输成本和存储成本是如何影响企业的国际物流决策的。什么是即时生产法？

3. 在作出再投资或者撤资决策之前，企业管理者需要考虑哪些问题？

---

① Stefanie Olsen, "Venture Money Flows in India and China," *Bloomberg Businessweek* (www. business-week. com)，August 22，2008.

15.4　为商业活动融资

　　企业各项经营开支和新项目都离不开资金的支持。它们必须购买生产和装配所需要的原材料和零部件。有时候，它们还需要一大笔资金来提高生产能力，或是支持它们进入新的市场。但是，除了这些与生产直接相关的活动外，企业还需要为其他经营活动融通资金。它们要支付员工培训和研发项目，为员工和管理人员支付薪酬和各种福利。为了促进商品和服务的销售，它们还必须支付代理费用。同时，企业还必须支付定期的贷款利息，给股东分红等。

　　但是，所有企业在投资于当前业务或者是新的业务时，可供利用的资金都是有限的。那么它们到哪里去获得所需要的资金呢？一般来说，企业可通过以下三个渠道来融资：

　　1. 借贷（债务）；
　　2. 发行股票（股权）；
　　3. 内部融资。

□ 15.4.1　借贷

　　跨国公司（像国内公司一样）总是希望以最低的利率借到钱。但是，在全球背景下，这一目标的实现变得更加复杂。其困难主要包括汇率风险、货币兑换限制以及对国际资本流动的限制。

　　在东道国当地借款可能会很有利，特别是当东道国的汇率相对于母国汇率下跌时。假设一家日本公司从美国银行借款并投资于美国市场，同时假定一年后美元兑日元的汇率下跌——换句话说，购买一美元只需要支付更少的日元。在这种情况下，一年后日本公司用更少的日元就可以偿还美元贷款。

　　但是企业并不一定总能从东道国借到资金。它们通常要在全球范围内寻找资金来源。这种情况有时候也会发生在子公司刚进入某个市场，尚未在当地贷款人中间树立起信誉的时候。这时，母公司会帮助子公司通过所谓的背对背贷款——母公司先在东道国银行存入一笔资金，然后再由该银行向子公司提供贷款——来获得资金。

　　举例来说，假设一家墨西哥公司在美国新成立了一家子公司，但是该子公司无法从美国银行借到资金。于是，墨西哥母公司就在美国银行设在墨西哥的分行存入一笔资金，然后美国银行再把美元借给该美国子公司（如图15—1所示）。借出的美元数额和母公司存入美国银行的墨西哥分行的金额相当。在美国子公司归还全部贷款之后，墨西哥母公司就可以取回之前存入的资金（加上应得的利息）。

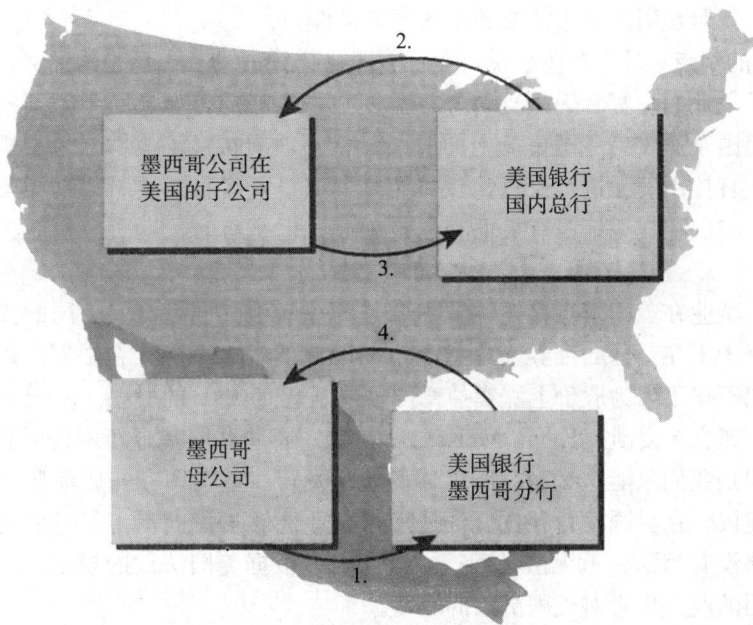

图 15—1 墨西哥—美国背对背贷款

1. 墨西哥母公司把比索存入美国银行在墨西哥的分行。
2. 美国银行国内总行将美元贷给墨西哥公司在美国的子公司。
3. 子公司偿还美元贷款。
4. 墨西哥母公司收回比索存款和利息。

□ 15.4.2 发行股票

在第 9 章中我们曾经提到，国际证券市场是由在发行公司所在国以外的市场上进行交易的所有股票构成的。企业发行这种股票的目的主要是获取在国内无法获得的资金。但是，在其他国家的证券市场上发行股票是一件很复杂的事情。首先，适应某个证券交易所的各种规定需要企业投入大量的时间和金钱，因此只有大型企业才会在多个交易所挂牌交易本公司的股票。

发行美国存托凭证　为了最大限度地接触国际投资者（从而获得所需资金），其他国家的公司常常选择在美国的证券交易所上市。这些公司可以通过发行美国存托凭证（ADRs）——在美国进行交易并且代表了对某个非美国企业一定股权的凭证——来达到直接上市的目的。美国一些大型银行比如花旗银行也会发行这种存托凭证，然后在纽约证券交易所、纳斯达克市场、场外交易市场进行交易。正如我们在本章的开篇案例中提到的，日本的丰田公司就是通过发行美国存托凭证来拿到美国投资者的资金的。

跨国公司还会利用全球存托凭证（GDRs）来融资。全球存托凭证与美国存托凭证的原理类似，区别只在于它们的交易地点是伦敦和卢森堡。印度公司发行了很多这种凭证来规避在国内上市需要满足的苛刻条件。[①]

ADRs 的优点。对于企业来说，发行美国存托凭证具有一系列的优势。首先，购买美国存托凭证的投资者无须支付外汇兑换成本。相反，如果一个美国投资者要购买一家非美国企业在另一国市场上的股票，就必须支付换汇成本。为了避免该笔支出，再加上直接用美元进行投资比较方便，美国投资者自然更希望购买美国存托凭证。其次，美国存托凭证没有最低交易量限制，但是有时候购买公司股票会存在这种限制。

最后，企业在美国发行存托凭证主要是为了吸引共同基金。美国的投资法对共同基金投资于不在美国的证券交易所上市的股票的资金总额存在限制。因此，共同基金经理们不得不因为股价上涨卖掉德国软件制造商 SAP 的股票。SAP 美国公司的首席执行官凯文·麦凯（Kevin McKay）说道："有些共同基金经理告诉我们'我们不想卖，但是我们只能这么做。所以你们还是发行一些美国存托凭证吧'。"SAP 听从了这一建议。在美国发行存托凭证还使得企业能够折价向员工发行公司股票作为奖励。如果没有 ADRs 就无法做到这一点，因为根据美国法律的规定，企业不能以未上市公司的股票作为对美国员工的奖励。[②]

风险投资　为创业或者是开展小型业务活动筹集资金的另一种方式是寻找风险投资——从那些相信该项目将快速增长、希望以获得股权（或者是部分所有权）的方式作为投资回报的投资者那里拿到资金的方式。这些投资者被称为风险投资人。尽管新创立的、快速发展的企业通常会有一些潜在风险，但是因为回报太诱人，风险投资人仍然会愿意进行投资。

近年来，风险投资行业正变得越来越全球化。关于精明的企业家寻找国际投资的重要策略，请参考下面的专栏："全球经理人公文包：从海外为小企业融资"。

全球经理人公文包

从海外为小企业融资

随着各国经济联系日益密切以及技术进步使得国与国之间的交流日益便捷，小型企业的筹资活动也变得越来越国际化。国际资本市场给企业带来了很多便利，比如，为了在美国抢占市场或者技术地位，国际投资者可能愿意接受比美国投资者获得的更低的回报率。下面是一些成功从国际市场募集到资本的企业家的小诀窍。

■ 与有重要国际项目的商学院建立联系。这样做可以帮你建立起关系网。这些国际项目的负责人通常与国外教育界、企业界都有联系。为了进入这一网络，你可以去当地的商学院参加经理人培训课程，或者是参加一些有机会接近企业顾问的项目。

■ 向本国商务部咨询。通过他们，你可以了解到你们公司的产品在国际市场上的受欢迎程度。无论是发展中国家、新兴工业化国家还是发达国家的每个经

① "Depository Receipts Hit Record Trading Volume in First Half of 2008," Thomson Reuters (www. reuters. com)，July 14, 2008.

② Andy Serwer, "It's Big. It's German. It's SAP," *Fortune*, September 7, 1998, p. 191.

济部门几乎都有自己的需求。不管是商务部还是各大使馆都可以在你寻找机会时提供帮助。

■ **充分利用你的人脉。** 尽量多接触和你一起工作的专业人员，尤其是有国际关系网的会计师和律师。在寻找海外投资者之前，你可以聘请一个有声望、国际经营管理经验丰富的管理者为你的董事会服务。

■ **参加海外工业展览会。** 这样做可以扩大你的接触面。你所在行业的贸易协会可以为你提供其他国家举办的这类国际展览会的信息。

■ **不妨考虑聘请一个中介来为你寻找资金。** 这个中介可以通过国际投资公司、银行和其他贷款机构帮你找到资金。他们还可以帮助处于扩张过程中的企业在加拿大、欧洲和亚洲的金融机构那里寻找资金。

资料来源：Jenny C. McCune，Get Global Cash，*Success*，December 1995，p. 16.

新兴股票市场　显然，来自股票市场刚刚兴起的国家的企业会遇到一些麻烦。首先，新兴股票市场通常很不稳定。这背后一个重要的原因是这些市场上大部分投资都是所谓的游资——一旦出现危机，这些资金很快就会被撤走。相反，购买工厂、设备和土地的外国直接投资则无法做到这一点。突然的大手笔抛售行为在很多新兴市场上都很普遍。而这大都是因为投资者认为该国经济增长前景不确定引发的。

其次，在新兴股票市场上发行股票的公司经常要面临严苛的市场规则限制。这使得当地的大企业在本国股票市场上具有很强的影响力。只要强大的国内股东操纵了这类交易所，国际投资人就会不愿意进入。根本原因在于，这些规则往往是有利于国内投资者而不利于国际投资者的。

□ 15.4.3　内部融资

除了前面提到的方式外，还可以通过企业内部融资来维持国际商务活动或者是为新投资项目提供资金支持，这些资金可能是由母公司提供的，也可能是由子公司提供的。

内部股票、债券和特许权使用费　从母公司分割出去的公司以及新成立的子公司大都要经过一段时间之后，才能实现财务上的完全独立。在独立之前，它们往往需要从母公司获得资金支持。

许多跨国公司的子公司都是通过发行按照规定不能公开交易的股票来筹集资金的，实际上其股票通常都是由母公司全部买下。显然，母公司对子公司的决策拥有很大影响力。如果子公司业绩好的话，母公司可以因为股价上涨而获得回报，这也体现了企业价值的上涨。如果子公司决定分红，母公司还可以拿到一笔分红收益。母公司通常会在其子公司刚成立时或者是子公司进行大笔新投资时，向其提供资金支持。同样，当子公司有闲置资金时，也可以将资金贷给母公司或者是需要资金的其他兄弟公司。

经营收益　通过销售产品和服务赚到的钱被称为经营收益。经营收益是跨国公司及其子公司的生存之本。如果企业想在长期中获得成功，在某个时点它就必须创造足够的经营收益来维护日常运转。从这个角度来看的话，外部融资只能帮助企业实现扩张或是渡过艰难时期，例如销售的季节性波动。

正如我们在前面几章中看到的，跨国公司及其子公司可以通过所谓的转移价格——母公司和子公司之间进行商品或服务的交易时收取的价格——来创造利润。企业可以根据自身需要决定转移价格的高低。例如，为了最小化在高税收国家缴纳的税负，它们通常会制定极高的转移价格。在一国对外汇的使用或对利润汇回母国没有限制的情况下，也可以利用转移价格达到企业的目的。图15—2描述了跨国公司及其子公司的内部融资过程。

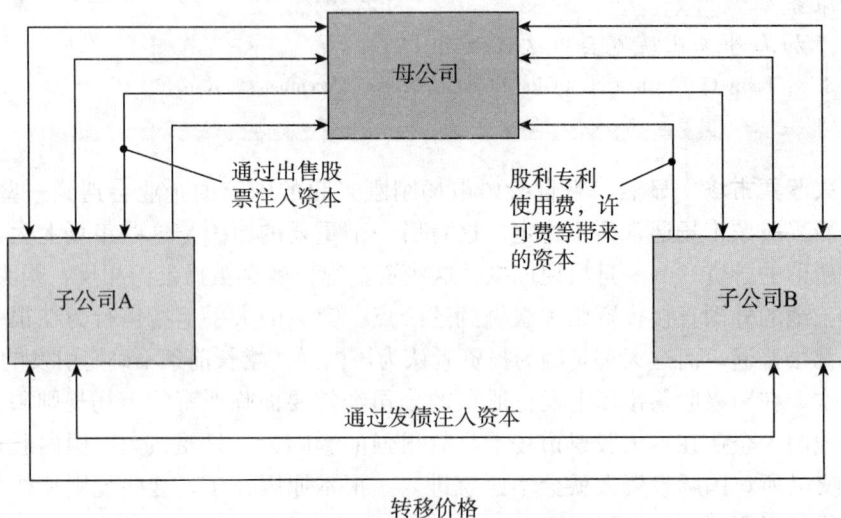

图15—2　跨国公司内部融资过程

□ 15.4.4　资本结构

资本结构是指企业用来为其经营活动融资的各种股票、债券和内部资金的组合。企业总是希望在各种融资方法之间实现一个平衡，以便最小化自己承担的风险和融资成本。

债务融资要求定期向银行、债券持有人等债权人支付利息。如果企业不履行偿付义务，债权人有权利诉诸法律，要求其清偿债务甚至导致公司破产。因此，举债跟股票相比，企业要承担更多的偿债义务，而且其面临的流动性风险也会大大增加。不过，举债对于许多国家的企业来说仍然具有很强的吸引力，因为利息支出可以抵免应纳税所得，进而减少了企业承担的税负。

选择资本结构的基本原则不管是对国内企业还是对跨国企业来说基本是一致的。但是，有研究表明，跨国公司的资产负债率比国内企业更低。为什么会这样呢？一些分析人士用政治风险、汇率风险、跨国公司获得的机会来解释这一差异。也有人认为企业是通过债务还是股票融资与一国文化有关。但是这种说法并站不住脚，因为不管是哪种文化的企业都希望降低融资的成本，而且很多大型跨国企业还会从多个国家赚取收入。单一国家不能决定这些企业的"民族文化"。

各国的一些限制条件也会影响企业对资本结构的选择。这些限制条件包括对国际资本流动的限制、当地融资成本与国际融资成本的比较、国际金融市场的准入限制、外汇管制等。资本结构的选择对于跨国公司及其国际子公司来说，是一个相当复杂的决策过程。

□小测验

1. 论述背对背贷款在什么情况下对企业是有益的。
2. 为什么企业会选择在国际资本市场上发行股票？论述美国存托凭证的优点。
3. 说明企业在新兴的股票市场上发行股票可能会面临的问题。
4. 什么叫企业的资本结构？为什么说资本结构很重要？

15.5 结束语

无论一家跨国公司的主营业务是生产制造某种产品还是提供某项服务，在正式运营之前它都必须获得所需的各种资源。它必须解决从哪里获取原材料和零部件、计划产量是多少、是自己制造还是购买新设备、服务中心的规模有多大、从哪里获得资金等一系列问题。这些问题的答案很复杂，而且是相互联系的。

在这一章中我们介绍了制定国际生产战略时需要重点考虑的一些问题，包括生产能力、选址、生产过程以及工厂布局等。我们还探讨了企业什么时候应该集中生产、什么时候应该分散生产以及什么时候选择标准化生产，什么时候选择本土化。在这个过程中，我们看到一些生产问题与之前讨论的总体企业战略和市场战略也存在联系。最后，我们以企业如何为其国际生产经营活动和其他活动筹集资金来结束本章的内容。

本章小结

1. 了解企业在制定生产战略时需要重点考虑的因素：

对企业生产足够的产出以满足市场需求的能力进行评估的过程被称为生产能力规划。

为工厂选择地址的过程称为工厂选址规划。选择能够提供最有利条件的国家或地区投资设厂，这有助于企业实现区位经济——在最理想的国家或地区进行生产所带来的经济效应。

在选址过程中需要考虑的另一个重要方面是集中生产还是分散生产。

决定企业将采取何种生产过程来生产产品的活动被称为生产过程规划。

一个很重要的问题是，企业是应该在所有市场上进行标准化生产，还是应该根据市场需求对产品进行调整。

决定各个工厂内部不同生产环节的空间安排的活动被称为工厂布局规划。工厂内部的布局安排取决于企业采取怎样的生产过程。

2. 掌握企业在获取物质资源时要考虑的关键因素：

实际上，自己生产还是从外部购买这一决策意味着支持还是反对垂直一体化决策。垂直一体化是指企业扩大其对生产之外的环节——投入或产出——的控制的过程。

采取垂直一体化策略的企业往往是为了降低成本，或者取得更大的控制权。

外包给企业带来了很强的灵活性，同时也可以使企业避免汇率波动带来的影响或者是其他形式的风险。

选择本土化生产战略的企业面临的一个关键问题是当地可获取的原材料的数量和质量。

企业有以下两个选择：（1）兼并或改造现有工厂；（2）建造新的工厂。

3. 说明管理人员需要特别注意的一些生产方面的问题：

企业全方位承诺通过持续不断的质量改进措施来满足甚至超越消费者期望的管理方式被称为全面质量管理。

ISO 9000 是企业达到本行业的最高质量标准时获得的国际认证。

在需要将原材料和零部件运往加工厂的情况下，运输成本对总成本有着显著的影响。

即时生产法是一种最小化存货成本的生产技术，能够显著减低企业的库存成本。

在以下情况下，企业通常会选择再投资：（1）管理者认为在长期会有巨大回报；（2）市场正处在快速增长期。

在出现下列情况时，企业会减少甚至是撤回投资：（1）利润与预期相差甚远；（2）存在政治、社会或是经济危机；（3）可以在其他市场找到更好的投资机会。

4. 指出三种潜在的融资渠道以及各种渠道涉及的主要金融工具：

在背对背贷款方式下，母公司通过把资金存入东道国银行的方式，间接把钱借给子公司。

非美国企业可以通过发行美国存托凭证来进入美国资本市场。美国存托凭证是在美国资本市场进行交易、代表对发行方——一家非美国公司——拥有一定股权的证明。

风险投资对于新成立的或者是规模比较小的公司来说，也是一种非常重要的融资渠道。

母公司及其子公司可以通过：（1）债权或股权互换，（2）互相收取专利使用费和许可费等来实现企业内融资。企业赚取的经营收益也可以为其扩张和发展提供资金。

转移价格是指母公司与子公司之间相互购买产品和服务时收取的价格。

▍课堂讨论

1. 越来越多的企业希望获得国际标准化组织的认证，包括质量认证、环境认证等。在你看来，这是全球产品与生产同质化趋势的开始么？你是否认为在将来的某一天企业和它们的产品只有通过认证才能从事商业活动？为什么？

2. 尽管许多高新技术企业在 21 世纪初遭遇失败，但是电子商务至今仍在蓬勃发展。除了网络平台外，网络零售商还需要什么资源？与传统销售方式相比，网络销售需要的人力、物力、财力更多还是更少？详细说明你的观点。

小组练习

1. 调研题。美国是很多全球领先的软件公司的所在地。这些公司中的绝大多数通常都把软件研发外包给其他国家，包括埃及、印度、爱尔兰、以色列、马来西亚、匈牙利以及菲律宾。和你的组员一起选择其中一个国家，分析一下为什么该国会成为软件行业的一个供应商。你认为你所选择的国家软件行业的发展会对美国企业造成威胁吗？为什么？

2. 采访题。和你的组员一起，在从事国际业务的当地公司中选择一家，采访该公司的负责人，和他聊一下全面质量管理和 ISO 9000。看看该公司是否制定了正式的全面质量管理流程，是否获得了什么国际认证。把采访材料整理成一个报告，和你全班的同学进行讨论。对不同小组采访的公司的情况作一个对比。

3. 融资项目。假设墨西哥一家消费品企业的首席财务官聘请你和你的同学作为顾问。该公司希望扩展国际业务但是缺乏所需的资金。列出所有可供选择的融资方式。说明为什么这些方式是可行的，不要忽视墨西哥以及国际资本市场的主要特征。准备一份简短的报告，呈交给你们的董事会（班里的其他同学）。

关键术语

美国存托凭证	固定资产	经营收益	背对背贷款
即时生产	全面质量管理	生产能力规划	区位经济
风险投资	资本结构	生产还是购买决策	垂直一体化
工厂布局规划	外包	选址规划	生产过程规划

伦理题

1. 假设你是一家大型跨国公司的人力资源副总经理。最近，公司调整并且裁掉了一些工龄较长的员工。随后又重新聘请同样这些人作为公司顾问，但是无须向他们提供任何福利。批评者认为，你们公司这样做无异于裁员或者是通过让员工提前退休或其他一些方式降低员工的级别。你们公司这样做是否是不道德的行为？作为人力资源部的负责人，你能否想到更好的做法？

2. 假设你是美国东南部地区某个州——该州的失业率（特别是农村地区的失业率）高于全国平均水平——的州长的特别助理。鉴于他当选的理由之一是竞选时承诺要大力发展工业，创造更多的就业机会，这位上任已经三年的州长很是焦虑。州长认为你是一个道德观念很强的人，所以他希望听一下你对下面这个问题的看法。

一家欧洲汽车制造商不久之前告诉州长，你们州是为数不多的几个被列为潜在投资设厂目的地的州之一。新工厂预计将解决1500人的就业问题，而且还会带来显著的外溢效应。州长告诉你对方希望得到一系列的优惠政策，而他则打算提供总额达3亿美元的税收减免与补贴，以便吸引对方来你们州投资设厂。你会给州长哪些建议？这样的安排是对纳税人资金的合理利用么？为什么？如果这项政策将来被公之于众的话，你能否清晰地告诉大家为什么给出这样的建议？

国际管理案例

丰田公司的高效生产战略

在全球最值得尊敬的公司的榜单上，经常可以看到丰田汽车公司的名字。之所以可以有这样卓越的表现，原因之一是即便是在经济萧条、需求下滑的时期，丰田公司也能够实现盈利。另外一个原因则是丰田公司受到很多行业的领导人推崇的管理和生产方式。

丰田公司从1937年开始生产汽车。20世纪50年代，一个名叫大野耐一的工程师创立了一套全新的汽车生产理念，即现在人们所熟知并被汽车制造商广泛采用的丰田生产系统（TPS）。被同事尊称为"先生"（日语里老师或者师傅的意思）的大野耐一在对公司员工的关怀方面，和丰田公司的创始人一脉相承。另外，大野耐一还认为大批量生产汽车的观点已经过时了，根据客户需要个性化定制汽车才是更优的选择。

关于存货管理的即时生产法也是在丰田公司逐步发展和完善起来的。即时生产需要"看板"，即一种简单的随着各个部件经过流水作业生产线的彩色卡片系统。看板有效减少了企业的存货，因为只要看一下它，员工就能知道哪些部件正在被使用，哪些则处于闲置。丰田生产系统的第三个支柱是质量小组——一个专门负责讨论如何改进生产系统、生产更好的汽车的员工小组。最后，整个系统都是建立在"Jidoka"这个理念上的。这个单词的字面意思是自动化，但是在丰田公司，它代表着将员工视为有思想的个体的管理理念。

有一个很简单的例子可以说明丰田系统的优势。丰田的特许经销商发现，不断有消费者因为散热器软管的问题而退货。于是，生产这款汽车的美国丰田公司立即组织了一个专门的团队来解决这个问题，他们发现这是因为散热器软管上的夹子有问题导致的。在生产过程中，将夹子夹在散热器软管上，然后把上面的固定螺栓从另一头拔出来，散热器软管就被固定住了。但是有时候工人会忘记把螺栓拔出来，结果夹子是松的，导致泄漏。于是，团队成员提出在生产线上安装一个由漏斗和电子眼组成的小设备。如果每隔60秒没有螺栓被扔进漏斗（有电子眼监控），那么这个小设备就知道工人忘记把螺栓拔出来了，这时生产线会自动暂停。就这样，经销商的质保问题轻而易举地解决了，消费者满意了，公司的产量也提高了。

在实际应用了将近50年之后，丰田生产系统就被证明是成功的了。在它的帮助下，每辆丰田汽车的平均生产成本因为效率的提高而降低了600～700美元，另外还因为产品质量提高而节省了300美元的维修费用。大野耐一的灵活生产理念从丰田公司在肯塔基州乔治城生

国际商务：全球化带来的挑战（第6版）

产的 Sienna 系列小型货车使用的是丰田佳美的生产线这一点也能体现出来。Sienna 和佳美的底盘一模一样，其余零部件也有一半是相同的。与传统生产方式需要经过 300 个不同环节不同，Sienna 只需要经过 26 个不同的环节就可以完成生产。丰田公司希望每生产三台佳美，就可以有一台 Sienna 下线。

资料来源：Hirotaka Takeuchi, Emi Osono, and Norihiko Shimizu, "The Contradictions That Drive Toyota's Success," *Harvard Business Review*, June 2008, pp. 96 – 104; David Welch, "What Could Dull Toyota's Edge," *Bussiness Week*, April 28, 2008, p. 38; "Q&A: Pushing Carmakers to Rev Up Factories," *Business Week* (www. businessweek. com), February 18, 2002.

□小思考

1. 克莱斯勒公司的工程师曾帮助丰田设计 Sienna 车型，丰田公司则向前者提供汽车生产技术作为回报。你认为为什么克莱斯勒愿意和丰田这样一个主要竞争对手分享自己的小型货车制造技术？

2. 很多公司希望通过引入包括即时生产技术和质量小组在内的各种做法来降低生产成本，提升产品质量。但是，结果往往没有丰田公司那样让人满意。你认为这是为什么？

3. 你觉得丰田公司从自己的生产系统中还获得了其他什么优势？除了生产环节外，不妨将你的思路拓展到融资、营销、人力资源管理等方面。

第 15 章

国际经营管理

第16章

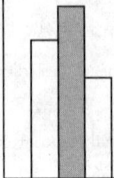

员工的招聘与管理

国际商务：全球化带来的挑战（第6版）

学习目标

通过本章的学习，你应该能够：

1. 阐释跨国公司经常采用的三种类型的员工安置策略。
2. 描述跨国公司面临的员工招聘和选拔问题。
3. 掌握员工培训与发展项目特别是文化培训的重要性。
4. 清楚企业针对国际市场上的管理者和员工的薪酬政策。
5. 了解劳资关系的重要性以及各国在这方面的差异。

内容回顾

在第15章中，我们探讨了企业是如何开展并管理其国际生产活动的。另外，我们还介绍了企业如何为自己的经营活动融资。

本章概要

作为本书的最后一章，我们将介绍一下企业如何获得并管理其最重要的资源之一——员工，具体涉及的话题包括国际员工政策、招聘与选拔、培训与发展、薪酬以及劳资关系等。另外，我们还谈到了文化冲击以及员工应该如何应对文化冲击带来的影响。

跳跃的文化

中国，成都——1971年，英特尔公司生产出世界上第一台微处理器。现在，英特尔每年的营业收入已经达到380亿美元，其中的75%左右来自美国以外的

436

其他国家和地区。英特尔是全球最大的计算机芯片制造商，也是计算机、网络和通信产品等行业的领头羊。

英特尔在全球各国有 10 万名员工，因此，在人员的管理方面必然要面对很多的问题。同样，在为散布在 45 个国家和地区的分公司选拔管理人员时，英特尔公司也必须要考虑一些重要的问题。首先，能否在当地找到合格的管理人员？如果能找到的话，要向对方支付多少报酬？或者说，是否需要从美国母公司或是其他国家的子公司选派管理人员呢？如果采取后一种做法的话，又要支付多少报酬？因为世界各地的现实情况很不相同，英特尔公司支付给各国员工的报酬与福利也会有很大的差别。

文化也是个不容忽视的问题。虽然不同雇员对于文化的了解程度有所区别，但是英特尔公司要求所有员工都能很好地应对不同的文化。为此，英特尔公司专门开设了文化培训课程，教员工们如何在不同文化背景下开展业务。英特尔公司声称进行这项培训的目的是："（帮助员工）增长知识，提高认识，培养技能，以便提高效率和生产力，能够制定出确保企业在其他国家取得成功的战略，懂得如何与其他国家的人进行合作帮助公司赚取利润。"

因此，从通过电话或网络为海外客户提供服务的技术支持人员到在全球各地飞来飞去的管理人员，英特尔的所有员工都必须具备很强的跨文化沟通能力。公司董事会主席克雷格·巴雷特（Craig Barrett）出席英特尔公司位于成都的装配厂的揭牌仪式时，受到了极其热烈的欢迎。在学习本章的过程中，思考一下跨国公司管理分布在全球各地的员工时，可能会遇到的人力资源问题。①

对于任何一家成功的企业来说，最重要的资源可能当属它的员工。如果企业充分重视人力资源管理，一定会对企业的整体绩效产生深远的影响。受过良好训练、劳动生产率较高且精通本职工作的员工可以帮助企业实现其国内和海外的商业目标。人力资源管理是指合理配备公司员工并保证员工实现最大生产效率的行为。这要求管理者在员工的招聘、选拔、培训、培养、评价、薪酬补偿等方面都具有很高的效率，而且要与员工建立良好的关系。

因为各国的商务环境不尽相同，因此国际人力资源管理与国内人力资源管理也有着很大的不同。首先是外派人员——在其他国家工作和生活的本国国民——的问题。如果外派人员需要在其他国家工作和生活长达几年的时间，那么企业就必须处理很多问题。这些问题中有一部分是因为生活在不熟悉的文化中招致的生活上的压力与不便带来的。在本章开篇案例中，我们介绍了英特尔公司是如何对员工进行文化培训的，以便他们为将来参与国际业务做好准备。

员工的培训与发展必须符合当地的传统与习俗。在某些国家，比如德国和日本，有很多职业培训学校，从这里毕业的学生都能很好地胜任自己的工作。在这些市场上找到合格的非管理型人才相对来说比较容易。但是相比之下，在很多新兴市场投

---

① "Global 500," *Fortune*, July 21, 2008, pp. 156 - 182; Peter Burrows, "High-Tech's 'Sweatshop' Wakeup Call," *Bloomberg Businessweek* (www. businessweek. com), June 15, 2006; Intel Web site (www. intel. com), select reports.

资设厂则需要对工人进行更多的基础性培训。比如，中国的工人工作很努力，而且很易于接受新知识，但是因为中国缺少德国和日本那样的职业培训教育机制，所以中国工人需要更多与工作相关的培训。同时，员工招聘与选拔的过程也必须符合东道国的劳动法。企业必须对在职位候选人之间执行非歧视性雇佣原则的过程进行严格监督，以免触犯当地法律。那些看中中国廉价劳动力而投资设厂的企业通常会通过调整和提升标准来适应当地的惯例。

鉴于文化对跨国公司的重要性，我们在第 2 章就研究了这一问题并且在全书反复提及。文化对本章的主题——跨国公司如何管理自己的员工——同样也很重要。在本章，我们首先讨论跨国公司采用的不同类型的员工安置政策；接下来学习影响国际员工招聘与选拔的重要因素；然后探讨企业可以采用的旨在提升员工工作效率的不同培训与发展计划，同时介绍跨国公司的薪酬补偿策略；最后，我们以对世界范围内劳资关系的重要性的讨论结束本章。

16.1 国际员工安置政策

企业安置人员的通常做法被称为员工安置政策。一家公司的国际化程度对其员工安置政策有着显著的影响。在国际商务活动中，安置员工的主要方式有三种——民族中心型、多中心型以及全球整合型。虽然我们在探讨这三种方式时把它们看作是截然不同的，但是在现实生活中，企业往往将这三种方式混合使用，结果就是在跨国公司内部有着很多种员工安置政策。

□ 16.1.1 民族中心型政策

根据民族中心型员工安置政策，管理国外经营活动的人员全部来自母国。企业采取这种策略是为了牢牢控制国外分支机构的决策活动。因此，那些希望能对海外分支机构进行严格控制的企业大都倾向于采取这种政策。但是需要注意的是，这些跨国公司一般只对公司高层采取这种政策，对于底层员工实施此种政策是不切合实际的。

民族中心型安置政策的优势　企业实施这种政策主要是基于以下几个方面的考虑。第一，企业不一定总能在当地找到合适的管理人员。发展中国家和新兴工业化国家往往管理人员比较匮乏，因此当地劳动力市场的竞争会比较激烈。

第二，运用这种政策的企业可以借助其在母国的积极形象来开拓当地业务。尤其是当外派的管理人员在母公司已经上升到相对较高的位置时，他们就会尝试向海外分支机构灌输母国的文化。显然，对于要求各地员工拥有一套强有力的共同价值观的公司来说，这种政策是非常重要的。例如，多什先生出生在孟买，但是他们全家 1978 年的时候移民到了美国。后来多什从纽约大学毕业，并且在 1988 年成为美国公民。1995 年，多什成为摩根士丹利印度分公司的执行总裁。多什说道："在精神上，我非常美国化。但是在这里，我又可以变得很印度。公司需要的是能够向当地人灌输摩根士丹利文化的人，而我恰好可以做到这一点。"①

同样，当一家公司的国际分支机构之间依赖度比较高时，拥有共同的价值体系也会变得非常重要。例如，如果国外分支机构按照与母公司一样的方式经营，那么特殊技术的转移就会容易得多，尤其是当这种特殊技术依赖于国内经理人的专门技能和经验时，民族中心型员工安置政策的优势就更加明显了。

最后，有些公司认为，来自母国的管理人员会比东道国的同行们更关心公司的利益。日本公司通常不愿意把国际分支机构中的重要职位交由外国人担任。如果不得不这么做的话，公司一般也会同时安排一名日本管理者监控子公司的重要决定并随时向总部汇报。在民族主义意识比较浓厚的市场中开展业务的企业，或者是担心商业间谍的企业，通常也更倾向于采用民族中心型员工安置政策。

民族中心型员工安置政策的劣势 尽管有上面提到的种种优势，民族中心型员工安置政策也有不利的一面。首先，从国内派遣管理人员的成本通常都很高。因为背井离乡支付给管理者的补偿，加上陪同的家人的安置费用，会导致派遣管理人员的成本提高几倍。同样，文化差异以及长期不在亲友身边而面临的压力，也使得母国管理人员在当地遭遇失败的可能性大大增加。

其次，民族中心型政策可能会给东道国的公司带来不便。派遣母国管理者到东道国可能会给人留下"外商"的印象。底层雇员可能会觉得这些管理人员根本就不懂得他们的需求，因为后者来自跟自己完全不同的一个国家。这些雇员的感觉有时候是对的：外派管理人员有时无法融入当地文化。如果这些管理者不能克服这些不便，那么他们就无法理解当地雇员的需求，自然也就无法理解当地消费者的需求。

□ 16.1.2　多中心型政策

根据多中心型员工安置政策，海外子公司的经营管理交由东道国本国人员。不管是对中高层管理人员还是对底层员工、非管理岗位员工，这一政策都是适用的。这种做法特别适合于企业想要给予分公司一定的决策自主权的情况。但是，这并不意味着东道国的管理者可以随意按照他们认为合适的方式开展业务。大型跨国公司经常会组织大规模的培训，期间会安排东道国管理人员参观学习母公司的经营活动。通过这种方式，他们可以对公司的文化和商业惯例有一定的了解。虽然中小型企业可能会觉得实行这种政策的成本非常高，但是与这些明白自己职责的当地管理人员所能够创造的价值相比，这些投入显然是值得的。

多中心型政策的优势和劣势 多中心型员工安置政策将管理权交给那些熟悉当地商务环境的人。拥有对当地文化有深刻了解的管理人员对于企业来说，是一笔巨大的财富。这些管理者不需要克服"外来人"这个身份带来的文化障碍，他们对雇员、消费者以及供应商的需求都更加敏感。

多中心型员工安置政策的另一个优势是，在这种方式下，企业无须支付与安置外派管理人员及其家属有关的各种费用——这也是一笔不小的支出。对于没有能力

---

① Barry Newman, "Expat Archipelago: The New Yank Abroad Is the 'Can-Do' Player in the Global Village," *Wall Street Journal*, December 12, 1995, p. A 12.

承受这笔支出的企业来说，多中心型员工安置政策的优势格外重要。

多中心型员工安置政策的主要缺点是，它可能会导致母公司对子公司的经营活动的控制权减弱。当企业在当地聘请管理人员负责分公司的经营活动时，它必须承担这样的风险：整个企业可能会变成一个个分散的国际子公司的松散联盟。当企业的战略是区别对待每个国别市场时，这种局面可能没有太大的问题。但是，对于遵循全球化战略的公司来说，多中心型员工安置政策就不是一个理想的选择了。对于这样的公司来说，如果没有一个一体化、知识共享和统一的公司形象，那么其经营业绩必然会受到影响。

□ 16.1.3　全球整合型政策

根据全球整合型员工安置政策，企业会选择最适合的人来管理海外业务，而不考虑这个人的国籍。海外子公司可能由当地管理者负责，可能由母公司管理者负责，也可能由来自第三国的管理者负责。具体如何选择，取决于企业经营业务的需要。这一策略通常也是针对高层管理者的。

全球整合型政策的优势和劣势　全球整合型员工安置政策可以帮助公司培养全球经理人，后者能够轻松适应各种商务环境——特别是文化方面的差异。这一优势对于希望消除国别障碍——不管这种障碍存在于同一个分公司的管理者之间，还是不同分公司的管理者之间——的跨国公司特别有用。企业采用这种策略的原因之一是希望管理者的全球化视野可以帮助企业抓住那些可能被忽视的机遇。

全球整合型员工安置政策的劣势之一是成本。显然，那些既能融入各种文化又能高效工作的高层管理人员对于跨国公司来说，具有重要的价值。对他们所拥有的技能的高需求以及人才的匮乏意味着他们的工资一定很高。此外，企业为了安置这些管理者及其家人，必须支付一大笔费用，有时甚至每一两年就要支付一次。

□小测验

1. 国内和国际环境下的人力资源管理有什么不同？
2. 可供企业采用的国际员工安置政策有哪三种？
3. 试述每一种国际员工安置政策的优劣。

16.2　人力资源的招聘和选拔

显然，不管是管理岗位还是普通岗位，企业希望能够找到最适合相应职位的人。但是，企业如何才能知道自己需要多少管理者和员工呢？怎样才能找到最好的员工？怎样才能从众多候选者之中选出最适合的人选？在这一节中，我们将逐一探讨这些问题以及与员工招聘和选拔有关的其他一些重要问题。

□ 16.2.1　人力资源规划

招聘和选拔管理者和员工首先需要进行人力资源规划，即预估公司的人力资源需求和供给情况的过程。人力资源规划的第一步是详细记录公司现有的人力资源状况，即收集每个员工的信息，包括教育背景、特殊工作技能、工作经历、语言能力以及是否有国外生活的经历等。

第二步是估计公司未来的人力资源需求情况。例如，如果公司有将产品直销给国外某个新市场上的消费者的计划，那么在国外设立新公司之后，是从国内选派还是在当地寻找并培训管理人员呢？是在当地聘请员工组建自己的销售团队，还是与经销商合作？同样，在国际市场上生产或组装产品也少不了生产工人。公司必须决定是自己雇用工人进行生产，还是外包给其他厂商从而避免工人招聘问题。对于与大型企业相比预算更加有限的中小企业来说，这些问题极其重要。关于小企业在招聘国际员工的过程中需要考虑的其他问题，参见下面的专栏"企业家工具箱：国际化"。

正如我们在前面的章节中提到的，员工的招聘和选拔过程中往往伴随着伦理问题。关于跨国公司想尽办法利用低工资国家的分包商赚钱的例子，人们知道的越来越多。其中最重要的一个问题就是，分包商是否存在对血汗工厂里工人的压榨。但是屡屡传出的此类新闻还是使得很多企业制定了行为准则，并且采取各种措施来保证分包商遵守这些准则。例如，苹果公司向中国的 iPod 代工厂派驻了一个调查小组，了解对血汗工厂的指控是否属实。苹果调查的工厂是全球最大的电子产品制造商鸿海精密的一家分厂。[①]

另一个类似的案例与李维斯有关。在该公司在孟加拉国的代工厂承认它们雇用了童工之后，李维斯公司要求对方遵守当地的相关规定。不幸的是，后来被证实这些童工中有很多是家庭的唯一收入来源。最后，达成的协议是：这些孩子上学期间，代工厂要继续支付工资，当孩子们满 14 岁之后，可以继续来工厂上班。直到这些孩子成年之前，李维斯公司都要支付工资。

企业家工具箱

国际化

对于私营企业或者小企业来说，国际化经营面临着时间、财力和人力方面的约束。下面针对在国际化扩张的过程中，这类企业需要考虑的人力资源问题给出了几个小建议：

■ 不能完全依赖母国人员。"虽然这些人比较清楚企业及其产品的情况，但是他们不了解东道国的习俗与文化，同时也没有什么人脉。"均富（Grant Thornton）公司的合伙人之一约瑟夫·蒙蒂这样说

---

① Arik Hesseldahl, "Fixing Apple's 'Sweatshop' Woes," *Bloomberg Businessweek* (www.businessweek. com), June 29, 2006.

道，"最好的做法是在当地找一个总经理，同时从美国母公司派驻一名员工支持他的工作。"

■ 进行接触并不能确保一定会签合同。"私交要比只是简单进行接触重要得多。"甘维珍（Kamsky Associates）公司的首席执行官弗吉尼亚·卡姆齐说道，"不要觉得将当地官员的儿子纳入你们公司麾下就会自动给你带来生意。找一个态度端正、社交能力很强的人更重要。"

■ 待人如待己。"基本上全球各地的人们都是一样的，跟你身在哪个国家没有关系。"Ferris Manufacturing 公司国际业务部总监杰夫·杜祖拉说道，"了解并且尊重当地的文化习俗可以体现你的诚恳和善意，这样一来你就能赢得对方的信任，进而带来双赢的关系。

■ 利用可供利用的网站。Monster 是最大的招聘网站之一。它在全球 22 个国家设有分支机构，储备了上百万份简历，而且在兼并 HotJobs 之后，规模比以往更大了。此外，也可以在"海外就业"（Overseas Jobs）网站发布招聘广告。当然了，诸如此类的网站还有很多，积极在这些网站上搜寻或者发布招聘广告正变得越来越普遍。

在人力资源规划的第三阶段，管理者需要制定招聘和选拔计划以填补职位空缺，增加新的职位——既包括管理岗位，也包括非管理岗位。有时，当企业发现现有人力资源比预期的需求要多时，还需要制定裁员计划，即解雇员工。解雇一般发生在公司决定不在某一市场上继续制造或销售商品的条件下。不幸的是，跨国公司把加工厂从一国转移到另一国的决策可能会导致工作机会减少。下面，我们继续探讨员工的招聘与选拔。

□ 16.2.2　员工招聘

发现并吸引合格的候选人来填补本公司的职位空缺的过程叫做招聘。公司可以从内部员工中招聘，也可以从外部进行招聘。

现有雇员　对于内部管理人才资源丰富的大型公司来说，从现有雇员中选拔国际经理人是件很容易的事。比较适合的人选是那些曾经参与过国际项目的前期工作——例如，曾负责筛选新的生产地点或潜在市场——的管理者。这些人很可能已经跟东道国的相关人员有过接触，对当地文化也有一定了解。

应届大学毕业生　公司还可以从来自其他国家却在自己总部所在国上大学的应届生中招聘。这也是美国公司普遍的做法。这些新员工会接受为期一年的整体性和专业化培训，然后被派往他们的祖国。一般来说，他们对组织的文化及其经营方式已经有所了解。最重要的，可能当属他们对目标市场的文化非常熟悉，包括风俗、传统和语言等。

当地管理人员　公司也可以在东道国当地招聘管理者。当对文化的理解是一项主要的工作要求时，雇用当地管理者是很普遍的做法。雇用与政府关系良好的当地管理者可以加快在当地拿到经营许可的过程。在某些情况下，政府会强迫公司在当地招聘管理人员从而为本国培养管理人才。另外，政府有时会限制在东道国工作的国际管理人员的数量。

非管理类员工　公司通常会在东道国当地雇用非管理类岗位的员工，因为这些人员往往不需要有专业化的技术或者是接受专门的培训。但是，公司通常会派母国专家来专门培训那些对技术要求较高的岗位的员工。

当东道国政府限制外来打工者的人数时，公司也会选择在当地市场上进行招聘。这样做的目的大多是为了降低当地的失业率。相反，有些国家则允许外来的非管理类员工流入。富足的中东产油国科威特从国外引进了大量的非管理人员来从事蓝领和技术工作。这些工人大部分来自埃及、印度、黎巴嫩、巴勒斯坦地区或者是菲律宾，他们来科威特或者是为了找工作，或者是为了追求更高的工资。

□ 16.2.3　员工选拔

筛选并雇用最称职、最有潜力的应征者的过程称为选拔。国际选拔过程包括对一个人应对文化差异的能力的考核。外派的管理人员必须能够适应东道国的生活方式。同时，东道国当地的管理人员也必须能够同有着不同文化背景的上司一起顺利开展工作。

对于外派的管理人员而言，母国与东道国之间的文化差异是决定他们最终能否成功的重要因素。对文化比较敏感的管理者对于公司实现其国际商务目标有很大帮助。招聘者可以通过提问来考察候选人的文化敏感程度，比如测试他们对按照全新方式做事的接受能力，以及有关种族和商务伦理的问题。他们还可以采用类似全球资质测试的方法来做到这一点。

考察将随外派人员到他国生活的家庭成员的文化敏感度也很重要。家庭成员（尤其是配偶）不能适应新的文化是移居海外的管理者失败的重要原因之一。

□ 16.2.4　文化冲击

成功的国际管理者一般都不会介意，甚至通常都很享受在国外生活和工作。在极端情况下，他们甚至会要求公司平均一年左右就派他们出国一次。这些员工能够迅速适应当地的环境和商务惯例。这种管理人才随着亚洲、中欧与东欧、拉丁美洲市场的兴起也变得越来越抢手，而且他们还促进了全球管理者群体的形成。这些管理者愿意并且随时准备着到任何国家和地区去工作。但是，这个群体的规模仍然很有限，因为许多人在被调任到不熟悉的文化环境中工作时，总会碰到各种困难。

有些人在另一种文化环境中工作和生活可能会感到有很大的压力。因此，在针对国际职位招聘时，应聘者是否愿意去不熟悉的文化出差和生活也是一个很重要的考察方面。在新文化中定居时，很多管理者都会感受到文化冲击——影响人们在海外的生活的一种心理过程，主要表现为想家、暴躁、混乱、恼怒、沮丧等。换句话说，他们在适应新环境时会感到很困难。外派失败——因为雇员表现不佳而提前返回母国——也大多是文化压力导致的。外派失败的高昂代价使得许多公司都会事先对被派往海外工作的雇员进行文化培训。关于文化冲击发生作用的详细过程以及降低其影响的方法，参见下面的专栏"全球经理人公文包：严峻考验"。

严峻考验

当人们需要在一种陌生的文化中待上几个月甚至更长的时间时，可能就会遭遇文化冲击。文化冲击从外派人员抵达一国时就会出现，通常来说会经历以下四个阶段（当然，并不是所有人都会经历这四个阶段）：

第一阶段"蜜月期"，通常会持续几天到几周。新人们会对当地的风景与有趣的习俗、当地人的盛情款待感到着迷。他们对未来充满了乐观的情绪。但是，这种感觉往往不是真实的，因为到目前为止他们与当地人之间的交往程度和一个来这里旅行的人差不多。

第二阶段，持续时间从几个礼拜到几个月不等。事实上，有些人可能根本没有机会进入第三阶段。不可预知的文化怪癖开始让人觉得讨厌，甚至是发狂。这些外来者开始嘲笑当地人，觉得自己国家的文化更好。他们与配偶和孩子的关系也变得让人觉得痛苦、沮丧甚至是绝望。

第三阶段，情绪到了最低谷并开始回升。随着外来者开始学习当地文化，与当地人接触的更多并建立起友谊关系，那些厌恶情绪也就慢慢消失了。

第四阶段，外来者不仅加深了对当地习俗与行为的理解，而且开始真正欣赏当地人。到了这个阶段，他们把差异看作是不同文化背景下对相同问题的不同解决方法。进入这一阶段说明外派人员已经很好地适应了当地的文化，并且

有可能成功完成其任务。

预计会移居国外的外派人员可以参照以下步骤，缓解在完成国际任务时文化冲击给自己带来的压力：

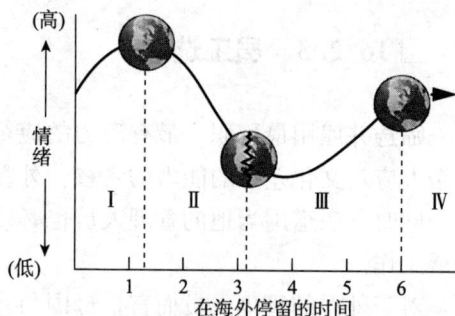

■ 进行深入的心理测评以确保你和你的家人已经做好应付这项工作的准备。

■ 了解当地文化（尤其是语言），在离开母国时要努力纠正自己的文化偏差。

■ 如果可能的话，先到东道国去考察一下，尝试和当地人打一下交道，以便为将来的外派工作提前做准备。了解一下当地的教育、财政、卫生保健服务方面的信息。

■ 一旦你已经进入某种文化，就要与其他人多接触——包括当地人和其他外派人员——并和他们讨论你的消极和积极感受。

■ 最重要的是，放轻松，要敢作敢为，用国际化视野看待问题，并且要保持幽默的心态。

□ 16.2.5　反向文化冲击

颇为讽刺的是，那些能够成功适应新文化的外派人员通常都会经历所谓的反向

文化冲击，即重新适应母国文化的心理过程。因为以前看起来很自然的价值观和行为现在看上去却觉得很陌生，反向文化冲击有时甚至比文化冲击更让人困扰。另外，管理者回国后常常会发现要么母公司已经没有自己的职位，要么就是处在一种待命状态。公司常常不知道如何利用那些花费了几年宝贵时间在海外工作的经理人的跨文化能力。实际上，外派人员通常都会在回国后的一年内离开原来的公司，因为他们无法重新融入公司的文化。

此外，他们的配偶和孩子一般也很难离开已经适应的文化回国。对于很多日本员工和他们的家人来说，完成在美国的工作回国后，要再次适应日本文化并不是一件容易的事。美国的工作和生活节奏很快，加上相对较高的妇女自由与独立程度，这与日本国内的情况形成了鲜明对比。在美国生活一段时间之后再回到日本的外派人员发现，自己很难再适应日本的生活。

应对反向文化冲击　反向文化冲击的影响是可以减缓的。重新定位母国文化计划以及职业咨询研讨会对于归国的管理人员及其家人可能会有帮助。例如，在正式回国的前几周，外派人员可以全家回国住上一段时间，这样做至少可以帮助他们为反向文化冲击做好准备。

同样，良好的职业发展规划也可以帮助公司留住有价值的管理人员。比较理想的情况是，在雇员出国前公司就为他设计好职业发展计划，并在他回国之前适当进行调整。有些公司在雇员出国前就和他们一起规划好未来 20 年在公司内部的职业生涯。公司还可以把那些曾经被派往国外，后来也不得不重新适应国内文化的前辈们介绍给后来者。这些人可能会成为外派管理人员的心理导师，和他们讨论与工作、家庭以及重新适应本国文化有关的问题。

▢小测验

1. 为什么说人力资源规划很重要？人力资源规划可以分为哪三个阶段？
2. 公司招聘国际管理者的主要途径有哪些？
3. 什么叫文化冲击？请说出文化冲击的四个阶段，以及如何才能减少文化冲击的影响。
4. 在什么样的情况下，人们会经历反向文化冲击？

16.3　培训与发展

在完成管理者和普通员工的选拔和招聘之后，接下来要做的工作是判断雇员已经掌握的以及他们为完成工作所需要掌握的技能和知识。针对那些缺乏必要知识和技能的员工，要制定特殊的培训和提升计划。

现在，大约有 30 万美国人在国外工作和生活，此外，还有数十万人每年在海外出差的时间长达几个星期。为了完成一项长期跨国工作而重新安置一名员工的成本主要包括搬家费、住房支出以及子女的教育费、生活费等后续开支。这也是为什么很多企业都认为如果想要在外派管理者身上实现最大生产力，就必须对他们进行深度培训并制定相应的职业发展规划的原因。

在企业越来越多地从全球范围内寻求更好的服务的同时，它们也开始转而通过在线培训项目来传授与员工的工作直接相关的技能，具体说来包括管理培训、人力资源培训、合规培训以及诸如消费者可以从新产品中获得的收益之类的前沿问题的培训。对跨国公司来说，在线培训的优势在于其一致性：在线培训以同样的方式向数不清的员工传递了完全相同的信息。与此形成对比的是，通过其他方式接受培训的员工可能会遭遇概念混乱或者是偏见等问题。当然，在线培训也并不是完美无缺的：这种方式很难将在线的人们集中在一起，教授一些软技能，比如恰到好处的面部表情以及语音语调。但是，可以低成本地进行大批量培训这一特点使得在线培训成为了对传统培训方式的良好替代。①

□ 16.3.1 文化培训的方法

最理想的情况是，参与国际商务活动的每一个人都熟悉世界各地的文化，并且随时可以到世界上的任何一个地方工作。但是在现实中，很多雇员和企业都不需要或者是无法做到完全了解另一种文化。企业的国际化程度决定了它的员工需要具备相应的文化知识。如果企业的国际化程度较高，那么它的员工就必须具备流利的语言能力以及在其他国家生活的丰富经验。与此同时，小公司或者是刚开始接触国际商务活动的公司可以从基础性的文化培训做起。随着企业国际化程度的提高并要求进行跨文化交流时，员工的文化知识也必须相应提高。

如图16—1所示，公司可以通过很多方法帮助外派管理者做好顺利完成工作的准备。这些方法也反映了管理者参与国际事务的程度。这样做的宗旨则是通过对管理者进行与他们的职责要求相一致的一定水平的文化培训，来培养见识广、思路活的管理者。

环境简介和文化导向　环境（地区）简介是最基本的培训活动——通常是了解其他文化的起点。简介主要包括当地的居住条件、医疗卫生和交通运输状况、教育情况以及气候等方面。这些知识大多可以从书籍、影视节目或者是针对特定地区的文化讲座中获取。文化导向则是为了帮助人们深入了解一地的社会、政治、法律以及经济制度，在环境简介的基础上增加深度，扩展内容。

文化同化和敏感度培训　文化同化是指讲授一种文化中的价值观、态度、礼仪和习俗等方面的知识。在这个阶段往往会用到所谓的突击语言学（guerrilla linguistics）——包括学习当地语言中的一些短语。另外，文化同化还包括角色扮演练习，即受训者对特定情形作出反应并由评审组作出评判。这种方法常用于那些不介意去国外工作和生活一段时间，希望参加有关社交与商务礼节以及沟通方面的速成班的人。敏感度培训则旨在教会人们为他人考虑并理解他人的感受和情绪，帮助受训者

---

① Mathew Simond, "Can Online Learning Be Cost-Effective?" *EzineArticles* (www. ezinearticles. com), March 3, 2008; Nina Silberstein, "On-The-Job Training Goes Online," *Online Degrees*, Fall/Winter 2007, pp. 30 -32.

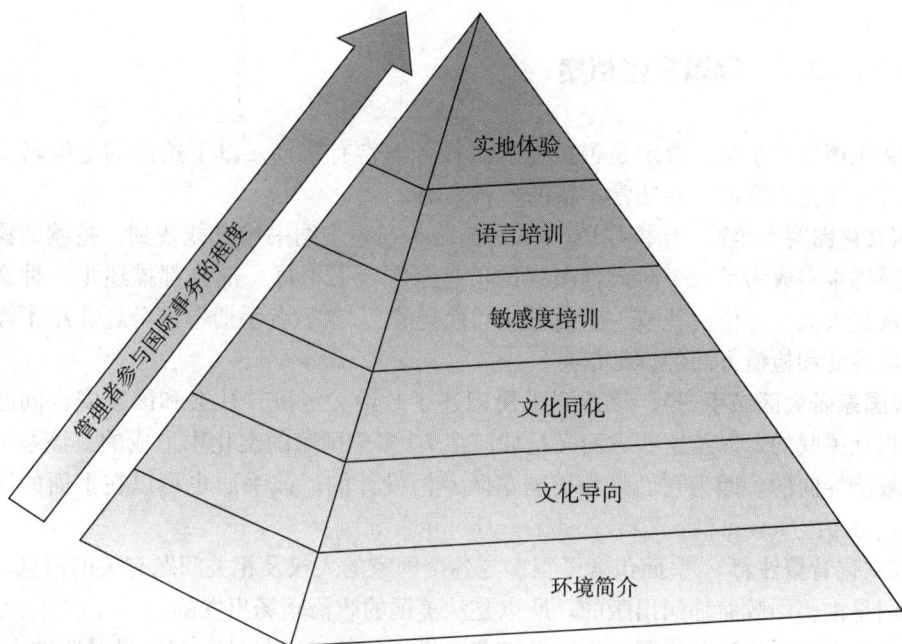

图 16—1　国际外派任务准备方法

真正了解当地人。

语言培训　对更充分地理解一种文化的需要把我们引向了集中的语言培训。这一层次的培训要求受训者不能仅记住一点点餐或者问路的常用语，而是要真正地"深入当地人的思想"。受训者将有机会去了解当地人某些行为背后的原因。这是为了完成长期任务所进行的文化培训中最重要的一部分。

针对企业高管进行的一份调查显示，外语能力在保持竞争优势所需的技能中排名第一。根据该调查，31％的男员工和27％的女员工外语能力不足。为了扭转这一状况，很多公司要么雇用那些专门从事语言培训的外部机构，要么通过内部培训计划来提升员工的语言能力。3M 公司的员工则选择了第三条道路：他们成立了一个完全由志愿者——在职的和已经退休的雇员及其家属——组成的语言协会。协会现在有 1 000 名成员，使用 17 种语言教学，由 70 位雇员志愿者担任老师。该协会每周举办一次 45 分钟的活动，向名义会员收取 5 美元的费用。3M 公司的一名管理人员说，"语言协会"很好地完成了公司正规的语言培训计划。①

实地体验　实地体验就是让相关人员亲身体验当地文化，四处走走看看并在尽可能短的时间内融入进去。通过实地体验，受训者既能欣赏到一些独一无二的文化特色，同时也能感受到在这种文化中生活可能会面临的压力。

最后，需要提醒的是，员工的配偶和孩子也要接受类似的文化培训。这笔投资是物有所值的，否则，要么被外派的人不得不与家人分居两地频繁探亲，要么无法实现外派目标，这样一来，不管是从员工心理角度看还是从财务角度看都代价过高了。

---

① Stephen Dolainski, "Are Expats Getting Lost in the Translation?" *Workforce*, February 1997, pp. 32 - 39.

□ 16.3.2　编辑文化档案

文化档案对于员工决定是否接受外派任务非常有帮助。以下给出的是编辑文化档案时可能会用到的一些非常不错的资料来源。

《文化图解大全》。本书由 ProQuest 出版，在很多图书馆都能找到。持续的修订再版使得本书成为了一个时效性极强的信息来源。书中每一部分都描述了一种文化背景及其人民、习俗、礼节、生活方式和社会等。"旅行者手册"部分还介绍了需要的入境签证和检疫方面的详细信息。

《国家研究区域手册》。该系列手册阐述了政治、经济、社会和国家安全问题是如何相互关联的，以及这些方面又是如何在 70 多个国家的文化中形成的。该系列手册是政治导向的，因为它们是为美国军队专门设计的。该手册也可以在下面的网站找到：http://leweb2.loc.gov/frd/cs/cshome.html。

《文化背景注释》。里面包含了很多与各个国家的人权及相关问题有关的信息。因为它们是由美国政府部门出版的，所以是从美国的政治立场出发的。

企业还可以通过驻本国的外国使馆获取想要的信息。另外，有亲身经验的人们、专业书籍以及影视节目也是不错的信息来源。一旦你身处异国他乡，就会发现你们国家的驻外使馆同样能给你提供很好的文化建议。使馆与那些在当地工作的本地专家关系都很好，他们中不乏经验丰富者，你可以充分利用这些经验。

□ 16.3.3　非管理类员工培训

非管理类员工也有必要进行培训和培养，特别是在一些发展中国家和新兴工业化国家，那里的人们可能连小学都没有毕业，在这种情况下尤其需要对他们进行培训。即使员工受过相当好的教育，也可能缺乏工作经验。如果碰到这样的情况，在海外开展业务的公司就要对当地员工进行培训，教会他们如何在生产线上工作或者是如何更好地销售公司的产品和服务。随着企业在新兴市场上寻求更多的机会，对基础技能培训等的需求也在不断增加。

在很多国家，政府会与企业进行合作来培训非管理类员工。日本和德国针对非管理类员工的职业培训和见习计划在全球处于领先水平。如果学生们不能或者不愿意上大学，他们可以参加由政府和私人企业出资举办的培训班。这样，他们就可以获得广泛的实践经验，掌握在国内一流企业就职需要的先进技术。例如，德国的 Mittelstand 是一家由 300 万家中小企业组成的企业集团，提供了全国 2/3 左右的就业机会以及 80％的实习机会。虽然 Mittelstand 的成员雇用的员工人数大多少于 100 人，但是其旗下有很多实力很强的出口公司。

16.4　薪酬补偿

对于有效的国际人力资源管理来说至关重要的一点是，要有一个公平有效的薪酬补偿（奖励）制度。设计这样一个体系的目的在于吸引并留住最好的、最有前途的员工，并且根据业绩对他们予以奖励。因为一个国家的薪酬补偿惯例与一国的文化、法律和经济制度有着很深的渊源，因此不同国家的薪酬补偿方法也错综复杂。例如，在有些国家，基本工资几乎就是员工的全部薪酬，而在另一些国家，奖金和额外的福利则占了一大半。

□ 16.4.1　管理类员工

不难理解，不同公司、不同国家的管理者的薪酬组合也会有很大的不同。出于以下几个方面的理由，设计出好的薪酬组合方案是一个相当复杂的过程：首先，要考虑到生活成本的差异，包括日常消费品、外出就餐、服装、住房、教育、医疗保健、交通以及日常杂费等。显然，在有些国家这些花费要高于其他国家。而且即便是在同一个国家，城市和乡村的消费水平也会有很大差别。大多数企业都会向外派管理者提供额外补助以弥补更高的消费支出。而那些在消费水平较低的国家和地区工作的管理人员拿到的补助可能和在本国工作时的水平相差无几。否则，他们就无异于因为接受在海外工作而减少了收入。

即便国外的生活费用低于国内，企业也必须向外派管理者支付其他费用。重新安置管理者时需要重点考虑的一个问题是当地的教育质量。很多时候，这些人的孩子因为不懂当地语言而无法马上进入当地学校就读，这样一来，公司就不得不为他们就读私立学校买单。

奖金和税收奖励　企业通常会给予管理者一些诱惑或者激励以便后者接受外派任务。最常见的激励就是奖金，可以是一次性支付，也可以采取不断提高固定工资的形式——通常的增幅是 15％～20％。那些被派往政治特别不稳定或生活水平很低的国家工作的管理者通常还可以拿到艰苦补助。

管理者还经常被另一种与收入有关的激励所吸引。例如，美国政府允许在国外工作的公民从应税收入中扣除 82 000 美元的"国外所得"——即使其工作所在国不向他征收收入所得税——但是超过的部分仍然要交税。

文化和社会因素带来的成本　文化因素也会影响到外派管理者的薪酬。一些国家比另一些国家的带薪休假时间更多。很多国家还为在本国工作的人提供免费的医疗保健服务。当然，当地的医疗保健服务质量不一定很好，因此，很多公司都会采取这样的做法：将病情严重的外派人员及其家属送回国内或者是医疗水平与本国相当的邻近国家就医。

在当地雇用管理者的公司可能会因为当地的一些社会观念而需要支付额外成本。例如，在有些国家，雇员希望雇主能提供免费的或补助性的住房；有一些国家的政府规定雇主有义务为女员工提供长达一年半的带薪产假。欧洲各国政府对产假的规定有很大差别。虽然这些成本并不一定完全由企业来承担，但是也确实提高了企业在一国从事商务活动的成本。

在东道国招聘的管理者拿到的工资通常和其他在当地公司工作的管理者差不多，但是除此之外，他们大多可以拿到本土企业无法提供的额外福利。比如，很多管理者每年可以到母公司参观学习几次。如果时间允许的话，这些管理还可以额外申请几天假期，带上家人，一起来个短期的旅行。

□ 16.4.2 非管理类员工

主要有两个因素会影响到非管理类员工的工资。首先，他们的薪酬水平受企业跨境投资规模的影响较大。企业轻而易举地就可以将工厂转移到工资水平更低的国家。与此同时，当企业要求本国工人要么接受降薪要么看着他们的工作机会转移到国外时，工人们往往只能是选择前者。这就导致各国工人的工资呈现趋同。这种趋同效应可以促进某些国家的经济发展及当地工人生活水平的提高，但是这是以另外一些国家工人生活水平的下降为代价的。

不过，企业重新办厂的自由度在不同国家也是不同的。虽然有些国家的自由度更高，但是在另一些国家则可能受到严格的限制。事实上，有些国家甚至会强迫企业补偿那些因为转移工厂而失去工作的工人。这类规定在已经为失业工人建立起广泛社会保障体系的欧洲国家非常普遍。

其次，如今劳动力的流动比以往任何时候都更自由这一事实也会影响到工人的工资。虽然欧洲的劳动法依然比美国严厉，但是欧盟国家正在取消工人从一个成员国到另一个成员国工作时的签证要求。如果一个工人在西班牙找不到工作，或者是觉得目前的工资不够高，那么他可以随意到另一个失业率低的欧盟成员国（比如英国）寻找工作机会。但是，现在困扰着一些欧洲国家的问题是，这种做法似乎孕育了一个永久性失业的群体。

□小测验

1. 请指出针对国际管理人员和非管理类员工的培训与发展计划的类型。
2. 阐述帮助管理者为完成外派任务做好准备的每一项文化培训的内容。
3. 在针对管理者和非管理类员工的薪酬补偿决策过程中，企业需要考虑哪些因素？

16.5 劳资关系

公司内部管理者与员工（劳动力）之间或积极或消极的互动状态被称为劳资关系。员工与管理者之间有良好的合作关系有助于企业形成巨大的竞争优势。当管理层和工人意识到他们需要彼此依赖时，企业往往能更好地实现目标，并克服一些突发的、不可预见的障碍。给工人更多的股份，例如让他们参与利润分享，是提高员工士气、改进产品质量和消费者服务水平的一种方式。

因为劳动力与管理者之间的关系仍然是人与人之间的关系，所以这种关系植根于一国的文化并且经常会受到一国政治变动的影响。大型跨国公司倾向于在每国进行与高层员工有关的决策，因为这可以使公司更好地控制全球范围内的生产网络。至于与底层员工有关的决策，一般会留给各个子公司的管理者，这也就将直接影响员工生活的决策交到了当地的专家手中。这些决策包括每年带薪假期的天数、产假长短以及是否提供托儿服务等。让这些决策本土化是希望改善劳资关系，因为当地管理者更熟悉当地一些会影响到员工个人工作和生活的惯常做法。

□ 16.5.1　工会的重要性

公司所在国工会的实力对于公司的业绩有着非常重要的影响，它甚至会影响公司的工厂选址决策。对于跨国公司来说，亚洲发展中国家和新兴市场国家有着很强吸引力。有些亚洲国家的政府为了吸引跨国公司到它们那里投资设厂，会承诺限制工会的发展。但是，不管出于什么原因，当发达国家的公司管理层与当地工会之间有良好合作氛围的时候，这些国家的市场也会很有吸引力。在一些亚洲国家，尤其是日本，由于其国内文化强调协调与利益平衡，劳资纠纷也相应更少。

爱尔兰已经成为最受欧盟企业欢迎的国家。该国最具吸引力之处是兼具高效率劳动力、较低的工资水平和破坏性罢工的可能较小等特征。这个国家的工会不像欧洲大陆国家（尤其是法国和德国）的工会实力那么强大。然而，德国工会员工数量的不断减少也是无法否认的——在过去的十年中，工会人数已经从 1 200 万名下降到约 800 万名。主要原因是前民主德国地区的人们对工会不感兴趣。相比之下，如今美国只有 9% 的工人加入工会，而 50 年前这一数字是 36%。

尽管工会的人数在下降，但在德国，劳动者在管理决策上仍旧发挥着很大的作用。事实上，在共同决策方案下，德国工人在公司决策和战略方面拥有直接的发言权；它还允许工人代表通过对提案投票来参与公司的高层会议。

国际劳工运动　全球工会的活动在某些方面取得了很大的进步，例如，提高工人待遇，减少雇用童工等。但是，各国工会在增进合作方面所作出的努力从某个角度来讲却不太成功。虽然一国工会可能想支持另一个国家的工会，但是要从根本上来扶持就很困难了，其原因主要有两个：第一，一国的大多数人很难理解其他国家发生的事情。距离以及文化的差异使得人们不太了解生活和工作在不同环境中的其他人。

第二，不管他们是否意识到了这一点，不同国家的工人有时彼此之间也存在竞争关系。例如，现在企业很容易就可以将工厂转移到其他国家和地区。因此，一国的工会可能会为了吸引新工厂创造的就业机会而被迫作出让步。这样一来，各国工会之间的竞争就变得更加激烈。一些分析人士甚至认为，这种现象会压制世界范围内工人的议价能力和工会的实力。

□小测验

1. 什么是劳资关系？
2. 解释世界各国在劳资关系方面存在的差异。

16.6 结束语

到此为止，我们结束了对国际商务所有知识的讨论。我们研究了公司——从小型公司、中型公司到大型公司——是如何雇用并管理它们最重要的资源——员工的。我们的国际商务之旅遍及很多国家和地区。我们希望能引起读者对全球市场状况和跨国公司所从事的各种活动的兴趣。但是，我们的学习还远没有结束。我们每个人在日常生活中都不可避免地要接触到国际商务，可能是作为消费者也可能是作为未来的商务管理者。我们将继续拓展这方面的知识，进一步了解其他文化，熟悉国际商务环境以及公司管理国际业务的各种方法。我们希望各位可以朝着这个有无穷魅力的目标继续迈进。

本章小结

1. 指出跨国公司常用的三种员工安置政策：

民族中心型政策意味着利用母国的员工来管理海外的经营活动；这种政策使得母公司对子公司的决策有强有力的控制权。

多中心型政策则意味着利用当地员工管理海外的经营活动；这种政策赋予了子公司一定的决策自主权。

全球整合型政策意味着利用最适合的员工来管理企业的经营，而不考虑这些人的国籍；这一政策通常是针对高层管理者的。

2. 描述跨国公司面临的招聘和选拔问题：

大型企业通常从现有雇员中选拔国际管理者，而小公司则大多选择从外部招聘。

企业可以选择那些出国留学的学生，在当地对他们进行培训，然后派往他们的母国从事工作。

企业还可以雇用东道国的管理人员，因为这些人更了解当地的文化以及政治体制；当企业在海外广泛参与生产和营销活动时，这一点显得特别重要。

3. 说明培训和提升计划特别是文化培训的重要性：

所谓文化冲击是指当人们在自己不熟悉的文化中生活时遭遇的心理困境，主要的特征是想家、易怒、思维混乱、脾气暴躁、感觉沮丧等。

反向文化冲击是指重新适应母国文化的过程。

文化培训可以减缓文化冲击和反向文化冲击给人带来的影响。

环境简介和文化导向可以提供有关东道国居住条件、卫生保健以及政治、经济和社会制度方面的信息。

文化同化和敏感度培训提供关于东道国人们的价值观、立场、习俗等的信息，强调理解当地人的感受和情绪。

语言培训提升了受训者的具体的实用技能，使得他们可以使用当地语言进行交流。

实地体验意味着到东道国进行一次短期的旅行，借此开始熟悉那里。

4. 描述企业如何对外派管理者和普通员工进行补偿：

一个有效的补偿机制会考虑到东道国的文化、法律和惯例；主要的几个组成部分是基本工资、奖金和额外福利。

可能需要对管理层的薪酬进行调整以便反映当地生活成本，以及管理者的子女们接受教育的成本。

为了激励管理人员接受外派任务，企业可能还需要向他们提供奖金和艰苦补助。

非管理岗员工的工资水平可能会受到东道国工资水平的影响。

5. 阐述劳资关系的重要性以及各国在劳资关系方面的差别：

劳资关系指的是企业管理者及其员工之间的关系，可能很好也可能很糟糕。

良好的劳资关系可以帮助企业实现自己的目标，克服预料之外的障碍。

劳资关系植根于一国的文化，而且通常会受到当地市场上政治运动的影响。

企业开展经营活动的国家的工会的实力会影响到企业的业绩及其选址决策。

课堂讨论

1. 很多日本公司在国际化过程中会采用民族中心型员工安置政策。你觉得日本公司为什么更愿意让自己人担任高层管理职位？你能否对这一做法提出修改意见？

2. 你亲身经历过文化冲击么？如果有的话，为了克服文化冲击，你都做了些什么？你的做法有效果么？回国后你经历了反向文化冲击么？

小组练习

1. 劳资关系。假设你和你的几位同学是一家大型汽车制造企业的高管。你们公司在西班牙和德国都设有分厂。目前，公司正考虑关闭这两家工厂，同时在波兰投资设厂——因为这里的工人工资更低。以小组为单位，写一份简短的报告说明一下关闭西班牙和德国的工厂并且遣散那里的工人是否容易做到。

2. 调研项目。中小企业在进行海外扩张的过程中有时候会面临各种各样令人头疼的问题。以小组为单位，写一份报告说明一下这些企业在首次尝试国际化时，在员工的招聘和选拔方面面临哪些问题。具体说明一下财务约束、没有招聘渠道、文化差异、法律问题、距离遥远等等造成的困难。

关键术语

文化冲击	人力资源管理	招聘	反向文化冲击
民族中心型	人力资源规划	劳资关系	员工安置政策
多中心型	全球整合型		

伦理题

1. 假设你被外派到亚洲一家制造厂担任管理工作，这也是你第一次接受海外任务。你知道有越来越多的员工（特别是年轻的女工）对他们那微薄的仅够维持基本生活需要的工资感到不满。这家工厂没有工会组织，而且你也很清楚母公司的老板并不是特别支持组建工会。而且你还知道如果工人们组建工会并且要求更高的工资，那么公司总部可能就会将工厂搬到其他地方。如果是这样的话，这里的工人就将失去现在的工作，而你也得变换工作地点。你会支持还是反对工人们组建工会？为什么？

2. 假设你是一家正将业务扩展到拉丁美洲的金融服务公司的助理营销经理。你将被派往墨西哥城工作，这部分是因为你拥有西班牙语和营销学的双学位，而且曾经在那里待过一个学期。你们公司给你和一起被外派的同事提供艰苦补助、住房补贴、公车以及几千美元的自主基金。你在国外过得很惬意，但是也有一些被外派的朋友不太适应海外的生活。每隔两个月左右的时间，他们就会飞回家一趟，拜访一下朋友们，同时也换一下环境。你一点儿也不想家，但是在即将到来的假期，你的朋友们想让你和他们一起回家。你会怎么做？你会用你的自主基金和他们一起回去么？还是说你会留在当地，在慈善机构里找一份志愿者的工作？

国际管理案例

外派还是歧视？

企业在国际化经营过程中面临的问题之一是决定什么时候把外派的管理人员召回国内，什么时候再把他们派出去。任命东道国的员工担任关键管理岗位可以提升士气，营造一种公平的氛围。而且东道国的管理人员通常对本国的商务状况有着更深的洞察力，因此在决策时也具有潜在优势。另外，将外派人员召回国内可以节省一笔不小的开支。以被派往中国的员工为例，他们的平均年薪在 20 万～30 万美元之间，其中包括生活费和艰苦补助——两者各占 15%～20%。与此形成鲜明对比的是，一名卓越的中国管理者每年的薪水总共只有 5 万美元。

尽管将管理权下放给当地管理者可以给企业带来各种好处，但是一些专家警告说"过快本土化"可能是一个错误。例如，

就像一名被外派到中国的管理人员所说的，"按中国的方式做事有时候不够光明正大，甚至可能是很危险的。如果你放弃财务控制权的话，可能造成严重的后果。"另外一个问题是，在评估外派管理人员的工作表现时大多是看子公司的业绩而不是他们在培训当地管理者方面付出的努力。

与外派有关的问题并不限于像中国这样的新兴市场国家。在发达国家，解聘员工或者是用母国人员替换东道国管理者都会引起很大的争议。例如，日本的理光公司用一名日本管理者替代美国管理者，负责加利福尼亚分部的电脑硬盘的销售工作。在被解雇之后，切特·麦肯泰尔将前任雇主理光公司告上法庭，根据 1964 年《民权法案》指控后者歧视。但是，理光公司辩护说麦肯泰尔被

国际商务：全球化带来的挑战（第6版）

解雇是出于业务方面的考虑，而不是因为他是一个美籍白人。

　　麦肯泰尔最后败诉了。法庭说"他们没有找到证据证明麦肯泰尔是因为受到歧视而被解雇"，因此裁定"有充足证据证明他被解雇是业务调整需要"。麦肯泰尔选择了上诉，但是再次以失败告终。

上诉法庭认为，"理光公司提供了显示加利福尼亚分部正在亏损的证据，且每年的亏损额达数百万美元。另外，理光公司还提供了业务重组证明，麦肯泰尔此前负责的产品在重组后不再是该公司的重点销售产品"。

资料来源："Staffing Globalization，" *The Economist*（www. economist. com），June 24, 2006, pp. 77 – 80；James Harding，"When Expats Should Pack Their Bags，" *Financial Times*，September 1, 1998, p. 10；C. K. Prahalad and Kenneth Lieberthal，"The End of Corporate Imperialism，" *Harvard Business Review*，July-August 1998 pp. 68 – 79.

□小思考

1. 让外派管理者担任高层管理职位的原因有哪些？

2. 假设有一家公司意识到自己犯下了严重的错误——在一个重要的亚洲市场雇用当地人出任管理岗位。如果该公司决定在该国安插或者是重新配备外派管理者，那么可能会出现哪些问题？

3. 除了文中提到的之外，在新兴市场上启用本土管理者的优势还有哪些？

4. 企业应该采取哪些步骤来确保一旦走上法庭，自己可以证明裁员行为不是出于歧视？

术语表

国际商务：在两个或者多个国家之间进行的任何商业交易。

出口品：在本国生产并且输出到其他国家和地区的产品和劳务。

进口品：从国外购买并且输入本国的产品和劳务。

电子商务：利用计算机网络进行产品采购、销售以及交换，为消费者提供服务，与商业伙伴进行合作等。

全球化：各国企业和各个经济体在经济、文化、政治以及技术方面相互依存的程度不断加深的趋势。

关税与贸易总协定：一个旨在推动降低国际贸易的关税和非关税壁垒，进而实现自由贸易的条约。

世界贸易组织：履行国际贸易规则的国际机构。

国内生产总值（GDP）：一个经济体在一年内生产的产品与服务的总价值。

国民生产总值（GNP）：一国国民一年内生产的产品与服务的总价值，既包括国内也包括在海外的生产经营活动。

人均国内生产总值或人均国民生产总值：国内生产总值或国民生产总值与该国人口总数的商。

世界银行（WB）：一个旨在为各国的经济发展尝试提供资金支持的机构。

国际货币基金组织（IMF）：为了监管固定汇率制度以及贯彻执行国际货币体系的规则而设立的一家机构。

跨国公司（MNC）：在海外多个国家（以营销或者是生产补贴的方式）进行了直接投资的公司。

天生的全球性公司：从一开始就以全球化的视角来寻找市场并且开展国际商务活动的企业。

文化：特定人群所秉持的一系列价值观、信仰、守则以及制度。

种族中心主义：认为本种族或者自己的文化优于其他种族或者他人的文化的看法。

文化认知能力：对某种文化有着深入的了解从而可以更有效地在这种文化中采取行动的能力。

次文化：在一个更大的主流文化中共享独特的生活方式的群体被称为次文化。

审美观：在一种文化中，艺术中被认为"美好"的东西、特定描述激发出的人们的想象以及某种颜色的象征意义都可以代表当地人的审美观。

价值观：一个人所具有或者喜欢的观念、信仰和习俗都可以统称为价值观。

立场：一个人对客观事物或者理念所持有的正面或负面评价、感觉和倾向。

文化特质：可以代表某种文化的生活方式的一切事物，包括姿势、实物、传统以及理念等。

文化传播：文化特质从一种文化扩散到另一种文化的过程。

文化殖民：其他文化中的东西取代某一文化的传统、民族英雄以及手工艺品。

礼仪：在某种文化中，什么样的言行举止、穿衣打扮才是得体的。

习俗：一代一代流传下来的人们在特定场合的行为习惯或者行为方式。

民间习俗：在某个群体中流传了几代人的行为。

大众习俗：一个多民族的群体或者是几个群体共同遵循的行为。

社会结构：一种文化的基本组织方式，包括各种团体和机构、社会地位和社会关系体系以及社会资源的分配过程。

社群：互相认识、互相影响的两个或者更多的人构成的群体的统称。

社会等级化：将人们划分为不同的社会层级或者阶级的过程。

社会流动性：个体沿着文化的"社会阶梯"进入上一级或者下一级阶层的难易程度。

世袭制：人们生来就属于某个社会等级，完全不存在社会流动的制度。

阶级制：由个人能力和行动决定其社会地位及流动性的社会等级制度。

交流：即通过演讲、写作和行动来表达个人的思想、感受、所掌握的知识和信息的体系。

合语/通用语言：能被使用两种不同的语言的双方理解的第三方语言或"媒介"语言。

肢体语言：是一种无声的交流，包括手势、面部表情、问候时的身体接触、眼神交流、对人与人之间距离的掌控等。

人才流失：受过良好教育的人从一个行业、地区或者国家转移到其他行业、地区或者国家的现象。

地形：某一地区地表所有的自然特征。

物质文化：某文化用来生产产品以及提供服务的所有技术都可以称为物质文化。

克拉克洪-斯托特贝克法：通过六个维度——比如人们是关注过去还是未来，人们是认为个人还是集体应该对每个个体的福利负责等——来对不同的文化进行对照的体系。

霍夫斯泰德法：通过五个维度——比如个人主义 vs. 集体主义、平等 vs. 不平等——对不同文化进行比较的体系。

政治体制：一国在自我治理时采用的结构、流程与各种活动。

极权主义制度：当权者没有赢得人们的支持、死死控制着人们的生活、无法容忍相反意见存在的政治体制。

神权政体：当一国的宗教领袖同时也是该国的政治领袖时，就说该国的政治体制是神权政体。

神权极权主义：由极权的宗教领袖执政的政治体制。

世俗极权主义：政治领导人依靠军事以及官僚权力维持统治的政治体制。

民主制：由广泛参与政治活动的人民或人民代表直接选举产生政治领导人的政治体制。

代议民主制：民众选举出代表代为表达他们的政见的民主制度。

私人部门：由以追求利润为目标、独立所有的企业构成的部门。

资本主义：认为生产资料归私人或者是私营企业所有的经济制度。

政治风险：一个社会发生会对当地商务活动产生负面影响的政治变革的可能性。

充公：在没有提供补偿的条件下，强行将资产所有权从个人手中转移到政府手中的行为。

征用：在提供一定补偿的条件下，强行将资产所有权从个人手中转移到政府手中的行为。

国有化：政府接管整个产业的做法。

本地成分要求：规定某种产品或服务中必须有一定的比例是由本国生产商提供的法律规则。

游说：雇用一群人代表公司阐述其对政治问题的观点的做法。

《反海外腐败法》：1977 年通过的禁止美国企业向其他国家的政客或者是政治候选人行贿的法案。

民族主义：人们为祖国的利益和发展贡献自己力量的精神。

普通法：建立在一国的法制史（传统）、法庭审判过的历史案例（先例）、法律是如何应用于具体情境的（案例）基础上的法律体系。

大陆法：建立在一系列详细的成文规则和法规构成的法典的基础上的法律体系。

神权法：建立在宗教教义基础上的法律体系。

知识产权：对人类凭借智慧和能力创造出的成果的所有权。

产权：对资源及其带来的收益的法律意义上的占有权。

工业产权：即专利和商标。

专利：授予某产品或生产过程的发明者禁止他人仿造、使用或者买卖该项发明的一种专有权利。

商标：将某种产品及其生产商与其他产品和生产商区别开来的文字或者符号。

版权：原创作品的创作人享有的按照个人意愿发表或者处置其作品的自由。

《伯尔尼公约》：一个国际化的版权保护协定。

产品责任要求：制造商、销售商以及其他相关人员要对因为产品存在缺陷而招致的损失、伤害甚至死亡负责的规定。

增值税（VAT）：对在产品生产和销售过程中给产品带来价值增值的各方征收的税种。

反垄断法：旨在防止企业控制价格、瓜分市场、获得不公平的垄断优势的法律法规。

伦理行为：符合良好的行为或道德规范的个人行为。

企业的社会责任：除应该履行的法律义务外，企业对投资者、消费者、其他企业以及所在社区应负起的责任。

碳足迹：因为人类活动而产生的温室气体（用碳化物的量来衡量）对环境的影响。

联合国：成立于第二次世界大战后，旨在促进世界的和平与稳定的一个国际组织。

经济体制：一国分配经济资源、引导商业活动的结构和流程。

中央计划经济：一国所有的土地、工厂以及其他经济资源全部归政府所有，几乎所有经济活动都是由政府制定计划的经济制度。

混合经济：土地、工厂以及其他经济资源相对公平地被划分为私人所有和政府所有的经济体制。

私有化：将归政府所有的经济资源出售给个人的做法。

市场经济：一国的大部分土地、工厂以及其他经济资源都归私人——或者是个人或者是企业——所有的经济制度。

供给：生产者在特定价格水平愿意提供的某种商品或者服务的数量。

需求：消费者在特定价格水平愿意购买的某种商品或者服务的数量。

经济发展：测度了一国居民与其他国家的居民相比，经济福利水平的程度。

购买力：一单位本国货币可以购买的商品或服务的总价值。

购买力平价：在各自国内购买同一篮子商品所需要的两种货币的比值。

人类发展指数：测度一国政府平等地向其人民提供健康长寿的生活、受教育的机会以及有尊严的生活标准的能力的指标。

发达国家：高度工业化、高效率、人民生活水平较高的国家。

新兴工业化国家（地区）：近年来工业部门在国民产值和出口中所占的比重不断增加的国家（地区）。

新兴市场：新兴工业化国家（地区）以及有潜力成为新兴工业化国家（地区）的国家（地区）的总称。

发展中国家：基础设施最为薄弱、人均收入水平最低的国家，也叫欠发达国家。

技术二元性：有些经济部门采用最先进的技术，同时其他一些部门采用的却是在其他国家已经过时的技术的现象。

经济转型：改变一国基本的经济结构，建立一个全新的自由市场制度的过程。

国际贸易：跨国界购买、销售或者是交换商品与服务的行为。

重商主义：认为一国应该通过鼓励出口、限制进口的方式积累财富——通常是指黄金——的贸易理论。

贸易盈余：当一国的出口总值超过该国的进口总值时就说该国实现了贸易盈余。

贸易赤字：当一国进口总值超过该国的出口总值时，就称该国出现了贸易赤字。

绝对优势：一国具有的能够比其他国家更有效率地生产某种产品的能力。

比较优势：如果一国在任何产品的生产方面都不比另一个国家更有效率，但是在某种产品的生产方面比其他产品都更有效率，那么我们就说该国具有比较优势。

要素禀赋理论：认为一国应该生产并出口那些使用本国相对充裕的资源（要素）生产的产品，进口那些需要使用其相对稀缺的资源（要素）生产的产品的贸易理论。

国际产品生命周期理论：认为企业从出口产品开始做起，然后随着产品生命周期的推移再进行对外直接投资的贸易理论。

新贸易理论：该理论认为：（1）专业化和规模经济效应的提高可以给人们带来收益；（2）率先进入市场的企业会设置进入壁垒；（3）政府可能会对本土企业提供支持。

先发优势：率先进入某一行业的企业所获得的经济或战略优势。

国家竞争优势理论：该理论认为，一国在某个行业中的竞争力取决于该产业创新和升级的能力。

自由贸易：在没有贸易壁垒的条件下从事进出口活动。

补贴：通过现金补偿、低息贷款、税收减免、产品价格支持或者其他形式向本国生产商提供财政支持的做法。

自由贸易区（FTZ）：一个特定的地理区域，在这里商品可以享受较低的关税以及/或简化的通关手续。

关税：当产品进入或者离开一国国境时，政府对其征收的税负。

从价税：指根据进口商品价格的一定百分比征收的关税。

从量税：对每一单位（用数量、重量等来衡量）进口货物征收一定数额的关税。

混合税：指对同一批进口货物，部分按照价格的一定百分比征税，部分按照数量征税。

配额：关于特定一段时间内进出一国的商品数量（用单位或者重量来衡量）的规定。

自动出口限制（VER）：出口配额的一个特殊表现形式，具体说来就是一国主动——通常是应另一个国家的要求——对本国出口商施加的配额。

关税—配额：对特定数量的进口商品征收较低的关税，但是对于超出特定数量的进口商品则征收更高的关税。

禁运：全面禁止和某个特定国家之间的一种或更多商品的贸易活动（既包括进口也包括出口）的做法。

行政拖延：旨在减少进口到一国的商品和服务的管制措施或政府条例。

外汇管制：对一种货币兑换成另一种货币的能力施加的限制。

正常贸易关系（更正式的说法是最惠国待遇）：WTO的成员国给予某一成员国的优惠贸易条件必须同时给予其他所有成员国。

倾销：当一家企业按照低于其在国内市场上的正常售价或者是低于生产成本的价格出口产品时，我们就说该企业存在倾销行为。

反倾销税：对一国认为构成倾销的进口商品额外征收的关税。

反补贴税：对一国认为接受了不公平补贴的进口商品额外征收的一种关税。

对外直接投资：通过购买他国企业的实物资产或者是一定份额的股份来获取管

理控制权的做法。

有价证券投资：不以获取对企业一定的控制权为目的的投资。

不完全竞争市场理论：该理论认为当市场上的不完全竞争因素导致交易效率低于应有水平时，企业将通过对外直接投资将交易内部化，从而消除不完全竞争的影响。

折中理论：该理论认为，当区位优势、所有权优势以及内部化优势结合在一起，使得在某一地区进行投资具有吸引力时，企业就会选择对外直接投资。

市场势力理论：该理论认为，企业之所以进行对外直接投资，是为了在行业中占据主导性的市场地位。

垂直一体化：将企业的生产经营活动扩展到可以为企业提供投入要素的领域（后向一体化）或者是可以吸收企业生产的产品的部门（前向一体化）。

合理化生产：产品的零部件全部在成本最低的地方进行生产，然后再集中到装配基地组装成最终产品的生产方式。

国际收支平衡表：记录一国所有的对外支出和收入活动的会计系统。

经常账户：记录一国货物与服务进出口、本国在海外的资产获得的收入、外国资产在本国获得的收入等交易活动的账户。

经常账户盈余：当一国货物和服务的出口总额大于进口总额、从国外获得的收入大于对国外的支出总额时，经常账户就会出现盈余。

经常账户赤字：当一国货物和服务的进口总额大于出口总额、对国外的支付大于从国外获得的收入总额时，就会出现经常账户赤字。

资本账户：记录一国资产买卖活动的账户。

区域经济一体化：位于某一区域内的各个国家相互合作，降低甚至消除阻碍商品、劳动力、资本跨国流动的壁垒的过程。

自由贸易区：成员国之间彼此取消所有的贸易壁垒，但是各个成员国可以自行决定对非成员国施加何种程度的贸易壁垒的经济一体化形式。

关税同盟：成员国之间完全取消关税和非关税贸易壁垒，并且对非成员国采取统一的贸易政策的经济一体化形式。

共同市场：成员国之间取消了阻碍商品、劳动力以及资本自由流动的所有壁垒，并制定统一的贸易政策来对待非成员国的经济一体化形式。

经济同盟：成员国之间取消了阻碍商品、劳动力和资本自由流动的所有壁垒，对非成员国采取统一的贸易政策，同时协调各成员国之间的经济政策的经济一体化形式。

政治同盟：成员国之间不仅在经济上而且在政治制度方面都高度协调一致的经济和政治一体化形式。

贸易创造：经济一体化消除了贸易集团内部各个成员国之间的贸易和/或投资壁垒。区域经济一体化带来的各成员国之间贸易水平的提高被称为贸易创造。

贸易转移：区域贸易协定成员国与非成员国之间的贸易活动被成员国之间的贸易活动取代的过程。

欧洲货币联盟：欧盟宣布成立自己的中央银行、发行自己的货币的计划。

资本市场：通过债券和股票的形式，以最有效率的方式实现金融资源的重新配置的系统。

债务：借款人承诺到期除偿还所借金额（本金）之外，还要支付事先商定的一笔利息的贷款。

债券：约定了本金及利息的偿还期限的一种借款工具。

股权：代表了对公司的所有权，股票持有人和公司其他所有者一起共担风险，共享收益。

股票：代表了一定份额的公司资产所有权，股票持有者有权利分享公司未来的现金流。

流动性：债券持有人或者是股票持有人将投资转换成现金的难易程度。

国际资本市场：由跨国进行投资和借贷活动的个人、企业、金融机构以及政府构成的一个网络。

证券化：将很难交易的金融资产通过分类定价和重新组合，使之成为流动性更强、可转让、可交易的金融工具（或者说证券）的过程。

离岸金融中心：金融部门丝毫不受或者很少受到法规和税收管制的国家和地区。

国际债券市场：由企业、政府或者其他一些债券发行机构在本国以外发行的所有债券构成的市场。

欧洲债券：在计值货币所在国以外的其他国家发行的国际债券。

外国债券：在借款人所在国以外的其他国家发行，并且以发行国货币计值的债券。

国际股票市场：包括在发行人所在国以外的其他国家进行买卖的所有股票。

欧洲货币市场：存放在货币发行国境外的各种货币的交易市场。

银行同业拆借利率：全球的大型银行巨头们相互进行资金借贷活动时使用的利率。

外汇市场：进行外汇买卖、决定外汇价格的场所。

汇率：一种货币兑换成另一种货币时的比率。

货币对冲：为了避免因汇率发生不利变动带来的潜在损失而采取的保值行动。

套汇：为了获利而在不同市场上同时进行货币买卖的行为。

套利：同时买卖以不同货币计价的付息证券以便获取利润的行为。

货币投机：因为预测某种货币的币值将发生变动而进行买卖从而获取利润的行为。

汇率风险：汇率发生不利变动的风险。

交叉汇率：用两种货币相对于第三种货币的直接或间接汇率计算出来的这两种货币之间的汇率。

即期汇率：在两个工作日内进行交割的两种货币之间的兑换比率。

即期外汇市场：按照即期汇率进行货币交易的市场。

远期汇率：当双方约定在将来某个日期按照特定比率进行货币兑换时，该特定兑换比率就被称为远期汇率。

远期市场：按照远期汇率进行货币交易的市场。

远期合同：要求在约定时间按照某个特定的汇率交割一定数额的货币的合同。

衍生工具：价值衍生自其他商品或者金融工具的金融产品。

货币掉期：同时买入和卖出到期时间不同的外汇的做法。

货币期权：期权买方拥有在约定时间按照某个特定的汇率交割约定数量的货币的权利，代表了一种选择权。

货币期货合同：要求在约定时间按照某个特定的汇率交易特定数量的货币，且合同一经签订，所有条款都不得更改。

媒介货币：充当其他两种货币之间交易的中介的货币。

银行同业市场：全球的大银行按照即期汇率和远期汇率进行外汇交易的市场。

清算：待一家银行应该支付给另外一家银行的外汇累积到一定金额后再进行支付交易的过程就叫做清算。

外汇证券交易所：专门从事货币期货和期权交易的市场。

外汇场外交易市场：一种通过包括外汇交易商在内的市场参与者组成的网络系统进行交易的分散化交易市场。

可兑换货币：也称为硬通货，是指可以在外汇市场上自由交易、价格由市场供求决定的货币。

对销贸易：全部或部分以商品或服务来交换其他商品或服务的贸易方式。

货币贬值：一国政府有意调低本国货币在国际市场上的价值的做法。

货币升值：政府有意抬高本国货币在国际市场上的价值的做法。

一价定律：当以同一种货币表示时，同一种商品在所有国家都应该具有相同的价格。

费雪效应：名义利率等于实际利率加上某段时间内的预期通货膨胀率。

国际费雪效应：两国名义利率之间的差异会导致两国的即期汇率出现等量但反向的变化。

有效市场假说：该观点认为，金融工具的价格可以随时反映所有可以获得的公开信息。

无效市场假说：该观点认为，金融工具的价格无法反映所有可获得的公开信息。

基本面分析：用基于基础经济指标的统计模型来预测汇率的方法。

技术分析：利用货币价值的历史走势并考虑其他因素来预测汇率的方法。

国际货币体系：各种汇率管理协议和机构的组合。

金本位制：各国将本国纸币的价值和特定数量的黄金相挂钩的一种国际货币体系。

面值：用黄金表示的某种货币的价值。

固定汇率制：一种货币与其他货币之间的兑换比率根据政府之间的协议被固定在某一水平上的汇率制度。

《布雷顿森林协定》：1944 年 44 个国家签署的同意建立以美元为基础的新的国际货币体系的协定。该协定希望能够在金本位制对货币发行量的严格限制与各国政府处理临时性货币问题时需要的灵活性之间找到一个平衡点。

根本性失衡：贸易赤字导致一国的国际收支发生永久性恶化的情形。

特别提款权（SDR）：国际货币基金组织的一种资产，以美元、欧元、日元和英镑四种货币组成的加权篮子为其价值基础。

《史密森协议》：1971 年美国和其他国家达成的旨在重建并强化布雷顿森林体系的协定。

《牙买加协议》：IMF 成员国之间达成的将现行的浮动汇率体系作为正式的新的国际货币体系的协议。

有管理的浮动汇率制：一国货币相对于其他货币的价值可以浮动，但与此同时政府必须采取一定的干预行为，保证本国货币对其他货币的汇率稳定在一个目标水平上的汇率制度。

自由浮动汇率制：一国货币相对于其他货币的价值可以自由浮动而无须政府的任何干预的汇率制度。

钉住汇率制度：将一国货币的价值钉住一种更稳定、在国际贸易活动中使用更加普遍的货币的汇率制度。

货币局制度：一国政府对外公开承诺按某个固定汇率将本国货币兑换成特定的其他货币的汇率制度。

企业宗旨：关于成立企业的原因及计划完成的目标的书面陈述。

利益相关者：受企业经营活动影响的所有各方，从供货商、员工到股东和消费者等。

核心竞争力：指一家企业所具备的、其他竞争对手很难或不可能拥有的特殊能力。

价值链分析：将企业活动划分成基本活动和辅助活动，并确定能为消费者创造价值的环节的过程。

国别战略：在不同国家实施不同的产品和营销战略，以适应当地消费者的偏好的国际化战略。

全球战略：在所有市场上采用相同的营销战略提供相同的产品的国际化战略。

增长战略：旨在扩大企业的经营规模和经营范围的战略。

紧缩战略：旨在缩小企业的业务规模和范围的战略。

稳定战略：旨在防范变动的战略。企业使用这一战略大多是为了避免增长或紧缩的状况。

组合战略：将增长战略、紧缩战略和稳定战略同时用于企业不同业务部门的做法。

低成本领导者战略：企业利用规模经济实现同行业竞争者中最低的成本结构的战略。

差异化战略：旨在使消费者认为本公司所设计、提供的产品在同行业中独一无二的战略。

集中战略：企业集中力量为某个细分市场服务的战略。企业通过成为低成本领导者或对产品实行差异化，或者是两者相结合来实现这一目标。

组织结构：企业将业务活动分配到不同的部门并协调各部门之间活动的方式。

指挥链：贯穿最高领导层和每个员工，并且明确内部报告关系的权力链条。

国际部门结构：通过建立一个有自己的管理者的独立的国际部门将国内和国际业务区分开来的组织结构。

国际区域结构：按照国家和地区组织企业的全球经营活动的组织结构。

全球产品结构：按照企业产品线来划分全球业务活动的组织结构。

全球矩阵结构：根据产品和区域拆分指挥链的组织结构。

自我管理型项目组：从本部门内部选拔人员承担该部门以前的监督人所承担的责任的做法。

跨职能（部门）项目组：由在不同职能部门的同一层级的员工组成的项目组。

全球性项目组：由来自企业总部和各国子公司的高层管理人员组成的团队，这些人聚在一起是希望能够为整个公司内出现的问题寻求一个解决方案。

物流：从原材料投入生产开始到制成品最终到达消费者手中的整个物质流动过程。

收入弹性：对某种产品或服务的需求量对于收入变化的敏感程度。

市场调研：收集并分析可以帮助管理者作出明智决策的信息的过程。

间接市场调研：获取企业内部已有的或者是通过外部渠道得到的信息的过程。

原始资料调研：收集、分析原始数据并将结果应用到当前研究的过程。

贸易展会：供一个或多个行业的企业展示最新产品、了解竞争对手活动以及考察当前趋势和机会的展览会。

贸易考察团：国家或省级政府组织政府官员和商界人士进行的国际考察，目的是挖掘商业机会。

小组座谈会：由一位主持人对一个小群体进行随意但是深入的访问，以了解该群体对某个公司或其产品的看法的调研方法。

消费者代表小组：要求人们将自己对某公司或其产品的态度、购买行为、消费习惯等信息记录在私人日记中的调研方法。

调查：调查者要求当前或潜在消费者口头或书面回答一些问题，以此来了解一些事实、观点或者态度的调研方法。

环境扫描：出于战术或者战略目的而持续进行信息的收集、分析和处理的过程。

进入模式：企业为了使自身产品、技术、员工技能以及其他资源进入某个市场而采取的制度安排。

直接出口：当企业直接将自己的产品卖给目标市场上的买家时，我们就说这类企业是直接出口。

间接出口：如果一个企业将自己的产品卖给某个中介商，后者再转手将产品卖给目标市场上的买家，那么我们就说这个企业是间接出口。

代理商：在目标市场上代表一个或者几个间接出口商的个人或者机构。

出口管理公司：代表间接出口商从事产品出口活动的公司。

出口贸易公司：除了提供与客户的出口活动直接相关的服务外，还向间接出口商提供其他服务的公司。

货运代理：专门处理与出口有关的活动比如清关、缴纳关税、运费以及保险费等的个人或企业。

对等贸易：部分或者全部用其他商品和服务来交换另一种商品和服务的贸易方式。

易货贸易：直接用一种商品和服务换回另一种商品和服务，而完全不使用货币的贸易方式。

互购：企业向一国销售商品和服务，并且承诺将来从该国购买特定产品的贸易方式。

抵消：企业向一国出口并且承诺将来以硬通货购买一定金额的该国某种产品的贸易方式。

转手贸易：企业将自己应该承担的购买特定国家产品和服务的义务转手卖给另一家企业的对等贸易。

回购：出口某种工业设备，换回用该设备生产的产品的贸易方式。

预付：进口商在货物装船之前就将货款支付给出口商的进出口融资方式。

跟单托收：银行作为中介机构负责收取货款但是不承担相应风险的进出口融资方式。

汇票：要求进口商在特定时间向出口商支付特定金额的单证。

提单：出口商和承运人签署的标明货物运输的目的地以及运费的协议。

信用证：进口商银行出具的、表明如果出口商履行了合同中的所有条款，那么它将付款给出口商的书面文件。

赊销：出口商先发货然后再向进口商收取货款的进出口融资方式。

许可：拥有无形资产的公司（许可人）授予另一家公司（被许可人）在特定时间内使用该无形资产的权利的契约式进入模式。

交叉许可：两家公司签署许可协议，互换无形资产的使用权的许可方式。

特许经营：一家企业（特许者）在一定时期内为另一家企业（被特许者）提供无形资产和其他支持的契约式进入模式。

管理合同：约定一家企业要在特定时间内向另一家企业提供管理方面的专业知识的做法。

交钥匙工程：当一方负责为另一方设计、建造并且测试生产设施时，我们就说这种做法为交钥匙工程。

全资子公司：完全由一家母公司所拥有或者控制的子公司。

合资企业：两个或两个以上独立的经济实体为了实现共同的商业目标而设立并共同拥有的独立企业。

战略联盟：当两个或者两个以上独立的经济实体进行合作（但是并不组建一家独立的公司）以完成各自的战略目标时，我们就说它们是战略联盟。

品牌：能够代表某个产品系列的来历或特点的一个或多个产品的名称。

促销组合：企业通过各种营销活动，如个人销售、广告宣传、公共关系、直销等，进入分销渠道并最终将产品送达目标消费者手中的过程。

拉动战略：能够创造大量消费者需求——足以激发分销商储备本公司产品的促销战略。

推动战略：向分销商施加压力让其进货并将产品推销给最终消费者的促销战略。

营销传播：将有关产品的促销信息传递到目标市场上的过程。

分销：计划、实施并控制产品从被生产出来到被消费的整个实际流动过程的活动。

独占型渠道：生产商将其产品的销售权授予一个或有限几个分销商的做法。

密集型渠道：厂商把产品的经销权授予多个经销商的做法。

价值密度：产品的价值与其重量或体积之比。

全球定价：为全球市场制定统一的价格的定价策略。

双重定价：产品在国外市场上的价格不同于国内市场上的价格的定价策略。

转移价格：母公司及其子公司之间买卖商品或服务时收取的价格。

公平价格：自由市场上互不相关的两方进行交易时收取的价格。

价格管制：对在本国境内销售的产品的价格规定一个上限或者下限的做法。

生产能力计划：评估企业生产足够的产出以满足市场需求的能力的过程。

工厂选址计划：选择工厂所在地的过程。

区位经济：在最理想的地点开展生产活动带来的经济效应。

生产过程规划：决定企业采取何种生产方式来生产产品的过程。

工厂布局计划：决定各个工厂内部各个生产环节的空间安排的过程。

生产还是购买决策：决定是由公司自己生产还是向其他公司购买各种零部件的过程。

垂直一体化：企业扩大其对生产之外的环节——投入或产出——的控制的过程。

外包：从其他公司购买属于本公司价值增值活动的一部分的商品和服务的行为。

全面质量管理：企业全方位承诺通过连续不断的质量改进措施来满足甚至超越消费者期望的管理方式。

即时生产法（JIT）：最小化存货的数量，生产所需的投入品在需要时及时送达的生产方法。

背对背贷款：母公司先在东道国银行存入一笔资金，然后再由该银行向该母公司的子公司提供贷款的做法。

美国存托凭证（ADRs）：在美国进行交易并且代表了对某个非美国企业一定股权的凭证。

风险投资：从那些相信该项目将快速增长、希望以获得股权（或者是部分所有权）的方式作为投资回报的投资者那里获得的资金。

经营收益：通过销售产品和服务赚到的钱。

· 资本结构：企业用来为其经营活动融资的各种股票、债券和内部资金的组合。

人力资源管理：合理配备公司员工并保证员工实现最大生产效率的行为。

外派人员：一国在其他国家工作和生活的国民。

员工安置政策：企业安置人员的通常做法。

民族中心型员工安置政策：管理国外经营活动的人员全部来自母国的员工安置政策。

多中心型员工安置政策：海外子公司的经营管理交由东道国本国人员完成的员工安置政策。

全球整合型员工安置政策：企业选择最适合的人来管理海外业务，而不考虑这个人的国籍的员工安置政策。

人力资源规划：预估公司的人力资源需求和供给情况的过程。

招聘：发现并吸引合格的候选人来填补本公司的职位空缺的过程。

选拔：筛选并雇用最称职、最有潜力的应征者的过程。

文化冲击：影响人们在海外的生活的一种心理过程，主要表现为想家、暴躁、混乱、恼怒、沮丧等。

反向文化冲击：重新适应母国文化的心理过程。

劳资关系：公司内部管理者与员工（劳动力）之间或积极或消极的互动状态。

＊ 彭志文校对了全书。要倩雅、田野、王梓任、杨盼盼、李琳、郝艳娜、刘蕊、罗宇、高晗、张伟、刘明、宋川、赵凯、袁盈、王军、王笑笑、高淑兰、付欢、曾景、李君、刘燕平、王建昌、顾晓波、张艳、侯佳、王晓、高倩、张素锦、张宏宇、王琼、吴文清、姜欣、刘刚、王丽、刘楠、王丽君、王依军、倪晓宁、徐志浩、顾晓波做了资料整理工作。

图书在版编目（CIP）数据

国际商务：全球化带来的挑战：第 6 版/怀尔德著；张倩等译. —北京：中国人民大学出版社，2014.8

ISBN 978-7-300-19665-7

Ⅰ.①国… Ⅱ.①怀…②张… Ⅲ.①国际商务 Ⅳ.①F740

中国版本图书馆 CIP 数据核字（2014）第 148323 号

国际贸易经典译丛
国际商务：全球化带来的挑战（第 6 版）
约翰·怀尔德　肯尼斯·怀尔德　著
张　倩　等译
Guoji Shangwu

出版发行	中国人民大学出版社			
社　　址	北京中关村大街 31 号		**邮政编码**	100080
电　　话	010 - 62511242（总编室）		010 - 62511770（质管部）	
	010 - 82501766（邮购部）		010 - 62514148（门市部）	
	010 - 62515195（发行公司）		010 - 62515275（盗版举报）	
网　　址	http://www.crup.com.cn			
	http://www.ttrnet.com（人大教研网）			
经　　销	新华书店			
印　　刷	三河市汇鑫印务有限公司			
规　　格	185 mm×260 mm　16 开本		**版　　次**	2014 年 8 月第 1 版
印　　张	30.25　插页 1		**印　　次**	2014 年 8 月第 1 次印刷
字　　数	657 000		**定　　价**	59.00 元

为了确保您及时有效地申请培生整体教学资源，请您务必完整填写如下表格，加盖学院的公章后传真给我们，我们将会在 2~3 个工作日内为您处理。

需要申请的资源（请在您需要的项目后划"√"）：

□教师手册、PPT、题库、试卷生成器等常规教辅资源

□MyLab 学科在线教学作业系统

□CourseConnect 整体教学方案解决平台

请填写所需教辅的开课信息：

采用教材			□中文版　□英文版　□双语版		
作　者		出版社			
版　次		ISBN			
课程时间	始于　　年　月　日	学生人数			
	止于　　年　月　日	学生年级	□专科　　□本科 1/2 年级 □研究生　□本科 3/4 年级		

填写您的个人信息：

学校	
院系/专业	
姓名		职称	□助教　　□讲师 □副教授　□教授
通信地址/邮编	
手机		电话	
传真	
Official email（必填） (eg：×××@ruc. edu. cn)		email (eg：×××@163. com)	
是否愿意接受我们定期的新书讯息通知：□是　　　□否	

系/院主任：＿＿＿＿＿＿＿（签字）

（系/院办公室章）

＿＿＿＿年＿月＿日

100013　北京市东城区北三环东路 36 号环球贸易中心 D 座 1208 室

电话：（8610）57355169

传真：（8610）58257961

Please send this form to：Service. CN@pearson. com

Website：www. pearsonhighered. com/educator